北京高等学校校志丛书

首都师范大学志

1954—2003

首都师范大学志编写组

首都师范大学出版社
CAPITAL NORMAL UNIVERSITY PRESS

图书在版编目（CIP）数据

首都师范大学志（1954—2003）/首都师范大学志编写组编. —北京：首都师范大学出版社，2006.2

ISBN 7-81064-965-5

Ⅰ.首… Ⅱ.首… Ⅲ.首都师范大学—校志—1954—2003 Ⅳ.G649.281

中国版本图书馆CIP数据核字（2006）第034829号

SHOUDU SHIFAN DAXUE ZHI

首都师范大学志（1954—2003）

首都师范大学志编写组

责任编辑 何亦翌

首都师范大学出版社出版发行

地　址 北京西三环北路105号

邮　编 100037

电　话 68418523（总编室） 68982468（发行部）

网　址 www.cnup.cnu.cn

E-mail cnup@mail.cnu.edu.cn

北京嘉实印刷有限公司印刷

全国新华书店发行

版　次 2006年5月第1版

印　次 2006年5月第1次印刷

开　本 787mm×1 092mm 1/16

印　张 41.75

字　数 987千

定　价 120.00元

《首都师范大学志》编写机构及成员

《首都师范大学志》编写领导小组

组　长　齐世荣

副组长　杨学礼

《首都师范大学志》编写组

执行主编　史振东（第一任）

周发增（第二任）

马啸风（第三任）

历任主要参编人员

李一娟　吴翔煌　曹　薇　殷琳茹

1

2

5

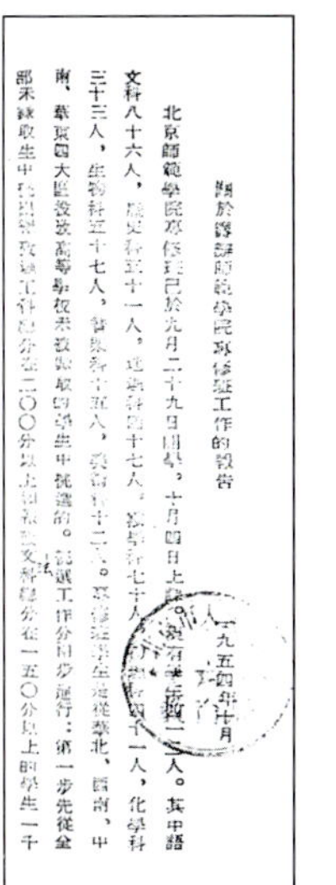

關於[illegible]師範學院專修班工作的報告

北京師範學院專修班已於九月二十九日開學，十月四日上[illegible]。[illegible]人。其中語文科八十六人，歷史科五十一人，地理科四十七人，數學科七十[illegible]四十一人，化學科三十三人，生物科五十七人，音樂科十五人，美術科十二人。專修班學生是從華北、西南、中南、華東四大區投考高等學校未被錄取的學生中挑選的。挑選工作分兩步進行：第一步先從全部未被錄取生中[illegible]分在二〇〇分以上[illegible]文科[illegible]分在一五〇分以上的學生一千

一九五四年十月

3

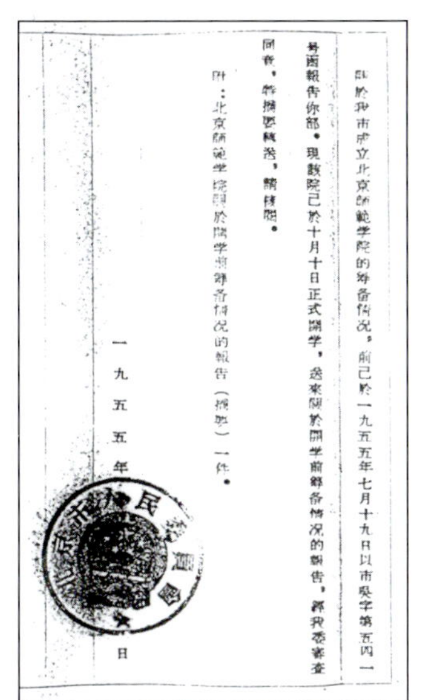

關於我市成立北京師範学院的籌备情况，前已於一九五五年七月十九日以市秘字第五四一号函報告你部。現該院已於十月十日正式開学，茲來關於開学前籌备情况的報告，経我委審查同意，特摘要轉送，請核閱。

附：北京師範学院關於開学前籌备情况的報告（摘要）一件。

一九五五年　　日

4

7

6

8

1.北京师范学院成立暨开学典礼（会场在今校本部学生活动中心）（1955）

2.北京师范学院专修班临时办学处所（在今朝阳区白家庄）（1954～1955）

3.北京市政府教育局报告，称：北京师范学院专修班已于1954年9月开学（1954）

4.北京市人民委员会报告，称：北京师范学院已于1955年10月10日正式开学（1955）

5.北京师院师生参加建院劳动（1955）

6.北京师院师生参加建院劳动（1955）

7.北京师院专修班地理科师生（1955）

8.北京师院专修班音乐科师生（1955）

9

10

对“北京师范学院一个班
学生生活过度紧张
健康状况下降”一文的指示

陆定一同志：

学生负担太重，影响健康，学了也无用。建议从一切活动总量中，砍掉三分之一。请邀学校师生代表，讨论几次，决定实行。如何，请酌。

毛泽东

一九六五年七月三日

12

11

13

中共北京市委文件

京发〔1980〕109号

转发市计委、经委、科委、
市委教育工作部关于办好北京工业大学
和北京师范学院的意见的通知

各区委、县委，市属各局党组（党委），北京工业大学、北京师范学院党委，市委各部、委：

现将市计委、经委、科委、市委教育工作部《关于办好北京工业大学的意见》和市计委、市委教育工作部《关于办好北京师范学院的意见》发给你们。市委同意这两个报告的意见。北京工业大学和北京师范学院是市属重点大学，一定要努力办好。各有关方面对这两所学校的建设要给予积极支持。学校党委要根据报告的精神，结合学校的具体情况，依靠广大教职员工，作出规划，加强工作，逐步实现。由于近几年内市财力、物力比较紧张，报告所提关于基

—1—

14

15

9.北京师院建校初期校门（在今校本部10号楼西侧）（1955）
10.北京师院中文系本科首届毕业生与部分教职员（1959）
11.北京师院60年代的东门（1962）
12.毛泽东针对北京师院办学情况所作批示（1965）
13.北京师院五七干校（在大兴魏善庄一带，1970～1978）
14.北京市委将北京师院列为市属重点大学（1980）
15.北京师院80年代的东门

16

17

18

北京市人民政府办公厅文件

京政办发〔1992〕55号

北京市人民政府办公厅关于将北京师范学院更名为首都师范大学的通知

各区、县人民政府，市政府各委、办、局，各总公司，各高等院校：

为不断深化我市高等教育改革，进一步优化教育结构，经国家教委同意，市政府决定，从1992年6月1日起，将北京师范学院分院整建制划入北京师范学院，并将北京师范学院更名为首都师范大学。两校合并后，收回原划给师院分院小营处的97亩土地，供调整市属高等院校布局时统一规划使用。

—1—

19

20

16. 庆祝北京师院成立30周年大会（其时将建院时间定为1955年）（1985）

17. 中共北京师院第八次代表大会（1985）

18. 北京市委副书记汪家镠在中共北京师院第九次代表大会上讲话（1988）

19. 北京市政府决定：将北京师范学院更名为首都师范大学（1992）

20. 首都师范大学成立大会暨1992级开学典礼（1992）

21. 中共北京市委书记李锡铭来校祝贺首都师大成立（1992）

21

22

22. 北京师范学院分院校门（该院1992年划入北京师院）（1988）

23. 北京联合大学外国语师范学院校门（该院1993年并入首都师大）

24. 北京市政府决定将北京联合大学外国语师范学院并入首都师大（1993）

25. 首都师大被评为全国党的建设和思想政治工作先进高等学校（1993）

26. 中共首都师大第十次代表大会（1994）

27. 庆祝首都师大建校40周年大会（1994）

23

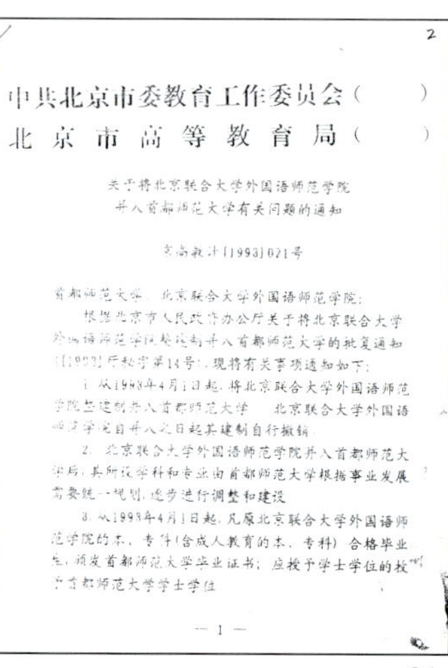
中共北京市委教育工作委员会（　　）
北京市高等教育局（　　）

关于将北京联合大学外国语师范学院并入首都师范大学有关问题的通知

京高教计[1993]021号

首都师范大学、北京联合大学外国语师范学院：

根据北京市人民政府办公厅关于将北京联合大学外国语师范学院整建制并入首都师范大学的批复通知([1993]厅秘字第14号)，现将有关事项通知如下：

1. 从1993年4月1日起，将北京联合大学外国语师范学院整建制并入首都师范大学。北京联合大学外国语师范学院自并入之日起其建制自行撤销。

2. 北京联合大学外国语师范学院并入首都师范大学后，其所设学科和专业由首都师范大学根据事业发展需要统一规划，逐步进行调整和建设。

3. 从1993年4月1日起，凡原北京联合大学外国语师范学院的本、专科(含成人教育的本、专科)合格毕业生，颁发首都师范大学毕业证书；应授予学士学位的授予首都师范大学学士学位。

— 1 —

24

25

26

27

28

29

30

中国共产党首都师范大学第十一次代表大会

31

32

33

34

28. 首都师大北一区开工奠基仪式（1996）

29. 首都师大“211 工程”部门预审开幕式（1996）

30. 首都师大“211 工程”“九五”建设项目论证暨立项审核会议（1997）

31. 中共首都师大第十一次代表大会（1999）

32. 北京第三师范学校校舍（该校于 1999 年并入首都师大）

33. 北京通州师范学校师生（1928）（该校于 1999 年并入首都师大）

34. 首都师大建校 45 周年庆祝大会（1999）

35

35.首都师大"211工程""九五"期间整体建设验收工作会议（2001）

36.首都师大为实现学校"十五"计划目标而奋斗动员大会（2002）

37.首都师大良乡新校区奠基暨开工典礼（2002）

38.首都师大"211工程""十五"建设项目论证暨立项审核会议（2003）

39.首都师大本科教学工作水平评估考查意见反馈会（2003）

40.首都师大召开"迎评创优"万人大会（2003）

36

37

38

39

40

1

2

3

4

5

6

7

1.校本部(南区)东门（1990年修建）

2.校训石（训词于1993年确定）

3.(南区）主楼（1959年竣工，1994年增建）

4.(南区）教学楼之一（1955年始建）

5.(南区）实验楼（右，1991年竣工）电教楼（左，1996年竣工）

6.(南区）图书馆（1963年始建）

7.(南区）图书馆计算机开放检索

8

9

10

11

12

13

14

8.（南区）音美楼（1984年竣工）

9.（南区）音美楼内美术展厅

10.（南区）音美楼内多功能音乐教室

11.首都师范大学历史博物馆（2003年设）

12.（南区）生物实验室

13.（南区）天文台

14.（南区）科原大厦（1999年竣工）

15

16

17

18

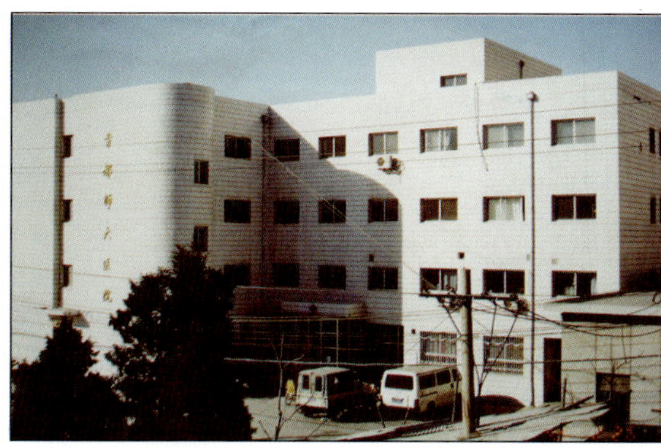
19

20

21

15.(南区) 体育场（田径、足球场）
16.(南区) 羽毛球馆（2002 年竣工）
17.(南区) 校园一景
18.(南区) 校园一景
19.(南区) 校医院（1995 年竣工）
20.(南区) 学生食堂（1989 年竣工）
21.(南区) 校园一景

22

23

24

25

26

27

- 22.（南区）生活区宿舍楼（80年代以来陆续竣工）
- 23.（北一区）文科楼（1998年竣工）
- 24.（北一区）外语楼（田家炳外语教育书院）（2000年竣工）
- 25.（北一区）图书馆（2003年竣工）
- 26.（北一区）开放机房
- 27.（北一区）国际文化大厦（效果图，2004年竣工）

28

29

30

31

32

33

- 28.（北一区）体育馆（效果图，2004年竣工）
- 29.（北二区）西门（北二区于1999年划入）
- 30.初等教育学院海淀学区
- 31.初等教育学院通州学区体育馆
- 32.（良乡校区）外语楼（效果图）
- 33.（良乡校区）软件楼（效果图）

34

35

36

37

38

39

34. 首都师大（北戴河）培训中心（1998年落成）
35. 首都师大（平谷金海湖）培训中心（1998～2002年建）
36. 首都师大附中校门
37. 首都师大附中教学楼
38. 首都师大附属育新学校
39. 首都师大附属实验学校

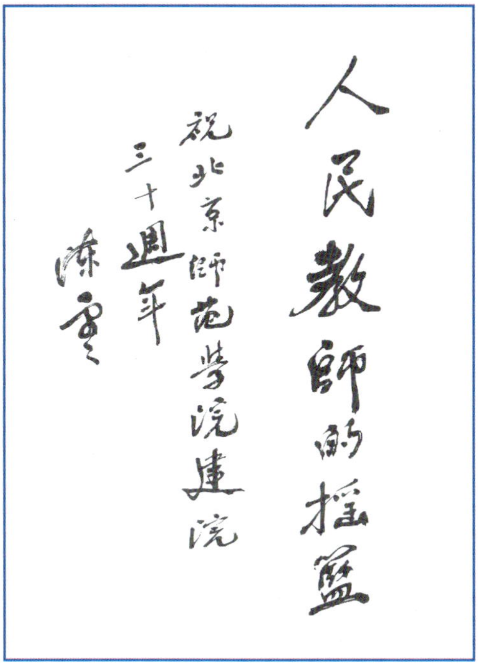

人民教師的搖籃

祝北京師範學院建院三十週年

陈云

1.陈云题词（1985）

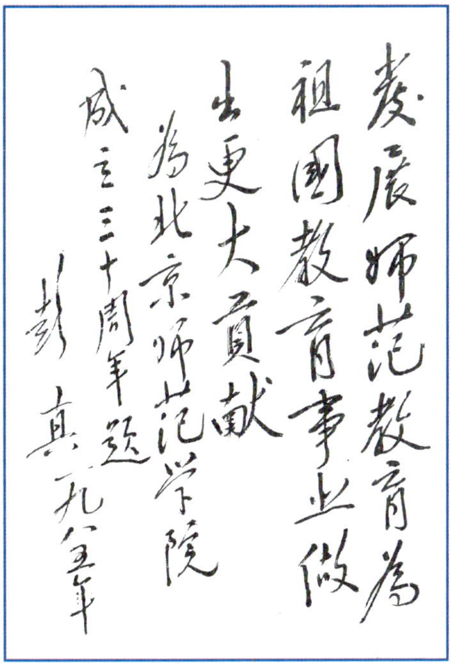

發展師範教育為祖國教育事业做出更大貢献

為北京师范学院成立三十周年題

彭真 一九八五年

2.彭真题词（1985）

尊师重教 为人师表

为首都师范大学四十周年题

李鹏 一九九四年六月

3.李鹏题词（1994）

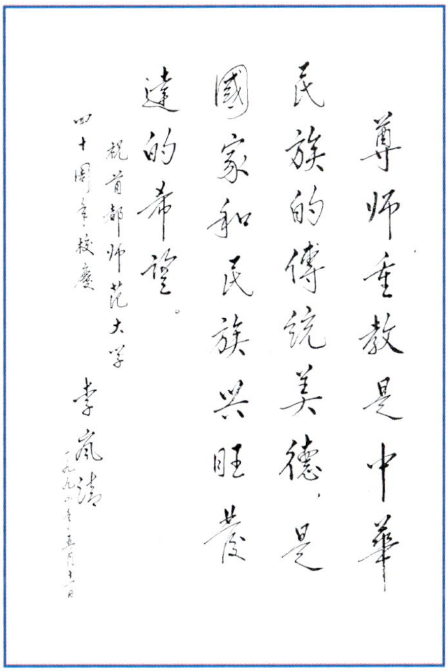

尊师重教是中華民族的傳统美德，是國家和民族興旺发達的希望。

祝首都师范大学四十周年校慶

李嵐清

4.李岚清题词（1994）

5

6

8

7

9

10

11

5.朱德（中）与北京师院学生（50年代）
6.沈钧儒（中）来北京师院（50年代）
7.徐特立（右一）来北京师院（1958）
8.郭沫若（左一）与北京师院数学系学生（50年代）
9.谢觉哉（左前）与北京师院学生（50年代）
10.吴晗（右三）来北京师院（1958）
11.胡乔木（左）来北京师院勉励李燕杰（1982）

12

13

14

15

16

17

18

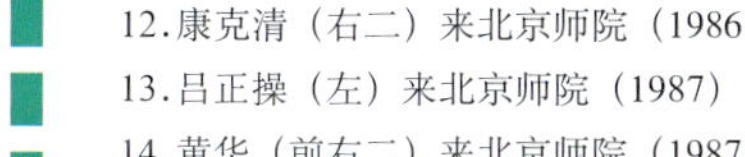

12.康克清（右二）来北京师院（1986）
13.吕正操（左）来北京师院（1987）
14.黄华（前右二）来北京师院（1987）
15.李铁映（前左二）来北京师院（1991）
16.李锡铭（右）来北京师院（1992）
17.朱开轩（前中）来北京师院（1992）
18.李其炎（中）来首都师大（1993）

19.雷洁琼（中）来首都师大（1994）

20.李岚清（右）在教师节来首都师大（1994）

21.李岚清（右）、陈至立（左）来首都师大看望齐世荣（1998）

22.布赫（中坐）来首都师大（1999）

23.贾庆林（右）来首都师大看望欧阳中石（2000）

24.贾庆林（前左）来首都师大（2002）

25.周济（右二）来首都师大（2003）

26.刘淇（前左一）来首都师大（2003）

1.仓孝和 （1923～1984）

2.吴瑞章

3.凌莎 （1905～1962）

4.鲍成吉 （1906～1990）

5.杨伯箴 （1919～1989）

6.冯佩之

7.崔耀先

8.何钊

9.杨传纬

10.张印斗

11.李世新

12.刘寿彭

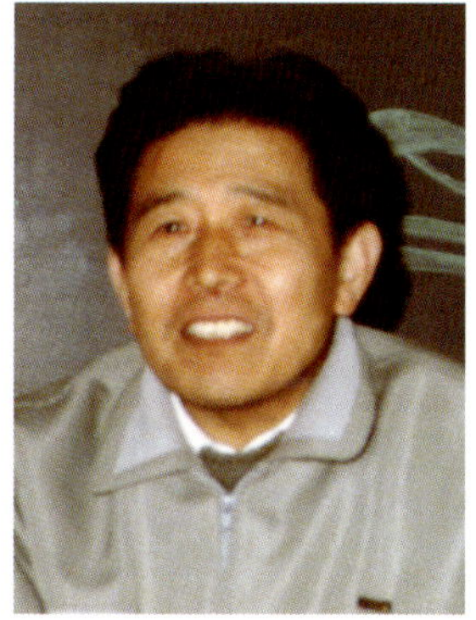
13.郭子玉

14.周起骥

1～9.北京师院历任党政主要负责人

10～11.北京师院分院党政主要负责人

12～14.北京联合大学外师及其前身党政主要负责人

15.林培黎

16.齐世荣

17.于 洸

18.牛继升

19.杨学礼

20.谢维和

21.许祥源

22

23

15～21.首都师大历任党政主要负责人（15、16也是北京师院末任党政负责人）

22.北京师院部分院系（部处）负责人（1958），前排左三起：王朝品、田珮之、鲍成吉、凌莎

23.北京师院部分院系（部处）负责人和教师（1962），前排左四起：仓孝和、田珮之、鲍成吉、杨伯箴、高秀山、施宗恕、张天泳、朱学

24.仓孝和（右）与齐世荣（1983）

25.刘国盈（左一）与吴瑞章（右二）（1985）

26.凌莎（中）与部分女干部（50年代中期）

27.鲍成吉（中）与部分团干部（1962）

28.崔耀先（左二）与部分机关干部（1990）

29.冯佩之（中）与部分院、处干部（1990）

30.何钊（左二）与仓孝和（右二）（1983）

31.何钊（中）与杨传纬（左）在校庆大会主席台上（1985）

32

35

33

36

34

37

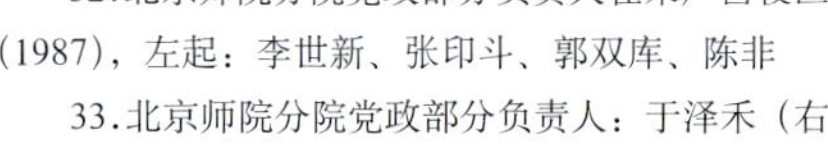

38

32.北京师院分院党政部分负责人在来广营校区（1987），左起：李世新、张印斗、郭双库、陈非

33.北京师院分院党政部分负责人：于泽禾（右二）、李世新（左二）（1988）

34.北京联合大学外语师院及其前身党政部分主要负责人（1984），左起：叶英、彭厚枫、张树勋、刘寿彭、杜仲声、程璧、文棋、邓福卿、吴珊、周起骥

35.北京师院党政领导班子（1988～1992），右起：朱全俊、熊家华、林培黎、齐世荣、张泽膏、高志忠、漆绪邦

36.首都师大党政领导班子（1993～1997），左起：张雪、孟庆夔、李因、张泽膏、于洸、林培黎、王伟、李世新、（李春年）、李文松、杨学礼

37.首都师大党政领导班子（1997～2001），左起：詹新泽、张建东、李因、牛继升、杨学礼、赵会民、刘利民、刘新成、张雪

38.首都师大党政领导班子（2001～），左起，赵文、王万良、刘新成、张雪、许祥源、谢维和、李因、刘利民、詹新泽

39.李瑞年（美术）（1910～1985）

40.齐世荣（历史）

41.欧阳中石（艺术）

42.黄天树（中文）

43.宁可（历史）

44.戚国淦（历史）

45.林传鼎（心理）（1913～1996）

46.王锐生（哲学）

47.石生明（数学）

48.殷慰萍（数学）

49.吴可（数学）

50.李福利（物理）

51.宋未（生物）

39～42.国务院学位委员会学科评议组成员，分别为第一届文学学科、第二、三届历史学科、第四届艺术学科、第五届中文学科评议组成员

43～51.1984～1994年经国务院学位委员会批准的博士生导师

52.李燕杰（教育）

53.曹居东（化学）

54.周孟津（生物）

55.卢才辉（数学）

56.乔际平（物理）

57.王光明（中文）

58.郝德元（心理）

59.冉红（中文）

60.王金波（音乐）

61.许焕林（地理）
（1936～1988）

62.方炎（物理）

63.杨悦（生物）

64.曹理（音乐）

65.苏崇德（政管）

66.陈阜东（生物）

67.陈曦文（历史）

68.尹铁良（音乐）

69.王安国（音乐）

70.赵敏俐（中文）

71.戴克鉴（美术）

72.吴思敬（中文）

73.宫辉力（地理）

74.张朋（数学）

75.左东岭（中文）

52～56.北京市有突出贡献的科学、技术、管理专家
57.福建省有突出贡献的专家
58.早期归国有突出贡献专家
59.国家级有突出贡献的中青年专家
60～62.北京市劳动模范（先进工作者）
63～64.全国教育系统劳动模范
65～72.全国优秀教师
73～74.教育部全国高校优秀骨干教师
75.教育部全国高校优秀青年教师

说明：

39～75诸图所列人物大多有数种称号，此处仅将其归入一种

1

2

3

4

5

6

7

1.1998年全校教学工作会议

2.教书育人优秀教师表彰大会（2001）

3.全校科研与研究生发展工作会议（2002）

4.我校网络课程参加全国教师教育优秀课程教材展示（2003）

5.学生优秀科研成果暨主题特色活动（2003～2004）颁奖大会

6.我校举办人文奥运论坛（2003）

7.我校科技园被确定为“北京市大学科技园”（2003）

1

2

3

5

6

4

7

8

9

10

11

1.廖仲安从事杜甫诗校注
2.刘世儒（1922～1980）
3.王景山（前排左三）与现代文学教研室同仁（1991）
4.张寿康（1925～1991）
5.张炼强赴台北在修辞学研讨会上发言（2001）
6.张燕瑾（中）课后答疑
7.张建业（中）参加李贽学术研讨会（2000）
8.毛志成辅导青年作者
9.吴相洲在学术会议上发言（2003）
10.中国诗歌研究中心召开研讨会（2001）
11.文学院研究生工作会议成员（2003）

1

1.齐世荣应邀在中共中央政治局讲课：15世纪以来世界主要国家发展历史考察（2003）

2.田农（右，1904～2002）与成庆华（1915～1993）

3.谢承仁（右）指导研究生

4.历史系学生在圆明园遗址考察

5.历史系师生在高昌古城考察

6.徐蓝（右二）等与第十九届国际历史科学大会主席进行学术交流（2001）

7.历史学科人才培养和科研基地接受评估验收（2001）

2

3

4

5

6

7

1

2

3

4

5

6

7

8

1. 王瑞荪（中立者）带领管理系学生作社会调查

2. 孙长江（右）在纪念真理标准讨论20周年理论研讨会上（1998）

3. 国家社科基金“社会哲学”课题组成员冯卓然（右二）等（1990）

4. 闻立树（中）与“毛泽东著作在中国与世界”课题组成员（2003）

5. 管理系干部大专班结业联欢会（1985）

6. 政法学院模拟法庭

7. “两课”建设通过验收评估（2002）

8. 马克思主义理论教研部研究教改方案（1994）

1

2

3

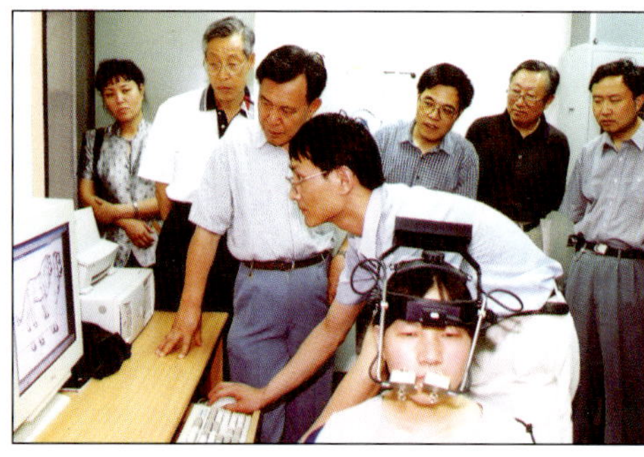

4

5

6

7

8

9

10

1. 傅任敢（1905～1982）
2. 郭德俊（左一）作学术报告
3. 教育系师生王长纯（左三）等研究教改
4. 郭春彦（右三）等进行学习与认知实验
5. 两岸三地"校本课程开发与校本化课程实施"学术研讨会（2003）
6. 我校与5个区教委签订课题研究协议（1998）
7. 教育硕士培养与实践基地成立大会（2000）
8. 孟繁华在研讨会上发言
9. 初等教育学院首届本科生毕业典礼（2003）
10. 初等教育研究所授牌仪式（2002）

1. 刘光杰（中）指导俄语系学生阅读
2. 顾问教授田家炳（香港）捐资兴建外语书院
3. 李玉民（中）在法国国际诗人会议上发言（1992）
4. 英语系学生上视听说课
5. 国际文化学院本科毕业生毕业典礼（1999）
6. 法语系学生上课
7. 外国留学生在上课
8. 为外国留学生颁发学位证书（2000）
9. 大学英语教学

1

2

3

4

5

6

7

8

9

1

2

3

4

5

6

7

1. 姚思源（二排持花者）从事音乐教育45周年暨作品音乐会（1991）

2. 杨青在研讨会上发言

3. 器乐教研室教师在排练节目

4. 钢琴教学

5. 男声小合唱

6. 师生与外国友人同台演出

7. 舞蹈教学

1

2

3

4

5

6

7

1.戴林（左一）在个人画展上（1994）
2.康殷（1926～1999）在鉴定文物
3.刘福芳（右一）指导留学生和研究生
4.尚扬（右二）夜宿甘肃炳灵寺石窟旁等待次日作艺术考察（1999）
5.李福顺在西藏作艺术考察（2000）
6.孙志钧（中）一行参观中国画展。
7.高等美术教育研究中心展示所编教材

1

2

3

4

5

6

1.欧阳中石（左）接受国务院总理温家宝颁发的中央文史馆馆员聘书（2003）

2.文学（书法）博士学位授予仪式（1998）

3.欧阳中石进行书法教学

4.李燕杰在演讲

5.郭海燕在演讲

6.心理咨询报告现场

1

2

3

4

5

6

7

1. 林群（特聘中国科学院院士）
2. 部分博士生导师
3. 梅向明（中）与同仁
4. 郑崇友参加国际数学家大会
5. 数学基础课教学改革研讨会
6. 李庆忠（左）在广州参加学术研讨会（2003）
7. 费少明在工作

1. 仓孝和（右一）参与为中共中央书记处讲授中国科技史的活动（1981）

2. 杨国桢（特聘中科院院士）

3. 孙念台（前右，1919～1996）与研究生

4. 李申生（右）指导研究生

5. 申先甲（右二）与研究生

6. 全息光学实验

7. “多路合成彩虹全息图”参加863科技成果展

1

2

3

4

5

6

7

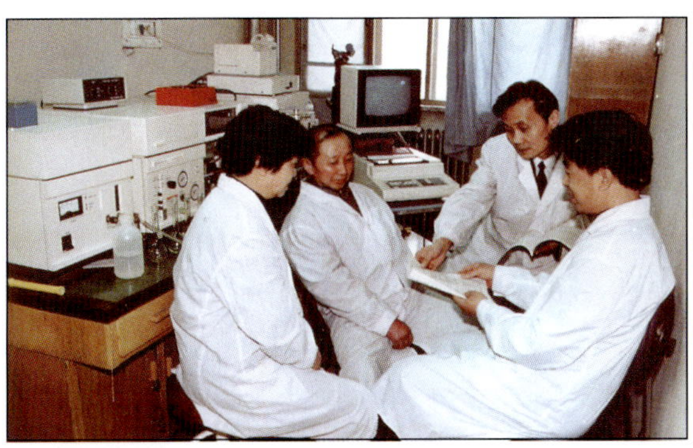

1

2

3

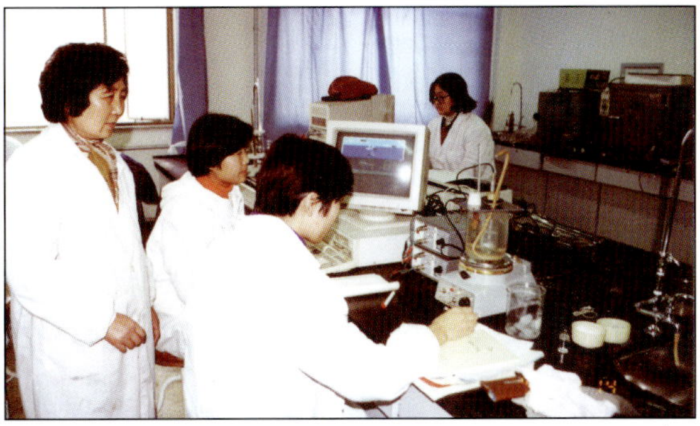

4

5

6

7

8

1.周天泽（左二）与国家自然科学基金课题组成员

2.席夫碱分子 LB 膜方面的研究

3.分析化学学科研究生论文答辩会

4.物化实验

5.用 ICP 光谱仪进行样品鉴定

6.透射电镜实验

7.入选“高等学校骨干教师资助计划人员（涉及物理、数学、生物、化学、地理等学科），右四为何奕昆

8.入选“教育部优秀青年教师资助计划”人员（涉及化学、地理、数学、生物等学科），左二为张飞雄

1

2

3

4

5

6

7

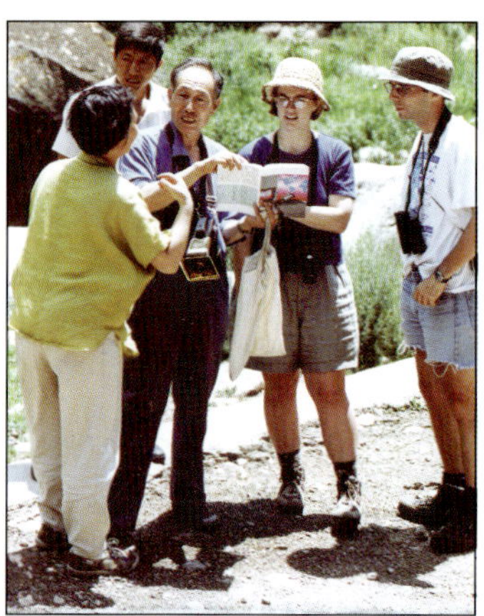
8

1.匡廷云（特聘中国科学院院士）
2.郭平仲（右二）进行遗传实验
3.高德伟（左一）代表性健康教育组领取国家级教学成果一等奖（1997）
4.赵微平（左二）指导学生的专业实习
5.教师参与南极考察
6.遗传与生物工程重点学科验收工作会议
7.任东在工作
8.教师与加拿大学者进行学术交流

1.刘先林（特聘中国工程院院士）

2.褚亚平出席地理教学研究会的讨论会（2001）

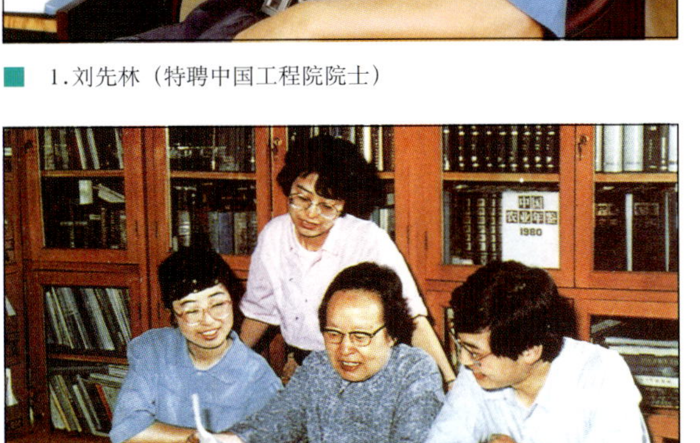

3.霍亚贞（中）指导研究生

4.GIS三维规划辅助决策系统演示

5.国家自然科学基金项目课题组进行研讨

6.区域地理野外实习

7.学生参观地质标本室

8.地质地貌野外实习

1.张景中（左一，特聘中国科学院院士）

2.大多功能教室控制室与小组学习教室

3.傅嘉模（左一）与多媒体课题组

4.教师进行科学研究

5.计算机系学生在机房上课

6.评估专家组检查成人教育学院办学情况

7.成人教育学院招生咨询

8.高校师资培训中心举行结业典礼

1.杨永灿（1910～1994）
2.艺术体操课
3.孙剑辉在奥林匹亚
4.篮球课
5.军训
6.军训
7.军训

1

2

3

4

5

6

7

1.中文系一学生小分队在怀柔参加农村社教和水库劳动后准备乘车返校（1960）

2.中文系学生进行教育实习

3.政法系学生进行法律实习

4.学生在京郊帮助农村进行池塘养鱼

5.政法系学生进行社会调查

6.生物系学生在海滨进行专业实习

7.生物系开展爱鸟周宣传

8.历史系学生为美国总统克林顿讲解故宫（1998）

9.暑期“三下乡”活动实践团出征仪式

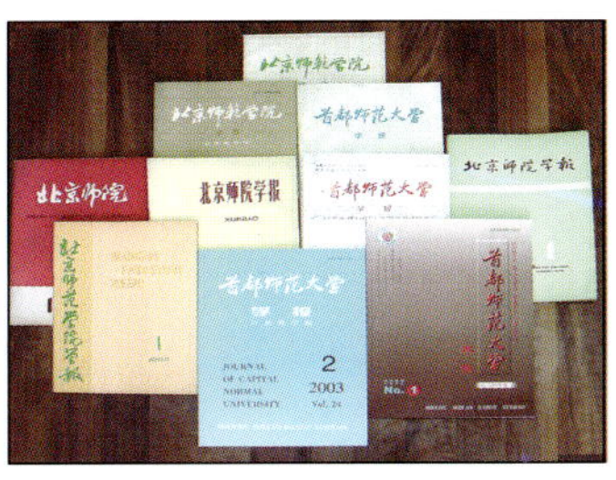

1.首都师大学报

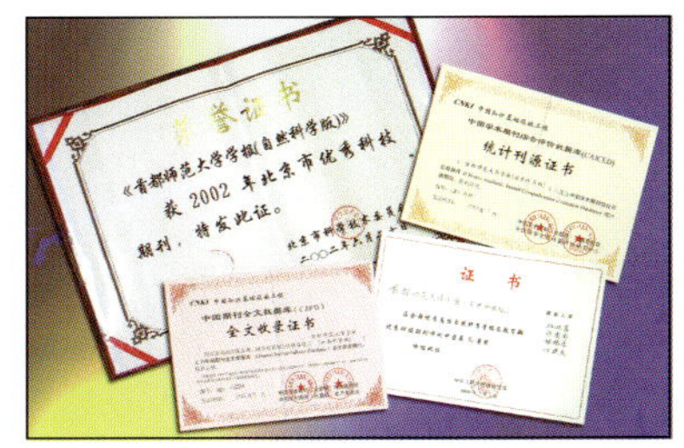

2.首都师大学报获奖证书

3.《中学生数学》杂志

4.首都师大出版社获奖图书

5.首都师大出版社获奖证书

6.北京师院出版社参加书市营销活动（1990）

7.作文导报举办征文活动

8.语文报刊社出版的《中学语文教学》杂志和《作文导报》

9.《语言》、《文学前沿》、《诗探索》、《女性文化》丛刊

10.《首都师范大学高教研究》杂志

11.《教育艺术》杂志

1.参军的女大学生（2003）

2～3.“迎评创优”动员大会会场看台上的师生（2003）

4.毕业的学子

1

2

3

4

1

2

3

4

5

6

7

1. 仓孝和（左二）率北京师院代表团一行访问美国纽约州立大学科特兰学院（1984）

2. 北京外语学院分院(北京联合大学外语师院前身)刘寿彭（右二）等接待美国纽约州立大学布法罗分校校长一行（1981）

3. 北京师院齐世荣（左四）一行访问美国纽约州立大学布法罗分校（1992）

4. 美国纽约州立大学奥斯维哥学院代表团访问首都师大（1992）

5. 首都师大杨传纬（右一）与来访的美国布法罗大学工学院院长接谈（90年代前期）

6. 首都师大杨学礼（右二）等访问法国（1997）

7. 首都师大与法国高等师大合作协议签字仪式（1997）

8

9

10

11

12

8.首都师大与日本城西大学、城西国际大学教育交流协议签字仪式（1998）

9.首都师大校长一行与韩国大田产业大学校长等（1998）

10.首都师大刘利民（左二）会见俄国莫斯科普希金学院院长（2001）

11.首都师大与日本广岛大学签署学术交流协议（2002），左二为许祥源

12.首都师大与美国布法罗纽约州立大学续签交流协议（2002）

13

14

15

16

17

18

19

13.'96北京国际群论讨论会在我校举行（1996）

14.面向21世纪学校美术教育国际研讨会在我校举行（1998）

15.第三届中日青少年性健康教育学术交流会在我校举行（1999）

16.中法教师教育国际研讨会在我校举行（2001）

17.外国语言学及应用语言学国际研讨会在我校举行（2002）

18.我校音乐学院举办国际音乐教育学术周（2003）

19.首都师大东方华印软件学院成立新闻发布会（2002）

1

2

3

4

5

6

7

1. 首都师大与中央电视台合办“教师礼赞”歌舞晚会（2002）
2. 首都师大军乐团在北京音乐厅演出（1995）
3. 教工合唱团参加“五月的鲜花”歌咏比赛
4. 我校学生赴香港演出（2003）
5. 离退休教职工参加歌咏比赛（1995）
6. 北京师院话剧团团员（1961）
7. 学生的舞蹈演出

8.京剧爱好者协会演出京剧
9.女教职员工服装表演
10.学生演出双人舞
11.我校学生赴新加坡参加国际大专学生辩论赛（1997）
12.学生参与大学生运动会体育表演（2002）
13.首都师大第四十三届田径运动会（2002）

8

9

10

11

12

13

14.首都师大第四十三届田径运动会（2002）

15.女教职工健身操表演

16.离休干部旅游在无锡

17.离休干部喜迎香港回归

18.离休干部参观周恩来纪念馆

1

2

3

4

5

1. 校友参加北京师院建院 10 周年校庆（1965）
2. 北京师院第一届校友理事会成员（1985）
3. 校友参加北京师院建院 30 周年校庆（1985）
4. 北京师院历史系 1960 届毕业生回母校庆祝校庆 35 周年（1990）
5. 首都师大旅港校友会在香港成立（1993）

6

7

8

9

10

6. 首都师大加力教育基金董事会成立，董事长、校友蔡世亮（左侧居中）主持会议（1993）
7. 部分校友参加校庆筹备会（1994）
8. 校友参加首都师大建校40周年校庆（1994）
9. 首都师范大学校友代表会（1999）
10. 首都师大旅港校友会代表团参加首都师大建校45周年校庆（1999）

11

12

13

14

15

16

17

11.毕业生孟雁君回北京师院作报告（1984）

12.毕业生熊宗启回北京师院作报告（1985）

13.北京通州师范学校校友孙敬修回母校作报告

14.北京师院毕业生任大惠（左三）偕《水浒》剧组与母校同学联欢

15.北京师院毕业生刘源（右二）回访母校

16.北京师院毕业生岳福洪（左一）回访母校

17.北京师院毕业生李其炎参加校庆45周年纪念活动（1999）

校区分布

北一区

初等教育学院（海淀部）

来广营分部

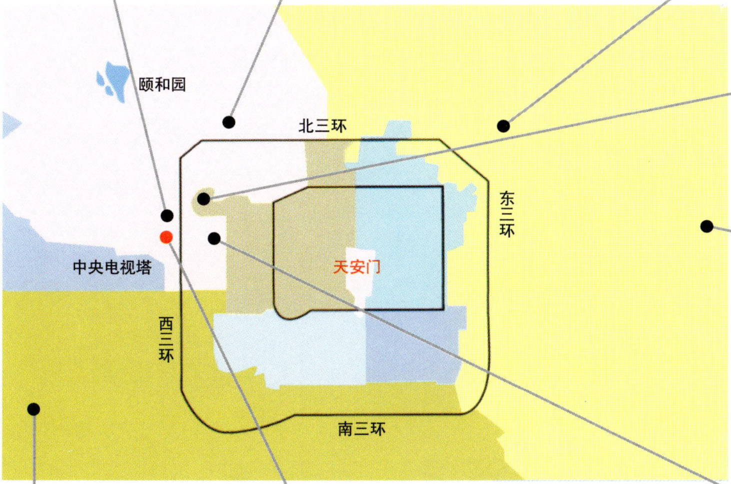

北二区

初等教育学院（通州部）

东校区

良乡校区

校本部

首都师范大学

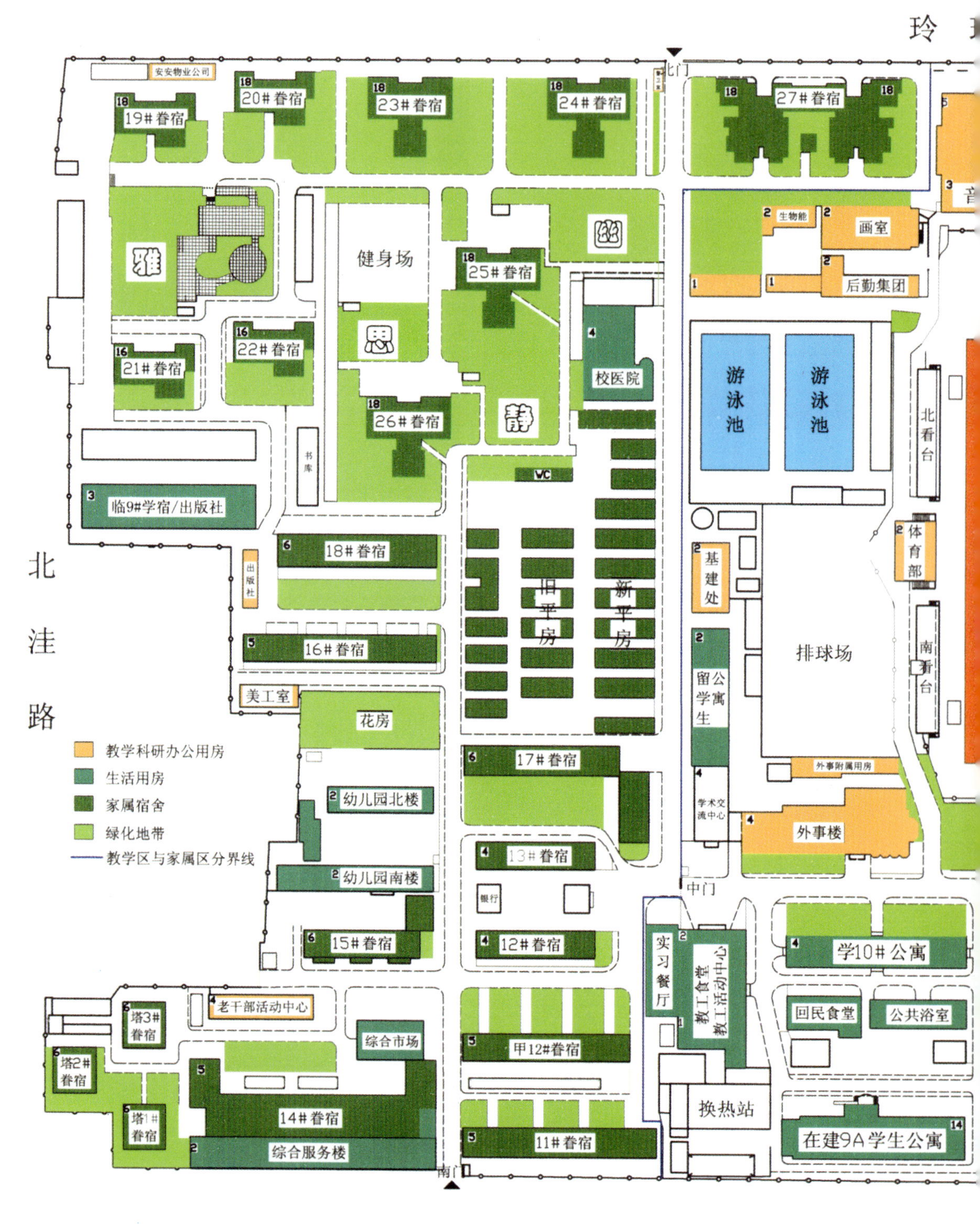

玲
安安物业公司
北门
19#眷宿
20#眷宿
23#眷宿
24#眷宿
27#眷宿
雅
健身场
幽
25#眷宿
生物能
画室
后勤集团
22#眷宿
21#眷宿
校医院
26#眷宿
静
游泳池
游泳池
北看台
书库
WC
临9#学宿/出版社
18#眷宿
出版社
旧平房
新平房
基建处
体育部
北洼路
16#眷宿
排球场
南看台
留学生公寓
美工室
花房
外事附属用房
17#眷宿
教学科研办公用房
生活用房
家属宿舍
绿化地带
教学区与家属区分界线
幼儿园北楼
学术交流中心
外事楼
13#眷宿
幼儿园南楼
中门
银行
15#眷宿
12#眷宿
实习餐厅
教工食堂
教工活动中心
学10#公寓
老干部活动中心
塔3#眷宿
回民食堂
公共浴室
综合市场
甲12#眷宿
塔2#眷宿
换热站
塔1#眷宿
14#眷宿
在建9A学生公寓
综合服务楼
11#眷宿
南门

本部平面图

2003/12

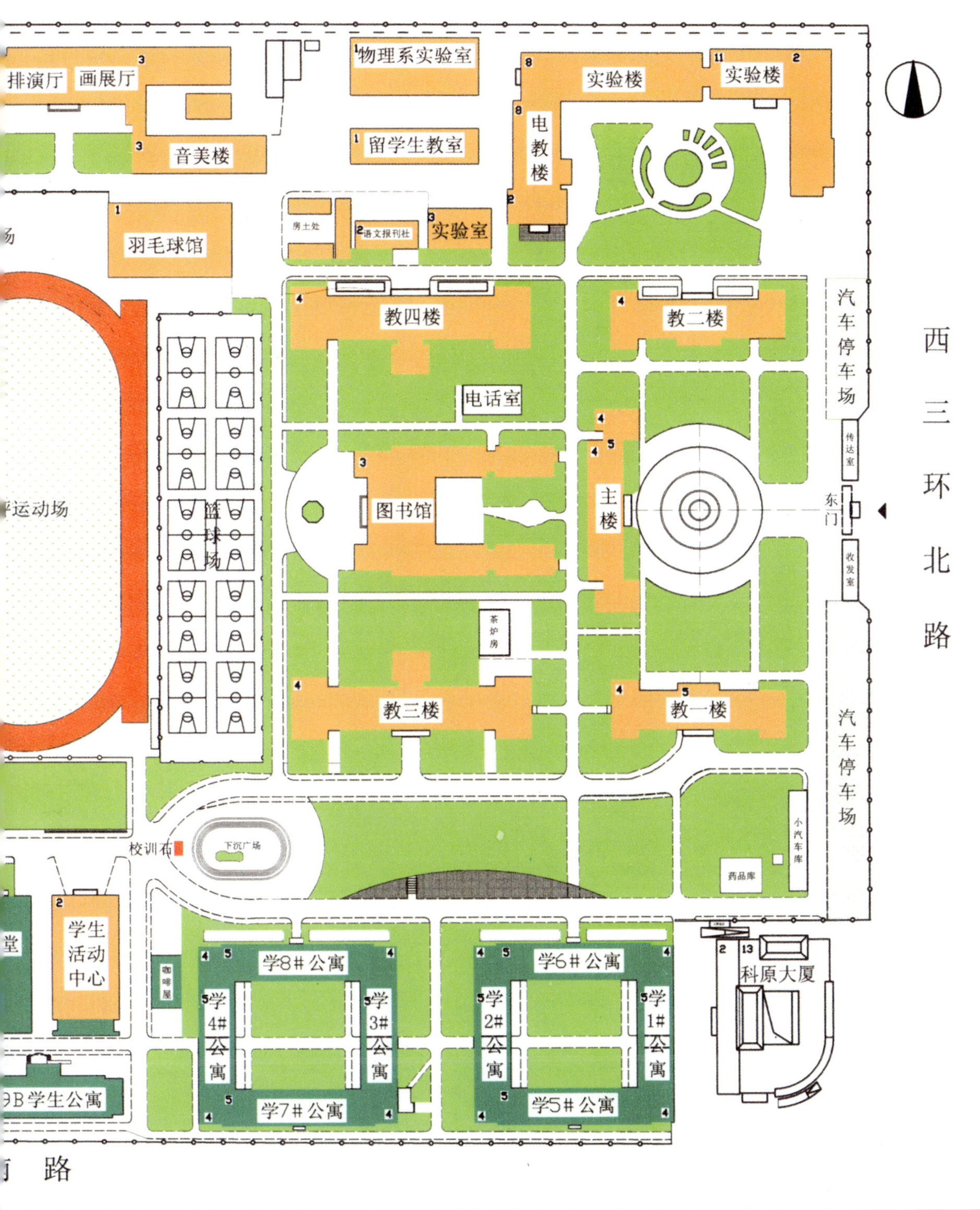

首都师范大学北一区平面图

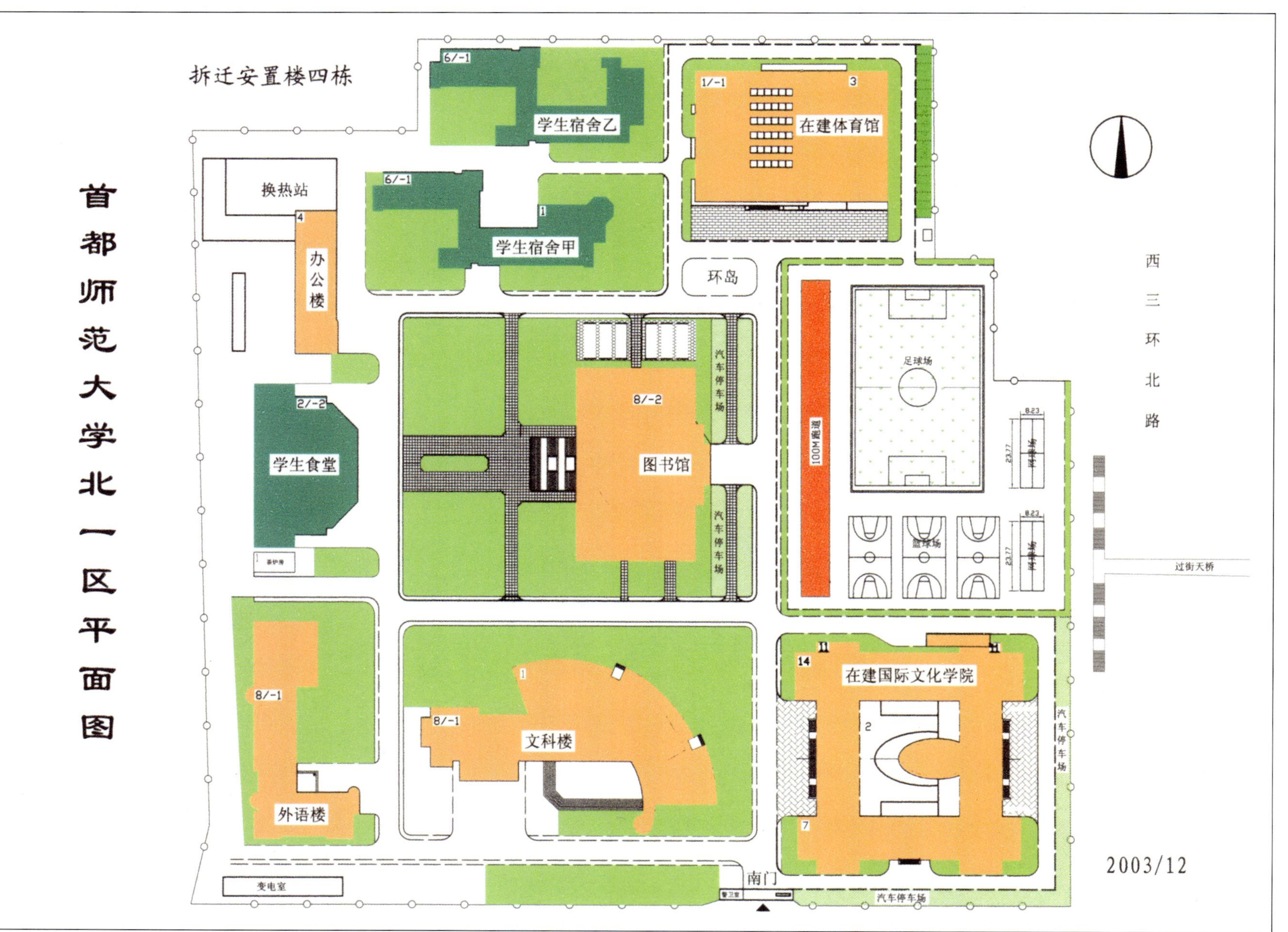

序

北京师范学院于1954年创建，以后又多次与一些兄弟院校合并，形成了今天的首都师范大学。首都师范大学从创建到今天，已走过了51个年头。这部《首都师范大学志》（1954～2003）从近半个世纪的办学历程中，选择最基本的事实，本着求实存真、叙而不议的精神，记录下来，以供今后治校之参考。

新中国对教育事业十分重视。新中国建立初期，百废待举，北京市委即决定成立北京师范学院，以培养师资，振兴首都的基础教育。1980年，北京市委又将我校列为市属重点大学，给予了各方面的大力支持。这是我校之所以能够取得今天成就的一个根本原因。

建校以来，全校师生员工艰苦奋斗的精神值得我们永远铭记。创办之初，校舍尚未建成，暂借一所中学开办；师资也极短缺，全校无一名正教授；图书仪器等设备更为匮乏。就是在那样简陋的条件下，师生员工奋发图强，艰苦创业。经过51年的不懈努力，首都师范大学今天已成为一所包括文、理、外语、艺术等多种学科协调发展的综合性师范大学，是北京市政府予以投资进行重点建设的“211工程”学校。创业难，守成不易，发展更难。今天我校已有相当的基础，欲求在此基础上取得更大的进步，就必须付出更大的努力。我们既要有宏伟的创新目标，又要有脚踏实地、稳步前进的实干精神。可以预期，首都师范大学将办得越来越好，为首都教育事业作出更大的贡献。

《校志》之成，历时数载。各方面给予了大力支持，编写人员也克尽其职。但由于有些资料已难搜集，叙述中疏漏或欠准确之处仍难避免，希望阅读者提出宝贵意见，今后续修《校志》时得据以改正。

2005年10月

目　录

凡 例

《首都师范大学志》，是根据北京市教委的要求，在20世纪90年代以来首都师范大学历届党委和行政的领导下编纂而成的，隶属于《北京地方志》的“高等教育志”系列。其编修原则和技术性规范如下：

一、本《志》作为一部严肃的资料性文献，力求比较系统、翔实地记叙首都师范大学近半个世纪发展的历程与现状，反映其所处的时代背景和自身办学特色，旨在发挥志书“存史、资治、育人”的功能。

二、本《志》以记事为主，叙而不论，寓评于述，将倾向性寄托于选材和编辑之中。

三、本《志》记事起自1954年4月，止于2003年12月（其中《大事记》附录2004年要事）。记事贯通历史与当今，较详于近而不甚略于远。

四、本《志》以概览、综述为基本模式。以学校整体或各项事业（工作）的沿革为经，以剪辑的史料为纬，二者有机结合。

五、对资料工作的要求是：广采博取，认真鉴别；细致整理，钩玄提要；言必有征，力避虚拟；取舍有法，不设禁区。

六、注重思想性、科学性、资料性的统一。为保证真实、客观、公正、全面、正确地反映办学进程，坚持以马克思主义、毛泽东思想、邓小平理论和“三个代表”重要思想为指导，坚持求真务实的态度和实事求是的原则，秉笔直书。凡涉及党史、国史、教育史的宏观背景时，以《中国共产党中央委员会关于建国以来党的若干历史问题的决议》和十一届三中全会以来历次党的代表大会“政治报告”对中近期党的实践所作的“基本总结”为准绳。

七、全《志》由概述、大事记、办学活动和条件、办学主体和学习主体、人物、附录、图片等13部分组成。“概述”统摄全志，“大事记”采用编年体，以著录开创性、转折性、全局性事件为主；办学诸项，横列纵写；“人物”参照《北京高等教育志》所定标准遴选；“附录”是北京师范学院分院、北京联合大学外国语师范学院、北京通州师范学校、北京第三师范学校等4所院校《校志》的简编。全《志》分为编、章、节、目4个层次，以文字表述为主，辅以图表、图片。

八、本《志》所采资料主要源自学校综合档案室、人事档案室所存档案或实物，各单位自存文书，相关的其他文献以及在校师生员工和某些校友的回忆（口述的或书面的）。对征引的文件，均简明地标注直接出处。

九、有关行文的若干说明：（1）文中凡称“50、60、70、80、90年代”，均属20世纪。（2）文中各图表的序号由4个数字组成，依次分别为编号、章号、节号和该节内图表顺序号。（3）各种名称初次出现时用全称，其后或用简称。

概 述

历经了近50年的风雨，首都师范大学逐步成长，开始走向壮盛，已经成为首都教师教育名副其实的中坚，成为北京市培养各类高级人才、从事多门科学研究和多种社会服务的重要基地之一。进入21世纪，愈加蓬勃发展，踏上了战略性转型的进程。

组成沿革

首都师范大学的前身——北京师范学院，在初建时仅有一年制的9个专修班，其后之所以发展成为拥有多学科的综合性师范大学，与几十年来和数所院校的整合密不可分。20世纪60年代前期，根据中央“调整、巩固、充实、提高”的“八字方针”，北京工农师范学院、北京体育师范学院以及另外3所院校的部分系科并入北京师院。90年代初期，北京市为了改变学校布点过多、专业设置重复、财力物力分散等状况，经市委、市政府研究并报国家教委批准，出台了《市属高校布局调整方案》，其中一项是：“将北京师院分院、联大外语师院并入北京师范学院，并更名为首都师范大学。”到1999年，又有北京通州师范学校和北京第三师范学校并入首都师大。

60年代和90年代的两次大幅度整合，不但较快地完成了建制的合并，即学校主体、党政领导、管理制度、学科建设、发展规划的一体化，实现了资源优化配置，促进了学校整体的加速发展，而且，参与整合的院校原先各自的办学理念、治校风格、教风学风、校园文化等，在新组建的大家庭里，经过碰撞、磨合，也逐渐融会成一种新的境界。

组成首都师大的诸院校整合的过程如下：

1954年在北京教师进修学院基础上筹建北京师范学院，并以“北京师范学院专修班”名义招收第一届学生。

1955年，北京师范学院正式成立。

1955年，北京师院音乐、美术两个专科停办（因北京市拟建一所艺术师范学院）。

1960年，华北人民大学哲学系、政经系、党史系北京学区的师生并入北京师院。

1962年，北京工农师范学院（1959年成立）整建制并入北京师院。

1962年，北京体育师范学院（1956年成立）整建制并入北京师院。

1964年，北京艺术学院撤销，其音乐系、美术系部分教职工并入北京师院。

1964年，北京师范专科学校（1958年成立）部分教职工并入北京师院。

1971年，北京市外国语学校划归北京师院领导，更名为北京师范学院附属外国语学校。

1973年，中国人民大学语文系和函授部整建制并入北京师院，同时另有其他系室若干教职工调入。

1973年，北京师范学院附属外国语学校从北京师院划出，恢复原建制和名称。

1973年，“文革”后期北京市部分院校调整，有少量教师、干部陆续调到北京师院工作。

1978年，原中国人民大学成员绝大多数陆续调出，回到复校的中国人民大学。

1979年，北京师院体育系划出，恢复北京体育师院建制。

1992年，北京师范学院分院（1978年成立）整建制划入北京师院，北京师院更名为首都师范大学。

1993年，北京联合大学外国语师范学院整建制并入首都师范大学。（北京联大外语师院的前身为北京外国语学院分院，1985年并入北京联大。该院于1980年由3校组合而成：1978年成立的北京外国语学院分院、北京语言学院分院及1960年成立的北京市外国语学校。）

1999年，北京通州师范学校（前身于1905年成立）和北京市第三师范学校（1958年成立）并入首都师大。

附：

首都师范大学设有3所附属中学：首都师大附中（前身为北京第42中学，1958年起由北京师院和教育局双重领导），首都师大附属育新学校、首都师大附属实验学校分别于1997年、2001年由首都师大和市教委双重领导。再有，首都师大附属丽泽中学、首都师大附属良乡实验学校、首都师大附属文博实验中学于2001年取得首都师大附属学校的冠名权。

历史进程

一、艰辛缔造 草创雏形（1954.4～1957.5）

1953年，我国第一个五年计划开始实施，北京市中小学教育快速发展，但教师数量少、水平低的问题十分突出。市委书记彭真尖锐地指出：北京是首都，中小学教育要走在全国的前列，决不能做“尾都”。1954年6月，中共北京市委作出了《关于提高北京市中小学教育质量的决定》。7月，在向中央报送该项《决定》的《报告》中提出：“为了保证今后的中学师资有可靠的来源，北京市今年拟先成立师范专修科，明年建立师范学院。”8月，中央教育部同意上述要求，并允许当年以“北京师范学院专修班”的名义招收学生。

北京师院的筹建从1954年4月已经启动，由于北京市要求1955年秋提供几百名毕业生到中学任教，工作极为紧张。当时没有现成的学校可供依托，而是平地起家，从零开始。先是借用东郊某中学校舍，安顿刚刚从全国4大省区招收的学员，次年才进入一所规划改迁的学校在建的校区，即今天校本部所在地。校园四周全是农田，院内沟壑纵横，脚手架林立，办学资源十分匮乏。特别是缺少师资，于是临时组建了一支队伍。这支队伍大多是从普教系统抽调来的教师、干部和刚毕业的大学生，二三十岁的年轻人居多，资历较浅，一名正教授都没有。靠他们能否把一所大学办起来，成为社会上许多人士关切的问题。而第一代创业者们秉持着“教育优先、师范先行”的理念，奋发有为，勇于创业，埋头苦干，团结协作，用自己的汗水和心血为北京师院打下了坚实的基础。筹建学校的负责人曾经预言：“不要看不起这批二三十岁的教师，将来在他们当中一定能出一些高水平的教授和学者。”事实证明，1954～1956年来校工作的教师、干部中，有一二十人后来成了本领域有影响的学者和专家。

北京师院是一所本科师范院校，初期，本科、专科、专修班并存。任务主要是培养中学师资。在办学方面，《1955～1956年计划要点》提出：“我院应以贯彻全面发展的教育方针、提高教育质量作为各项工作的指导方针，提高教学内容的科学性、思想性、目的性，并改进教学形式与教学方法的运用，加强体育卫生工作，注意学生独立工作能力的培养，教师要在了解学生的基础上进行教育等，同时，要强调面向中学的方针。”

新中国建立初期，高等教育一方面致力于清除旧中国半封建半殖民地条件下教育的遗毒，一方面全面系统地学习苏联50年代前期的教育观念和教育模式。当时我国引入的苏联的教育制度和措施，有一部分符合我国国情，或适应了计划经济的体制，也有一些产生了负面效应。苏联教育的影响不可避免地在北京师院反映出来。如：高度集中的办学体制及管理体制；独立的师范教育体制；师范院校专业设置与普通中学课程对口，学科为文理基础型；高度划一的培养模式；重教学、轻科研（国家另设科学院、所系统从事之）等。

1956年党中央召开的知识分子问题会议和随后提出的“百花齐放、百家争鸣”的方针，规定了对知识分子和教育科学文化工作的正确政策，促进了这方面事业的繁荣。“由于党的政策、优良作风和崇高威信深入人心，广大干部、群众、青年和知识分子自觉学习马克思列宁主义、毛泽东思想，在党的领导下积极参加各项革命和建设工作，在全国形成了革命的、健康的、朝气蓬勃的社会道德风尚。”在上述宏观背景下，北京师院顺利进行本科建设，而且制定了《北京师范学院1956～1967年规划（草案）》，提出争取“在12年内使我院成为全国先进的师范学院之一”。

二、艰苦探索 曲折前进（1957.6～1966.5）

1957年至1966年5月，是我国开始全面建设社会主义的10年，也是北京师院从初建到迅速成长的10年。但学校的发展与全国的总体形势一样，并非一帆风顺，经历了十分曲折的过程。

（一）1957年至1960年的政治思想斗争与教育革命

中共第八次全国代表大会的召开和毛泽东《关于正确处理人民内部矛盾的问题》的发表，为社会主义全面建设创设了良好的开端。但1957年的反右斗争严重地扩大化了。1958年又轻率地发动了“大跃进”和农村人民公社化运动，继之1959年错误地开展了反右倾斗争，加上其他因素，导致国民经济发生严重困难。同期，中央发动了教育革命，提出了“教育为无产阶级政治服务，教育与生产劳动相结合”的方针，旨在克服学习苏联教育经验中出现的机械照搬的缺点以及传统教育的弊端，力图创造具有我国特点的教育制度。在高等教育领域，教育革命强调坚持知识分子与工农相结合、脑力劳动与体力劳动相结合，并建立教学、生产劳动、科学研究三结合的体制。

北京师院在反右和反右倾斗争中，有250人不同程度地直接受害，造成了不幸的后果。另外，1958年，在“反浪费反保守”运动中，结合知识分子改造，开展了“拔白旗、插红旗”的红专关系大辩论，揭批“不红不专是最大浪费”的现象；1959年开展了灭资兴无“保卫三面红旗”的政治思想战线上的社会主义革命，1960年开始，又投入到反对现代修正主义的斗争。

在教育领域的情况是：学校制定的《北京师院1958～1962年跃进纲要（草案）》，号召全校鼓足干劲，力争上游，“争取五年内建成全国最先进的师范学院”；1958年6月起，兴起了大办工厂、勤工俭学、半工半读的热潮，暑期后学生开始增加劳动时间，如1958级学生在入学以后的3个学期中，共劳动约5个月；掀起了群众性的教改运动，批判封资修思想，“查老根”、“挖祖坟”，提出“大破大立，建立无产阶级的社会科学和自然科学学科体系”的口号，在很短的时间内，以学生为主体，编写了一批新的教学大纲和教材；大力开展科研活动，也是采取群众运动的方式，有的单位还摆起了“科研大擂台”，据统计，1958～1962年上马大大小小课题数百项，公开发表或出版的成果约百余项；大幅度扩大招生规模，以58级、59级、60级三个年级为最，等等。

（二）1961年至1963年的甄别平反与贯彻《高校六十条》

1960年冬，党中央提出对国民经济实行“调整、巩固、充实、提高”的方针，带领全国人民通力摆脱困境。1962年初，中央工作会议初步总结了“大跃进”的经验教训。各条战线在此前后也陆续着手起草本领域的“工作条例”。

根据中央和北京市委的部署，1962年北京师院基本完成了对“大跃进”以来受到错误批判的党内外教职员工和学生的甄别工作，落实了相关政策。从1959年起，还几次为大多数被定为“右派分子”的师生摘掉了“右派”的帽子。社会上和校园内的政治气氛一度较为宽松。

在1959年夏，遵照中央召开的教育工作会议精神，北京师院已经准备认真解决教育革命中的缺点错误，但“反右倾”使纠偏工作中断了。到1961年，党委再次组织各系各单位进行广泛深入的调查研究。如物理系调查组写出了包括“结论”和附件在内的38万字的调研报告，总结了一些带规律性的东西。1961年9月，中央批准试行《教育部直属高等学校暂行工作条例》（简称《高校六十条》），该《条例》全面地确定了高校各项工作的方针政策，北京师院也参照实施。1963年初，党委和院委联合在题为《北京师范学院四年半（自1958年6月起计）以来工作的基本总结和今后的主要任务》的文件中，回顾了贯彻《高校六十条》以来所做的工作。主要包括：坚持政治挂帅，经受住了三年困难的考验；明确了高校的任务，贯彻教学为主的原则，调整了教学、劳动、科研、社会活动的关系；加强“三个基本”（基础理论、基本知识、基本训练）的教学，教学质量逐步提高；坚持师范教育特点，恢复了教育实习和见习；深入进行红专关系教育，初步树立了认真读书、刻苦钻研的学风；加强了民主集中制，活跃了民主生活，落实了知识分子政策，增强了团结；加强了党的领导，并注意发挥行政组织及其负责人的作用，等等。这一文件还规划了“今后5年的主要任务”，这些任务在此后两三年中不同程度地得到落实，但由于形势的变化，也有不少工作难以继续推进下去。

（三）1963年至1966年5月的社会主义教育运动、意识形态领域的斗争和教育革命的又一高潮

党的八届十中全会号召“千万不要忘记阶级斗争”，并强调要抓意识形态领域的阶级斗争。1964年至1965年，毛泽东主持制定了《农村社会主义教育运动中目前提出的一些问题》，提出“这次运动的重点，是整党内走资本主义道路的当权派”。同期，又对某些文艺作品、学术观点和文艺界学术界的一些代表人物进行了错误的过火的政治批判，在对待知识分子问题、教育科学文化问题上发生了愈来愈严重的“左”的偏差。上述政治思想斗争直接反映到高教领域。北京师院1963年开始了以阶级教育为中心的“双反”运动，1964年、1965年在毕业生中开展了革命世界观教育，安排了停课50天的“清理思想”。1964年起，组织师生分批到农村和市区参加“四清”与“五反”运动。

1964年以来，毛泽东对教育革命问题作了一系列指示，主要论点有：“我们的教育方针路线是正确的，但是方法不对……现在这种做法是摧残青年，我很不赞成。”“现在课程太多，对学生压力太大。讲授又不甚得法。考试方法以学生为敌人，举行突然袭击。这三项都是不利于培养青年们在德智体诸方面生动活泼地主动地得到发展的。”“阶级斗争是你们一门主课。”“要把精力集中在培养训练分析问题能力和解决问题的能力上。”“（现在学校）采取的方法是注人式，而不是启发式。”“文科要把整个社会作为自己的工厂。”另外，1965 年 7 月 3 日，毛泽东对《北京师范学院一个班学生生活过度紧张健康状况下降》一文作了批示：“学生负担太重，影响健康，学了也无用。建议从一切活动总量中，砍掉三分之一。邀请学校师生代表，讨论几次，决定实行。如何请酌。”（通称《七三批示》）（以上引文均见于《毛泽东论教育革命》）与此同时，1965 年，中央批转了教育部关于试点两种劳动制度和两种教育制度的报告。

对于毛泽东和中央的指示，北京师院发动群众，认真讨论并贯彻落实：(1) 开展关于教育方针和培养目标的学习，明确了健康第一、教学为主、德育为首的辩证关系。强调必须培养为社会主义服务的红、专、健的人民教师，提倡一专多能、主（学）兼（学）相得。(2) 围绕历史系学生商传所写的《这样学算出圈吗》一文，展开讨论，鼓励学生树立为革命而学的雄心壮志，提倡自学和生动活泼地主动地学习，反对“死读书”。(3) 改革教学内容和培养模式。采取的措施有：精简课程，编写新教材，讲授内容做到少而精，推行启发式教学，鼓励学生自主学习，创造灵活多样的教学形式，允许学生自由支配课余时间，改革学籍管理制度（可自选听课，可通过自学应考，可跳级等）。1966 年初，中文、历史两系低年级赴昌平十三陵地区办学，以参加学术斗争为纲，组织教学。(4) 进行了半工（农）半读试点。文科的劳动与学习时间的比例定为 1.5∶2.5，理科定为 3∶7 或4∶6。以上教改实验活动由于“文革”爆发被迫中止。

“文革”前夕，北京师院经过 12 年的建设，已经初具规模，建成了由中文、历史、政教、外语（英、俄）、音乐、美术、体育、数学、物理、化学、生物、地理等 12 个系（13 个专业）组成的文理学科较为齐全的高师本科院校。在校生逾 4 000 名，每年毕业 1 000 名；全院教职工 1 400 多人，其中专任教师 700 人。

学校积累了一定的办学经验和特色，如注重教师职业素质的培训和养成，加强教育学科的建设，鼓励并直接为基础教育服务等。教师和干部队伍勤勤恳恳，兢兢业业，注重教学工作特别是基础课教学，教学态度认真，教学内容充实，教学方法细致，同时重视做好学生的思想工作，教育管理比较严谨。全校上下，从教师到学生，形成了热爱教育、热爱师范的传统，这一传统源自建设好国家和首都的使命感和责任感，源自从事师范教育的光荣感，源自与基础教育千丝万缕的亲情。毕业生的大多数工作在中学教育的第一线，许多人长期坚守在条件艰苦的农村。他们默默耕耘，无私奉献，燃烧自己，照亮别人，为北京的基础教育事业竭诚尽智。他们是母校的骄傲，他们的思想行动是构成首都师大精神最可宝贵的因素。

三、“文革”十年 灾难深重（1966.5～1976.10）

长达 10 年的“无产阶级文化大革命”是从文化教育战线开刀的，其时，高等学校因被视为“资产阶级的世袭领地”、“修正主义复辟的前哨”而首当其冲。由于高等教育在上层建筑领域具有举足轻重的地位，林彪、“四人帮”始终操纵高校的运动不放。高教事业遭到的厄运，广大知识分子经受的磨难，都是史无前例的。

北京师院"文革"中的历史可以划分为三个阶段。

(一)红卫兵运动与"打倒一切"、"全面内战"阶段(1966.6～1967)

"文革"爆发后,学校里立即掀起了"一个阶级推翻另一个阶级"的风暴:"横扫一切牛鬼蛇神","彻底砸烂旧师院"。党政机构瘫痪,教师沦为"臭老九",办学活动从此中止了4年。继而对立的两派群众组织大打派仗,争夺权力,派性余毒的影响延续到80年代。

(二)军宣队、工宣队进驻北京师院,领导"斗、批、改"阶段(1968～1971)

根据"无产阶级专政条件下继续革命"的理论,先后进行了"清理阶级队伍"、"开门整党"、"大批判"及"下放干校劳动"、"批极左及清查'五·一六'反革命集团"等运动,目的是"斗垮走资本主义道路的当权派,批判资产阶级的反动学术'权威',批判资产阶级和一切剥削阶级的意识形态,改革教育,改革文艺,改革一切不适应社会主义经济基础的上层建筑"。

(三)推行《全国教育工作会议纪要》与"反回潮"、"反击右倾翻案风"阶段(1971～1976)

林彪叛逃后,全国相继发动了"批林批孔、评法批儒"、"批邓、反击右倾翻案风"、"清查天安门事件"等一系列政治运动,群众对"四人帮"的倒行逆施,从厌倦、怀疑终至起而抗争。在高校,1970年恢复招生,但办学活动始终处在"两个估计"(17年的教育工作中"资产阶级专了无产阶级的政",原有教师大多数人"世界观基本上是资产阶级的")的高压之下。由于当时的所谓"教育改革",都是"同17年的修正主义教育路线对着干",不能不引起广大教师的不满。"四人帮"则在清华大学、北京大学等校制造了"反右倾回潮"事件,将一批干部、教师打成"复辟派"、"反革命",并且声称"这是刚刚过去的大革命的继续",进而把运动推向全国。1971年以来,北京师院卷入政治斗争旋涡的情况,与全国特别是北京地区的高校大致相同,直至1976年党中央粉碎了"四人帮"为止。

在教育领域,陈伯达、张春桥等接连鼓吹:"知识越多越反动","宁要没有文化的劳动者","大学就是大家来学","各种专业其实都是造走资派反的专业","学员们要头上长角、身上长刺",等等。在上述思想影响下,北京师院于1970年和1976年两次制定《教育革命发展规划》。其指导原则是:"必须对旧师院进行彻底改造","改造成为无产阶级专政的工具",要组织学员"直接参加社会上两个阶级、两条路线的斗争","工农兵学员要上大学、管大学,用毛泽东思想改造大学"。关于教育制度、教学方针和方法有如下规定:(1)学校类型:把普通全日制高校改为"七二一型"(指符合毛泽东1968年7月21日的指示),即从有实践经验的工农兵中招收学员,学习几年后,仍回到生产实践中去。(2)学制和专业:学制二年或三年。采取"群众推荐、领导批准和学校复审相结合的办法"录取学生,学生须具有相当于初中以上实际文化程度。对原有专业"增、减、并、改","试验文史政或数理化的结合或改造"。(3)教育、教学模式:走"五七道路","实行半工(农)半读","坚持开门办学"。三年制普通班开门办学"一般不少于总时数的三分之二",其中生产劳动9个月,教育革命实践一个学期,学军一个半月。"坚持结合战斗任务、生产任务或典型产品组织教学"。(4)教学内容和指导思想:"文科要以马列和毛主席著作作为基本教材","开展对各个学科领域中封、资、修反动思想体系的批判","文理各科新教材要体现无产阶级专政的理论,充分反映无产阶级文化大革命的批林批孔的成果"。

尽管“文革”期间学校处在极左路线的控制之下，广大干部和教师仍然竭尽全力培养培训国家急需的教师。除了招收7届普通班外，同时在远郊区县开设了培训班，帮助在职教师提高科学文化水平。另外，一些理科教师还结合生产进行科学研究，有几项成果在70年代末获奖，受到好评。

四、拨乱反正 开拓进取（1976.10～1992.5）

20世纪70年代后期至90年代初，是北京师院上承五六十年代业绩，努力提升办学水平的重要时期。

（一）拨乱反正（1976.10～1982）

粉碎“四人帮”的胜利和党的十一届三中全会的召开，标志着我国进入了社会主义建设的新时期。关于真理标准的大讨论和全面纠正“文革”中及其以前的左倾错误，使“解放思想、实事求是”的思想路线深入人心。70年代后期至80年代初的几年，学校的主要工作有如下几个方面：（1）揭批“四人帮”，恢复马克思主义关于教育工作指导思想的本来面目。通过批判“两个估计”，学习邓小平关于“尊重知识、尊重人才”，“实现四个现代化，科技是关键、教育是基础”的论述，教职工明确了前进的方向。思想上批判“四人帮”的同时，组织上也开始“揭、批、查‘四人帮’”帮派体系活动在师院的表现。（2）平反“文革”中的冤假错案（被立案审查和受株连者各超过500人），处理50年代以来历史遗留问题（反右和反右倾受伤害者250多人），落实知识分子政策和统战政策，广大教职员工心情舒畅，决心把“文革”的损失夺回来。（3）实现了工作重点转移，恢复了全日制高校办学的基本模式，调整了学校的内部领导体制和管理体制。（4）千方百计克服办学经费不足困难，改善办学条件，70年代末至90年代初共兴建教学科研用房和师生宿舍10余万平方米。（5）有针对性地开展思想教育工作，引导师生清除新形势下滋生的精神污染现象。

根据北京师院在服务基础教育中所处的地位以及“文革”后迅速恢复并超过60年代前期办学水平的态势，中共北京市委于1980年6月批准北京师院为“市属重点大学”，指示“一定要努力办好”。

（二）开拓进取（1983～1989）

1982年中共十二大提出建设有中国特色社会主义的伟大任务，1984年至1985年，中央先后发布了关于经济体制、科技体制和教育体制改革的3个《决定》。1987年中共十三大完整地概括了党在社会主义初级阶段的基本路线，确立了经济建设分三步走的战略部署。

1984年，《北京师范学院1983～1990年发展规划》正式出台，确定“到1990年把我院建设成为具有中国特色的，居于全国同类院校先进行列的，与首都地位和要求相称的社会主义高等师范学校，逐步成为既是教育中心，又是科学研究中心”。北京市委教育工作部等主管部门对《规划》作出批复，指出：“师范学院不同于一般的综合大学，要办出自己的特色”，“要面向中学，真正培养出德智体全面发展，能够适应‘三个面向’的高水平的中学师资”。《规划》从坚持服务基础教育的办学方向出发，在突出师范特点的基础上，首次提出“要注意抓好学科建设”，首次提出“以办好四年制本科和培养研究生为主要任务”，首次提出逐步把学校从教学为主型转为“教学、科研两个中心”，首次冲破“小师范”界限向“大师范”方向拓展，又要求把教职工队伍建设作为实现奋斗目标的关键予以实施，并主张扩大学校功能以增强其综合实力等。到80年代末，《规划》所列指标已得到全面落实。

在推进事业发展的同时，启动了多项改革，涉及党委转变职能，在干部教师中实行岗位责任制和津贴制，精简机构，后勤部门实行承包制，允许各单位从事社会服务等。特别是为贯彻《中共中央关于教育体制改革的决定》，在教育教学改革方面，采取了数项重要的改革措施。

围绕改革和发展，加强了党的建设和思想政治教育。1984年的整党，力图从理论到实践上清除“文革”的影响，恢复党的优良传统和作风。继续医治十年动乱和历史遗留问题造成的创伤，进一步落实知识分子政策和其他相关政策，通过认真细致而又极为浩繁的工作，妥善解决了大量党内和人民内部矛盾，调动了群众的积极性。为了抵制资产阶级自由化思潮的侵袭，通过马列主义理论课和思想品德课、社会实践、军事训练、精神文明建设等多种渠道向学生进行党的基本路线的教育。

在改革开放前期，出现许多前所未有的新情况、新问题，学校在总结实践经验的基础上，推出了数十项决定、规定、条例，涉及办学的诸多方面，为落实8年规划创造条件，为新鲜事物的成长和规范化铺路搭桥。

在国内和国际多种复杂因素的作用下，1989年春夏之交，在北京发生了一场严重的政治风波，北京师院的部分学生和教职工也不同程度地卷入其中。当时，党和政府及时果断地采取措施，维护了社会的稳定，并且下定决心继续推进改革开放。北京师院党委一开始就旗帜鲜明地呼吁全校上下与中央保持一致，并向师生做了大量说服动员的工作，其后又竭力减少风波造成的损失，学校很快恢复了正常的教学秩序。

(三) 继续前进 (1989.6～1992.6)

平息“政治风波”之后，在国际上发生了苏东剧变、国外敌对势力继续对我国实行和平演变、国内出现一些突出社会矛盾的情势下，中央作出一系列重大决策，赢得了社会稳定、政治稳定、经济发展的局面。北京师院党委则着重抓了下列几项工作。一是坚持社会主义办学方向。通过学习讨论，认识到“各级各类学校不仅要建立完备的文化知识传播体系，而且要把德育放在首位，确立正确的政治方向”。二是整党。进行了党员重新登记，调整了领导班子，要求基层组织和党员在改革中发挥政治核心作用、战斗堡垒作用和先锋模范作用。三是把“双青”（年轻党政干部和年轻教师）队伍建设作为具有战略意义的大事来抓，启动了“761人才工程”，又初步实行了劳动、人事、分配制度的改革，二者在当时的高教界产生了较大反响。四是为制定“八五”和整个90年代的教育改革发展规划做了前期准备工作。

五、深化改革 加速发展 (1992.6～2000.12)

从1992年起，到20世纪末，党的第十四次、十五次全国代表大会先后召开，大会高举邓小平理论伟大旗帜，分别确定了建立社会主义市场经济体制的目标，提出了可持续发展战略和科教兴国战略，动员全党把建设有中国特色社会主义伟大事业全面推向21世纪。在教育战线，先后召开了第二、第三次全国教育工作会议，分别发布了《中国教育改革和发展纲要》以及《中共中央国务院关于深化教育改革全面推进素质教育的决定》。另外，

90年代初，《北京城市总体规划》公布，国务院在批复中指出：北京要成为“全国文化教育和科学技术最发达、道德风尚和民主法制建设最好的城市”，要办“全国最发达”的教育。

在此期间，首都师大在北京市委市政府支持下，抓住争取进入国家“211工程”计划的机遇，取得了建校以来前所未有的发展速度。

（一）五校整合

根据北京市政府决定并报国家教委批准，北京师范学院、北京师范学院分院、北京联合大学外语师范学院于1992年至1993年完成了整合，学校更名为首都师范大学。三校整合后，较快地实现了一体化，发挥了资源优势互补的效益。到1999年，北京通州师范学校、北京第三师范学校又并入首都师大。三师已有数年培养大专水平师资的历史，通师是一所百年老校，以两校为基础，组建了初等教育学院，为首次培养本科学历的小学教师创造了条件。

（二）制定了几个互相关联的发展改革规划并加以实施

几个规划是：《首都师范大学教育改革和发展纲要（1993～2000年）》、《首都师范大学教育改革和发展“九五”规划和2010年远景目标》、《首都师范大学“211工程”整体建设规划》、《首都师范大学2001～2005年发展计划纲要（草案）》。1993年、1994年，北京市委、市政府基于一流的城市要有一流的教育、一流的教育要有一流师资的需求，同时鉴于首都师大历来高举师范教育大旗不动摇，两次作出决定，支持首都师大争取进入“211工程”计划，并先行拨付启动基金，因而上述前两个规划也是立足于跻身“211工程”计划而加以设计的。

我校“211工程”建设（1996～2010年）的总体目标和指导思想确定为：“全面贯彻党的基本路线和教育方针，坚持办好师范，坚持服务首都，努力把学校建设成为北京市培养培训基础教育师资和两个文明建设所急需人才的重要基地，成为北京市教育科学研究的重要基地，使我校在教育质量、科研水平、学校管理和办学效益等方面达到国内同类高等院校的一流水平。建设任务将分两个阶段实施：第一阶段，1996～2000年；第二阶段，2001～2010年。”

（三）“211工程”“九五”期间整体建设如期全面完成

1996年、1997年，北京市政府组织的专家组通过了“首都师范大学‘211工程’部门预审”和“首都师范大学‘211工程’建设项目可行性论证暨立项审核”。2000年年底，经内部汇总，各个项目的建设均已完成。2001年，受北京市政府委托，以钟秉林为组长的专家组对我校“211工程”“九五”期间整体建设进行验收，“一致同意通过”，其意见如下：

“首都师范大学领导班子牢牢抓住‘211工程’建设难得的发展机遇，精心组织，认真实施，严格管理。经全校师生员工的奋力拼搏，使‘211工程’‘九五’期间整体建设取得令人瞩目的成绩。

‘九五’期间，学校‘211工程’重点学科建设取得了突破性进展。各学科学术梯队的职称、学历、年龄结构发生重大变化，‘52111’人才工程全面实现；科研实力显著提高，在人文社会科学、教育科学、基础数学、光学物理与信息材料、遗传与生物工程等领域产生出一批高水平标志性成果；科研条件明显改善，重点实验室建设迈上新台阶，现代化教育技术在教学、科研中广泛应用，人才培养质量不断提高；‘坚持师范教育、坚持服务首都’的特点更加突出，‘青少年性健康教育’、‘全面提高北京市初中教育质量’等研究课题取得优秀的科研成果，产生了重大社会效益和影响。初步形成了首都师范大学重点学科的优势与特色。

‘211工程’公共服务体系、教学科研整体条件和基础设施建设全面完成了预定的目标与任务，学校面貌发生了巨大变化，广大师生的教学、科研、生活条件得到重大改善，为提高教育教学水平、科研水平、管理水平和学校的持续发展奠定了基础。

首都师范大学在‘211工程’建设过程中，坚持正确的办学指导思想，积极探索一条具有‘师范性、综合性、地方性’特色的全面为首都服务的办学道路。五年中培养了大批高质量师资与其他各类优秀人才，产生了一批高水平的科研成果，为北京市基础教育的改革发展，为北京市现代化建设作出了突出贡献。”

(四) 深化综合改革

(1) 教学改革。在逐步调整学科和专业结构的同时，在教育思想大讨论基础上，以提高教学质量为中心，全面推进素质教育。1994年、1998年两度修订教学计划，按照“拓宽专业内涵，加强全面基础，培养创新品格，提高综合素质”的思路，改革课程体系、教学内容、教学方法和手段以及教学管理模式，增强人才的社会适应性。(2) 加大优秀人才引进和培养的力度，全面完成“52111工程”，使师资队伍的年龄、学历、职称结构发生重大变化。(3) 深化人事、劳动、分配制度的改革。1993年依据“转换机制、精简机构、分流队伍、优化结构、提高效益、改善待遇”的指导思想采取相应措施。2000年以“淡化身份、强化岗位、存量不变、增量拉开”为原则，进一步破除职务“终身制”，打破分配上的平均主义，并形成“能上能下、能高能低、能进能出”的激励竞争机制。(4) 进行后勤改革。完成了后勤部门与行政管理系统的规范分离，实行企业化管理，为走上社会化、专业化的道路做了准备。(5) 开始对校办产业进行调整和清理，决定重点发展高科技和文化产业。(6) 调整外事工作的定位，90年代中后期，学校与各国的文化交流合作以及留学生教育出现了新局面。(7) 多渠道筹集资金，加快基本建设速度，新增教学科研办公住房和师生宿舍约18万平方米。(8) 扩大社会服务功能。1994年制定了《首都师范大学服务基础教育的十项措施》。在实践中，教职工认识到，为基础教育服务没有止境，因为：教育科学由经验走向科学，任重而道远；提升基础教育水平，不仅是中国也是全球性永恒的课题；培养和培训教师，其客观需求之大难以估量；教师教育是一种高难度的教育，是必须走在各类教育前列的教育。总之，教师教育大有可为。

(五) 加强党的建设和思想政治工作

中共首都师大党委围绕改革、发展、稳定的需要，统揽全局，筹划大事，力求成为全校的政治核心和决策核心。为此始终不懈地抓紧自身建设和思想政治工作，形成了良好的传统和比较稳定的工作系统及规范。1993年和1994年我校先后被评为全国和北京市“党的建设和思想政治工作先进高等学校”，又被北京市授予“文明校园”、“首都精神文明建设先进单位”称号。1993年确定，以“为学为师，求实求新”作为校训。

六、力促转型 争创一流 (2001～)

21世纪初，党的第十六次全国代表大会提出全面贯彻“三个代表”重要思想以及全面建设小康社会的纲领。随后，中央又提出人才强国战略和以人为本的科学发展观。江泽民在北京大学、清华大学、北京师范大学相继发表讲话，提出一流大学的“四个应该”，并且倡导大力推进教育创新。2001 年，国务院《关于基础教育改革与发展的决定》明确规定：建立开放的教师教育体系。

“十五”之初，首都师大力争以快速发展推动学校的战略转型。

（一）推出系列发展规划

这些规划主要包括《首都师范大学 2001～2005 年发展计划纲要》、《首都师范大学“十五”学科建设发展规划》，《首都师范大学 2003～2005 年本科专业建设与发展规划》，《首都师范大学教学质量与教学改革工程行动计划》、《首都师范大学教师队伍建设“十五”计划及 2008 年发展规划》，《首都师范大学“十五”校区建设与发展规划》。

我校的“十五”计划成形于 2000 年，在形势的快速发展和办学实践中，经过再思考，于 2002 年完成定稿，定稿在办学定位上更明确，办学思路也更开阔。首都师大中长期的定位是：

“高举邓小平理论伟大旗帜，全面贯彻‘三个代表’重要思想，认真贯彻党的教育方针，坚持社会主义办学方向；立足北京，面向全国，为首都基础教育现代化和社会经济文化建设全面服务；坚持以教师教育为特色，师范教育与非师范教育并举，本科教育与研究生教育并进，教学工作与科学研究协调发展；培养适应现代化建设需要的具有创新精神和实践能力的高素质人才；把学校建设成为以教育学科为重点，拥有文、史、哲、理、工、管、法等多学科的国内一流水平综合性教学研究型师范大学。”

学校的发展规划是：

第一个五年（2001～2005 年）为创建国内一流水平的综合性教学研究型师范大学奠定坚实基础。第二个五年（2006～2010 年）基本形成综合性教学研究型师范大学的框架。第三个五年（2011～2015 年）全面建成具有鲜明教师教育特色、在国内处于一流水平的综合性教学研究型师范大学。

学校的办学思路是：

抓住首都教育事业和社会经济文化大发展的有利时机，以加快发展为主题，不断更新教育思想观念，积极推进教育改革与创新；以人才培养为中心，突出教学工作中心地位，强化质量意识，改革人才培养模式，提高人才培养质量；以学科建设为龙头，积极开展科学研究，促进教学科研共同发展；以师资队伍建设为重点，加快教学科研基础条件建设，构建优秀人才成长环境；以结构调整为主线，加快专业结构、人才培养结构、校区功能结构的调理，实现规模、结构、质量、效益协调发展，探索新型师范大学的发展道路。争取到“十五”末，基本实现学校发展的三个重要转变，即由传统型师范大学向新型综合性师范大学的转变，由以本科教育为主向以本科教育为基础、本科教育与研究生教育协调发展的转变，由以为基础教育服务为主向为首都教育事业及社会经济文化发展全面服务的转变。至 2015 年，将学校建设成为国内一流水平的综合性教学研究型师范大学。

（二）通过了“211 工程”“十五”建设项目审核和本科教学水平评估

2003 年 9 月，我校“211 工程”“十五”建设项目通过了北京市政府组织的以钟秉林为组长的专家组的论证。北京市委、市政府决定支持我校在“十五”期间继续进行“211 工程”建设，这对首都师大的改革、建设将产生重大的促进作用。

2003年10月，教育部组织的以马敏为组长的专家组对我校进行本科教学水平评估，我校取得优秀成绩。专家组具体意见如下：

一是学校高度重视本科教学评估，评建工作成效显著，达到了“以评促建，以评促改，以评促管，评建结合，重在建设”的要求和目的。学校以评估为契机，抓住重点、加大投入，使学校的办学条件有了明显改善。学校形成了领导重视教学、教师热爱教学、科研促进教学、管理和后勤服务教学的局面，教学工作的中心地位得到了确立和巩固，在教学管理上实现了跨越；二是学校的定位准确、指导思想明确、办学思路清晰、符合时代发展要求，具有鲜明的时代特征；三是学校的师资队伍结构合理，注重重点学科带头人的引进和培养，形成了一支以院士与特聘教授为领军、以有较大学术影响的学科带头人为中坚、以中青年学术骨干为主体的高水平教师队伍；四是注重教学基本设施建设，在课程建设、推行学分制和教学手段的现代化等方面都取得了较大的进展；五是教学管理严格规范，人才培养质量稳步提高，毕业生得到了用人单位的普遍肯定。在关于学校的特色方面，专家组认为，学校坚持为基础教育服务，形成了教育教学改革与基础教育的良性互动。建立了教育发展服务区和教师发展学校，取得了良好的效果；开通了教师教育与基础教育的直通车，全面参与首都的基础教育改革。

（三）与时俱进　推进教育创新

（1）2003年9月开始实行新一轮教育方案，包括《本科生培养方案》、《教师教育人才培养模式改革方案》、《特色培养方案》、《关于进一步完善学分制的实施方案》等，从培养目标到培养方式均有所创新，通过加大学习密度、鼓励学有专长、营造综合化的学习环境等措施，试图打通师范人才和非师范人才的培养，并探索如何使教师教育（职前）在四年学时内走向“本科＋师范”的格局，既提升学生的专业水平，也提升其教师职业水平。

（2）创新办学体制和投资体制，加快良乡新校区建设。2002年9月，首都师大入驻良乡高教园区。我校总占地约1078亩，项目规划总建筑面积31.5万平方米，建设任务在2003～2005年分两期进行，第一期工程预计于2004年暑期后投入使用。良乡新校区是依靠学校多元化自筹资金进行的项目。在该区将新办独立学院，发展软件类、应用外语类、经贸管理类、艺术类等方面的专业。独立学院是公共教育资源与社会资金资源合作办学的新模式，按民办学校机制运行，独立于校本部之外。良乡新校区的建设则在全新的发展理念指导之下进行，如“综合化发展”、“宽口径厚基础的培养模式”、“信息化建设”、“国际化理念”等。另外，2001年以来，学校通过贷款、引资等渠道筹集资金，快速兴建教学科研用房和学生公寓，预计到2005年将竣工10万平方米。

（3）由于高等教育面向世界的进程日益加快，我校正着手制定和实施具有自身特色的国际化发展战略，基本内容为：加强对高教国际化的研究，加大国际学术交流的广度和深度，大力提倡教师开展国际合作研究，国际合作办学增加本科生联合培养的内容，建设一支具有国际视野的高水平的师资队伍，鼓励某些有条件的专业建立科学合理的与国际接轨的部分课程及其教学内容体系，鼓励教师采用外语授课，充分运用现代信息技术以提升教育的国际水平，大力发展留学生教育，建立具有特色的对外宣传网站等。

（4）继续深化人事制度改革。2003年试行事业单位全员合同聘用制，促使用人制度法制化、规范化；同时，在加重各档次人员岗位职责的前提下，进一步提高岗位津贴标准。

（四）强化法制建设

在依法治校、校内立规、完善法治机制等方面，上承20世纪八九十年代已经开展的工作，又有新的进展和突破。

（五）以人为本，加强学校的软环境建设

学校在力争实现快速发展、抓紧搞好硬件设施的同时，努力培育先进的大学精神，加强软环境建设。诸如：推重崇高理想和高度的社会责任感，为把学校办成让人民群众满意的大学而共同奋斗；树立现代教育观念，强调教育以学生为中心，办学以教师为中心，尊重个性，调动每个人的积极性；营造浓厚的探索、求是、创新的学术氛围，提升高尚的学术品位；建立健全科学民主的管理模式，推进民主建设；弘扬学校的优良传统，光大良好的校风、教风和学风；构筑符合时代精神健康向上的校园文化和校园风貌等。

首都师范大学建校近50年以来，始终得到老一辈无产阶级革命家和各级党政领导的关怀以及社会各界的鼎力支持。沈钧儒、徐特立、周扬、刘宁一、赵毅敏、丁国钰、胡启立、李锡铭、吕正操、康克清、黄华、雷洁琼、何东昌、朱开轩、李铁映、王蒙、布赫、李岚清、李其炎、贾庆林、陈至立、刘淇、周济等先后到校视察或进行调研。1985年陈云为校庆题词："人民教师的摇篮"；彭真题词："发展师范教育，为祖国教育事业作出更大贡献。"1994年，李鹏为校庆题词："尊师重教，为人师表。"李岚清题词："尊师重教是中华民族的传统美德，是国家和民族兴旺发达的希望。"雷洁琼题词："发扬光荣传统，推动教育改革。"香港著名爱国实业家田家炳，我校校友蔡世亮，都曾向首都师大慷慨捐资助学。首都师大人决心不辜负党和政府以及人民群众的信赖和期待，将为推动教育事业的蓬勃发展，从而实现中华民族的伟大复兴，作出自己应有的贡献。

学校现状

21世纪之初的首都师范大学，与半个世纪之前相比，发生了巨大的变化。而最为深刻的变化，在于师生员工的教育思想不断更新，与时俱进。由于从事多年的教育实践，经历了改革开放后思想解放的洗礼，又学习了党的政策和国家法律，人们逐渐接受了现代教育理念，对于办什么样的大学，怎样办大学，取得了若干共识。这些共识涉及的教育思想和教育政策是：

"实现四个现代化，科学技术是关键，基础在教育。"要"尊重知识，尊重人才"。要坚定不移地"实施科教兴国战略"。"教育是发展科学技术和培养人才的基础，在现代化建设中具有先导性全局性作用，必须摆在优先发展的战略地位。"

"实施可持续发展战略"，"坚持以人为本，树立全面、协调、可持续的发展观，促进经济社会和人的全面发展。"

"把实施人才强国战略作为党和国家一项重大而紧迫的任务抓紧抓好，努力造就数以亿计的高素质劳动者、数以千万计的专门人才和一大批拔尖创新人才。"

"教育要面向现代化，面向世界，面向未来。"

"我们建设有中国特色社会主义的各项事业，我们进行的一切工作，既要着眼于人民现实的物质文化生活需要，同时，又要着眼于促进人民素质的提高，也就是要努力促进人的全面发展。”

“贯彻‘三个代表’重要思想，必须把发展作为党执政兴国第一要务，不断开创现代化建设的新局面。”“深化教育体制改革。构建现代国民教育体系和终身教育体系，建设学习型社会，全面推进素质教育，增强国民的就业能力、创新能力、创业能力，努力把人口压力转变为人力资源优势。推进教育创新，优化教育结构，改革培养模式，提高教育质量，形成同经济社会发展要求相适应的教育体制。”

“我们必须全面贯彻党的教育方针，坚持教育为社会主义服务，为人民服务，坚持教育与社会实践相结合，以提高国民素质为根本宗旨，以培养学生的创新精神和实践能力为重点，努力造就‘有理想、有道德、有文化、有纪律’的德育、智育、体育、美育等全面发展的社会主义事业建设者和接班人。”“各级各类教育都要把全面推进素质教育，提高受教育者的全面素质，作为教育工作的战略重点。”要使受教育者“坚持学习科学文化与加强思想修养的统一，坚持学习书本知识与投身社会实践的统一，坚持实现自身价值与服务祖国人民的统一，坚持树立远大理想与进行艰苦奋斗的统一”。

教育以育人为本，以学生为主体；办学以人才为本，以教师为主体。高等教育要走内涵发展为主的道路，使规模更加适当，结构更加合理，质量和效益明显提高。积极发展高教领域为教育服务的产业，但为了维护教育的公益性，不能推行“教育产业化”。

“我们的大学应该成为科教兴国的强大生力军。”“为了实现现代化，我国要有若干所世界先进水平的一流大学。这样的大学，应该是培养和造就高素质的创造性人才的摇篮，应该是认识未知世界、探索客观真理、为人类解决面临的重大课题提供科学依据的前沿，应该是知识创新、推动科学技术成果向现实生产力转化的重要力量，应该是民族优秀文化与世界先进文明成果交流借鉴的桥梁。”“一流大学应该坚持正确的办学思想，注重形成优秀的办学传统，形成鲜明的办学风格，发展优势学科，努力建设一支高素质、高水平的教师队伍，为国家和民族的兴旺发达作出贡献。”

“振兴民族的希望在教育，振兴教育的希望在教师。”“百年大计，教育为本。教育大计，教师为本。”“建设一支高素质的教师队伍是推进素质教育的关键。”“希望我们的教师志存高远、爱国敬业，为人师表、教书育人，严谨笃学、与时俱进。”“必须把师范教育作为发展教育事业的战略措施，优先发展，适度超前。”“完善以现有师范院校为主体，其他高校共同参与，培养培训相衔接的开放的教师教育体系。”

在党和国家教育方针指引下，在现代教育理念指导下，首都师大师生员工已经为建成国内一流水平的综合性教学研究型师范大学打下了较为坚实的基础。2003 年学校的基本状况如下：

专业和学科建设

学校设有文学院、历史系、政法学院、教育科学学院、外国语学院、音乐学院、美术学院、数学系、物理系、化学系、生物系、资源环境与旅游学院、信息工程学院、教育技术系、初等教育学院、成人教育学院、国际文化学院等 17 个院系以及大学英语教研部、“两课”教研部和体育教研部。共开设全日制本科专业 40 个，其中师范类专业 7 个，师范类、非师范类兼招专业 8 个，非师范类专业 25 个；共涉及 7 个学科门类，其中文学类 13 个，历史学类 2 个，法学类 3 个，教育学类 3 个，理学类 12 个，工学类 4 个，管理学类 3

个。共有 60 个硕士点，26 个二级学科博士点，2 个具有博士、硕士学位授予权的一级学科，4 个博士后科研流动站、1 个项目博士后。1 个教育部国家基础学科科学研究和人才培养基地，1 个教育部国家体育与艺术人才培养基地，1 个全国省属高校人文社会科学重点研究基地，3 个其他部市级基地或中心，1 个教育部重点实验室，6 个市级重点学科，12 个市级重点建设学科。已初步形成教师教育专业特色鲜明，基础专业稳步提高，应用专业和新兴专业快速发展的局面。同时，以“211 工程”重点学科建设为龙头，不断调整和优化学科结构，正努力形成基础学科更加扎实、应用学科积极发展、优势学科更具特色、教育学科争创一流的学科体系。

人才培养

各类在校注册生总数 26 813 人。其中，全日制本科生 10 076 人，博士研究生 177 人，硕士研究生 1 738 人，成人教育学生 15 209 人，外国留学生 294 人。建校近 50 年来，共培养合格师资及其他人才 10 万余名，已成为为北京市基础教育输送合格师资和培养其他现代化建设所需人才的重要基地。

教职工队伍

学校拥有一批在国内外具有一定影响的专家学者和优秀青年学术人才。现有教职工 2 497人，专任教师 1 104 名。其中，教授 160 人，副教授 465 人，中科院、工程院院士（兼职）5 人，在岗博士生导师 75 人。教师中有博士 177 人，硕士 393 人，占教师总数的 52%。教师中，入选国务院学位委员会学科评审组成员 2 人，国家杰出青年基金资助者 1 人，教育部跨世纪人才 1 人，教育部优秀青年教师资助计划 4 人，教育部高等学校骨干教师资助计划 9 人，教育部全国高等学校优秀骨干教师 3 人，北京市科技新星 12 人，北京市跨世纪人才 40 人，市级青年学科带头人 24 人，市级高校优秀骨干青年教师 115 人，校级跨世纪青年学科带头人 44 人。荣获国家级和省部级教师奖、教学或科研单项奖的人员达数百人。

科学研究

学校设有 20 个研究所，16 个研究中心以及教育部首都师范大学基础教育课程研究中心、首都师范大学北京创新研究院、首都师范大学北京市大学科技园。近 5 年来，学校获批各类科研项目 431 项，其中，国家自然科学基金项目 45 项，国家社科基金项目 30 项，“863”课题 12 项、“973”课题 6 项，部委级项目 338 项。获省部级以上科研奖励 91 项，科研总经费 6 000 余万元。编辑出版有《首都师范大学学报》（社会科学版和自然科学版）、《中学语文教学》、《作文导报》、《中学生数学》、《教育艺术》、《高教研究》等。

办学条件

学校占地（含规划占地）1 919 亩（分 8 个校区），建筑总面积约 60 万平方米。固定资产 8.7 亿元。拥有各类实验室 42 个，教学仪器设备总值 1.82 亿元。建有数字校园建设中心等，校园网已全面开通。此外，还建有塑胶运动场（国家级标准）、羽毛球馆、游泳池、网球场等体育运动场地。校图书馆收藏各类图书文献 244 万册（件），馆藏基础雄厚，数字化资源丰富，自动化管理系统先进，是全国文献资料骨干馆之一。

国际文化交流

学校坚持开放办学，广泛开展国际文化教育交流。已与五大洲 64 所大学建立了校际交流合作关系，并且与日本广岛大学联合培养博士生，与印度亚洲信息技术培训机构联合创建了首都师范大学东方华印软件学院，与荷兰德温特大学联合培养现代教育技术硕士研究生，是教育部批准的可以接收外国留学生和港澳台学生的高等院校。

附属学校

设有首都师大附中（国家级示范性高中）、首都师大附属育新学校、首都师大附属实验学校。同时，为支持基础教育改革发展，探索新的联合办学模式，建立了首都师大附属良乡实验学校、首都师大附属丽泽中学、首都师大附属文博实验中学。

党的建设和思想政治工作

学校历来重视党的建设和思想政治工作，90 年代以来，先后被中组部、中宣部、教育部和北京市委、市政府评为全国和北京市“党的建设和思想政治工作先进高等学校”，并多次获取“首都精神文明建设先进单位”、“北京市思想政治工作先进集体”、“文明校园”和“首都文明单位标兵”等荣誉称号。

今日的首都师大是近 50 年来办学积淀的结果。在此期间，首都师大与整个教育战线和众多高等学校一样，办学的主旋律是发展，是改革，是创新。我们所做的一切，有些经过了实践的检验，有些还有待实践的进一步检验；学校积累了许多成功的经验，也有不少失败的教训。回顾历史，首都师大人越发理解了坚持以人为本的科学发展观的战略意义。发展是主题，“以人为本”是最高目的和终极价值，而坚持科学发展观，才能勤于实践，勇于探索，尊重客观规律，寻求教育的外部规律与内部规律的统一，从而不断开创全面、协调、可持续发展的崭新境界。

立足今天，放眼未来，首都师大人将奋力拼搏，跨上新的历史征程。

大 事 记

1954年，在北京教师进修学院（1953年成立）的基础上筹建北京师范学院，并以北京师范学院专修班名义招收第一届学生。1955年北京师范学院正式成立。20世纪60年代和90年代，国家教育部和北京市为了优化高教资源配置，安排数所其他师范院校与北京师范学院整合。1992年北京师范学院更名为首都师范大学。

1954年

4月　北京市教育局长兼教师进修学院院长翁独健、副院长仓孝和，与市委教育部长廖沫沙等商议，以教育局名义草拟在北京教师进修学院的基础上筹建北京师范学院初步意见的报告。筹建班子建立了党支部。4月5日，接到中共北京市西单区委员会（教师进修学院地处西单）组织部通知："关于你支部于1954年3月29日成立支部委员会及其分工，我们同意"（仓孝和为支部书记，刘国盈为副书记）。

5月22日　北京市教育局党组将《北京师范学院筹办的初步意见及问题》上报中央教育部。

6月～7月　北京市委于6月发布《关于提高北京市中小学教育质量的决定》（通称《五四决定》）。7月向中央报送该《决定》，在《关于提高北京市中小学教育质量问题的报告》中说："为了保证今后的中学师资有可靠的来源，北京市今年拟先成立师范专修科，明年成立师范学院。"

8月10日　中央教育部对5月22日北京市教育局党组的报告答复如下：同意当年以"北京师范学院专修班"的名义，招收一年制专修班学生，以缓解北京市中学师资的短缺困境。

9月4日　中央教育部批示：同意在北京教师进修学院的基础上创建北京师范学院。

9月15日　经北京市政府批准，从华北、华东、中南、西南四地区，挑选高考未被录取的454名学生入学，实际报到412名。分别进入语文、历史、数学、物理、化学、生物、地理、音乐、美术9个学科的专修班就读。

9月29日　北京师范学院一年制专修班举行开学典礼。副市长吴晗到校祝贺，宣布仓孝和任教务长，主持全院工作。学校机构初步确定，设立党支部、团总支、教务处、总务处、人事室（暂设）、办公室。除9个科各设教研组外，并设政治、体育、教育、俄语公共课教研组。另有图书室、实验室等。校址暂借朝阳门外白家庄一所尚未使用的中学校舍。

10月　根据市委指示，将外迁的河北北京师范学院在阜成门外八里庄建校用地拨给北京师范学院，连同新增规划面积共440亩，在建的教学楼4座（今教1、2、3、4号楼）、饭厅兼礼堂1座、教职工宿舍9号楼（后拆除，改建学生公寓）1座。

1955年

1月17日　首任院长凌莎到职，主持工作。8月4日教育部正式任命书下达。

1月24日　北京师院工会会员大会召开。

3月25日　中共北京市高校委员会批准仓孝和等7人为中共北京师范学院支部委员会委员，仓孝和为支部书记。

5月5日　北京市教育局转来"教育部（55）高师计纪字82号函"："为适应你市中等

学校师资的需要，决定同意你市 1955 年暑假成立师范学院一所，校名定为北京师范学院。校址设在北京市。”据此，筹建中的北京师院确定，1955 年暂设中文、历史、数学、物理 4 个 4 年制本科系和中文、历史、数学、化学、物理、地理、生物 7 个 2 年制专修科及上述各系科 1 年制专修班等 3 种学制。

6 月　我院决定设置预科，暂由他校代培。

9 月 1 日　正式启用北京师范学院印章。

9 月 17 日　经北京市委高校党委批准，中共北京师范学院党支部委员会升格为党总支委员会。10 月 29 日　在党员会上选出 7 人为党总支委员会成员，吴瑞章任总支书记（1954 年 12 月，吴瑞章调来师院，任专职党支部副书记）。

9 月　设立院图书馆。

10 月 10 日　举行“北京师范学院成立暨开学典礼”。中央教育部副部长柳湜、北京市委教育部部长廖沫沙、副市长吴晗到会祝贺并讲话。宣讲了北京市委《五四决定》“关于提高中小学教育质量，决定建立师范学院的意义”。鼓励师生勤奋学习。

10 月　院《1955～1956 学年计划要点》提出“提高质量、稳步发展、合理部署、统筹安排”的 16 字方针，要求开展“全面学习苏联先进的教育理论和经验”。

11 月　公布《北京师范学院暂行学则》。

1956 年

1 月　凌莎参加全国政协二届二次会议（1954 年当选为委员）。

3 月　院党总支传达中央和北京市委召开的知识分子问题会议精神：向现代科学进军，从政治和生活上关心知识分子。

4 月 25 日　根据高教部制定的《高等教育十二年规划》精神，我院拟出了《北京师范学院 1956～1967 年规划（草案）》。提出：努力几年，使我院成为全国先进的高等师范院校。

5 月　全国人大副委员长沈钧儒来我院视察。

7 月　院第一次团员代表大会召开。

9 月　公共体育教研室成立。

10 月 9 日　中共北京市委高校党委“发字第 00242 号”文件：“同意北京师范学院撤销党总支，成立中共北京师范学院委员会。”10 月 13 日，院第一次党员大会上，选出 15 名党委委员，监委委员 5 名。凌莎任党委书记。党委下设组织部、宣传部、办公室。

10 月　院长在总结工作时指出，现行的三处一室（教务处、总务处、政治辅导处、院长办公室）的组织机构，不利于院领导直接面向基层，决定取消政治辅导处，人事组正式设为人事室，教务、总务、系、室、组等直接由院部领导。

10 月　中国民主同盟北京师院支部成立。

12 月 29 日　院工会召开第一次会员代表大会。

1957 年

1 月 1 日　决定创办《北京师院》报。

2 月～3 月　连续召开教师、系（科）主任、教辅人员等各种会议，讨论教学、科研工作和助教培养等问题，制定了《北京师范学院科学研究工作暂行制度》。

3月　党委决定开展勤俭办学和勤工俭学等活动。

5月　党中央发动整风运动，根据市委指示，院党委分别召开各方面人员会议105次，动员党内外群众，严肃认真和风细雨地帮助整顿党风，并制定了党内分三批整风的计划，一个月内收到668条意见和建议。5月27日，掀起了“鸣、放”高潮。

6月14日　党委作整风运动的小结和反击右派分子斗争的动员报告。

8月2日　党委作反右派斗争的总结报告。

9月　在生物科、化学科、地理科的基础上建立相应的系。

9月16日　党委决定各教学单位（系、室）建立总支或直属支部。

10月11日～13日　中共北京师院第二次党员大会召开，大会选举产生党委会。党委会选举凌莎为党委书记。

10月16日　党委作整风第三阶段动员报告，提出整改任务。

10月17日　党委提出：党委定期研究教学中的重大问题；成立系务委员会，有计划地研究教学工作；行政人员能教课的要兼课。

10月30日　院长向全院作精简机构、紧缩编制、下放干部到农村和基层的动员报告。

11月3日、13日，12月2日 党委分别向全院各单位作整改复查和开展社会主义思想教育的动员报告。

12月25日　党委向全院作整改复查总结报告。宣布全院共划定“右派分子”151人。（1961～1962年给大多数“右派分子”摘帽；1978年根据中央决定，经过复查，认定我院的“右派分子”均属错划，全部改正。）

1958年

1月22日　市委高校党委正式批准：凌莎任北京师范学院党委第一书记，鲍成吉任第二书记兼第一副院长。

2月　师生学习中央关于根据体力劳动与脑力劳动相结合的原则改进教育制度的精神，开展了勤工俭学活动，主要是在校内进行一些农业劳动和服务性劳动。

3月16日　千余名师生赴十三陵水库工地参加为期10天的劳动。

6月3日　党委召开宣传工作会议，提出本学期政治思想工作的主要任务是“学习和宣传中共八大二次会议上提出的总路线，解放思想，破除迷信，进一步批判个人主义”。7日，在全院的宣传、贯彻总路线誓师大会上，党委号召师生“鼓足干劲，力争上游，争取在5年内使北京师范学院成为全国最先进的师范学院”。

6月13日　党委提出《北京师范学院1958～1962年跃进纲要（草案）》。为迎接跃进大会，各系在几天之内建起各类小工厂二十余个。

7月15日　各系、室教学计划修订完成，生产劳动列入教学计划。

7月16日　召开全院千人下厂下乡誓师大会，到工厂、农村和工人、农民同吃、同住、同劳动。在以后的7个月中，学生参加劳动6 235人次，计9.6万个劳动日。

7月18日　市教育局决定，北京第42中学自1958～1959学年第一学期起，划为北京师范学院附属中学。

8月13日　举行专科生毕业典礼，95%以上的毕业生第一志愿是要求去边疆工作，分配结果有23人如愿以偿。

9月11日～13日　中共北京师院第三次党员大会召开。党委会选举鲍成吉任党委书记。

9月14日　中共中央委员、教育家徐特立来校参观。又，内务部长谢觉哉于本年为我院学生题词。

9月22日　院民兵师成立，国庆当日通过天安门接受检阅。

9月　党委组织传达学习中共中央、国务院发布的《关于教育工作的指示》。

9月　全院学习《人民日报》社论《学术批判是深刻的自我革命》，各系开展批判资产阶级学术思想和“权威”的运动，即“拔白旗，插红旗”运动，共“拔”了十余面“白旗”。

10月19日　为实现我国钢铁产量达到1 070万吨，部分师生下厂下乡，全院也卷入造土高炉、收集废铁、大炼钢铁的运动中。同时，有两个系在校园内深挖土地，种植小麦、白菜，分别提出“亩产30万斤”和“亩产15万斤”的口号。

10月27日　市委高校党委批准鲍成吉为院党委书记，并全面主持学院工作（凌莎于1958年6月调离）。

10月～11月　党委决定大张旗鼓地开展共产主义思想教育运动，兴无灭资，破除资产阶级法权思想，树立不断革命的共产主义观念，“以钢为纲”带动全面工作大跃进。另外，党委向全院作关于学习毛泽东“论帝国主义是纸老虎”的文献解答报告。

12月　党委提出的《中共北京师范学院委员会关于调整全院组织机构的初步方案》中，确定从1958～1959学年起实行党委领导下的院务委员会负责制，并拟定了院（系）务委员会暂行组织规章。决定成立科研部和保卫科。

本年　教工宿舍12、13号楼竣工并投入使用。

1959年

1月12日　教务处的《教改小结》提出办学设想：毕业生应是教育、教学上的多面手，并能结合教学解决科研生产技术问题；在教学安排上，4年之中应有11个月的劳动课；文科科研应包括编写教学大纲、教科书、教学参考资料；理科办工厂应根据国家需要、市里任务并结合专业试制新产品，为尖端科研准备物质条件。

2月13日～15日　召开师生员工代表大会，讨论通过了北京师范学院院务、系务委员会《暂行组织规章》，组成第一届院务委员会（38人）。院长、副院长和党委书记、副书记为当然委员。

2月20日，举行了院务委员会第一次会议，主任委员在报告中着重强调，要以教学为中心全面安排工作，纠正忽视抓教学的倾向。

7月22日　建立院文书档案室。

7月　北京师院预科正式成立。办学点设在阜成路马神庙，1963年迁往体育系所在地。

7月　举行第一届本科生毕业典礼。

9月　党委传达党的八届八中全会公报和决议，其内容之一是反对右倾机会主义分子。

10月　按照上级部署，确定了开展反右倾运动的进程。批判重点是“对三面红旗有怀疑的右倾思想”。此次受到批判的共25人，其中重点批判10人，开除党籍2人（1962年七千人大会后均予以平反）。运动共持续了一年。

12月21日　部分师生分4批到怀柔，参加农村社会主义教育和生产劳动，70天后返校。

本年　本部办公楼竣工。

本年　为缓解我国农业减产造成的困难，改善师生员工生活，开始在门头沟和通州两地建生产基地，生产农副产品，组织师生前去劳动。

1960年

2月12日～13日　院先进集体、先进工作者大会召开，表扬奖励先进集体31个、先进个人51名。选出出席北京市文教卫生系统群英会的先进集体和先进个人。

3月1日　在北京市文教卫生系统群英会上，我院被评为北京市文教红旗单位。

3月25日　党委书记向全体师生员工作《关于认真学习毛泽东著作，批判修正主义，及中小学教学革命、高等师范教学革命的问题》的报告。

3月　市委指示，华北人民大学哲学系、政经系、党史系北京学区的师生并入我校（12月份完成）。

4月　在公共俄语教研室、外语教研室基础上设立外语系。

6月　根据国务院和教育部下达的《关于高等学校教师职务名称及其确定与提升办法的暂行规定》，我院有8人提升为副教授，6人确定为讲师，31人提升为讲师，6人定为助教。又，建院以来调入三级教授共4人。

6月27日～7月1日　教育部、市委大学科学工作部、市教育局联合组成劳逸结合检查工作组来院检查工作。

7月20日　党委决定，因国家处于严重困难时期，纸张短缺，《北京师院》报暂停出版。

8月～11月　开展以学习毛泽东著作为纲，大搞教学革命与科学研究的群众运动。对文科教材和政治理论课程，根据纪念列宁九十诞辰的三篇文章进行检查。凡有“修正主义、半修正主义、资产阶级思想”的讲义，报送市委大学科学工作部。

9月9日　党委要求各部门开展贯彻“以粮为纲、以钢为纲”的增产节约运动。

10月23日～25日　中共北京师院第四次党员大会召开，党委会选举鲍成吉为党委书记。

12月3日　党委为了贯彻中央、国务院保证学生、教师身体健康的指示，制定出我院实施“劳逸结合”的措施：一方面设法增加师生的营养以防止浮肿等病症的蔓延，一方面减轻师生员工的工作学习负担以保存体力。

本年　教工宿舍10号楼竣工。

1961年

1月2日　华北人民大学3系与师院政治理论教研室合并，成立政治系（1962年更名为政治教育系）。

1月　新任院长杨伯箴到职视事。

2月　院长提出："要把附中办成北京市一流水平的中学"。党委为此采取了一系列措施。

3月～7月　党委指示在中文、物理两系开展对1958年以来"教育革命"的全面调查，其中物理系共写出总报告和专题报告13份、48万字。

9月　党委在17级以上干部中传达中共中央批准试行的《教育部直属高校暂行工作条例（草案）》（即高校六十条），该条例规定：高等院校实行党委领导下的校（院）长负责制；系一级实行系主任负责制，党总支起监督保证作用。据此，院党委制定了《北京师范学院领导制度的暂行规定》、《党委会工作的若干规定》。

9月～12月　党委相继建立武装部、统战部、监委等机构。

10月　中共北京师院第五次党员大会召开，产生了新一届党委会，杨伯箴被选为党委书记。

本年　教工宿舍14号楼竣工。

1962年

3月　根据中央七千人大会精神，成立了院领导小组，对1958年以来受到错误批判的人员，进行甄别和纠正。另外，从1959年起至本年已陆续为部分"右派分子"摘了帽子。

4月13日　党委、院委组织党内外主要负责人员学习贯彻《高校六十条》。此后陆续制定出《院、系职权划分的八项规定》、《教学研究的暂行规定》、《系党总支工作的若干规定》、《教师党支部工作的规定》、《班（级）主任工作细则》等条例。

6月23、30日　院长等分别向党员、职工作精简机构的动员报告。

7月19日　院务委员会第十八次会议讨论通过院领导体制改革方案，制定了《北京师范学院关于院的领导制度的执行规定（草案）》。第二届院务委员会组成，委员共36人。

7月30日　北京工农师范学院、北京体育师范学院并入北京师范学院，学校正式增设体育系。

8月　原党委书记兼副院长鲍成吉调离北京师院。

12月12日　党委书记根据党的八届十中全会精神，向17级以上党员干部着重讲了阶级与阶级斗争、当前形势和巩固集体经济等问题。22日，宣传部长向全体师生员工传达了市委宣传部长作的《关于阶级与阶级斗争》的报告。

1963年

3月　根据市委指示，党委组织师生员工进行"反对现代修正主义"的学习。同时，全院掀起学习雷锋的热潮。

4月　党委组织17级以上党员传达中央关于《增产节约，反对贪污盗窃、反对投机倒把、反对铺张浪费、反对分散主义、反对官僚主义的指示》（简称"五反"）和市委开展"五反"运动的部署，并成立"五反"运动领导小组。

5月11日　院长在教职员工大会上作开展增产节约和"五反"运动的动员报告，开始了群众性的"反浪费"运动。

6月　召开党委扩大会，学习《中共中央关于目前农村工作中若干问题的决定》及附件。

7月17、22日 在党政三级干部会和教职工大会上，党委常委检查院领导的官僚主义和分散主义。

7月17日～28日 党委副书记两次向毕业生作进行社会主义自我教育和“双反”（反对贪污浪费、反对投机倒把）的动员报告。

10月18日 党委书记向全院政工干部作学习《中共中央关于目前农村工作若干问题的决定》的动员报告。21日，数学、物理两系326名学生下放朝阳区来广营公社边劳动、边参加农村社会主义教育运动。

10月 市委宣传部长向教职工作学习《国际共产主义运动总路线的建议》的报告。

10月 杨伯箴调离。党委副书记高秀山主持工作。

12月上旬 全院师生参加的“双反”运动开始，组织学习中央关于农村社会主义教育运动问题的两个文件，各系都召开了“忆苦思甜”会。

本年 图书馆竣工。

1964年

1月 市委指示，北京艺术学院美术系、音乐系的部分教师和干部以及北京师范专科学校一部分教师和干部并入我院，我院成立音乐系、美术系。

1月下旬 全院党员开展学习大庆油田经验的活动，并与反对官僚主义结合进行。

2月23日 院共青团第七次代表大会上提出：“今后要大学毛主席著作，学解放军，以阶级教育为基础，开展比学赶帮超运动。”

2月 市委指示，全院师生凡是未参加过“四清”（农村社教运动）试点者，都要参加“四清”运动。为此，各系师生纷纷下乡。

3月 全院开展学习毛泽东著作、学习解放军、学习大庆的活动。

5月 党委常委学习毛泽东“春节谈话”关于学校学制、课程、讲授及考试方法等指示以及“对铁路二中材料的批示”(该批示与“春节谈话”基本内容相同)。

6月9日 副院长向教职工传达高教会议精神。会后联系实际讨论培养目标、课程和教法等问题。要求贯彻实施“少而精、启发式”的教学方法，减轻学生负担，改革考试方法等。

上半年 党委主持，停课数十天，在应届毕业生中开展“清理思想”、“进行世界观教育，解决两条道路问题”，错误地批判处理了若干“反动学生”(80年代初均予以平反)。

7月 北京师院预科撤销。

8月2日～23日 组织400名学生到部队参加军事野营活动。

8月6日～18日 市委指示，组织一至三年级学生和部分教师一千多人到公社参加农业生产劳动和院内基建劳动。

9月初 我院成立国庆活动筹备工作指挥部。任务是组成各类队伍，并担任一个高潮点的文艺节目演出，共参加8 800人次。

9月 根据中共中央、国务院《关于组织高等院校文科师生参加社会主义教育运动的通知》，政教、中文、历史三系三、四年级学生和教师以及理科各系部分教师及党政干部960人相继分赴农村、城市参加社会主义教育运动。

9月　党委决定，根据中央工作会议和市委工作会议精神，在9～10两个月的形势任务课时内，学习“九评”（《关于赫鲁晓夫的假共产主义及其在世界历史上的教训》），并以此为纲，开展社会主义教育工作。

10月　根据中央关于“要把文科院校办成半工（农）半读学校”的指示，29日，副院长向文科系及公共教研室的党员作了教改动员，研究改革方案和一、二年级的过渡方案。

本年　教工宿舍11号楼投入使用。

1965年

1月8日～19日　召开党委扩大会，常委以整风的精神检查了工作，提出本学期的中心工作是：以活学活用毛泽东思想、突出政治为纲，抓好备战、党的建设、教学改革、学生工作、领导干部和机关革命化等五方面的工作。

2月22日　新任党委书记兼院长冯佩之到任视事。

2月　1965届毕业生的“清理思想”运动提前在寒假中进行。

2月　市高教局批准我院数学、物理两系一年级试办半工半读的方案。本月已有数学系和物理系各一个班到工厂劳动。

2月　党委书记在中层党员干部会上，要求全体党员带动全体师生掀起学习毛泽东著作的高潮。并据中央和市委的指示，拟出学习毛泽东的四篇哲学著作的计划。

3月25日　根据市委领导有关报告精神，党委书记在全院师生员工大会上作“重在表现”的报告，批评“唯成份论”的观点。

3月26、30日　党委分别召开党总支委员、党员骨干教师和全体党员大会。党委书记要求用中央制定的《农村社会主义教育运动中目前提出的一些问题》（即“二十三条”）的精神和毛泽东教育思想，检查总结教改经验，清理资产阶级和修正主义教育思想。

4月3日　院长在全院教职工大会上作学习“二十三条”的报告，提出我院的主要任务是用革命的办法、发动群众的办法提高教育质量。进行教改必须实行群众、干部、工作队，领导、教师、学生的两个三结合、三满意。

5月21日　党委召开全院学生大会，大会主题报告重点讲学生如何参加教育革命，如何适应课程设置、教学内容和教学方法改革后出现的新形势，要求创造新的学习方法，适应新的要求。

7月3日　毛泽东在团中央一份《简报》上看到《北京师范学院一个班学生生活过度紧张，健康下降》的材料后，在写给中共中央宣传部部长陆定一的信中说：“学生负担太重，影响健康，学了也无用。建议从一切活动总量中，砍掉三分之一，请邀学校师生代表，讨论几次，决定实行。如何请酌。”（后通称《七三批示》）党委把贯彻“七三批示”作为压倒一切的中心任务，7月15日，制定出砍掉学生活动总量三分之一的方案。

7月9日　政教系四年级、中文系三年级的学生，参加“四清”运动半年后返校。开始用3～4周时间做思想总结。

8月20日　市政府分派50名越南留学生到我院学习汉语。为此成立了院留学生办公室。

8月25日　参加第二期“四清”运动的干部和学生1 800名开始集训。

9月　党委确定下学期的中心工作是，开展以贯彻毛泽东《对铁二中批示》和《七三批示》为中心的教育革命运动。

10月3日　举行校庆10周年活动（50～80年代以1955年作为建校起始年份，本次校庆活动定在国庆节后第一个星期日举行），举办建院10年来的成就展和各类座谈会及庆祝活动。市委书记处书记邓拓、副市长吴晗等出席并讲话，返校校友1 500人。

10月　根据市委宣传部的通知，本月主要进行备战教育，组织干部、教师学习林彪署名的《人民战争胜利万岁》一文。

10月31日～11月6日　数学、中文和历史系一年级学生和部分教职工参加京密引水工程劳动。

11月27日　《北京师院》报自即日起复刊。

11月中旬　党委书记在党委扩大会上指出：要把教育革命的中心转到教学内容的改革上来。

11月12日、19日　《北京日报》发表我院历史系二年级学生商传的信《这样学算出圈了吗》，随即在全院展开了一场大讨论。

11月27日　冯佩之发表《德智体之间的辩证关系》一文，推动学习和贯彻毛泽东教育思想的热潮。

12月13日　党委宣传部长召集历史、中文两系师生讨论《海瑞罢官》等问题。

12月23日　党委书记在师生大会上，就商传提出是否"出圈"问题的大辩论作小结，指出要树立为革命学习的雄心壮志，敢于革命，敢于出圈，创造新的学习方法；教师和干部要努力改造思想，跟上教育革命形势，与学生一起创造出生动活泼、主动学习的局面。会上，党委又提出"把我院办成革命化的、抗大式的学校"的号召。

1966年

1月　为推进领导干部和机关革命化，党委决定采取"蹲点、跑面、值班"三结合的领导方法。

2月4日　党委书记在师生大会上代表党委提出本学期的任务是：抓"一个中心"，即以毛泽东思想为纲，改造学校、改造人们的精神面貌；抓"三个环节"，即精简院部机构充实系一级领导，文科逐步实现半农半读、理科开办两个半工半读试点班，开展什么是好学生和好教师的辩论。

2月12日　党委号召开展学习焦裕禄的艰苦创业精神，促进自身思想革命化。

2月16日　中文、历史两系一年级"下楼出院"，到昌平泰陵公社试行半工（农）半读教育制度。中文系党总支提出"向贫下中农学习，为贫下中农服务"的口号。

3月　中文、历史两系在市委和院党委的领导下，制定出半农半读教学计划，将教学改革和学术批判二者结合。并根据市委大学部的指示，在教学中以当前学术斗争为纲，活学活用毛泽东思想，把基本理论、基本知识、基本技能贯穿进去，达到"三基"过硬。

3月～4月　中文系四年级学生分别到市全日制及半工（农）半读学校实习。

4月16日　中央广播电台播发有关批判"三家村"（邓拓、吴晗、廖沫沙）的文章，常委座谈后，召开全院大会，动员批判"三家村"。

5月4日　外语系全体师生，中文、政教两系的四年级师生去十三陵半农半读。化学系在化工厂进行现场教学。生物系在卢沟桥办学。

5月5日、12日、14日、16日　党委分别在不同层次和形式的会议上，动员党内外师生积极参加“文化大革命”。

6月1日　《人民日报》发表《横扫一切牛鬼蛇神》的社论，《人民日报》和中央人民广播电台刊登、播放了北大聂元梓等七人把矛头指向校党委和市委的大字报。随后，我院部分师生也把矛头指向院内，少数学生开始冲击院党委和各系总支。

6月5日　《人民日报》发表《做无产阶级革命派，还是做资产阶级保皇派》的社论后，我院中文、历史、外语3系近千名师生从半耕半读基地徒步返校。自此，学校已不能正常上课。

6月6日～8日　中文、化学等系部分学生开始游斗辅导员和党政干部。

6月9日　党委召开全院大会，党委书记检查对“文化大革命领导不力”。会议中有人冲上主席台，指责院党委。党委和行政开始失去领导权，陷入瘫痪。

6月10日　改组后的北京“新市委”派工作组（商业部长范子瑜为组长）进驻师院。工作组指定教职工、学生代表组成“文化革命领导小组”。

6月17日、18日　工作组召开全院大会，批斗一名党委副书记。会上有138名干部和教师被戴上“黑帮”、“黑爪牙”、“牛鬼蛇神”等高帽子陪斗。随后，院、系领导干部相继被揪斗。

6月下旬　工作组贯彻新市委指示，组织各单位开展“抓游鱼”斗争（“游鱼”指“假左派、真右派”）。

7月20日　在工作组指挥下，院系均成立了“文化革命筹备委员会”以配合工作组工作。

8月　中共八届十一中全会公报公布后，师院红卫兵组织和其他众多群众组织接连出现，逐渐形成对立的两大派。工作组撤离后，各群众组织各行其是，全院陷入无政府状态。在“扫四旧”的名义下，在院内外出现抄家、打人等“造反”现象，我院219户被非法查抄。中旬，造反派设立“劳改队”，将大多数院级党政领导干部和60%的中层干部以及一些教师，共100余人打入劳改队，使之失去人身自由，直到1967年2月“劳改队”逐渐解散。

9月～10月　大批师生去全国各地进行“革命大串联”，留院师生则接待来京串联的红卫兵，提供食宿等。

1967年

1月27日　“东方红”、“井冈山”等群众组织联合发表《夺权宣言》，宣布夺取师院党、政、财、文大权。各系各单位也由群众组织夺权掌权。

2月　东方红大队二百余名红卫兵闯入陈云住所抄家，被中央制止，未能带走物品和文件材料。

4月　井冈山公社、东方红公社相继成立，分别加入市红卫兵组织的红代会，并卷入“天派”（以北航红卫兵为代表）和“地派”（以地质学院红卫兵为代表）的派性斗争中。又各自成立“专案组”，对干部进行内查、外调、批斗、审讯等。

4月29日　井冈山公社体育大队的成员，撬开文书档案室，抢走文书档案二百余卷，后在市革委会和卫戍区的干预下送还。有的系、室和单位也出现类似情况。

5月～6月　在学习《五·一六通知》和批判《二月提纲》的氛围下，我院两公社分别组织批斗冯佩之、刘寿彭，众多干部陪斗。

7月24日　在市革委会策划下，师院与附近11所院校联合，在我院操场召开批斗彭真大会。

7月下旬　井冈山公社和东方红公社以师院联合总部的名义，在中南海西门外设立了“北京师范学院联合总部揪斗刘少奇火线指挥部”，参与了围攻中南海的活动，8月5日始撤回。

8月22日　根据毛泽东“三支两军”的指示，解放军某部组成的军训团进校，任务是促进群众组织的大联合和建立三结合的革委会。

1968年

1月24日　北京师范学院革命委员会成立，军训团负责人高奎武任革委会主任。各系各单位也相应成立了系级革命委员会或革命领导小组。院革委会下设政工组、保卫组、教育革命组、生产组、后勤组、办公室。各单位按连排建制组编。

3月22日　院革委会作“清理阶级队伍”的动员。

8月25日　工人毛泽东思想宣传队进驻师院，军训团更名为解放军毛泽东思想宣传队。重新调整组建为以军、工宣传队领导人为核心的北京师范学院革命委员会领导班子。

10月　以院革委会教育革命组名义散发了一本题为《资产阶级知识分子统治我们学校的现象再也不能继续下去了》的铅印小册子，对我院“文化大革命”前17年的教育工作全盘否定，列举了所谓的87条“罪状”，上百名干部和教师被点名批判。

本年　在为期10个月的“清队”过程中，对大批干部、教师、职工进行残酷迫害，给他们戴上“地富反坏右、叛徒、特务、走资派、三反分子、三开人物、反革命、国民党残渣余孽”等政治帽子，把他们关进“牛棚”隔离审查和批斗，大搞“群众专政”，出现了严重的“逼、供、信”、打人、抄家、以派性观点划线、株连亲友等情况。全院共立案审查396人，其中被批斗231人，定为敌我矛盾者32人，被遣返回乡者5人，非正常死亡9人。

1969年

1月下旬　根据中央关于大中学校不放寒假，继续进行“斗、批、改”的《通知》和对知识分子实行“再教育、给出路”的政策，我院师生被安排分批走出校门，接受工人、农民的再教育。

4月　从本月开始，院革委会集中全院所有人员进行开门整党，要求人人“斗私批修”，事事“上挂下联”，批判刘少奇的“三党”（全民党、业务党、好人党）“六论”（阶级斗争熄灭论、驯服工具论、群众落后论、入党做官论、党内和平论、公私溶化论），要求“在灵魂深处爆发革命”，通过群众讨论、批判，决定每一名党员能否恢复组织生活。运动持续到下半年，直到1972年尚有37名党员被挂起来而未能恢复组织生活。

7月　院革委会决定，撤销音乐系和美术系建制，两系合并组建为革命文艺系。

10月17日　林彪下达“加强战备，防止敌人突然袭击”的《第一号命令》，命令全国所有高校外迁。院革委会采用走“五七道路”的形式，举办“五七”干校和试验农场，于10月底将全院师生分散到丰台、平谷、大兴等“点”上，接受贫下中农再教育，继续进行斗批改。并开始在房山窦店开办第一个师资短训班。

12月　革委会组织全院开始进行批、查、打运动（批极左、查“五·一六”反革命集团、打击反革命），一批干部、师生受到批斗、审查。

1970年

3月　根据北京市的安排，我院接管原公安局104农场四分场场址，创办“五七”干校。全院师生集中到大兴县魏善庄的北京师院“五七”农场，继续进行“批、查、打”。同时遵照中央指示开展“一打三反”（打击反革命破坏活动，反对贪污盗窃、投机倒把、铺张浪费）运动，又有不少师生被批判或斗争。

5月　中央提出“复课闹革命”，并落实1968年7月21日毛泽东关于“大学还是要办的”指示。院革委会决定由教育革命组负责安排全院教学、生产和科研。又从农场抽调部分教师、干部回校成立教育革命小分队，到郊区举办师资训练班。军、工宣队强调，为完成上述任务，要大批判开路，以批判知识分子的“三脱离”、加强知识分子改造为指导思想，制定办学方案。同时对各系实行大拆大改，除音乐系、美术系已合并成革命文艺系外，又将生物系改为“农基系”，物理系和化学系合并为“工基系”，政治、历史、地理3系合并为“政、史、地系”，体育系改为“军体卫生系”。

6月　我院制定的《北京师院1970～1975年计划（初步设想）》中提出：从1970年起每年招收工农兵学员，院内设中文、外语、政史（地理待定）、农基、工基、数学、军体、革命文艺等系科。其中军体系与革命文艺系，学制一年，其余各系学制2年（后增为3年），另设半年的师资进修班。

8月　根据中共中央九届二中全会精神，我院投入在全国开展的“批修整风”运动。

9月　师院重新建立了党委会，实行一元化的领导，宣传队负责人担任党委会、革委会的主要职务，张贵明任书记。在组织上，设党委会和连队支部两级领导。行政上所设政工组、教育革命组、后勤组、办事组、武装部均属院一级机构，连队设连委会、党支部。

11月下旬　第一批工农兵学员进校。任务是“上大学、管大学，用毛泽东思想改造大学”。

1971年

1月～9月　与全国同步，继续进行批修整风，开展对“先验论”、“唯生产力论”、“人性论”、“阶级斗争熄灭论”的批判。

1月～2月　在军、工宣队为核心的革委会主持下，全院进一步推进“批极左”、“清查‘五一六’反革命集团”；办中层干部学习班，责令其揭发干部中存在的问题。

3月9日、4月2日　在召开深入开展“批清”运动的两次全院大会上，出现了严重的诱供、逼供、打人等现象。在“批清”运动中，立案审查115人，隔离审查41人，非正常死亡3人。

6月　召开中共北京师院第六次代表大会，张贵明（军宣队成员）任党委书记。

8月～9月　张春桥、姚文元所炮制的《全国教育工作会议纪要》经中央批转到全国。

其中宣扬了所谓“两个估计”（17 年的教育工作中，“资产阶级专了无产阶级的政”，原有教师大多数人“世界观基本上是资产阶级的”）。师院停课一周学习贯彻，要求各单位联系实际，强调发挥工农兵学员“上、管、改”作用，揭露教育革命中的矛盾，持续地批判所谓“教师中心”、“师道尊严”、“智育第一”等。

10 月　传达林彪叛逃一事，开始“批林整风”运动。

12 月　北京市外国语学校划归北京师院，更名为北京师范学院附属外国语学校。(1973 年又从师院调出，恢复原建制。）

1972 年

1 月 31 日～2 月 3 日　根据中央部署，全院开展对林彪的《571 工程纪要》的大批判。

1 月～7 月　我院完成对奥地利、印度、坦桑尼亚、美国、荷兰、瑞士、墨西哥、法国、阿尔及利亚等国外宾的接待任务共 13 次。

3 月 23 日　院教育革命组组织一些教师干部撰写了题为《批修整风，夺取教育革命更大胜利》的文章，文中揭露了师院教育革命中“左”的影响的几种表现，遭到军宣队主要负责人的反对。

5 月　纪念毛泽东《在延安文艺座谈会上的讲话》发表 30 周年，在全院开展一次思想政治路线教育。

6 月 19 日　纪念毛泽东关于民兵工作“三落实”指示发表 10 周年，组建北京师院民兵团。

8 月 2 日～19 日　党委扩大会学习《毛主席致江青的信》，随后向全院师生员工传达。

1973 年

2 月～6 月　继续开展批林整风，实行开门办学。

7 月　《辽宁日报》以《一份发人深省的答卷》为题，报道了高考中交白卷的张铁生，并冠之以“反潮流英雄”，在我院引起震动和困惑。

9 月 10 日　北京市委任命崔耀先为北京师范学院党委副书记、革委会主任。

9 月　中国人民大学从江西“五七”干校返京，语文系、函授学院等单位和公共马列主义课教研室、体育教研室的部分干部教师并入北京师院（1978 年人大复校时大多数人又撤离）。

10 月　《北京师院学报》（社科版）领导小组成立。

10 月　迟群在清华大学策划和发动“反右倾复辟回潮”运动，我院一些学员也开始揭发教育革命中的“复辟回潮”活动。

11 月 27 日　党委召开全院大会，开展“反回潮”运动的动员，宣布要“抓右派”、“挖裴多菲俱乐部”，将一些在教育革命中发表过正确意见的干部和教师作为“右倾回潮势力”进行批判；将 1972 年所撰《批修整风，夺取教育革命更大胜利》一文，打成“大毒草”。此后，不少教师、干部在本单位受批判。随后，又把从事教学组织工作的教研室批为“修正主义产物”而予以撤销。把对学生的正常管理说成“对工农兵学员的管、卡、压”。

1974 年

1月5日　党委召开全院大会，作开展“反回潮”运动的再动员。

2月1日　根据中央开展“批林批孔”、“评法批儒”运动的部署，党委召开全院“批林批孔”动员会，提出以“批林批孔”为纲，带动对旧学科和旧教育制度的改造。文科宣讲并注释法家著作，研究儒法斗争，深入“批林批孔”；理科则破“旧师院模式图”，要求“结合生产任务组织教学”。

3月23日　党委向全院传达中央5号文件和国务院科教组35期《教育革命简报》中题为《狠批克己复礼，坚持教育革命》的专题材料。强调“批林批孔”要联系师院的“现实斗争”，把“反回潮”进行到底。

本年　据统计，1973～1974学年第二学期，开门办学28次，学员2 553人次、教师556人次，下到厂矿、农村、铁路等125个单位，占整个教学时间一半左右。校内教学要求也按开门办学原则进行，文科为批林批孔和为现实阶级斗争服务，以战斗任务带教学；理科为工农业生产服务，以典型任务组织教学。

1975 年

1月9日　师院成立“学朝农”调查组（后改称“十年规划小组”）。提出“彻底砸烂旧师院的模式图，要动大手术，上半年搞‘大会战’”，把我院“首先办成一个无产阶级政治大学，其次才是师范学院”。

3月中旬～6月初　全院二、三年级学生1 851人，参加中学教学革命，办工厂、农村分校，办农村中学抗大班和中小学教师、村干部、科技人员、文艺骨干等专业短训班13个，进修班85个。举办专题讲座，进行巡回教学。短训班学员有1 037名，在职进修学员数千名。

8月　据毛泽东“七·二一”指示，院革委会确定：设立科研生产组；开办“社来社去”试点班，学制两年，文科班设在通县，理科班设在房山。学员学习期间户口转到师院，吃商品粮，享受助学金待遇，毕业后，回原社队安排工作。

11月20日　党委在干部会上传达市委关于“开展教育革命大辩论”的指示，组织干部去清华大学看大字报，在全院开展了“批邓、反击右倾翻案风”的运动。从11月27日至12月30日，召开各种形式批判会258次，座谈会225次，贴出大字报3 527份。

本年　开门办学6 650人次，挂钩单位涉及800个工厂、农村、商店、学校等地方和单位。一年级在大兴县师院农场半农半读，二年级以在农村为主，结合战斗任务、生产任务组织教学。

1976 年

1月8日　周恩来逝世，全院哀悼。

1月8日　“北京师院教育革命展览”开幕，用以“推动教育革命大辩论，痛击右倾翻案风”，批判17年的“修正主义教育黑线”，宣扬“开门办学”、“工人阶级领导一切”和“工农兵学员进行上、管、改”。

2月17日　党委根据中央召开的“深入批邓”的打招呼会议精神，召开院系领导干部、工军宣传队队员参加的批判大会，不点名地批判邓小平是“党内不肯改悔的走资派”，集中批判“三项指示为纲”。

2月26日　党委常委参加了市委扩大会后，在全院掀起“批邓高潮”。

3月底～4月初　北京市民众冲破“四人帮”禁令，自发地在天安门广场悼念周恩来，掀起反对“四人帮”的强大抗议运动，我院广大师生积极参加这一运动。

4月13日　按照市革委会布置，我院清查去天安门参加悼念活动的人员，追查所谓“谣言”、“悼周诗词”及其作者，声讨“天安门事件”，群众则自发抵制追查。

7月6日　朱德逝世，全院哀悼。

7月28日　唐山发生大地震，全院开展抗震防震活动。

9月9日　毛泽东逝世，全院举行哀悼活动。

10月6日　以华国锋、叶剑英等为代表的党中央采取断然措施，粉碎“四人帮”反党集团，“文化大革命”结束。

10月18日　中共中央发出《关于王洪文、张春桥、江青、姚文元反党集团的通知》。根据中央和市委的部署，全院开展揭露和批判“四人帮”的斗争。

1977年

2月26日　党委副书记兼院革委会主任在党委扩大会上提出：1977年是我院走向大治的一年，主要任务是：一、加强党的领导，深入揭批“四人帮”；二、加强党的建设，搞好整党整风；三、抓革命，促生产，坚持“教育要革命”的方向，把教育革命和各项工作搞上去；四、进一步推动学习马列著作和毛泽东著作的群众运动。

2月　中文、政教、数学、物理、化学等系，利用寒假为西城、崇文、丰台、朝阳、石景山、门头沟、大兴、房山等区县开办脱产一周的高中教师专题短训班22个，参加培训的教师1 100多名；举办1～2天的讲座4个。

3月5日　院团委召开学生大会，纪念毛泽东“向雷锋同志学习”题词发表14周年。

7月9日　中共北京市委任命崔耀先为中共北京师范学院委员会书记。

8月　受市教育局的委托，我院承担了崇文、燕山等10区县的中学语文教师的函授任务。

11月　批判林彪、“四人帮”炮制的“两个估计”，党委为在“反回潮”运动中受打击迫害的人员平反，恢复名誉。

11月24日　军、工宣队撤离我院。

12月　根据国务院《关于恢复高考招生制度》的文件，我院除立即组织招生、评卷等工作外，还集中力量制定了《四年制本科教学计划》。宣布实行系（室）主任（馆、所长）负责制，恢复教研室，重新修订并颁发了《学生学籍管理暂行规定》等一系列规章制度，各系多数课程已确定使用的教材并制定出《课时计划》、《教学大纲》。

1978年

2月　中文系教师向锦江当选第五届全国人大代表。

6月12日　根据国务院批转《关于高等学校恢复和提升教师职务问题的请示报告》，党委制定了《中共北京师范学院委员会关于恢复和提升教师职务的计划》。

7月5日　市委通知，高校的“革命委员会主任、副主任”，改称“院长、副院长”。

7月　设立科研生产处。

9月29日　根据市委、市总工会决定，正式恢复院工会和21个部门工会。老会员恢复会籍，同时发展了一批新会员。

10月　根据全国五届人大第一次会议、全国教育工作会议及市委的有关指示精神，党委作出《中共北京师范学院委员会关于领导体制和机构设置进行适当调整的决定》：学院的领导体制是党委领导下的院长分工负责制；各系实行党总支领导下的系主任负责制。

10月13日　在调整院、系领导体制的同时，党委决定建立院学术委员会。院学术委员会内设文科、理科、教育科学、学术交流等组。

10月14日　《北京师院》报复刊。

10月14日　党委召开全院落实政策大会，为“文革”中被迫害致死的原党委常委、总务长，原海淀区人民代表、数学系主任，及原地理系某副主任等3人平反昭雪。

10月14日　党委书记在党委扩大会上提出“抓纲治校，搞好我院各项工作”的任务。

11月11日　院共青团第十届代表大会和第十一届学生代表大会同时召开。

11月13日　中央教育部批复，同意北京师范学院与人民教育出版社合办的《中学语文教学》杂志于1979年第三季度创刊。

11月　召开党委扩大会和“揭、批、查”（“四人帮”帮派活动）动员大会。

本年　物理系李申生主持研制的“1.5m^{2}间歇式太阳能制冰机”获全国科学大会重大科研成果奖。

1979年

1月11日　党委召开全院师生员工大会，为在“文化大革命”中遭受林彪、“四人帮”反革命修正主义路线打击、迫害的干部、教师平反，落实政策。

1月　党委批准，确定117名教员为讲师，提升315名助教为讲师。

3月10日　市革委会批准：教科所林传鼎恢复教授职称。中文系廖仲安、刘世儒，历史系齐世荣、戚国淦、田农，物理系张立忠6人晋升为教授。

4月5日　党委召开扩大会，贯彻党的十一届三中全会和北京市委工作会议精神，提出：我院工作重点应转移到教学、科研上来。决定当年招收第一批研究生，共32名。10日，党委、院部印发了《贯彻十一届三中全会精神，把工作重点转移到教学、科研上来的几点意见》以及《修订四年制教学计划的意见》。

6月16日　市委决定，将我院体育系划出，恢复北京体育师范学院建制。

8月　我院对“右派分子”改正工作结束。为1957～1958年被错划为“右派分子”者全部改正，恢复名誉，落实政策。

9月13日　我院各民主党派正式恢复组织活动。

10月26日　遵照市委指示，党委决定建立中共北京师范学院纪律检查委员会筹备组，代行纪委会职权，由党委书记兼任组长。

11月　市革委会批准《北京师范学院学报（社科版）》在北京地区公开发行。

12月14日　《北京师范学院学报》增设自然科学版。

本年　我院教工首次获“全国‘三八红旗’奖章”（截至2002年共4人次获此奖项）。

1980 年

1月　我院举办首届大学生艺术节。

4月23日　党委召开扩大会，贯彻中共中央十一届五中全会精神，要求全体党员认真学习《党内政治生活的若干准则》和《党章修改草案》。

5月　我院部分学生通过演讲、贴大字报方式竞选海淀区人代会代表。

6月11日　市委“市发（1980）109号”文件《转发市计委、经委、科委、市委教育工作部关于办好北京工业大学和北京师范学院的意见的通知》中，确定这两所院校为市属重点大学。批示中说：“经过若干年脚踏实地的努力，力争把北京师范学院办成具有国内先进水平的高等师范学校，有些系、科争取努力赶上世界同类学校的先进水平，逐步形成既是教学中心，又是科研中心。”

6月12日　美国纽约州立大学柯特兰分校代表团来院访问，与我院签署了交流协议。

10月17日～12月19日　为庆祝建校25周年，举行建院以来最大规模的科学讨论会。

12月20日～24日　中共北京师范学院第七次代表大会召开。党委书记作了题为《为首都培养适应四化要求的德、智、体全面发展、又红又专的中学教师而奋斗》的工作报告。全院党员1 072人，大会选举党委委员31人，党委第一次会议推选出常委12名，崔耀先被选为党委书记。

12月　教工宿舍甲12、16号楼投入使用。

本年　我院教工首次获“北京市科技进步奖”。

1981 年

1月12日～27日　党委召开思想政治工作会议，强调要理直气壮地做思想政治工作，宣传四项基本原则。

3月11日　我院高等教育研究会成立。

3月15日　北京师院夜大学成立，举行开学典礼。

4月30日　党委对历次政治运动遗留问题全部复查完毕。为1957年在北京师院被错划为“右派”、“中右”、“坏分子”及受党、团处分的224人，1959年“反右倾”受伤害的25人，1966～1976年“文化大革命”受立案审查的519人和受株连的家属子女546人落实政策。

5月26日　根据国务院规定和市科委指示，院第一届技术职称评定委员会成立。

6月　美术系教授李瑞年被聘为国务院学位委员会第一届学科评议组（文学学科）成员。

9月19日　设德育教研室，全院开设德育课。

11月20日　首届学生科研学术讨论会召开。

11月　我院获得中国古代文学、世界史、基础数学、光学、植物学等首批硕士学位授权点。

12月　院书法研究会成立。

本年　我院教工首次获得“北京市劳动模范”称号（截至1989年共4人次获此奖项）。其后又有教工获“北京市先进工作者”称号（截至2000年共2人获此奖项）以及

"北京市'五一'劳动奖章"、"首都劳动奖章"等奖励。

1982 年

5 月 22 日　《北京师院学报》(社科版)向国内外公开发行。

7 月 1 日～2 日　中央书记处书记胡乔木、中央办公厅主任胡启立相继来院视察，对德育副教授李燕杰予以勉励。

7 月 2 日　"全国高师法学教学研究会"筹备组设在我院。

9 月 18 日　党委书记在党员大会上动员深入学习中共十二大文件。

9 月　院直属高教研究室成立。

10 月 6 日　物理系 1978 级毕业生孙京玫自愿要求去西藏工作。

12 月 13 日　院老干部管理办公室成立(1988 年更名为离退休干部处)。

1983 年

1 月 24 日　我院首批列入中央教育部公布的北京地区普通高等学校函授及夜大学教育招生学校名录。

1 月　首批老干部 32 人先后办理了离休手续。

3 月　党委作出《关于加强体育工作的决定》。

3 月　党委副书记一行赴西安第四军医大学学习学生思想政治工作经验。

6 月 6 日　市委组织部通知：何钊任北京师范学院党委书记，仓孝和任院长。原党委书记兼院长崔耀先离职休养。

6 月　我校教师林传鼎、李燕杰当选为全国政协第六届委员。

7 月 27 日　市高教局批复：同意我院建立管理系并在该系举办学制为 2 年的干部专修班。

9 月　召开支部书记以上党员干部会，传达学习中央、市委关于落实知识分子政策、统战政策、老干部政策的部署。我院在此后的三四年采取措施逐一落实。

10 月　党委作出《关于加强外事工作的决定》。

11 月 5 日～20 日　中国美术家协会北京分会与我院联合举办戴林个人画展。

11 月 8 日　全院党员开始学习整党决定。

12 月 1 日　党委书记就我院的整党和"清除精神污染"问题，召开党外人士座谈会。

12 月 26 日　文科各系举行纪念毛泽东诞辰学术报告会。

本年　地理系霍亚贞的《北京土壤类型》和许焕林的《房山县农业综合自然区划》，获北京市农业资源调查和农业区划成果一等奖。

1984 年

1 月 13 日　为实施党委领导下的院长负责制，组成 52 人的院务委员会，其任务是对教学、科研、行政管理工作起咨询、参谋、监督作用。

1 月　在邓小平"教育要面向现代化、面向世界、面向未来"题词精神指引下，我院制定出《北京师范学院 1983～1990 年发展规划》。

1 月　经国务院学位委员会学科评议组审批，我校获得三个博士学位授权点(中国古代史、世界近现代史、教育心理学），获批博士生导师为宁可、齐世荣、林传鼎。（1995年以前获学位委员会批准的博士生导师［含在外校供职时获准者］还有戚国淦、王锐生、石生明、殷慰萍、吴可、李福利、宋未、欧阳中石。）

2月15日　管理系更名为“思想政治教育管理系”，简称政管系。

2月　党委作出《关于加强研究生工作的决定》。

3月　我院召开教学经验交流会，强调要把培养学生的“基础理论、基本知识、基本技能”放在重要地位。

4月　党委作出《关于加强思想政治工作的决定》。

5月8日　院长兼党委副书记仓孝和率团访美途中发病，返回北京后，抢救无效逝世。

6月8日　北京市批准我院从本年起开始在城、近郊区基础较好的学校试行推荐与考试相结合的限额招生办法，鼓励优秀高中毕业生从事师范教育。

7月1日　召开全院党员大会，表彰先进党支部和党员。并确定此项活动每年举行一次，形成制度。

7月5日　市委组织部通知：市委任命杨传纬为北京师范学院院长。

8月3日　政管系84级第二学士学位班和党政干部专修班同时举行开学典礼，为我院首次开设和实行此类学制。

8月14日～31日　物理系邀请美国俄亥俄州立大学物理系教授尼尔逊来京举办“太阳能的理论和应用”讲习班。

10月14日　市委、市政府决定，我院与顺义县联合举办北京师院顺义分院。

10月27日　党委召开整党动员大会，决定用一年的党日活动时间，通过学习与对照检查、整改、组织处理、党员登记四个阶段完成此项工作。

10月　我院决定将科研处、教务处改为教学科研处和教务行政处，并设立实验设备处和基建处。

12月　我院从1983级学生开始试行奖学金办法。

本年　我院10名教工获“1983年度北京市教育系统先进工作者”称号。又，地理系王一响、许焕林的《北京市农业综合自然区划》获北京市科技进步一等奖。

本年　教工宿舍17号、18号楼竣工。音乐系、美术系教学楼竣工。

1985年

1月28日～29日　院首届教职工代表大会召开，院长作《努力贯彻发展规划，加快改革步伐，为开创师院的新局面而奋斗》的报告。会上还向代表介绍了党委提出的《关于进行教育和管理体制改革的基本设想》。会议通过《教代会条例实施细则》。

2月6日　市高教局对我院1984～1985年度管理体制改革批复如下：同意你院的改革措施，预算外收入40%用于个人奖励、岗位津贴、集体生活福利；60%用作教学、科研、生产建设基金。要体现多劳多得。

2月13日　国务院文化部批准成立北京师范学院出版社。

2月　历史系教授齐世荣被聘为国务院学位委员会第二届学科评议组（历史学科）成员。

4月　我院决定设立学生工作处。又，将卫生科改制为校医院。

5月　党委组织全院学习《中共中央关于教育体制改革的决定》。

5月　政教系更名为政法系。当年招收法学教育专业第一届学生。

5月　我院决定撤销外事办公室，成立国际文化交流部。

6月～8月　党委常委逐一听取并讨论通过各系（所、直属教研室）的工作设想及改革措施，明确把改革的重点深入到教育教学和科学研究上来。

6月　我院决定撤销外语系，分设英语系和俄语系。

7月2日　我院历史研究所成立。

8月27日～29日　中共北京师院第八次党代表大会召开。党委书记作题为《为把我院建设成为具有中国特色的、位于全国同类院校先进行列的社会主义高等师范院校而奋斗》的工作报告。大会选出党委委员29名。党委会第一次会议推选出常委9名，何钊当选为书记。

9月　我院四年制本科各系，从1985级开始试行学年学分制教学计划。包括必修课、指定选修课、任意选修课、学年论文、毕业论文、社会调查、教育实习等项的学分。各系挖掘潜力，新增若干应用性专业（方向）。全校开始招收计划外学生。

9月　院、系分别成立了教师职务任职资格评定委员会及专业学科评审组。

10月4日　我院成立"老干部领导小组"。

10月6日　五千余名校友回校欢庆建院30周年。党和国家领导人陈云题词："人民教师的摇篮"；彭真题词："发展师范教育，为祖国教育事业做出更大贡献"。市委书记李锡铭讲话，勉励大家"团结奋斗，为师范教育建功立业"。

10月　成人教育书法专科招生，在我国高等教育中属于首创。

11月12日　副市长韩伯平来校主持现场办公会议，落实我院"七五"期间基建规划。如扩建学生食堂、加高实验楼等。

12月5日　院华侨联合会成立。

12月9日　隆重集会纪念"一二·九"运动50周年，全国政协副主席吕正操出席讲话，并题词："立志当教师，奋斗一辈子，为社会主义'四化'建设培养人才。"

1986年

2月25日　经过实验，音乐系学制改为二、二学制（两年专科毕业后才可升入后两年的本科）。

2月　我院青年教育学研究所成立（后更名为青年教育艺术研究所）。

2月　我院决定将实验设备处更名为教学设备处。

4月15日　我院召开招生工作会议，有19个区、县教育局领导和招生办人员参加，表示将动员优秀学生来师院深造，但要求实行"哪里来哪里去"的原则。

4月　党委制定《关于加强全院基层财务工作管理和监督的意见》。

6月9日　1981年5月由我院自行命题考试而录取的夜大学历史系本科，决定延长学制一年（共5年）。

6月　我院召开研究生工作会议，颁布了《北京师范学院研究生培养、管理工作条例》。

7月　我院获得世界上古史、中古史博士授权点。

9月4日　党委《1985～1986学年工作总结》中指出：我院编制的《本科课程一览表》，填补了教学管理的空白。至此，我院已能开出本科基础课和专业课450门以上，选修课40门以上，研究生课300门。已有研究所3个，研究室25个，博士授权点4个，硕士授权点14个。

9月　党委制定《关于建立抓党风责任制的决定》。

10月　党委制定发布了《关于评议院级和中层领导干部的制度》，并于年末实施。

12月2日　我院学科教育学研究中心成立，为全国高师中成立之先，所编《学科教育学初探》一书付梓，开本课题专著之先。

12月6日　政法系主办东北、华北、西北地区师范院校政教系主任会议，研究教材建设问题。

12月8日　《北京师院学报》（自然科学版）获准在国内外公开发行，由半年刊改为季刊。

12月　党委制定发布了《关于进一步进行领导体制及机构改革的意见》、《关于进一步完善系级领导体制及确定系（室、所）职权的暂行规定》、《关于财务管理改革的意见》、《关于在处、科两级干部中实行任期和试用期的意见》、《学生思想政治教育总体规划》、《关于加强教书育人工作的意见》、《关于进一步加强教师梯队建设的意见》等。

本年　我院教工首次获"全国教育系统劳动模范"称号（截至1993年，共有2人获此奖项）。

1987年

2月～3月　党委制定了《关于实施教师职务聘任制的若干规定（试行）》，《关于在我院学生思想政治教育专职人员中聘任教师职务的实施细则（试行）》及《几点补充意见》。

3月13日　我院邀请各区县教育局局长等多方代表商讨有关提前招生事宜。

3月17日　在教科所基础上建立教育系。

5月9日～17日　院长杨传纬应邀访问纽约州立大学柯特兰分校，接受该校授予的文学名誉博士学位。

5月22日　党委讨论并通过了《关于在学生中开设美育课和开展美育活动的意见》。

6月5日　党委召开专职党政干部大会，通报评定"教育管理研究系列"职称的有关事宜，并成立了院教育管理干部任职资格评审小组。

7月16日　市高教局将局属电教中心划归我院，我院将其与电教馆合并，成立"北京师范学院电教中心"。

7月　设立培训处，具体负责全校的各类招生工作及成人教育的管理和培训。同时重新设立科研处。

9月　党委在前两年加强学科建设的基础上作出了《关于重点学科建设的几点意见》。

10月7日　我院决定设立综合技术研究所。

10月10日　我院美育指导委员会召开首次会议。

10月18日　院首届教代会第三次会议召开，院长作《关于教书育人、服务育人工作》的报告。

11月　党委布置全院学习邓小平关于建设有中国特色社会主义的理论和党的十三大

文件。

12月　我院教科所书法班学员毕业作品在香港展出，获得公众好评，十几家报刊报道。

本年　市政府批拨给我院利用世界银行贷款100多万美元购买的教学仪器设备陆续到货。

本年　我院有教工获得“北京市首届哲学社会科学和政策研究优秀成果奖”（该奖项从第二届起改称“哲学社会科学优秀成果奖”；截至2002年，我院共有八十余种成果获此奖项）。历史系齐世荣的《中国抗日战争在第二次世界大战中的地位和作用》在首届评奖中获一等奖。

本年　教工宿舍19号、20号楼，学生宿舍1～4号楼，学生食堂，图书馆阅览室相继竣工。

1988年

1月14日　市委组织部通知：市委决定，林培黎任北京师范学院党委书记，免去何钊党委书记职务，离职休养。

1月21日　党委办公室和统战部邀请我院的各级人民代表、政协委员、各民主党派负责人和归侨、台胞、台属代表，同院党政领导座谈，讨论如何贯彻中共十三大精神，深化我院教育体制改革问题。

1月23日　党委常委会讨论了《关于进一步做好向院长负责制过渡的各项准备工作的意见》。

1月28日　获准先后建立的教育科学（1984）、历史（1985）、语言文学（1987）、数学（1986）等4个研究所均为系、所合一建制。

3月　我校教师林传鼎、李燕杰、梅向明当选为全国政协第七届委员。

3月　党委制定了《关于加强党的自身建设、加强党内监督和思想政治工作的意见》、《关于深化教育改革，提高本科、专科学生教育质量的意见》、《关于干部人事工作深化改革的意见》、《关于进一步有组织地开展多种形式的创收工作的意见》等。

4月25日　市高校党建研究会成立大会在我院召开。市委书记李锡铭等出席。

5月19日　天津师大、上海师大、上海技术师院、北京师院4所地方师大校长工作研讨会在我院研讨高师院校领导体制问题（此后，研讨会每年召开一次，参加院校有所增加和变动）。

5月22日　我院举行首届博士论文答辩会。

7月～8月　我院1 200名学生利用暑假参加院系组织的社会实践活动，分赴泉州、沂蒙等地，对我国改革过程中面临的问题进行调查。

9月7日　副市长陆宇澄来院听取我院汇报工资总额包干的《设想方案》后，表示支持。我院选择中文、数学、英语3系作为改革试点。

10月18日　在人事处下设“人才交流开发中心”，负责全院待聘、不聘人员的交流开发工作。

10月　全体新生（约千人）赴承德解放军某部进行为期一个月的军训。这是我校被批准为军训试点院校后的第一次军训。

12月14日　党委召开纪念中共十一届三中全会10周年座谈会。

12月27日～29日　中共北京师范学院第九次代表大会召开。党委书记在会上作了工作报告。大会通过了党委、纪委的工作报告和《关于实行院长负责制的意见》。市委副书记汪家镠在讲话中指出："师院是实行校长负责制的试点单位……党政职能分开了，工作目标和任务仍是共同的，实行校长负责制是从总体上加强党的领导。"大会选出党委委员27名。党委第一次会议推选出常委9名，林培黎当选为党委书记。

本年　我院教工首次获得"北京市有突出贡献的科学、技术、管理专家"称号（截至2001年，共有10人获此奖项）。又，历史系齐世荣的《世界通史资料选辑（现代分册）》获国家教委颁全国高校优秀教材一等奖。

1989年

1月　党委制定了《中共北京师院委员会工作暂行条例》、《中共北京师院委员会议事规则》。

1月　《北京师范学院学报》（社科版）自本年起由季刊改为双月刊，页码由96页增至128页。

3月27日　党委决定，在本学期内，全院中层干部共分5批，每批脱产培训两周，学习社会主义初级阶段理论和社会主义商品经济理论。

3月　历史系东方思想文化与古籍整理研究所成立。

4月中旬～6月4日　北京发生了一场严重的政治风波。胡耀邦逝世后，北京各高校出现各种大小字报，又有所谓"北京市高校学生自治联合会"宣告成立。我院部分学生也呼吁罢课，参与了游行，或在天安门广场静坐和绝食。部分教职工也进行串联，组织声援和联名罢教等活动。在市政府宣布"戒严令"后，少数学生参与了堵拦解放军军车的活动，个别人参加了"敢死队"，6月4日夜我院两名学生在公主坟东西两侧公路上非正常死亡。风波平息后，学生返校全面复课。在此期间，院党委始终与党中央保持一致，对广大师生进行了艰苦的说服教育工作。

7月6日～12日　党委召开扩大会，学习党的十三届四中全会颁发的中央3号、4号文件及邓小平的三次重要讲话。结合50天政治风波的实际，清除资产阶级自由化和无政府主义思潮的影响。

8月　党委下达文件，决定全体教职工学习四中全会文件和近期邓小平的三次重要讲话，进行一次政治教育和民主法制教育。

9月6日　市委高校工委副书记陈大白在我院中层干部会上宣布：市政府常务会议决定，齐世荣任北京师范学院院长，免去杨传纬北京师范学院院长职务。又据北京高校工委文件：同意增补齐世荣为北京师范学院党委常委，免去杨传纬北京师范学院党委常委职务。在这次会上，市委副书记兼市委高校工委书记汪家镠代表市委、市政府讲话，宣布根据中央4号文件精神和师院实际情况，北京师院今后恢复实行党委领导下的院长负责制。

10月　党委制定了《在干部中加强廉政建设的几项规定》。

11月20日　院长在中层干部会上作《坚持社会主义办学方向，培养德才兼备的人民教师》的报告，强调坚持四项基本原则，反对资产阶级自由化。该报告于1990年以党委名义下发。

本年　我院教工首次获得“北京市优秀教师”、“北京市优秀教育工作者”称号（截至2003年，共有七十余人获此奖项）。又，仓孝和的《自然科学史简编》获“全国优秀科技史著作荣誉奖”。

本年　学生食堂竣工。

1990 年

年初　党委着力研究干部和教师队伍的建设问题，相继出台了《关于加强骨干教师队伍建设的意见》、《关于加强青年骨干教师培养工作的意见》、《关于加强中青年干部考察、选拔、培训工作的意见》等，启动了“761人才工程”。

1月6日　致公党、九三学社、农工民主党成立北京师院支部。

1月　党委制定了《教工党支部试行条例》。

2月20日　我院师生自编、自导、自演的电视剧《桃李情深》，获北京电视台等多家举办的“理想杯”大学生电视剧追求奖。

3月30日～31日　召开双代会（第八次工代会、第二届教代会），院长作《端正办学方向，为培养一代社会主义新人而奋斗》的报告。

3月　党委作出了《关于进一步推动教书育人工作的若干补充意见》、《关于在学生中进一步加强理论教育和思想政治教育的意见》、《关于加强政工队伍建设的意见》、《关于进一步加强党员思想教育的意见》。

4月26日　党委据市委和市高校工委指示，部署党员重新登记工作。

5月4日　我院政法系主办人权理论讨论会。

5月　党委作出《关于加强和改进马克思主义理论课（公共）建设的意见》。

6月29日～7月4日　党委组织全院党员，分三路去农村参加社会实践活动。（从1990年7月至1992年5月，我院分别组织年轻教师和干部、学生骨干、老教授，在学习中国特色社会主义理论的基础上，针对当前形势和师生思想实际，分批深入北京和外省市工厂、农村、部队，参观访问、调查研究、挂职锻炼，通过接触实际，接触工农，了解民情，了解国情。）

6月　党委作出《贯彻市委老干部工作会议精神，进一步加强我院老干部工作的意见》。

10月14日　庆祝建院35周年，小型庆祝会在实验楼报告厅举行。编印了反映学院成长和现实面貌的《北京师范学院画册》，邀请在首都新闻界工作的校友座谈。参加校庆活动的校友达5 000人。

10月　党委作出《关于加强中青年干部考察、选拔、培训工作的意见》。

11月9日　获准成立台湾问题研究室。

11月12日　我院印发了参与亚运会的工作总结——《总结亚运成果，发扬亚运精神》。

12月31日～1991年1月9日　我院进行党员重新登记。经组织处理后登记的13人，出党8人。

1991 年

3 月 6 日　中共北京师院党校校务委员会成立。

3 月 15 日　中共中央政治局委员、国务委员、国家教委主任李铁映来院视察。听取了我院党建工作以及青年干部、教师培养和内部管理体制改革情况的汇报。

3 月 29 日　市委、市政府在我院召开“市属高校内部管理体制改革现场会”。北京市、国务院部分部委、市属高校的领导参加了会议。党委书记和副院长分别作了《两年来的主要工作》和《努力深化改革，进一步提高办学水平》的汇报。（会后至本年年底，全国约 250 所院校来我院交流经验。）

3 月 31 日　《北京日报》刊登《市委市政府在北京师院召开现场会，市属高校将全面推开管理体制改革》一文，对 3 月 29 日召开的现场会作了报道。

5 月 28 日～31 日　京、津、沪 4 所师范院校第八次党政协作会在我院召开。

6 月 6 日　院老教育工作者协会成立。

6 月 21 日　中央组织部、宣传部、国家教委召开“全国高等学校党的建设工作暨优秀思想政治工作者表彰会议”，我院党委的《加强年轻干部、教师队伍建设是一项战略任务》一文，入选大会经验交流材料。

6 月 24 日～7 月 14 日　1990 级 768 名学生在昌平高校军训基地进行军训。

7 月 2 日～21 日　党委组织部分教师和 1989 级学生七百余人，分赴平谷、密云、怀柔、延庆 4 县 12 乡开展社会实践活动。

7 月　市委、市政府决定停办北京师院顺义分院。

8 月 31 日　院“关心下一代工作委员会”成立。

8 月　政法系发起主办全国人权理论研讨会。

9 月 16 日～10 月初　我院召开赈灾捐集衣被动员大会后，共捐集衣被 4300 件，捐款 56 937.8元人民币。（此后每年都举办类似活动。）

9 月　党委制定了《关于同领导干部谈话的制度》、《关于加强基层党支部建设的三级责任制》。

10 月 20 日　我院“反和平演变研究室”成立。

10 月下旬～11 月上旬　我院共有 217 名 1989 级本科生和 90 名教职工参加义务献血。

11 月 1 日　我院与白俄罗斯共和国戈梅尔大学签署了两校交流协作《会谈纪要》。

11 月 7 日　国家教委副主任朱开轩来院视察。

11 月　党委制定了《党支部工作考核办法》、《关于加强共青团工作的意见》、《关于加强工会工作的意见》。

12 月 4 日　成立院重点学科建设领导小组。

12 月 19 日　我院第一届研究生全体大会召开。

12 月　历史系教授齐世荣被聘为国务院学位委员会第三届学科评议组（历史学科）成员。

本年　我校教工首次获得“政府颁发的特殊津贴”，该津贴是为了表彰获奖人对发展高等教育事业所作的突出贡献而由国务院发放的（截至 2002 年，我校共有 80 余名教工享受此项津贴）。

本年　历史系谢承仁等的《杨守敬集》（校注）、德育室王殿卿的《对 80 年代首都大学生纵向研究》获北京第二届哲学社会科学优秀成果一等奖。生物系付应春等的《北京市商品粮基地建设技术攻关》获北京市科技进步一等奖。地理系许焕林等的《中华人民共和国1∶100万土地资源图》获中科院科技进步一等奖。

本年　实验楼竣工。北京师院北戴河学术交流中心（后改称教学基地）初步建成。

1992 年

1月4日～17日　国家教委委托我校举办微格教学培训班。

1月15日　我院“校志校史校党史编写领导小组”及“校志校史校党史研究室”成立。

1月21日　召开全院党员大会，部署民主推荐中共十四大代表候选人事宜。

2月　党委制定了《关于进一步加强统战工作的具体措施》。

3月24日　一名副院长应邀前往全国政协七届五次会议第三十一组（教育界）汇报我院内部管理体制改革进展情况。

3月　党委制定了《本科生德育大纲（试行）》。

4月6日～7日　我院党校举办中层干部和党员教授学习班，学习邓小平关于建设有中国特色社会主义的一系列论述，全面理解和贯彻党的基本路线。

4月13日　党校组织为期10天的部分中层干部学习班，学习邓小平南巡重要讲话。

4月27日～5月10日　院长等一行4人赴美考察访问，续签校际交流协议。

5月　我院被国家教委授予“全国普通高校成人高等教育先进单位”。

8月4日　北京市人民政府办公厅京发（1992）55号文件：《关于将北京师范学院更名为首都师范大学的通知》称：“经国家教委同意，市政府决定，从1992年6月1日起将北京师范学院分院整建制划入北京师范学院，并将北京师范学院更名为首都师范大学。”

9月10日　首都师范大学分部（即北京师院分院）举行挂牌仪式，市高教局长陈忠、校长齐世荣为分部校牌揭幕。

9月14日　市委教育工委副书记陈大白、市高教局局长陈忠，来校宣布市委、市政府决定：林培黎任中共首都师范大学党委书记，齐世荣任首都师范大学校长。

9月15日　市委书记李锡铭、副书记汪家镠、副市长陆宇澄等为首都师范大学校牌揭幕，并参加首都师范大学成立和开学典礼。国家教委师范教育司司长金长泽代表国家教委宣读贺信。

9月17日　北京市政府常务会议纪要（1992）第28期：“会议指出，调整市属高校布局有利于提高办学效益，有利于适应经济建设上新台阶对人才的需要，势在必行。调整方案已经市委常委会原则通过，国家教委正式批准，要坚决落实。”北京市属高校调整方案称：“将北京师院分院、北京联合大学外语师院、职业技术师院并入北京师范学院，并更名为首都师范大学。要努力把首都师范大学办成国内一流水平的、为本市普通教育培养高质量师资的基地。”（《首都师大志》编者按：职业技术师院并入北京师院一事未实施。）

9月　北京市高校师资培训中心成立（北京市高师师资培训中心撤销）。该中心隶属北京市教委，挂靠在首都师范大学。

9月　副总理李岚清为首都师大附中题词：“认真贯彻德智体全面发展的方针，为办好我国的素质教育起示范作用。”

11月12日　我校召开"贯彻十四大精神，深化高教改革"研讨会。兰州大学等10所院校有关领导参加了会议。

11月　我校受市教委、团市委委托，承办北京大学生军乐团。

本年　我校教师首次获得"霍英东教育基金会高等院校青年教师奖"（截至2001年，共有5名教师获此奖项）。

本年　生物系周孟津的《高浓度有机废水的厌氧生物处理技术》获国家教委科技进步一等奖；生物系胡东等的《三峡库区的土地资源及其承载能力的研究》获中科院重大成果一等奖；地理系王一岫等的《北京市土地利用》、霍亚贞等的《北京市综合自然区划》获北京农业区划委员会颁优秀成果一等奖；历史系于友西等的《中学历史教学法》、物理系胡慧玲等的《理论力学基础教程》获国家教委颁全国高校优秀教材一等奖。

1993年

1月14日～16日　首都师大改革与发展研讨会召开。重点研讨了深化内部管理体制改革、加强党建等问题。

1月　党委作出《解放思想，抓住机遇，积极推进综合改革，加速首都师范大学的建设与发展的意见》。

2月14日　建设首都师大校友恳谈会召开。来自市委及12个区县担任领导职务的校友参加了会议，决定成立"建设首都师大校友恳谈会"。

3月11日　中国民主同盟首都师范大学委员会举行成立大会。

3月　我校教职员齐世荣、欧阳中石、梅向明当选为全国政协第八届委员。

3月9日　我校确定以"为学为师，求实求新"为校训（阎殿和草拟）。其后又确定了校徽图案（阎学峰设计）。

4月1日　根据北京市人民政府办公厅《关于将北京联合大学外国语师范学院整建制划入首都师范大学的批复通知》[（1993）厅秘字第14号]，北京市委教育工委、北京市高教局通知："从1993年4月1日起，将北京联合大学外国语师范学院整建制并入首都师范大学。"首都师大决定在北京联合大学外师院址设首都师大外国语学院（非独立学院）。

4月20日～25日　应香港中文大学邀请，校长一行4人对该校进行访问。25日，我校旅居香港地区校友聚会欢迎母校代表团，并决定成立"港深校友会筹委会"。

5月5日　党委副书记一行赴白俄罗斯访问，签订校际交流协议。

5月20日　市长李其炎到我校现场办公，在讲话中提出：希望首都师大更上一层楼，千方百计把高师教育搞上去，争取早日启动申请进入国家"211工程"计划的准备工作。

5月27日　市委副书记李志坚来校看望为第七届全国运动会开幕式大型团体操表演而紧张排练的我校学生。

5月　北京市委、市政府《关于加快北京高等教育改革和发展的决定》中提出："积极创造条件，使北京工业大学和首都师范大学两所市属重点大学争取进入'211工程'计划。"

6月20日　《中国青年报》报道了我校承办北京大学生军乐团的活动情况和取得的优异成绩。

7月3日　市委教育工委书记陈大白、市高教局局长陈忠来校宣布市委和市政府决定：

于洸任中共首都师范大学委员会书记；林培黎任首都师范大学校长，免去其党委书记职务；齐世荣任首都师大名誉校长，免去其首都师大校长职务。

7月20日　中共中央组织部、中共中央宣传部、国家教委决定表彰“党的建设和思想政治工作先进高等学校”。首都师范大学是受到表彰的33所高校之一。

7月22日～24日　党委常委扩大会议就如何进一步加快内部管理体制改革、争取进入“211工程”计划等问题进行研讨。

7月26日　我校军乐团在天津举行的首届全国大学生吹奏乐比赛中获行进表演最佳金奖、舞台吹奏乐表演银奖等。

8月20日～26日　校长一行赴港，22日应邀参加我校旅港校友会成立大会。

9月6日　校长办公会讨论我校文明校园建设问题。

10月7日　召开全体教职工大会，副校长就《首都师范大学教育改革和发展纲要(1993～2000年)(修改稿)》作了介绍和说明。在“奋斗目标”中，关于师资及干部队伍建设一项，确定实施“52111人才工程”。(《纲要》于1994年正式公布。)

10月7日　香港海裕国际控股集团主席、校友蔡世亮来校签订捐资助学协议书，该款用于改善教师待遇、推进学校深化改革。同时，首都师范大学加力教育基金董事会成立。

10月18日～19日　党委决定，撤销首都师大分部，设立来广营分部和白广路培训部。

10月22日　我校通过文明校园建设达标验收。

10月23日　由国家教委及数省专家组成的“普及普通话工作检查团”来校检查评估。我校被评为优秀。

11月16日　我校与美国加利福尼亚大学圣地亚哥分校正式建立校际交流关系。

12月4日　决定成立首都师大校办产业管理办公室、资源开发管理办公室，撤销经济委员会及下设的经济发展与管理办公室。

12月　获准设立美术学(书法)博士授权点。

本年　我校教师首次获得“曾宪梓教育基金会高等师范院校教师奖”(截至1999年，共有46人获此奖项)。

本年　有两项教学成果获国家级优秀教学成果二等奖。

1994年

1月7日　党委书记、校长与老中青三代教师座谈《教师法》。

1月31日　中共北京市委、北京市人民政府印发《关于表彰北京市党的建设和思想政治工作先进高等学校和获提名奖学校的决定》。首都师范大学是获“北京市党的建设和思想政治工作先进高等学校”称号的5所高校之一，获奖牌一个，奖金50万元。

3月11日　国家教委高教司司长周远清一行来校作调查研究。

3月16日　北京高校学生宿舍管理经验交流现场会在我校召开。

3月17日　中国民主促进会首都师范大学总支部举行成立大会。

3月22日　北京9所知名中学校长座谈会开幕。我校校系部分领导参加了座谈会。会上就中等教育教学改革的现状及发展趋势、中等教育对高师院校的培养目标和规格、培养模式的要求以及中学优秀教师所应具备的素质等内容进行了讨论。

3月29日　召开全校修订教学计划调研情况交流会。

4月1日　我校心理咨询中心成立。

4月3日　台湾公共行政学术交流访问团员来我校进行访问。

4月13日　教务处被评为全国普通高等学校先进教务处。

4月15日　我校学生“’94文化节”开幕，重点突出文艺活动和学习竞赛两大内容。

4月　我校中国书法艺术研究所（后更名为“中国书法文化研究所”）成立。

5月7日　美术系教授戴林个人画展在中国美术馆揭幕。

5月9日　民主评议校级党政领导工作开始，9名校党政领导就一年来的思想和工作情况在全体中层干部会上述职。

5月11日　泰国教育代表团来我校进行交流活动。

5月21日　在大兴县进行军训的1993级学生及带队教师（含战士）二百多名突发肠道传染病，经大力救治，转危为安，军训未中断。

5月30日　1993级军训学生在大兴县举行军训结业典礼，进行了阅兵式和训练表演。

6月9日　我校首届研究生学术论文报告会召开。

6月20日～23日　中共首都师范大学第十次代表大会召开。市委、市委教育工委、市高教局领导出席了开幕式。党委书记作了题为《从严治党，深化改革，为把我校建设成为全国一流的高等师范院校而努力奋斗》的工作报告。大会选举产生了第十届党委会和纪律检查委员会。

6月27日～28日　中共首都师大第十届委员会第一次全体会议选出9人为党委常委；于洸当选为党委书记，李文松当选为纪委书记。

7月6日　市长李其炎一行及有关委、办、局和海淀区的主要领导来我校现场办公。李其炎再次强调师范教育是工作母机，首都师大在北京市教育事业发展中占有重要地位，肩负重要任务，市委、市政府责无旁贷地支持首都师大争取进入国家“211工程”计划。北京电视台等媒体报道了现场办公会的情况。

7月25日～8月24日　我校大学生军乐团赴深圳“世界之窗”进行了27场社会实践演出。

8月25日　党委常委会提出了“首都师范大学为首都基础教育服务的十项措施”。

8月25日　香港金利来公司董事长曾宪梓来校演讲。

9月10日　中共中央政治局委员、国务院副总理李岚清与国家教委副主任韦钰、北京市副市长胡昭广、市委教育工委书记陈大白来校与师生共度教师节，并与校领导和教师代表座谈。李岚清指出：重点抓好基础教育，首先要办好师范教育，这一点不能动摇。希望首都师大能培养出大批合格师资、教育行政管理人才，乃至教育家，在搞好北京市基础教育、将应试教育转变为素质教育等方面作出自己的贡献。

9月　北京市委、市政府《关于进一步落实教育优先发展战略地位，高标准实施〈纲要〉的决定》中提出：“优先发展师范教育”，“努力提高师范院校的办学水平，扩大办学规模”，“设立实施‘211工程’的专项基金，支持北京工业大学和首都师范大学进入国家‘211工程’”。

10月2日～11日　为庆祝首都师大建校40周年（从本年起，举行校庆活动以1954年作为建校之年），举行了多项大型庆祝活动，10月9日隆重举行建校40周年庆祝大会。

全国人大常委会副委员长布赫、市委副书记李志坚等到会祝贺。国务院总理李鹏、副总理李岚清、全国人大常委会副委员长雷洁琼为校庆题词。李志坚致贺词时说：国将兴必尊师而重教。党和国家领导人对你校非常重视，首都师大要办成国内一流的高等师范院校，争取早日进入国家“211 工程”项目。万名校友和全校教职工欢度校庆。《光明日报》、《中国教育报》和中央电视台等多家媒体均作了报道。

10 月 10 日　我校授予纽约州立大学柯特兰分校校长克拉克、奥斯维哥学院院长韦伯名誉博士学位。

10 月 15 日　我校召开“仓孝和教育思想研讨会”。

10 月 14 日～12 日　全校召开各种类型会议，就我校申报进入“211 工程”计划问题进行动员、通报，审议《预审报告》。

10 月 16 日～21 日　全国高校法语专业学生五项技能大赛和《法语专业高年级教学大纲》研讨会，在我校外国语学院举行。

11 月 4 日　我校成人教育学院成立。

11 月 16 日　我校决定撤销监察审计办公室，成立监察室和审计室。

11 月 24 日　首都女教授联谊会首都师大分会成立大会召开。

12 月 15 日　我校学位与研究生教育工作会议召开。

12 月 27 日　我校召开德育工作会议。

12 月 28 日　我校与海淀区政府联合实施“123 教育工程”（即建立一个首都师大研究生培养中心，搞好两所中学示范校，联合建设三个基地——教育实习基地、教育科学研究基地、培训基地），协议签字仪式在海淀区教育局举行。

12 月 29 日　我校召开基础数学重点学科建设研讨会。中科院院士谷超豪、胡和生、石钟慈、姜伯驹和北大、清华、北师大、南开的教授李忠、陈天权、严士健、史树中等数学家参加了研讨会。

12 月　我校被评为“北京市国防教育工作先进单位”。

本年　数学系卢才辉的《Kac－Moody 代数和可解李代数》获北京市科技进步一等奖。

本年　本部主楼扩展工程和教工宿舍 21、15 号楼竣工。

1995 年

1 月 10 日　“全国教育系统建设有中国特色社会主义教育理论研讨会”在我校召开。国家教委和北京市领导何东昌、李志坚等出席了开幕式。

3 月 8 日　决定校本部俄语系与外语学院俄语系合并。

4 月 5 日　党委常委会就历史系被确定为“国家文科基础学科人才培养和科学研究基地”之后建设的基本思路等进行了讨论，决定采取重点扶持和倾斜政策。

4 月 7 日　市长李其炎、市委副书记李志坚、副市长胡昭广、市委教育工委书记陈大白及市委、市府有关办、局和海淀区有关领导，来我校现场办公。会议原则同意我校争取进入“211 工程”计划的设想。决定：一、拨付“211 工程”启动资金；二、校园北区建设征地费年内到位；三、落实将北京工业大学计算机学院校舍移交给首都师大；四、同意建立首都师大基金会，李志坚任会长。

5月19日　常委会决定，成立支援贫困山区乡工作领导小组，并选择密云县石城乡作为重点扶贫对象，开展对口支援。

5月20日　我校计算机科学与技术系成立。

6月6日～7日　我校召开建校以来第一次全校范围的科研工作会议。副校长作了题为《总结经验，提高认识，调整布局，努力开创科研工作新局面》的工作报告。

6月12日　学生合唱团200名学生及大学生军乐团在首都体育馆参加了纪念反法西斯战争胜利50周年、抗日战争胜利50周年首都大学生万人大合唱活动。

7月24日～8月1日　中国大学生暑期扫盲与科技文化服务团首都师范大学分团一行37人赴密云县石城乡进行扫盲活动，并对石城乡的社会、经济状况进行调查。

9月21日　党委召开全校党员大会，对全面开展党员学理论、学党章的教育活动进行动员和部署。

9月～11月　党委举办第13期大学生申请入党积极分子培训班，共培训学生209人。

11月3日～18日　副校长一行赴澳大利亚墨尔本大学等校访问。

12月12日～23日　为提高现有系处级中青年干部的思想政治素质，党委分两期举办45岁以下的系处级党政领导干部学习班，共有95人参加了学习。

12月26日　台湾师范教育学术交流访问团来我校进行参观访问和交流。

本年　历史系宁可、郝春文的《英藏敦煌文献（12～14卷）》获第二届国家图书奖古籍类一等奖。

本年　本部回民食堂、校医院和教工宿舍22号楼竣工。

1996年

1月9日～11日　第三届教代会暨第九次工代会召开。校长作了《把握机遇，加快改革，团结奋斗，为建设全国一流的师范大学而奋斗》的工作报告。会议讨论了《首都师范大学教育改革和发展"九五"规划及2010年远景目标》，通过了修订后的《首都师范大学教职工代表大会条例》。

1月15日　我校与北京师范大学签订《关于加强合作办学协议》。

4月25日　举行北校区开工奠基仪式。北校区（北一区）占地近140亩。

4月　首都师大出版社出版的《学术论著自选集》获国家图书奖荣誉奖。

5月27日～31日　由我校与北京大学、中科院系统科学研究所联合主办的"'96北京国际群论讨论会"在我校召开。

6月11日　召开师资队伍建设工作会议。校长作了《首都师范大学关于加快教师队伍建设的几点意见》的报告。会议讨论了相关的5个文件。

6月18日　我校与日本体健教育综合集团合作办学意向会谈结束。

6月20日　首都师范大学、新加坡文教先驱公司、国家教委全国中小学计算机研究中心三方合作签字仪式在我校举行。

6月27日　党委召开庆祝中国共产党成立75周年及表彰大会。

6月　美国托莱多大学教育学院院长、东密执根大学教育学院院长访问我校，与我校签署了交流协议。

9月12日　举行新学年外国专家及留学生招待会。

9月19日　市长李其炎、副市长胡昭广及部分局、委领导来校进行调研，李其炎代表市领导讲话，充分肯定了我校为基础教育作出的贡献。提出市政府今后对首都师大“建设目标不变，政策不变，支持力度不变”。

9月　我校获准增列基础数学博士点。

10月24日　国家教委师范司司长马立来校，就全国师范教育工作会议作专题报告。

11月28日　市教委对我校文明校园建设工作进行全面复查，专家组建议继续授予“文明校园”称号。

11月　校长一行访问韩国4所大学。

12月24日　代理市长贾庆林与市委副书记李志坚、副市长胡昭广、市委教育工委书记陈大白、市府秘书长范远谋等来我校调研。贾庆林在讲话中指出：首都师大要坚持服务基础教育的办学方向，市政府继续对首都师大“支持不变，投入不变，目标不变”。

12月24日～26日　市政府组织了对我校“211工程”部门预审。市委副书记李志坚、副市长胡昭广、市人大常委会副主席陶西平、市委教育工委书记陈大白等市领导和国务院学位办、国家教委师范司的负责人及以袁贵仁为组长的专家组全体成员出席了预审开幕式。专家组一致同意我校通过“211工程”部门预审。

12月　校园网建设取得初步成果。

本年　历史系齐世荣（第二作者）的《世界史》获国家教委颁全国高校优秀教材一等奖。

本年　本部电教楼、教工宿舍23、24号楼竣工。

1997年

2月19日　邓小平逝世。师生员工举行各种悼念活动。

3月5日　校团委召开动员会，把3月定为全校团员青年“学雷锋见行动月”。

4月3日～4日　召开第三届教代会暨第九次工代会第二次会议。校长作《同心同德，埋头苦干，扎扎实实地推进我校“211工程”建设》的报告。

4月　我校书法所教授欧阳中石被聘为国务院学位委员会第四届学科评议组（艺术学科）成员。

5月9日　首都师范大学·TAIKEN国际文化学院成立。（该院是中日合作办学机构，于1999年停办。）

5月19日　我校与韩国西原大学签署了校际交流协议。

5月22日　召开教学工作会议。会议讨论了题为《转变观念，深化改革，大力提高教育教学质量》的报告。

6月16日～17日　北京师大、东北师大、湖南师大、南京师大、华东师大、华南师大、首都师大7校代表二十余人，在我校举行“211工程”建设工作座谈会。

6月～7月　举行迎香港回归系列活动。

8月24日～31日　在新加坡举行的第三届国际大专辩论会上，作为中国内地高校代表参赛的我校代表队，获得亚军。我校选手王慰卿获得“1997年国际大专辩论会全系列最佳辩论员”称号。

9月1日　市委教育工委书记陈大白来校代表市委宣布：任命牛继升为中共首都师大

委员会书记，免去于洸中共首都师大委员会书记职务；任命杨学礼为首都师大校长，免去林培黎首都师大校长职务。于洸、林培黎退休。

9月1日　首都师范大学附属育新学校成立。

9月15日～30日　由中、法和联合国教科文组织合办、首都师大承办的“复齐性域上的分析与几何及相关课题”国际讲习班15日在我校开幕。

11月8日～11日　由中国科学院世界历史研究所和我校历史系联合举办的国家社会科学研究重大课题“20世纪的历史巨变”学术讨论会在我校召开。

11月28日　校党委副书记等一行代表全校师生参加在延安地区南泥湾三台庄首都师范大学希望小学落成典礼。捐赠10万元及图书、学习用品。

11月　教育部授予我校教授任职资格评审权。

12月3日～4日　国家教委高教司组织专家组对我校历史学科人才培养和科学研究基地进行中期评估检查，给予了较高评价。

12月11日　美国高级军事代表团，美国太平洋地区司令布鲁尔将军一行7人，来我校看望在学的美国军官学生，对我校的对外汉语教学表示满意，希望扩大该项目的学生人数。

12月23日～24日　市政府组织以杜厚文为组长的专家组对我校《“211工程”建设项目可行性研究报告》进行论证和立项审核。在市计委主任袁振宇主持下，通过听取汇报、审阅材料、参观考察，一致通过了首都师范大学《“211工程”建设项目可行性研究报告》并准予立项。

12月29日　国家智能计算机研究开发中心与我校共同建立“计算机应用联合实验室”协议在我校签字。

本年　生物系高德伟等的教学成果《高师开设性健康教育课程的实践与探索》获1997年普通高校国家级教学成果一等奖。

本年　北一区学生食堂和学生宿舍、本部教工宿舍25号楼竣工。首都师范大学（平谷）金海湖培训中心（后改称教学实习基地）初步建成。

1998年

1月24日　国务院副总理李岚清在国家教委和北京市领导陈至立、李志坚、徐锡安陪同下，看望历史系教授齐世荣。

2月12日　校医院通过市卫生局“一级甲等医院”评审。

3月　我校“北京市党的建设和思想政治工作先进高等学校”称号通过市委、市教育工委复查。

3月11日～13日　市委组织部、市委教育工委来我校进行增补副校长的民主推荐和组织考察工作。

3月16日　校园网办公管理信息系统正式开通。

3月～4月　韩国大田产业大学国际企划部主任和中文系主任来校访问，与我校签署了交流协议。

3月　我校教职员张燕瑾、欧阳中石、梅向明当选为全国政协第九届委员。

4月8日　物理、化学、生物、地理4系的基础课实验室通过市教委评估验收。

4月15日　原政法系、管理系、马列主义理论部3个单位合并成立新的政法系。

4月1日　校团委就团的各项工作开始进行普查。

4月22日～24日　召开全校师资工作会议，强调师资队伍建设是我校改革发展的第一工程。

6月15日～19日　“’98国际一般拓扑学学术交流会”在我校召开。

6月　我校获准增列中国古代文学博士点。

7月3日　人脑开发与素质教育研究中心成立。

7月　北一区文科教学楼正式启用。

7月　我国首批书法博士2名在我校毕业。

8月26日　召开后勤管理体制改革方案正式启动动员大会。会议指出，后勤改革根据“小机关、多实体”的原则，先从调整机构，转换机制入手。宣布撤销总务处、膳食服务处，成立后勤管理办公室，下设生活服务中心、接待中心、动力与修缮服务中心、房屋土地管理服务中心、住宅管理服务中心、饮食服务中心、校园管理中心及原基建处、校医院等9个部门。校后勤管理办公室对上述9个部门既实施行政管理职能，又具有甲乙方关系。

8月28日　隆重举行聘请香港著名企业家、公益事业家田家炳为顾问教授仪式，副市长林文漪出席。田家炳为我校捐资修建外语楼。

8月　美国兰多夫一梅肯学院院长冯丁来校访问，两校签署了交流协议。

9月8日　教育部副部长周远清一行来校视察新生报到和灾区学生就学情况。

9月10日　市委常委、市教育工委书记徐锡安、市教委主任范伯元看望书法家欧阳中石，并祝贺教师节。

9月　校长一行访问非洲肯尼亚肯亚塔大学。

10月7日～9日　“’98北京面向21世纪学校美术教育国际研讨会”在我校举行。

10月30日　首都师范大学与东城、西城、崇文、宣武、海淀五区教委举行“‘全面提高北京市初中教育质量’课题研究协议签订会”。有关5所中学的领导参加了会议，与会各方在协议上签字，将5所中学定名为“首都师范大学教育教学改革实验学校”。

11月25日～27日　我校召开教学工作会议，研讨修订新一轮教学计划。指导思想是：“拓宽专业内涵，加强全面基础，培养创新品格，提高综合素质。”

本年　历史系宁可的《敦煌社邑文书辑校》、物理系乔际平等的《基础教育现代化教学基本功》、历史系刘城的《英国中世纪教会研究》、中文系吴思敬的《心理诗学》、中文系张燕瑾等的《古本戏曲剧目提要》获北京市第五届哲学社会科学优秀成果一等奖。

1999年

1月8日　我校中国书法文化研究所获准设立美术学博士后项目。

1月18日～20日　中共首都师范大学第十一次代表大会召开。党委书记作《高举邓小平理论伟大旗帜、把充满生机与活力的首都师范大学全面推向21世纪》的报告。选举产生了中共首都师范大学第十一届委员会。党委第一次委员会选出常委9名，牛继升任党委书记，詹新泽任纪委书记。

3月20日～21日　“冷战起源与国际关系”学术研讨会在我校召开。

3月　我校被评为1998年度首都精神文明单位标兵。

3月～6月　我校学生文艺社团在全国大学生艺术节活动中获多种奖项。

4月5日～14日　校长一行访问日本城西国际大学、城西大学、东京都市大学和佐贺大学。与佐贺大学签署了交流合作协议。

4月20日　18名中青年教师被确定为我校“中青年学科带头人”。

4月21日　历史系获准设立历史学博士后流动站。

4月27日　在国际文化交流部、外院外事办公室及对外汉语培训部的基础上成立国际文化学院。

4月30日～5月2日　中国世界古代中世纪史研究会世界中世纪史专业委员会第五届会员代表大会在我校举行首届学术年会。

5月7日　副校长一行对法国巴黎高等师范学院、巴黎第七师范大学、波尔多第三大学进行访问。

5月8日　校基础教育文献信息中心网上站点正式开通。

5月10日　北京市经济学会总会与我校联合主办的“当前我国经济形势与扩大内需”研讨会在我校举行。

5月16日～23日　北京市高校第三十七届学生田径运动会在我校召开。我校田径代表队以302.5分获得甲组男女总分第一名。

5月25日～30日　俄罗斯莫斯科语言大学哈列耶娃一行访问我校。双方签署了新的协议。

5月26日～28日　中文系主办的全国高等师范院校中国古代文学教学改革研讨会在我校召开。

5月29日　校“科学研究与发展（R&D）咨询委员会”成立。

6月9日～11日　召开第二届全校科研工作会议。

7月6日　肯尼亚教育部长率团来校访问。

7月9日　北京工业大学计算机学院校区移交我校（称北二区），我校计算机系、教育科学学院、成人教育学院陆续迁入。

7月　我校传达、学习、贯彻《中共中央关于共产党员不准修炼“法轮大法”的通知》。

9月1日　在1999级新生中开始执行新的教学计划、新的学分制学籍管理办法，包括试行弹性学制。

9月1日　我校附属望京中学成立（2001年6月扩建成首都师范大学附属实验学校）。

9月2日　我校教育科学学院成立。内设教育系、基础教育研究所、教育科学研究所、性健康教育研究中心、国际与比较教育研究中心、环境教育中心等，2000年增设心理系。

9月6日～14日　党委书记率团访问韩国西原、公州、大田产业三所大学。

9月8日　坦桑尼亚政府教育部长代表团来校访问。

9月9日　我校初等教育学院成立，由并入我校的北京市第三师范学校、通州师范学校组成基本框架，任务是培养本科学历小学教师。

9月28日　校团委获团中央首批颁发的“五四红旗团委创建单位”称号。

9月28日　在校本部举行校训碑“为学为师，求实求新”落成仪式。

10月1日　我校840名师生，作为教育方阵的一部分，参加国庆50周年游行活动；18名代表应邀登上天安门观礼台，400名师生参加天安门国庆联欢。国庆指挥部授予我校“首都群众游行组织工作先进单位”称号。

10月9日　举行庆祝建校45周年大会。全校师生员工，在京校友、香港及海外的校友代表共万余人参加了校庆大会。校长在讲话中回顾了我校发展的历史，并提出今后坚持师范性、综合性、地方性三者结合的办学方向。市委常委徐锡安到会祝贺，李其炎代表校友发表讲话。校庆期间校、系举办了多种形式的报告会和学术活动。

10月18日～20日　教育部师范司主持召开的“面向21世纪高等师范教育改革研讨会”在我校举行。

10月21日～24日　全国“高师院校数学教育教学改革研讨会”在我校召开。

10月26日～28日　全国“高师美术学科教育学研讨会”在我校举行。

10月　系、处级以上领导班子“三讲”（讲学习、讲政治、讲正气）教育活动拉开序幕。

11月4日　全国人大常委会副委员长布赫及部分在京的第九届全国人大代表来校视察。

11月27日　由中文系、日语系联合成立的语言研究中心，举行成立大会暨首次学术研讨会。

10月～12月　举行迎澳门回归系列活动。

12月4日　校第十八次学生代表大会召开。

12月24日～25日　召开第三届教代会暨第九次工代会第四次会议。校长作题为《紧抓机遇，乘势而上，全面贯彻落实第三次全国教育工作会议精神，推动学校的改革与发展》的工作报告。

本年　中文系左东岭的《李贽与晚明文学思想》（在南开大学攻读博士期间完成），被国家教育部评选为首届“全国百篇优秀博士学位论文奖”。历史系刘新成的《英国都铎王朝议会研究》获1999年国家社会科学基金项目优秀成果著作类三等奖。

本年　我校与另一单位合资建设的科原大厦落成并投入使用。

2000年

1月　科技园区成立。

2月3日　中共中央政治局委员、北京市委书记贾庆林一行来校看望书法所教授欧阳中石。

3月4日　“2000年北京高等师范院校毕业生供需见面会”在我校北二区举办。

3月8日　中共中央办公厅局长李建波一行来校考察素质教育开展情况。

3月16日　美国默海德州立大学学生乐队一行86人来校访问。

4月　我校代表团到黔东南地区实地考察，与当地政府签订了《首都师范大学与黔东南州政府合作开发意向书》。

4月14日　我校与德国布莱梅科技大学就互派留学生项目签署了合作协议。

4月15日　我校中国诗歌研究中心和北大中文系联合举办的“林庚先生新诗创作理论研讨会”在我校举行。

4月24日　9名教师入选教育部“高等学校骨干教师资助计划”。

5月～9月　我校开展新一轮内部管理体制改革，对教学人员实行聘任制，对机关人员试行职级聘任与职员制相结合的制度，对机关和直属单位部分处级领导岗位公开招聘、竞争上岗，与此同时，大幅度提高在聘人员津贴。

5月14日　我校第九次研究生代表大会召开。

5月24日　北京市市长刘淇到我校调研，表示市委、市政府全力支持首都师大的“211工程”建设。

6月11日～13日　全国小学教育专业建设协作会首届年会在我校召开。

6月19日　21届世界大学生运动会组委会确定我校作为正式比赛场馆之一，承担足球比赛任务。(11月启动了场馆改造任务。)

6月22日　历史系与中国敦煌吐鲁番学会联合主办的“纪念敦煌藏经发现100周年国际学术研讨会”在我校举行。

7月3日　“教育硕士专业学位研究生培养与实践基地”成立大会在我校举行。

7月13日　我校与北京丰台区教委签订联合办学协议，丰台师范学校与丰台三中合并后冠名“首都师范大学附属丽泽中学”。

7月19日　决定成立远程教育学院。

7月～8月　团委开展大规模学生社会实践活动，被教育部、团中央评为“全国大中专学生志愿者暑期‘三下乡’社会实践活动先进单位”，并获市委宣传部等颁发的“2000年度首都高校社会实践先进单位”称号。

8月初　我校召开会议研讨首都师大“十五”发展规划和后勤部门的社会化改革。

8月27日　我校在西安主办“超薄膜材料及相关系统”国际会议。

9月8日　我校召开“红烛礼赞”评选活动表彰大会，共评出74名教书育人优秀教师。

10月4日～16日　校长一行访问荷兰德温特大学、德国布莱梅科技大学、法国巴黎第七大学。

10月10日　全国部分高校附中协作体第九届教学观摩研讨会在首都师大附中举行。

10月24日～27日　南北八所省（市）属重点师大第九次研讨会在我校举行。

11月1日　我校决定设立的新一轮校务委员会成立，确定该委员会为咨询机构。

11月6日　我校学生科研立项大会召开，57项获得立项批准。

11月8日　我校“中国诗歌研究中心”入选为北京市人文社会科学研究基地。

11月27日　我校承办全国中小学骨干教师国家级培训任务（含5个学科），并通过教育部关于培训资格的评估检查。

11月28日～29日　党委召开思想政治工作会议，讨论通过了《首都师范大学加强和改进思想政治工作的意见》。

11月29日～12月7日　校团委举办2000年大学生艺术节。

12月6日～8日　我校召开教学工作会议，主题报告为：《深化教学改革，全面提高教学质量》，会上安排了现代教育技术应用的专题报告。

12月　本年市教委发出《关于首都师大白广路培训部校舍移交市教委的通知》。(2002年我校撤销白广路培训部建制，该校舍房地产权完成移交。)

本年　政法系白奚的《稷下学研究——中国古代的思想自由与百家争鸣》、中文系杨乃乔的《悖立与整合：东方儒道诗学与西方诗学的本体论、语言论比较》获北京市第六届哲学社会科学优秀成果一等奖。数学系石生明（第三作者）的《高等数学》获北京市科技进步一等奖。另有5项成果获北京市高校教学成果一等奖。物理系傅怀平研制的“多路合成彩虹全息图复制方法”及“多路合成彩虹全息图复制系统”成果鉴定会举行，鉴定会认为该项成果达到了国际先进水平。

本年　北一区的田家炳外语教育书院落成（建筑面积11 000平方米）。本部教工宿舍26号楼、东区1、2号教工宿舍楼相继竣工，合计建筑面积39 000平方米，自筹资金8 700万元。

2001年

1月10日　第四届教职工代表大会暨第十次工会代表大会召开，校长作题为《创造首都师大新的辉煌》的工作报告，代表讨论了我校“十五”发展计划。

1月18日　后勤集团成立大会举行。后勤从行政管理系统中分离完成，实施企业化管理。

1月　我校获准增列文艺学、汉语言文字学、植物学博士授权点。

2月21日　我校举行以“遵纪守法、崇尚科学、反对邪教”为主题的大型签名倡议活动。

2月27日　校医院连续四年获北京市公费医疗管理一等奖。

3月2日、4月28日、6月28日　我校三次隆重举行欢迎会，欢迎作为特聘教授引进的林群、刘先林、杨国桢三名院士。

3月20日　北京送变电公司子弟学校更名为“首都师范大学附属良乡实验学校”。

3月26日～28日　我校召开研究生工作会议，提出“举全校之力办好研究生教育”。

4月6日　我校举办“全球化与人文社会科学”理论研讨会。

4月25日　我校基础课实验室通过专家组评估验收。

4月27日　我校中国少年儿童文学艺术研究发展中心成立。

4月　中文系退休教授向锦江捐款设立学生奖学金。

5月6日、10月18～19日、11月14日　相继举行文学院、政法学院、美术学院、资源环境与旅游学院成立大会。

5月18日　第二批中青年学科带头人27名与校方签约。

6月21日　首都师范大学乌鲁木齐实验学校正式挂牌（该校后更名为首都师范大学附属文博实验中学）。

6月26日　我校17项课题列入北京市哲学社会科学“十五”规划。

6月27日　举行北京市重点实验室授牌仪式。我校“学习与认知实验室”、“资源环境与地理信息系统实验室”、“纳米光电子学实验室”被首批认定为北京市重点实验室。

6月28日　为隆重集会纪念建党80周年，我校各单位开展主题党日活动。

6月　为“迎大运、争奥运”，校本部进行校园环境整治工作。

8月22日～9月1日　第21届世界大学生运动会在北京举行。我校作为分赛区承担了足球部分比赛，被评为优秀比赛场馆，我校志愿服务工作获组织金奖、工作金奖。

8月23日～25日　我校与其他单位共同发起主办的“第一届亚洲性教育学术研讨会”在我校举行。

9月1日　校园网办公系统启用。

9月11日　九三学社首都师大委员会召开成立大会。

9月15日～22日　“首都师范大学美术学院教师作品展”在中国美术馆举行，观众近两万人。

9月17日　第二期中小学骨干教师国家级培训结业典礼在我校举行。

9月24日　“中国诗歌研究中心授牌仪式暨21世纪中国诗歌研究发展趋势学术研讨会”在我校举行。

9月26日～27日　我校“211工程”“九五”期间建设项目通过北京市政府组织的专家组（组长为钟秉林）的验收。市委副书记龙新民、市委常委徐锡安、市发展计划委员会主任沈宝昌、教育部师范司司长马立在验收会上讲话。《光明日报》、《北京日报》随即以《首都师大通过“211工程”“九五”建设项目验收》为题作了报道。

10月21日　在全国婚育新风进万家活动中，我校被评为国家级先进集体。

10月23日　我校高等教育技术培训中心成立。

10月23日　全国高师院校计算机教育研究会学术年会在我校举行。

10月25日～26日　历史系“国家历史学科人才培养和科学研究基地”通过教育部专家组验收。

10月29日～31日　中法教师教育国际研讨会在我校举行。

11月1日　北京市委、市政府、市委教育工委决定：免去牛继升中共首都师大委员会书记职务，调北京石油化工学院工作；免去杨学礼首都师大校长职务，退休；任命许祥源为首都师大校长、中共首都师大党委副书记。

11月4日～6日　我校主办的“全国马克思主义理论与思想政治教育、中共党史党建硕士点学术研讨会”举行。

11月26日　我校召开学生科研立项活动表彰大会。

11月29日～12月27日　举办2001年“风之彩”大学生艺术节。

11月　我校教师获得7项国家自然科学基金资助项目。

12月5日～10日　党委举办中层干部、民主党派负责人理论学习班，学习江泽民《七一讲话》和《中共中央关于加强和改进党的作风建设的决定》。

12月20日　北京市属市管高校文献资源共享服务体系建设第二次工作会议在我校召开。

12月22日　以历史系为主体组建的“北京历史与文化教育传播中心”成立。

12月22日　庆祝北京地理学会成立50周年大会在我校召开。

12月24日　我校举办中国革命历史文献书报展览，纪念毛泽东诞辰108周年。

12月26日　“21世纪中国德育改革与创新”学术研讨会在我校举行。

本年　文学院吴相洲的《传统的批判——从传统看精神文明建设》获“五个一工程奖”一等奖。教科院丁邦平的《国际科学教育理论研究》（在北师大攻读博士学位期间完成），被教育部评为第三届“全国百篇优秀博士学位论文奖”。另有一项成果获“2001年高等教育国家级教学成果二等奖”。

本年　本部27号青年公寓楼、筒子楼改造工程以及羽毛球馆竣工。

2002年

1月8日～9日　我校成人教育工作会议召开。

1月15日　第四届教代会暨工会第十次代表大会第二次会议举行，校长作题为《认清形势，抓住机遇，加快发展，努力建设国内一流综合性教学科研型师范大学》的工作报告，就修订后的"十五"发展计划的内容作了说明。

1月21日　我校举办首届"基础教育信息化"校长高级研讨班。

1月23日、10月17日　我校召开欢迎会，欢迎特聘教授张景中、匡廷云两名院士来校工作。6月3日　我校举行仪式欢迎黄本立院士受聘为客座教授。

2月1日　特聘教授、院士刘先林的《数字化测绘体系关键技术集成及其产业化》获国家科学技术进步一等奖。

2月25日　我校召开校办企业改革动员大会，确定了改革指导思想和目标。

3月21日～22日　我校举办"文明修身践行、塑造良好学风"主题宣传日活动。

3月24日　我校文学院下设影视文学系成立。

3月24日　我校承办的"基础教育新课程标准骨干培训者国家级培训"开课。

3月26日　我校信息工程学院成立大会举行。

3月26日　我校党风廉政建设和反腐败工作会议召开。

3月28日～30日　我校2002年教学工作专题会议举行，主题是贯彻教育部《关于加强高等学校本科教学工作，提高教学质量的若干意见》，研讨教师教育培养模式改革思路等。

4月24日　首都师大东方华印软件学院成立。

4月25日　中共北京市委发文：任命谢维和为中共首都师大委员会书记。

5月7日　我校主办北京市第六届"希望杯"钢琴比赛，选手达1 250人。

5月17日～18日　"外国语言学及应用语言学"国际研讨会在我校举行。

5月23日～28日　我校部分科技产业项目参展中国北京高新技术产业国际周。

6月1日～30日　我校面向师生员工开展国防教育月活动。

6月14日　北京高校网络图书馆在我校开通，该馆管理中心设在我校图书馆内。

6月　我校申报7项国家哲学社会科学基金项目获得立项。

7月3日　教育技术系成立。

7月6日　市委书记贾庆林就加快首都人才培养问题来校调研。

8月4日～7日　第三届全国高等师范院校大学生田径运动会暨第八届全国高师体育论文报告会在我校举行。

8月13日　"数学学科发展走向专题研讨会"在我校举行。

8月29日　我校与房山区政府签约，入驻良乡高教园区。我校良乡新校区规划用地1 078亩，其中自主开发850亩，建筑面积31.5万平方米，预计2003～2005年建成。10月23日举行奠基暨开工仪式。

9月1日　两课（马克思主义理论课和思想品德课）教研部成立。

9月6日　我校与中央电视台联合举行大型文艺晚会，庆祝第十八个教师节。

9月12日　校党委理论学习中心组学习江泽民在北师大百年校庆大会上的讲话。

9月22日　首都师大附中被北京市教委认定为首批示范性高中。

9月23日～25日　我校主办第十届全国“学科教育学”学术研讨会。

9月27日～28日　我校举办“音乐与科学”高层论坛。

9月28日　我校承办的第三期中小学骨干教师国家级培训结束。

9月　我校启动双语教学教师培训项目。

9月　我校数字校园建设中心、电子文献研究所、民族艺术研究所、中国工笔画研究所成立。

10月1日《关于校务公开工作的若干意见》开始实施。

10月16日　党委召开动员大会，党委书记作题为《抓住机遇，开拓进取，为实现学校“十五”计划目标而奋斗》的讲话，提出以“三个带动”为思路，推动学校工作快速发展。

10月25日　我校与日本广岛大学交流协议签字仪式举行。

10月31日～11月2日　我校召开科研与研究生发展工作会议，提出今后科研与研究生工作的发展方向和具体目标。会议期间与4所科研院所签订了合作议定书。

10月　我校申报2003年度国家自然科学基金项目共7项获得立项。

10月　我校妇女问题研究中心成立。

10月　我校建立二级教职工代表大会制度。

11月18日　我校中层干部学习贯彻中共十六大精神。

11月22日　市教委对我校后勤社会化改革进行阶段验收。

11月28日～12月23日　我校举办2002年大学生艺术节活动。

11月　我校哲学与文化研究所成立。

12月11日　国家语委对我校语言文字工作进行评估。

12月12日～14日　召开全校财务工作会议。

12月13日～15日　“’2002教育技术国际论坛：中国人工智能教育学术研讨会”在我校（承办）举行。

12月18日～31日　我校“两课”教研部接受市委教育工委、市教委组织的评估，我校获得“‘两课’重点建设示范校”称号。

12月20日　我校与包头师范学院签约对口支援合作。

12月26日～27日　第四届教代会暨第十次工代会第三次会议召开。校长作了题为《深入学习贯彻十六大精神，努力开创学校发展的新局面》的工作报告。

12月30日　我校2001年10月以来的特聘教授吴可、周向宇、丁兴富接受年度考核。

12月　近三年新增教职工住宅面积38 000平方米，400多户住房情况得到改善。向1 200余户教职工发放了个人《房屋所有权证》。

本年　书法所欧阳中石获中国文联颁发的“中国书法兰亭奖·教育特别贡献奖”，中国书法文化研究所获“中国书法兰亭奖·教育奖”，该奖为书法界最高奖。政法院白奚的《稷下学研究——中国古代的思想自由与百家争鸣》获中国高校人文社科研究优秀成果一等奖。政法院王瑞荪等的《比较思想政治教育学》、政法院程恭让的《欧阳竟无佛学思想探微》、文学院张燕瑾等的《20世纪中国文学研究》获北京市第七届哲学社会科学优秀成果一等奖。数学系郑崇友等的《几何学引论（上、下）》获教育部颁全国高校优秀教材一等奖。资环与旅游学院陈树杰的《创造型中学教师品质特征及其培养途径研究》、教科院乔际平等的《全面提高北京市初中教育质量》获北京市第四届教科研究优秀成果一等奖。

本年　我校后勤部门完成12件实事工程。

2003年

1月11日　教育部副部长周济来校考察。

1月　我校良乡新校区建设筹委会和办公室成立。

1月　"北三环—学院路馆际互借联合体"成立，我校图书馆为成员馆。

2月19日　召开中层干部会，校长指出，本学期要做好三个规划（学校发展规划、学科建设和师资队伍建设规划、校园建设规划），办好三件大事（全面启动良乡校区建设、接受教育部本科教学工作水平评估、进一步推进人事制度改革）。

2月23日　我校43名学生获国家奖学金（一等9名，二等34名）。

3月6日　我校举行大学生科研立项活动及"诚信、关爱、责任"主题特色活动颁奖大会。

3月10日　我校音乐学院举行成立典礼。

3月11日　教育部副部长赵沁平来校调研。

3月15日　"教育权的法律保护研讨会"在我校（承办）举行。

3月　我校教职员谢维和、刘新成、欧阳中石、张燕瑾当选为第十届全国政协委员。

3月　首都师大中国文献学研究中心成立。首都师大北京社区文化研究发展中心成立。

3月～10月　从3月份开始全面启动迎接教育部于2003年10月对我校进行本科教学工作水平评估工作。主要包括：自评和整改（2002～2003年上学期已开始准备），准备《自评报告》，实施教育教学条件改善工程（本部主楼、图书馆、各教学楼的结构加固和装修改造共22 000平方米，室外校园改造26 000平方米），实验楼内各室布局调整等。

4月15日～18日　我校通过公开竞聘选拔部分处级领导干部。

4月20日　我国部分地区包括北京突如其来地遭到非典型肺炎的袭击。我校发布《关于进一步高度重视"非典"防控工作和维护正常工作秩序的决定》。由于90%以上的学生离校回家，学校调整了教学方式。

4月24日　我校召开2003年教师队伍建设及人事工作会议，旨在推动新一轮人事制度改革。校长作了题为《与时俱进，努力建设一支结构优化、素质优良、富有活力和竞争力的教师队伍》的报告，会上就修订的《首都师大岗位聘任方案》作了说明。

4月　我校资源环境与旅游学院气象园与天文顶投入使用。

5月2日　中央政治局委员、北京市委书记刘淇来校视察"非典"防治工作，肯定我校冷静应对疫情，保证了学校的稳定。

5月8日　决定成立首都师大远程教育研究所。

5月12日～13日　我校召开2003年教学工作会议，研讨本科生培养模式和完善学分制方案。

5月17日　我校教科院建立并启动网上教师发展学校。

6月　文学院教授黄天树被聘为国务院学位委员会第五届学科评议组（中文学科）成员。

7月5日　出台了《首都师大教学质量与教学改革工程行动计划》。

8月10日～12日　校党委举办暑期领导干部学习班，学习贯彻胡锦涛“七一”讲话和“三个代表”重要思想，提出把我校办成“让北京人民满意和靠得住的大学”。

9月2日　我校科技园被认定为“北京市大学科技园”。

9月4日　历史系与中国社科院世界历史研究所举行科研、教学合作协议签字仪式。

9月8日　我校实现数字迎新（为新生提供了数字化报到的服务信息平台），此举在全国高校中为第二家。

9月10日　我校中国书法文化研究所教授欧阳中石接受国务院总理温家宝颁发的“中央文史馆馆员”聘书。

9月10日《首都师范大学建校50周年校庆公告（第一号）》公布，随即发布了校庆活动方案。

9月10日　市教委主任来校看望数学系教授殷慰萍。

9月11日～12日　北京市政府组织专家组来校审议，原则同意通过《首都师范大学“十五”“211工程”建设项目的可行性研究报告》。市委副书记龙新民、专家组长钟秉林等在开幕式上讲话。

9月18日　成立学校工作协调小组。

9月24日　我校“人文学术论坛”（图书馆和中文系共建）举行开幕式。

9月26日　“教育部首都师范大学基础教育课程研究中心”在我校挂牌成立，该中心为全国第十五家。

9月28日　教育部师范司“中小学综合实践活动课程师资研究与培训基地”、“首都师大初等教育研究所”、“首都师大科技教育中心”在我校举行揭牌仪式。

9月　我校在学位点申报中获批一级学科2个（历史学、中国语言文学，内含新获准的二级学科博士点，即史学理论及史学史、考古学及博物馆学、历史地理学、历史文献学、专门史、中国近现代史、语言学及应用语言学、中国古典文献学、中国现当代文学、中国少数民族语言学、比较文学与世界文学），另有二级学科博士点6个（马克思主义哲学、马克思主义理论与思想政治教育、音乐学、应用数学、自然地理学、遗传学），硕士点17个。

10月8日　北京市教育信息化教师专业发展基地揭牌仪式和北京市面向教育信息化教师专业发展实验区及实验学校授牌仪式在我校（承办）举行。

10月8日　第二期基础教育新课程骨干培训国家级研修班开学典礼在我校举行。

10月9日　我校召开“迎评创优”大会，进行总结动员，一万多名师生员工参加。

10月9日　首都师大历史博物馆举行开馆仪式。

10月16日　我校举行“北京市教学名师”（美术学院李福顺入选）、“首都师大优秀主讲教授”（50名）表彰大会。

10月18日～24日　教育部专家组对我校进行本科教学水平评估。专家组长马敏代表专家组对我校本科教学取得的成绩作了充分肯定。

10月23日　我校获批增加两个博士后流动站（数学、生物学）。

10月27日　我校14项教学课件入选全国教师教育多媒体课程教材资源。

10月　我校资源环境与旅游学院举办“非点源污染和流域管理”中德双边研讨会。

11月3日　我校政法学院社会工作系主办“反贫困与社会公共政策”国际研讨会。

11月4日～5日　“’2003北京中外语言文化对比研究——中日国际研讨会”在我校外语学院举行。

11月12日　我校全部开通市政热力供暖。

11月18日　教育部“全国青少年校外教育培训中心（北京部）”、北京市教委“郑州市校外教育培训中心”在我校举行揭牌仪式。

11月17日～19日　我校男子健美操队代表北京市参加全国体育竞赛——“第一届健力宝全国街舞电视大赛”，获团体冠军。

11月19日　首都师大现代水墨艺术研究所成立。

11月24日　在中共中央政治局集体学习会上，历史系教授齐世荣应邀就“15世纪以来世界主要国家发展历史考察”这一专题进行了讲解。

11月26日　成立首都师大依法治校工作领导小组。

11月27日～29日　“教师发展学校研讨会”在我校（主办者之一）举行。

11月29日　“中国俄语教学研究会第六届理事及会员代表大会”在我校（承办）举行。

11月　历史系与商务印书馆联合成立的“《四库全书》学术研究中心”在我校落户。

11月　美国西华盛顿大学、韩国Hanbat大学、法国高等师范大学代表团来校访问，与我校签订合作协议。

12月4日～9日　我校举办主题为“提高执政能力和领导水平”的全校领导干部学习班。

12月6日　“科技法制发展及秘密技术法律保护学术研讨会”在我校（承办）举行。

12月9日　首都师大关心下一代工作委员会获“北京市教育系统关心下一代工作先进集体”称号。

12月10日　新华社多媒体数据库（教育版）北京高校网络图书馆首都师范大学镜像站点开通。

12月11日～12日　我校召开第四届教代会暨第十次工代会第四次会议。校长作了题为《再接再厉、开拓创新、夺取学校改革发展的新胜利》的工作报告。

12月11日～12日　我校举办第二届北京市教育信息化中小学校长高级研讨班。

12月14日　我校举行首届“研究生书学学术周”暨“四院校研究生习作展”。

12月16日　“首都师范大学2003年大学生艺术节——北京大学生军乐团新年音乐会”在中山公园音乐堂举行。

12月24日　“纪念毛泽东诞辰110周年学术研讨会”在我校（主办者之一）举行。

12月25日　我校召开外事工作与留学生教育工作研讨会，以全面推动我校国际化进程。

12月27日～28日　“两岸三地‘校本课程开发与校本化课程实施’学术研讨会”在我校（承办）举行。

12月28日　“北京人文奥运论坛”在我校（承办者之一）举行。

12月31日　我校召开发展与咨询委员会会议，就《首都师范大学加强和改进研究生工作的几点意见（讨论稿）》进行讨论。

12月31日　我校决定成立首都师大招投标工作领导小组。

12月　我校资源环境与旅游学院与意大利威尼斯大学、日本广岛大学等启动教师交流与博士生联合培养计划。

12月　我校"三维空间信息获取与地学应用"实验室被批准为教育部重点实验室。

12月　我校作为北京市征兵试点单位，30余名学生报名参军，4名应征入伍。

本年　我校承担全国社科基金项目5项，承担国家自然科学基金项目7项。我校被SCI收录论文50篇，SCIE收录论文68篇，EI收录论文15篇。又，戴念祖（兼职）和物理系王士平主持撰写的《中国物理学史大系》（九卷）获第六届国家图书奖。数学系李杰权等的《高维气体动力学中非线性波的研究》获北京科学技术一等奖。

本年　坐落在北一区的新图书馆竣工，建筑面积16 800平方米。本部教学楼、音美楼加层工程完工。

附录　2004年要事

2月　中共北京市委通知（京委［2004］21号），决定：许祥源任中共首都师大党委书记，免去谢维和党委书记职务，同意其调清华大学工作。

2月28日　我校召开第三届校友理事会全体会议，共商首都师大发展大计。

2月　我校艺术类专业参加全国统一招生，报考人数众多，美术专业超过万人。

3月6日～7日　"全国世界史学会会长会议暨学术研讨会"在我校举行（历史系与其他单位联合主办）。

3月12日　决定成立首都师大管理与决策研究中心。

3月19日　我校外语学院举办"学科建设暨日本学学术研讨会"。

3月　经教育部和国务院学位办批准，我校与澳大利亚Flinders大学联合培养教育硕士。

3月　我校承担"国家贫困地区义务教育工程"项目，为青海省培养中学校长。

3月　我校后勤集团开展优质服务月活动。

4月10日～30日　2003级学生进行军训。

4月16日～17日　我校"三重（重点学科、重点实验室、重点研究基地）"建设工作会议召开。

5月9日　党委部署"党员先进性教育活动"准备工作。

5月10日　我校召开"学分制推进行动"动员大会。

5月13日　我校第五届心理文化月揭幕。

5月17日　我校举办"艺术与科学高层论坛"。

5月17日　我校音乐学院"国际音乐教育节"开幕，于6月11日结束。

5月20日～21日　校第四十五届田径运动会举行。

5月20日　我校政法学院举办"中美两国社会工作与社会福利研讨会"。

5月26日～6月10日　在澳大利亚和新西兰举办的国际手风琴公开赛上，我校音乐学院表演系学生取得3项第一名、1项第三名。

5月29日　首都师大科德学院（由我校与深圳乐天世纪投资发展有限公司合作创办）召开第一次工作会议。

5月30日　首都师范大学北京创新研究院（由市属5个单位共建）举行成立大会，并召开学习贯彻《中共中央关于进一步繁荣发展哲学社会科学的意见》座谈会（9月24日创新研究院获准成为北京市哲学社会科学研究基地）。

5月《首都师范大学学报（社科版）》入编全国中文核心期刊。

6月11日～12日　我校召开教学工作专题会议。会议主题报告为《适应学校转型，搞好专业建设》。与会人员讨论了《首都师范大学本科专业评估方案》等3个文件。

6月13日　市教委与我校联合主办的“首都基础教育现代化论坛”在我校举行。

6月19日　“中·丹（丹麦）国际中草药现代化及生物技术研讨会”在我校举行（5个单位联合主办）。

6月22日　我校生命科学学院（原生物系）举行成立大会。

6月28日　国际著名数学家丘成桐来我校讲学。

6月　我校生命科学学院教授任东获第八届中国科技青年奖。

6月　我校被授予2003年度“首都精神文明建设先进单位”称号。

6月　2004年度国家社会科学基金项目下达，我校有9项获准立项。

6月　教育部办公厅下发文件，公布2003年高等学校本科教学工作评估结论，我校被评为“优秀”。

8月2日～5日　“第二届纳米超薄膜与纳米材料光电子学和光谱学国际会议”在我校（物理系主办）举行。

8月17日～18日　我校召开领导干部研讨班，主题是“牢固树立科学发展观，实现首都师大持续快速健康发展”。

8月18日～21日　“中国中古文学（汉一唐）国际学术研讨会”在我校（文学院与外单位联合主办）举行。

8月22日～27日　“'2004北京多复变国际会议”在我校（数学系主办）举行。

8月　我校教授任东、孟繁华、吴相洲被确定为“新世纪百千万人才工程”首批国家级人选。

9月1日　我校与密云县政府举行教育合作签约仪式，并在原密云一中举行“首都师范大学附属密云中学”揭牌仪式。

9月　花园村中学更名为“首都师范大学二附中”。

9月8日　我校召开2004年教师节表彰大会，公布“职工职业道德建设十佳单位”和“师德先进个人”（8名）的名单，黄勤妮获“全国师德先进个人”称号。

9月14日　校本部主楼前新制校训石落成揭幕。

9月16日　决定成立首都师范大学科学与人文中心。

9月16日～19日　“'2004北京植物分子细胞生物学和生物信息学国际学术研讨会”在我校（生命科学学院参与承办）举行。

9月17日～18日　“第二届首都师范大学外国语言学及应用语言学研究国际研讨会”（外院主办）举行。

9月19日　首都师范大学科德学院成立暨2004级首届新生开学典礼举行。该院为教育部同意试办的京城首家“独立学院”。目前设有8个应用性专业，7月份从12个省市招收了一千余名本科生，临时在玉泉路教学区办学。

9月19日～23日　“全国高师音乐教育专业钢琴教改研讨会”在我校（音乐学院承办）举行。

9月22日　“仓孝和教育思想座谈会”在我校举行。

9月25日　我校举办管乐交响音乐会。

9月25日～27日　“中国书法文化国际论坛：高等书法教育学科建设与发展国际研讨会”（书法所主办）在我校举行。

9月26日～28日　我校新图书馆举行开馆典礼，同时举办“图书馆的区域合作与共享”国际研讨会。

9月26日　“思想政治教育理论与实践”研讨会在我校召开（政法学院主办）。

9月26日～10月29日　我校举办“首都师范大学建校50周年成就展”。

9月27日　首都师大“校庆书法精品展”开幕。

9月27日　首都师大举行重点实验室授牌仪式。此期申报获准有5个重点实验室（昆虫演化与环境变迁、首都圈生态环境过程、检测成像、中药现代化研究、言语习得等实验室），另有一个校级实验室（信息智能与机器智能实验室）。

10月1日　学校办公系统改版升级正式启用。

10月5日　“’2004中国北京高等教育国际化大学校长论坛”在我校（主办）举行。

10月6日　我校隆重举行首都师范大学建校50周年庆祝大会。党和国家领导人贾庆林、刘淇、陈至立、何鲁丽等发来贺信贺词，教育部副部长吴启迪、北京市委副书记龙新民等中央部委和北京市各部门领导，近百所国内国外大学的校领导，历届校友代表（包括旅港、旅美校友代表团）以及在校师生代表两千余人出席庆典。校长在会上致词，回顾了学校历史，简介了学校现状，重申把首都师大建成国内一流水平的综合性教学研究型师范大学的奋斗目标和发展战略。当日，数千名校友返校。当晚举行了大型文艺晚会。

10月16日　北京市哲学会中国哲学研究会年会在我校（承办）举行。

10月26日　我校召开优秀教师表彰大会。表彰全国模范教师1名（石生明），北京市优秀教师和教育工作者5名，本校2003～2004学年优秀主讲教师77名。

10月23日～25日　“’2004面向教育信息化教师专业发展国际研讨会”在我校（承办）举行。

10月下旬～11月上旬　党委理论学习中心组、全校领导干部学习班学习贯彻中共十六届四中全会精神，提高领导与管理水平。又组织70名党支部书记赴河南参加社会实践活动。

10月　我校申报2004年度国家自然科学基金项目，共获批15项，其中1项为重点项目。

10月～12月　“法学阶梯专家论坛”在我校举行（政法学院主办）。

11月5日　我校生命科学学院第十四届学术节开幕，我校举办“人类展望科学论坛”。

11月6日～8日　“全国第二届智能科学与技术教育学术研讨会”在我校（信息工程学院承办）举行。

11月初　“全国建设小康社会与劳动就业学术研讨会”在我校举行（政法学院参办）。

11月18日　我校申报“北京市模范职工之家”并接受验收。

11月中旬　“学习型组织学术论坛”在我校举行（教科院主办）。

11月中下旬　“中国共产党思想政治与作风建设学术讨论会”在我校举行（政法学院主办）。

11月25日～26日　“红外热波无损检测”系列研讨会在我校举行（物理系主办）。

11月26日～29日　“第四届海峡两岸中国传统伦理与家庭道德学术研讨会”在我校举行（政法学院为联办单位）。

11月26日　决定成立首都师大全球史研究中心、旅游规划与设计研究所。

12月8日　“基督教与中国社会文化学术研讨会”在我校举行（比较文学系主办）。

12月13日～17日　我校举办“全国高校教师教育管理者国家级研修班”。

12月14日　我校研究生部、团委联合主办的2003～2004学年度研究生奖励表彰大会举行。

12月17日　首届“中国再生资源论坛”在我校举行（我校为联办单位之一）。

12月18日～20日　“中国当代音乐创作研讨会”在我校举行（音乐学院主办）。

12月19日～21日　“国际美术教育协会亚洲区会议：文化理解与艺术教育”在我校举行（美术学院承办）。

12月22日　决定成立首都师大科技法中心。

12月23日～24日　第四届教职工暨第十次工会代表大会第五次会议召开。校长作题为《高扬创新旗帜，凝聚各方力量，为实现学校宏伟目标而努力奋斗》的工作报告，副校长作财务工作报告。

12月26日　“‘独立学院’建设与发展高层论坛”在我校举行。

12月　北京市委、市政府决定调整首都师范大学党政领导班子。新一届党政领导班子成员为：党委书记：刘利民（免去其副校长职务）；校长：许祥源（免去其党委书记职务）；党委副书记：赵文、陈宁；副校长：刘新成，王万良，周建设，宫辉力；纪委书记：林蓉蓉。免去李因副校长职务（另有任用）；免去詹新泽纪委书记职务（退休）。

本年　坐落在北一区的国际文化大厦（26 700平方米/斥资1.4亿元）、体育馆（7 900平方米）和本部的大学生公寓9号楼（36 000平方米）落成，投入使用。

第一编　办学体制与办学方针

第一章 办学体制

第一节 办学、管理与投资体制

首都师范大学的前身北京师范学院建立于20世纪50年代中期。此后的三十余年，我国实行的是高度的计划经济体制。全日制高等学校均由国家（含地方政府）举办和管理，以保证在经济不发达的条件下，集中资源办好一批高校，满足国家对各类人才包括对基础教育师资的需求。

1954年北京市向中央申办成立一所地方的师范学院，教育部批复“同意”，其后北京市调拨人力物力财力加以运作。北京师院是一所全民所有制、隶属于北京市的院校，是具有高等学历教育招生资格的全日制普通高校，办学经费由北京市财政全额拨款并严格监管使用，招生和毕业生分配采取统招统分的方式。我院与其他高校一样，虽系教育类事业单位，而按行政系统级别确定为局级。教育部（国家教委）对我校进行宏观性调控、指导、管理，同时，我校作为北京市所属的教育机构，其党组织作为北京市委下辖的组织，在北京市委和市政府统一领导下，接受中共北京市委教育工委和市教委（高教局、教育局）的直接领导和具体管理。我校的校级党政干部均由北京市委、市政府委任。学校内部设置机构由北京市编制办公室批准核定。学校的校（院）级干部、中层（系、部、处）干部和基层干部依行政级别分别定为局级、处级、科级，并享受相应待遇。“文革”前，正处级以上干部均由北京市委或市政府任命或审批；70年代末至80年代初，正处级干部由市审批；随着任用权力逐步下放，至90年代，我校拥有了任命处级干部的权力。

80年代以来，高等教育体制进行了一系列改革，1999年《高等教育法》正式施行，要求由政府直接办学和管理学校转向在政府引导和监督下高校依法自主办学。教育部和北京市委市政府在转变职能的同时，对高校的宏观管理继续发挥强有力的主导作用。对于首都师大，国家教委和北京市安排了4所师范院校与北京师院整合，创造条件扩大我校新区，支持我校进入“211工程”计划等。同时，鼓励我校摒弃封闭和保守，破除“等、靠、要”思想，紧密贴近社会，积极面向市场，与其他高校展开平等竞争，拓展自身生存空间。另外，教育主管部门对于国办国有大学开始建立系统的评价与监督体系，如90年代前期，我校接受了中央和北京市两级对“党的建设和思想政治工作”的评估，对我校第十届党委的工作进行了届中考察，2003年教育部又对我校本科教学工作水平进行了评估。

与上述情况相应，高等学校从政府的附属机构开始走向由国家立法保障的面向社会、自主办学、自我约束的法人实体。

我校在诸多方面扩大了办学自主权。如：1. 由性质任务单一的师范院校正逐步走向综合化。2. 从以本科为主，到形成多渠道、多层次、多样化的办学体系，开展了国际合作、校际合作以及学校与社会合作办学，并将在良乡新校区建立按新体制、新模式与社会力量合作举办的相对独立的本科层次的二级学院。3. 在人才培养上，突破了大一统的培养目标和培养模式，进行了多种试验。

90年代中期以来，市委市政府任命校级干部时，广泛征询中层干部和群众的意见。为借助社会力量参与管理，我校曾拟建立“首都师大办学指导委员会”和“校董事会”（尚未落实）。

在投资体制方面，学校由单纯依靠财政拨款转变为政府拨款和宏观调控为主，自身多渠道筹资，包括自主创收、吸纳各种投资、接受社会捐资（如田家炳、蔡世亮曾对我校分别捐资500万和300万元）等。为了广泛引进社会资源，我校成立了“加利基金会”和“首都师大基金会”。我校还决定通过产权置换、自筹资金建设良乡新校区。

招生、就业、分配制度也发生了变革。招生由指令性计划转为政府指导性计划与调节性计划相结合，我校本科也招收了部分外埠学生；师范生由不收学费将转为适当收取学费，并拟将奖学金改为奖教金；毕业生就业由国家“统包统分”，转向在国家宏观调控政策指导下，由政府和学校推荐、学生和用人单位“双向选择”的制度。

学校的校级干部，是代表国家和地方政府来管理学校的，在高教界，校级干部的产生及其责权利，也正酝酿着变革。我校校级干部（附“三长”或校长助理）任职更迭情况见表1.1.1.1、表1.1.1.2、表1.1.1.3、表1.1.1.4。

表1.1.1.1　　校级党政干部（正职）任职更迭表

党委		校（院）行政	
党委书记	任职时间	校（院）长	任职时间
仓孝和（支部书记）	1954～1955	仓孝和（教务长、主持工作）	1954～1955
吴瑞章（总支书记）	1955～1956		
凌　莎	1957～1958	凌　莎	1955～1958
鲍成吉	1958～1961		
杨伯箴	1961～1964	杨伯箴	1961～1964
冯佩之	1965～1968	冯佩之	1965～1968
		高奎武（革委会主任）（军训团成员）	1968～1970
张贵明（军宣队成员）	1971～1974	张贵明（革委会主任）	1971～1973
崔耀先	1977～1983	崔耀先（1973～1977革委会主任）	1973～1983
何　钊	1983～1988	仓孝和	1983～1984
		杨传纬	1984～1989
林培黎	1988～1993	齐世荣	1989～1993
于　洸	1993～1997	林培黎	1993～1997
牛继升	1997～2001	杨学礼	1997～2001
谢维和	2002～	许祥源	2001～

注：1992年6月1日以前为北京师范学院，同年6月1日起更名为首都师范大学。

1958～1966年院长兼院务委员会主任委员。

原北京师范学院分院、北京联合大学外国语学院校级党政干部任职更迭表见本《志》《附录一、二》（表1.1.1.2表1.1.1.3表1.1.1.4援用此例）。

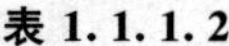

表 1.1.1.2　　校（院）级党政干部（副职）任职更迭表

党委副书记	副校（院）长
刘国盈（支部副书记）（1954～1955）	田珮之（1956～1966）
吴瑞章（1955 支部副书记）（1957～1958）	鲍成吉（1957～1961）（第一副院长）
鲍成吉（第二书记）（1957～1958）	马　驰（1962～1966） （1971～1982）
田珮之（1957～1958）	刘寿彭（1965～1966） （1971～1981）
王朝品（1957～1959）	薛成业（1975～1978）
施宗恕（1958～1959） （1961～1966）（1977～1983）	刘　孜（1978～1983）
高秀山（1961～1966） （1964～1965 主持工作）	刘国盈（1979～1987）
马　驰（1962～1966） （1971～1980）	梅向明（1981～1990）
刘寿彭（1965～1966） （1977～1981）	王　克（1983～1984）
崔耀先（1973～1977） （1974～1977 主持工作）	高志忠（1984～1990）
刘　孜（1978～1983）	漆绪邦（1986～1990）
何　钊（1982～1983）	张泽青（1989～1998）
高志忠（1983～1984）	于善瑞（1990～1992）
仓孝和（1983～1984）	赵振东（1990～1992）
林培黎（1984～1988）	杨学礼（1990～1997）
熊家华（1984～1991）	李世新（1992～1998）
朱全俊（1988～1993）	王　伟（1993～1994）
王　伟（1992～1993）	孟庆夔（1993～1998）
李文松（1992～1994）	李　因（1995～　）
夏　强（1993～　）	刘新成（1998～　）
李　因（1993～1995）	刘利民（1998～　）
赵会民（1994～2001）	王万良（2001～　）
张　雪（1994～2003）	
张建东（1995～2002）	
许祥源（2001～　）	
赵　文（2002～　）	

注：1992 年 6 月 1 日以前为北京师范学院，同年 6 月 1 日起更名为首都师范大学。
　　1958～1966 年副院长兼院务委员会副主任委员。
　　“文革”期间副院长称常委会副主任

表 1.1.1.3　　　　　　　　　　“三长”、校长助理任职更迭表

教务长或校长助理	秘书长或校长助理	总务长或校长助理
仓孝和1954～1955 教务长 1955～1966 副教务长	向福先 1988～1990 秘书长	张天泳 1955～1966 总务长 赵石昆 1958～1960 副总务长
林传鼎 1955～1957 教务长 朱　学 1957～1982 副教务长	刘世忠 1991 秘书长	李大为 1983～1984 总务长
晓　汀 1961～1965 副教务长 黄　耘 1963～1966 教务长	刘利民 1993～1998 秘书长	刘世忠1984～1987 副总务长 1987～1990 总务长
杨传纬 1982～1984 教务长	高文生 1999～　校长助理	周立明1991～1995 副总务长 1995～1999 总务长 1999～　校长助理
张泽膏1985～1986 副教务长 1986～1988 教务长		
杨学礼 1988～1989 副教务长		
李春年1989～1991 副教务长 1991～1997 教务长		
王万良1997～1999 教务长 1999～2001 校长助理		

注：1992 年 6 月 1 日以前为北京师范学院，同年 6 月 1 日起更名为首都师范大学。

表 1.1.1.4　　　　　　　　　　纪委书记任职更迭表

纪委书记	任职时间
王朝品 （兼监委书记）	1957～1959
张毓珣 （监委书记）	1960～1961
高秀山 （兼监委书记）	1962～1966
崔耀先 （兼纪委书记）	1979.10～1981.1
施宗恕 （兼纪委书记）	1981～1983
熊家华 （兼纪委书记）	1984～1986.1 1988～1991.7
宋文茂	1986.2～1988.2
李文松	1994.6～1997.4
赵会民 （兼纪委书记）	1997.4～1999.1
詹新泽	1999.1～

注：1992 年 6 月 1 日以前为北京师范学院，同年 6 月 1 日起更名为首都师范大学。

第二节　学校内部领导体制

一、校、院（系）两级领导体制

首都师范大学及其前身北京师范学院的内部领导体制主要指党政的地位、关系和工作机制，共经历了9个阶段。

（一）院长负责制（1954～1958）

1950年8月，中央教育部颁布《高等学校暂行规程》，其中规定："大学及专门学院采取校（院）长负责制。"校（院）长代表学校，领导教学、科研、行政及全校师生员工政治学习等事项。党组织在政治上起核心作用，不直接、具体地领导行政工作（这是借鉴了苏联"一长制"的经验）。北京师院建校初期，即实行这种领导体制。

（二）党委领导下的院务委员会制（1958～1961）

1958年中共中央和国务院发布《关于教育工作的指示》，规定："在一切高等学校中，应当实行党委领导下的校务委员会负责制。"这是1957年"反右"斗争后中央作出的一项重要决策。同年，北京师院党委提出了《中共北京师范学院委员会关于调整全院组织机构的初步方案》，确定从1958～1959年度起实行党委领导下的院务委员会负责制。1959年由师生员工代表大会通过了院务委员会暂行《组织规章》。《规章》确定：院务委员会由全院师生员工代表大会选举产生，也可以由上级指定。院务委员会是师生员工代表大会的常设机构，也是学院的行政领导机构。正副院长、党委正副书记为当然委员。院务委员会设正副主任委员若干人，由院长、副院长担任，院务委员会实行集体领导，每学期至少开会四次。院务委员会在党委领导下贯彻执行党的教育方针和其他各项政策。1959年北京师院第一届院务委员会成立，院务委员共38人。

（三）党委领导下以院长为首的院务委员会负责制（1962～1966.6）

1961年9月中央批准试行《教育部直属高等学校暂行工作条例（草案）》（简称《高校六十条》）。规定：高校的领导体制是"党委领导下的以校长为首的校务委员会负责制"。校务委员会"作为学校行政工作的集体领导组织，学校工作中的重大问题，由校长提交校务委员会讨论，作出决定，由校长负责组织执行"。"高等学校的党委会，是学校工作的领导核心，对学校工作实行统一领导"。中央在批示中指出：要"充分发挥校长、校务委员会和各级行政组织的作用……高等学校中党的领导权力应该集中在学校党委一级，不应该分散。系的党总支委员会保证和监督系务委员会决议的执行和本系各项工作任务的完成。"1962年北京师院第二届院务委员会有委员36人。1962年7月，我院院务委员会通过了《北京师范学院关于院领导制度的暂行规定（草案）》。

（四）革命委员会制（1966.6～1971.6）

"文革"开始后，学校党政各级组织都陷于瘫痪。1966年6月～7月，在工作组筹划下先后成立了"文化革命领导小组"和"文化革命筹备委员会"。1967年群众造反派组织宣布夺取学校党、政、财、文大权。军训团入驻后，成立了以军训团负责人为首的革命委员会。1968年调整重组了以工宣队和军宣队负责人为核心的"北京师范学院革命委员会领导小组"，实行革委会一元化领导。

(五) 恢复党委会和党的一元化领导 (1971.6～1978.6)

1971年，我院召开第六次党员代表大会，选举产生了党委会。7月，《全国教育工作会议纪要》提出："党委要坚持民主集中制，实行党的一元化领导。"我院党委重建后，领导体制在形式上是党委会、革委会、工军宣队三位一体，实际上，院、系主要领导机构的负责人都由宣传队干部担任，由宣传队领导一切。

(六) 党委领导下的院长分工负责制 (1978.6～1985.6)

1978年教育部重新颁布的《高校六十条》(试行草案) 规定："高等学校的领导体制，是党委领导下的校长分工负责制。""党委会是学校工作的领导核心，对学校工作实行统一领导。""学校的教学、科研、后勤工作中的重大问题，一定要经党委讨论作出决定后，由校长负责组织执行。""学校党委会要支持以校长为首的全校行政指挥系统行使职权，并监督检查他们的工作。"据此，我院党委于1978年10月作出了《中共北京师范学院委员会关于领导体制和机构设置的决定》。《决定》说：1967年建立的革委会的"体制和机构设置存在着党政不分，既不能很好地发挥行政的作用，又影响了党的领导，存在机构庞杂，大组套小组，层次多，职责不清，工作效率不高等问题，已经不能适应当前形势的发展，需要进行调整"。《决定》对党政工作及相应机构作了安排。

(七) 党委领导下的院长负责制 (1985.6～1988.12)

1984～1985年，中央先后发布了《关于经济体制改革的决定》、《关于科技体制改革的决定》、《关于教育体制改革的决定》。根据上级指示精神，我院决定调整领导体制和机构设置，目标是坚持党政分开，加强党的领导，实行党政全面分工，扩大院长和行政负责人的职权。1985年6月，经常委会讨论通过了《中共北京师范学院委员会党委书记、副书记、院长、副院长岗位责任制、考核奖惩试行条例》，《条例》的"总则"规定：1. 中共北京师院委员会是中国共产党在我院的基层组织，是北京师院的领导核心，对全院党政工团工作实行统一领导。党委书记负责党委全面领导工作。党委副书记协助党委书记完成党委的任务，并分工党委某些方面的组织领导工作。2. 我院目前实行党委领导下的院长负责制。院长在党委领导下，负责院行政的全面领导工作，对外代表学院，副院长协助院长完成全院行政工作任务，并分工行政某些方面的组织领导工作。3. 实行民主集中制和集体领导下的分工负责制。一切重大的问题和重大的方针政策性问题都应在院长办公会、党委常委会上进行充分讨论，形成决议后，各领导成员根据分工的职权范围，要切实地负起领导的责任，放手开展工作，独立地处理问题，碰到困难时，不要依赖推诿，同时，又要注意互通情报，互相支持，团结协作。有不同看法要主动协商。

(八) 院长负责制 (1988.12～1989.9)

《中共中央关于教育体制改革的决定》中提出："学校逐步实行校长负责制，有条件的学校要设立由校长主持的、人数不多的校务委员会，作为审议机构。学校中的党组织要从过去那种包揽一切的状态中解脱出来；大力支持校长履行职权，保证和监督党的各项方针政策的落实和国家教育计划的实现。"党委根据这一精神，从1985年6月实行党委领导下的院长负责制起，即努力为过渡到院长负责制创造条件。

1987年10月，中共第十三次全国代表大会《报告》指出："政治体制改革的关键是党政分工。"1988年12月我院第九次党代会召开，讨论并通过了《中共北京师范学院委员会关于实行院长负责制的意见》。《意见》指出：1. 院长是政府任命的学校领导人，是学校的法定代表，对学校工作负有全面领导责任。(1) 院长必须执行党和国家的方针、政策，遵守国家的法律、法规，执行上级主管机关的决定，对上级主管机关负责并报告工作。(2) 院长要善于领导，善于把集体的智慧和个人的作用结合起来，院长在决策前要听取党组织和群众的意见；执行过程中，要经常反馈信息，检验决策的科学性，听取各方面的批评和意见，不断地改进工作。(3) 副院长及秘书长、教务长、总务长是院长的助手，协助院长分管某一方面的工作，对院长负责。2. 决策民主化，充分发挥群众民主管理、民主监督的作用。(1) 建立院务会议，协助院长决策。院务会议由院长主持，副院长、党委正副书记、"三长"及有关人员参加。(2) 健全院务委员会，院务委员会为审议机构。(3) 加强和完善以教师为主体的教职工代表大会制度。3. 党组织要转变职能，转变工作方法和工作作风，切实发挥保证监督作用。4. 对党政两个系统的干部实行分开管理。5. 加强和改善学生和教职工的思想政治工作。6. 党委委员的人数要减少，党委人员构成要调整。在党代会闭幕大会上，中共北京市委副书记汪家镠宣布，"北京师范学院是实行校长负责制的试点单位"，并指出："这次党代会后，就要实行校长负责制。实行校长负责制并不意味削弱党的领导和党的工作。党政职能分开，工作目标和任务是共同的。实行校长负责制是从总体上加强党的领导。"

(九) 党委领导下的校长负责制 (1989.9～　　)

1989 年夏发生了政治风波。中央［1989］4 号文件指出："在今后一个相当长的时间内，高等学校仍应实行党委领导下的校长负责制。"1996 年《中国共产党普通高等学校基层组织工作条例》，1998 年《中华人民共和国高等教育法》，都明确规定国家举办的高校实行党委领导下的校长负责制。1989 年 9 月，中共北京市委副书记汪家镠到我院宣布，北京师范学院领导体制仍恢复实行党委领导下的院长负责制。

党委领导下的校（院）长负责制的内涵主要包括：党委是学校的政治领导核心和学校重大问题的决策核心；校长作为学校法定代表人，在党委领导下管理学校，对学校行政工作全面负责；教职工代表大会是民主管理和民主监督的主要形式，三者互相促进、互相制约。

在现行领导体制下，我校定期召开党委常委会（非常委委员的校级党政领导也列席参加）和校长办公会；教代会和工代会每年举行一次；2000 年又成立了校务委员会（不同于 50 年代～60 年代的行政领导机构，也不同于 80 年代后期的审议机构），作为咨询机构，每年开会两次。

与校（院）级党政关系的变化相应，系级党政关系也有所变化。系（部、所、室）是教学科研单位。与之相平行的还有教学辅助单位（如图书馆），后勤单位以及八九十年代以来的校办产业单位，在行政级别上属于处级。这些单位通常设党总支或直属党支部，行政上则设有主任。50 年代中期，系级实行行政首长负责制，党组织起监督保证作用。1958 年起实行党总支领导下的系务委员会制。1988 年则实行系主任负责制。1996 年《中国共产党普通高等学校基层组织工作条例》规定："系级单位党的总支委员会（直属党支部）同系级单位行政领导一起，做好本单位干部的选拔、培养、考核、监督工作以及学生政治辅导员、班主任的配备、管理工作。参与讨论决定本单位师生员工在出国、晋升、毕业等方面的工作，并负责政治审查。"1993 年以后，我校多数系陆续升格为院，党员人数超过百人的设分党委，而院的行政级别仍为处级，仍然实行院长负责制。作为党委与行政系统的职能部门的部和处，历来实行行政首长负责制，部处一般设党支部，隶属于机关党总支或分党委。

附：学校内部领导体制规章制度要目

· 中共北京师范学院委员会关于调整全院组织机构的初步方案（1958）
· 北京师范学院关于院的领导制度的暂行规定（草案）（1962）
· 中共北京师范学院委员会关于领导体制和机构设置的决定（1978）
· 党总支委员会及总支书记、副书记、总支秘书岗位责任制和考核办法（征求意见稿）（1983）
· 中共北京师范学院委员会党委书记、副书记、院长、副院长岗位责任制、考核奖惩试行条例（1985）
· 中共北京师范学院委员会关于进行教育、领导管理体制改革的基本设想（1985）
· 中共北京师范学院委员会关于进一步完善系级领导体制及确定系（室、所）职权的暂行规定（1986）
· 中共北京师范学院委员会工作暂行条例（1989）
· 中共北京师范学院委员会议事规则（1989）
· 关于首都师范大学当前体制和校级机构若干问题的意见（1992）
· 解放思想，抓住机遇，积极推进综合改革，加速首都师大建设与发展的意见（1993）
· 关于机构和机关改革的意见（1993）
· 关于校党政领导分工的通知（1993）
· 关于校系两级领导班子坚持和健全民主集中制的意见（1995）
· 关于进一步加强系处级领导班子组织建设的意见（1995）
· 中共首都师范大学委员会议事规则（1997）
· 中共首都师范大学委员会关于讨论决定学校改革和发展以及教学科研行政管理工作中重大问题的规定（1997）
· 首都师大关于重大问题请示报告的制度（1985）（1997）
· 关于评议校级和系级领导干部的制度（1997）
· 校领导联系教学单位的制度（1999）
· 校领导干部与党外代表人物交朋友的有关制度规定（1999）
· 关于成立校务委员会的决定（2000）
· 首都师范大学机关机构改革实施方案（2000）
· 首都师范大学（良乡新校区）改革与发展方案（2003）
· 首都师范大学关于执行“三重一大”制度的暂行规定（2003）

二、党政系统组织机构设置

1954年北京师院专修班有9个教学单位：中文科、历史科、数学科、物理科、化学科、生物科、地理科、音乐科、美术科，另有政治、体育、俄语、教育等教研组。党政部门有党支部、政治辅导处（后改为团委）、教务处、总务处、卫生室及图书馆。随着办学规模的不断扩大，学校的教学机构与行政机构逐渐增多，日趋完善。

1990年北京市编制委员会办公室《关于核定北京师范学院机构编制的通知》核定我校机构总数为51个，其中主要机构为46个，即党委办公室、组织部、宣传部、统战部、工会、武装部、团委、离退休干部处、院长办公室、监察审计办公室、人事处、保卫处（部）、教务处、培训处、科研处（综合技术研究所）、研究生处、教学设备处、学生处、国际文化交流部、总务处、财务处、基建处、中文系（语言文学研究所）、历史系（历史研究所）、英语系、俄语系、政法系、管理系、教育系（教育科学研究所）、数学系（数学研究所）、物理系、生物系、化学系、地理系、音乐系、美术系（造型艺术研究所）、体育教研室、高教研究室、德育教研室、马克思主义理论教研部、青年教育艺术研究所、学报编辑部、电教中心、实验中心、计算机软件开发中心、图书馆（东方思想文化及古籍整理研究所）；附属机构5个：出版社、高教音像出版社、钟声开发公司、机电厂、劳动服务公司。该文件还核定科研处、中文系、历史系、教育系、数学系、美术系、图书馆等机构所设科研所，均为系（处、馆）所合一建制。此外，纪检委员会、机关党总支、后勤党总支，按党章有关规定设置。

90年代初，北京师院等三校合并，更名为首都师范大学。1993年，北京市机构编制委员会办公室《关于核定首都师范大学机构编制的通知》核定我校处级机构为94个。

北京联合大学外语师范学院并入首都师范大学后，因校区不与本部在一处，为保证外院各项工作的正常运转，我校开始建立了校一学院一系的管理体制。1993年党委和校行政下发了《关于首都师范大学外语学院当前体制和机构若干问题的意见》，指出学校成立外语学院，受首都师大校部领导，且具有首都师大赋予相对独立的管理职能，具体负责指导日常工作。学院建制由此开始。

2003年，我校有以下机构：其中，二级学院有：文学院、政法学院、音乐学院、美术学院、外国语学院、教育科学学院、初等教育学院、资源环境与旅游学院、信息工程学院、国际文化学院、成人教育学院。教学系所有：历史系、数学系、物理系、化学系、生物系、教育技术系、“两课”教研部、大学英语教研部、体育教研部、中国书法文化研究所、青年艺术教育研究所、北京市高校师资培训中心（挂靠我校）、来广营培训部。党政部门有：学校办公室、组织部、宣传部、统战部、纪律检查委员会、监察室、审计室、离退休干部处、教务处、条件装备处、科研处、研究生部、人事处、财务处、保卫处（亦即保卫部）、基建处、房屋土地管理与资源开发处、良乡校区筹委会办公室、后勤管理办公室、校办产业管理办公室、学生处（亦即学生工作部并含武装部）、校团委、校工会、图书馆、学报、高教研究室等部处和其他直属单位。后勤集团下设10个中心：校园服务中心、生活服务中心、动力服务中心、修建中心、饮食服务中心、运输服务中心、学生公寓服务中心、物业管理中心、幼教服务中心、东区服务中心。学校产业有：出版社、语文报刊社、劳动服务公司。其他服务部门还有校医院、科教服务中心（含北戴河培训部、平谷金海湖培训部、科原大厦、学术交流中心、招待所等5个经营部门）。

表 1.1.2.1　　党委系统组织机构设置（2003 年）

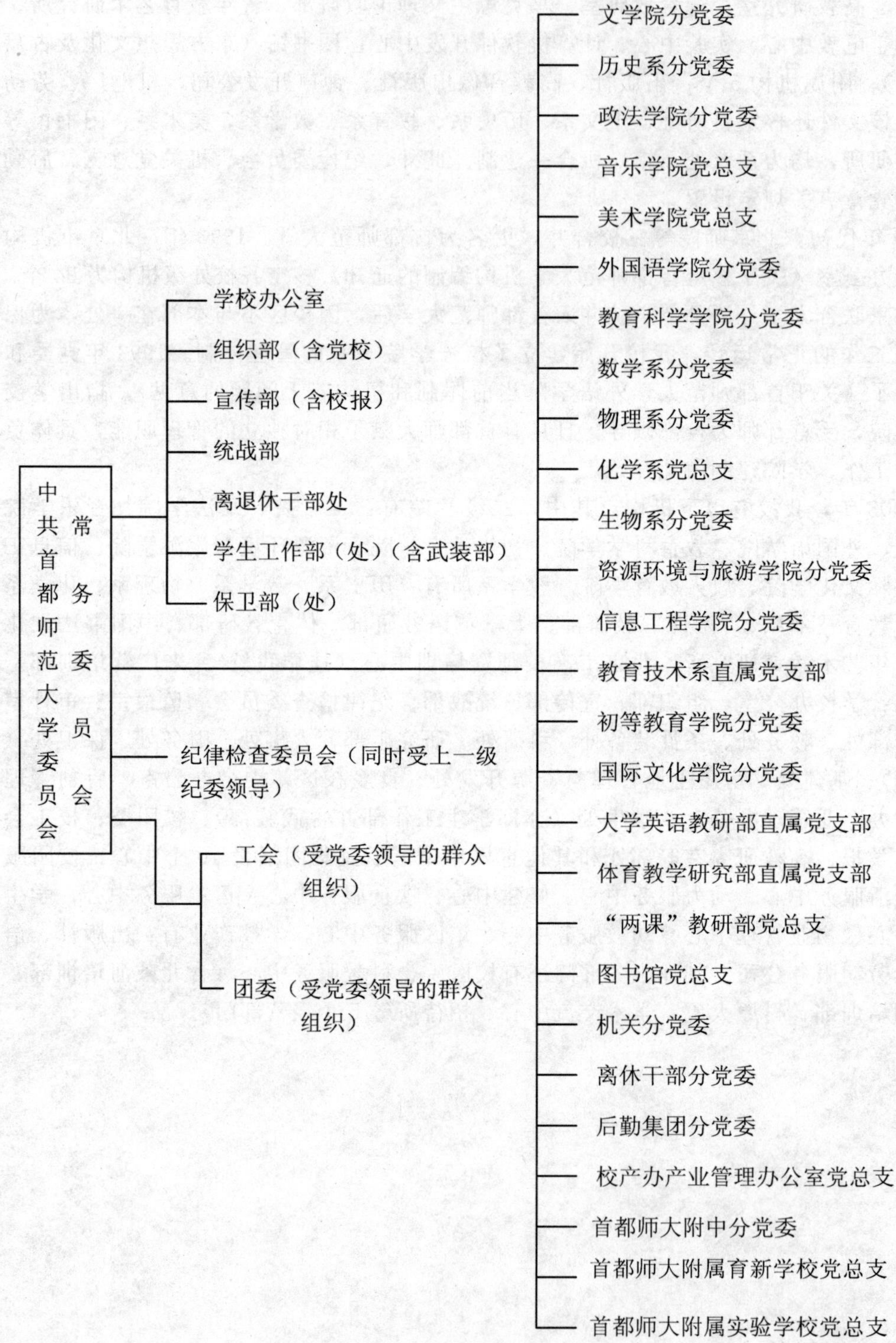

表 1.1.2.2　　行政系统组织机构设置（2003 年）

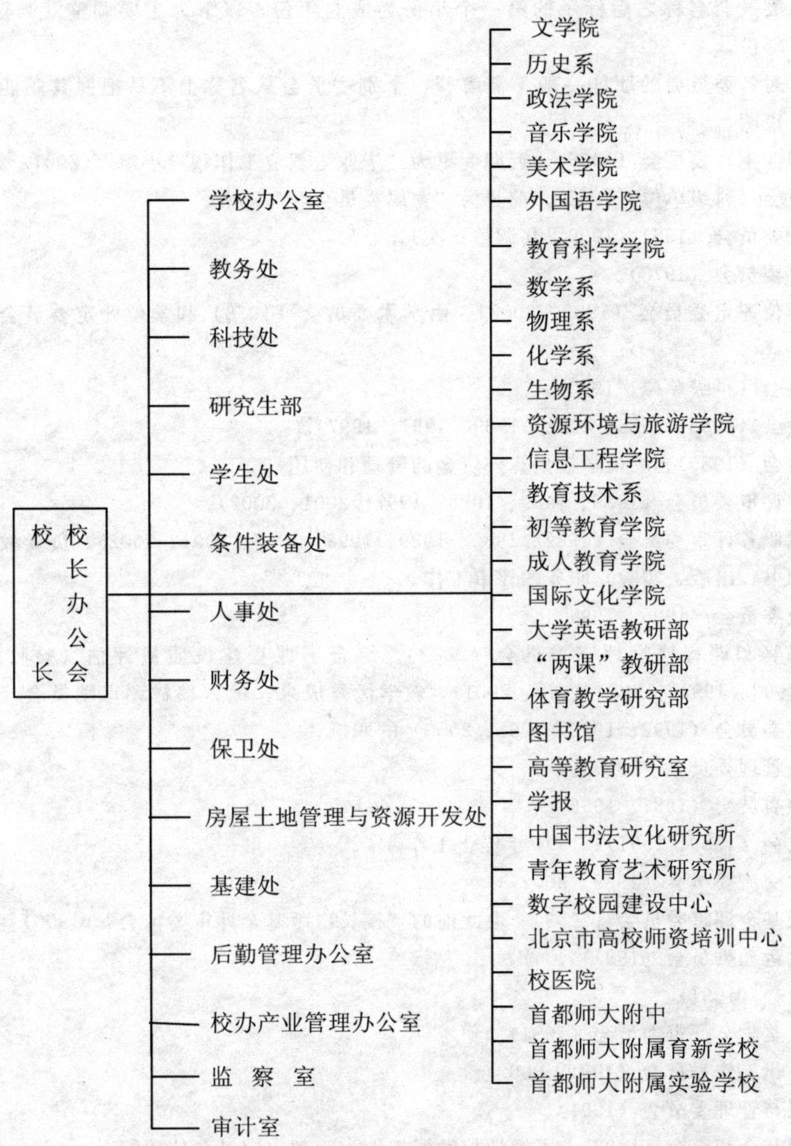

注：后勤集团、科教服务中心等为实行企业化管理的部门，出版社、语文报刊社等为事业型独立法人单位。

三、各委员会和领导小组

学校为了完成一定的任务而设立若干委员会或领导小组，有一些是临时性或阶段性的。委员会或领导小组的主要负责人一般由校级党政干部担任。我校所设委员会和领导小组状况见表 1.1.2.3 和表 1.1.2.4。

表 1.1.2.3　　首都师范大学校级（或校级事务）委员会（部分）一览表

说明：（1）本表所列绝大多数为校级委员会，非校级委员会在附注中说明。

（2）委员会名称之后标示的第一个年份为成立年份，以下为主要调整（调整职能和成员）年份。

（3）对各委员会的职能一般不需解释，个别委员会从名称上不易把握其职能者，在附注中说明。

·分配（毕业生）委员会（1955）。近期变更为“毕业生就业工作领导小组”（2001、2002、2003）。

·居民委员会（科级单位，2002）。前身为“家属委员会”（1958）。

·体育运动委员会（1961、1999，共调整 9 次）。

·计划生育委员会（1978）。

·学术、学位评定委员会（1989、2002）。由学术委员会（1978）和学位评定委员会（1982）合并而成。

·分房委员会（科级单位，1979）。

·保密委员会（1983、1985、1988、1989、1991、1997）。

·基金委员会（1980）。决策学校预算外资金的管理和使用。

·教师职务评审委员会（1985、1989、1993、1997、2001、2002）。

·专业技术职务评审委员会（1982、1985、1989、1993、1997、2001、2002）。负责教师以外的其他专业技术（如图书、出版、实验）职务的评审工作。

·教材建设委员会（1995、1999）。

·教学成果奖和课程建设评审委员会（2002）。综合了课程建设质量评估（验收）评审委员会（1986、1991、1993、1994、1997、1998、2001），教学优秀成果、优秀教材评审委员会（1991）和教学优秀成果奖评审委员会（1992、1996、1998、2000）的职能。

·实验中心管理委员会（1987）。

·美育指导委员会（1987、1996）。

·监察委员会（1989、1991）。1994 年停止工作。

·对外学术交流委员会（1989、2002）。

·教材出版基金评审委员会（2003）。由此前的“校长出版基金评审委员会”（1990）变更而来。

·爱国卫生运动委员会（1991）。

·绿化委员会（1991）。

·优秀学生奖学金评审委员会（1991）。

·关心下一代工作委员会（1991、2003）。

·经济发展与管理委员会（1991）。

·加力教育基金董事会（1993）。了解学校发展规划，管理审定基金使用情况。

·学生工作指导委员会（1995、1998）。加强对学生德育工作的领导。

·财经工作委员会（1998）。

·行政与劳动争议调解委员会（1999、2001）。

·后勤集团董事会、监事会（2000、2003）。

·岗位聘任委员会（2000、2002）。

·聘任考核委员会（2000、2003）。

·校务委员会（2000、2002）。为咨询、审议机构。1958 年成立的院务委员会，“文革”中中止工作，为权力机构。

·实验教学指导委员会（2000）。

·教学指导委员会（1998、2001）。

·研究与发展咨询委员会（2002）。职能是研究如何提高我校科学研究的整体实力和综合水平。

·学生公寓管理委员会（2002）。此前有宿舍管理委员会（1983）。

·良乡校区建设筹备委员会（2003）。

表 1.1.2.4　首都师范大学校级（或涉及全校性工作）领导小组（部分）一览表

说明：著录方法参见表 1.1.2.3 说明。

·文明礼貌活动月领导小组（1984）。

·评选“北京市教育战线先进个人和集体”领导小组（1984）。

·学生工作领导小组（1984、1985）。

·整党领导小组（1984）。

·社会治安综合治理领导小组（1984）。由综合治理小组（1985）和治安综合治理领导小组（1991）调整而来。

·离退休工作领导小组（1985、2003）。

·职称（评定）工作领导小组（1985、1987）。

·国家安全小组（国家安全工作领导小组）（1985、1991、1992、1996、1997、2000）。

·人员定编、机构设置调整领导小组（1986）。

·外事工作领导小组（1986）。

·党政管理干部任职资格评审小组（1987）。

·组织人事工作指导小组（1989）。连同以下两个小组的职能是搞好党政部门分开后的协调工作。

·学生工作指导小组（1989）。

·教职工思想政治工作领导小组（1989）。

·内部管理体制改革领导小组（1990）。

·交通安全领导小组（1991）。

·基建规划领导小组（1991）。

·重点学科建设领导小组（1991）。

·房改工作领导小组（1991、1996）。

·校志校史校党史编写领导小组（1992）。

·廉政建设领导小组（1992）。

·校风学风综合治理小组（1991）。

·文明校园建设领导小组（1991、1992、1993）。

·改革与发展规划领导小组（1992）。

·综合改革领导小组（1992）。

·七运会领导小组（1993）。领导协调我校参加七运会演出排练的工作。

·稳定工作领导小组（1994）。

·外资贷款专家接待领导小组（1994）。

·扫雪铲冰领导小组（1994）。

·支援贫困山区乡工作领导小组（1995）。

·经济工作领导小组（1995）。

·离退休工作领导小组（1996、1997）。

·“两校合作办学”领导小组（1995）。“两校”指北京师大和首都师大。

·“两课”改革领导小组（1997）。

·法制宣传工作领导小组（1997）。

·精神文明建设工作指导小组（1997）。

·北校区管理工作领导小组（1997）。

·北校区领导小组（1997）。

·预防地震工作领导小组（1997）。

·落实党风廉政建设责任制领导小组（1999）。

·防汛工作领导小组（1989、1999）。

·网络资源开发、使用与管理领导小组（1999）。

·文化素质教育领导小组（1999）。

·节能领导小组（1991、2000）。

·第二十一届世界大学生运动会领导小组（2001）。职能是保证我校学生参加该运动会相关活动的顺利进行。

·住房普查协调小组（2001）。

·国有资产领导小组（2001）。

·体育合格标准领导小组（2001）。

·后勤社会化改革领导小组（2001）。

·教师资格认定领导小组（2001）。

·教育信息化领导小组（2002）。

·校办企业改革领导小组（2002）。

·教师教育改革领导小组（2002）。

·公共用房清查、调整工作领导小组（2002）。

·语言文字领导小组（1996、2002）。加强我校使用语言文字的规范化工作，进行普通话水平测试。

·迎接教育部本科教学工作水平评估办公室（2003）。

·依法治校工作领导小组（2003）。

第三节　学校内部管理体制

高校必须具有科学规范的管理。学校内部管理体制改革是教育体制改革的重要组成部分，是向现代大学制度转型不可或缺的步骤。

五六十年代和“文革”期间高校内部管理体制集中反映在《高校六十条》和《全国教育工作会议纪要》当中。进入新时期，我校的内部管理体制改革发端于80年代前期，90年代以来逐步加大改革步伐，不断深化。主要包括以下几个方面。

劳动人事分配制度改革。旨在打破教职员工的单位所有制、计划调配制、职务身份终身制和分配上的平均主义。90年代起先后经过四轮改革，已经试行全员聘任合同制和教育职员制（目前仍为职员制与职级制的混合制度），力图形成淡化身份、强化岗位、依照能力和效益实施分配和奖惩的制度，并建立“职务能上能下、人员能进能出、收入能高能低”的竞争、激励机制。在执行新建制度方面，力度有所加大。

党政职能机构改革。我校的机关改革与用人制度、分配制度的改革同步，本着“精简、规范、高效”的原则，多次调整机构、精简人员，促进机关为教学、科研服务，为师生员工服务，其中，1993年和2000年两次机构和机关改革的力度相对较大。另外，部处级干部的选拔任用已采取了竞聘上岗和动态轮岗的方式。

推进学校内部管理的民主化、法制化和法治化。学校在严格执行国家和地方各项法律法规的基础上，制定并不断完善学校内部的规章制度，建立健全教职工代表大会制，设立学术委员会和校务委员会，以促进决策的科学民主化，加强民主监督，规范制约行政权力，保障师生员工的合法权益，特别是强化了以教授群体为代表的学术权力。

实行校、院、系三级办学和校、院两级管理。90年代以前我校为院系两级建制，近十年相继成立了一批学院（多以单一系科为基础，适当整合教育资源而成），形成了校、院（系）、系三级办学体制和校、院两级管理。目前学院这一级尚未充分实体化，但校级已经下放不少权力给院一级，以调动各单位办学的积极性。

后勤社会化。过去学校办社会，不堪重负。20世纪末已初步实现后勤系统与学校行政管理系统的分离，为走向社会化、企业化和集团化创造条件，以求减少学校功能的泛化，集中精力从事教学和科研。

推进校办企业的改革和调整。我校决定重点办好为科技成果转化服务的科技型企业和依托我校教师教育优势的文化产业，其余属于一般竞争性领域的校办企业，凡没有发展后劲或效益不高者均已注销。

教职工福利制度社会化。在住房、医疗、养老、基本生活保障方面，根据国家和北京市的统一部署，按国家、集体、个人共同负担的原则，正逐步实行社会化保险。

第二章 办学方针

第一节 办学的方针、任务和特色

一、办学方针

1956年，北京师院根据1952年教育部颁发的《关于高等师范学校的规定（草案）》的精神，在《北京师范学院的任务和现状介绍》中写道：“我院的任务是根据国家过渡时期总路线的精神，以理论与实际一致的方法，培养具有马克思列宁主义基本知识与观点，共产主义的道德品质，高度的文化与科学水平及教育的专门知识与技能的，全心全意为人民教育事业服务的中等学校师资。”同年，在《北京师范学院1956～1967年规划草案》中提出：“为适应在国家社会主义建设事业飞跃前进中，首都中等教育事业迅速发展的师资需要，今后我院必须贯彻‘加速发展，提高质量，全面规划，加强领导’和‘又多、又快、又好、又省’的方针，努力办好本科和专科，培养出足够数量的合乎规格的中等学校师资，并须大力发展业余高等师范教育，以便在较短时间内将北京市还不完全合乎规格的在职中等学校师资分批地逐步地提高到师专和师院本科毕业水平。”

1957年毛泽东在《关于正确处理人民内部矛盾的问题》中提出：“我们的教育方针应该使受教育者在德育、智育、体育几方面都得到发展，成为有社会主义觉悟的有文化的劳动者。”1958年1月10日《人民日报》所发表的《贯彻群众办学勤工俭学的方针》社论中，传达了毛泽东关于“教育必须为无产阶级政治服务，教育必须与生产劳动相结合，劳动人民要知识化，知识分子要劳动化”的指示。1958年6月，我院在《北京师范学院1958～1962年跃进纲要（草案）》中提出：“为了满足在国家社会主义建设事业大跃进、实现技术革命和文化革命的伟大历史任务的形势下，首都中等教育事业迅速发展对中学师资的需要，我院必须在社会主义建设总路线的照耀下，根据社会主义教育方针，为首都培养出足够数量的又红又专的热爱祖国和共产主义教育事业的既能从事提高又能从事普及的中学师资；并须大力发展业余高等师范教育。为了胜利完成我院的教育计划和培养目标，必须继续加强党的领导，全院师生员工必须打破‘妄自菲薄，安于现状’的保守迷信思想，苦干实干，力争在五年内把我院建设成为全国最先进的师范学院之一，成为名副其实的首都的师范学院。”

1961年1月，中共八届九中全会制定了对国民经济实行“调整、巩固、充实、提高”的八字方针。同年9月《教育部直属高等学校暂行工作条例（草案）》开始试行。1963年，《北京师范学院四年半以来工作的基本总结（初稿）》写道：“根据教育事业必须适应以农业为基础、以工业为主导的发展国民经济的总方针，提高中小学的教育质量是一项具有战略意义的任务。《全日制中学暂行工作条例（草案）》与《全日制小学暂行工作条例（草案）》这两个文件公布实施后，中小学教育形势必定会走上发展的新阶段。毫无疑问，这种新形势的发展将会对我们高等师范院校提出新的更高的要求。根据当前形势，我们今后的主要任务是：认真贯彻党的八届十中全会精神，高举三面红旗，坚持党的‘教育为无产阶级政治服务，教育与生产劳动相结合’的方针，继续贯彻‘调整、巩固、充实、提高’的方针，根据高等师范的特点与我院的实际情况，有计划有步骤有重点地、全面系统深入地实行《高校六十条》，继续加强与扩大学校中马克思列宁主义的思想阵地，进一步调动全院师生员工的积极性，努力提高教育质量和科学水平，把学校工作大大提高一步。争取用5年时间，使培养的师资，在质量方面更能满足首都中学教育工作的要求。”

1965年10月，校庆展览以“高举毛泽东思想伟大红旗为培养新型的革命教师而奋斗”为题的《前言》中写道：“1964年以来党中央和毛主席对教育工作提出了一系列新的指示，我们必须更好地贯彻党的教育为无产阶级政治服务，教育与生产劳动结合的教育方针，坚持兴无灭资的斗争，坚持按照无产阶级革命接班人的标准，把学生培养成身体健康、又红又专的革命的教师。使他们毕业之后，成为既能脑力劳动又能体力劳动；既能做教学工作，又能做思想政治工作；既能文又能武；既能在城市工作又能在农村工作；既能教全日制中学又能教半工（农）半读中学的新型的革命的教师，成为坚强的无产阶级革命事业的接班人！全院师生员工更紧密地团结在党的周围，高举毛泽东思想伟大红旗，站在社会主义革命和社会主义建设的最前线，以可能达到的最高标准要求我们的工作，不断革命，不断前进，为把我院建设成非常无产阶级化、非常革命化的学校而奋斗！”

1979年3月，《北京师范学院1979年工作要点》提出：为了贯彻中共三中全会和市委工作会议精神，从现在起要把我院工作的着重点转移到教学和科研上来。指出：我院经过揭批林彪、“四人帮”的群众运动，已经具备了工作着重点转移的基本条件。为了实现工作重点的转移，首先必须从思想路线上转移过来，必须加强党的领导，必须把教学科研作为中心工作扎扎实实地抓好，必须加强党的政治思想工作，要把后勤工作搞好。

1984年正式公布的《北京师范学院1983～1990年发展规划》对我院的奋斗目标表述为：“在党的十二大精神鼓舞下，在中共北京市委和市人民政府的领导、关怀下，全院上下齐心协力，到1990年把我院建设成为具有中国特色的、居于全国同类院校先进行列的、与首都地位和要求相称的社会主义高等师范学校，逐步成为既是教育中心，又是科学研究中心。”同年北京市委教育部、市计委、市高教局对《规划》的《批复》，原则同意这一《规划》并指示：“师范学院不同于一般的综合大学，要办出自己的特色。要面向中学，真正培养出德智体全面发展，能够适应‘三个面向’的高水平的中学师资，以此作为一切工作的出发点。”

1994年正式公布的《首都师范大学教育改革和发展纲要（1993～2000年）》对我校改革和发展的指导思想和奋斗目标表述为：“根据我国政治、经济、科技、文化和社会发展的战略目标，世界新技术革命和高等教育、基础教育发展的总趋势，我校近四十年办学过程中形成的优良传统和办学条件，按照教育要面向现代化、面向世界、面向未来的战略方针以及进入国家‘211工程’的要求，到2000年或稍长一点时间，我校总体发展目标是：团结全校师生员工，全面贯彻党的基本路线和教育方针，坚持社会主义办学方向，努力把首都师范大学建设成为一所包括自然科学、人文、社会科学等多种学科的社会主义现代化大学；成为集教学、科研和社会服务为一身的先进的教育中心和科学研究中心；成为首都培养大批德智体全面发展的高质量的师资和两个文明建设所需人才的重要基地；成为具有首都师大自身特点的，在教学质量、科研水平和学校管理等方面达到国内一流水平的高师院校。”

1997年《首都师范大学“211工程”建设项目可行性研究报告》对我校“211工程”建设（1996～2010年）的总体目标和指导思想确定为：“全面贯彻党的基本路线和教育方针，坚持办好师范，坚持服务首都，努力把学校建设成为北京市培养培训基础教育师资和两个文明建设所急需人才的重要基地，成为北京市教育科学研究的重要基地，使我校在教育质量、科研水平、学校管理和办学效益等方面达到国内同类高等院校的一流水平。建设任务将分两个阶段实施。第一阶段，1996～2000年；第二阶段，2001～2010年。”

世纪之交，《首都师范大学2001～2005年发展计划纲要（草案）》将办学的指导思想、办学方向及学校的定位表述为：“高举邓小平理论伟大旗帜，全面贯彻‘三个代表’重要思想，认真贯彻党的教育方针，坚持社会主义办学方向；立足北京，面向全国，为首都基础教育现代化和社会经济文化建设全面服务；坚持以教师教育为特色，师范教育与非师范教育并举，本科教育与研究生教育并进，教学工作与科学研究协调发展；培养适应现代化建设需要的具有创新精神和实践能力的高素质人才；把学校建设成为以教育学科为重点，拥有文、史、哲、理、工、管、法等多学科的国内一流水平综合性教学研究型师范大学。”

经过两三年的实践，我校进一步形成了学校的发展思路和发展战略。

学校的发展思路是：抓住首都教育事业和社会经济文化大发展的有利时机，以加快发展为主题，不断更新教育思想观念，积极推进教育改革与创新；以人才培养为中心，突出教学工作中心地位，强化质量意识，改革人才培养模式，提高人才培养质量；以学科建设为龙头，积极开展科学研究，促进教学科研共同发展；以师资队伍建设为重点，加快教学科研基础条件建设，构建优秀人才成长环境；以结构调整为主线，加快专业结构、人才培养结构、校区功能结构的调整，实现规模、结构、质量、效益协调发展，探索新型师范大学的发展道路。争取到“十五”末，基本实现学校发展的三个重要转变，即由传统型师范大学向新型综合性师范大学的转变，由以本科教育为主向以本科教育为基础、本科教育与研究生教育协调发展的转变，由以为基础教育服务为主向为首都教育事业及社会经济文化发展全面服务的转变。学校建设要以优势与特色带动转型，以重点带动全局，以开放带动发展。至2015年，将学校建设成为国内一流水平的综合性教学研究型师范大学。

学校的发展战略是：利用三个五年，实现学校建设目标。

第一个五年（2001～2005年）为创建国内一流水平的综合性教学研究型师范大学奠定坚实基础。在这一阶段，为适应首都全面建设小康社会的需要，加大力度，积极调整学科结构和专业结构；探索新的人才培养模式，实行完全学分制，改变人才培养结构，大力提高人才培养质量；深化教学改革，推动科学研究快速发展，全面提升教学水平和科研能力；加强师资队伍建设，较大程度地提高专任教师整体素质；基本完成校区的调整和新校区建设；建成社会化后勤服务保障体系。向国内一流水平的综合性教学研究型师范大学建设目标迈进一大步。这一阶段的各项工作正在全面而扎实地进行，并已初见成效。

第二个五年（2006～2010年）基本形成综合性教学研究型师范大学的框架。在这一阶段，要基本建成适应首都教育事业和社会经济文化发展需要的学科体系与专业结构，建成在全国具有一定影响的优势学科、特色学科和品牌专业；形成合理的人才培养结构，基本符合首都高素质、高层次人才培养的要求；教师队伍的年龄结构、学历结构、职称结构、学缘结构达到教学研究型大学的标准，形成优秀的学科带头人群体；建成布局合理、功能清晰、条件优良、资源共享的新型校区。学校呈现出较明显的综合性教学研究型师范大学的特征。目前学校正在为这一阶段奋斗目标的实现准备条件。

第三个五年（2011～2015 年）全面建成具有鲜明教师教育特色，在国内处于一流水平的综合性教学研究型师范大学。在学科专业、教育教学质量、科学研究、师资队伍、学校管理、育人环境、国际化程度等方面达到较高水平，使首都师范大学成为北京市优质教育人才和其他高层次人才培养基地、知识创新基地、文化产业和高新技术的孵化基地。

二、办学特色

半个世纪以来，我校在长期办学过程中形成了鲜明的办学特色，集中表现为矢志不渝坚持办好师范，与时俱进地积极革新师范。从我国社会主义建设特别是首都实现现代化的需要出发，我校始终把培养师资、为基础教育服务作为办学的首要任务，坚定不移，从不动摇；与此同时，我们又不断开拓进取，对师范教育努力进行革新，探索建设新型师范大学的道路。

（一）把“坚持办好师范，坚持服务首都”作为自己的神圣使命

北京师院的创建，是中共北京市委 1954 年《关于提高北京市中小学教育质量的决定》的产物。此后，全校竭诚尽智，大力培养培训中学教师和管理干部，成为北京市师资培养培训的主渠道，起到了不可替代的作用。80 年代前期以来，师范教育遇到暂时困难，但我校坚持落实邓小平关于“师范大学要办好”的指示，急国家之所急，想首都人民之所想，千方百计提高师范教育质量。我校师范毕业生绝大多数分配到普通中学工作。他们中的大多数人安心从教，敬业精神较强，业务基础较扎实，教师职业技能较强，是首都基础教育战线的主力军和生力军。最近几年，经过教育思想大讨论，全校在教师教育方面进一步强化了“首都意识”。其一，学校在教育理念、发展定位、办学思路方面，积极探索，勇于创新，走具有首都特色的新型师范大学发展道路，举办让首都人民满意的教育。其二，在人才培养目标和人才培养规格方面，积极适应首都作为全国政治中心和文化中心的需要，培养政治素质好、业务能力强、具有教育创新意识和能力的优质基础教育师资。其三，在社会服务方面，依据首都基础教育改革发展的需要，努力提升基础教育师资的学历水平，认真办好学前教育、小学教育、中等教育等三个层次本科教师教育专业，搞好在职教师的职后培训，创建具有首都特色的教师教育格局。使首都师范大学成为北京高素质教育人才培养的基地、教育科学研究的基地、教育创新的基地。

（二）与基础教育良性互动，服务和引领基础教育改革

我校在办学过程中，始终站在基础教育改革前沿，关注基础教育的需求，直接参与基础教育改革。1994 年制定了《首都师范大学为基础教育服务的十项措施》，使我校在服务基础教育方面走上了规范化的轨道。从 80 年中期以来，不断创新专业设置和调整课程结构，如开办全国第一个“性健康教育”辅修专业，创办“科技教育与传播”辅修专业，在全国首批建立“小学教育”本科专业；开展微格教学研究与实践，构建多层次的学科课程与教学论课程体系，强化学生现代教育技术的训练，满足首都基础教育高质量师资的需求。同时，重视以高水平的教育科研直接引领基础教育的改革与发展。如通过改造“基础薄弱校”，突破首都基础教育发展的“瓶颈”；通过建立“教育发展服务区”和“教师发展

学校”，推动区域教育发展和教师的专业化发展；通过承担“北京市基础教育信息化技术支持工程”项目，推动首都基础教育的信息化、现代化建设；通过全面参与基础教育课程改革的研究，为新课程改革实验作出重要贡献。在教育科研和直接为基础教育服务中，形成了教师教育与基础教育之间的良性互动，开通了高等教育与基础教育之间的“直通车”。

（三）建设强势学科，打造品牌专业

90年代以前，我校形成了适应基础教育需要、师范特点鲜明的学科专业体系，基础学科具有一定实力，如普通文理、艺术、外语等，部分已处于国内先进水平，有的已接近或达到国际先进水平。教育科学领域也形成了一定优势。“九五”以来，随着综合化趋势的增长，我校注重改变学科建设均衡发展的状况，树立强势学科优先发展的新理念，并通过凝聚高水平的学科队伍，加大资金投入，形成强势学科，以此带动学校学科结构的调整和学科整体水平的提高。强势学科推动了课程建设、教材建设、教改立项、现代化教学手段改革等工作，涌现出一批具有先进水平的科研成果、教学改革成果和高水平的专业教材，从而转化为教学改革的优势、教育创新的优势、人才培养的优势，形成“学科—专业—育人”三个环节的良性循环，实现了学科建设直接服务于基础教学的目的，打造出了一批品牌专业。

第二节　办学资源、办学质量和效益

一、办学资源

首都师范大学所拥有的办学资源及其体现出的实力，在本《志》“概述”的“学校现状”一节已作综述，以下略举其要。

·专业和学科

2003年我校设有11个学院、6个系、3个教研部，涉及文、史、哲、法、教、理、工、管等学科大类。下辖全日制普通高教40个专业（含方向），其中师范类专业7个，师范类、非师范类兼招专业8个，非师范类专业25个；53个成人高教专业（含方向）。有一级学科博士、硕士学位授权点2个，二级学科博士点26个，5个博士后流动站（其中一个为项目博士后），60个硕士点。设有部（市）级科研及人才（或师资）培训基地6个，省市级重点学科6个，省市级重点建设学科12个，省部级重点实验室4个。设有20个研究所，16个研究中心，1个北京市级大学科技园区。

·师资队伍

2003年有教职工2 497人。其中专任教师1 104人，内有教授160人，副教授465人，另有特聘教授14人（含两院院士5人）。高级职务教师占教师总数约55%。教师中省部级重点学科带头人及基金（计划）入选者170余人。

·办学规模

2003年各类在校注册生26 813人。其中博士生177人，硕士生1 738人，全日制本科生10 076人，各类成人高教生15 209人，留学生294人。按标准折合，学生当量数约22 000人。

·资产和财源

2003 年，我校占地 1 919 亩，建筑总面积约 60 万平方米，其中教室、实验室（含实习场所）建筑面积 16.7 万平方米。有固定资产 8.7 亿元。教学仪器 2.12 万台（件），价值 1.82 亿元；图书馆建筑面积 3.42 万平方米，有图书 244 万册（件）。当年教育经费总投入 4.66 亿元，其中国家核拨教育事业费 3.84 亿元，自筹资金 1.2 亿元。

·国际交流：

我校与外国、香港等 64 所大学和科研院所建立了合作交流关系。

二、办学质量和效益的若干指标

·师生比：1∶14

·全日制本科生获取学士学位者占应毕业总人数之百分比

2002 届 69.6%

2003 届 76.1%

注：未获学士学位者，大多数因英语考级不合格。

·全日制本科招生 2003 年提档线

文科：470 分，理科：465 分。

绝大多数专业录取新生平均分在 470 分以上，最高平均分为 520 分。

·本科毕业生一年择业期内的就业率

2001 届 95.5%

2002 届 93.3%

2003 届 92.69%

·毕业研究生取得学位比率

1988～2003 年授予博士学位与博士生总数之比为 86%。

1981～2003 年授予硕士学位与硕士生总数之比为 96%。

·在校生中研究生、全日制本科生、长期留学生人数之比

2003 年为 15∶82∶3

·教学及科研成果

1999～2003 年获批科研项目 537 项，其中国家自然科学基金、国家社科基金、“863”课题、“973”课题共 88 项，部委级项目 339 项。科研总经费（含重点学科建设费）约 6 000 万元。

1997～2003 年在国际刊物上发表论文 411 篇，在国内权威核心期刊发表论文 573 篇，出版专著 500 部。获省部级科研奖励 88 项。

获得国家级优秀教学成果奖（1993～2001 年）4 项，北京市优秀教学成果奖（1989～2001 年）33 项，校级优秀教学成果奖（1989～2003 年）107 项。出版教材（1997～2003 年）530 部，获得教育部教材奖（1988～2002 年）10 项。评出校级优秀课程（1989～2003 年）55 门。

三、我校的社会地位和声誉

1980 年中共北京市委批准北京师院为市属重点大学。

1993年获得“全国党的建设和思想政治工作先进高等学校”称号。

1997年首都师大通过北京市政府组织的《“211工程”建设项目（“九五”期间）可行性研究报告》专家论证暨立项审核，2001年通过“九五”建设项目验收，2003年通过“十五”建设项目专家论证及立项审核。

2003年，首都师大通过教育部本科教学水平评估（成绩为“优秀”，2004年正式公布）。

近半个世纪以来共有毕业生10万名以上，首都师大成为北京市培养培训基础教育师资的主渠道，成为基础教育的研究和服务中心。毕业生在科教文战线（特别是基础教育系统），作出了重大贡献，在北京各中学工作的毕业生获得全国性奖励的达数百人次，取得中学特级教师职称的七十余人（不完全统计）。此外，在各级党政等部门和工商企业界也有我校毕业生取得突出成绩。

四、主要获奖情况

表1.2.2.1　　学校主要获奖情况

获奖时间	颁奖单位	获奖名称
1960	中共北京市委、市人委	北京市文教红旗单位
1979	国家体委	全国体育卫生先进单位（体育教研室）
1987	北京市政府	全市档案工作先进单位（综合档案室）
1988	首都精神文明建设领导小组	首都精神文明单位标兵
1992	北京市委统战部	北京市统战工作先进集体（统战部）
1992、1994、1999	北京市公安局	社会治安综合治理先进集体（保卫处）
1992	国家教委	全国普通高校招生工作先进集体（教务处）
1992	国家教委	全国普通高校成人高教先进单位（培训处）
1992	中共北京市委	北京市统战工作先进集体（统战部）
1993	北京市台办	北京市对台工作先进集体（统战部）
1993	中组部、中宣部、国家教委	全国党的建设和思想政治工作先进高等学校
1994	中共北京市委、北京市政府	北京市党的建设和思想政治工作先进高等学校
1993、1996	中共北京市委教育工委、北京市高教局	文明校园
1994	国家教委	全国普通高等学校先进教务处
1994	北京市国防教育领导小组	北京市国防教育工作先进单位（学生处、武装部）

续表

获奖时间	颁奖单位	获奖名称
1995～2003	北京市公民义务献血办公室	北京市无偿献血金质奖（校医院）
1996	北京团市委、北京志愿者协会	北京市青年志愿者服务先进单位（团委）
1996	中共北京市委、市政府	北京市思想政治工作优秀单位
1996	全国高校图书情报工委	全国高校先进图书馆
1996	国务院外国专家局	全面引进国外智力先进集体（国际文化学院）
1996、1997、1998、1999、2000、2002	北京市卫生局、财政局	北京市公费医疗管理一等奖（校医院）
1997	中宣部、国家教委、团中央、全国学联	全国暑期大中学生科技、文化、卫生三下乡优秀服务队（团委）
1997	国家语委	全国语言文字工作先进集体（教务处）
1998	教育部	全国教育系统先进内部审计机构（审计室）
1999、2000	国家新闻出版总署	全国良好出版社（校出版社）
1999	教育部、国务院学位办	全国学位与研究生教育先进集体（研究生处）
1999	教育部	全国普通高等学校优秀教务处
1999	团中央	全国首批“五四红旗团委创建单位”（团委）
1999	首都精神文明建设委员会	1998 年度首都精神文明单位标兵
2000	教育部、团中央	全国大中专学生志愿者暑期“三下乡”社会实践活动先进单位（团委）
2000	第六届全国大学生运动会	全国体育先进校
2000	市委宣传部、市委教育工委、市教委、团市委、市学联	2000 年度首都高校社会实践先进单位、2000 年高校社会实践首都贡献奖（团委）
2001	中国心理卫生协会、大学生心理咨询专业委员会	“全国高校心理素质教育先进单位”——大学生心理健康教育工作开拓奖（学生处）
2001	中宣部、国家计生委	“全国婚育新风进万家活动”国家级先进集体
2001	教育部	全国学生军训工作先进单位（学生处）
2001	市委宣传部、团市委	“大学生社会实践首都贡献奖” “首都大学生‘三个代表’实践服务行动优秀组织奖”（团委）
2002	北京市教育工委、市教委	北京高校“两课”重点建设示范单位
2003	教育部	全国普通高校招生先进单位
2003	北京团市委、北京志愿者协会	北京市志愿者服务组织奖（团委）

第二编　教育教学工作

第一章　综　述

高等学校的根本任务是培养人才。人才培养的主要途径是教育教学工作。教育教学工作始终处于学校各项工作的中心位置。教育教学质量是学校生存与发展的生命线。提高教育教学质量是学校工作的永恒主题。

教育教学工作涉及的方面极为广泛。为了落实教育部《关于加强高等学校本科教学工作提高教学质量的若干意见》的精神，2002 年，我校教学工作专题会议上制定了《实施意见》。2003 年，我校又制定了《首都师范大学教学质量与教学改革工程行动计划》。该项计划包括三项内容：指导思想与原则，总体目标，工程内容等。而工程内容又涉及（1）教学改革工程（人才培养模式改革和教学内容方法改革），（2）教学建设工程（学科与专业建设、课程建设、教学基地建设、实验室建设等），（3）教学管理工程（教学管理制度建设、教学质量保证体系建设等）。本编即围绕上述诸方面记述我校近 50 年各级各类教学改革和建设的过程，至于教育环境的营造和创新则散见于本编及相关各编。

第一节　教育教学概况

一、教育教学工作所处的社会宏观环境

（一）党和国家教育方针的演变

50 年代后期，我国社会主义建设时期的教育方针正式提出。进入新时期，我国的经济和社会开始转型，“一个中心、两个基本点”的基本路线，科教兴国、可持续发展、人才强国、以人为本的科学发展观等战略相继确立，教育方针也与时俱进。

50 年代的教育方针是：“教育必须为无产阶级政治服务，必须与生产劳动相结合。”“应该使受教育者在德育、智育、体育几方面都得到发展，成为有社会主义觉悟的有文化的劳动者。”

60 年代前期，又提出“培养和造就千百万无产阶级革命事业的接班人”。

80 年代，提出“教育要面向现代化，面向世界，面向未来”；“培养有理想、有文化、有道德、有纪律的一代新人”；“教育必须为社会主义建设服务，社会主义建设必须依靠教育”。

90 年代对教育方针的表述是：“教育必须为社会主义现代化建设服务，必须与生产劳动相结合，培养德智体等方面全面发展的社会主义建设者和接班人。”

21 世纪初表述为：“坚持教育为社会主义现代化建设服务，为人民服务，与生产劳动和社会实践相结合，培养德智体美全面发展的社会主义建设者和接班人。”

以上教育方针是我校办学和从事教学工作遵循的根本方向。

（二）现代教育思想和理念的不断形成

1. 覆盖整个教育领域的若干教育思想

终身教育思想。80 年代起即逐渐被人们认同。要使受教育者学会学习，终生不断接受教育；要调整教育结构，构建学习型社会。

素质教育思想。80 年代提出的“提高全体国民素质，多出人才，出好人才”的战略任务，即植根于素质教育观念。1999 年中共中央国务院作出《关于深化教育改革全面推进素质教育的决定》。在学校的素质教育中，强调学会做人，突出“德育首位”，强调“思想政治素质是最重要的素质”，“不断增强学生和群众的爱国主义、集体主义、社会主义思想，是素质教育的灵魂”。

创新教育思想。创新是一个民族进步的灵魂，“必须把增强民族创新能力提到关系中华民族兴衰存亡的高度来认识。教育在培育民族创新精神和培养创造性人才方面，肩负着特殊的使命”。

以人为本思想。党的十六大报告指出：“发展包括促进人的全面发展。”十六届三中全会决定指出：“坚持以人为本，树立全面协调可持续的发展观，促进经济社会和人的全面发展。”

2. 高等教育理念的更新

（1）关于大学的理念

大学的地位：由社会边缘走向社会中心。大学的功能：由培养人才转向同时从事科学研究和社会服务。大学的类型：按功能分为研究型、教学研究型、教学主导型。单纯的教学型很难立足。

（2）关于大学教育及学科专业的理念

大学教育的任务是进行开拓性人才的培养，而其终极目的和教育过程的组织特征在于培养人的认知能力，包括选择确定人生目标的能力。要采取边学习、边研究、边实践的方式，要使科学教育与人文教育二者交融起来。在高等教育走向大众化以及动态化的市场经济条件下，大学本科宜实施在通识教育基础上的宽口径专业教育以及因材施教的多样化培养，相应的大学教育管理宜从固化转向动态的、弹性的管理模式。

（3）关于高等教育教学改革的理念

在高等教育改革中，体制改革是关键，教学改革是主体和核心。

在高等院校中，本科教育是整个办学的基础。本科教学是经常性的中心工作。

质量是高等教育的生命线、普通高校的立校之本。

（三）师范教育的转型

百年以前，我国即着手建置独立的师范教育体系，一直延续到全国解放以后；这是基于一个人口众多的发展中国家普及教育的需要，直到 90 年代前期，教育行政部门仍不断强化这一体制。但随着我国社会经济发生重大变化，首先在发达地区，师范教育开始了战略性转型。其发展趋势是：在办学体制上，从封闭独立的师范教育走向多元开放的教师教育；在培养目标上，从职业定向教育走向非定向教育；在人才培养体制上，从学历教育走向学历教育基础上的资格证书教育；在培养培训关系上，从一次性终结性教育走向持续性终身教育，从培养培训相分离走向二者一体化；在办学结构上，重心上移，走向本科和本科后。总之，面对社会经济和基础教育的重大变革，教师教育正发生重要变化。教师专业化日益加强，未来教师必须师德高尚，具有创新和实践的教育能力，精于从事素质教育，因此教师教育应该是一种高难度的教育，是必须走在教育现代化前列的教育。

我校作为一所高等师范院校，从整体办学到教学工作都与教师教育的改革发展同步。为了实施“首善之区，一流教育”的战略，我校长期以“办好师范，服务首都”为指导方针。世纪之交，我校开始追求综合化发展，同时继续强化师范特色，既加强学科专业水平，也提高师范专业水平。

二、教育教学工作所处的学校内部环境

近五十年来，我校总体变化巨大，对教育教学工作起到了推动作用，并提供了保障条件。

1. 学校地位和功能的定位

从80年代初成为市属重点院校，进到90年代后期跻身“211工程”建设；从力争使学校位居传统师范院校的前列，进到提出把学校建成国内一流水平的新型师范大学；由以教学为主进到教学研究型，由本科教育为主进到本科与研究生教育并重；由以为基础教育服务为主进到为首都教育事业和社会经济发展全面服务：办学的规模、层次、功能均发生了重大突破。

2. 师资队伍建设

先后启动“761人才工程”、“52111人才工程”和“2531人才工程”，师资队伍得到大幅度更新和提高。

3. 学科建设

调整、加强学科建设，推动学位授权点建设，为形成综合性、多层次、多类别、多种形式的办学体系创造了条件，带动了研究生教育的增长，科学研究、科技开发的开展，以及各类人才培养质量的提高。

4. 国际文化交流

加强国际合作，实施开放办学，努力发展留学生教育，有意识地培养具有国际竞争意识并能参与国际竞争的人才。

5. 改善办学条件

拓宽融资渠道，加大办学资金的投入，扩大办学空间，在学校的基础设施建设、教学科研硬件建设、公共服务体系建设（校园计算机网络、图书及文献信息系统）等方面有了长足进步。

6. 内部管理体制改革

不断深化内部管理体制改革，为学校的发展增添了活力和动力。

三、各类教育的建设和改革

（一）本专科教育

专业建设：1954年，学校只开设9个一年制师范专修班，到2003年本科专业达40个（师范类专业15个，非师范类专业25个），涉及7个门类，其中有些为跨学科专业。另设辅修专业14个（其中6个为专科），初步形成了适应首都基础教育现代化和社会经济文化发展需要的专业结构。围绕本、专科教育，有关课程建设、实践教学建设、管理体制建

设、教风学风建设均取得相应成果。

师范教育的办学形成了优良的传统和特色，取得了若干宝贵经验。

教学改革和创新持续不断。1954～1966 年，学校经历的大规模教改有三次。第一次在 50 年代中期，主要清除半封建半殖民地教育的遗毒，学习苏联的教育教学经验。第二次在 50 年代后期，进行了一场教育大革命，企图快速解决师生的革命化和劳动化问题，总结正反经验，产生了《高校六十条》。第三次在 1964～1966 年，根据毛泽东有关改革学制、课程、讲授及考试方法的指示，包括针对我校教学状况所作的《七三批示》，进行了多方面改革，又进行了半工（农）半读试验。毛泽东关于“以阶级斗争为主课”、社会即大学等主张发展成为左倾路线的组成部分。而“要把精力集中在培养训练分析问题和解决问题能力上”，要使“学生在德智体诸方面生动活泼地主动地得到发展”等论断，高瞻远瞩，切中了教育工作的积弊。进入新时期，经过拨乱反正，我校教学重新走上正常化轨道。但面对国际国内的新形势，教育方面存在的一些问题又突现出来。1985 年《中共中央关于教育体制改革的决定》颁布后，我校的教学改革持续展开，直到 90 年代，主要针对“专业口径过窄，人文教育薄弱，培养模式单一，教学内容陈旧，教学方法过死”等弊端多次修订教学计划。世纪之交，我校的教学改革不断深化，取得了如下成绩：(1) 转变教育观念，推动人才培养模式和教学管理模式改革；(2) 以课程建设为重点，推进教学和课程体系改革；(3) 以现代教育技术为突破口，推进教学方法和教学手段改革；(4) 探索新的教学质量监控机制、构建教学质量保障与监控系统。

(二) 研究生教育

我校是全国最早获得硕士学位授予权和较早获得博士学位授权的高校之一。自 1979 年开始招收研究生以来，研究生教育取得了长足进展，累计培养博士、硕士 3 000 余人。特别是近些年来，随着我国研究生教育的迅速发展，我校研究生教育也进入了快速发展阶段。2003 年全校有 2 个博士学位授予权的一级学科、26 个博士点、59 个硕士点，研究生教育涉及文、史、哲、理、工、管、法、教育等 8 个学科门类，在校博士、硕士研究生已达 2 000 多人。另外我校还有 5 个博士后科研流动站，同时还是教育硕士专业学位试点单位，可以接受同等学力申请硕士学位和高校教师在职攻读硕士学位。我校已经成为为北京市基础教育输送合格师资和培养其他现代化建设所需高层次人才的重要基地。

(三) 成人高等教育

50 年代我校成人高教即与普通高教并存。“文革”期间在北京郊区开设了多个师资培训班，结业生达到万名。改革开放以后，成人高教迅速增长，办学点扩展至全国。25 年来培训生已超过 4 万人，2003～2004 年度成人学历教育注册生达 15 000 人。我校成人高教由较为单一的师范教育专业结构正转变为多科型综合性的专业结构；人才培养的层次结构也得到优化，由专科为主转为本科为主；办学功能有所扩大：在开展教师学历补偿教育的同时，积极开展继续教育和教师培训，促进了教师专业的发展，同时承担了教育部委托的或自行开展的各类培训，以适应建立学习型社会的需要。

(四) 留学生教育

我校于 1965 年招收了 50 名越南留学生，对其进行汉语培训。改革开放后，经过 20 多年发展，形成了多层次、多专业、多规格的留学生培养格局，特别是开展了多种形式和层次的对外汉语教学。1993 年经国家教委批准，开设了留学生四年制现代汉语专业，其教学工作和教研工作日益科学化、系统化、规范化，成为带动留学生长短期进修汉语的发展支柱。2003 年又拥有了“语言学及应用语言学”硕士点。另外，我校若干院系，如书法专业、教育专业、油画专业也接受本专科生和研究生，有的与国外高校共同培养。目前我校各专业毕业留学生获得本科以上学位者已超过 100 人。

第二节　教育教学及其管理单位简况

文学院

1954 年开办一年制中文专修班，1955 年始建中文系。1962 年北京工农师院中文系并入。“文革”中，中国人民大学语文系一度并入（后复撤出）。1993 年北京师院分院中文系并入。2001 年在中文系基础上建立文学院。

文学院下设中国语言文学系、高级涉外文秘系、比较文学系和影视文学系等 4 个系以及普通话与对外汉语教学中心。全院设有古代文学、文艺理论、现当代文学、比较文学与世界文学、汉语言文字学、影视文学、语文学科教育学和写作文秘等教研室，另有资料室。

普通高教本科专业有：汉语言文学（师范类、1955 年始设，非师范类、2001 年始设），汉语言文学（高级涉外文秘方向、非师范类、1995 年始设），汉语言文学（比较文学方向、非师范类、2001 年始设），汉语言文学（书法教育方向、非师范类、1993 年始设），戏剧影视文学（非师范类、2002 年始设）；专科专业有汉语言文学（1955 年始设）；中国语言文学是具有博士学位授予权的一级学科；硕士学位授权点有：中国古代文学（1981 年始设），课程与教学论（语文教育、1984 年始设），汉语言文字学（1986 年始设），文艺学（1996 年始设），比较文学与世界文学（1999 年始设），戏剧戏曲学（2000 年始设），语言学与应用语言学（2003 年始设），中国古典文献学（2003 年始设），中国现当代文学（2003 年始设），中国少数民族语言学（分语种）（2003 年始设），教育硕士（语文、1999 年始设）；博士学位授权点有：中国古代文学（1998 年始设），文艺学（2001 年始设），汉语言文字学（2001 年始设），比较文学与世界文学（2003 年始设），语言学与应用语言学（2003 年始设），中国古典文献学（2003 年始设），中国现当代文学（2003 年始设），中国少数民族语言学（分语种）（2003 年始设）。书法艺术硕士点、博士点曾一度挂靠于中文系，后划出。有博士后科研流动站（中国语言文学、2001 年始设）一个。

建立了语言文学研究所（1987 年始设）、比较文学与比较文化研究所（2000 年始设）、美学研究所（1995 年始设）、儿童文学研究所（1996 年始设）、古籍整理研究所（1994 年始设）、中国当代文学研究中心（1995 年始设）、李贽学术研究中心（1993 年始设）、普通话测试中心（1998 年始设）、语言研究中心（2000 年始设）、中国女性文学研究中心（2000 年始设）、中国诗歌研究中心（以文学院人员为主体组建、2000 年始设、为教育部批准的省级高校人文社科重点研究基地）。创办了《诗探索》、《文学前沿》、《语言》、《中国诗歌研究》、《中国女性文化》等刊物。

“中国古代文学”为北京市级重点学科，“比较文学与世界文学”为北京市重点建设学科，“文艺学”、“汉语言文字学”为校级重点学科。1997 年立项的“中国文学研究与现代文化建设”是学校“九五”“211 工程”重点学科建设项目，后延续为“十五”项目。

文学院 1995～2003 年，共承担国家级科研项目 51 项、省部级项目 114 项、其他项目 174 项；发表论文 782 篇、专著 60 部；获得省部级以上科研奖 28 项；科研经费共计 309 万元。主办国际与国内的学术会议 45 次。

2003 年全院有教职工 103 人，其中教授 23 人，副教授 41 人，其中聘为博士生导师 16 人，特聘教授 1 人。

1955 年至 2003 年，已培养普通本专科毕业生 8 479 名，成人教育本专科毕业生 13 920名，研究生 169 名（其中博士生 11 名）。

表 2.1.2.1　　文学院及其前身历届负责人任职更迭表

姓名	职　务	任　期	姓名	职　务	任　期
修古藩	中文科主任	1954～1955	丁　信	党支部书记	1956～1957
	中文系主任	1955～1966	刘国盈	党总支书记	1957～1962
			陈贵恒	同上	1962～1964
			赵国梦	同上	1964～1966
陈士章	系革委会主任	1967～1969	张　瑜	同上	1972～1973
董玉龙	系革委会副主任	1970～1972	陈日新	同上	1973～1980
刘国盈	系革委会副主任	1974～1978			
	中文系主任	1978～1980			
王慕曾	中文系主任	1980～1983	常致华	同上	1980～1982
王景山	同上	1983～1984	李文松	同上	1983～1991
漆绪邦	同上	1984～1987			
饶杰腾	同上	1987～1991	石彦伦	同上	1992～1993
孙长毅	同上	1991～1995	赵连元	同上	1993～1999
张燕瑾	同上	1995～1999	周建设	同上	1999～2000
吴思敬	同上	1999～2001	王光明	分党委书记（代）	2000～2001
吴思敬	文学院院长	2001～2003	周建设	分党委书记	2001～2002
左东岭	同上	2003～	吴相洲	同上	2003～

历　史　系

1954 年开办一年制历史专修班，1955 年始建历史系，设本科和专科。1972 年与政教系、地理系合并，称政史地系，1973 年改为只与原地理系组合为史地系，1977 年恢复历史系建制。

历史系设中国古代史、中国近现代史、世界古代中世纪史、中国近现代史、世界近现代史、史学理论及历史教育学及北京史等教研室和资料室、文物室。

普通本科专业有历史学（师范类、1955 年始设，非师范类、1995 年始设、执行“学士——硕士——博士”贯通培养计划），历史学（城市传统与城市文化管理方向、非师范类、2000 年始设），世界历史（非师范类、2001 年始设）；普通专科有历史学（师范类、

1955 年始设）。历史学为具有博士学位授予权的一级学科；硕士学位授权点有：世界史（1981 年始设、原分为世界上古史、中古史和世界近现代史），中国古代史（1984 年始设），课程与教学论（历史教育、1984 年始设），中国近现代史（1986 年始设），史学理论及史学史（1990 年始设），专门史（经济史、1998 年始设），历史文献学（2000 年始设），历史地理学（2003 年始设），考古学及博物馆学（2003 年始设）；博士学位授权点有：中国古代史（1984 年始设），世界史（1984 年始设），史学理论及史学史（2003 年始设），考古学及博物馆学（2003 年始设），历史地理学（2003 年始设），历史文献学（2003 年始设），专门史（2003 年始设），中国近现代史（2003 年始设）；有博士后科研流动站（历史学、1999 年始设）一个。80 年代起开办成人高教，先后设历史学专业（本科、专科、专升本等，均为非师范类），历史旅游专业（专科）等以及历史教育学研究生课程班。

历史系设有历史研究所（1985 年始设），下设中国古代经济史、中国近现代思想史、世界古代中世纪史、世界近现代国际关系史等 4 个研究室。

“历史学”为国家文科人才培养和科学研究基地（1995 年始设）。

世界史为北京市重点学科，中国近现代史为北京市重点建设学科，中国古代史为校级重点学科。

表 2.1.2.2　　历史系及其前身历届负责人任职更迭表

<table>
<tr><th>姓名</th><th>职务</th><th>任期</th><th>姓名</th><th>职务</th><th>任期</th></tr>
<tr><td>戚国淦</td><td>历史科主任</td><td>1954～1955</td><td></td><td></td><td></td></tr>
<tr><td rowspan="5">滕净东</td><td rowspan="5">历史系主任</td><td rowspan="5">1955～1966</td><td>齐世荣</td><td>党总支书记</td><td>1956～1959</td></tr>
<tr><td>侯　林</td><td>同上</td><td>1959～1960</td></tr>
<tr><td>陈日新</td><td>同上</td><td>1960～1964</td></tr>
<tr><td>宁　可</td><td>党总支第一副书记</td><td>1960～1963</td></tr>
<tr><td>成庆华</td><td>党总支书记（临时）</td><td>1964～1965</td></tr>
<tr><td>宁　可</td><td>历史系代主任</td><td>1966</td><td>康　泠</td><td>党总支书记</td><td>1966</td></tr>
<tr><td>康　泠</td><td>系革委会主任</td><td>1968～1970</td><td></td><td></td><td></td></tr>
<tr><td>李焕昌</td><td>同上</td><td>1971～1973</td><td>李焕昌</td><td>同上</td><td>1971～1973</td></tr>
<tr><td>李法唐</td><td>同上</td><td>1973～1978</td><td>李法唐</td><td>同上</td><td>1973～1978</td></tr>
<tr><td rowspan="3">齐世荣</td><td rowspan="3">历史系主任</td><td rowspan="3">1978～1994</td><td>康　泠</td><td>同上</td><td>1978～1981</td></tr>
<tr><td>母庚才</td><td>同上</td><td>1981～1984</td></tr>
<tr><td>康　泠</td><td>同上</td><td>1984～1985</td></tr>
<tr><td>王　才</td><td>第一副主任</td><td>1985～1991</td><td>母庚才</td><td>同上</td><td>1985～1988</td></tr>
<tr><td>陈曦文</td><td>系主任</td><td>1994～1996</td><td rowspan="2">于祥莲</td><td rowspan="2">同上</td><td rowspan="2">1988～1999</td></tr>
<tr><td>刘新成</td><td>同上</td><td>1996～1998</td></tr>
<tr><td>叶小兵</td><td>同上</td><td>1998～2002</td><td>程路宁</td><td>同上</td><td>1999～2000</td></tr>
<tr><td rowspan="2">宋　杰</td><td rowspan="2">同上</td><td rowspan="2">2002～</td><td>周兴旺</td><td>同上</td><td>2000～2003</td></tr>
<tr><td>周兴旺</td><td>分党委书记</td><td>2003～</td></tr>
</table>

“九五”以来至2003年，全系承担省部级以上科研课题20项，发表论文720篇，出版专著78部，获省部级以上奖励22项，2000～2002年科研总经费482万元。主办国内外学术交流会议13次。

2003年全系有教职工46人，其中教授19名，副教授17名。聘为博士生导师11人，特聘教授1人。

建系（科）以来共培养普通本专科毕业生3 368名，研究生233名（其中博士生63名）。

政法学院

1955年设政治理论教研室，任务是面向全校开设马克思主义基础理论公共课。1961年1月，华北人民大学党史系、哲学系和政治经济系的北京地区师生并入北京师院，3系与北京师院政治理论教研室合并，建立政治系，1962年定名为政治理论教育系，简称政教系。1962年北京工农师院政治理论教研室9名教师并入。1971年政教系、历史系、地理系合并为政史地系，1972年政教系又单独建系；同年中国人民大学函授部撤销，28名教师并入（1978年大多数又返回原校）。1985年改为政治法律教育系。1993年以后，原北京师院分院政教专修科和联大外师的马列教研室相继并入。1998年政法系与管理系、马克思主义理论教研部合并，仍称政法系。2001年9月撤系建院，称政法学院。

1971年在政史地系之外，重新成立马列主义教研室，承担公共理论课。1983年以该室为基础，组建政治思想教育管理系。1984年由政教系、政管系抽调部分教师再建单独设置的马列主义教研室，1988年更名为马克思主义理论教研部，1998年与政法系、管理系合并，组成新的政法系。

1983年，根据中央提出的有条件的综合院校和部委所属院校“都要增设政治工作专业或政治工作干部进修班”的精神，在马列主义教研室基础上，建立政治思想教育管理系。1988年为避免与政教系名称混淆，更名为管理系。1998年与政法系、马克思主义理论教研部合并。

1982年2月成立了德育教研室。2001年德育教研室与政法系合并。

2002年马克思理论教研部与德育教研室从政法学院中分离出来，成立“两课”教研部。

政法学院设思想政治教育系、经济管理系、法律系、社会工作系、公共管理系。此外设有资料室。

普通高教本科专业有：思想政治教育（师范类、1960年始设），思想政治教育（非师范类、第二学士学位班、1984年始设），法学（师范类、1986年始设，非师范类、1999年始设），劳动与社会保障（非师范类、2001年始设），社会工作（非师范类、2002年始设），公共事业管理（非师范类、2003年始设）；普通专科专业有：思想政治教育（师范类、1985年始设），思想政治教育（党政干部大专班、1983年始设）。硕士学位授权点有：课程与教学论（1984年始设），马克思主义理论与思想政治教育（1990年始设），政治学理论（1997年始设），马克思主义哲学（2000年始设），中共党史（2003年始设），中国哲学（2003年始设），伦理学（2003年始设）；博士学位授权点有：马克思主义哲学（2003年始设），马克思主义理论与思想政治教育（1996年与他校联合设置、2003年独立设置）。成人高教专业有：政治法律（专升本、1982 年始设），经济管理（专科、1984 年始设），财务会计（专科、1984 年始设，专升本、1994 年始设）。

“马克思主义哲学”为北京市重点建设学科，“马克思主义理论与思想政治教育”为校级重点学科。“当代马克思主义理论与思想政治教育”研究，是学校“九五”“211 工程”重点学科建设项目。

表 2.1.2.3　　政法学院及其前身历届主要负责人任职更迭表

姓 名	职　　务	任　　期	姓 名	职　　务	任　　期
刘国勋	政治系主任、政教系主任	1961～1963	宁　健	党总支书记	1961～1964
黄　耘	政教系主任	1964～1965	晋劲敏	同上	1964～1966
刘国勋	同上	1966			
	系革委会主任	1967～1969			
李焕昌	系革委会主任、系主任	1971～1978	李焕昌	同上	1972～1978
陈焕文	系主任	1979～1982	朱世英	同上	1978～1982
冯甘霖	第一副主任	1979～1981			
邓剑泉	副主任	1981～1983			
姚子范	第一副主任	1983～1984	邓　琦	同上	1983～1986
冯卓然	政教系主任、政法系主任	1984～1993	史振东	同上	1986～1992
赵会民	政法系主任	1993～1995	安云凤	同上	1993～2001
陈新夏	同上	1995～1998			
赵会民	政法系主任（兼）	1998～1999			
陈新夏	常务副主任、系主任	1998～2001			
	政法学院院长	2001～		分党委书记	2001～

表 2.1.2.4　　管理系历届主要负责人任职更迭表

姓 名	职　　务	任　　期	姓 名	职　　务	任　　期
林培黎	管理系主任	1983～1985	林培黎	党总支书记	1983～1984
王瑞荪	第一副主任	1984～1985	邓英秀	同上	1984～1993
	系 主 任	1985～1994			
苏崇德	第一副主任	1989～1992	石彦伦	同上	1993～1997
王树荫	系 主 任	1994～1997			
秦英君	同 上	1997～1998	杨芷英	党总支副书记	1997～1998

学院设有马克思主义理论与思想政治教育研究所、东方思想文化研究所、哲学与文化研究所、易学研究所等科研机构。

“九五”以来至 2003 年，共承担省部级以上课题 37 项，发表论文 400 多篇，出版专著38部，获得省部级奖励11项、科研总经费447万元。举办国际学术会议5次，国内学术会议20次。

2003年有教职工80人，其中教授13名、副教授30名。聘为博士生导师5人。

建院（系）以来至2003年，共培养普通本科专业毕业生7 682名，研究生312名（其中博士生6名）。

教育科学学院

1954年设教育教研室，1956年，下设教育学组、心理学组和资料室，承担全校公共教育学、心理学课程。1978年在教育学、心理学两个公共教研室基础上成立教育科学研究所，下设教育学教研室、心理学教研室、外国教育教研室、教材教法研究室和资料室，承担教学与科研双重任务。1987年在教科所基础上建立教育系，同时保留教科所建制，实行"一套人马，两块牌子"的体制。北京师院等3校合并后，分院、外师教育教研室人员相继并入。1999年在教育系、基础教育研究所和性健康教育研究中心的基础上成立教育科学学院。

教育科学学院成立后，相继建立了心理专业（2000年始设），学前教育专业（2001年始设），成立了教育学系、心理学系（2000年始设），同时，学院建有教育科学研究所、心理科学研究所（2000年始设）、基础教育研究所、性健康教育中心、人脑开发与素质教育研究中心、国际与比较教育研究中心、课程与教学论研究中心、教师教育研究中心、科技教育中心等机构或学术共同体。该院设有教育学原理教研室、课程与教学论教研室、教育史教研室、教育经济与管理教研室、比较教育学教研室、基础心理学教研室、发展与教育心理学教研室、应用心理学教研室等，另设有动机与情绪实验室、普通心理基础实验室、学习与认知实验室（市级重点实验室）、脑电实验室、统计测量实验室、教师专业化发展实验室、资料室等。

2001年学院建立了丰台教育发展服务区，并先后建立了9所教师发展学校。

普通高教本科专业有：教育学（师范类、1987年始设；非师范类、2000年始设），心理学（师范类、非师范类、2000年始设），学前教育（师范类、2001年始设）等；专科专业有教育学（师范类、1987年始设）等；80年代起开设成人高教教育学本、专科，幼儿艺术教育专科等。硕士学位授权点有：发展与教育心理学（1984年始设），课程与教学论（1984年始设），比较教育学（1986年始设），教育学原理（2000年始设），基础心理学（2000年始设），教育经济与管理（2003年始设），教育硕士（1999年始设）等；博士学位授权点有：发展与教育心理学（1984年始设）。此外，美术学（书法教育）硕士点曾建在教育系。

"发展与教育心理学"为北京市级重点学科，"教育学原理"和"课程与教学论"为北京市重点建设学科。我校实施"211工程""九五"建设项目后，以发展与教育心理学、课程与教学论、比较教育学等学科为依托所设立的"基础教育现代化的理论与实践"、"促进北京市基础教育和教师教育改革与发展"等项目，为学校"211工程"重点学科建设项目。

"九五"以来，教科院共承担省部级以上科研项目课题73项，发表论文541篇，出版专著130部，获得省部级科研奖励14项，科研总经费800万元。教科院成立以来主办国际、国内学术会议10次。

2003年有教职工59人，其中教授12名，副教授19名。具有博士学位的教师20人；聘为博士生导师3人；特聘教授1人。

建院（系）以来至2003年共培养普通本科专业毕业生206名，研究生376名（其中博士生26名）。

表 2.1.2.5　　教育科学学院及其前身历届主要负责人任职更迭表

姓名	职务	任期	姓名	职务	任期
傅任敢	教育教研室副主任	1954～1958			
晋劲敏	教育教研室主任	1958～1964	晋劲敏	党支部书记	1958～1964
王其豫	教育教研室副主任	1960～1966	赵宪英	同上	1965～1966
晋劲敏	教科所所长	1978～1980	晋劲敏	同上	1978～1980
林传鼎	同上	1980～1985	陈　勇	党支部书记 党总支书记	1980～1987
林传鼎	教科所名誉所长	1986～1996			
李友芝	教科所第一副所长	1984～1986	王其豫	党总支书记	1987～1991
阎立钦	教科所所长、教育系主任	1986～1995	阎殿和	同上	1991～1995
张君达	同上	1995～1999	胡玉顺	同上	1995～1999
赵会民	教科院院长（兼）	1999	殷常符	党总支书记 分党委书记	1999～2003
王长纯	常务副院长、院长	1999～2003			
孟繁华	院长	2003～	方　平	分党委书记	2003～

外国语学院

1993年，北京联合大学外国语师范学院并入首都师大，外院改为学科型二级学院（但在2000年迁入北校园一区之前，其下设各系仍保留处级行政级别），1995年和2000年，校本部俄语系与英语系分别并入外国语学院。

校本部英语系的前身可追溯到50年代末。1957、1958年之际，北京师院俄语教研室引进的英语教师开设了公共外语课的英语班。1958年，俄语教研室更名为外语教研室，下设的9个教学小组中有两个为英语小组。1960年建外语系，下设俄语、英语两个专业，开始招收四年制英语本科生。1964年北京师专撤销，其英语科并入。1964年第一届毕业生留校9名充实教师队伍。1970年起招收2～3年制学员。1985年以外语系英语教研室为基础组建英语系。2000年校本部英语系并入外院。

校本部俄语系的前身可追溯到50年代前期。1954年北京师院建立公共俄语教研室。1957年起增加两名英语教师，1958年更名为外语教研室，下设俄语教研组和英语教研组。1960年在外语教研室基础上建立了外语系，设俄语、英语两个专业以及公共俄语、英语两个教学组。1964年初，恢复公共外语教研室，脱离外语系自成建制。1970年外语系与公共外语教研室又行合并。1977年俄语专业为全国高校26个俄语重点系科之一。1985年正式成立俄语系。1993年起，因中学俄语教师需求和俄语专业生源日趋减少，俄语系扩大了非师范专业招生数额。1995年俄语系与外院俄语系合并。

外国语学院现设 7 个系：英语教育、英语语言文学、俄语、日语、德语、法语和西班牙语系。其下有与 6 个语种相应的教研室，还拥有教学硬件设施、卫星讯号接收设备、计算机多媒体教室、语音实验室、资料室等。

先后开设的普通高教本科专业有：英语（师范类、1960 年始设；非师范类、1978 年始设），俄语（师范类、1960 年始设，非师范类、1980 年始设），日语（非师范类、1980 年始设），法语（非师范类、1980 年始设），西班牙语（非师范类、1980 年始设），德语（非师范类、1983 年始设）；专科专业有：英语（非师范类、1983 年始设）；硕士学位授权点有：课程与教学论（俄、英语教育，1984 年始设），俄语语言文学（1986 年始设），外国语言学及应用语言学（1997 年始设），日语语言文学（1998 年始设），英语语言文学（2003 年始设），法语语言文学（2003 年始设）；80 年代起开办成人高教。

"外国语言学及应用语言学"为北京市重点建设学科。

80 年代设有俄罗斯语言文学研究室，2001 年成立外国语言学及应用语言学研究所（下设外国语言、文学、外语教育教学、中外语言比较研究等 4 个方向）。

"九五"以来至 2003 年共承担省部级以上科研课题 12 项，发表论文 403 篇，出版著作 45 部，获省市部级奖励 14 项，科研总经费 379 万元。主办国际、国内学术会议 4 次。

2003 年有教职工 184 人，其中教授 13 人，副教授 47 人，聘为博士生导师 2 人。

建院（系）以来至 2003 年共培养普通本科专业毕业生 6 520 名，研究生 86 名。

表 2.1.2.6　　外国语学院历届主要负责人任职更迭表

姓名	职务	任期	姓名	职务	任期
孟庆夔	外院院长（兼）	1993～1998	夏强	分党委书记（兼）	1993
			詹新泽	分党委书记	1994～1999
刘利民	外院院长（兼）	1998～			
梁音	副院长（主持工作）	1998～2000	夏振华	同上	1999～
杨阳	外院常务副院长	2000～			

表 2.1.2.7　　校本部外语系、俄语系及其前身历届主要负责人任职更迭表

姓名	职务	任期	姓名	职务	任期
张作宾	公共俄语教研室主任	1954～1958			
丁信	外语教研室主任	1958～1960	丁信	党支部书记	1959～1963
	外语系主任	1960～1963			
张作宾	外语系副主任	1964～1966	文棋	同上	1963～1966
丁信	公共外语教研室主任	1964～1966	丁信	同上	1964～1966
			郝儒	党总支书记	1972～1978
张作宾	外语系副主任	1978～1981			
李尚谦	外语系副主任、俄语系主任	1981～1989	董培华	党支部书记	1985～1991
刘利民	俄语系主任	1989～1994	王佩林	同上	1991～1995

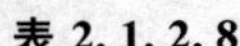

表 2.1.2.8　　校本部外语系、英语系及其前身历届主要负责人任职更迭表

姓名	职务	任期
丁信	外语系主任	1960～1963
文棋	外语系副主任	1964～1966
文棋	外语系主任	1978～1979
杨传纬	同上	1979～1981
韩志先	外语系主任（代）	1981～1982
曹贞敏	外语系主任	1982～1984
贺慧声	外语系主任	1984～1985
	英语系主任	1985～1991
刘北利	英语系主任	1991～1997
杨阳	同上	1997～2000

姓名	职务	任期
文棋	党总支书记	1963～1966
郝儒	同上	1972～1978
文棋	同上	1978～1979
李小梦	同上	1979～1986
刘赛玲	同上	1986～1992
王摧进	同上	1993～2000

表 2.1.2.9　　外院英语系历届主要负责人任职更迭表

姓名	职务	任期	姓名	职务	任期
刘曼兰	系主任（代）	1993～1994	刘曼兰	党支部书记	1993～1994
封一函	系副主任（主持工作）	1994～1999	封一函	同上	1994～2000
刘晓天	系主任	1999～2000			

表 2.1.2.10　　外院俄语系历届主要负责人任职更迭表

姓名	职务	任期	姓名	职务	任期
黄苏华	系主任	1993～2000	张永泰	联合党支部书记	1993～1994
			王佩林	党支部书记	1996
			张自福	同上	1996～1997
			高婴	同上	1997～2000

表 2.1.2.11　　外院日语系历届主要负责人任职更迭表

姓名	职务	任期	姓名	职务	任期
李孙华	系主任	1993～1997	曹家琳	党支部书记	1993
李丹明	同上	1997～1999			
李均洋	系副主任（主持工作）	1999～2000	马凌波	同上	1995～2000

表 2.1.2.12　　外院德语系历届主要负责人任职更迭表

姓名	职　　务	任　　期	姓名	职　　务	任　　期
郑惠卿	系主任	1993～1998	张永泰	联合党支部书记	1993～1999
安士桐	同上	1998～2000	安士桐	党支部书记	1999～2000

表 2.1.2.13　　外院法语系历届主要负责人任职更迭表

姓名	职　　务	任　　期	姓名	职　　务	任　　期
杨松荫	系主任	1993～1996	张永泰	联合党支部书记	1993～1995
梁　音	同上	1996～1998	梁　音	党支部书记	1995～1999
邢克超	同上	1998～2000	邢克超	同上	1999～2000

表 2.1.2.14　　外院西班牙语系历届主要负责人任职更迭表

姓名	职　　务	任　　期	姓名	职　　务	任　　期
张永泰	系主任	1993～2000	张永泰	联合党支部书记	1993～1999
常福良	系主任（代）	2000	乌同康	党支部书记	2000～

音乐学院

1954 年开办一年制音乐专修班。1955 年因北京市筹建北京艺术师范学院，该科停办。1964 年正式建立音乐系。适值北京艺术学院撤销，其音乐系部分干部和教师并入北京师院。1969 年与美术系合并，组成革命文艺系，1972 年迁至体育系（现首都体育学院）院内，并分为音乐、美术两个专业。1978 年恢复音乐系建制。1984 年迁回校本部。2003 年撤系，建音乐学院。

音乐学院下设音乐教育系、理论作曲指挥系、钢琴系、器乐系、声乐系、音乐科技系和舞蹈系。设有理论作曲、音乐史论、声乐、钢琴、器乐、公共艺术等教研室，有设施较精良的专业教室和资料室。

普通高教本科专业有：音乐学（师范类、1964 年始设；非师范类、2001 年始设），舞蹈学（非师范类、1999 年始设）；专科专业有：音乐教育（1954 年始设，后停办，1964 年再次设立，1998 年停止招收专科学生）；80 年代起开设成人高教音乐与舞蹈教育专业。硕士学位授权点有：音乐学（1990 年始设）；博士授权点有：音乐学（2003 年始设）。

“音乐学”为北京市重点建设学科。该学科作为支撑学科之一，参与学校“九五”和“十五”“211 工程”重点学科项目“艺术理论与艺术教育”的建设工作。2002 年被教育部批准为“国家体育与艺术师资培训基地”。

“九五”期间至 2003 年共承担省部级以上科研课题 24 项，发表论文 300 余篇，出版论著 50 余部，发表音乐、舞蹈作品百余首（种、部）。

2003 年共有教职工 63 人，其中教授 6 名，副教授 23 名。聘为博士生导师 3 人。

建院（系）以来至 2003 年共培养普通本科专业毕业生 1 214 名，研究生 34 名。

表 2.1.2.15　　音乐学院及其前身历届主要负责人任职更迭表

姓名	职　务	任　期	姓名	职　务	任　期
刘峻峰	音乐科主任	1954～1955			
沈思岩	音乐系主任	1964～1966	王玉成	党支部书记	1964～1966
曲复元	革命文艺系革委会主任	1968～1970	曲复元	同上	1970～1972
董玉龙	同上	1972～1977	董玉龙	革命文艺系总支书记	1972～1977
姚思源 范　畴 王玉成 沈星槎	音乐系副主任 （共同主持工作）	1978～1980	段金田	革命文艺系总支书记（代）	1977～1978
			董玉龙	音乐系总支书记	1978～1979
薛淑琴	音乐系主任	1980～1986	范　畴	同上	1979～1984
钱方平	同上	1986～1993	张春雷	同上	1984～1994
王安国	同上	1993～1996	张国力	同上	1994～1996
郁玉岱	同上	1996～1998	谢　红	同上	1996～1999
杜晓十	音乐系副主任（主持工作）	1998～2001			
田书义	同上	2001.1～4	田书义	同上	2000～2002
尹铁良	同上	2001～2002			
杨　青	音乐学院院长	2003～	果　勇	同上	2002～2003
			王摧进	党总支书记	2003～

美术学院

1954年开办一年制美术专修班。1955年因北京市筹建北京艺术师范学院，美术科停办。1964年，决定建立美术系，适值北京艺术学院撤销，该院美术系并入北京师院，组成北京师院美术系基本队伍。1969年美术系和音乐系合并，成立革命文艺系。1970年恢复招生，学生兼学美术和音乐。一年后该系又分设美术和音乐两个专业。1972年革命文艺系迁至体育系（今首都体育学院）院内，1978年撤销革命文艺系，恢复美术系、音乐系建制。1984年迁回校本部。2001年撤系，建立美术学院。

学院设美术教育系、绘画系、艺术设计系。

现有中国画、油画、艺术设计、美术史论、美术教学法等教研室，电脑试验室、摄影艺术实验室、新媒体实验室、陶艺实验室、版画实验室和工艺制作试验室，另有资料室、藏画室、电教设备室。

先后设置的普通高教本科专业有：美术学（油画方向、师范类、1964始设，非师范类、2001年始设），艺术设计学（非师范类、1999年始设），绘画（非师范类、2002年始设）；专科专业有：美术学（一般基础课、师范类、1986年始设）；1983年起开设成人高教。硕士学位授权点有：美术学（1990年始设）；博士学位授权点有：美术学（1997年始设）。

"美术学"为市级重点学科。美术学作为支撑学科参与学校"九五"和"十五""211工程"重点学科项目"艺术理论与艺术教育"的建设。2002年被教育部批准为"国家体育与艺术师资培训基地"。

学院设有造型艺术研究所（1989年始设）、现代美术研究所（1999年始设）、美术教育研究所（2001年始设）、中国工笔画研究所（2002年始设）、中国现代水墨画研究所（2003年始设）等。

"九五"至2003年共承担省部级以上科研课题12项，发表论文235篇，出版著作44部，发表画作1 381幅，出版画集96册。

2003年有教职工54人，其中教授8名，副教授17名，聘为博士生导师2人；特聘教授2人。

建院（系）以来至2003年，共培养普通本科专业毕业生912名，研究生42名，其中博士生5名。

表 2.1.2.16　　美术学院及其前身历届主要负责人任职更迭表

姓名	职务	任期	姓名	职务	任期
郑宗鋆	美术科主任	1954～1955			
李瑞年	美术系主任	1964～1966	董玉龙	党支部书记	1964～1966
			曲复元	党总支书记	1968～1970
董玉龙	革命文艺系革委会主任	1972～1977	董玉龙	革命文艺系总支书记	1972～1977
李瑞年	美术系主任	1978～1984	段金田	革命文艺系总支书记(代)	1977～1978
			董玉龙	美术系总支书记	1978～1981
			卢梅翰	党总支书记	1982～1984
王 [illegible]	同上	1984～1993	屈小霞	同上	1984～1986
孙志钧	同上	1993～2001	杨 静	同上	1986～2000
孙志钧	美术学院院长	2001～	王甦英	同上	2000～

数 学 系

1954年开办一年制数学专修班和进修班各一个。1955年10月正式建系。1962年北京工农师院数学系并入，1993年北京师院分院数学系并入。

数学系下设数学分析、代数、几何、微分方程、概率统计、计算方法、数学教育等教研室，另有计算机实验室、检测成像实验室、数学物理研究中心、资料室等机构。

先后设置的普通本科专业有：数学与应用数学（师范类、1955年始设，非师范类、2000年始设），信息与计算科学（非师范类、2001年始设）；普通专科专业名称与本科相同（从1998年开始不再设专科）；1980年起开办成人高教。硕士学位授权点有：基础数学（1981年始设），课程与教学论（数学教育、1984年始设），应用数学（1998年始设），教育硕士（1999年始设），计算数学（2003年始设），概率论与数理统计（2003年始设）；博士学位授权点有：基础数学（1996年始设），应用数学（2003年始设）；建有数学博士后科研流动站（2003年始设）一个。

“基础数学”是北京市重点学科，“应用数学”是北京市重点建设学科。“基础数学与应用数学”是学校“九五”和“十五”“211工程”的重点建设学科项目。

设有数学研究所（挂靠在数学系、1987年始设），下设7个研究室。编辑出版《中学生数学》杂志（初中版、高中版）。

“九五”以来至2003年，承担国家级项目31项，省部级课题70项，发表论文525篇，出版论著4部，获省部级以上科研奖励7项，科研总经费703万元。主办国际学术会议3次，国内学术会议6次。

2003年数学系有教职工89名，其中教授24名、副教授42名。2001年聘请中国科学院院士一名，北京市特聘教授3名，学校特聘教授2名；聘为博士生导师17名。

建系以来至2003年共培养各类本科学生6 185名，专科生2 426名，研究生234名（其中博士生15名）。

表 2.1.2.17　　数学系及其前身历届主要负责人任职更迭表

姓名	职务	任期
孙梅生	数学科主任	1954～1955
	数学系副主任	1955～1957
	第一副主任	1957～1959
	系主任	1959～1966
王文质	革委会主任	1972～1977
梅向明	系第一副主任 系主任	1978～1987
王德谋	系主任	1987～1994
石生明	同上	1994～1996
卢才辉	同上	1996～2001
李庆忠	同上	2001～

姓名	职务	任期
孙泽先	党支部书记	1955～1956
孙泽先	党总支书记	1956～1958
薛　汶	同上	1958～1960
王光兆	同上	1960～1961
侯　林	同上	1961～1962
纪　宇	同上	1962～1965
李　朴	同上	1965～1966
王文质	同上	1972～1973
王　克	同上	1973～1975
陈德林	同上	1975～1981
刘世忠	同上	1982～1985
石湘九	同上	1985～1993
唐其钰	党总支书记 分党委书记	1993～

物　理　系

1954年开办一年制物理专修班，1955年始建物理系，设四年制本科和二年制专科。1962年北京工农师院物理系并入。1970年与化学系合并，组成工业基础系，1972年撤销工业基础系，恢复原建制。1993年北京师院分院物理系并入。

物理系设普通物理（一、二）、理论物理、实验物理、物理教学法与物理学史等教研室，普通物理实验、近代物理实验、物理演示实验等教学实验室和10余个科研实验室，其中纳米光电子实验室（直属学校）为北京市级重点实验室，光信息材料实验室为学校重点实验室；另有资料室、2 个计算机房。

先后设置的普通高教本科专业有：物理学（师范类、1955 年始设），物理学（现代教育技术方向、非师范类、1986 年始设），电子信息工程（非师范类、2001 年始设，2002 年调往信息工程学院），信息工程（光信息科学与技术方向、非师范类、2001 年始设）；普通专科有：物理学（师范类、1954 年始设），应用电子技术（非师范类、1994 年始设），信息工程（非师范类、1994 年始设）；80 年代起开办成人高教；硕士学位授权点有：1979 年招收过一届理论物理研究生班（二年制）；光学（1981 年始设），热能工程（1981 年始设、1996 年撤销），课程与教学论（物理教育、1984 年始设），科学技术史（物理学史、1986 年始设），通信与信息系统（1996 年始设），凝聚态物理（2003 年始设），材料物理与化学（2003 年始设）。

物理系的课程与教学论（物理教育）为市级重点学科，理论物理、科学技术史（物理学史）为校级重点学科，以光学、通信与信息系统两个硕士点为支撑设立的“光学物理和信息材料”和“光物理科学与技术”分别为学校“九五”和“十五”“211 工程”重点学科建设项目。

物理系设有科学技术史（物理学史）研究室（1983 年始设）、太阳能研究室（1986 年始设）、光学研究所（1998 年始设）等科研机构。曾出版有《中学物理教学研究》期刊。

表 2.1.2.18　　物理系及其前身历届主要负责人任职更迭表

姓名	职务	任期	姓名	职务	任期
孙念台	物理科副主任	1954～1955	何万华	党支部书记、党总支书记	1955～1958
孙念台	物理系副主任、主任	1955～1966	苏　林	党总支书记	1958～1966
阎巨宝	工基系革委会主任	1970～1972			
	物理系革委会主任	1972～1979			
张锡鑫	物理系副主任(主持工作)	1979～1983	张庆余	同上	1973～1988
李申生	物理系主任	1983～1988			
杨学礼	同上	1988～1990	董政武	同上	1988～1992
栾德怀	同上	1990～1992			
董政武	同上	1992～1996	顾志明	同上	1992～1998
王士平	同上	1996～2000			
张存林	同上	2000～	王士平	同上	1998～

“九五”以来获省市级以上科研课题 49 项，发表论文 400 多篇，出版专著 10 多部，科研总经费 592 万元。获省部级以上科研奖励 2 项。举办国内学术会议 1 次。

2003 年有教职工 67 人，其中教授 12 人，副教授 26 人，获批博士生导师 1 人，特聘教授 4 人。

建系(科)以来，累积培养普通本科毕业生 4 763 名，硕士研究生 176 名。

综合技术研究所为挂靠在物理系的教学及科研单位。1979 年物理系正式设立人体科学教研组，除 2 名专职人员外，又吸纳本系 7 名教师和全国其他高校 20 余名教师为兼职人员。1978 年和 1982 年分别开出“人体科学”和“生物电子学”两门课程。同时开展人体科学（主要是生物遗传学图像）的研究。1987 年 10 月，在教研组基础上成立综合技术研究所（林书煌为所长），为院直属单位，1990 年又成立生物信息科学研究所，与综合所实行“一套人马、两块牌子”的体制。90 年代初起，与物理系联合培养生物电子学和生物光学硕士研究生。1994 年又与物理系联合创办信息工程专业（专科）。1991 年“人体科学”被确定为校级重点学科。所内形成了人体科学、生物医学图像技术、生物光学三个学科方向。1987 年先后建立了人体科学、生物电子学、图像技术、人体物理、应用技术等研究室，承担了一批科研课题。后因林书煌离职等原因，上述研究室陆续撤销。

化学系

1954 年开办一年制化学专修班。1955 年化学科招收二年制专科生。1957 年正式建立化学系，招收四年制本科生。1962 年北京工农师院 1 个化学本科班和 3 名教职工并入。1970 年与物理系合并，建立工业基础系。1972 年撤销工业基础系，恢复原建制。1992 年北京师院分院化学系并入。

表 2.1.2.19　　化学系及其前身历届主要负责人任职更迭表

姓名	职务	任期	姓名	职务	任期
符绶玺	化学科主任	1954～1957			
邹宪法	化学系副主任	1957～1959	邹宪法	党支部书记	1957～1960
李成栋	第一副主任、系主任	1959～1966	王　英	同上	1960～1963
			顾理昌	党总支书记	1964～1966
吴光辉	系副主任（主持工作）	1981～1982			
邹宪法	系主任	1982～1984	顾理昌	同上	1973～1977
张菊生	同上	1984～1986	杜瑞增	同上	1977～1987
樊祥熹	同上	1986～1996	赵品诗	同上	1987～1996
谷学新	同上	1996～2000			
曹胜利	副主任（主持工作）	2000～2002	迈恩启	同上	1996～
张卓勇	系主任	2002～			

化学系下设无机化学、有机化学、分析化学、物理化学、化学工程基础、化学教学论等 6 个教研室和分析测试中心、基础化学实验教学中心。化学系具有计算机网络、现代仪器分析等教学实验室，同时设有资料室、管理室、系办北京市精细化工科技开发公司。

先后设置的普通本科专业有：化学（师范类、1957 年始设，非师范类、2001 年始设），应用化学（非师范类、1999 年始设）；专科专业有：化学（师范类、1955 年始设）；1983 年起开办成人高教。硕士学位授权点有：课程与教学论（化学教育、1984 年始设），分析化学（1998 年始设），物理化学（2000 年始设）。

“分析化学”为市级重点建设学科。分析化学实验室为校级重点实验室。

化学系的科研机构有物理化学研究室、微量元素分析研究室、综合开发利用研究室和生物医药研究室。

1997～2003年承担省部级以上科研课题30项，发表论文590余篇，出版著作10余部，获省部级以上科研奖励6项，科研总经费340万元。

2003年有教职工70人，其中教授7人，副教授20人。

1954年以来，共培养各类本、专科学生6 550人，其中研究生114人。

生 物 系

1954年开办一年制生物专修班。1955年招收两年制专科生。1957年始建生物系，招收四年制本科生，并在北京师院校园内辟有生物园。50年代末至60年代上半期，部分师生先后到京郊八里庄、杨镇、卢沟桥等地办学。1970年生物系更名为农业基础系，并确定在北京师院“五七”农场（大兴县境内）办学。1972年上级决定全系回校上课但暂保留农基系名。1973年在“反右倾回潮”形势下，办学方向和办学地点又发生反复。“文革”期间招收二、三年制大学普通班学员，并开办师训班。1977年恢复生物系名称，招收四年制本科，回到校部办学。1992年北京师院分院生物系并入。90年代中期，因基建需要，试图将生物园从校本部迁至北校园一区，后由于某种原因，生物园区丧失。

生物系下设植物学、动物学、动物及人体生理学、植物生理学、细胞生物学、生物化学、微生物学、遗传学、生物教学法等教研室，另有10个大型实验室和10多个专项实验室以及生物学资料室、仪器管理室、显微镜室和切片室等机构。遗传与生物工程实验室为学校重点实验室。

先后设置的普通本科专业有：生物科学（师范类、1955年始设，非师范类、2001年始设），生物技术（非师范类、2000年始设）；专科专业有：生物科学（师范类、1955年始设）；“文革”中开设过“农业五七班”，1983年起开办成人高教。硕士学位授权点有：植物学（1981年始设），课程与教学论（生物教育、1984年始设），遗传学（1990年始设），细胞生物学（2000年始设），微生物学（2003年始设），生物化学与分子生物学（2003年始设），生态学（2003年始设）；博士学位授权点有：植物学（2001年始设），遗传学（2003年始设）。建立博士后科研流动站（生物学、2003年始设）一个。

2002年，建立北京地区“生命科学人才培养与产学研基地”。

生物系有5大学科群：植物生物学、动物生物学、微生物学、生态学、细胞分子遗传生化。植物学为北京市重点学科；“遗传学与生物工程”为学校“九五”、“十五”“211工程”重点学科建设项目。

生物系有应用生物科学研究所、百奥乐新技术研究所、生物能发酵研究室、数量及细胞遗传研究室、植物学研究室等科研机构。

“九五”期间至2003年，全系承担省部级以上课题58项，发表论文700余篇，出版专著30余部，获省部级以上科研奖励5项，科研总经费820万元。

2003年生物系有教职工67人，其中教授9名、副教授26名。现聘有院士1名，特聘教授1名。

1954年以来共培养本、专科学生4 700名，其中研究生310名。

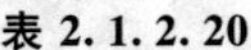

表 2.1.2.20　　生物系及其前身历届主要负责人任职更迭表

姓名	职　务	任　期	姓名	职　务	任　期
侯恩钜	生物科主任	1954～1957	王书颖	党支部书记	1957～1958
侯恩钜	生物系副主任	1957～1966	李建尉	同上	1958～1959
秦祝洵	同上		王　克	同上	1960～1966
王　克	生物系革委会主任	1967～1970			
刘景泉	农基系革委会主任	1970～1975	张　发	党总支书记	1971～1972
文　棋	同上	1975～1978	刘景泉	同上	1972～1975
王书颖	生物系主任	1981～1983	文　棋	同上	1975～1978
郭平仲	同上	1983～1985	李大为	同上	1978～1982
赵微平	同上	1986～1990	刘洪海	同上	1983～1986
郭平仲	同上	1990～1996	丁丕光	同上	1986～1989
			廉月琴	同上	1989～1991
刘祥林	同上	1996～1999	郭平仲	党总支书记（代）	1992～1993
			乔新芝	党总支书记	1993～1999
何奕昆	同上	1999～	刘祥林	党总支书记	1999～
				分党委书记	

资源环境与旅游学院

1954 年开办一年制地理专修班，1955 年开设二年制地理专科班，1957 年始建地理系，招收四年制本科生。地理系 1971 年与政教系、历史系合并，改称政史地系，1973 年政教系单列，改称史地系。1977 年恢复地理系建制。2001 年在地理系基础上建立资源环境与旅游学院。

学院设有地理系、旅游系和地理信息系统系以及 3S 工程技术中心、环境与资源研究中心。下设地理基础、区域地理、地理教育、旅游和地理信息系统等教研室及资料室。另有省部共建三维信息获取与应用教育部重点实验室、资源环境与地理信息系统北京市重点实验室、空间信息技术联合实验室（北大方正——首都师大）和地理基础实验室，下设若干分支实验室。

先后设置的本科专业有：地理科学（师范类、1957 年始设），资源环境与城乡规划管理（非师范类、1999 年始设），地理信息系统（非师范类、2002 年始设）；专科专业有：地理科学（师范类、1955 年始设）；成人高教专业有地理科学（师范类、本专科），地理制图（专科）、旅游资源与管理（专科）。硕士学位授权点有：课程与教学论（地理教育、1984 年始设），自然地理学（1993 年始设），人文地理学（2003 年始设），地图学与地理信息系统（2003 年始设），环境科学（2003 年始设）；博士授权点有：自然地理（2003 年始设）。

自然地理学为北京市重点建设学科，“城市地理信息技术与首都圈生态环境保护利用”

为首都师范大学“211 工程”“十五”重点建设项目。

“九五”以来共承担省部级以上科研课题 28 项，发表论文 358 篇，出版专著 18 部，获得省部级以上科研奖励 8 项，科研总经费支出 810 万元。

2003 年共有教职工 42 人，其中教授 7 名，副教授 19 名，2001 年特聘中国工程院院士 1 名。

建系（科）以来，共培养各类本、专科学生 4 504 名，硕士研究生 167 名，博士生 3 名。

表 2.1.2.21　资源环境与旅游学院及其前身历届主要负责人任职更迭表

姓名	职务	任期	姓名	职务	任期
褚亚平	地理科主任	1954～1956			
褚亚平	地理系第一副主任	1956～1962	胡静萍	党支部书记	1957～1966
褚亚平	系主任	1962～1966			
褚亚平	同上	1978～1984	孙泽先	党总支书记	1978 未到职
杨作民	第一副主任	1981～1984			
杨作民	系主任	1984～1985	王芙林	同上	1980～1990
许焕林	同上	1985～1988			
毕维铭	同上	1988～1995	谢　红	同上	1990～1993
			葛鼎新	同上	1993～1995
刘桂莲	同上	1995～2001	刘希静	同上	1995～2001
宫辉力	资环学院院长	2001～	刘希静	分党委书记	2001～

教育技术系

教育技术系建于 2002 年 7 月，由原现代教育技术中心（注：现代教育技术中心由原电教中心、计算机系部分教师、物理系计算机与教育技术教研室等单位组建而成）转型而来。

该系下设基础课教研室、教育技术学专业教研室、软件工程专业教研室、实验管理室以及资料室。同时设有教育装备技术研究室和智能教学系统研究室。

该系设置的普通高教本科专业有：教育技术学（远程教育装备技术方向、非师范类、2002 年始设），软件工程（教育软件工程方向、非师范类、2003 年始设）；硕士授权点有：教育技术学（2003 年始设），课程与教学论（教育技术学、2002 年始设）；成人教育专业有：计算机应用，广播电视编导。

“教育技术学”为北京市重点建设学科；现代教育技术实验室为学校重点实验室。

现已承担科研项目 24 项。

2003 年有教职工 25 人，其中教授 3 人，副教授 3 人。特聘中科院院士 1 名，特聘教授 2 人。

表 2.1.2.22 教育技术系主要负责人任职更迭表

姓名	职务	任期	姓名	职务	任期
艾伦	系主任	2002～	王成发	直属党支部书记	2002～

信息工程学院

信息工程学院的前身为计算机科学教育系，于 1995 年由原数学系计算机教研室、计算中心、多媒体技术应用研究所组建而成。1995 年 3 月更名为计算机科学与技术系；2002 年建立信息工程学院。

学院下设信息技术教育系、计算机科学与技术系、信息管理系、电子信息工程系、软件工程系和智能信息工程系。学院设有大学计算机基础部、实验教学部。有 9 个基础硬件实验室、8 个专业实验室、550 个机位的计算机实验室，另设有资料室。

学院设置的普通本科专业有：计算机科学与技术（师范类、1995 年始设，非师范类、1999 年始设），信息管理与信息系统（非师范类、2001 年始设，电子商务专业方向、2003 年始设），电子信息工程（非师范类、2001 年始设），软件工程（非师范类、2003 年始设），信息工程（智能信息工程方向、网络与通信工程方向、非师范类、2003 年始设）；普通专科专业有：计算机应用技术（1998 年始设），网络技术（2002 年始设）；同时，办有多种形式的成人高教。硕士学位授权点有：计算机应用技术（1998 年始设），通信与信息系统（1997 年始设），课程与教学论（计算机教育方向、1995 年始设）。

学院有多媒体技术应用研究所、计算机应用联合实验室、智能技术与系统研究室、图像处理与计算机视觉研究室、智能远程教育研究室、计算机网络研究室等科研机构。

“计算机应用技术”为北京市重点建设学科；计算机应用联合实验室为学校重点实验室。

“九五”期间共承担省部级以上科研课题 18 项，发表论文 85 篇，出版著作 26 部，获省部级以上奖励 6 项，科研总经费 240 万元。

2003 年共有教职工 95 人，其中教授 3 名，副教授 30 名。

建院（系）以来至 2003 年共培养本科毕业生 1 774 人，专科生 343 人，硕士研究生 108 名。

表 2.1.2.23 信息工程学院及其前身历届主要负责人任职更迭表

姓名	职务	任期	姓名	职务	任期
饶兀宗	系副主任（主持工作）	1995～1997	李洪琪	总支书记	1995～2002
	系主任	1997～2000			
王万森	系主任	2000～2002			
	院长	2002～	李洪琪	分党委书记	2002～

初等教育学院

1999 年北京第三师范学校和通州师范学校并入首都师范大学，在两校基础上，又与首都师范大学部分干部教师进行组合，于 9 月正式成立初等教育学院。学院还设有北京市小学师资培训中心、与联合国儿童基金会合作的加强师资培训项目协调指导中心。2003年，学院建立了“初等教育研究所”、“科技教育中心”、“中小学综合实践活动课程师资研究与培训基地”3个研究机构。

初教学院下设中文、数学、综合理科、教育心理、政史、英语、计算机、音乐、美术、体育10个教研室和图书馆、资料室。

学院设有普通高教本科专业：小学教育（师范类、2002年始设），下含中文、数学、科学教育、英语、信息技术、音乐、美术等专业方向；专科专业：小学教育（师范类、1999年始设）；此外设有成人高教的初等教育专科及专升本等办学形式。硕士授权点有：“课程与教学论”（小学教育、1999年始设）。

建院以来，承担省部级以上科研课题12项，发表论文124篇，获省部级以上科研奖励1项，科研总经费480万元。

2003年有教职工205人，其中教授1名，副教授38名，高级讲师11名。

建院以来共培养各类本、专科学生1 590名。

表 2.1.2.24　　初等教育学院历届主要负责人任职更迭表

姓名	职务	任期	姓名	职务	任期
刘新成	院长（兼）	1999～	周惠玲	分党委书记	1999～
王万良	常务副院长（兼）	1999～			
王智秋	常务副院长	1999～			

体育教学研究部

见本编第八章。

大学英语教研部

大学英语教研部的前身是英语系的公共英语教研室，该室最早是从北京师院建院初期的俄语教研室中分设出来的。1957～1958年俄语教研室调入英语教师，在公共外语课中开始设立英语班。1958年俄语教研室更名为外语教研室，设英、俄两个语种。1960年成立外语系，同时，公共外语教研室脱离外语系，成为直属的系级教学单位。“文革”中公共外语教研室又与外语系合并，而公共外语教学取消。改革开放以后，逐步恢复了公共外语教学。因公共俄语教学任务由俄语教研室承担，公共外语教研室于1984年更名公共英语教研室，除承担全院本科生公共英语教学外，还承担研究生和双学位班的英语教学。1990年公共英语教研室脱离英语系，成立大学英语教研部。

教研部下设一年级文科、一年级理科、二年级文科、二年级理科等教研室，研究生英语教研室，大学英语语言实验室，资料室等机构。

“九五”以来至2003年，承担省部级以上科研课题1项，发表论文134篇，出版论著38部，获得省部级以上奖励2项，科研总经费4.3万元。

2003年有教职工51人，其中教授1名，副教授17名。

表 2.1.2.25　　大学英语教研部及其前身历届主要负责人任职更迭表

姓名	职务	任期	姓名	职务	任期
张作宾	俄语教研室主任	1954～1957			
张作宾	外语教研室主任	1958～1960			
赵德先	公共外语教研室英语组组长	1960～1963	丁　信	党支部书记	1958～1966
丁　信	外语系主任、公共外语教研室主任	1960～1966			
华　青	公共外语教研室主任	1970～1978	章　云	同上	1970～1976
			郭洁珠	同上	1977～1978
曹贞敏	同上	1978～1981	刘赛玲	同上	1979～1984
陆维藩	同上	1981～1989	许振生	同上	1985～1988
			娄辛悦	同上	1988～1989
孙小芬	同上	1989～1990	刘宝芬	同上	1989～1990
孙小芬	大学英语教研部主任	1990～1998	张淑清	直属党支部书记	1990～1999
王　志	同上	1998～2002	魏文英	同上	1999～2002
谢福之	同上	2002～	张自福	同上	2002～

“两课”教研部

见本编第七章。

中国书法文化研究所

1985 年，教育科学研究所内建立书法艺术教育研究室，开办书法艺术教育专业成人夜大三年制专科班。1994 年成立中国书法艺术研究所，挂靠在中文系，始设书法艺术教育专业（非师范类、本科）。1999 年改为独立建制，并更名为中国书法文化研究所。下设资料室 1 个。

研究所硕士学位授权点有：美术学（书法艺术教育、1990 年始设）；博士学位授权点有：美术学（书法艺术教育、1993 年始设）；博士后项目有：美术学（书法艺术教育、1998 年始设）。

美术学（书法艺术教育）作为支撑学科之一，参与学校“211 工程”“九五”“十五”重点学科建设项目“艺术理论与艺术教育”的建设工作。

“九五”期间至 2003 年，承担国家级项目 12 项，省部级以上科研项目 16 项，发表论文 200 篇，出版专著 25 部，获得省部级以上科研奖励 4 项，科研总经费 45 万元。

2003 年有教职工 9 人，其中教授 4 名，副教授 4 名。

自 1985 年以来，共培养各类本、专科学生 150 人，研究生 49 名（其中博士生 14 名），外国留学生 6 名。

表 2.1.2.26　　中国书法文化研究所及前身历届主要负责人任职更迭表

姓　名	职　务	任　期
欧阳中石	室主任 所长 名誉所长	1985～1993 1993～2003 2003～
王世征 张同印	副所长	1993～1999
张同印 刘守安	同上	1999～2003
叶培贵	所长	2003～

青年教育艺术研究所

1986 年 2 月成立青年教育艺术研究所，该所集科学研究、教学工作和编辑刊物等任务于一身。在科研方面，围绕新时期青年教育的内容和方法，重点探讨教育工作者的思维艺术和表达艺术。为交流成果，1989 年创办了《教育艺术》杂志（月刊）。同时，该所承担了大量教学任务。教学内容主要涉及教育艺术、演讲美学、青年心理学、女性学等；教学对象包括硕士生（思想政治教育方向）、二学位班、本科生、进修生、党政干部、青年职工以及中等学校教师等。课程设置既有必修课、选修课，也有大量讲座，所内两名成员在海内外进行了数以千计场次的报告。

该所创办了中华教育艺术研究会。

该所承担了多项科研课题，完成了《塑造美的心灵》等一批成果。

2003 年有教职工 7 人，其中教授 1 人、副教授 3 人。

表 2.1.2.27　　青年教育艺术研究所历届主要负责人任职更迭表

姓　名	职　务	任　期
李燕杰	所长	1986～1996
郭海燕	同上	1996～

高等美术教育研究中心

首都师大高等美术教育研究中心成立于 1994 年，从事现代设计教学，现开设广告设计专业、书籍装帧专业、包装设计专业、建筑装饰专业、动画专业、影视专业、网络媒体专业、摄影专业等共 8 个专业；有教室 40 余个，教学面积 3 000 平方米；下设教学部、科研部、产业部、设计图书馆和 8 个教研室。

2003 年聘有教职工 98 人（雇员制）。

每年有 1 000 多名本科生、硕士生、博士生在此学习各种设计课程。

中心主任为贾彤福，1994 年以来一直担任此职。

体 育 系

体育系的前身是北京体育师范学院，该院于1960年在北京体育学校（1956年成立）基础上创建。校址在今北三环西路21号。首任院长兼党委书记林毅忠。设体育教育专业，学制四年，并附设三年制中专班。

根据国家关于高校调整计划，北京体育师范学院于1962年8月并入北京师范学院，黎超等158名教职工来师范学院工作。同时并入两个年级的中专班学生218人。1979年北京市委、市政府决定恢复北京体育师范学院建制。1979年7月1日，原并入的教职工又由我校体育系转入北京体育师范学院。

表2.1.2.28　　体育系主要负责人任职更迭表

姓名	职务	任期	姓名	职务	任期
杨　惠	体育系主任	1962～1966	张　瑜	党总支书记	1962～1966
迟绍庆	同上	1973～1977	迟绍庆	同上	1973～1977
古奇踪	同上	1978～1979	刘国勋	同上	1978～1979

成人教育学院

首都师范大学成人教育学院是管理型二级学院。其简介见本编第五章第一节。

国际文化学院

首都师范大学国际文化学院兼有教学（对外汉语教学，以留学生语言教育为主）和管理两种职能，其简介见本编第六章第二节。

白广路培训部

见本编第六章。

首都师范大学东方华印软件学院

首都师范大学东方华印软件学院，由首都师范大学和印度软件教育机构亚洲信息技术学院合作创建，2002年4月，经北京市教委批准正式成立。学院负责人为方炎（2002～　）。

北京市高校师资培训中心

北京市高校师资培训中心是北京市教委所办的成人高教类的以实施教师继续教育（包含岗前培训）为主的机构，挂靠在首都师范大学。其简介见本编第五章第二节。

北京师范学院顺义分院

1984年经北京市委、市政府批准成立，由北京师院和顺义县联合举办。宗旨是满足远郊区县对中学师资的迫切需求。该院为大学专科层次，学制二年，国家承认毕业生学历，但不包分配，定向培养，由各县择优录用。办学场地和学生管理由顺义县承担，教学工作由北京师院负责。院长由顺义县委派，1985年北京师院委派饶学良为副院长。该院于1991年停办。1984～1991年共培养学生787名。

来广营分部

首都师范大学来广营分部的前身为北京师院分院于1986年所建的一个办学点，后随分院合并到首都师范大学，任务是为北京市各郊区县培养中学师资。

1992年分部设中文、数学、物理、化学、政法、生物6个系，共有14个本科班、31个专科班、1个预备班。1993年起生物系停止招生。1994年起5个系不再招专科生，只办本科，但增一个英语专科班。1997年各系科学生合并到校本部对口单位就读。

分部的教学工作由校本部各系派出教师承担。下设的行政、教务、学生工作、总务等办公室为管理机构。

分部占地35 900平方米，截至1992年有建筑面积12 000平方米，有操场、图书馆等设施。

1998年来广营分部结束办学任务，1999年校舍由首都师范大学附属实验学校使用。

2003年分部有教职工90人，一部分已办理内部退休，一部分在学校几个部门上岗工作。

1992年以来分部共培养本、专科学生1 830名。

表2.1.2.29　　来广营分部历届主要负责人任职更迭表

姓名	职　　务	任　　期	姓名	职　　务	任　　期
王明宏	分部主任	1993～1996	崔锡臣	党总支书记	1993～1997
王佩林	同上	1996～1998	王文山	同上	1997～1998
刘建昌	同上	1998～	杨凤兰	同上	1998～1999
			关中孚	党支部书记	2000～

远程教育学院

见本编第五章。

首都师范大学·TAIKEN国际文化学院

见本编第五章。

北京师范学院预科

为提高北京师院生源质量，经北京市教育局批准，北京师院设置预科（1955～1965年）。55级（1个班）、56级（4个班）、58级（5个班）由中国人民大学附属中学及其前身代培（该校1952年称中国人民大学附设工农速成中学，1958年更名为中国人民大学附属工农中学，1960年更名为中国人民大学附属中学），所在班次称“预科班”。1959级暂用师院数间房屋办学。1960年独立的校址落成（设在阜成路马神庙，今属增光路，其房地产权屡经变迁，现为北京幼儿师范校址）。1963年8月，预科迁往师院体育系所在地办学。

预科在1959～1961年共招收三期学生，59级5个班，60、61级各6个班，共约900

人。学生为应届初中毕业生，大多为保送入学（经考试入学者不足10%），不少人是金银质奖章获得者、优秀学生干部。学制三年，教学计划与普通高中相同，而课外文体活动丰富。教师主要从师院1959～1961年毕业生中选留。原定预科毕业生全部保送直升师院本科学习，后因形势变化，改为经高考升学。预科六期学生大部分升入北京师院或其他高校，部分分配至各区县任小学教师。1959年起，方程任预科主任和党支部书记，1962年起孙泽先任主任。

北京师范学院“五七”干校

“文革”当中，1966年5月7日、1968年7月21日、1968年9月5日、1968年10月5日，毛泽东相继作出如下指示：各行各业都要办成革命化的大学校；大学生的培养要从工农兵中招生，毕业后再回到生产实践中去；对知识分子要给出路、由工农兵给他们以再教育；广大干部要下放劳动、重新学习等。为此，我院1969年即开始申请建立“北京师范学院‘五七’干校（农场）”。

1969年10月，根据战备疏散的“一号命令”，我院师生员工下放到北京郊区平谷镇罗营等数处。当时，市政府将原北京农校（地处丰台区）划拨给我院，我院派部分干部进行了筹建“五七”干校的工作，负责人为顾理昌等。1970年初，市政府又将104农场（即天堂河农场）的四分场（地处大兴县魏善庄、半壁店两公社一带，原为劳教农场）划拨给我院，而收回了原北京农校校址，另作安排。1970年5月7日，北京师范学院“五七”干校正式宣布成立。干校共有土地4 000亩，建筑面积约1万平方米（含师院入驻后所增建房屋），农机具若干种。

全院教职工（老弱病残者除外）及1965级学生于1970年春陆续进驻大兴干校，最多时达2 000多人。当年1965级学生毕业，又抽调一部分教师返回院部招生办学或到郊区办师训班。1971年起农业基础系确定在农场办学，文科三个系的一年级也在农场办学，因此干校亦称“北京师院教育革命基地”（农场）。1972年大多数教职工返回院部。此后，轮流抽调少量教职工到干校进行一年的劳动锻炼，农忙时组织校本部师生到农场劳动。由于常驻人员减少，1972年、1974年，干校两度将土地、房产上交，北京市转而划拨给其他单位。到70年代中期，农田仅余四百余亩。

“文革”期间，干校成员在院党委统一部署下参加“斗批改”，如清查“516反革命集团”、批判“修正主义教育路线”、“批邓”等。平时，组织学员学习马列和毛泽东著作，“斗私批修”，后期也偶尔安排“走出去”，接受贫下中农再教育。干校成员的主要任务是在从事生产劳动过程中改造思想。有水田队、旱田队、畜牧队、后勤队（含种菜）等。几年中，共生产粮食数百万斤，其中，1970年2 700亩水田生产水稻157万斤。

1978年干校停办，场址移交。北京师院为经营干校投入了大量人力、物力。当时强调算政治账，不计成本。

表 2.1.2.30　北京师院“五七”干校（农场、教育革命基地）历任主要负责人一览表

姓　名	职　务	任　期
马　驰	干校领导小组组长（兼）	1970～1977
李法唐	干校党总支书记	1971～1973
顾理昌	干校党总支副书记	1971～1973
梁炳有	干校党总支书记	1973～1976
熊家华	同上	1976～1977
顾理昌	领导小组副组长、农场场长	1976～1978
董玉龙	干校领导小组组长 干校党总支书记	1977～1978

第三节　教育教学工作管理体制

与全国高校一样，50 年代到 90 年代，我校教学管理也是行政管理与学术管理相结合。世纪之交，随着改革的深化，两种职能的地位开始发生变化，学术管理的重要性正受到更多的重视。

在教学管理体制方面，长期以来形成了校—系—室（教研室）三级体制。80 年代后期起，发生了一些变化，即新成立了若干科研室所，但一般是系所合一、室（教研室）室（研究室）合一，系和教研室的教学功能和行政管理功能依然占主导地位。教研室是在计划经济条件下教学型院校为培养窄口径人才而设置的专业组织。作为基层的教研室，其职能相当地固化了：有固定的教师群体，有相应的硬件设备和行政管理，并与一定类别的班级及其学生相结合。90 年代以来，由于市场经济体制的逐步确立，人才培养模式的转型，学校科学研究和社会服务功能的强化，原来的三级体制已不适应新形势的要求。世纪之交我校多数学系已升格为学院（少数系因专业较单一仍保留系的建制，但其职能和地位与学院平行），学院下设若干系，这些系与原先的教研室、研究室的群体近似，而固有的教研室开始重组或撤销。这一变革的特点是：(1) 学校基层的学术组织由立足于一门课程的教研室变为立足于一个学科（二级以下）的系。(2) 系的服务对象扩大了，面对全院乃至全校的相关业务。(3) 系作为组织教学和科研的职能得到加强，不再承担管理职能，行政管理职能主要由校、院两级去执行。

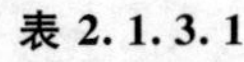

表 2.1.3.1　　教育教学管理系统机构设置一览表（2003 年）

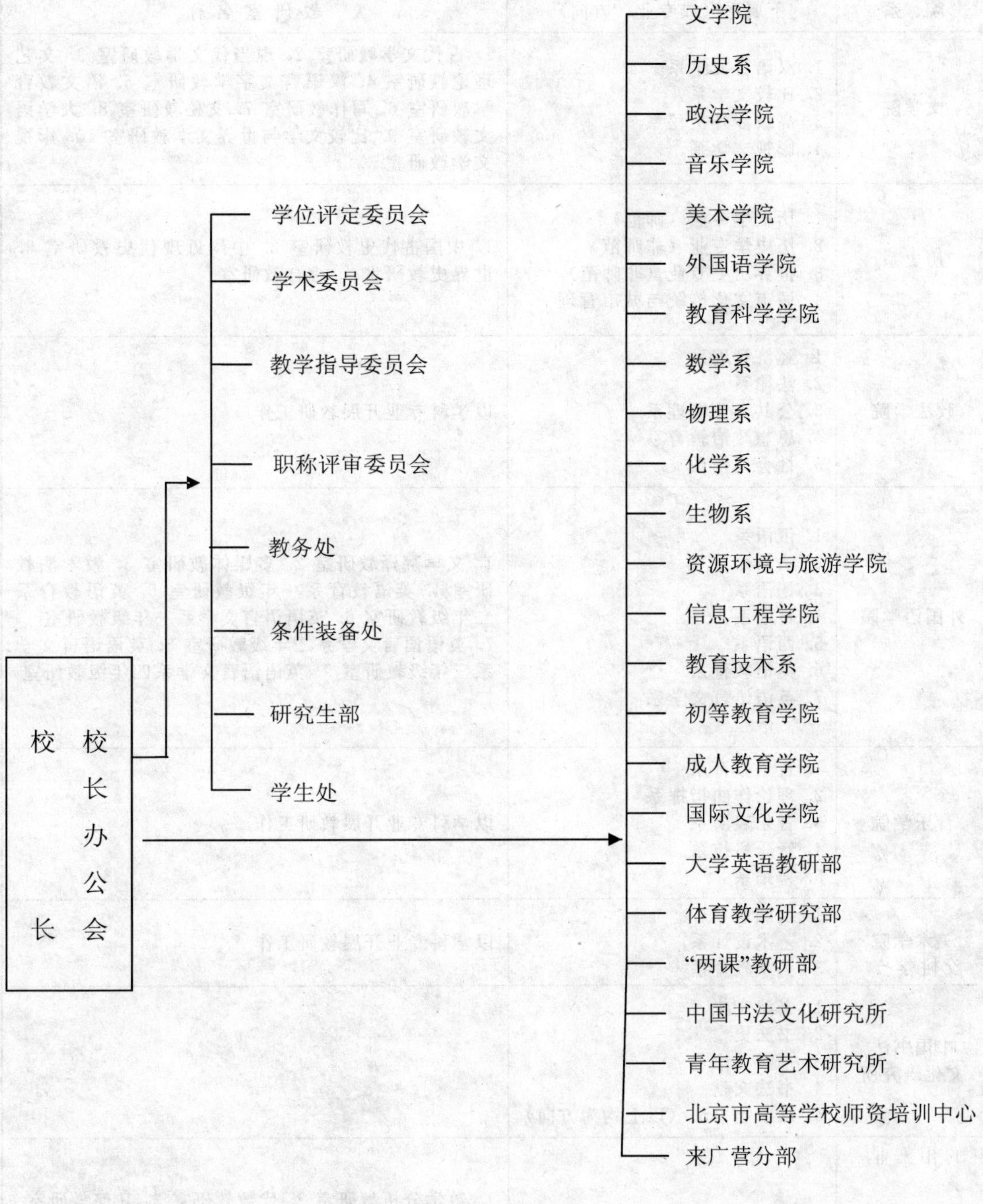

- 校长　校长办公会
  - 学位评定委员会
  - 学术委员会
  - 教学指导委员会
  - 职称评审委员会
  - 教务处
  - 条件装备处
  - 研究生部
  - 学生处
  - 文学院
  - 历史系
  - 政法学院
  - 音乐学院
  - 美术学院
  - 外国语学院
  - 教育科学学院
  - 数学系
  - 物理系
  - 化学系
  - 生物系
  - 资源环境与旅游学院
  - 信息工程学院
  - 教育技术系
  - 初等教育学院
  - 成人教育学院
  - 国际文化学院
  - 大学英语教研部
  - 体育教学研究部
  - “两课”教研部
  - 中国书法文化研究所
  - 青年教育艺术研究所
  - 北京市高等学校师资培训中心
  - 来广营分部

表 2.1.3.2　　院系、教研室设置一览表（2003 年）

院、系	下属系（或专业、方向）	教研室名称
文学院	1. 汉语言文学系 2. 比较文学系 3. 高级涉外文秘系 4. 影视文学系	1. 古代文学教研室 2. 现当代文学教研室 3. 文艺理论教研室 4. 汉语言文字学教研室 5. 语文教育学教研室 6. 写作教研室 7. 文秘教研室 8. 大学语文教研室 9. 比较文学与世界文学教研室 10. 影视文学教研室
历史系	1. 历史学专业（师范） 2. 历史学专业（非师范） 3. 世界历史专业（非师范） 4. 城市文化传统与城市管理	1. 中国古代史教研室 2. 中国近现代史教研室 3. 世界史教研室 4. 综合教研室
政法学院	1. 经济管理系 2. 法律系 3. 公共事业管理系 4. 思想政治教育系 5. 社会工作系	以学科专业开展教研工作
外国语学院	1. 俄语系 2. 法语系 3. 德语系 4. 日语系 5. 西语系 6. 英语教育系 7. 英语语言文学系	1. 文学翻译教研室 2. 多媒体教研室 3. 教学法教研室 4. 英语教育系一年级教研室 5. 英语教育系二年级教研室 6. 英语语言文学系一年级教研室 7. 英语语言文学系二年级教研室 8. 英语语言文学系三年级教研室 9. 英语语言文学系四年级教研室
音乐学院	1. 音乐教育系 2. 理论作曲指挥系 3. 音乐表演系 4. 音乐科技系 5. 舞蹈系	以学科专业开展教研工作
美术学院	1. 绘画系 2. 艺术设计系 3. 美术教育系	以学科专业开展教研工作
中国书法文化研究所	1. 书法文化 2. 书法史 3. 书法理论 4. 书法文献 5. 汉字与书法（以上均为方向）	
数学系	1. 数学与应用数学专业（师范） 2. 数学与应用数学专业（非师范） 3. 信息与计算科学专业	1. 数学分析教研室 2. 代数教研室 3. 几何教研室 4. 概率统计教研室 5. 微分方程教研室 6. 数学教研室 7. 计算数学教研室 8. 数学分析教研室 9. 代数教研室 10. 几何教研室 11. 概率统计教研室 12. 微分方程教研室 13. 数学教育教研室 14. 计算数学教研室

续表

院、系	下属系（或专业、方向）	教研室名称
物理系	1. 物理专业（师范） 2. 信息工程专业（非师范）	1. 普通物理教研室（1）2. 普通物理教研室（2）3. 理论教研室 4. 教法教研室 5. 学史教研室 6. 实验物理教研室 7. 光学所教研室
化学系	1. 化学专业（师范） 2. 应用化学专业（非师范）	1. 无机化学教研室 2. 有机化学教研室 3. 分析化学教研室 4. 物理化学教研室 5. 化工教研室 6. 教法教研室 7. 分析测试中心教研室 8. 基础化学实验教学中心教研室
生物系	1. 生物科学专业（师范） 2. 生物科学专业（非师范） 3. 生物技术专业（非师范）	1. 植物学教研室 2. 动物学教研室 3. 微生物学科教研室 4. 遗传细胞生化分子学科教研室 5. 生态学学科教研室 6. 生物教学法教研室
资源环境与旅游学院	1. 地理科学系 2. 地理信息系统系 3. 旅游系	1. 自然地理教研室 2. 区域地理教研室 3. 地理教育教研室 4. 旅游教研室 5. 地理信息系统教研室
信息工程学院	1. 计算机科学技术系 2. 信息技术教育系 3. 信息管理系 4. 电子信息工程系 5. 软件工程系 6. 智能信息工程系	以学科专业开展教研工作
教育技术系	1. 教育技术学专业 2. 软件工程专业	1. 基础教研室 2. 专业教研室
教育科学学院	1. 教育系 2. 心理系	1. 教育经济与管理教研室 2. 教育学原理教研室 3. 教育史教研室 4. 比较教育学教研室 5. 课程与教学论教研室 6. 发展与教育心理学教研室 7. 基础心理学教研室 8. 应用心理学教研室 9. 基础教育研究所 10. 性健康研究中心
初等教育学院	1. 中文专业 2. 科学教育专业 3. 英语专业 4. 数学专业 5. 信息技术专业 6. 学前教育专业	1. 数学教研室 2. 计算机教研室 3. 综合理科教研室 4. 教育心理教研室 5. 中文教研室 6. 政治、历史教研室 7. 英语教研室 8. 音乐教研室 9. 美术教研室 10. 体育教研室
成人教育学院	（参见本编第二章第一节）	艺术教研室
国际文化学院	汉语专业	1. 汉语教研室（初、中级）2. 汉语教研室（高级）3. 阅读与写作教研室 4. 口语教研室 5. 选修课教研室 6. 视听教研室

注：我校共有 17 个院系及 1 个与院系平行的可独立招生的研究所。

第二章　专业设置及学科建设

第一节　专业设置及学制

一、普通高教本专科专业

北京师院是教育部正式批准设置的普通高等学校，同时又是独立设置的高等师范院校中的一所，根据教育部颁发的《普通高等学校通用专业目录》中关于高师院校设置专业的规定设置本、专科专业。

1954 年开办了中国语文、历史、数学、物理、化学、生物、地理、音乐、美术 9 个学科的一年制专修班，以迅速补充北京急需的中学师资。1955 年建立了 7 个系科：中国语文、历史、数学、物理 4 个本科系和化学、生物、地理 3 个专科；当年，中国语文、历史的专修班继续招生。1957 年化学、生物、地理 3 个专科升格为系。60 年代前半期，工农师院等几所院、系合并到我校，学校于 1960 年建立政治教育系和外语系（设俄语、英语 2 个专业），1962 年又建立了体育系，1964 年建立了音乐系、美术系。

“文化大革命”期间，1970 年决定将物理系、化学系合并为工业基础系，将生物系改建为农业基础系，将政教系、历史系、地理系合并为政史地系，将音乐系、美术系合并为革命文艺系，体育系更名为军体系。各系所设专业学制缩短为二至三年，实际相当于专科。

1977 年起，“文革”期间曾被改建和更名的各系、科陆续恢复了原来的建制和名称。1979 年体育系划归恢复建制的北京体育师范学院，1978 年新建教育科学研究所，物理系增设电教专业 2 年制专修科，1983 年新建政治思想教育管理系，1985 年在原外语系基础上分设英语系和俄语系。至此，全校共建 14 个系，每系下设一个 4 年制本科专业，专业名称与系名相同，其性质均为师范专业（其中政治思想教育管理专业的在职政工干部班为非师范专业）。1988 年，国家教委师范司下发了修订的《普通高等师范院校本科基本专业目录》和《专业简介》，根据规定，我校的本科基本专业的名称进行了更改，即在原名称之后均增加了“教育”二字（实际上仍沿用原称），目的在于进一步明确师范院校的培养目标，各专业的业务要求也相应地强调对教师素质的培养和教师能力的训练。

90 年代，我校的专业设置在既往基础上进一步发展，发生了明显的变化。(1) 由于并校和学科建设的发展，普通系、科达到 20 个，开设的专业和专业方向总量大幅度增长，突破了 40 个。(2) 师范专业大致涵盖了所有师范类专业（体育专业除外），其中的小学教育（文科方向、理科方向）、计算机科学与技术、现代教育技术等，都是“文革”前的高师所不具备的。(3) 培养重心上移，专科比重大幅下降，本科比重大幅上升，占到专业总数的 95%。(4) 扩大了专业内涵。1998 年教育部颁布了新的《普通高等学校本科专业目录》和《专业简介》。高等师范院校各专业的名称与通用类相同，不再附缀“教育”二字，只在《专业简介》中，用括弧附注“师范类”，在业务要求和课程设置方面有若干特点。这一变化使师范专业与非师范专业的距离拉近了，例如“数学教育专业”改称“数学与应用数学专业”，“生物教育专业”改称“生物科学专业”等；而名称的变化，意味着专业内涵的拓宽，2001 年我校本科师范专业均可兼办非师范班。（5）增加了相当数量的非师范专业。80 年代后期以前，我校无从设想开办非师范专业。《北京师范学院 1983～1990 年发展规划》只强调“办好现有专业”。80 年代至 90 年代之交，全国一些地方重点师范院校陆续开办了一批非师范专业，原因比较复杂，如为了增加收入以弥补经费不足，满足社会对急需人才的要求，增强学校学科总体实力等。当时从中央到地方的教育行政领导部门对此采取了审慎的态度，曾明令非师范专业数目最多不得超过专业总数的三分之一。《首都师范大学教育改革和发展纲要（1993～2000 年）》首次提出：“建立一些非师范专业。非师范专业的建立有利于对现有师范专业的改造与拓宽；有利于满足人才市场对急需的应用型人才的需求，为社会两个文明建设服务；有利于挖掘学校的潜力和学校长远的发展。非师范专业的建立要搞好论证，积极而稳妥地进行，对新建专业要给予必要的人力、物力、财力的支持。”然而除了并校时从北京联合大学外语师院转过来几个非师范专业外，新增其他非师范专业一般很难获准。由于我校集中精力办师范专业，1994 年曾受到有关方面表扬；不过，从另一方面看，在师范教育由封闭向开放转型过程中，我校的步伐比某些同类院校几乎晚了数年。到 1998 年新的《普通高等学校本科专业目录》颁布，其中规定，“高等师范院校增设非师范专业，应依据本部门和所在地区的人才供求状况及学校所在地区的相关专业设置情况统筹考虑”，并对设置和调整专业的审批权限予以适当下放；特别是 1999 年《中共中央国务院关于深化教育改革全面推进素质教育的决定》提出，“鼓励综合性高等学校和非师范类高等学校参与培养、培训中小学教师的工作，探索在有条件的综合性高等学校中试办师范学院”，也就同时放宽了高等师范院校设置非师范专业的限制。因此，在 90 年代末期，我校的非师范专业（含方向）累计增加到了 32 个。

进入 21 世纪以来，学校的专业数量不断增加，覆盖面日趋广泛，出现了一些跨学科专业，适应了学校高水平、综合化发展的要求，适应了社会对各类人才的需求。2000 年以后，学校新设各类本科专业（方向）27 个。2000 年，非师范类专业数首次超过原有师范类专业。截至 2003 年，学校设有本科专业 40 个，包括师范类专业 7 个，师范类、非师范类兼招专业 8 个，非师范类专业 25 个；40 个专业涉及 7 个学科门类，其中文学类 13 个，历史学类 2 个，法学类 3 个，教育学类 3 个，理学类 12 个，工学类 4 个，管理学类 3 个。在 40 个专业中，新办专业 22 个，占专业总数的 55%。此外，学校还实施“一本一辅”、“一本一专”、“双学位”制度，设立了 14 个辅修专业。学校已初步形成适应首都基础教育现代化和社会经济文化发展需要的专业结构。

表 2.2.1.1　　学校现有本科专业设置一览表（2003 年）

序号	专业名称	修业年限	首次招生年份	授予学位	所在院系	专业性质
1	汉语言文学	4 年	1955	文学	文学院	师 范
	高级涉外文秘(方向)	4 年	1997	文学	文学院	非师范
	比较文学(方向)	4 年	2001	文学	文学院	非师范
2	戏剧影视文学	4 年	2002	文学	文学院	非师范
3	历史学	4 年	1955	历史学	历史系	师 范
	历史学(基地班)	4 年	1995	历史学	历史系	非师范
	城市传统与城市文化管理(方向)	4 年	2000	历史学	历史系	非师范
4	世界历史	4 年	2001	历史学	历史系	非师范
5	思想政治教育	4 年	1960	法学(教育学)	政法学院	师 范
6	法学	4 年	2000	法学	政法学院	非师范
7	劳动与社会保障	4 年	2001	管理学	政法学院	非师范
8	社会工作	4 年	2002	法学	政法学院	非师范
9	公共事业管理	4 年	2003	管理学	政法学院	非师范
10	教育学	4 年	1987	教育学	教科院	师 范
11	心理学	4 年	2000	理学	教科院	非师范
12	学前教育	4 年	2002	教育学	教科院	师 范
13	英语	4 年	1960	文学	外国语学院	师 范
	英语	4 年	1998	文学	外国语学院	非师范
14	俄语	4 年	1980	文学	外国语学院	非师范
15	德语	4 年	1980	文学	外国语学院	非师范
16	法语	4 年	1980	文学	外国语学院	非师范
17	西班牙语	4 年	1980	文学	外国语学院	非师范
18	日语	4 年	1980	文学	外国语学院	非师范
19	音乐学	4 年	1964	文学	音乐学院	师 范
	音乐学	4 年	2001	文学	音乐学院	非师范
20	舞蹈学	4 年	1999	文学	音乐学院	非师范
21	美术学	4 年	1964	文学	美术学院	师 范
22	艺术设计学	4 年	1999	文学	美术学院	非师范
23	绘画	4 年	2002	文学	美术学院	非师范

续表

序号	专业名称	修业年限	首次招生年份	授予学位	所在院系	专业性质
24	数学与应用数学	4年	1955	理学	数学系	师范
	数学与应用数学	4年	2000	理学	数学系	非师范
25	信息与计算科学	4年	2001	理学	数学系	非师范
26	物理学	4年	1955	理学	物理系	师范
	光信息科学与技术	4年	2003	工学	物理系	非师范
27	教育技术学	4年	2002	理学(教育学)	教育技术系	非师范
28	化学	4年	1957	理学	化学系	师范
29	应用化学	4年	2000	理学	化学系	非师范
30	生物科学	4年	1957	理学	生物系	师范
	生物科学	4年	2001	理学	生物系	非师范
31	生物技术	4年	2000	理学	生物系	非师范
32	地理科学	4年	1957	理学	资环学院	师范
33	资源环境与城乡规划管理	4年	1999	理学	资环学院	非师范
34	地理信息系统	4年	2002	理学	资环学院	非师范
35	计算机科学与技术	4年	1995	工学(理学)	信息工程学院	师范
	计算机科学与技术	4年	1999	工学(理学)	信息工程学院	非师范
36	电子信息工程	4年	2000	工学	信息工程学院	非师范
37	信息管理与信息系统	4年	2001	管理学	信息工程学院	非师范
38	软件工程	4年	2003	工学	信息工程学院	非师范
	教育软件工程(方向)	4年	2003	工学	教育技术系	非师范
39	信息工程(智能科学技术方向)	4年	2003	工学	信息工程学院	非师范
40	小学教育	4年	2000	教育学	初等教育学院	师范

表 2.2.1.2　　首都师范大学辅修专业设置一览表

序号	专业名称	承办单位	始设时间
1	音乐	音乐学院	1990
2	美术	美术学院	1990
3	影视艺术	文学院	1995
4	书法艺术	书法所	1995
5	网络基础及应用 *	信息工程学院	1993
6	信息技术与应用 *	教育技术系	2002

续表

序号	专业名称	承办单位	始设时间
7	英语*	大英部	1990
8	商贸英语	外院英语语言文学系	1999
9	科学教育	物理系	2002
10	体育	体育部	2000
11	俄本英专*	俄语系	1998
12	电脑美术*	电脑美术中心	1999
13	性健康教育*	教科院	1995
14	科技教育与传播	基础教育研究所	1995

注：专业名称后面带*号者为专科，其余大致为系列课程。

近几年，学校在增加和拓展专业设置的同时，加大了专业建设的步伐，采取多种措施，推动学校专业结构的调整和新专业的发展。

首先，在专业建设中，坚持分层次和滚动式建设的原则。根据社会需求及学校学科布局的特点，将现有专业分成重点专业、扶植专业、一般专业和限制招生专业四类，实行滚动式建设。其次，实行专业负责人制。由学校聘任的专业负责人全面负责专业建设，学校设立专业建设资金给予支持。第三，建立严格的专业评估机制。坚持每4年进行一次专业评估，学校成立了由校内外专家组成的专业评估机构。对不适应社会需求的专业，及时予以调整或合并；对报考率、报到率和就业率三项指标较低的专业暂停招生；对社会需求前景良好、办学质量高的专业则积极给予政策倾斜和经费支持。

2003年，学校在《首都师范大学2003～2005年本科专业建设与发展规划》中提出，学校专业建设与发展的指导思想是：以社会需求为导向，以学科建设为基础，以课程建设为核心，进一步拓宽专业口径，培养学生的实践能力、创新精神和创新能力，进一步整合校内的教学资源，积极推进传统专业的改造，发展新兴学科、交叉学科和应用学科。学校专业建设和发展的总体目标是：通过专业建设与改造，建设成一批具有特色的精品专业(进入国内同类专业的前5名)；改造传统专业，为首都的经济和社会发展培养高素质的人才，为首都的基础教育培养高质量的师资；扶植一批新专业，使新专业的办学条件和人才培养质量达到国内同类专业的平均水平以上；适当控制社会需求量不大的专业的招生规模。建立与经济建设、社会发展和高等教育改革相适应的专业评估机制。到2005年，使学校专业数量达到50个左右，形成哲学、经济学、法学、教育学、文学、历史学、理学、工学、管理学等类专业协调发展的局面，为创建国内一流水平的综合性教学研究型师范大学奠定坚实基础。

表2.2.1.3　　2003年学校重点建设专业一览表

1. 生物科学（师范类）（2003准建）
2. 生物科学（2003准建）
3. 生物技术（2003准建）
4. 美术教育（2003准建）
5. 英语（师范类）（2003准建）
6. 小学教育（2003准建）

7. 世界史（2003 准建）
8. 汉语言文学（师范类）（2003 准建）
9. 比较文学（2003 准建）
10. 数学与应用数学（师范类）（2003 准建）
11. 音乐（师范类）（2003 准建）

二、普通高教培养研究生的专业

我校 1979 年首次招收研究生（涉及理论物理、核酸及植物生长、世界上古史中古史、整体微分几何、环论、泛函分析等 6 个专业方向，二年制）。80 年代获得 3 个博士点、19 个硕士点。“九五”期间，特别是进入新世纪以来，学校学位点建设取得了突破性进展，截至 2003 年 9 月，学校设立具有博士学位授权的一级学科 2 个，二级学科博士点 26 个，硕士点 60 个，博士后科研流动站 4 个，另有艺术学可依托项目招收博士后科研人员。攻读博士学位研究生学习年限为 3 年（在职者 4 年），攻读硕士学位研究生学习年限为 3 年，进入流动站的博士完成项目通常为 2 年。以下表 2.2.1.5 和 2.2.1.6 列出各学位点名称。其中带 * 者，名称有过变迁，可参考表 2.2.1.6 之下的注。

表 2.2.1.4　　具有博士学位授权的一级学科

（括弧内为获准年份）

1. 中国语言文学（2003）
2. 历 史 学（2003）

表 2.2.1.5　　博士学位授权点（包括中国语言文学、历史学所含的二级学科）

（括弧内为获准年份）

1. 马克思主义哲学（2003）
2. 马克思主义理论与思想政治教育（2003）
3. 发展与教育心理学 *（1984）
4. 文艺学（2001）
5. 语言学及应用语言学（2003）
6. 汉语言文字学（2001）
7. 中国古典文献学（2003）
8. 中国古代文学（1998）
9. 中国现当代文学（2003）
10. 中国少数民族语言学（分语种）（2003）
11. 比较文学与世界文学（2003）
12. 音乐学（2003）
13. 美术学（1993）
14. 史学理论及史学史（2003）
15. 考古学及博物馆学（2003）
16. 历史地理学（2003）
17. 历史文献学（含：敦煌学、古文字学）（2003）
18. 专门史（2003）
19. 中国古代史（1984）
20. 中国近现代史（2003）
21. 世界史 *（1984）
22. 基础数学（1996）
23. 应用数学（2003）
24. 自然地理学（2003）
25. 植物学（2001）
26. 遗传学（2003）

注：* 参见表 2.2.1.6 末所附注。

表 2.2.1.6　　硕士学位授权点（包括中国语言文学、历史学所含的二级学科）

（括弧内为获准年份）

1. 马克思主义哲学（2000）
2. 中国哲学（2003）
3. 伦理学（2003）
4. 政治学理论（1998）
5. 中共党史（2003）
6. 马克思主义理论与思想政治教育 *（1990）
7. 教育学原理（2000）
8. 课程与教学论 *（1984）
9. 比较教育学（1986）
10. 教育技术学（2003）

11. 基础心理学（2000）
12. 发展与教育心理学＊（1984）
13. 文艺学（1996）
14. 语言学及应用语言学（2003）
15. 汉语言文字学＊（1986）
16. 中国古典文献学（2003）
17. 中国古代文学（1981）
18. 中国现当代文学（2003）
19. 中国少数民族语言学（分语种）（2003）
20. 比较文学与世界文学（2000）
21. 英语语言文学（2003）
22. 俄语语言文学（1986）
23. 法语语言文学（2003）
24. 日语语言文学（1998）
25. 外国语言学及应用语言学（1998）
26. 音乐学＊（1990）
27. 美术学＊（1990）
28. 戏剧戏曲学（2000）
29. 史学理论与史学史＊（1990）
30. 考古学及博物馆学（2003）
31. 历史地理学（2003）
32. 历史文献学（含：敦煌学、古文字学）（2000）
33. 专门史（经济史）（1998）
34. 中国古代史（1984）
35. 中国近现代史（1986）
36. 世界史＊（1981）
37. 基础数学（1981）
38. 计算数学（2003）
39. 概率论与数理统计（2003）
40. 应用数学（1998）
41. 凝聚态物理（2003）
42. 光学（1981）
43. 热能工程＊（后调整为）无线电电子学（1981/1996）
44. 分析化学（1998）
45. 物理化学（2000）
46. 自然地理学＊（1993）
47. 人文地理学（2003）
48. 地图学与地理信息系统（2003）
49. 植物学＊（1981）
50. 微生物学（2003）
51. 遗传学（1990）
52. 细胞生物学（2000）
53. 生物化学与分子生物学（2003）
54. 生态学（2003）
55. 科学技术史（物理学史）（1986）
56. 材料物理与化学（2003）
57. 通信与信息系统（1996）
58. 计算机应用技术（1998）
59. 环境科学（2003）
60. 教育经济与管理（2003）
61. 教育硕士（1998）

注：＊学位点调整情况（根据国务院学位委员会专业目录）。

博士点：

世界上古史、中古史　世界近现代史　合并调整为世界史

教育心理学　调整为发展与教育心理学

硕士点：

世界上古史、中古史　世界现代史　合并调整为世界史

马克思主义理论教育（中国革命史）　思想政治教育　合并调整为马克思主义理论与思想政治教育

植物学　植物生理学　合并调整为植物学

教育心理学　调整为发展与教育心理学

学科教学论　调整为课程与教学论

现代汉语　调整为汉语言文字学

史学理论　调整为史学理论与史学史

无线电电子学　调整为通信与信息系统

区域地理学　调整为自然地理学

自然科学史（物理学史）　调整为科学技术史

音乐学（音乐教育） 调整为音乐学

美术学（美术教育） 调整为美术学

1981 年 11 月我校热能工程获得硕士学位授权，1994 年国务院学位委员会评估时，提出限期两年进行整改，1996 年我校根据实际情况，未提出重新评估申请，该点撤销。

表 2.2.1.7 **博士后科研流动站**

（括弧内为获准年份）

1. 中国语言文学（隶属文学院 2001）
2. 历史学（隶属历史系 1999）
3. 数 学（隶属数学系 2003）
4. 生物学（隶属生物系 2003）
5. 艺术学 *（隶属书法所 1998）

注：* 为可依托项目招收博士后科研人员。

三、成人高教专业

（一）首都师范大学成人教育学院所设专业

我校成人高等教育到“九五”后期已形成多专业、多形式、多层次的办学体系。专业分师范和非师范两大类。层次有专科（高中起点）、本科（专科起点、高中起点）、第二学历、研究生主要课程班以及其他专业证书班和短训班等。教学形式包括脱产、函授、夜大学、业余学习等，夜大班及函授班学制比普通高教多一年，脱产学习班学制与普通高教相同。我校成人教育学院的专业有文史、理工、外语、艺术四大类，各专业均面向社会招生，已开设的专业有中文、文秘、政法、经济管理、行政管理、思想政治教育、历史、政史、文博、学校教育、学前教育、教育管理、数学、计算机应用、物理、电化教育、化学、实验技术、生物、地理、地理制图、音乐、舞蹈、美术、书法、国画、实用美术、英语、俄语、日语、法语、德语、西班牙语等专业（方向）的函授、夜大学的本、专科及专科起点续本科专业。根据社会的需求，在保留原设优势专业的基础上，近几年又进一步调整和拓宽专业方向，陆续新增了应用化学、食品营养与卫生检验、历史旅游文化、法律、财务会计、经济管理、旅游资源与管理、外贸英语、高级涉外文秘、信息工程、现代教育技术、应用电子技术、艺术摄影、幼儿艺术教育、电脑美术设计、初等教育、教育学；数学与应用数学、信息与计算科学；电子信息工程、艺术设计、应用英语、电子商务、网络技术、广播电视编导、影视表演；法学、生物技术、软件工程技术、电子政务、物流管理、生物医药；数字艺术、应用日语、化学分析与检测技术等一批直接为经济建设服务的应用型专业（方向）。研究生课程班专业：油画、心理咨询与治疗。

（二）北京市高校师资培训中心所设专业

北京市高校师资培训中心自 1992 年成立以来，有计划地开展了国内访问学者、骨干教师进修班、以毕业研究生同等学力申请硕士学位教师进修班、硕士研究生主要课程班、青年教师岗前培训、计算机培训等形式的进修工作。开设的各类专业主要包括：

1. 以毕业研究生同等学力申请硕士学位教师进修班专业：音乐学、美术学、教育学、思想政治教育、书法、英语教育、现代教育技术。

2. 国内访问学者（博士研究生层次）专业：历史学、数学、物理学、汉语言文学、美术学（书法）。

3. 助教进修班专业：数学、物理学、音乐学、美术学、汉语言文学。

4. 研究生主要课程班专业：中文、思想政治、历史、数学、物理、教育管理、音乐、英语教育、化学、生物、地理、计算机、美术、英语语言文学、现代教育技术。

四、留学生教育专业

我校国际文化学院对外汉语教学中心为外国留学生开设（对外）汉语专业，形成了包括短训班、进修班、本科班等多种类型，初、中、高级多层次，必修课、选修课齐备的较完善的教学体系，留学生通过考试和论文答辩可获得本科毕业证书和学士学位。

我校作为可招收外国留学生的高等学校，各类专业均可招收留学生，截止到2003年，招收过留学生的专业有美术学（书法）专业（硕士、博士）、汉语言文字学专业（硕士）。

第二节　学科建设

一、概述

学科建设是高校建设的根本，人才培养、科学研究、社会服务等，均需以学科建设为基础。但是，在50年代至70年代，我校有关办学方针、发展规划的文件中，都未设“学科建设”这一专项，只列举了与学科建设直接相关的“增设新的专业”、“提高教学水平”、“加强师资培养”、“开展科学研究”等项目。究其原因大致为：一是当时高校一般都不从这一角度提出问题（1961年教育部公布的《高校六十条》也未对学科建设作出专门规定），我校作为以本科教学为主的师范院校更不例外。二是出于体制上的原因。长期以来，高校按行政单位模式建设，重院系、室所，而没有把学科及其学术带头人摆在突出的位置。

从建校至“文革”之前，我校所拥有的学科有三个特点。其一，属于基础学科，基本为普通文、理两大类（文科包括外语、艺术等），带有一定综合性，但没有应用性的工科和社会学科。其二，均为师范类。当时师范院校学科和专业的内涵，大多与中学相关课程相对应，其学科虽有一定的特色，学术水平却受到多方面的限制。其三，在所有学科中，文科实力较强，理科相对较弱。

进入80年代，随着我校被确定为市属重点高校以及实施教学科研并举、开展研究生教育等重大举措，对于学科建设重要意义的认识随之加深，《北京师范学院1983～1990年发展规划》中明确提出学科建设的任务：“学科建设是学校系科、专业建设的基础，要注意抓好学科建设，尤需重视抓好重点学科的建设。要按照重点学科建设的条件、任务和目标，在1986年以前，首先建设好30个左右的重点学科，到1990年，争取建设好50个左右的重点学科。使这些学科在全国同类院校、同类学科中达到先进水平，能招收硕士研究生，并有权授予硕士学位。一部分重点学科能在包括综合大学在内的同类学科中居于领先地位，赶上或超过世界同类学科的先进水平，能招收博士研究生，并有权授予博士学位。”

1991年12月，北京师院发布了《关于进一步加强重点学科建设的意见》，指出：“学科建设是学校建设的一项重要的战略任务，必须有计划有步骤地进行。由于学科发展的不平衡性，因此，抓好学科建设必须突出重点，发挥优势，扬长避短，搞出特色。”该文件涉及重点学科的基本条件、重点学科的任务和目标、重点学科的评审办法、加强重点学科建设的措施等。

1993 年，国家教委根据中共中央、国务院印发的《中国教育改革和发展纲要》的精神，决定设置“211 工程”重点建设项目，发布了《关于重点建设一批高等学校和重点学科点的若干意见》。此后，北京市决定支持首都师范大学进入“211 工程”建设计划。在此背景下，1994 年出台的《首都师范大学教育改革和发展纲要（1993～2000 年）》设立了“加强重点学科和重点实验室建设”专项，规定：“重点学科建设是学校学科建设的龙头，代表着学校的教学与科研水平。要重点扶植几个实力较强、水平较高、有特色的学科成为国家级水平的重点学科。重点建设几个实验室，使其中一两个达到国家级水平。要搞好重点学科的投入，用好市重点学科建设费和市‘211 工程’建设费。重点学科建设的薄弱环节在科研工作方面，必须下大力气提高科研水平。每年要对重点学科建设进行一次评估，逐步扩大校、市两级重点学科的数目。”

1996 年初制定的《首都师范大学教育改革和发展“九五”规划和 2010 年远景目标》进一步确定了学科建设的主要指标：重点建设 13 个重点学科和 7 个实验室，重点建设 4 个学科群。主要要求和措施是：对重点学科和重点实验室实行倾斜政策；要求重点学科的科研深入到学科发展的前沿，攻占学科发展的制高点；要求重点学科成为带动教学、科研的龙头；要求重点学科建设与学位授权点建设相结合；重点学科建设实行滚动制。

《首都师范大学“211 工程”建设项目可行性研究报告》（1997）对“九五”期间学科建设的目标和任务作了如下说明：“综合地权衡社会发展的客观需要、本校已有的学科优势以及给予投入的可能性，从而调整学科布局：发挥基础学科中强项的作用，大力加强教育学科，努力扶持应用学科和新兴、交叉学科，使三者优势互补，比例合理地协调发展。”重点学科建设分三个层次，即“211 工程”的重点项目、次重点项目和校级重点项目。在建设过程中，要注意与学位点建设、学术梯队建设和科学研究工作密切配合。重点学科建设启动后，即拟定了评估方案，“九五”一期建设结束后，进行了两次评估。

2001 年 6 月学校制定的《首都师范大学学科建设发展规划》，进一步明确了“十五”期间学校学科建设的指导思想和总体目标，提出学科建设要确保学校“十五”规划目标的实现；必须坚持为首都服务的基本出发点；确定正确的学科建设方向，以重点学科为龙头，全面推动各项工作的开展；凝练学科方向，突出优势与特色，加强集成与整合，实现跨越式发展。

2003 年，学校发布了《首都师范大学重点学科、重点建设学科建设管理条例》，要求进一步加强对国家级重点学科、北京市重点学科、北京市重点建设学科、校级重点学科及校级重点建设学科、学校发展学科等六个层次重点学科的动态管理，实施分层次、分类别建设，形成相互促进、协调发展的局面。学科布局分为优先发展学科（教育学和心理学），优势学科（指具有传统优势和近期发展较快的学科，如历史学、中国语言文学、数学、生物学、政治学、哲学），特色学科（艺术学和外国语言文学），具有交叉基础和良好发展前景的学科（地理学、物理学、计算机科学与技术、化学、材料科学与工程、信息与信息工程、法学、科学技术史、理论经济学、公共管理）等。

2003 年 9 月，通过了我校“十五”“211 工程”立项审核，确立了一批重点建设的学科。提出要以重点学科建设为核心，凝练与集成新的学科发展方向，高水平、高标准地建好一批在国内处于先进水平、具有鲜明优势与特色的重点学科；加快调整学科布局和学科结构，推动学科的交叉与融合，形成创新团队，提高学校科研水平和创新能力。经过5～10年的奋斗，将有2～3个学科或学科方向达到国际先进水平，10个学科或学科方向进入国内先进行列。学校正在努力形成优势学科更具特色、基础学科更加扎实、应用学科积极发展、教育学科全国领先的学科体系。

学科建设的成果，增强了学校的综合实力，推进了学校建设成为国内一流的综合性教学研究型师范大学目标的实现。

二、重点学科建设的实施

（一）重点学科、重点实验室、重点研究基地的遴选和确定

重点学科、重点实验室、重点研究室的建设与发展直接关系到学校的核心竞争力，“三重”工作是学校工作的重中之重。

1992年经重点学科建设领导小组评审，报院批准，确定25个学科为院级重点学科：美术学（书法艺术教育）、中国古代史、世界近现代史、世界上古史及中古史、教育心理学、思想政治教育、学科教学论、中国古代文学、遗传学、物理化学、音乐学（音乐教育）、文艺理论、中国古代经济史、马克思主义哲学原理、政治学、中国画（工笔重彩）、现代俄语、微分几何、一般拓扑与分析数学、代数学、理论物理、太阳能热利用、自然科学史（物理学史）、分析化学、植物生理学、农业生态环境与资源开发系统、人体科学等。

1993年、1994年上项所列前11个学科陆续列入北京市重点建设学科。

“九五”期间被列入我校“211工程”重点学科建设项目的有：基础教育现代化的理论与实践（标志性成果为“全面提高北京市初中教育质量的研究”、“青少年性健康教育研究”等）；中外历史与文明（标志性成果为“英国中世纪教会研究”、“敦煌社邑文书辑校”、“英国都铎王朝议会研究”、“中国经济发展史”）；艺术理论与艺术教育（标志性成果为“书法与中国文化”、“美术教育与人的发展”、“面向21世纪国民音乐教育课程体系建设”等）；基础数学与应用数学（标志性成果为“面向21世纪的数学课程及其教材”、“高等代数”、“齐性Siegel域与蛋型拟凸域的研究”等）；当代马克思主义思想政治教育（标志性成果为“邓小平理论与思想政治教育研究”、“思想政治教育心理学”、“新时期中国发展观”等）；中国文学研究与现代文化建设（标志性成果为“20世纪中国文学研究”、“高师中文系古代文学课程体系改革方案”、“心理诗学”、“李贽与晚明文学思想”、“悖立与整合：东方儒道诗学的本体论语言论比较”、“殷墟王卜辞的分类与断代”、“20世纪中国古典文学研究史”等）；光学物理和信息材料（标志性成果为“全息和计算机制版材料”等）；遗传与生物工程（标志性成果为“生物工程技术应用研究”、“动物与植物协同进化研究”等）。每个项目的承担者均为学科群。第一至四个项目为重点，第五至八个项目为次重点，第八个为滚动项目。“九五”期间8个建设项目共投入建设经费约4 400万元。

我校“十五”“211工程”重点学科建设项目包括：促进北京市基础教育和教师教育改革与发展、历史研究与政治文明建设、中国文学研究与现代文化建设、哲学与思想政治教育、艺术理论与艺术教育、数学中若干前沿问题的研究及其应用、遗传学与生物工程、城市地理信息技术与首都圈生态环境保护利用、光物理科学与技术。

各重点学科建设的基本任务是大力培养和引进学术带头人，形成学术创新团队，构筑学科研究基地，努力形成学科优势和学科特色。力争在“十五”期间，各重点建设学科或

主要学科方向接近或达到国内先进水平，若干学科或主要学科方向接近或达到国际先进水平。

近期我校重点学科、重点实验室、重点科研及人才培养基地见以下各表。

表 2.2.2.1　　重点科学研究和人才培养基地（中心）

基地（中心）名称	获准年份
教育部历史学国家文科基础学科人才培养和科学研究基地	1995
北京市教育硕士培养与实践基地	2000
北京市高校人文社会科学重点研究基地——首都师范大学中国诗歌中心	2000
教育部国家体育与艺术师资培训基地	2001
教育部全国中小学骨干教师培训基地	1999
教育部首都师大基础教育课程研究中心	2003
北京市北京地区生命科学人才培养与产学研基地	2002

表 2.2.2.2　　北京市重点学科（获准年份/学科负责人）

1. 发展与教育心理学　（2002/郭德俊）
2. 中国古代文学　（2002/赵敏俐）
3. 美术学　（2002/孙志钧、欧阳中石）
4. 世界史（2002/徐　蓝）
5. 基础数学（2002/李庆忠）
6. 植物学（2002/何奕昆、张飞雄）

表 2.2.2.3　　北京市级重点建设学科（获准年份/学科负责人）

1. 自然地理学（2002/傅　桦）
2. 教育技术学（2002/艾　伦）
3. 马克思主义哲学（2002/陈新夏）
4. 外国语言学及应用语言学（2002/李均洋）
5. 应用数学（2002/吴　可）
6. 计算机应用技术（2002/王万森）
7. 比较文学与世界文学（2002/杨乃乔）
8. 中国近现代史（2002/迟云飞）
9. 教育学原理（2002/宁　虹）
10. 分析化学（2002/谷学新）
11. 课程与教学论（2002/张景斌）
12. 音乐学（2002/杨　青）

表 2.2.2.4　　校级重点学科（获准年份/学科负责人）

1. 文艺学（2002/王德胜）
2. 汉语言文字学（2002/黄天树）
3. 中国古代史（2002/郝春文）
4. 马克思主义理论与思想政治教育（2002/王树荫）

表 2.2.2.5　　省部共建教育部重点实验室（获准年份/负责人）

三维空间信息获取与地学应用实验室（2003/宫辉力）

表 2.2.2.6　　北京市级重点实验室（获准年份/负责人）

1. 学习与认知实验室（2001/郭春彦）
2. 纳米光电子学实验室（2001/方　炎）
3. 资源环境与地理信息系统实验室（2001/宫辉力）

表 2.2.2.7　　校级重点实验室（获准年份/负责人）

1. 光信息材料实验室（2001/张存林）
2. 分析化学实验室（2001/谷学新）
3. 现代教育技术实验室（2001/王 陆）
4. 计算机联合实验室（2001/刘金刚）
5. 基因工程与遗传实验室（2001/张飞雄）

（二）重点学科建设支持了学位点的建设，新增学位点情况参见本章第一节。

（三）重点学科建设推动了科学研究

我校“八五”、“九五”期间的重大科研项目大多由重点学科完成，详见本《志》第三编科学研究工作。

（四）重点学科建设的成果之一是形成了优化的学科梯队

90年代学校先后启动了“761人才工程”和“52111人才工程”，其中关于培养、引进学科带头人和骨干教师的计划已经完成。进入“十五”以来，学校实施了“2531”人才工程，进一步加大学科带头人群体和中青年骨干教师队伍建设的力度。

表 2.2.2.8　　国家自然科学杰出青年基金资助计划入选者（获准年份）

任　东（2001）

表 2.2.2.9　　教育部跨世纪人才培养计划入选者（获准年份）

费少明（2002）

表 2.2.2.10　　教育部优秀青年教师资助计划入选者（获准年份）

1. 林培英（1994）
2. 张飞雄（1999）
3. 李中凯（2000）
4. 晏月明（2001）

表 2.2.2.11　　教育部高等学校骨干教师资助计划入选者（获准年份）

1. 方　炎（2000）
2. 刘家熙（2000）
3. 王晓燕（2000）
4. 张存林（2000）
5. 吴雅萍（2000）
6. 邵会波（2000）
7. 晏月明（2000）
8. 何奕昆（2000）
9. 宫辉力（2000）

表 2.2.2.12　　北京市高校青年学科带头人入选者（获准年份）

1. 刘新成（1992）
2. 陈新夏（1992）
3. 郝春文（1993）
4. 奚为民（1993）
5. 王树荫（1994）
6. 林培英（1994）
7. 李松林（1994）
8. 方　炎（1994）
9. 陶东风（1994）
10. 王淑芹（1996）
11. 张飞雄（1996）
12. 王志玺（1996）
13. 李中凯（1996）
14. 李丹明（1996）
15. 房　宁（1996）
16. 李爱国（1996）
17. 杨生平（1998）
18. 桂　勤（1998）
19. 王晓燕（1998）
20. 傅　桦（1998）
21. 张存林（1998）
22. 吴雅萍（1998）
23. 邵会波（1998）
24. 晏月明（1998）
25. 顾金生（1998）
26. 罗玉英（1998）

表 2.2.2.13　　北京市高校优秀骨干青年教师入选者（获准年份）

1. 李勤印（1992）
2. 刘利民（1992）
3. 杜晓十（1992）
4. 吴建平（1992）
5. 邢永富（1992）
6. 主玛·于江（1992）
7. 李学东（1992）
8. 王树荫（1992）
9. 龚　群（1992）
10. 李松林（1992）
11. 吴晓强（1992）
12. 张连仲（1992）
13. 郝春文（1992）
14. 赵大陆（1992）
15. 黎德化（1992）

16. 崔宏斌（1992）
17. 李丹明（1992）
18. 叶小兵（1993）
19. 孙文泱（1993）
20. 李陆平（1993）
21. 雷　达（1993）
22. 樊　磊（1993）
23. 方　平（1993）
24. 李建新（1993）
25. 韦红燕（1993）
26. 胡迎宾（1993）
27. 宋金兰（1993）
28. 方　炎（1993）
29. 赵会民（1993）
30. 朱立群（1993）
31. 陶东风（1993）
32. 宗瑞发（1993）
33. 张飞雄（1993）
34. 林培英（1993）
35. 王皋华（1993）
36. 夏瑞东（1993）
37. 李　夏（1993）
38. 郗志群（1994）
39. 范燕宁（1994）
40. 杨　阳（1994）
41. 隋　然（1994）
42. 孟维平（1994）
43. 袁　广（1994）
44. 姚洪亮（1994）
45. 焦宝聪（1994）
46. 王智秋（1994）
47. 李艳萍（1994）
48. 鲁晓明（1994）
49. 付必谦（1994）
50. 郭春彦（1994）
51. 何永超（1994）
52. 李雅儒（1994）
53. 李春玲（1994）
54. 田至美（1994）
55. 王德胜（1994）
56. 林　萍（1994）
57. 吴　伟（1994）
58. 房　宁（1994）
59. 王淑芹（1994）
60. 王维岭（1994）
61. 梁　音（1994）
62. 胡德荣（1994）
63. 罗玉英（1994）
64. 孟留喜（1994）
65. 赵亚夫（1996）
66. 夏利民（1996）
67. 马振旗（1996）
68. 汪港清（1996）
69. 沈京玲（1996）
70. 王建平（1996）
71. 李志伟（1996）
72. 宋　洁（1996）
73. 崔　萍（1996）
74. 樊其光（1996）
75. 周云松（1996）
76. 汪大昌（1996）
77. 李玉荣（1996）
78. 吴相洲（1996）
79. 李红梅（1996）
80. 傅　桦（1996）
81. 张晨风（1996）
82. 黄绍兴（1996）
83. 王晓燕（1996）
84. 杨生平（1996）
85. 李志强（1998）
86. 孔繁志（1998）
87. 易晓明（1998）
88. 李　游（1998）
89. 潘淑敏（1998）
90. 王丽萍（1998）
91. 张海山（1998）
92. 刘晓玫（1998）
93. 隗功民（1998）
94. 洪剑明（1998）
95. 徐玉珍（1998）
96. 王云峰（1998）
97. 吴沛京（1998）
98. 史桂芳（1998）
99. 吴敏华（1998）
100. 高　梅（1998）
101. 陈建堂（1998）
102. 田国秀（1998）
103. 韩振刚（1998）
104. 王家平（1998）
105. 雷　雳（1998）
106. 季星星（1998）
107. 王荣瑶（1998）
108. 苏丹兰（1998）
109. 陈　鹏（1998）
110. 郑贤君（1998）
111. 高　音（1998）
112. 徐德举（1998）
113. 金琼花（1998）
114. 刘永顺（1998）
115. 刘晓红（1998）
116. 韩　梅（1998）

表 2.2.2.14　北京市跨世纪优秀人才工程入选者（获准年份）

1. 郝春文（1997）
2. 陈新夏（1997）
3. 李爱国（1997）
4. 李松林（1997）
5. 王安国（1997）
6. 赵敏俐（1997）
7. 吴雅萍（1997）
8. 尚　扬（1997）
9. 顾金生（1997）
10. 刘新成（1998）
11. 刘利民（1998）
12. 孙志钧（1998）
13. 谷学新（1998）
14. 郭春彦（1998）
15. 王志玺（1998）
16. 李中凯（1998）
17. 秦英君（1998）
18. 白　奚（1998）
19. 黄天树（1998）
20. 张存林（1998）
21. 叶险明（1998）

22. 刘金刚（1998）	29. 鲁晓明（1999）	36. 刁永祚（1999）
23. 李庆忠（1998）	30. 韦红燕（1999）	37. 王福合（1999）
24. 李均洋（1998）	31. 方　炎（1999）	38. 杜少飞（1999）
25. 房　宁（1998）	32. 尹少淳（1999）	39. 宫辉力（1999）
26. 彭正顺（1998）	33. 邓小军（1999）	40. 朱若华（1999）
27. 冯　燕（1999）	34. 邵会波（1999）	41. 罗振东（1999）
28. 徐　蓝（1999）	35. 晏月明（1999）	

表 2.2.2.15　　北京市科技新星入选者（获准年份）

1. 方　炎（1994）	6. 金琼花（1997）	10. 邓玉恒（2001）
2. 奚为民（1994）	7. 王晓燕（1998）	11. 李艳红（2001）
3. 高　音（1996）	8. 邵会波（1998）	12. 王　风（2002）
4. 宗瑞发（1996）	9. 彭正顺（1998）	13. 酒全森（2003）
5. 黄绍兴（1996）		

表 2.2.2.16　　校级跨世纪青年学科带头人入选者（获准年份）

1. 徐　蓝（1999）	16. 杜少飞（1999）	31. 苏加宝（2001）
2. 郝春文（1999）	17. 宫辉力（1999）	32. 王在洪（2001）
3. 鲁晓明（1999）	18. 范燕宁（2001）	33. 周建设（2001）
4. 郭春彦（1999）	19. 李爱国（2001）	34. 邹　洪（2001）
5. 方　炎（1999）	20. 谷学新（2001）	35. 杨乃乔（2001）
6. 雷　雳（1999）	21. 陶东风（2001）	36. 李庆忠（2001）
7. 李中凯（1999）	22. 王志玺（2001）	37. 何奕昆（2001）
8. 白　奚（1999）	23. 左东岭（2001）	38. 赵学志（2001）
9. 张存林（1999）	24. 吴相洲（2001）	39. 魏明建（2001）
10. 叶险明（1999）	25. 陈　鹏（2001）	40. 李均洋（2001）
11. 赵敏俐（1999）	26. 汪和平（2001）	41. 丁邦平（2001）
12. 吴雅萍（1999）	27. 谌稳固（2001）	42. 王光明（2001）
13. 邵会波（1999）	28. 金琼花（2001）	43. 贺淑莉（2001）
14. 刘金刚（1999）	29. 梁景和（2001）	44. 孟繁华（2001）
15. 晏月明（1999）	30. 尹少淳（2001）	

第三章　普通本专科教育

第一节　本专科教育教学计划的制定和实施

教学计划是遵照党和国家的教育方针并从各类教育的特点出发，对学校的培养目标、培养模式加以规定的教学文件，是学校组织和检查教育教学工作的依据。

50年代至80年代初期，各高校的专业均原则执行教育部颁布的统一的教学计划和各门课程的教学大纲，只是在政治运动频发和“文革”期间允许各校自行制定计划。1985年全国教育工作会议以后，学校扩大了办学自主权，可以在《专业目录》有关“说明”的指导下制定教学计划。

一、1954～1957年

在此期间，我院的专修班、专科和本科的教学计划，均以教育部颁布的各类教学计划为蓝本，参照本校实际加以确定。《北京师范学院1956～1967年规划（草案）》强调：要贯彻全面发展、因材施教的方针，努力面向中学，培养合格的中学师资；要大力改革旧教育，全面系统地学习苏联的先进经验。

下面列举中文系和物理系1957年教学计划的主要内容，以示一般。

中文系必修科目及课时：社会主义概论（70）、中国现代革命史（70）、政治经济学（81）、哲学（105）、心理学（70）、教育学（105）、体育（140）、语言学概论（87）、现代汉语（210）、古汉语（175）、文学概论（105）、中国现代文学名著选读（105）、中国现代文学史（54）、中国古典文学（525）、外国文学（一）（122）、外国文学（二）（135）、文学教学法（105）、语言教学法（70）。总时数2334学时。另有教育实习7周。选修科目只有俄语和一两门文学及文艺理论课。

物理系必修科目及课时安排：社会主义概论（70）、中国革命史（87）、政治经济学（88）、哲学（81）、心理学（70）、教育学（105）、体育（140）、外语（210）、解析几何及高等代数（176）、数学分析（351）、普通物理（668）、理论力学（158）、热力学及统计物理（122）、电动力学（135）、量子力学（68）、高等物理实验（68）、电工学及无线电工学（145）、教学法（160）、工艺实习（36）、制图学（34）。选修课有外国语、数学物理方法、天文学、气象学、物理学史、流体力学、电子学、物理光学、光谱学、伦琴射线、核子物理、固体物理，合计51～333学时。总学时3023～3305学时。另有教育实习7周。

二、1958～1962年

《北京师范学院1958～1962年跃进纲要（草案）》要求落实中共中央、国务院《关于教育工作的指示》，掀起教育大跃进，开展教育大革命。各系自行修订了教学计划，大量削减课堂教学，大幅度增加生产劳动并列入教学计划，由于在意识形态和教学领域开展灭资兴无的斗争，师生参加政治、社会活动的时间也很多。

1960 年前后，随着群众运动告一段落和经济困难时期的到来，我校在调查研究的基础上，总结经验教训，在继续强调“把学校建成教学、科研、劳动三结合基地”和坚持“改革课程内容和改革教学方法的试验”的同时，对 1958 年的教学计划进行调整，以稳定教学秩序。

三、1963～1966 年

1962 年至 1963 年，教育部陆续颁发了各专业新的教学计划。我院按照中央的“调整、巩固、充实、提高”和《高校六十条》的精神，提出：“坚决贯彻以教学为主的原则，切实加强基础课程的教学和基本技能的训练，合理组织教学过程，正确运用各种教学环节，努力提高教学质量。”

此后，截至“文革”爆发，又不止一次地修订、调整教学计划，接连出台过渡性教学方案。修订方案的指导思想主要基于两个方面：一是执行毛泽东《关于学校课程和讲授、考试方法问题的批示》及《七三批示》，因而精简课程内容，力求“少而精”；加强“三个基本”；加强理论联系实际，包括联系中学；试验“自学为主”和“启发式”的教学原则；改革考试方法等。二是组织师生参加城乡社会主义教育运动以及试行半工半读、半农半读的教育制度，下厂、下乡、下基层的活动超过了 1958 年。

四、1970～1976 年

“文革”期间 1970 年、1974 年、1975 年先后制定和修订了普通班（二、三年制）的教学计划。其指导思想是：坚持“无产阶级专政下继续革命的理论”，贯彻“要重视上层建筑包括各个文化领域的阶级斗争，改革一切不适应经济基础的上层建筑”的精神，坚持“教育要革命”的方向。各项措施的核心是：以阶级斗争为主课，加大开门办学的步伐。《中共北京师范学院委员会 1975 年下半年工作计划要点》对各专业三年制教育方案的“时间安排”作了如下规定：三年共 152 周，其中：教学时间 81～90 周；劳动（包括结合教学的劳动、战备劳动等）31～40 周；学军 6 周，安排在一年级；入学教育、毕业分配各 2 周；假期 15 周，机动 6 周。三年中除一年半工（农）半读（工读比例为 3∶7 或 4∶6）外，开门办学不少于二分之一，其中教育革命实践 15～20 周。

五、1977～1992 年

“文革”结束后，1977 年恢复高考制度。70～80 年代之交所实施的四年制本科教学计划以及对原三年制普通班教学计划的修订，都带有过渡性和临时性，但体现了邓小平关于教育工作讲话的精神，落实了《高校六十条》的有关规定，主导思想是进一步整顿教学秩序，提高教学质量。

1980 年、1981 年教育部先后颁发了理科和文科教学计划的《通知》和《说明》。我院结合自身工作实际，于 1982 年制定了《北京师范学院四年制本科教学计划》（1981 级起执行）。这一计划吸收了 50～70 年代教学的正反两方面经验，与 50 年代、60 年代不同的是，适当减少了总学时和必修课程而增加了选修课程，力求较合理地安排好教学的各个环节。

1986 年编发的《北京师范学院四年制学分制本科教学计划和课程设置一览》（1985 级

开始执行），是我校自主制定的第一个教学计划。此前，1983年邓小平发出了教育要“三个面向”的指示，1985年中共中央公布了《关于教育体制改革的决定》。为此，《北京师范学院1983～1990年发展规划》对修订教学计划作了如下要求：（1）必须具体而明确地规定培养目标中关于德育、智育、体育几方面的要求；（2）必须加强基础课，注意基础课的改革；（3）加强对学生各方面智力和能力的培养；（4）重视理论联系实际；（5）要注意不断提高体育课的质量；（6）调整选修课，明确目的性，加强针对性。此外，还提出逐步实行学分制。1985级教学计划较之以前最大的变化在于打破高度集中统一的课程体系，为选修课的发展奠定了基础。该计划规定必修课、指定选修课、任意选修课的比例为7：2：1。如中文系开设的指定选修课为94门，物理系为26门。此时实施的“学分制”，实际只是学年学分制（即将每门课的学时数换算成学分，并规定学生在四年内及各年度应修学分数），但限于改革不配套，提前修完学分并不能提前毕业。

80年代后半期，我国的社会、经济、政治改革在前进过程中出现一些深层次问题，教育领域也面临一些新的困难和矛盾。在国内外形势共同作用下，爆发了1989年的政治风波。风波之后进行了反思，我校于1990年修订、1991级正式执行的教学计划，较之以前所作的调整主要包括三个方面：其一，突出思想政治教育对人才发展方向的作用，增加了马列主义理论课的学时，德育课被列入教学计划，同时加强了社会实践和军训，以克服脱离社会、脱离工农、脱离劳动以及脱离中等教育实际的偏向。其二，为突出师范特点，根据国家教委修订专业目录的规定，在原专业名称后都加了“教育”二字；为提高学生教育教学技能，除实习外还增加了见习活动，并将师范生的基本功考核列入教学计划。其三，针对生源不够理想的实际，强调加强基础必修课，确保专业主干课，同时继续完善选修课和“辅修方向课”的设置，规定学生必须修读4学分。其四，于1990年2月，我校建立主辅修制，音乐、美术、英语为第一批辅修专业。后陆续开设计算机、书法等10余个辅修专业。

六、1993～2000年

进入90年代，世界范围的知识经济初见端倪，国际间综合实力的竞争空前加剧；国内社会主义市场经济的建立带动了社会转型加速进行，二者都对高等教育人才培养提出了严峻的挑战，作为师范院校还面临着基础教育变革带来的冲击。总之，我校的迫切任务是提高质量意识，加强素质教育。为此，在更新教育观念和开展调查研究的基础上，1994年、1998年又两度修订本科教学计划。两个计划一脉相承，后者是前者的深化。94级和98级教学计划所要解决的问题是：（1）调整培养目标，拓宽师范专业内涵；（2）压缩总学时，文理两科大致减少1/5左右；（3）进一步优化课程结构，如为加强基础、加强文化素质教育，增加了公共选修课比重，专业选修课则设置若干系列，主辅修制得到很大发展。（4）深化学分制改革等。上述举措推动了专业建设和教学内容、教学方法的改革。

附录一：1994年修订教学计划的说明

1994年上半年，首都师范大学进行了修订教学计划的工作，这是贯彻《中国教育改革和发展纲要》、北京市委与市政府《关于加快北京高等教育改革发展的决定》，落实《首都师范大学教育改革和发展纲要

(1993～2000年)》，争取进入“211工程”计划的重大举措。这次修订工作的指导思想如下：

一、以“三个面向”为战略指针

“面向现代化”是“三个面向”的立足点。我国的社会主义现代化建设已跨入了新的阶段，社会主义市场经济体制正在确立，给整个社会生活带来了不可估量的影响；基础教育正实行由应试教育向素质教育的转轨，中等学校的科类结构，普通中学的课程结构、各科大纲及教材、升学考试方法等，都发生了很大变化。为此，师范教育必须努力培养能够适应现代化建设需要的新型人才，能够适应基础教育改革的合格教师。

“面向世界，面向未来”是“面向现代化”在时空领域的延伸，强调了我国教育应自觉地与世界性的教育改革潮流相联系，强调了教育改革的超前性和教育服务于未来的经济与社会发展的功能，这些对于师范教育事业和未来的教师工作，都提出了很高的要求。

为了培养面向21世纪、富于开拓进取和锐意创新精神的新一代“四有”人才，必须解放思想，转换观念，如树立终身教育观，重视个性发展，强调以学生为主体，重在培养能力和全面素质，实行开放式办学，建立面向市场经济的高等教育运行新机制等，从而深化改革，开创教育工作的新局面。

二、坚持全面发展的教育方针，调整培养目标

要按照德智体全面发展的原则，综合地提高师范生的整体素质，强化其竞争力和适应性。

一是提高基础素质。要使师范生树立正确的政治方向和价值观，形成良好的道德品质和心理素质，有较高的科学文化知识素养和丰富的精神世界，掌握从事学习、工作、科研必备的工具，参加过通用性的职业劳动技术培训，有健康的体魄，个人的特长及健康的个性能较自由地得到发展。

二是提高专门学科的专业素质。打好专业基础是跻身于专门人才的第一步，是对职业岗位有较宽的适应性和后继发展能力的关键。要加强专业学科的“三个基本”的教学，特别致力于发展学生的智能，培养其自学能力、分析问题解决问题的能力、应变能力和创新能力。应适当拓宽专业的业务面，在保证多数学生达到基本要求的基础上，为学有余力和具有不同兴趣与特长的学生，提供多方面发展的天地。

三是提高教师职业素质。应使师范生初步形成职业理想和职业道德，具有现代教育观念，能理解党和国家的教育方针和教育改革的实质，掌握必备的教育科学知识及教书育人的技能，这是师范生能较快地适应教师岗位的优势所在，也为他们献身教育打下了基础。

三、充分体现师范特点

师范专业的任务在于培养教师，按照培养教师的要求采取相应的教学措施，必须体现师范的特点。应把政治方向、远大理想的教育，与为教育事业奉献终身的职业思想教育结合起来，把道德品质教育与为人师表的师德教育结合起来，把一般的心理素质训练与对教师的特殊性要求结合起来。学科专业课程的教学要体现从事中等教育教学工作的需要；公共必修课应联系培养师范生的素质和能力的实际。要重视教师职业基本功的形成，加强教育实践活动，保证教师职业技能的训练。要努力促进教育科学同教学实际活动的有机融和，把教师职业培训寓于学校的一切教育、教学与课外活动之中。大力提倡并扶植教育科研，特别是与基础教育有关的科研，这是师范院校科研工作的一大特色，是师范院校为基础教育服务的重要途径。

四、精心进行课程改革

课程改革是教学改革的核心。在本次修订教学计划中，可参照我国与世界各国课程改革的大趋势，本着追求整体优化等原则，重点解决以下问题。

其一，调整结构：适当减少专业学科必修课程，增加公共必修和选修课程；扩大隐性课程，大力开展课外校园文化活动；正确处理知识与能力、理论与实践的关系，强化能力培养，引导学生更多地接触实际，投入各类实践活动。

其二，优化教学内容、方法和手段：在本专业之外，增加相关专业、交叉专业和第二专业的教学；在加强本专业“三基”的同时，增扩应用性、职业技术性内容；更新原有课程内容或重新组合有关内容，适当提高水平；改进教学方法和考试方法，更新教学手段，不断提高教学水平。

其三，压缩总学时：为了增加学生的自学时间，以利于生动活泼地主动地得到发展，也由于实行新的工时制，必须下决心减少总学时，即使是需要保证的主干课也不例外，要从深化改革中要效益，要质量。

其四，实行分流培养，分别开设学术提高型、应用技术型、学科教育型以及第二专业型课程，供学生按有关规定选修，以利于因材施教，使学生各得其所，人有所长。

五、加强教学管理

教学改革是一项系统工程，要通过新的高等教育内部运行机制的确立，激发教师教学的积极性。要通过严格的制度化的管理，保障教学改革措施的实施，提高质量和效益。

要创造条件，继续实施并不断完善选课制（必修选修制、主辅修制、双学历制）和学分制。

附录二：1998年修订教学计划的说明

遵照教育部《关于深化教学改革，培养适应21世纪需要的高质量人才的意见》等文件的要求，我校进行新一轮（1999～2003年）本科（师范）专业教学计划的修订工作。修订工作的指导思想和基本原则如下：

一、以邓小平理论和党的十五大精神为指导

当今世界，科学技术突飞猛进并且呈现综合化、整体化趋势，知识经济已见端倪，国力竞争日趋激烈。在我国，改革开放和社会主义现代化建设进入了一个新的时期，社会主义市场经济体制逐步建立，经济增长方式正在转变，社会主义精神文明得到加强。在上述形势下，为了迎接时代的挑战，振兴中华，必须坚定不移地落实科教兴国战略。

教育要坚持“面向现代化，面向世界，面向未来”，走改革创新之路。教育部拟订的《面向21世纪教育振兴行动计划》提出：要“加强基础教育，全面提高国民素质和民族创新能力”；“大力提高各类学校教师队伍的素质”；“加强高等教育改革步伐，提高教育质量和办学效益”。由此可见，高等教育的重大使命之一，就是培养全面发展的创新人才，而各级师范院校应当培养培训大批能够适应现代教育的新型教师。

首都师范大学于1998年正式进入了“211工程”计划。我校中长期的建设目标是：坚持办好师范，坚持服务首都，努力把学校建设成为北京市培养培训基础教育师资和两个文明建设所急需人才的重要基地，成为北京市教育科学研究的重要基地，到2010年使学校达到国内同类高等院校的一流水平。修订好教学计划，将有助于我校在首都实施“一流城市，一流教育”的战略目标中作出更大贡献，对于我校自身的建设和发展也有重要的意义和作用。

二、改革人才培养模式

我校本科（师范）专业改革人才培养模式的基本思路是：拓宽专业内涵，加强全面基础，培养创新品格，提高综合素质。

1. 拓宽师范专业的内涵

在新颁《高等学校本科专业目录》中，原有的师范类各“学科教育”专业不再单列，合并到相应的一级学科中去了。拓宽师范专业应由狭窄“对口”转变为宽口径“适应”。其基本要求是：

(1) 从过分注重某一学科的教学，转向全面培养、综合提高，使学生的思想品德、文化、业务、身心诸项素质得到协调发展。

(2) 拓宽并强化基础。基础兼包自然科学和人文社会科学两种基础，兼有本专业学科基础和相邻专业学科知识，既包括基础理论和基本知识的传授，也包括基本能力和基本素质的培养，总之，把专业教育建立在众多学科宽广而扎实的基础上。

(3) 保持并突出师范作为复合专业的特点。师范专业是专门学科和教育学科的有机结合，以使学生成为既有扎实的学科基础，又有教学能力、思想教育和组织管理能力的复合型人才。达到以上三个要求，师范生就能凭借自身的品德高尚、热爱教职、掌握专门知识的特殊能力，在教师人才市场上取得立足之地；就有可能适应普通教育、中等职业教育、成人中等教育领域对教师和其他教育工作者（教育管理人员、教育教学研究人员）多样化的需求；并且除了能够在教育战线任职外，也具备到那些要求对某一学科有一定功底的多种社会岗位上工作的潜力。

2. 调整培养目标及人才规格

经过调整，我校本科（师范）专业的培养目标是：德智体全面发展、具有现代教育观念、适应能力较强的基础教育工作者。

本科师范毕业生的规格，从基础素质、专门学科素质、教师职业素质三方面加以设计，达到基础扎实、知识面宽、能力强、素质高的大学生共同性水准，并体现师范特色。

3. 改革人才培养的基本方式和途径

为了实现培养目标，本科（师范）教育的基本结构，由“普通基础教育—专门学科教育—教师职业教育”组成，以反映高等教育广阔性、高深性和职业性的特征。

在培养方式和途径方面，注意体现几个重要原则。一是综合性，即全面加强素质教育，坚持知识、能力、素质的协调发展，使学生构建起可以适应终身教育和社会发展变化需要的整体素质结构。二是实践性和开放性。加强教学的实践环节，加强学校与社会的联系，走教学、科研、生产相结合的道路。三是主体性。即教学活动以学生为主体，注重个性发展，实施因材施教。四是师范性。要把对大学生的共性要求与对师范生的特殊要求结合起来。整个专业体系要体现基础性与应用性的结合，以满足学生将来从事基础教育工作的需要。要加强为教育事业奉献终生的理想教育，并切实加强教师职业基本技能的训练。教师职业培训和教育教学能力的培养，寓于学校的一切教育、教学、科研活动和整体环境氛围当中，同时创造条件使学生深入到基础教育战线，提高觉悟，增长才干。

三、精心进行课程体系、教学内容、教学方法和手段的改革

课程、内容、方法的改革，要从培养模式的总体设计出发，参照世界各国和我国课程改革的基本思路，本着追求整体优化等原则，重点解决几个问题。

其一，调整课程结构。课程设置由公共基础课（通识类）、专业基础课（本专业的“三基”和相邻专业知识以及教育科学基础）、专业课、各类实习和毕业论文等组成。要促成课程在逻辑和结构上的重新组合，包括构建搭配合理、机动灵活的课程群或课程模块，加强不同学科之间的交叉融和。要科学地进行学时分配，适当减少专业必修课程，增加公共必修课和选修课的比重。注重隐性课程的作用，大力开展校园文化科技活动。引导学生投入面向社会、面向基础教育的各类实践活动中去。

其二，推进教学内容、方法的改革，加快教学手段现代化。各门课程内部形成与当代经济、社会、文化、科技的发展趋势以及新时期人才培养模式相适应的内容体系，精选经典教学内容，充实最新的前沿成果，反映多学科间的相互渗透。继续深化“两课”的改革。将文化素质教育规范化、制度化。改进教学方法和考试方法，改变“灌输式”和过分偏重讲授的方式，积极实践启发式、讨论式、研究式的方法。加快教育信息传播过程，大力采用计算机多媒体和网络技术。

其三，进一步精简课堂教学时间。为了给学生留有较多的自学和参加实践活动的时间，必须下决心减少总学时，包括压缩每节课的时值，从深化改革中要质量、要效率。

其四，实行因材施教，鼓励学生发挥特长。提供辅修专业、辅修课程、课外学术文体活动等多种教育形式和选择机会，为学生发现、发展各自的志趣、潜力和特长创造条件，并促使其达到个性发展与服务社会的高度统一。

四、抓好教学基本建设

进一步明确高校办学指导思想：本科教育是大学的基础，提高教育质量是永恒的主题，要把人才培养放在首位，把教学工作作为经常性的中心工作，把教学改革作为各项改革的核心。在提高认识的基础上，抓好教学基本建设，包括专业及学科建设，课程建设，学风建设，教学基地建设，师资队伍建设等，这是巩固和发展教学改革成果，顺利实施新一轮教学计划的保证。

实施教学计划还应加强教学管理。要初步形成能充分调动学校和师生教学积极性的充满生机和活力的运行机制，通过严格完善的制度化管理，推进教学计划的全面落实，提高教学质量和效益。继续完善选课制和符合国情、校情的学分制。建立健全质量保障监控体系，改革教学评价标准和操作手段。

七、2001～2003 年

进入 21 世纪，我校在实施 1998 年修订的教学计划的过程中，发现形势变化极快，新的挑战接踵而至。几十年来，传统的师范教育本科遇到的最大困难是：要在生源、师资、办学条件相对落后的条件下，用通常为 4 年的教学时间内完成双专业（学科专业和教育专业）的培养任务，而在近期一些矛盾变得更为突出。一是基础教育对教师的需求从数量型向质量型转变，中小学对教师的要求越来越高；而调查表明，我校师范类毕业生的思想品德水平、创新能力、科研能力和教育能力明显欠缺，知识面也不足。二是教师的培养体制由封闭走向开放，师范生的就业遇到强劲的竞争者。三是传统师范教育单一化的培养目标和模式，难以适应人才市场对一专多能和复合型人才的需求。为解决上述难题，贯彻教育部《关于普通高校修订本科专业教学计划的原则意见》的精神，我校又出台了新一轮系列本科教育培养方案，从 2003 级起实行，包括《首都师范大学本科生培养方案》、《教师教育人才培养模式改革方案》、《特色培养方案》、《关于进一步完善学分制的实施方案》、《构建学习型组织、促进校园文化建设》等。此次修订的基本原则为：体现基础性原则、弹性原则、通识性原则、特色培养原则。2003 年《方案》的特点是：（1）重视打好基础，适当增加了基础课学时。（2）发挥学生学习的自主性，大幅度增加选修课的比例。（3）设立学科基础课平台，拓宽专业口径。（4）促进特色培养，提高毕业生的就业竞争能力。

附录三：首都师范大学本科生培养方案（2003 年修订）

本科生培养方案是高校教育思想和办学理念的集中体现，是实现人才培养目标、培养规格的具体方案，也是教学管理的重要依据。2003 年本科生培养方案是在 1999 年以来实行课程整合、课时压缩、试行弹性学习时间的基础上，在进一步推进素质教育、完善学分制、改革教师教育培养模式的背景下修订的。

一、指导思想

1. 认真贯彻教育部《关于普通高校修订本科专业教学计划的原则意见》的精神，把“科学、规范、拓宽”的专业调整目标贯彻到培养方案之中。

2. 适应 21 世纪知识经济和全球经济一体化的时代要求，体现教师教育培养模式改革的发展方向。

3. 实现《首都师范大学 2001～2005 年发展计划纲要》所提出的发展目标，继续坚持“加强基础，拓宽专业，注重实践，培养能力，提高素质”的教学改革思路。

二、基本原则

1. 基础性原则

重视基础课教学，确保基础课教学质量。在保证基础课课时的前提下，改革重点放在调整课程结构，更新教学内容，改进教学方法，使用现代化教学手段等方面。

2. 弹性原则

为了进一步完善学分制，本次修订本科生培养方案要给学生更大的自主选择空间，力求做到课程设置“模块化”，使学生可以做到自主“选时、选课、选师”，发挥学生学习的主动性和积极性。

3. 通识性原则

体现时代发展对未来人才的知识、能力和素质结构提出的新要求，在人才培养模式上，转变观念，调整课程结构，拓宽专业口径，力求体现“文理渗透”、“文文渗透”、“理理渗透”的理念。

4. 特色培养原则

尊重学生个性，培养学生特长。立足本校实际，发挥我校综合性优势，努力培养适合社会不同层次需求的“复合型”、有一定“特长”的专业人才。

三、培养目标

本科教育的培养目标是培养适应现代社会经济、文化、科技、教育发展需要的素质较高、基础扎实、有高度责任感和事业心并有发展潜力的专门人才。

教师教育专业的毕业生还必须具有现代教育理念，懂得教育学、心理学基本知识，掌握现代教育技术和教学基本技能，适应未来基础教育改革和发展的需要。

四、学制、学时、学分安排

1. 学制：学制4年，学生可在3～6年内完成学业。

2. 总学时：3 000～3 200学时，其中，文科不超过3 000学时；理科、外语、艺术不超过3 200学时。

3. 总学分：理科不超过194学分，其中课程学分不超过174。

文科不超过183学分，其中课程学分不超过163。

注：按50分钟一节课折算，实际课时量为2 400～2 560学时；理科不超过160学分，其中课程学分不超过140；文科不超过150学分，其中课程学分不超过130。

4. 其他教学环节，共20学分，包括：

(1) 论文（毕业设计）6～18周，计6学分

(2) 军训4周，计2学分

(3) 创新活动（教育）2学分

(4) 教育实习、专业实习6周，计6学分

(5) 教育见习、教师技能训练4周，计4学分（限教师教育专业）

五、课程结构

包括四类课程：通识课、学科基础课、专业课和教师教育类课程。

1. 通识课：1 008（理）～1 062（文）课时，占总课时31.5%～35.4%，共52～55学分；其中必修792～846课时，40～43学分；选修216课时，12学分。

注1：通识选修课可从全校公选课组或全校所开课程中任意选修；2：教师教育专业的学生要求至少修读通识选修课8学分，另外4学分可修读教师教育类课程。

2. 学科基础课：438（文）～592（理）课时，占总课时14.6%～18.5%，共24～33学分，其中选修课比例应占本部分课程的50%以上。具体课组如下：

文科基础课、理科基础课、工科基础课、语言类基础课、艺术类基础课。

3. 专业课：原则上占总课时的50%，其中选修课比例应占本部分课程的45%以上。

注：教师教育专业的学生修读教师教育类课程的16学分占专业选修课的学分数。

4. 教师教育类课程

教师教育类课程共30学分，其中上课20学分，实践10学分。

(1) 上课20学分，分必修课和选修课两部分：

必修课10学分，包括教育学引论、教育心理学、学科教材教法、现代教育技术、教育科学研究方法。

选修课10学分，包括基础教育改革专题、课程与教学设计、中学生心理健康、教育测量与评价、班主任工作等。

(2) 实践10学分，包括教育实习6学分，教育见习、教师技能训练4学分。教育见习、教师技能训

练结合理论课学习进行。(注：教师教育专业的学生要求必须修读本类课程；其他专业的学生可作为辅修课程或选修本类课程。)

六、教学

1. 课堂教学：课堂教学是培养学生的主渠道，在课堂教学过程中要充分重视学生的主体地位，尊重学生的个性差异，调动学生学习的主动性和积极性。教学内容的讲授应贯彻少而精的原则，讲重点、难点、思路，给学生留有思考、自学、钻研的余地。积极提倡探究性学习，把培养学生自学能力、创新能力和实践能力作为教学的重点。要积极运用现代化教学手段，提倡多媒体教学，提高课堂效率。开展双语教学，提高学生的综合素质。

2. 考核：考核分考试和考查两种，必修课采用考试形式，选修课可以采用考试或考查的形式。在加强考试的科学化、规范化的同时，鼓励考试方式的改革，提倡开卷考试、口试、撰写小论文等考核方式。考试内容要注重考查学生能力，要有一定比例的指定参考书的自学内容。

七、特色培养

特色培养是指在全面改进教学内容与教学方法的基础上，适当增加学生的学习强度，提高学习效率，以学生参加辅修专业学习的方式，培养学生特长，使学有余力的大部分学生能达到“一本一辅”、“一本一专”、“双学位”水平，培养出有一定“特长”的毕业生，以提高毕业生的竞争能力。

“特长”主要体现在“加深”或“拓宽”专业知识两大方面：“加深”主要指提高本专业的学习深度，部分课程达到“研究生课程”的要求；“拓宽”指在学好本专业的基础上，根据学生爱好与特长，修读一个辅修专业。

辅修分三个层次，即：

(1)“一本一辅”(增加30学分左右)

(2)“一本一专”(增加45学分左右)

(3)“双学位”(增加60学分左右)

鼓励政策：学生修满相应的学分数，毕业时可分别授予“一本一辅”、“一本一专”、“双学位”证书。对于“加深”本专业的辅修方式，可授予“研究生部分课程”证书。

八、积极创造条件，进一步完善学分制

在1999年实行弹性学习年限的本科培养方案基础上，全面推进学分制建设工作，最大限度的让学生自主选择课程、选择教师、选择学习进度。

第一，统一思想，转变观念。转变观念是推行学分制的前提。实行学分制是一项系统工程，涉及人才培养模式、教学组织、教学管理和人事、财务及后勤保障等诸多因素，学校要整合资源，为全面推进学分制工作创造条件。同时要转变部分教师中存在的追求学科完整、以学科为中心的教育观念。

第二，鼓励教师多开课，开好课。教师开课的积极性将直接关系到学分制改革的成败。学分制是一种以“选课制”为核心的教学管理制度，而要实现“选课制”的关键又在于教师是否能够开出足够的课程。为此要进一步完善现行的课时津贴分配模式，以调动教师开新课的积极性。要鼓励教学效果好的教师多上课，以使优质教学资源得到充分利用。

第三，实现全面选课，教师竞争上岗。学校力争做到全部网上选课；必修课程开设平行课堂（由几位教师开设同一门课程），供学生选择；选修课按最少为学生提供200%的选择余地，由学生任意选择。同时，要出台与学分制相适应的教师聘任方案，完善教师竞争上岗的激励机制。

第四，实行导师制。学校要为学生设立指导教师，对学生的学习进程、学习方法给予指导，帮助学生处理学习过程中遇到的各种问题，减少学生学习上的盲目性。

第五，改革教学经费的管理办法。改革学校教学经费的分配制度，实行按开课单位承担的开课任务和选课学生人数划拨学校教学经费，以利于提高院系开课的积极性，扩大课源。

第二节　本专科育人模式的变革

一、教育思想

我校围绕“培养什么人才”、“怎样培养人才”两个根本问题，以“全面提高教学质量”和“人才培养质量”为中心议题，多次展开教育思想大讨论，师生在教育思想上，在教育观、人才观、质量观上产生了重要变化。主要表现在：从贯彻全面发展的教育方针过程中不同时期的畸轻畸重，向坚持培养学生的综合素质转变；从片面重视知识传授向注重提高创新精神和实践能力转变；从专业口径过于狭窄向宽口径、厚基础、提高适应性转变；从整齐划一的培养模式向贯彻以人为本、尊重个性发展转变。

二、培养目标和规格

作为师范院校，几十年中都将本科培养目标定为中学教师，实行定向培养，只是具体规格有所变化。1999年的《首都师范大学本科教学计划》，首次将培养目标表述为：“德智体美等全面发展、具有现代教育观念、适应能力较强的基础教育工作者。”2003年《首都师范大学本科培养方案》的“培养目标”则兼包带有通用型色彩的专业人才和基础教育师资两类。相应的，确定了学科专业人才、教师教育人才以及分别在二者基础上又有特长的人才的不同规格。《培养方案》要求通过加大学习密度和鼓励学有专长的措施，使人才培养趋于宽口径、综合化、多元化，同时提高师范生的人才培养规格，在培养体制上朝着“大学本科＋师范”的方向迈出了一步。

三、课程体系

传统的师范教育本科的课程体系有几个特点：(1) 体系单一，以专业课程为主，其他公共课只有政治理论课、外语课、体育课和教育类课。专业口径狭窄，而且与中学某一课程对口。(2) 大多数为必修课，选修课比例很小。(3) 专业课程与教育课程混编，交织运作。对上述格局，我校从1985年以后逐渐有所改变，朝着知识、能力、素质的综合培养方向努力。2003年《方案》的特点是：(1) 构建校、院（系）两级课程平台，基本课程设通识课、学科基础课、专业课和教师教育类课等4类，做到厚基础、宽口径，使学生有较宽的合理的知识结构；在此基础上，又为学有余力和有志者设有特色培养系列课程，以加深或拓宽其专业知识。这一体系为学生选择专业、自主发展、提高就业竞争力创造了条件。(2) 必修课和选修课的比例接近于1∶1。(3) 教师教育类课程得到强化，并相对独立。(4) 在多年实践的基础上，进一步促进显性课程与潜性课程、课内与课外的有机结合。

四、教学内容

传统的师范本科教育强调“三个基本”（基础理论、基本知识、基本技能），知识的系统化，以及面向中学教学的需要。80年代中期以来，通过课程建设和教改立项研究，已经更新、改造了多门课程，编写了一批新教材。2003年《方案》在吸收并坚持上述原则合理因素的基础上，要求构建高水平的教学平台，大力提高教学内容的科学性、思想性、创新性和知识层次，引入学术前沿成果和动态，提高对学生全面运用知识及技能的要求。

五、教学方式和手段

传统的教学方法以教师传授知识为主，保证多数学生中规中矩地学到基本的系统的知识。50 年代～60 年代我校曾倡导启发式教学，并鼓励学生在干中学。80 年代～90 年代在改变教学方法过死的局面方面取得了一定进步。近期除大力提倡探究式学习以培养学生的思辨和解决问题的能力之外，又以现代教育技术为突破口，推进教学方法和教学手段的改革，采取的措施有：推动多媒体网络辅助教学，实施教学课件、网络课程建设工程，对中青年教师进行信息技术培训，创建数字化教学模拟训练室等。

六、教学管理模式（教与学的方式及其制度）

50 年代至 80 年代中期我校一直实行学年制，通常本专科学生分别在 2～4 年里修完规定的课程，按时毕业，由国家统一分配工作。在教育资源短缺的条件下，学年制划一的教学管理制度保证了教育教学的基本质量，教学成本较低，其不足之处在于“批量式生产”，难以促进个性发展。1961 年颁布的《高校六十条》提出重点高校逐步实行学分制，而我校没有参照执行的条件。1985 年中央《关于教育体制改革的决定》再次提出实行学分制的要求。我校从 1985 级起试行学年学分制，并在此后 10 余年中不断创造条件，使之逐渐完善。2003 年与《培养方案》配套的《关于进一步完善学分制的实施方案》，提出了设计目标：“进一步扩大学生的选择自主权，做到让学生‘选师、选时、选课、选科’，即自主选择任课教师，自主安排学习时间和学习进程，自主选修课程，扩大学生选择专业的力度。充分调动师生的教学积极性和主动性。”与此相应，继续实行弹性学制，学生可在 3～6 年完成培养方案规定的学分。另外，为加强对学生学习和选课的指导，实行导师制。

第三节　本专科课程设置及教学建设

一、课程设置

（一）通识类（必修）

1. 马克思主义理论课、思想品德课（见本编第七章）

2. 体育课（见本编第八章）

3. 公共外语课

我校 1955 年本科教学计划中，理科的公共必修课程含俄语，而文科各系外语尚属选修，至 1957 年始列入必修。1958 年公共外语课增加了英语。50 年代末，《教学计划》中提出：“外国语是各系学生共同的专业课，应该尽可能为专业服务。”1961 年由院党委安排成立的物理系调研小组所作的《调查研究的结论》写道：“三、四年级的公共俄语课均未学够规定的学时数（180）。教改中俄语课所受影响比专业课还要大些，相当多的学生对俄语课不够重视。调查中发现，俄语课的学习质量虽不够理想（三年级仅有 10%左右的人、四年级仅有 20%左右的人可以不太困难地阅读俄语专业书籍），却比前几届毕业生学得好得多，这说明俄语课经过教改取得了很大成绩，主要原因在于坚持了为专业服务的方向。今后只要改善和加强教学条件，经过二至三年学习，可以使大多数学生比较顺利地阅读专业书籍。这些条件是：动员学生重视外语学习，继续坚持‘为专业服务’的方向，坚持行之有效的教法，保证足够的教学时数（180）和学生自习时数（1∶1.5），创造便于学习外语的气氛及条件，专业课紧密地与外语学习配合。”（上述结论未涉及文、史、政等各系外语教学情况，文科系学生通过学习公共外语课能阅读外文专业书籍者少得多。）

“文革”期间，普通班学生的公共外语课被取消。

1978年我院本科《教学计划》提出：“外国语学习三年，理科必修，文科选修，一至三年级每周学时分别为3、2、2，共242学时。”此后，公共外语逐步改为只设英语一个语种。1982年本科《教学计划》规定：“公共外语课开设在一、二学年，每周4学时，约占总教学时数的10%，有条件的系在三、四年级可开设专业外语选修课。”在80年代，公共外语教学效果仍不理想，特别是来自远郊区县的部分学生，学习十分吃力，当时有一种意见很有代表性，即允许这些学生免修公共外语，“与其浪费时间，劳而无功，不如集中精力学好本专业课程”，但这一意见未被采纳。

1986年起，我校对非英语专业本科学生逐步按CET－4的标准作出要求。1991级开始执行的《教学计划及课程简介》规定：公共必修外语课288学时，每周4学时，合16学分，在一、二学年开设，三、四年级开设英语5～6级选修课或专业外语。直到1999年制定的本科教学计划中，上述安排没有变动。

我校学生英语四级一次通过率较低，长期徘徊在40%左右。1995年学校要求提高到60%。为此大学英语教研部采取了多项改革措施。1997年学校组团到湖南师大学习，归来后曾提出以抓公共英语教学为突破口，促进和改善全校学风的口号。同时，作出规定：“本科学生必须参加国家大学英语四级考试，成绩在60分以上者方可获得学位。”由于全校通力合作，加之外地生源（高考成绩较优）增多，1996级学生四级一次通过率达到了60%。

1999年我校召开第一届大学英语教学工作会议。会后，为了全面提高学生运用英语的能力，采取了以科研促进教学和在师生两方面建立奖惩机制的措施，取得一定成绩，但由于多方面原因，98、99两级英语四级一次通过率又降为40%左右。2002年又召开了第二届大学英语教学工作会议。会议的主报告认为，导致四级通过率低的原因是：（1）教师方面：教学研究不够深入，教学方法有待改进；课堂信息量不足，教学效率有待提高；教师自我“充电”不足；“四级后”教学断线，严重影响累积通过率。（2）学生方面：生源质量不够理想；学风不够刻苦。（3）有些教学单位配合不力。据此，我校确定将在“十五”末实现四级累积通过率达到90%以上的目标。在未来2～3年内，学校力争通过与国家大学英语教改计划相衔接以确立我校的大学英语达标标准，建立立足于网络计算机的英语教学模式，改革全校大学英语教学管理体制等措施，实现上述目标。另外，社会上有一种观点，认为片面强调重视外语的学习和使用而忽视或削弱本国语言文字的学习和使用的倾向应予纠正。又认为我国的公共外语教学存在着“学不致用”、“得不偿失”、“独尊外语于法无据”的问题，指出英语标准化考试是一种落后的考试方法，反对在高校内部实行统一的英语四六级考试并与学位挂钩的做法，这些都引起我校相关部门和师生的关注，正探讨如何改变现状。

4. 计算机课

1991级开始实施的本科《教学计划》规定：计算机课程理科列为必修课，文科列为选修课，54学时。1994级、1999级执行的两个《教学计划》中，计算机课为文、理科公共必修课，108课时。2003年《培养方案》规定：通识类的必修课程含计算机文化、计算机技术、计算机应用，共108课时，文理科学生兼修。

（二）通识类（选修）

通识类公选课的开设始于1983年2月，当时数量和种类不多，第一次开设一学期只有8门课，到90年代后期大量增加，达到每学期开课100余门。1999年9月，公共课实现了网络选课，向现代化管理迈出了一步。2003年《培养方案》的规定十分宽泛："通识选修课可从全校公选课组或全校所开课程中任意选修。"不过，其主体仍是"文化素质教育类课程"。

1993年中共中央、国务院印发的《中国教育改革和发展纲要》提出："美育对于培养学生健康的审美观念和审美能力，陶冶高尚的道德情操，培养全面发展的人才，具有重要作用。"要求各级各类学校开展形式多样的美育活动。其后，国家教委于1996年下发了《关于加强全国普通高等学校艺术教育的意见》。另外，1995年起，国家教委开始在部分高校开展加强大学生文化素质教育试点的工作，1999年9月，公共课实现了网络选课，向现代化管理迈出了一步。至1998年教育部下达了《关于加强大学生文化素质教育的若干意见》。《意见》指出：加强文化素质教育是时代发展的要求，是我国高等教育改革的需要，是大学生全面发展的需要。大学生的文化素质是其基本素质的基础。"我们所进行的加强文化素质教育工作，重点指人文素质教育。主要是通过对大学生加强文学、历史、哲学、艺术等人文社会科学方面的教育，同时对文科学生加强自然科学方面的教育，以提高全体大学生的文化品位、审美情趣、人文素质和科学素质。"

我校进行文化素质教育主要通过两条渠道。其一，将文化素质教育的内容纳入教学计划和教学内容与课程体系的改革之中。1999级本科教学计划较前削减了五分之一的学时，但是公选课学分要求却提高了，从原8学分提至216学时、12学分，从原占总学时5%提到7%～8%，为加强文化素质教育提供了可能。在第一课堂这个途径中，除了要求将文化素质教育贯穿于专业教育的始终外，主要是发挥学校综合性的特色，全面加强通识类公共选修课程的建设。至1999年已开设人文社会科学、艺术与体育、自然科学、教育科学四大系列200多门公共选修课，改变了开设初期杂、散、乱的状况，形成了结构比较完整、内容丰富、教学形式多样的公共选修课程体系，推出了一批精品课程。其二，加大校园文化建设的力度。1999年出台的《首都师范大学关于加强大学生文化素质教育的实施意见（试用）》，确定在课堂教学之外，主要通过开展丰富多彩的具有教育意义的校园文化学习活动来实现。校园文化学习活动大体分为4类，即读书工程、学术活动、社团活动和师范生技能训练等（参见本《志》第八编第三章第二节）。

（三）学科基础课

长期以来，我校各专业的基础课与专业课结为一体，作为先行课程安排在低年级进行，其内容主要局限在本专业范围内。2003年《培养方案》设立"学科基础"类课程，下辟文科基础课、理科基础课、工科基础课、语言类基础课、艺术类基础课等5个课组。每个课组构成一个平台，安排与专业相关的课程，相互渗透，必修与选修各占一半。目的在于使学生在进入某一专业之前，扩大相关知识面，开阔视野，受到各种思维方式的训练，以落实厚基础、宽口径的培养要求。

(四) 专业课

50年代~60年代，“专业课”包括专业基础课在内。其特点和要求是：(1) 所占比重达60%~70%。(2) 基本为必修课，选修课很少。(3) 强调落实“三个基本”；反映师范特点，与中学对口课程内容相联系；为解决课程繁重、内容多而杂的问题，不仅减少课程门类，内容也要做到少而精；贯彻理论联系实际原则，反对厚古薄今和理论脱离实际。90年代以后，历次《教学计划》侧重强调更新、重组专业课内容，适当提升其学科水平。2003年《培养方案》将学科基础课与专业课分列；专业课占总课时50%，专业课中，必修与选修约各占一半。

(五) 教师教育类课程

1955年起，我校本科教学计划中课程分四大类，其中一类为“教育科目”，包括心理学、教育学、教育史、学校卫生，以及各科教学法，为全校公共必修课。在另一类“其他公共必修课”中，教育实习包括在其内。1958年制定的《北京师范学院1958~1962年跃进纲要（草案）》指出：“要加强教育课程的思想性和战斗性，加强对学生热爱共产主义教育事业的教育。”“教育学应克服脱离政治、脱离实际的教条主义倾向，彻底粉碎资产阶级教育思想的影响，加强思想性、战斗性，总结我国解放区或新中国建立以来的教育经验，为逐步建立自己的教育理论而奋斗。”“心理学必须为社会主义建设服务，为培养有社会主义觉悟的有文化的劳动者服务。为此必须继续在心理学教学中进行革命，开展尖锐的两条路线的斗争，彻底批判心理学中的资产阶级思想，为建立马列主义的心理学而努力。”(80年代学术界一致认为，50年代宣布心理学为“伪科学”，是错误的，当时的批判是片面的。)“改进与加强教育实习工作，教育实习应该成为全面检验我们的培养目标实现情况的一种手段。”1959年《北京师范学院教育总计划说明（修正草案）》在“马克思列宁主义的教育理论和实践”课程要求中提出：(1) 加强教育学科：在教育计划中教育学科应占一定比重，包括心理学、教育学和各科教学法。心理学仍在一年级开设，但在适合我国师范学院需要的心理学体系尚未建立以前，可暂设讲座讲授心理学的基本知识，或将有关部分合并在教育学中讲授。教育学仍在二年级讲授，在新的教育学教科书尚未编写完成之前，可以采用专题讲座的形式上课。教学法课必须给以应有的重视，在教育计划中应列为各系的必修科目，各系应积极采取措施争取早日开出这门课来。教学法课应安排在教育实习之前。在系统地讲授上面几门教育学科以外，还应通过各种形式向学生作有关教育方针、政策法令和经验的报告。(2) 教育实践包括教育见习、办学（指安排师生到城乡基层开展办学活动，此项工作只持续了一年多）和教育实习，以及参加教育科学方面的研究工作。①教育见习：配合教育学科的讲授，使学生定期到各种类型的中学去参观、见习，一方面验证在课内所学的理论知识，另一方面熟悉与了解中等学校教育和教学工作的实际情况；在教育见习的基础上，和各种类型的中学师生建立经常的联系，以进一步熟悉和了解中学的实际情况。教育见习一般在一、二年级分散进行（不停课，可利用劳动时间），每学年总时数不超过10天，由各系加以安排。②教育实习：在第六或第七学期在正规的中学（高中）进行4周的教育实习是完全必要的。如果说办学一般比较偏重于普及，教育实习则比较侧重于提高；如果说办学的方式较为多样，比较分散、零星，教育实习则是正规地、集中地、有领导地进行，便于全面地检验学生质量；如果说学生通过办学在教育工作方面已经初步取得了一些感性的知识，经过了一段集中的、有领导的教育实习，就更有可能把片断的感性的东西提高为比较完整的、系统的、理性的知识。鉴于在教育实习前，学生已有了初步的教育实践，实习的时间可以缩短，要求可以提高。学生在办学中表现优异者，可减少实习的时间或不进行实习，并可参加实习的指导工作。

1961 年 8 月，党委所安排的物理系调查研究工作组公布了《调查研究的结论》。“关于教育理论课和教育实习”专项中写道：尽管教育课程存在着比较严重的缺点（主要是理论脱离实际），但教育课程绝不应该削弱，这 3 门课对于实现师范学院的培养目标起着其他课程所不能代替的极为重要的作用，今后必须采取各种有效措施加强这 3 门课的教学工作，这是一。第二，教育实习对于实现师范学院的培养目标来说，也是不可缺少的手段之一，绝不能取消，因为学生参与到社会上办学和教育实习的性质、任务、对象、内容、要求完全不同，再加上办学中指导力量、组织安排上和时间上的难于克服的困难，至少在目前条件下办学绝不能够代替教育实习。当然，在过去历次实习中存在着一定的形式主义的缺点和一些比较大的困难（例如指导力量不足），但是，只要正视这些缺点和困难，在实践中，它们是会逐步地被克服的，这一点尤其不能构成取消或者削弱教育实习的理由。但是，问题并不只限于这两方面。我们认为，近几年来，我院各项工作中（物理系也是如此），有一些时候存在着一定程度的忽视师范学院特点的倾向，例如物理系有一个时期（如 1960 年上半年的教改当中），强调“师范特点”几乎被认为是“陈腐落后、拒绝反映现代科学水平”的同义语，这显然是不合适的。忽视乃至削弱教育课和教育实习，只不过是这种错误倾向的一种表现而已。因此，应该从根本上解决这个问题。我们的一切工作都必须从实际出发，这就要求我们在各项工作中都应该努力反映师范学院的特点，应该使我院的每一个工作人员和学生都明白这一点。

60 年代前期曾精简课程，但同时强调加强与中学的联系，教育类课程变化不大。

“文革”期间的教学计划保留了教育实习。

1978 年制定的《关于制定四年制普通班教学计划的几点意见》规定：马列主义和毛泽东教育理论课（包括心理学的专题讲座），在三年级第二学期开设，每周 3 学时，共 48 学时。心理学是否单独设课待定。中学教材教法课（或中学××课教学研究）40 学时至 60 学时。1982 年《北京师范学院四年制本科教学计划》规定：心理学，开设在第五学期，每周 3 学时；教育学，开设在第六学期，每周 3 学时；各科中学教材教法，开设在第六或第七学期，总学时 50 左右。

80 年代中期以来，教育类公共课程的建设进入一个新阶段。

1. 加强学科建设

《北京师范学院 1983～1990 年发展规划》以及此后的同类文件或教学计划，多次指出：“师范教育不可替代”，“必须逐步提高教师专业化水平”，为此“要大力加强教育学科群体的建设，以及教育科学的研究和各学科教育学的研究”。我校 1978 年成立教科所，1987 年建立教育系，1999 年成立教育科学学院，现该院下设教育学系、心理学系，以及一系列研究室所，包括课程与教学论研究所（前身为 1986 年成立的学科教育学研究室和 1988 年成立的学科教育学研究中心）。同时，1994 年制定了《首都师范大学为首都基础教育服务的 10 项措施》，以促进师范教育与基础教育的双向互动。这些都为教育类公共课程的发展提供了较广阔的平台。

2. 公共教育学、心理学课程的改革

这两门课程和各科教学法的处境是：理论上多数人认为很重要，但在实践中一般不太受重视，而教学效果是各方面都不甚满意。公共教育学和心理学的课时安排近15年变化不大，1999级分别为72学时和54学时，一度拟议压缩，因任教单位反对，未予实施。两门课连同教学法、教育实习占总学时的比例大致为6%。普遍认为公共教育类课程长期未能打破普通心理学、凯洛夫式教育学和赫尔巴特的“五段教学法”模式，从体系到内容带有陈旧、落后的印记，教法也单一、死板，总体上脱离基础教育实际。为此，任课单位反复进行教改试验。90年代前期编辑出版了两部自编教材（《教育学新编》和《学校教育学教程》），课程以教育学的基本知识和基本理论为主线，采取师生互动的方式，培养学生的教育意识，并使之掌握基本技能。90年代末，又实行新一轮方案，以教育学原理、教师专业化发展和基础教育热点问题为纲安排教学内容，同时以做作业取代考试，目前已试验两轮。公共心理学课也酝酿按照发展心理学、教育心理学、心理与教育测量等3项内容重新构建内容体系。

3. 各科教学法课程的改革

50年代起，即开设教材教法课，为各系必修课，除讲授相关理论外，又进行教育实习或见习。1983年，我校相关教师提出，应把教学法提升到学科教育学的层次，使之成为一个新的交叉学科，课程名称改为“学科教学论”或“学科教育学”，旨在把教育科学的基本规律和各门专业学科紧密有机地结合起来，培养学生的教育、教学能力。课时不等，文科系多为50余课时，理科因涉及实验等技能课可多达70课时～90课时乃至100余课时。一些系还开出系列选修课。自1990年起，各系各专业陆续采用微格教学的方法培训学生的教师职业技能。1984年我校获得“课程与教学论研究”硕士学位授予权。1987年，我校成立学科教育学研究中心，同年举办全国首届学科教育学研讨会，出版了《学科教育学初探》一书。此后，该领域的学术专著在数量和质量上有了明显增长和提高，带动了这门课程的改进。

4. 加强师范生的教师职业技能训练

除了开展计算机科学教育和采用微格教学方法外，为落实国家教委制定颁发的《高等师范学校学生的教师职业技能训练的基本要求》，我校还采取了其他措施。1986年起即进行了“语言文字”和“硬笔书法”（说普通话、写规范字）双项技能的训练和考核，考核成绩视同一门必修课，纳入学籍管理。从1993级本科生起，根据国家教委师范司《师范院校“教师口语”课程标准》及北京市教委制定的《教师持普通话水平等级证书上岗》制度的要求，实施了普通话水平测试定级工作。1998年，为落实北京市语委和教委签发的《关于在首都师范大学开展书写规范汉字和书面表达技能考核试点工作的通知》的精神，对全校1997级本专科生进行了高师语文水平考试，试后针对存在的问题加快了高师语文课程的整体建设工作。此外，部分院系经常举办师范生参加的教师技能大赛，涉及板书、模拟课堂、班主任工作等技能。

5. 坚持并加强教育实践环节

1985级教学计划规定，不设专业实习的系科，教育见习和实习可达10周，有专业实习的系教育实习亦在8周左右。此后，一方面由于许多中学不愿意接受实习任务（原因是师范院校交付的费用少，又担心实习工作打乱升学考试安排，对综合素质差的师范生和不熟悉中学情况的带队教师不满等），另一方面由于上级教育行政主管部门工作协调不够，高师的教育实习受到冲击。我校 90 年代历次教学计划取消了教育见习，实习减为 6 周。而且不得不主要依靠在中学担任领导职务的校友安排实习，又一度采取让师范生“自课接受学校”的做法，使实习质量难以保证。为走出困境，我校从三个方面努力扭转不利的局面：(1) 全面提高学生素质，包括加强专业思想教育和师范生技能训练；(2) 切实加强教学法的研究，并培养一批高水平的能给中小学教育改革以指导的实习带队教师；(3) 调动一切积极因素，建立相对稳定的教育实习基地，探索多种形式相结合的教育实习组织模式（如远郊区县定向委培生和定向专科生可回原区县实习）。从 1986 年起，本着“长期挂钩，互惠互利”的原则，选择建立相对稳定的实习基地，目前已与数所中学签订了协议，共同建设教育实习基地或教育科研实践基地近百个。

2003 年《教师教育人才培养模式改革方案》，对 90 年代的教育类课程进一步作了力度较大的改革。“教师教育课程”的目标是：树立现代教育观念并养成专业精神；掌握和理解教育的基本知识、理论和技能；培养教育实践能力并形成教育科研、教育创新的意识和能力。课程体系包括 4 部分：教育理论基础，教育实践基础，教育科研基础，教育实习和见习。其中，理论课程打破了几十年一贯的教育学、心理学、学科教育学定式；教育实习和见习方案，规定加大实习和见习比重，由 6 学分增加到 10 学分。

（六）实践性教学

实践教学体系包括 4 个部分：实验教学、实习教学、专业实践、社会实践。

1. 社会实践（含生产劳动、军训）

建校之初学生参加一些公益性劳动，该项活动并未列入课程。《北京师范学院 1958～1962 年跃进纲要（草案）》提出：“大力贯彻教育与生产劳动相结合的方针，开展勤工俭学活动。”“生产劳动成为正式课程，列入教学计划之中。”“数学、物理、化学 3 系以在校内的劳动为主，但在 4 年中也集中下放到校外的工厂或农村进行短期劳动，以便更全面地了解国家工农业建设的情况并直接和劳动人民生活在一起，便于彻底改造思想感情。”“数学、物理两系学生三年级脱产前在一定工种上达到二、三级工的水平。”中文、历史两系的劳动，“工农业并重，校内外并重……在劳动的同时还将结合他们的专业特点进行调查研究”。“生物系以在校内参加农业劳动为主，并在三年级下放 6 个月到农业生产合作社进行劳动，同时也是农业基础课的生产实习”；“地理系除经常在校内从事农业劳动和参加部分校内工业劳动外，……主要是结合每年的野外实习下放到厂矿或农村劳动”。1959 年《北京师范学院教育总计划说明（修正草案）》：“生产劳动教育必须列入教育计划中，是贯彻党的教育方针实现培养目标的重要措施之一。”“生产劳动的时间在一个学年中占 3 个月（12 周），在 4 个学年中共占 11 个月（每月按 4 周计），其中有 3 个月用于办学。文、史两系利用生产劳动的时间下放到厂矿农村进行调查研究，每学年劳动时间可略多些，但不得超过 4 个月。生物、地理两系野外实习与劳动锻炼结合时，出去的时间可以长些，但不得超过生产劳动时间与野外实习时间的总和。学生从事科学研究的时间可占用一部分生产劳动时间，在 4 年中总共不得超过 3 个月。在 4 年中学生从事工农业体力劳动的时间不得少于 5 个月。”文件还指出：“生产劳动的内容应尽可能地与专业结合。”“在鉴定学生的时候，学生在生产劳动中的表现应该是重要内容之一。”《北京师范学院四年半以来工作的基本总结和今后的主要任务（草稿）》(1963.2) 充分肯定了教育与生产劳动相结合的伟大意义，指出1958年至1960年一度安排生产劳动、科学研究、社会活动多了，影响了正常的教学秩序。而1961年贯彻《高校六十条》以来已实现了“教学为主”。

1964年初，根据中央有关部署，《北京师范学院关于组织师生参加农村社会主义教育和“四清”运动计划》，要求一、二、三年级学生均下乡参加“四清”，“主要目的是受教育受锻炼，以期增强其阶级观点、群众观点、劳动观点、革命观点和辩证唯物主义观点”，“师生在下乡期间，除特殊情况外，要实行和贫下中农‘三同’（同吃、同住、同劳动），并通过‘三同’达到‘三知’（知人、知苦、知心），在行动上要以吃百家饭、串百家门、知百家事、识百家人的精神，深入群众，和群众打成一片。”随后，另一部分学生安排参加城市的“五反”。1965年前后，中央又提出“两种教育制度、两种劳动制度”，根据上级指示精神，1965年春，物理、数学两系各有一个班进行半工半读试点，规定读书、劳动比例为7：3～6：4之间；生物系则下放到农场办学。1966年2月，中文、历史两系部分年级下放到十三陵半工半读。《关于文科半工（农）半读的几点意见》中规定，文科的工读比例大体可按1.5：2.5安排。音乐、美术、外语各系也将进行半工（农）半读试验，政治系当前主要是在参加社会主义教育运动的同时学习一些专业课程。

1970年11月，工农兵学员入学，实行“以学为主，兼学别样”。总的要求为：3年中工读时间比例为3：7或4：6，开门办学时间不少于总学时的二分之一。生物系改为农基系，迁往校办农场办学；文科“以社会为工厂，结合战斗任务”组织教学，理科“结合生产任务”进行教学。1975年又提出“学朝农，走抗大路，走共大路”的口号；文理各系发挥校办农场、工厂的作用，建立半工（农）半读的三结合基地。

综上所述，50年代至60年代前期，我校纳入教学计划的“生产劳动”，主要指学生在基层与工农兵一起参加体力劳动、物质性生产，而“生产劳动”许多时候又是和政治性社会性活动交叉在一起的。其间一度比较强调安排劳动与专业相结合，半工（农）半读则建立了工读结合的机制，但师生参加劳动和到工厂农村与工农兵结合，首要目的是改造思想，促进又红又专。“文革”期间则按照“五七道路”模式设计全部教学活动。

“文革”结束后，普通高等教育恢复了以学为主的教学秩序，中止了过去极左的做法，同时继续强调理论与实际相结合，但对“教育与生产劳动相结合”的内涵理解上有所变化。80年代前期起，基于反对资产阶级自由化的需要，特别是1989年出现政治风波后，曾统一组织师生参加社会实践，到工厂农村参观，做社会调查，以期正确认识“两个坚持”的基本路线和改革开放的形势。90年代后期，已不在教学计划中集中安排单纯的生产劳动，学生除参加若干公益性劳动外，主要在社会实践、专业实习、产学研过程中参加一些生产活动。至于社会实践，通过两条渠道落实。一是利用假期组织学生进行社会考察或志愿者服务活动，接触工农兵，认识国情，服务群众，但不计学分；二是通过多种教学环节（如专业实习、教育实习、军训等)，结合业务，深入社会，锻炼独立工作能力。

军训作为教学环节始于50年代。当时学生参加民兵训练，上国防军体课。1986年起，我校进行每年一度（有些年份缺）的军训，学生既学习军事理论，也参加军事训练，从而提高国防意识，弘扬爱国主义精神，养成遵守纪律的好习惯。至今军训已在13个年级中进行，目前正着手为军训充实新的内容。

2. 其他实践性教学环节

(1) 毕业论文（完成毕业设计）

我校本科生完成毕业论文的制度始于80年代前期，以后，有条件的系科安排学年论文。通过学生撰写论文或毕业设计的整个实践过程及教师的指导，使学生受到初步的科研训练，培育其创新精神和动手能力。

(2) 专业实践和实验教学

在物理、化学、生物、地理、计算机等理工系科和历史等文科，有安排专业实习的传统。随着经费的增加和管理的规范化，截止到2003年已建立了58个较为稳定的专业实习基地，配备了较充裕的指导力量。

对于进行实验教学的系科，要求切实加强学生基本实验技能的训练，培养学生的动手能力，观察、思考、分析、创造能力以及运用基本理论、现代科技和科学方法探索新知的能力。

(3) 教育实习、见习（参见本节）

(4) 创新活动（教育）

具体工作围绕科技创新基地、创新团队、创新体制与机制三方面开展。除了在专业学习领域培养创新意识和技术应用能力外，又通过加强通识教育、实践教育、第二课堂教育，培养学生的动手和创业能力。

(5) 考核

考核是树立正确的教学导向、收集反馈教学信息、保证教学质量的关键环节之一。60年代起我校即开始了考核方法的改革，80年代以来，不断加强考核的科学化和规范化，并且与校风、教风、学风的建设相结合。

二、教学建设

(一) 课程建设

1. 概况

20世纪50年代～60年代，我校教学管理部门对各类课程（如政治理论课、专业课）和单项课程都提出过原则性、常规性要求，不过缺乏先进的课程理论作指导，检查也处于自然评估状态。1985年全国教育工作会议后，全校对提高教育质量的紧迫性有了新的认识。1986年出台的《关于课程建设的几点意见》和《1987～1990年教学工作规则》正式提出“课程建设的概念”，认为“课程建设是提高毕业生质量的基本建设，要长期搞下去”。此后，院、系两级制定了分期分批的课程建设计划，以及课程建设的标准和验收标准，1989年公布了首批课程建设质量评估验收结果。

1995年全校教学工作会议的中心议题是课程建设。会议肯定了几年来课程建设取得的成绩和经验，同时也指出了存在的不足：各系工作发展不平衡；学校投入不够；较多在建课程存在弱项，特别是对改革课程体系考虑得不多等。会议要求落实国家教委《面向21世纪教育内容和课程体系改革研究计划》的精神，加大课程改革步伐。“九五”期间，课程建设向纵深发展，有的由单门课进到课群建设，甚至触及到跨学科的课程建设；在单门课程中，更注重内容的整合，反映前沿科技成果，调动学生学习积极性，采用现代信息技术等；1999年提出已达标课程再建设的问题。2002年学校进而出台了课程建设分层次发展的战略，即分为精品课、优秀课、达标课3个层次，提出“十五”末要建成一批有特色的精品课程，并力争使我校到2005年所有专业必修课程都能通过达标课程的验收。

经过多年的课程建设，已取得多方面成果，部分成果体现在教改立项和获奖当中。我校自1992年起即建立了课程体系与教学内容改革立项制度，起初每两年进行一次，近年来改为每年一次。迄今我校教师已先后承担4项教育部课程体系与教学内容改革项目，22项市级教改项目，195项校级教改项目。到2003年教师获得的教学成果奖包括：国家级优秀教学成果一等奖1项，二等奖3项；北京市优秀教学成果奖33项；校级优秀教学成果奖107项。

2. 课程建设的评估验收

为推动学校教学内容与课程体系的整体改革，保证课程建设的质量，学校制定了从申报到验收等一系列规范而严格的工作程序，成立了校系两级课程建设评估验收委员会。从1994年起将达标课程的评估验收权下放到院系，校级优秀课程的评估验收由学校把关，每两年验收一次。并制定了相关的奖励措施，优秀课程被纳入到校级优秀教学成果奖之列，以调动教师搞好课程建设的积极性。

自1986年我校开展课程建设评估验收工作以来，至2003年，现已评估验收达标课程129门，其中优秀课程55门。

表 2.3.3.1　　校级优秀课程（1989～2003年）一览

序号	课程名称	所属院系	主讲教师	批准时间	验收级别
1	高等代数	数学系	田孝贵	1989	优秀
2	遗传学	生物系	张金栋	1989	优秀
3	英语泛读	英语系	王 伟	1989	优秀
4	钢琴课	音乐系	唐重庆	1989	优秀
5	数学分析	数学系	范秋君	1989	优秀
6	中学历史教学法	历史系	叶小兵	1991	优秀
7	俄语语法	俄语系	黄鹏飞	1991	优秀
8	中等数学解题研究	数学系	李建才	1991	优秀
9	近代物理学	物理系	甄长荫	1991	优秀
10	植物生理	生物系	邱泽生	1991	优秀
11	人体及动物生理学	生物系	高德伟	1993	优秀
12	电磁学	物理系	魏凤文	1993	优秀
13	热 学	物理系	聂宜如	1993	优秀
14	英语写作课	英语系	陈 洪	1993	优秀
15	中学物理教材教法	物理系	乔际平	1995	优秀
16	植物学	生物系	杜桂森	1995	优秀
17	高等几何	数学系	王智秋	1995	优秀
18	常微分方程	数学系	都长清	1995	优秀

续表

序号	课程名称	所属院系	主讲教师	批准时间	验收级别
19	物理化学	化学系	虞慰曾 周荫庄	1995	优秀
20	世界中世纪史	历史系	陈曦文	1995	优秀
21	实变函数	数学系	王尚志	1997	优秀
22	数值分析	数学系	张斐慕	1997	优秀
23	物理化学实验	化学系	王蕴华	1997	优秀
24	分析化学	化学系	周天泽	1997	优秀
25	中国近代史	历史系	刘振岚	1997	优秀
26	世界现代史	历史系	吴 伟	1997	优秀
27	英语一年级精读	英语系	杨 阳	1997	优秀
28	工笔重彩	美术系	刘福芳	1997	优秀
29	文学概论	中文系	张建业	1997	优秀
30	中国古代文学	中文系	朱宝清	1997	优秀
31	现代汉语	中文系	张育泉	1997	优秀
32	思想政治教材教法艺术	政法系	蓝 维	1997	优秀
33	世界当代史	历史系	徐 蓝	1999	优秀
34	世界近代史	历史系	赵军秀	1999	优秀
35	史学概论	历史系	邹兆辰	1999	优秀
36	英语二年级精读	英语系	王月平	1999	优秀
37	基础阶段俄语精读	外院俄语系	黄苏华	1999	优秀
38	中学数学教材教法	数学系	张景斌	1999	优秀
39	物理学史	物理系	李艳平	1999	优秀
40	光 学	物理系	魏凤文	1999	优秀
41	结构化学	化学系	金增瑗	1999	优秀
42	仪器分析	化学系	樊祥熹	1999	优秀
43	复变函数	数学	李庆忠	2001	优秀
44	解析几何	数学	侯忠义	2001	优秀
45	中国古代史	历史	宋 杰	2001	优秀
46	哲学原理	政法	范燕宁	2001	优秀
47	色彩教学法	美术	陈以禄	2001	优秀
48	素描基础	美术	韩振刚	2001	优秀
49	中国美术史	美术	李福顺	2001	优秀

续表

序号	课程名称	所属院系	主讲教师	批准时间	验收级别
50	理科高等数学 A	数学系	焦宝聪	2003	优秀
51	地质地貌	资环学院	齐 童	2003	优秀
52	中国古代文学	文学院	王 军	2003	优秀
53	北京史	历史系	郗志群	2003	优秀
54	山水技法	美术学院	王欣昌	2003	优秀
55	色彩构成	美术学院	潘 强	2003	优秀

（二）教材建设

1. 概况

教材是体现教学内容和教学方法的重要知识载体，是进行教学活动最基本的工具之一。我校各时期教育发展计划及教学工作文件对教材建设多有规划，大致涉及以下诸问题。

（1）教材的配备和使用

在50年代～60年代，我校要求每门课程都选定较固定的教科书，如没有适宜的教材，则根据教育部颁发的课程大纲自行编写，或提供给学生讲授提纲。《1962～1963学年教学工作要点》提及："由于中央大抓教材建设工作，上学年，理科各系基本上有了教材，文科一部分课程有了教材初稿，一部分课程有了代用教材、自编讲义或讲授提纲，总之，已经基本上改变了教师忙于念讲稿、学生忙于记笔记、两头不抬头的状况。"《1963～1964学年教学工作要点》要求："有计划地积累一套完整的教学参考资料，包括习题卡、实验卡、辅导卡、测验题、教具、挂图等。""要有计划地积累各个教学环节的教学经验，并在此基础上，逐步形成教学法指导书。"

"文革"期间提出"教材必须彻底改革"的口号，在极左思想指导下所谓"深入开展革命大批判，大破封、资、修的学科体系"，导致出现了"学校无教材，学生无课本"的局面。

改革开放以来，新开课程层出不穷，而教材的编写出版通常总是滞后于课程的更新。但我校仍对必修课、主干课、重点建设的课程继续提出配备使用优质教材的严格要求。不过选用方面予以放宽。按《高等教育法》，各校有权自主选编教材，国家和地方重点编写的教材只供推荐使用。

（2）教材的质量

我校一贯注意提高教材的质量。①内容上应反映最先进的科学文化成果，并且符合中国的实际情况。要以辩证唯物主义和历史唯物主义作为指导思想，根据先进的学科思想和教育规律更新知识体系和教学方法，克服教材内容陈旧、知识庞杂、低水平重复等现象。②师范专业的教材要体现师范特色。师生都应了解并研究国家和地方确定的基础教育课程的标准和相应的教材，各科使用、编写的教材应努力培养师范生从师任教的能力，但防止高师的课程和教材在中小学教材后面亦步亦趋。③鼓励教材制作手段、方法的出新，如研发多媒体电子教材等。④提高教材印刷装帧质量。

（3）教材建设的管理

①1995年我校成立教材建设委员会，逐渐建立健全了教材编写、评优、选用等规章制度，制定了学校“九五”和“十五”教材建设的整体规划，对教材建设实行校、院系两级管理。“九五”期间的方针是，强化改革，加大投入，突出重点，全面提高。②将教材建设与教学整体改革和课程建设相结合，开展立项研究。教师编写教材、讲义均计入工作量。设立出版基金，资助教材出版。③加强教材科的建设。④接受市教委对我校教材工作的评估，检查《高等学校教材工作规程》的落实情况。校内定期开展教材和讲义评优工作，并推荐优秀成果参加北京市和教育部组织的评优活动。

“九五”、“十五”期间，我校加大了教材建设的投入，2001～2003年即投入了119万元经费（包括采购外文原版教材）。教材建设发展很快，一些相应措施的实施保证了教材建设工作取得了较好的成效。“九五”期间，学校在全国各出版社正式出版教材141部（文科96部、理科45部）。1997年参加了北京市教委组织的普通高等学校教材工作评估，评估结果获得优秀。“十五”教材建设规划计划出版121部教材，到目前为止已出版了103部。近2年来，我校在北京市教委组织的精品教材建设立项中，2001年立项8项，2002年立项3项，共计11项；在2002年教育部“十五”国家级教材规划选题中立项4项；在2002年11月启动的高等教育出版社“高等教育百门精品课程教材建设计划”中立项3项。学校坚持每两年开展一次校级优秀教材评奖工作。自1995年至2002年共组织了4次校级优秀教材评奖活动，评选出校级优秀教材52部。在此基础上，学校积极参加教育部组织的优秀教材评奖工作。20世纪90年代以来，我校获得教育部及省部级优秀教材奖10部，其中教育部级一等奖4部，二等奖2部，中青年奖2部。在近两次优秀教材评奖中，学校有6部教材获奖，其中1995年第三届教育部优秀教材评奖中获奖4部（一等奖1部、二等奖1部、中青年奖2部），在同次获奖的21所高等师范院校中排名第三位；在2002年教育部优秀教材评奖中获奖2部（一等奖1部、二等奖1部），在同次获奖的21所高等师范院校中排名第7位。这一时期，学校正式出版了3种面向21世纪高等教育的教材。

2. 获奖教材、讲义

80年代～90年代，我校正式出版的教材近1 000余种（其中多数为我校教师独立编写，或在具体编著中任主编）。其中一部分获得各级奖励。

表2.3.3.2　各级优秀教材一览

序号	教材名称	类别	主要作者	评定时间
1	世界通史教学参考资料选辑·现代部分	全国高校第一届优秀教材一等奖	齐世荣	1988
2	高等几何	全国高校第一届优秀教材二等奖	梅向明、刘增贤、林向岩	1988
3	中学历史教学法	全国高等学校第二届优秀教材一等奖	于友西、叶小兵、赵亚夫	1992
4	理论力学基础教程	全国高等学校第二届优秀教材一等奖	胡慧玲	1992
5	世界史	教育部第三届普通高校优秀教材一等奖	吴于廑（外单位人员）、齐世荣	1995
6	书法教程 书法教学参考资料	教育部第三届二等奖	欧阳中石、徐无闻	1995
7	人体·人体结构·人体艺术	教育部第三届中青年奖	贾彤福、王熙儒、李骥	1995

续表

序号	教材名称	类别	主要作者	评定时间
8	大学英语写作中级教程	教育部第三届中青年奖	陈 洪	1995
9	几何学引论(上、下)	教育部级一等奖	郑崇友、王汇淳、侯忠义、王智秋	2002
10	中国共产党思想政治工作史论	教育部级二等奖	张耀灿、王树荫、曾长秋	2002
11	物理学史教程	首届全国科技史优秀图书一等奖	申先甲、束炳如、陈毓芳、张锡鑫	1991
12	马克思主义思想政治教育著作选读讲解	全国高等学校思政教育研究会二等奖	闻立树	1994
13	20世纪物理学史	华东地区优秀教育图书二等奖	魏凤文、申先甲	1995
14	中华伦理	北京哲学社会科学二等奖	赵军华	1996
15	物理学习心理学	第一届校级一等奖	乔际平	1995
16	热学教程(第二版)	第一届校级一等奖	黄淑清	1995
17	马克思主义哲学原理	第一届校级一等奖	王锐生、冯卓然	1995
18	群体遗传学导论	第一届校级一等奖	郭平仲	1995
19	复调写作及复调音乐分析	第一届校级一等奖	王安国	1995
20	大学英语写作初级教程	第一届校级一等奖	王小平、陆 薇	1995
21	汉字的结构(计算机教学软件)	第一届校级一等奖	刘庆俄	1995
22	托福听力——全身心听力法续篇	第一届校级一等奖	刘亚平	1995
23	常微分方程	第一届校级二等奖	都长清、焦宝聪、焦炳照	1995
24	数学分析(上、下册)	第一届校级二等奖	范秋君、沈锡文、刘芸、付 珉	1995
25	教师教学技能	第一届校级二等奖	郭 友	1995
26	心理学	第一届校级二等奖	张世臣	1995
27	现代生活化学	第一届校级二等奖	周天泽	1995
28	俄语、汉俄翻译理论与技巧	第一届校级二等奖	程荣铬	1995
29	地理教育学	第一届校级二等奖	褚亚平	1995
30	邓小平新时期思想政治教育理论研究	第一届校级二等奖	王瑞荪	1995
31	世界政治经济与国际关系	第一届校级二等奖	王朝文	1995
32	工笔人体画技法	第二届校级一等奖	李爱国	1997

续表

序号	教材名称	类别	主要作者	评定时间
33	心理学新编	第二届校级二等奖	赵淑文	1997
34	GRAFTOOL 软件及其应用	第二届校级二等奖	殷宗恕	1997
35	政治学分析教程	第二届校级二等奖	房 宁	1997
36	比较思想政治教育学	第二届校级二等奖	苏崇德	1997
37	体育基本理论与实践	第二届校级三等奖	孙剑辉、王皋华	1997
38	原子物理学	第二届校级三等奖	王德云	1997
39	性伦理学	第二届校级三等奖	安云凤	1997
40	电影美学原理	第二届校级三等奖	李 泱	1997
41	怎样画山水	第二届校级三等奖	王欣昌	1997
42	文学原理	第三届校级一等奖	张建业、吴思敬	2000
43	实变函数基础	第三届校级一等奖	童 武	2000
44	高校电脑美术系列教材	第三届校级一等奖	贾彤福	2000
45	计算机组成原理多媒体辅助教学软件	第三届校级二等奖	王 陆	2000
46	美术教育学	第三届校级二等奖	尹少淳	2000
47	多媒体计算机技术的教学应用	第三届校级三等奖	艾 伦	2000
48	新编英语阅读	第三届校级三等奖	董启明	2000
49	学校教育学教程	第三届校级三等奖	胡玉顺	2000
50	中国古代物理学史	第三届校级三等奖	刘树勇	2000
51	新编交际英语	第三届校级三等奖	王月平、林 立	2000
52	教育心理学概论	第三届校级三等奖	郭德俊、雷 雳	2000
53	中国革命史论	第三届校级三等奖	李松林、冯淑英	2000
54	中国经济发展史	第四届校级一等奖	宁 可	2002
55	天人之际－中西文化观念比较	第四届校级一等奖	魏光奇	2002
56	数值分析	第四届校级一等奖	黄 铎	2002
57	法律基础教程	第四届校级一等奖	夏利民	2002

续表

序号	教材名称	类 别	主要作者	评定时间
58	中国货币发展史	第四届校级二等奖	宋 杰	2002
59	人工智能原理及应用	第四届校级二等奖	王万森	2002
60	西方经济学	第四届校级二等奖	董正平	2002
61	概率论与数理统计	第四届校级二等奖	张饴慈	2002
62	PASCAL 语言程序设计教程	第四届校级二等奖	任富田	2002
63	21 世纪高师音乐教材钢琴教程	第四届校级二等奖	黄瑂莹	2002

（三）其他建设

1. 实验教学建设

实验教学是学校教学工作的重要组成部分。由于物质条件的限制，在“文革”之前，我校的实验条件不能满足教学的需求；70 年代末，实验开出率仅为 42%。进入 80 年代以后，加大了投入，实验开出率达到 97%以上；2000 年，实验课程和实验项目开出率均达到 100%。

近年来，我校努力加强实验教学建设，提高实验教学地位，规范实验教学管理。2001 年制定了《首都师范大学实验教学管理暂行规定》。与此同时，注重发挥实验教学在培养学生动手能力、实践能力、创新能力方面的优势，对实验教学进行改革，着重研究与更新实验内容、实验方法、实验手段，改变实验课多验证、少综合的状况，增加实验性、综合性、设计性实验课程。学校要求每门实验课综合设计性项目不少于 30%。目前，有综合性、设计性的实验课程门数占实验课程总门数的比例已达 86.2%。学校注重实验教学技术手段的提高，把计算机、网络和多媒体等现代教育技术手段引入实验教学。

我校积极进行实验教学模式改革的探索，为给学生创造更多的培养创新精神和锻炼实践能力的机会，设立了“首都师范大学实验室开放基金”。基金采取科研立项形式，2001～2003 年共立项 212 项，调动了学生的积极性。同时，鼓励学生参与教师的科研课题，提倡学生在遵守操作规程的条件下自由设计实验，以培养学生的动手操作能力和勇于实践的创新精神。

2. 多媒体教学建设

我校大力推动多媒体网络辅助教学。建立了大学英语和计算机公共课两个教学网站。学校全部课程的教学日历和师范类专业必修课的教学大纲均已上网公布。2003 年初，我校统一的网络辅助教学平台——“首都师范大学网络学堂”正式开通。符合规定标准的多媒体网络辅助教学课程已达到 164 门，占全校专业必修课总数的 17.8%。

2001 年，学校投入课件建设资金 80 万元，启动了教学课件、网络课程建设工程。要求 62 名主讲教授、骨干讲员一年内建设一门课程的课件或网络课程。2002 年对课件进行了评审。2003 年再次启动课件建设工程，申报课件建设课程达 206 门。在 2003 年教育部举行的“全国教师教育优秀课程教材资源征集、遴选、展示活动”中，我校有 7 项入选“优秀课程教材资源”，4 项入选“推荐课程教材资源”，总入选数在全国高师院校中名列第一。

2002 年，学校建成了全国第一个数字化教学模拟训练室。该训练室将多媒体引入了教学训练，构建了网络备课系统、教学素材库及网络案例库为一体的资源系统，为教师教学技能训练提供了强大的技术支持，同时也为中学教师提供了丰富的教学资源。

3. 教学基地建设

我校重视教学基地建设，2003 年，共建有 7 个校内实习基地，校外专业实习基地 58 个，教育实习挂钩基地 102 个。

4. 构建学习型组织

为了给教学工作创造、提供良好的环境氛围，我校着力构建学习型组织，促进并加强校园文化建设，同时也为学校教学建设创建思想理念上的发展空间和平台。2003 年 8 月学校印发了《构建学习型组织，促进校园文化建设》管理文件，提出：学习型社会理念在学校层面的具体应用体现为构建学习型组织。其主要内容是：通过人际（师生之间）的互相沟通和深层对话，在工作和交往中共同协作，进而生成团队精神和共同理想，互相理解，互相信任，最终达到系统思考的校园文化状态。其目的是要实现我校在工作理念、思维方式、价值取向、伦理道德和行为习惯等校园文化诸要素的有效提升，为创设良好的学术氛围、促进教学工作的进一步发展提供环境支持。实施策略是以提供沟通和对话的条件为切入点，形成我校的核心精神和横向交流制度。具体方案为：首先通过制定《首都师范大学师生员工发展手册》，加强宣传力度，形成学校的核心精神。其次是建立横向学习制度。如：成立管理层面的横向学习小组、学术方面的横向学习小组等。此外还有加强网络建设和建设电子会议室，以提供技术保障。

第四节　本专科教学管理

一、教学管理机构及其制定的规章制度

（一）教学管理机构

校内教学管理机构主要包括教务处、学生处、研究生部以及以管理为主的学院（教务处以外的部门简介参见本编有关章节）。

1. 教务处

教务处是主管全校普通本专科教学管理工作的职能机构，对校长负责，在分管教学的副校长和主管教务的校长助理或教务长直接领导下开展工作。

1954 年北京师院初建时即设立了教务处，由教务长主管，下设教务主任，处内只有教务行政科一个科室。1956 年处下设教学组、行政组（随即改为教务行政科）、实习组。1957 年增设教材科、教学设备科。1960 年科室调整，下设教学科、教务行政科、实习办学科、劳动生产和科研部。1962 年机构设置和管理工作进一步得到健全：教务长分管各科室；取消科研部，由教学科兼管科研工作；同时增设实验室管理科，科下附设仪器修配厂，在教材科下附设印刷厂。“文革”开始后，机构撤销，1970 年成立教育革命组，负责安排全校教学、科研、生产。1971 年教育革命组下设普通组（二、三年制专业）、师训班组、教学行政管理组。1977 年恢复教务处，并首次任命正副处长。处内陆续设教学科、

教务行政科、实验室管理科、电化教育馆、学生科。1984 年，撤销教务处、科研处，组建教学科研处和教务行政处（简称教务处）、教学实验设备处（下设教学实验管理科、设备科）。教学科研处下设教学科、师资科、研究生科、科研科；教务行政处下设教务行政科、招生办公室、函授科、教材科。1987 年撤销教学科研处和教务行政处，恢复并重建教务处、科研处。教务处下设教学科、教务行政科、师资科、教材科、实践科。北京师院更名为首都师范大学后，教务处建制未变。1993 年教学设备处撤销后，并入教务处，教务处设实验管理科，1997 年成立教学条件装备处。

教务处的职能包括：教学计划管理、教学质量管理、教学基本建设管理、教务常规运行管理等。

1994 年我校教务处被国家教委评为“全国普通高等学校先进教务处”，1999 年又被教育部评为“全国普通高等学校优秀教务处”。

表 2.3.4.1　　历任教务处主要负责人更迭表

姓名及职务（教务处长）	任期
李洪琛（教务主任） 刘国盈（教务主任） 孙 锋（教务主任）	1954～1957
由教务长直接领导教务工作	1957～1966
林东华、杨云芝、劳国兴、朱 学、 向福先（先后任教育革命组负责人）	1970～1976
向福先	1977～1978
宋 仁	1979～1982
杨传纬（兼）	1982～1983
饶学良（教务行政处处长）	1984～1987
赵秉贞（教学科研处，牵头工作）	1984～1987
杨学礼	1987～1988
李春年	1988～1989
陈明仁	1990～1992
胡 杞	1992～1997
王万良	1997
沈孝本	1997～

2. 专门委员会

（1）首都师范大学学术委员会　1980 年成立，该委员会审议学科、专业的设置，教学、科研计划方案，评定教学、科研成果。

（2）首都师范大学学位评定委员会　1982 年成立。

（3）首都师范大学教学指导委员会。

80 年代中期设有教学咨询委员会，1997 年成立校、系两级教学指导委员会。委员会分别对校长和系主任负责，对贯彻国家的教育方针、教育法律法规以及教改的重大决策提供咨询，对教学工作进行督导和检查。

（4）首都师范大学课程建设评审委员会　1987 年成立校、系两级评估领导小组，1989 年成立评审委员会。各院、系成立相应的组织。

（5）首都师范大学教材建设委员会　1995 年成立。

（6）首都师范大学实验教学指导委员会　2000 年成立。

（7）首都师范大学优秀教学成果评选委员会　1989 年成立。

（8）美育指导委员会　1987 年成立。

（9）教师课程教学质量评估小组　2000 年成立。

（10）教师教学督导组　2001 年成立。

（二）教学规章制度

从 50 年代起，我校即不断制定并更新教学规章制度，于 1993 年、1996 年、1999 年和 2003 年先后 4 次汇编、修订教学管理文件，逐步健全和完善了教学管理规章制度及执行监控措施。其间 2002 年制定了一系列新的教学管理文件，涉及学分制教学管理、学籍管理、教学建设及教学质量管理、教学实践管理、教材管理等项内容，使教学计划、教学运行、教学建设和质量监控等环节有章可循，有法可依，保证了教学工作正常运转。

我校在教学质量管理的决策、质量监控、评价和反馈等方面均进行了制度建设，如：领导听课制度，“三段式”教学检查制度，教学质量评估制度、教学一票否决权制度，教学督导员、学生信息员制度，教学奖惩制度等。

为提高教学管理的现代化水平，2000 年教务处设立了“首都师范大学注册中心”，实现了教务管理全过程的计算机处理，而且形成了一套行之有效的管理机制。

附：2003 年《首都师范大学教学管理文件汇编》（第四版）目录

（1）培养方案与专业管理

·首都师范大学本科生培养方案和指导性教学计划管理办法

·首都师范大学本科专业管理规定

·首都师范大学辅修专业管理办法

（2）课程建设与教学改革

·首都师范大学课程建设工作条例

·首都师范大学课程建设评审委员会工作条例

·首都师范大学教学改革研究立项的若干规定

·首都师范大学教学指导委员会工作条例

·首都师范大学关于双语教学的若干规定

（3）学籍管理

·首都师范大学本科生导师工作条例

·首都师范大学本科生学籍管理办法

·首都师范大学特长生学籍管理办法

·首都师范大学港澳台及华侨学生学籍管理办法

·首都师范大学授予学士学位暂行办法

·首都师范大学本科生公共外语学习管理办法

·首都师范大学本科生选课管理办法

·首都师范大学推荐应届本科毕业生免试攻读硕士学位研究生的有关规定

(4) 教学质量管理

·首都师范大学考试工作条例

·首都师范大学关于本科生毕业论文（设计）的规定

·首都师范大学教师课程教学质量评估工作实施意见

(5) 实践教学管理

·首都师范大学教育实习章程

·首都师范大学专业教学实习管理办法

·首都师范大学社会实践活动规程

·关于教育实习经费开支标准的规定

·关于建立首都师范大学教育实习基地和挂钩学校的意见

(6) 教材管理

·首都师范大学教材工作条例

(7) 师资管理

·首都师范大学关于教师教学工作的若干规定

·首都师范大学教研室工作暂行条例

·首都师范大学关于教师参加岗前培训的规定

·首都师范大学关于教师国内进修的规定

·首都师范大学关于选拔培养中青年学科带头人的暂行条例

·首都师范大学关于教师计算机应用能力培训的有关规定

·首都师范大学教师岗位职责及满负荷工作量的要求

·首都师范大学关于评选优秀主讲教师的试行办法

·首都师范大学关于若干教育教学工作折合教师工作量办法

·首都师范大学教学差错、教学事故认定和处理暂行办法

·首都师范大学关于师资培训经费的使用规定

(8) 招生管理

·关于加强招生工作管理的若干意见

·首都师范大学关于定向招生工作的若干意见

·首都师范大学关于艺术类专业考试的有关规定

(9) 其他

·首都师范大学课堂规则

·首都师范大学教室管理规定

·首都师范大学关于排课及课表运行管理的规定

·首都师范大学关于对本专科生进行普通话水平测试的意见和实施办法

·首都师范大学关于“综合教务管理系统”的管理规定

·关于接收校外人员旁听、进修和借读的暂行规定

·关于进一步加强教务处干部与教学单位工作联系制度的规定

二、教学质量监控系统

教学质量监控系统通过过程监控和结果监控两种互为补充的措施加以实施。在平时校、系两级党政系统的工作会议上，经常将教学工作纳入议事日程。90年代中期起，更

规定至少每两年召开一次全校性教学工作会议。上述会议均涉及对既往教学状况的评价。特别是每当社会发生重大变迁或学校处于发展的转折时期，通常都要总结人才培养的经验教训，找出失误和不足。如1958年"教育大革命"结束后，于1961年组成了物理系、中文系两个调查组，系统调查教学质量状况；改革开放之初，全校清算了"四人帮"在教育教学领域的余毒；1989年政治风波之后，组织师生反思办学方向；80年代之初和90年代之初制定学校的两个教育发展规划以及其后修订教学计划时，均开展了教育思想大讨论，对教学的成败得失作了细致的分析；此外，1986年、1996年两次对毕业生大规模的跟踪调查，也获得了关于教育质量的反馈信息。

（一）教学质量监控系统及其运作

进入21世纪，各种教学规章制度渐趋健全、完善，我校更加重视教学质量的监控，并且积极采用现代化管理技术，在教学质量管理与监控的实践中，形成了以校、院系领导为核心的决策指挥与管理调控系统、教学质量评估与监控系统、教学质量反馈系统及调查研究系统。

1. 决策指挥与管理调控系统。主要包括：（1）建立教学质量第一责任人制。学校党政一把手为全校教学质量第一责任人，院系（部）党政一把手为院系（部）教学质量第一责任人，从机制上保证教学质量责任到人。（2）各级领导随机听课制度进一步加强。形成了领导带头听课，深入课堂，重视教学的风气。（3）坚持教学工作会议制度。自1998年以来，学校每年召开一次全校性的教学工作会议。（4）学校成立校、院系两级教学指导委员会，制定了《首都师范大学教学指导委员会工作条例》，从机制上保证了教学指挥决策系统的有效运转。

2. 教学质量评估与监控系统包括两方面内容：（1）建立各个教学环节质量标准。我校制定了《首都师范大学关于教师教学工作的若干规定》等7个有关教学质量的规章制度和质量标准，对课堂教学、实验及实践教学、毕业论文、教育实习等重要教学环节提出了明确的质量标准，使教学质量评估规范严格、有章可循。（2）形成多角度、全方位、立体式的教学评估与监控体系。教学检查制度是我校长期坚持并行之有效的教学质量监控措施。我校形成了"三段式"教学检查制度：开学教学秩序检查、期中教学质量检查和期末考试检查。"三段式"教学检查已成为学校教学评估与监控的重要途径。教学督导员和学生教学信息员制度是我校教学评估与监控的重要渠道。自2001年11月到2002年12月，教学督导员们共听课602节，覆盖全校各院系。

3. 教学督导员和学生教学信息员的设立。教学督导员深入课堂随机听课，了解学生出勤、听课情况，查看学生笔记、教师教案及教学计划执行情况，考察多媒体教学效果，为学校及时了解情况、制定相应的整改措施，提供了重要信息与依据。学生教学信息员也先后参与了大学英语教学质量调查、教学运行状况抽样调查、各院系的教学质量评估工作和校长教学座谈会。学生教学信息员已成为教学质量评估与监控系统的重要组成部分。

4. 教学反馈系统与激励机制并行。1999年我校在总结10余年教学质量评估经验的基础上，制定了《首都师范大学教师课程教学质量评估工作实施意见》，规定所有担任本科教学的教师，都要接受学生（每年一次）和教学指导委员会（每2年一次）的课堂教学质量评估。评估结果上网公布，并作为教师聘任的重要标准与职称评定、岗位聘任挂钩，实行教学质量评估一票否决制，教学质量从此从软指标变成了硬指标。为了鼓励那些教学质量高、受学生欢迎的好教师，2000 年我校开展了“红烛礼赞”教师节表彰活动。2002 年起我校建立了评选优秀主讲教师制度，规定连续三年被评为优秀主讲教师者，可获优秀教师称号，给予重奖，在职称评定、岗位聘任、出国进修等方面予以优先考虑。同时我校制定了教学差错与事故认定制度，并认真加以执行，将教学质量监控落到实处。

5. 教学质量调研系统利用追踪调查结果进行教学质量反思。我校曾组织大规模毕业生跟踪调查，获得了大量的反馈信息；教务处每年对毕业班学生进行问卷调查，积累了丰富的调研数据；通过教育实习，组织学生进行教育调查，了解用人单位对学校和毕业生的评价意见；此外我校教务处和学生处还不定期召开区县教育局领导、中学校长、特级教师座谈会。这些调研为我校深化教学改革和提高教学质量提供了依据，从而明确了整改的方向。

以上各系统全方位有效的监控教学及教学管理全过程，以学生为中心，“监”“控”有机结合，形成我校保证教学质量的管理监控机制，促进了教学质量的提高。

（二）教学质量评估的运作

1. 校、系教学工作评价

自 1989 年教育部开展优秀教学成果奖评选以来，我校的教学改革研究与实践也取得了若干成果。我校获得国家级优秀教学成果一等奖 1 项、二等奖 3 项，北京市优秀教学成果奖 33 项，校级优秀教学成果奖 101 项。2002 年初，在师范专业必修课中，通过评估验收的达标课程有 102 门，其中优秀课程 45 门。优秀课程、达标课程与在建课程的总数占全部师范专业课程的 70.4%。自 1992 年学校开展教学内容与课程体系改革立项工作以来，至 2002 年已有 4 项获“教育部面向 21 世纪教学内容和课程体系的改革”立项。

此外，2000～2002 年，教学内容与课程体系改革的项目中，有 22 项市级教改项目（含 1 项北京市招标项目），132 项校级教改项目。如数学系将原有的几何基础、解析几何、微分几何、高等几何和点集拓扑等课程整合为一门“几何学引论”，该教材被教育部批准为“面向 21 世纪课程教材”，并作为北京市教改课题《高师数学专业面向 21 世纪教学内容和课程体系的改革》的重要组成部分，获得了 2001 年北京市优秀教学成果一等奖。

表 2.3.4.2　　国家级优秀教学成果获奖项目

序号	成果名称	获奖年份	获奖等级	完成人员	获奖单位
1	物理教育系列课程	1993	国家级二等奖	乔际平、张大昌、续佩君	物理系
2	以新的理论建立“高师数学分析”课程题库促进教学评估的开展和教学质量的提高	1993	国家级二等奖	范秋君（与外单位合作）	数学系
3	高师开设性健康课的探索与实践	1997	国家级一等奖	高德伟、吴群英、张玫玫、曹绛雯、刘晓晴	生物系
4	高师中文系中国古代文学课程体系改革方案	2001	国家级二等奖	赵敏俐、鲁洪生、吴相洲、左东岭、黎烈男	中文系

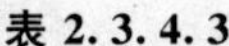

表 2.3.4.3　　北京市级优秀教学成果获奖项目

序号	成果名称	获奖年份	获奖等级	完成人员	获奖单位
1	高师中期教育实践的设计与试验	1989	市级	饶杰腾、刘壮	中文系
2	高师数学专业高等代数课的教改和课程建设	1989	市级	田孝贵	数学系
3	培养研究生的几点做法	1989	局级	齐世荣	历史系
4	开设《当代世界政治经济与国际关系》新课的工作总结	1989	局级	王朝文	管理系
5	英语泛读课教学改革体会	1989	局级	刘北利、王伟	英语系
6	遗传学课程建设的总结	1989	局级	郭平仲、张金栋、康克强	生物系
7	强化教育实践，培养合格中等学校音乐教师	1989	局级	曹理、张安生、陆福通	音乐系
8	“汉字概论”课的计算机辅助教学	1993	市级一等奖	刘庆俄、刘胜利、贺丰江、吴敏华	中文系
9	资本论与国际性资本主义经济制度	1993	市级一等奖	郭寿玉	青研所
10	坚持搞好课程建设，不断提高教学管理水平	1993	市级一等奖	沈孝本、佟庆伟、王玉华、张红野、黄建平	教务处
11	“数学科普学”的开设与教学	1993	市级一等奖	李毓佩	数学(分部)
12	研究生“马克思主义经典著作选读”课	1993	市级二等奖	宁可、杨生民、翁俊雄、蒋福亚	历史系
13	艺用人体造型结构	1993	市级二等奖	贾彤福	美术系
14	植物生理学教学改革课程建设	1993	市级二等奖	邱泽生、赵微平、丁以姗、黄勤妮、张承谦	生物系
15	文言教材难句研究课	1993	市级二等奖	赵丕杰	中文(分部)
16	在高师化学系开展微型化学实验教学研究	1993	市级二等奖	陈康叔、汪毓海、裴学勤、张伟、杨宇红	化学(分部)
17	以英语专业四级考试为动力，提高基础阶段学生的语言水平	1993	市级二等奖	崔素芳	外院
18	多媒体技术在汉字教学中的初步应用	1997	市级一等奖	刘庆俄、贺丰江、刘京锐、吴敏华、彭岩	中文系
19	用微格教学方法培训师范生教学技能的研究与实践	1997	市级一等奖	郭友、张景斌、王云峰、兰维、苑凤仙	跨系
20	班主任工作和数学教学中教书育人的实践	1997	市级二等奖	崔一敏	数学系
21	北京史课程建设与改革	1997	市级二等奖	李淑兰	历史系
22	发挥物理学史的教育功能，推进物理教学改革	1997	市级二等奖	申先甲	物理系
23	高师数学教育专业几何课程教学内容和体系改革的研究与实践	1997	市级二等奖	郑崇友、王汇淳、侯忠义、王智秋	数学系
24	高师《高等数学与初等数学结合专题研究》课程的创设与实践	1997	市级二等奖	都长清、田孝贵、范秋君、周祖逵	数学系

续表

序号	成果名称	获奖年份	获奖等级	完成人员	获奖单位
25	语言专业开设构词课的必要性——德语构词课的教学实践与效果	1997	市级二等奖	郑惠卿	外 院
26	高师中文系中国古代文学课程体系改革方案	2001	市级一等奖	赵敏俐、鲁洪生、吴相洲、左东岭	中文系
27	培养本专科学历小学教师教育教学方案的研究与实践	2001	市级一等奖	王万良、王智秋、刘树信、周惠玲、卢 冰	初教院
28	电脑美术教学研究——设计手段现代化教学建设	2001	市级一等奖	贾彤福	高等美术教育研究中心
29	高师数学专业面向21世纪教学内容与课程体系的改革	2001	市级一等奖	卢才辉、王智秋、郑崇友、李庆忠、焦宝聪	数学系
30	北京史教学体系的优化及教学方法的改革	2001	市级二等奖	郗志群、宋卫忠、李维明、于丽萍	历史系
31	计算机及网络学习支撑环境的研究与实践	2001	市级二等奖	王 陆、董 乐、杨 卉、李亚文、冯 涛	计算机
32	改革教学法课程，提高跨世纪教师的素质	2001	市级二等奖	杨善禄、毕晓白、郭友、槐鹤玲	生物系
33	加强结构化学课程建设，提高师范生综合素质	2001	市级二等奖	金增瑗、鲁晓明、萧岭梅、屈尔宁、刘顺诚	化学系

2. 教学基本建设评价

包括学科专业建设、课程建设、教材建设、实践教学建设、学风建设、教学队伍建设、管理制度建设的评价等。以上诸项评价工作，我校从80年代起，开始有计划有步骤地进行，具体情况散见于本篇各章节。

(1) 教风建设与教师教学质量评价

教风建设是教学管理工作中十分重要的环节。从50年代起，我校即开始教风建设，包括对教师教学的全过程进行检查。80年代中期起按照《北京师范学院教育教学质量评估指标体系》操作，1986年曾颁发校级教学质量优秀奖，1987年起，凡参加职称评定者，必须有该项评价结果。其后，此项检查的重点转为对青年教师、一年级组教师和参加课程建设的教师进行评价。1999年起，按照《首都师范大学教师课程教学质量评估工作实施意见》的要求，在课堂教学和考试两方面对每学期担任本专科教学任务的教师，由教师(领导、同行)和学生进行评估。

世纪之交，我校强化了教风建设。要求教师依法从教，从严执教，自觉提高师德修养和执教水平。2000年11月，召开了思想政治工作会议，制定了《首都师范大学关于加强和改进思想政治工作的意见》和《首都师范大学关于加强师德建设的意见》。两个《意见》指出：我校具有良好的师德传统，广大教师忠诚于党和人民的教育事业，敬业进取，为人师表，为学生树立了学习的榜样。但目前师德状况也存在一些问题。如，有的业务水平不能及时提高，照本宣科；有的全局观念差，与其他教师不能协同合作；有的在课堂上散布不负责任的言论；有的教育观念陈旧，不关注学生全面发展；有的缺乏自我批评精神等。另外，知识界出现的学术失范、学风不正乃至学术腐败的现象在我校也有所反映，如急功近利、粗制滥造、投机取巧、徇私舞弊等。为此，近年来，我校强调以师德建设为重点，切实加强教师的思想政治工作。

我校开展了“优秀教师”、“先进教育工作者”、“优秀共产党员”、“优秀党务工作者”、“优秀党支部”的评选活动，以及“红烛礼赞”、评选“最受学生欢迎的十佳教师”“优秀主讲教师”和表彰教育实习、专业实习优秀指导教师以及本科毕业论文（设计）优秀指导教师等活动，鼓励治学严谨、乐于奉献、敬业尽责的先进教师典型。

表 2.3.4.4　　优秀教师一览

2000 年度教书育人优秀教师（校级）名单

中文系：邓小军、黄天树、陈翼浦、汪大昌、黄 华

历史系：周兴旺、王燕平

政法系：隋淑芬、郑贤君、李建新、董正平、陈 琦、袁琳琳

教科院：丁锦红、苏丹兰、王建平、张 力

英语系：郝 澎、朱平平

大英部：蒋勋蓉、李 游

音乐系：冯兰芳、王素兰、果 勇、吴铁英

美术系：吴敏荣、陈以禄、马颖超

数学系：李庆忠、管冰辛、崔一敏、马恩林、童 武、玄桂淑

物理系：艾 伦、隗功民、郑 鹉、赵 鸿、王 薇、张林瀛

计算机系：吴敏华、任富田、徐克强、王彦丽

化学系：陈康叔、凌晓红、王少亭、王自彬

生物系：黄勤妮、毕晓白、高 武、张子慧

地理系：陈树杰、张桂珠

体育教研室：周 晴

德育教研室：安铁岭

外 院：王兰霞、邢克超、孟墨勤、张永泰、张淑荣、韩 梅、高 婴、赵新民

初教院：刘 莹、张凤霞、朱振平、俞 劼、胡紫杰、王 勤、于 忠、李春明、姚 飞

书法所：叶培贵

中文系 1999～2000 学年度“最受学生欢迎的十佳教师”获奖名单

冯 蒸、邓小军、陶东风、朱宝清、王震亚、李勤印、汪大昌、侯 会、周建设、黄天树

2002 年全校学生评选出“首都师范大学最受学生欢迎的十佳教师”名单

历史系：孙文泱　数学系：管冰辛　文学院：黎烈南　政法学院：田国秀

教科院：王晓华　音乐系：周世斌　物理系：常 悦　初教院：郜舒竹

生物系：杜桂森　外语学院：邢克超

2002～2003 学年优秀主讲教师（校级）名单

马恩林、马晓红、王月平、王海燕、王培根、韦红燕、付必谦、冯 蒸、卢慕稚、田 宝、田国秀、白 雁、刘永顺、刘丽丽、刘俊燕、刘胜利、孙卫真、朱 虹、吴敏华、张 力、张 丽、张子惠、张永华、张汉煜、张安利、张雅俊、李春玲、杨国立、杨培禾、汪龙麟、陈丽明、周有维、周建设、周荫庄、郑 莉、侯 会、侯忠义、贺诚璋、赵 岚、郝 澎、骆力明、常 悦、常福良、隗功民、傅 桦、程恭让、管冰辛、潘 强、黎烈南、戴达民

北京市教学名师（2003 年）名单

李福顺

(2) 学风建设与学生学习质量评价

在学生中间树立优良的学习风气，是搞好教学工作的重要环节（参见本《志》第八编第一章第二节）。建校以来，多次大张旗鼓地抓学风建设。2001年学生工作部对我校学风现状作了调查分析，在肯定成绩的同时，找出了存在的主要问题：学习动力不足，纪律较松懈（包括考试作弊），态度不够认真，方法不够得当，创新意识不强等。问题的产生，有生源的原因，学生自身素质的原因，也有校方教育管理方面的原因，同时受社会大环境（社会学习风气、学术知识界学风）的影响。近年来，我校重视学风建设，加强管理，建设优良学风，加大对学生学习质量评估的力度，促进教学质量的提高。

我校建立了以"三全"为主要特征的学生教育管理工作体系，即：全员抓教育管理、全过程贯穿教育管理和全方位实施教育管理，以此保证学生教育管理工作的全面落实。我校还本着"四严"的原则（论证严密、制定严格、执行严肃、系统严整）健全了一整套完善的学生管理规章制度，从《学生守则》、《校园文明行为规定》、《学生学籍管理规定》、《学生违纪处分规定》到《学生参加勤工助学活动的管理规定》、《关于加强大学生文化素质教育的实施意见》、《学生科研活动实施与管理条例》等共50余个，涵盖了教学、学籍、考风考纪、素质教育、学风建设、网络管理等学生学习和生活的各个方面。同时形成以"五到位"为原则的日常规范管理，力求认识到位，制度到位，宣传到位，措施到位，检查到位。总之，新型的学生管理体系，严格的学生管理制度，科学的学生管理规范，有助于推动学风建设，为推进教学工作提供保障。

我校严格对学生学习质量的评估与监控。除进行常规性考核外，还开展了毕业班问卷调查（1992级开始），实习生实习质量调查（每届均进行）等。北京市教委则进行了公共课统考、考风互查、毕业论文抽查等。社会咨询机构公布了毕业生就业率等统计数字。

第四章　研究生教育

第一节　概　　述

一、沿革

改革开放以前，我校未曾涉足研究生教育，1979 年开始招收研究生。70 年代末至 90 年代初，为我校研究生教育的初创阶段，建立了若干学位授权点，并制定了相应的制度。90 年代初至上世纪末，为第二阶段，持续稳步健康发展，规章也得到进一步完善。21 世纪初为第三阶段，研究生教育得到快速发展。

(一) 70 年代末至 90 年代初

1978 年教育部确定重新招收研究生。我校于 1979 年有 4 个系招收 4 个专业方向的研究生 23 名。1980 年、1981 年，《中华人民共和国学位条例》和《学位条例暂行实施办法》先后公布实施。我校于 1981 年和 1983 年被批准为硕士学位和博士学位授权单位，分别获得了 5 个硕士点和 3 个博士点（批准日期为 1984 年 1 月）。1982 年我校成立北京师范学院学位评定委员会。1984 年《北京师范学院 1983～1990 年发展规划》正式实施，《规划》提出，要把我院建成居于全国同类院校先进行列的高师，逐步成为既是教育中心，又是科学研究中心。“积极扩大招收研究生，为本院、其他大专院校及北京市部分重点中学培养具有博士、硕士学位的研究生。特别要办好学科教育学研究生班，从 1987 年起为北京市重点中学提供具有硕士水平的教师。1986 年以前每年招生 50～100 人，在校生达 200 人左右；1987 年开始，每年招生 150～200 人，在校生达 400 人左右。”“要改革目前的单一的个别指导研究生的‘导师制’的培养方法，实行开办研究生班与导师制并存，以办班为主的培养方法，既利于更大地发挥导师作用，又便于更多地培养研究生。要根据专业、学科的特点，开办研究生班，系统地开设基础课和专业课，学制一般为两年。修业期满后可采取两种做法：一部分研究生继续学习，攻读硕士学位；一部分分配工作后，一边工作，一边撰写论文，申请硕士论文答辩，通过之后，授予硕士学位。特别要做好充分准备，办好各学科教育学研究生班，逐步为重点中学提供具有硕士水平的毕业生。”同年，党委下发《关于加强研究生工作的意见》，落实《规划》的设想。

在 80 年代后期，《国家教育委员会关于改进和加强研究生工作的通知》(1986) 指出，从全国和高等教育战线的实际出发，研究生教育的重点要放在提高培养质量上来，要求切实加强研究生思想政治教育工作和应用性人才的培养以及研究生培养质量的评估工作。我校于 1986 年 6 月召开了研究生工作会议，颁布了《北京师范学院研究生培养、管理工作条例》，9 月成立了研究生处，1992 年建立研究生党总支。截至 1990 年，我校共有博士学位授权点 4 个（后因调整专业目录，合并为 3 个），硕士学位授权点 19 个（专业目录也经过调整）。北京市高教局委托的专家检查组于 1990 年 12 月 25 日下达《对北京师范学院研究生管理工作的评估意见》，指出，"你院在研究生管理工作中有以下特点"：管理工作机构健全；逐步建立了各项管理制度；有较好的导师队伍并实行了研究生政治导师制；能强化外语学习；招生工作坚持质量第一的原则等。"希望今后加强以下几项工作"：扩大生源，提高生源质量；进一步完善研究生管理制度，如建立硕士学位论文开题报告制度等；对导师老龄化问题应高度重视；巩固和加强学科授权点的建设。

（二）90年代初至20世纪末

1993年，《中国教育改革和发展纲要》公布。同年，国家教委和国务院学位委员会下发《关于学位与研究生教育改革和发展的若干意见》，提出"90年代研究生教育，在保证必要办学条件与质量效益的前提下要有一个较大的发展"。1995年国家教委《关于进一步改进和加强研究生工作的若干意见》下达，提出"九五"期间研究生教育工作的基本方针是："立足国内，适度发展，优化结构，相对集中，推进改革，提高质量。"2000年教育部又提出《关于加强和改进研究生培养工作的几点意见》，确定工作基本方针为："深化改革，积极发展；分类指导，按需建设；注重创新，提高质量。"

我校上承80年代的八年规划，制定了《首都师范大学教育改革和发展纲要（1993～2000年）》，提出，到2000年，研究生办学规模达到800人；争取建立研究生院；建成博士点10个以上，硕士点35～40个。关于"巩固现有学位授权点，争取新的学位授权点"的要求和措施是："提高培养研究生的数量和质量，应从巩固现有学位授权点入手，根据现有学位授权点的不同状况，尽快充实导师队伍，使之符合国家对授权点的要求。要修订研究生教育计划，提高科研水平和培养质量。要建立对研究生培养质量进行评估的指标体系及制度。""争取新的授权点是一项难度很大的工作，要加紧对10余个博士点和20余个硕士点后备学科的建设，为这些学科配备学科带头人和建立结构合理的教师梯队，推动这些学科在科研方面上项目、上层次、上水平，特别注意这些学科中应用学科和具有特色学科的建设，加强校系两级对这些学科的领导、关心与支持。"其后，在《首都师范大学教育改革和发展"九五"规划和2010年远景目标》中，对研究生教育的规划作了一些调整："2000年，争取博士学位授权点达到8个，硕士点达到30个左右，在校研究生超过500人。历史学、美术学（书法艺术教育）等专业，争取尽早建立博士后流动站。在此基础上，争取再过较长一段时间，建立研究生院，届时博士点达10个以上，硕士点达35～40个，在校研究生达800人。"有关措施包括："加强导师队伍建设，提高导师的思想业务素质和学术水平，改变导师年龄严重老化、梯队不尽合理的局面。逐步增加投入，改善办学条件。积极进行专业调整，规范课程，提高培养质量。在保证现有学科优势的同时，面向应用学科领域，尽快建立教育管理学、计算机应用、行政法学等硕士点，培养应用型人才。要改变课程设置过窄的倾向，加强基础，加强交叉学科、边缘学科、新兴学科知识的教学，培养研究生的创新能力。校系共同努力，广辟优秀生源。加强与兄弟院校在研究生培养方面的合作。"1997年《首都师范大学"211工程"建设项目可行性研究报告》对研究生教育的规划与上述两项文件基本精神一致："适度扩大研究生教育规模，切实提高研究生的培养质量：'九五'期间争取博士点增至7个，硕士点增至30个左右，建立博士后流动站两个，在校研究生达到500～800人。应面向社会主义建设实际，形成更加合理的专业结构与学科布局。研究生教育也要为提高北京市基础教育师资的学历水平、为给中小学培养学科骨干和管理骨干、为培养教育专家尽最大努力。要进一步加强研究生导师队伍

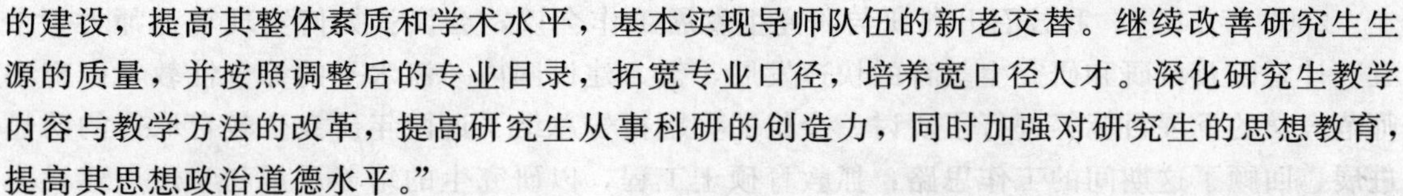

的建设，提高其整体素质和学术水平，基本实现导师队伍的新老交替。继续改善研究生生源的质量，并按照调整后的专业目录，拓宽专业口径，培养宽口径人才。深化研究生教学内容与教学方法的改革，提高研究生从事科研的创造力，同时加强对研究生的思想教育，提高其思想政治道德水平。"

1994 年 11 月，我校召开了研究生工作会议，就招生制度、教育教学、投资体制、管理制度的改革作了研讨和相关决定。1996 年 7 月，又召开首都师大学位与研究生教育座谈会，针对导师队伍老化、研究生培养质量有待提高、学位点覆盖面不广和招生规模较小等问题进行研讨，呼吁"全校办研究生教育"。1997 年，配合有关部门，完成了对我校前 4 批博士和硕士学位点的合格评估工作。2000 年 3 月通过了教育硕士专业学位教育指导委员会专家评议组对我校试点的验收。2000 年 5 月，我校召开教育硕士工作研讨会，会上分析了培养工作现状，并就建立教育硕士培养基地问题交换了意见。与会者主张首都师大应把教育硕士的培养作为本校将来发展的拳头产品之一，要抓住机遇。

(三) 21 世纪之初

《首都师范大学 2001～2005 年发展计划纲要》指出："研究生教育是基础教育高学历教师及社会经济发展高层次人才培养的重要途径，是学科建设水平、教学科研水平最集中、最突出的表现形式，它标志着一所高校的办学综合实力，是'十五'期间学校发展的重点。"具体任务有：增加新的学位点，加强学位点建设，积极发展研究生教育规模，加强导师队伍建设，提高研究生培养质量等。

2001 年 3 月，召开了首都师范大学研究生工作会议。会议主题报告回顾了 20 余年来取得的成绩：扩大研究生招生规模、重视人才培养（在校研究生 678 人，累计 989 人）；注重和加强学位点建设（已有 10 个博士点，36 个硕士点和 1 个教育硕士点）；加强研究生导师队伍建设；强化培养工作各环节的质量意识；认真抓好研究生的管理与思想政治工作；努力寻求教育硕士专业学位研究生培养的新途径。同时，指出工作中存在的主要问题：(1) 适合于培养高水平的研究生的生源不足。(2) 培养模式单一，还不适于人才的个性发展和创新能力的培养。(3) 研究生教育的监督、评估和激励机制不健全。(4) 教育硕士专业学位的教育，在各个环节上与社会对高层次应用型人才的质量要求和实际需要之间还有较大差距。(5) 研究生培养规模以较快速度增长，而研究生培养条件的改善相对落后。(6) 管理思路不够开阔，统得过死的现象严重。会议提出："举全校之力，争取在'十五'期间使研究生教育工作跃上一个新台阶"，并讨论了"十五"期间的重点工作与主要措施。大会的总结报告提出：(1) 必须认清形势，抓住机遇，贯彻我国研究生教育新的 24 字方针。(2) 大力发展研究生教育是我校为北京市经济和社会发展服务的重要方面，是我校办成一流师范大学的战略选择。(3) 要以学科建设为依托加强学位点建设。(4) 处理好研究生教育中数量和质量的关系，把质量作为生命线。(5) 注重研究生教育发展中的多样化趋势，在培养应用型人才方面加大力度。(6) 在研究生教育发展中要注意贯彻开放性原则。

同年我校召开学位点建设会议，确定了学位点建设的基本思路，认为当前要抓好"三个三"。第一个"三"，是指抓师资力量、科研立项和科研成果；第二个"三"，是指学校领导、学校职能部门、各个院系三方面的精诚合作；第三个"三"，是指与国务院和市教委的学位办、两办学科评议组成员、同行专家进行沟通，从而争取学科点建设的新成绩。

2002年11月，我校召开科研与研究生发展工作会议，会议就如何实现首都师大“十五”计划以及科研和研究生教育的快速发展，努力建设国内一流水平的综合性教学研究型师范大学的发展目标等进行了研讨。会议的主题报告总结了近两年研究生教育取得的明显进展，回顾了这期间的工作思路：抓教育硕士工程，以研究生的培养质量和学位点建设为重点，落实了三个步骤（制定规划、实施规章制度、提高管理水平）等。同时分析了大力发展研究生教育的重要意义和目前存在的问题（如缺乏全面具体规划、缺乏严谨的规范管理、缺乏经验的积累总结、缺乏全方位的投入、缺乏整齐的高水平的导师队伍、缺乏树立典型和严肃奖惩的意识和措施等）。《报告》提出了今后的任务。(1) 抓住机遇，扩大研究生规模（2003年招生约700名）。(2) 注重两个建设（导师队伍和课程建设）和两个环节（开题报告和论文答辩）。(3) 继续加强学位点建设。此外，提出了于2003年建立首都师大研究生院的建议。

2003年国务院学位委员会第20次会议提出，要认真实践“三个代表”重要思想，按照“巩固、深化、提高、发展”的方针，开创工作新局面。要把提高研究生教育质量放到首要位置，狠抓学风建设，加强法制建设；与时俱进，深化改革；加强宏观研究，制定中长期的规划。我校研究生部已着手贯彻上述会议精神，重点开展了三项工作：一是拓展生源，2003年生源质量有了明显提高。二是加强培养，如规范课堂教学，提升研究生论文水平，加强导师队伍建设，注重教育硕士培养质量等。三是改善管理，加强评估等。

二、体系和规模

20余年来，我校已经建成具有多种层次、学科覆盖面较广、形成一定办学规模、拥有一定办学实力的研究生教育体系。

（一）办学层次

表2.4.1.1　　获得研究生学位授权单位的名称和时间

年 份	我校获得相关权限内容	批准部门
1979	招收研究生	北京市高教局初审，教育部批准
1981	硕士学位授权单位	北京市高教局初审，教育部批准
1983	博士学位授权单位	国务院学位委员会学科评议组
1994	设立博士后流动站	国家人事部、全国博士后管委会
1995	各专业均可招收外籍研究生	国家教委
1998	教育硕士专业学位试点单位	国务院学位委员会办公室

（二）学科、专业

我校研究生教育的学科、专业，最初是从优势学科中遴选的，其后，努力扶植国家建设急需的新兴、交叉学科并组织申报。到世纪之交，已设博士、硕士点的特点为：文科多于、强于理科；绝大多数为学术性学位，仅有一个专业性学位；基础学科为主，多于应用学科；教育类、艺术类学科特色较明显。

学位点的建立和增设，首先由学校的学术委员会讨论，博士点由国务院学位委员会组织审批，硕士点由北京市教委学位办组织审批。

我校研究生招生学科专业均按国务院学位委员会公布的《高等学校和科研机构授予博士和硕士学位的学科专业目录（试行草案）》（1983）、《授予博士与硕士学位和培养研究生的学科专业目录（修订草案）》（1990）以及新《专业目录》（1997）申报，在相当长的一段时间内，专业方向较窄较细，近期则朝着“科学、规范、拓宽”的方向努力，而且实现了一级学科授权点零的突破。

截至2003年，我校具有博士、硕士学位授权的一级学科2个，博士学位授权点（包括两个一级学科所含的二级学科）26个，硕士学位授权点60个（其中一个为教育硕士点），博士后科研流动站5个（其中一个为项目博士后）。详见本编第二章。

（三）办学规模

截至2003年，我校授予博士学位110人，硕士学位1 452人，教育硕士学位39人。在校研究生总数约1 800人。预计2005年底，研究生规模为4 000人。详见本《志》第五编第一章。

三、导师队伍

博士生、硕士生导师的职责是，根据培养方案指导和审定研究生的课程学习及论文撰写，发挥教书育人的作用。导师的遴选在申报学位点时同时确定，1995年以前，博士生导师由国务院学位委员会审批。1995年起，国务院学位委员会发文指出：博士生指导教师是指导、培养博士生的重要工作岗位，而不是教授中的一个固定层次和荣誉称号。今后各博士学位授予单位每年在审定博士生招生计划的同时，自主组织审核选聘招收培养博士生的指导教师。我校博士生导师由校学位评定委员会组织评议，报北京市教委学位办备案。

80年代至90年代前期，我校的博士生导师和部分硕士生导师多为造诣较深的学者、专家，但年龄偏大。后经加紧培养原有骨干教师，并积极引进高层次优秀人才，“九五”期间已基本实现新老交替（50岁以下导师占总数的80%以上），中青年导师基本具备研究生学历，整个队伍的学缘结构也有重大改善。

除研究生导师之外，1991年起我校规定在招收研究生的系，配备研究生政治导师，一般由党员骨干教师、干部担任。

截至2003年，我校聘任博士生导师73人（其中退休或逝世者4人，外单位兼职者3人），我校人员在外单位任兼职博导者7人；在岗硕士生导师345人。

表2.4.1.2　　首都师范大学在岗（或曾在岗）博士生导师名单

姓名	专业	研究方向	首次评为博导时间
宁　可	中国古代史	中国古代经济史、敦煌学、史学理论	1984.01
杨生民	中国古代史	中国古代经济史	1996.10
蒋福亚	中国古代史	魏晋南北朝史、中国古代经济史	1996.10
阎守诚	中国古代史	中国古代经济史、隋唐五代史	1997.09
郝春文	中国古代史	隋唐五代史、敦煌学	2000.04

续表

姓名	专业	研究方向	首次评为博导时间
宋杰	中国古代史	秦汉经济史	2001.04
梁景和	中国古代史	中国社会文化史、清史	2002.07
魏光奇	中国古代史	中国政治制度史、社会史	2002.07
戚国淦	世界史	世界中世纪史	1984
齐世荣	世界史	现代国际关系史	1984.01
陈曦文	世界史	中世纪的西欧	1996
徐蓝	世界史	世界近现代史	1997.09
刘新成	世界史	英国中世纪议会史、西欧中世纪议会史	1997.09
王永平	专门史	隋唐五代史、隋唐五代文化史	2003.07
迟云飞	中国近现代史	中国近现代政治史	2003.07
林传鼎	发展与教育心理学	智力开发	1984.01
郭德俊	发展与教育心理学	情绪与动机	1996.06
郭春彦	发展与教育心理学	心理统计、认知心理学	2000.06
欧阳中石	美术学	书法艺术	1993.12
刘守安	美术学	文学、美学、书法	2002.07
李福顺	美术学	中国美术史、画论	1997.10
常锐伦	美术学	学校普通美术教育	1998.06
石生明	基础数学	有限群代数	1992
殷慰萍	基础数学	复分析	1993
卢才辉	基础数学	Kac～Moody 代数	1996.10
郑崇友	基础数学	几何	1996.10
王尚志	基础数学	一般拓扑学	1996.10
贺龙光	基础数学	整体微分几何	1997.09
李中凯	基础数学	调和分析、函数逼近论、群表示与特殊函数	2000.05
吴可	基础数学、应用数学	量子态的可分性研究、数学物理	1993
吴雅萍	基础数学	非线性偏微分方程的理论研究	2001.04
王志玺	基础数学	非交换环论与 Hopf 代数	2001.04
杜少飞	基础数学	有限群论与组合结构	2002.07
乔建永 *	基础数学	复解析动力系统、亚纯函数值分布	2002.07
费少明	基础数学	数学物理、量子信息与量子计算	2002.07

续表

姓名	专业	研究方向	首次评为博导时间
辛周平＊	基础数学	偏微分方程、流体动力学方程	2002.07
戎小春＊	基础数学	微分几何	2002.07
罗振东	应用数学	偏微分方程数值解法	2003.07
闻立树	马克思主义理论与思想政治教育	思想政治教育理论与实践	1997.01
叶险明	马克思主义哲学	马克思主义哲学史	2003.07
陈新夏	马克思主义哲学	唯物史观与人的发展	2003.07
杨生平	马克思主义哲学	文化哲学	2003.07
王树荫	马克思主义理论与思想政治教育	思想政治教育理论与实践	2003.07
李松林	马克思主义理论与思想政治教育	马克思主义理论教育	2003.07
邓球柏	马克思主义理论与思想政治教育	中国传统文化与思想政治教育	2003.07
张燕瑾	中国古代文学	中国古代戏曲	1998.06
段启明	中国古代文学	中国古代小说戏曲	1998.06
赵敏俐	中国古代文学	中国古代诗歌研究	1996.10
邓小军	中国古代文学	唐宋文学、儒学	2000.04
吴相洲	中国古代文学	魏晋南北朝至隋唐五代文学	2001.04
鲁洪生	中国古代文学	中国古代文学史、先秦两汉文学	2001.04
左东岭	中国古代文学	中国文学批评史	2001.04
吴思敬	文艺学	中国新诗理论	2001.01
王光明	文艺学	中国诗歌理论	2001.01
杨乃乔	文艺学	文艺理论、比较诗学	2001.01
陶东风	文艺学	文学理论、文化思潮研究、文化研究	2001.01
邱运华	文艺学	中外比较文论、俄苏文艺理论	2002.07
冯蒸	汉语言文字学	汉语音韵学	2001.01
黄天树	汉语言文字学	中国古文字学	2001.01
周建设	汉语言文字学	语义学、语言哲学	2002.07
刘利民	汉语言文字学	现代俄语	2002.07
宋未	植物学	生物物理学	1993
何奕昆	植物学	植物分子细胞生物学	2001.01

续表

姓名	专业	研究方向	首次评为博导时间
晏月明	植物学	植物遗传与品质改良	2001.01
曹鸣庆 *	植物学	植物生物技术及其育种应用	2001.01
马荣才 *	植物学	植物分子遗传学和功能基因组学	2002.07
任东	遗传学	昆虫起源与进化、脊椎动物起源与进化	2003.07
王安国	音乐学	音乐教育理论研究、和声研究	2003.07
杜晓十	音乐学	外国作曲家与作品研究、音乐科技理论研究	2003.07
杨青	音乐学	作曲、配器研究	2003.07
华珞	自然地理学	土壤生态环境与调控机制	1998
宫辉力	自然地理学	地图学与地理信息系统	2003.07
林尔达 *	自然地理学	全球环境变化研究	2003.07

注：1. 带 * 号者为在我校兼职人员（含特聘教授）

2. 以下我校人员在外单位任兼职博导

王锐生　历史唯物主义　（首次评定时间为 1987）

李福利　光学 激光物理与复杂系统　（首次评定时间为 1993）

许祥源　原子核物理　（首次评定时间为 1995）

谢维和　教育学原理　（首次评定时间为 1996）

张卓勇　化学　（首次评定时间为 2001）

刘金刚　计算机应用技术　（首次评定时间为 2000）

孟繁华　教育管理　（首次评定时间为 2003）

表 2.4.1.3　首都师大部分早期在岗（1979～1995 年）硕士生导师名单

中文专业：廖仲安　徐仲华　张寿康　洪成玉　张炼强　宋玉珂　向锦江　张建业　漆绪邦　王景山　饶杰腾　马国荣　毛秀月

历史专业：谢承仁　翁俊雄　邱远猷　于友西　王鹏飞　邹兆辰　刘振岚

政法专业：苏国衡　王瑞荪　孙长江　冯卓然　施新民　苏崇德　刘建兴　高　军　王朝文

教育专业：周　谦　高　滨　周鸿志　张燕镜　阎立钦　张君达　王长纯　李燕杰　王殿卿

外语专业：刘光杰　李尚谦　黄鹏飞　李　丹　周　鼎　吴育群　陈子卿

音乐专业：姚思源　黄琱莹　唐重庆　曹　理

美术专业：刘福芳　戴克鉴　董福章　尚　扬　王世征

数学专业：梅向明　林有浩　杨守廉　陈家鼐　王景鹤　米道生　王德谋　李建才　周春荔

物理专业：张立忠　李申生　张金榜　佟盛勋　栾德怀　韩辉翼　陈金昌　刘雪成　张光勇　申先甲　黄淑清　孙爱玲　张崇起　乔际平　李荫乔

化学专业：邹宪法　施汝谷　郭保章　曹居东

生物专业：赵微平　郭平仲　邱泽生　张国柱　刘阶平　沈祖培　陈阜东

地理专业：褚亚平　霍亚贞　况鸿章　刘愈之　刘桂莲　孟德政　杨作民　王文明　李景波

第二节　研究生培养方案及实施

《中华人民共和国学位条例》及《暂行实施办法》是我校制定研究生培养方案的基本根据。1983 年我校制定了《关于我院研究生专业培养方案制定工作的有关规定》，此后，数次提出有关研究生培养方案制定的意见。1991 年，研究生处与各系协同修订培养计划，对课程设置、学时分配、考试方式等作了统一要求。1993～1994 学年度对研究生培养质量进行全面评估，并提出解决存在问题的办法。1998 年制定了《首都师范大学关于修订研究生培养方案的几项规定》。1999 年底，教育部在全国研究生培养工作会议讨论基础上，拟定发布了《关于加强和改进研究生培养工作的几点意见》，在其精神指导下，我校于 2001 年 3 月召开研究生工作会议，2002 年 10 月召开科研与研究生发展工作会议，提高培养质量问题成为会议的中心议题之一。

一、培养目标

1983 年规定：

对研究生要严格要求，全面培养。政治上，要加强思想工作，教育研究生拥护共产党的领导，拥护社会主义制度，遵纪守法，又红又专；业务上，要刻苦钻研，勇攀科学高峰，严格达到硕士水平；还要注意劳逸结合，保证身体健康。培养目标，是能从事科学研究工作和高等院校的教学工作。

1998 年规定：

研究生的培养目标是培养面向现代化、面向世界、面向未来，德智体全面发展的教学、科研或应用型高层次专门人才。具体要求是：

1. 努力学习和掌握马列主义、毛泽东思想、邓小平理论的基本原理；坚持党的基本路线，热爱祖国，遵纪守法，品行端正，积极为社会主义建设事业服务。

2. 勤奋学习，严谨治学。硕士生应在本门学科上掌握坚实的基础理论和系统的专门知识，具有较宽的知识面，正确的学术倾向和科学研究方法。具有从事本学科研究和教学或独立担负专门技术工作的能力；博士生必须具有本专业坚实宽广的基础理论和系统深入的专门知识，具有独立从事科学研究和教学工作的能力。

3. 掌握外国语和计算机等现代化工具。硕士生掌握一门外国语，有条件的应选修第二门外国语，博士生一般应掌握两门外国语，均能较熟练地阅读本专业外文资料和撰写论文摘要；文科硕士应具备利用计算机进行中英文字处理和数据库处理的能力，理科硕士生和所有博士生应具备利用计算机进行中英文字处理和初步编程能力。

1999 年规定：

教育硕士专业学位是具有特定教育职业背景的专业性学位，主要培养面向基础教育教学和管理工作需要的高层次人才。教育硕士与现行的教育学科的硕士在学位上处于同一层次，但规格不同，各有侧重。该学位获得者应具有良好的职业道德，既要掌握某门学科坚实的基础理论和系统的专业知识，又要懂得现代教育基本理论和学科教学或教育管理的理论及方法，具有运用所学理论和方法解决学科教学或教育管理实践中存在的实际问题的能力，能比较熟练地阅读本专业的外文资料。

二、学习年限

1998 年规定：硕士生一般为 3 年（课程学习为 1～1.5 年，科研和撰写论文为 1～1.5 年），博士生学习年限为 3 年，课程学习时间不超过 1 年。学习年限一般不延长。在职研究生学习年限一般为 4 年。

2003 年规定：对研究生实行弹性学制。硕士生的学习年限一般为 3 年，最多不超过 4 年；硕士生提前完成个人培养计划所规定的课程并通过学位论文答辩，可提前毕业并申请学位，但学习年限至少为 2 年。博士生学习年限一般为 3 年，最多不超过 6 年。

三、专业及研究方向

专业名称根据《高等学校和科研机构授予博士和硕士学位的学科专业目录（试行草案）》(1993)、《授予博士硕士学位和培养研究生的学科、专业目录》（1990）及修订的《目录》(1997) 而确定和调整。

1998 年确定如下原则：在突出本学科已有特色和优势的同时，要立足于较高的起点和学科发展的前沿；同一专业内研究方向的总和，应在总体上对本学科的主要领域有一定范围的覆盖，不宜过窄，但要避免重复；一般硕士授权专业应有 2 个以上、博士授权专业应有 3 个以上相对稳定的研究方向。

四、培养方式

1998 年规定：(1) 研究生的培养采取系统理论学习、进行科学研究、参加实践活动相结合的方式。(2) 研究生的培养采取导师负责制。导师与教研室（或导师组）集体培养相结合，充分发挥研究生的主动性和导师的主导作用。(3) 研究生入学后第一学年以公共课和基础理论课学习为主，同时进入专业课学习；研究生学位论文选题不宜太迟，硕士生一般在第二学年末，博士生一般在第一学年末进行中期考核和筛选。

五、课程学习

80 年代前期起，我院研究生学位考试课程和要求根据《学位条例》和《暂行实施办法》设置。硕士课程包括：(1) 马克思主义理论课；(2) 基础理论课和专业课；(3) 一门外国语。博士课程包括：(1) 马克思主义理论课；(2) 基础理论课和专业课；(3) 两门外国语。课程的考核实行百分制，选修课实行五分制。

从 1987 级起，对新生进行半年强化英语教学的改革尝试。1992 年下发了《关于研究生教学实习的规定》，后经修订，颁行了《首都师范大学硕士研究生教学实践的规定》（教学实践形式包括：讲授本专科课程，协助导师指导本专科生毕业论文或批改作业、指导实验，进行野外实习等）。另外，根据 1987 年国家教委《关于高等学校研究生马克思主义理论课（公共课）教学的若干规定》和 1995 年国家教委《关于高校马克思主义理论和思想品德课教学改革的若干意见》，我校采取了相应的措施予以落实。

1998 年规定：硕士生实行学分制，课程分三大类。(1) 学位课：由研究生处统一组织开设的公共学位课（马克思主义理论课、第一外国语、计算机语言，分别占 6、6、2 学分）；专业基础理论课，各专业要坚持按二级学科设课，体现出基础厚、内容新、专业面

宽、知识面广、适应性强的特点，共3～4门，占9～12学分；研究方向课，1～2门，占4～6学分。（2）非学位课：选修课，一般应选修2～3门，占4～6学分，提倡跨学科跨系选修；补修课，同等学力或跨专业考取的研究生，须补选2门大学本科的主要课程。（3）必修环节：教学实践，2学分；文献综述与开题报告，1学分；参加学术活动，1学分。

六、学位论文

学位论文应在导师指导下由研究生独立完成。硕士学位论文应有一定的理论意义和实践意义，博士学位论文应在科学研究或专门技术上作出创新性成果。

七、学位授予

研究生必须通过学位的课程考试，成绩合格，方可参加论文答辩。论文答辩通过后，须经学校学位评定委员会批准方可授予学位。

八、中期考核筛选及平时课程成绩考核

在研究生课程学习结束、论文开题之前，研究生部对研究生完成个人培养计划情况进行审查，未通过审查者，不予开题；指导教师审查研究生开题前的文献阅读、方案论证等准备工作，准备工作不充分者，不予开题；各院系综合考核研究生在学期间表现，不宜继续培养者，不予开题。

九、教育硕士专业培养方案

《首都师范大学教育硕士专业培养和管理实施细则》（1999）规定：教育硕士专业采取脱产、半脱产、在职兼读等形式，学习年限为2～4年不等，目前暂定为2年（其中一年半在校学习课程，最后半年回原单位结合本职工作进行研究性实践和撰写学位论文）。该专业学位分设学科教学和教育管理两个方向。教学方式以课程学习为主，采取面授、自学、讨论相结合的方式，强调自学，加强实践环节。课程分学位课程、专业必修课程和专业选修课程3类，总共不少于34学分。学生修满学分并通过研究性实践方可进入撰写学位论文阶段，论文答辩通过后，经学位评定委员会审定，授予教育硕士专业学位。

在多次研究生工作会议、导师座谈会、研究生座谈会上，与会者就提高培养质量发表了许多意见和建议，涉及如何提高研究生综合素质特别是培养正确的价值理想、端正学风的问题，如何争取较宽口径培养研究生的问题，以及如何增强研究生的创新能力等问题。经过努力，创造条件，采取了一些相应措施，并出台了若干相关规章。

第三节　研究生教育的管理

一、管理体制

我国研究生教育的管理体制分为三级。我校作为研究生学位授予单位，接受教育部和国务院学位委员会以及北京市教委和北京市学位委员会的指导、核检、批准和评估。

在校内，研究生的教育教学工作实行二级管理体制。在党委统一领导下，一名副校长主管研究生教育，设研究生部为校级职能部门。同时，1982年起学校设立学位评定委员会。各院系（室、所）由一名副院长（系副主任）主管研究生教育，配备一名研究生工作教学秘书协助其事，各学位点导师或导师组直接负责研究生的培养。各院、系建立分学位评定委员会。

研究生思想政治工作管理体制经过三个阶段。80年代研究生数量较少，其思想政治工作由各系、室特别是导师负责。1992年，针对研究生思想政治工作较为薄弱的状况，党委决定建立研究生党总支，实行集中统一管理。这一举措对加强研究生思想政治教育，完善研究生党团组织建设，铸就研究生良好学风起了重要作用。随着形势的发展，为了深化思想政治教育，适应研究生个性发展需要，2000年党委决定撤销研究生党总支，实现了将研究生思想政治工作的管理体制由研究生部集中管理向院、系管理模式的转变。

二、研究生部

研究生部是管理全校研究生教育工作的职能机构。

1979～1984年，研究生工作由教务处负责。1984年10月，改由教学科研处（下设研究生科）负责。1986年成立研究生处，1999年撤销研究生处，建立研究生部。1992年成立研究生党总支，2000年撤销研究生党总支。

研究生部（处）的职责范围主要包括招生、分配、学籍管理、学位管理、教育教学管理等项。1990年制定了《研究生处岗位责任制》，2000年作了修订。

1999年，研究生部被教育部、国务院学位委员会评为“全国学位和研究生教育先进集体。”

表 2.4.3.1　　　　研究生部及其前身主要负责人任职更迭表

机构名称	姓 名	职 务	任职期限
教务处	宋 仁 杨传纬	处 长	1978～1982 1982～1983
教学科研处	赵秉贞	副处长（牵头）	1984～1986
研究生处	李春年	处长	1986～1991
研究生处	殷常符	同 上	1991～1999
研究生党总支	殷常符	总支书记	1992～1999
研究生部	梁景和	主 任	1999～
研究生党总支	梁景和	总支书记	1999～2000

附　研究生教育工作规章制度要目

- 北京师范学院硕士学位评审委员会章程（1982）
- 北京师范学院硕士学位授予工作细则（1982）
- 北京师范学院学位授予工作细则（1988）
- 北京师范学院研究生指导教师职责（1991）
- 北京师范学院研究生政治导师配备要求和主要职责（1991）

- 首都师范大学硕士生指导教师审核办法（2001、2003）
- 首都师范大学博士生指导教师审核办法（2001、2003）
- 关于我院研究生专业培养方案制定工作的有关规定（1983）
- 首都师范大学关于修订研究生培养方案的几项规定（1998、2003）
- 首都师范大学教育硕士专业学位培养和管理实施细则（试行）（1999）
- 首都师范大学同等学力人员申请硕士学位简章
- 首都师范大学硕士研究生选课的规定（2001）
- 首都师范大学硕士研究生教学实践的规定（2001）
- 首都师范大学研究生在学期间公开发表学术论文的规定（1997、2003）
- 首都师范大学关于学位论文开题报告的规定（2001）
- 首都师范大学关于论文答辩的规定（2001）
- 首都师范大学硕士研究生课程管理和成绩考核的规定（2001）
- 北京师范学院研究生学风学纪条例（1991）
- 首都师范大学研究生学籍管理规定（1996、2003）
- 首都师范大学教育硕士专业学位研究生学习管理规定（暂行）（1999）
- 首都师范大学教育硕士专业学位培养和管理实施细则（试行）（1999）
- 北京师范学院研究生处岗位责任制（1986）
- 首都师范大学研究生部工作流程
- 首都师范大学学位与研究生教育自我评估指标体系和评分标准（1995）
- 首都师范大学研究生考场规则（2001、2003）
- 首都师范大学关于外国来华留学生培养工作规定（2002）
- 首都师范大学研究生违纪处分条例（2001）
- 首都师范大学博士后研究人员管理办法实施细则（1999、2003）
- 首都师范大学博士后研究人员科研工作协议书（1999、2003）
- 首都师范大学博士后研究人员日常经费使用办法（2003）

第五章　成人高等教育

第一节　成人教育学院的办学

一、成人教育办学沿革

1954 年建院后，在设立专修班的同时设进修部，负责开展成人教育工作，对象是北京市中小学教师。当时，进修部从事三项工作：一是开设业余进修班，1954 年有学员 279 人，到 1955 年下半年在校学员达 973 人，该班设语文、数学、物理、化学、生物、地理 6 科共 19 门课，学员全部利用业余时间进修；二是开设俄语班，招收本市部分初中俄语教师，通过一年脱产进修，改任高中俄语教师，该班有学员 44 人；第三是对高中教师开设学术讲座，如文艺理论、物理学、数学等。教学原则是"缺什么，补什么"，丰富知识，提高学识，不追求学历教育。进修部主任由仓孝和兼任，专职副主任为秦本立。1956 年，进修部及其所担负的任务划归北京教育学院。

《北京师范学院 1956～1967 年规划（草案）》提及："大力发展业余高等师范教育，以便在较短时间内将北京市还不完全合乎规格的在职中等学校师资分批地逐步地提高到师专和师范本科毕业水平。"

1958 年，我院责成副教务长参与筹建北京函授学院。

1960 年，我院参与筹建北京广播电视大学，负责全面教学工作，选派了一批优秀教师到电视台为电大讲课，参加教学研究会议。

1970 年院教育革命组下设师训组管理师训部工作，从全院各系抽调教师与干部负责教学及管理。1971 年 11 月在密云、怀柔、门头沟等区县分别开办师训班，共招收学员 330 人；至 1975 年先后与 10 个区县合办专题短训班，共培训学员 1 500 人。教学原则是"以战斗任务带教学"。

十年动乱结束后，大力开办了函授教育。1977 年 8 月，我校受市教育局委托，承办崇文、西城、石景山、朝阳、门头沟、丰台、通县、大兴、房山、燕山等 10 个区县中学语文教师的函授教育，学制为三年制专科和三、二分段制本科，1982 年我校其他各专业也陆续开始举办函授本、专科班。1978 年起，由教务处师资科负责成人教育。

80 年代起，我校成人教育发展迅速。1981 年经北京市政府批准，教育部审定备案，北京师范学院夜大学成立（马驰兼夜大学校长）。1983 年，北京师范学院又列入教育部公布的《北京地区普通高等学校函授及夜大学招生学校名单》，获准建立北京师范学院函授部、夜大学（本、专科），凡获得我校函授部、夜大学毕业证书者，国家承认其学历，本科毕业生可申请学士学位。在这种形势下，《北京师范学院 1983～1990 年发展规划》提出："根据北京市中学及社会需要举办函授教育及夜大学，函授生达 4 000 人，夜大学两届在校生最大规模为 1 500 人。"为加强管理，1980 年成立院函授处（1983 年撤销，业务由教务处函授科负责），1986年成立培训处。到90年代初，我校初步形成了有相当规模和多样化的成人高教办学体系。其间，1981～1982年，中文、数学、历史、政教、俄语5个专业夜大班先后开学，招收五年制本科1 300名学员。各专业招生坚持严格考试、择优录取，教学计划为本科标准，由日校本科教师任教，狠抓教学质量。首届夜大生（中文、数学专业）毕业时，在全校乃至全市引起较大反响，《中国青年报》特别发表了《学海夜寻珠》的长篇通讯。1981年起又受水电部委托，先后为该系统举办中文、数学、教育专业函授，招收学员近4 000人，分布在26个省市、自治区。1982年起，为中央各部委、北京市委组织部、北京团市委举办了干部专修科。1985～1987年，先后增设了文秘、政法、外贸英语等应用型专业（方向），同期开设的书法专业，为全国高等成教的首创。从1986年起，根据国家教委要求，招收了师资本专科班（面向教育系统在职教工）。

90年代以来，我校成人高教持续蓬勃发展。

《首都师范大学教育改革和发展纲要（1993～2000年）》确定，成人教育招生规模为6 000人。指出："成人教育是由传统的阶段性教育向终生教育发展的一种新型教育制度，对不断提高劳动者和专业人员的素质，促进经济和社会发展有重要作用。举办成人教育是高等学校重要功能之一。我校要在调查研究的基础上建立成人教育学院，加强对成人教育的宏观管理，制定规划，组织实施，逐步扩大规模，拓宽专业，提高质量。"随后，《首都师范大学教育改革和发展"九五"规划和2010年远景目标》出台，重申："九五"期间，成人高教"办学规模维持在6 000名左右在校生的水平"。要"更新观念，深化改革。继续坚持为基础教育服务的方向，大力培养培训教师；进一步提高学历教育的教学质量，针对成人教育的特点，修订教学计划和各课教学大纲，积极进行教学内容和方法的改革；进一步增设或拓宽应用型专业；继续发展多种形式的继续教育"。"建立并完善教学评估制度，实行科学化管理，改革教学管理制度，逐步实行学分制。""各系各单位都要提高对办好成人高教重要性的认识，加强领导；加大师资及财力、物力的投入，切实提高办学质量；建立健全一支相对稳定、素质较高、与发展规模相适应的专兼职结合的管理干部队伍。"1996年《首都师范大学"211工程"整体建设规划》关于"进一步改革与发展成人教育"的问题指出："我校成人教育继续坚持为首都基础教育服务、为社会服务的办学宗旨，在努力提高教学质量的前提下，不断提高办学的社会效益和经济效益，努力形成具有首都师大特色的成人教育体系。在办学规模方面，本着积极、稳妥、与我校普通高等教育相协调的发展方针，保持适度的规模和发展。不断加大成人教育教学改革的力度，不断调整成人教育的专业结构，坚持多种渠道、多种形式、多种层次的办学方式，进一步加强对北京市中小学师资的学历达标和岗位培训工作，保证本市中等学校师资队伍结构更趋于合理，质量不断提高。"

1992年，我校被国家教委授予"全国普通高校成人高等教育先进单位"称号，又被北京市政府评为"北京市成人高等教育先进单位"。

1994年11月，经北京市政府有关部门批准，首都师范大学成人教育学院成立。1995年11月召开了首都师范大学成人教育工作会议。会议的主题报告总结了我校成人高教的特点：（1）发挥师范院校优势，大力为基础教育服务，深受广大教师欢迎。（2）办学形式和专业设置灵活多样。已突破单一师范类模式，先后增设了30多个社会需求量大、应用性较强的专业（方向）。办学网点除覆盖北京各区县外，在全国20多个省区建立过函授办学点。(3) 坚持以质量求发展，严把教学质量关。关于成人高教中存在的问题有：(1) 成人高教尚未被放在应有地位而给予重视。(2) 管理人员不足，管理水平亟待提高。(3) 各专业发展不平衡，部分理科专业处于停滞状态。(4) 教育教学改革和教育科研还有薄弱环节。《报告》指出，今后一个时期的主要任务为：(1) 进一步提高对办好成人教育的认识，并且注意克服单纯追求“低投入、高产出”的经济观点。(2) 进一步更新观念，深化改革：在继续保持师范教育特色的同时，进一步拓宽应用型专业；进一步提高学历教育教学质量，不断完善学历教育办学体系；积极开辟多种非学历的继续教育的办学途径。(3) 建立和完善教学评估制度，实行科学化管理。(4) 改革教学管理制度，逐步实行学分制。(5) 建立健全一支相对稳定的、高素质的、与发展规模相适应的专兼职相结合的管理干部队伍。

1997 年，根据国家教委有关规定，结合北京市的要求与规划，我校成教学院开始举办研究生主要课程进修班，第一批学员（管理、中文、数学、物理等专业）于 1998 年毕业，共 195 人。2002 年起又开办心理咨询与心理治疗研究生课程班。1997 年，成教院成立自学考试招生办公室，开展举办自考助学辅导班，此后 4 年中共辅导 4 000 人。自 2000 年以来，我校经教育部审定，被批准为《面向 21 世纪教育振兴行动计划》中“跨世纪园丁工程”的国家级培训基地，先后承担了中小学音乐、美术两科骨干教师的第一、二期培训任务（共 251 人），以及中学历史、物理和小学数学、语文、外语以及高中数学等学科骨干教师的培训任务（共 295 人）。2002 年，我校获批北京市自学考试初等教育专业（独立本科段）主考学校资格。在北京市及黑龙江省牡丹江地区设置考区。2002 年 3 月和 2003 年 10 月，教育部又委托我校举办义务教育新课程骨干培训者国家级培训。先后承担了初中美术、小学美术、小学综合实践活动、中学综合实践活动教师的培训任务共 392 人。2003 年全国青少年学生校外教育联系会议（教育部基教司主办）决定在我校建立全国青少年学生校外教育培训中心。北京市青少年学生校外教育联系会议（教委主办）也同时委托我校建立北京市青少年学生校外课外教育培训中心。1996 年国家教委及北京市教委对我校成人教育函授、夜大学办学质量进行评估，评为“优良”。1998 年，我校通过国家教委及北京市对“成人教育社会力量办学质量”的评估，被评为“优良学校”。2000 年，我校通过了教育部组织的专家组对培训骨干教师进行的评估。2002 年年底，首都师范大学成人教育学院招生办公室被评为“全国成人教育招生先进单位”，是北京地区所有举办成人高等教育院校中唯一获此称号的学校。

进入 21 世纪，《首都师范大学 2001～2005 年发展计划纲要》确定，“应紧密结合北京市社会经济发展和各行各业对人才的需求，积极稳妥地发展成人教育。在保证不断提高教育质量的前提下，有计划地开拓新的办学渠道，使成人教育的规模、结构均衡发展。”我校成人高教在校注册学生达 15 000 人（计划预定 10 000 人），每年招生规模在 5 000 人左右。2003 年成教院被教育部授予“全国高校招生工作先进集体”称号。成教院主编的《艺术设计》、《书法教程》分别获 2001 年和 2003 年北京市精品教材重点支持项目。由于招生规模逐年扩大，教学质量成为全社会关注的问题。为了确保我校成人高等教育的健康持续发展，2003 年我校召开了成人教育工作会议，会议主题是规范办学和提高教学质量。会议讨论了《首都师范大学关于加强成人教育校外教学点管理办法》。

二、成人教育的人才培养

(一) 专业体系

我校成人高教已形成一个具有函授、夜大学、脱产、教师本（专）科，师范类和非师范类专升本、第二学历、专业证书班、研究生主要课程班、自学高考助学班以及其他各类培训班（长短期）的多专业、多形式、多层次的成人教育体系。开设专业名称见本编第二章第一节。

(二) 培养目标、培养模式

根据国务院批转《教育部关于大力发展高等学校函授教育和夜大学的意见》，1981 年我校制定了《夜大学班学生管理的若干规定（试行）》。其中规定："培养目标：通过夜大学班教学，使学生初步掌握本专业的基础理论、基本知识和基本技能，提高分析问题和解决问题的能力，在所学专业方面基本达到大学本科毕业生水平，成为热爱共产党热爱社会主义的高等专业人才。""修业年限：现已开办的中文、数学两专业的夜大学班为本科，修业年限均为 5 年。"

在教学实践中，我校逐步把握了成人学习的特点。成教学员年龄偏大，基本为在职，入学考试成绩逊于普通高考生，但他们一般有较丰富的工作经验和阅历，理解能力较强。在学期间，学习时间相对为少，而面授时间集中，外地函授班配备的辅导教师辅导质量又不平衡等。针对上述情况，各任课单位采取了相应的教学与管理措施以确保质量。

1987 年，国务院批转了 1986 年全国成人教育工作会议通过的《关于改革和发展成人教育的决定》，确定岗位培训为成人教育重点，以学用结合、按需施教、注重实效为教学原则。有关精神成为我校成人高教教学的指导思想。

1997 年，我校成教专业对教学计划作了较大规模的修订。主要涉及：

1. 培养目标。一方面强调保证德、智、体全面发展，加强思想品德教育；一方面突出培养人才的应用性和职业特点，要求学员在具有较扎实的专业基础理论和知识的前提下，成为面向基层、面向一线岗位的实用型、技艺型人才。成人专科升本科教育要注意二者的衔接性，着重培养学员一定的理论水平和科研能力，同时具有较广博的知识和较宽泛的岗位适应能力。

2. 基础理论课程和专业课程的关系。要引导学员着重学好基础理论（含专业理论），此类课程以应用为目的，教学内容少而精，以必需、够用为度，适当减少烦琐的理论推导过程。专业课的任务是使学员掌握必要的专业知识和技能，了解本专业最新的科技成果和发展趋向。设计时针对性要强一些，同时又有一定的适应性。

3. 实践性教学环节。成人高教也应加强课程实习、生产实习、课程设计、毕业设计、论文答辩等教学环节。

4. 教育教学管理。对学业、学风要求宜严，管理制度上宜活。

新的教学计划的实施表明，成人教育也可以做到高标准、严要求，从而确保全面提高人才培养质量。

成教院 1977～2003 年为社会培养并输送了 40 912 名毕业生。有相当一批已成为各行各业的骨干力量。历年成教系统毕业生数量见本《志》第五编第一章。

2002 年，成教学院组织各院系对师范专业教学计划进行了较大的修改。本次修订教学计划，提出了“三个适应”，即：(1) 适应基础教育课程改革的要求，改革在职教师的培养模式。(2) 适应我国教师教育体系从封闭走向开放的要求，综合化地培养高素质教师。(3) 适应成人高等师范教育的规律和特点，促进教师的专业化发展。并提出在具体制定教学计划时应充分考虑成人教育的规律和特点，贯彻少而精的原则，突出应用性与专业性。对于基础理论、基础知识以应用为目的，以够用为度；整合那些知识结构过专、知识面过窄的课程；加强文理课程、师范与非师范课程的综合性、连贯性；强调所学学科的设置目的、学科来源和学科研究方法，在所开设的课程里应能够反映本学科的新成果、新理念、新方法，通过培养，使学员的专业化水平有较大的提高。

三、成人高教的管理

1978 年起，全校的成人教育先后由教务处（下设师资科）、函授处、教务行政处（下设函授科）、培训处（下设函授科、培训科、招生办公室）负责管理，上述职能部门由主管院长和教务长（后为校长助理）领导。

1994 年正式成立首都师范大学成人教育学院。党委发布《关于成立首都师范大学成人教育学院的若干意见》，规定：首都师范大学成人教育学院为全校各类成人高等教育工作的管理机构。其主要任务是 (1) 负责学校各类成人高教发展规划的制定、专业设置的审核与上报、教学计划的审核与教学检查、学籍管理、招生计划的制定、招生工作的管理、全校各类继续教育（各类短训班）的审批与管理等工作，以及完成国家教委与北京市高教局委托承办的各项任务。(2) 各院系作为我校成人教育教学任务的主要承担者，承担本学科（专业）各项办学任务。(3) 各系难以独立承担的办学任务，由成教院调配教学力量完成。

2003 年成教学院下设行政办公室，教务招生办公室，教学管理办公室，艺术教育管理办公室，培训与继续教育办公室。

1992～2003 年的 12 年间，全校成人教育办学收入累计约 1.3 亿元。

校内参与办学的院系，由一名副院长（系副主任）主管成教工作。

经慎重调查，严格筛选，建好校外各办学点和函授站，各点、站自行安排行政负责人并聘用辅导教师。

与成人教育学院并行，设首都师范大学培训中心（1988 年设），与成教院为“两块牌子、一套人马”的关系。周秉仁兼中心副主任（1988）、常务副主任（1995）。

表 2.5.1.1　　成人教育学院及其前身主要负责人任职更迭表

机构名称	姓 名	职 务	任职期限	备 注
函授处	陈日新	处 长	1980～1983	1983 年撤销
教务行政处	饶学良	同 上	1984～1987	设函授科
培训处	饶学良	同 上	1987～1994	
成人教育学院	李春年	院长（兼）	1994～1997	
成人教育学院	郑开义	常务副院长、院长	1994～2000	
成人教育学院	黄建平	院 长	2000～	

注：50 年代～70 年代成人教育由教务处管理，负责人参见表 2.3.4.1 。

附　成人高教中近期规章制度要目

- 北京师范学院成人高等教育办班管理工作暂行条例（1987）
- 关于我院各系举办专业证书班的管理意见（1987）
- 北京师范学院各类成人教育毕业证书发放办法（1987）
- 关于加强我院成人教育教学管理工作的几点意见（1989）
- 首都师范大学各类成人教育办学的若干规定（1995）
- 首都师范大学各类短期办学管理工作暂行规定（1995）
- 首都师范大学成人学历教育教学教务管理工作提要（1995）
- 首都师范大学成人高等教育学员奖励办法（1995）
- 首都师范大学关于举办研究生课程进修班审批和录取工作的规定（1997）
- 首都师范大学成人高等教育脱产班及夜大学学生学籍管理办法（2002）
- 首都师范大学成人高等教育本科毕业生授予学士学位工作细则（2002）
- 首都师范大学成人高等教育本科学员毕业论文（设计）指导工作细则（2002）
- 首都师范大学成人高等教育函授站管理办法（2002）
- 首都师范大学成人高等教育函授站管理流程（2002）
- 首都师范大学成人高等教育各类档案管理办法（2002）
- 首都师范大学成人高等教育教学信息员管理办法（2002）
- 首都师范大学成人夜大学巡视组管理办法（2002）

第二节　远程教育学院的办学

2000年7月决定成立远程教育学院。院长刘新成（兼），常务副院长周文业。该院尚未实际运作。

第三节　北京市高校师资培训中心的办学

一、机构设置沿革

北京市高校师资培训中心的前身是北京市高教局设立的北京市高师师资培训中心，1987年成立，挂靠在北京师院，常设办事机构设在北京师院教务处师资科，无独立编制，常务副主任由北京师院委派。

为适应教育改革和师资队伍建设的需要，经北京市编制委员会和高教局批准，1992年10月成立北京市高等学校师资培训中心（原高师师资培训中心撤销），为处级事业单位，隶属高教局，挂靠在首都师范大学，高教局任命主任和若干副主任，常务副主任由首都师大委派。该中心接受教育部人事司所属高校（高师）师资培训北京中心（全国级）和华北中心（6大区划级）的指导、检核、评估。

根据国家教委《关于加强各级高师（高校）师资培训中心建设的意见》（1992）和北京市高教局的要求，中心工作以北京市属院校为重点对象，兼顾北京地区部委院校，开展教师培训、组织协调和研究咨询等方面的工作。

表 2.5.3.1　　北京市高校师资培训中心及其前身主要负责人任职更迭表

机构名称	姓名	职务	任职期限
北京市高师师资培训中心	李春年	常务副主任（兼）	1987～1992
北京市高校师资培训中心	林浦生	主任（兼）	1992～1994
同上	陈明仁	常务副主任（兼）	1992～1994
同上	周子寿	主任（兼）	1994～1996
同上	黄建平	常务副主任	1994～2000
同上	范伯元	主任（兼）	1998～2001
同上	李观政	主任（兼）	2001～
同上	郑开义	常务副主任	2000～

二、主要工作

（一）组织协调工作

按照教育部《高等学校教师培训工作规程》的文件精神，北京市高校师资培训中心主要负责北京市市属高校教师进修和培训的组织与协调工作，同时兼顾北京地区其他各类高等学校教师进修和培训的协调工作。

（二）研究咨询工作

根据北京地区高校师资队伍建设的整体要求，有针对性地开展调查研究工作，积极为北京市教育委员会制定高校教师培训工作的相关政策提供依据，并协助市教委制定北京地区高校“八五”、“九五”、“十五”师资培训规划和其他相关政策法规。

（三）组织培训工作

1. 高校教师培训

中心以国家教委《高等学校教师培训工作规程》和《北京市实施〈高等学校教师培训工作规程〉办法》为依据，落实《北京市高校教师培训（“八五”、“九五”）规划》，开展了以下工作。

（1）高校青年教师岗前培训

此项培训原名“教育理论培训”，开设高等教育学、高等教育政策法规、高等教育心理学、教师职业道德修养、大学教学技能等课程。1991 年 1 月更为现名。学员来自北京地区 60 余所高校，对象扩及一切没有师范学历的教师。

（2）以依托学校（首都师大）为基地，举办助教进修班（含数学、物理学、音乐学、美术学、汉语言文学等专业），骨干教师进修班，以同等学力申请硕士学位进修班（含音乐学、美术学、教育学、思想政治教育等专业）等，并接受国内访问学者（含历史学、书法、物理学、数学、汉语言文学等专业）。

（3）举办北京地区高校管理干部培训班。

（4）举办研究生课程进修班、现代教育技术培训班、双语教学培训班。

2. 中学骨干教师培训

从 1995 年起，受北京市及市教委委托，组织首都师大 13 个系（所）为北京市中等教育系统骨干教师举办硕士研究生主要课程进修班。

表 2.5.3.2　　高校师资培训中心各类培训学员数字统计

培训项目	学员来源	培训起止年限	培训人数
岗前培训	北京高校	1992～2003	14 644
助教进修班	国内高校	1992～2003	344
骨干教师进修班	同上	1992～2003	147（01～03）
以同等学力申请硕士学位	同上	1992～2003	1 161
国内访问学者	同上	1992～2003	103
研究生课程进修班	北京中等学校	1992～2003	18 766
研究生课程进修班	北京高校	1992～2003	5 188
现代教育技术培训	同上	1992～2003	1 266（01～03）
双语教学培训	同上	1992～2003	354（01～03）
北京高校管理干部培训班	同上	1995～1998	260
总 计			42 233

第四节　首都师范大学·TAIKEN 国际文化学院的办学

首都师范大学·TAIKEN 国际文化学院是我校与日本 TAIKEN 教育综合集团联合组建的合作办学机构，经北京市教育委员会批准，于 1997 年 5 月 9 日正式成立。张泽青为学院理事，郑开义为学院院长。

学院的办学宗旨为：依托首都师大良好的学科和教学基础，吸收日本、美国等国家先进的教学方法和手段，引进高水平的外籍教师和现代化的教学设备，以培养适应中国现代社会需要的应用型人才。学员结业后，经 TAIKEN 教育综合集团审查合格者，可直接进入该集团设在日本的专门学校或在美国加州设立的 TIU 体健国际大学自费留学。

学院成立时设有留学美语、留学日语、普通英语（中、高级）、普通日语（中、高级）外资企业文秘以及高级幼儿教育学科。

学院共开办 1 年，先后招生约 300 名。学院于 1999 年停办。

第六章　留学生教育

第一节　国际文化交流概述

“留学生教育”指对外国留学生和港澳台地区学生及其他华侨学生提供的各种层次、形式、类别的教育，非学历教育对象包括研究学者。

留学生教育是学校所进行的国际文化交流活动的组成部分。本《志》未设独立的“国际文化交流编”，有关工作的综述一并在此章内叙述，涉及管理方面的内容则载于本《志》第七编第四章《外事管理》。

60年代初，高教部批准北京师院为接受越南留学生的高校之一。1965年，我院设留学生办公室，接受越南留学生50名，对其进行汉语预备教育，为进入专业学习打下基础。“文革”开始后，工作中断。

1977年，我院被批准为对外开放单位。院党委明确指出：我院外事工作的根本目的，是提高学校的师资、教学、科研和学术水平。决定由一名院长分管外事工作，具体事务由院长办公室兼管。1980年、1981年，根据教育部《关于高校开办汉语短训班的通知》中关于“扩大汉语在世界上的影响，促进中外文化交流和人民之间的了解”的精神，先后开始招收学习汉语的长短期留学生，培训班由院长办公室负责管理，教学工作由中文系汉语专业教师完成。

《北京师范学院1983～1990年发展规划》提出，“应准备接受国外留学生”。随着我院外事工作发展的需要，1985年党委决定成立国际文化交流部，统合外事工作，其职能之一为留学生的教学与管理工作。1991年，交流部内设立对外汉语教学中心，组建了一支从事对外汉语教学的专职教师队伍。

《首都师范大学教育改革和发展纲要（1993～2000年）》提出：“扩大对外交流与合作。这项工作是改革开放的重要方面，要大胆吸收与借鉴国外教育改革与发展的成功经验。十几年来，我校积极开展了国际文化交流。今后我们要扩大与国外及港、台办学水平较高的一些高等学校的交流与合作。对公费出国留学工作，贯彻‘按需派遣，保证质量，学用一致’的原则，继续派遣教师出国进修、讲学。加强与在国外留学人员的联系，鼓励他们学成归来或以多种方式为学校作出贡献。要加强重点学科与国外高校的学术交流与合作，开展与国外学校或专家联合培养人才，合作进行科学研究。加强对外汉语教学工作，创造条件，扩大接受外国留学生的规模和专业。”1992年、1993年3校合并为首都师大后，校本部国际文化交流部与原北京联合大学外语师院外事办公室及对外汉语培训部仍暂时保持各自原有体制。在原北京师院分院院址成立的首都师范大学白广路培训部，也参与培训长短期留学生。

《首都师范大学教育改革和发展“九五”规划和2010年远景目标》关于“扩大对外学术交流”的规划是：“（1）对外学术交流是适应世界科技、教育发展趋势，缩短与世界先进水平差距的重要途径。要从我校发展的需要出发，在已建立的对外文化交流的基础上，积极开拓、建立新的校际交流与合作关系。努力提高对外学术交流的层次，通过合作研究、合作办学、合作培养研究生、联合举办国际学术活动等形式，增加合作项目，提高学术交流水平。在对外交流工作中，一方面根据我校学科建设与人才培养的规划，有计划地派出短期、中期和长期人员，强化对他们的外语培训，以利于进行高层次的交流；一方面有针对性地邀请外国专家来校讲学访问，介绍国外学术发展的最新动向。（2）扩大我校招收外国留学生的规模，'九五'末每年长短期留学生各达到600人左右。除了加强对外汉语教学工作、培养汉语进修生外，要充分利用我校某些适于对外的优势学科，逐步扩大留学生的学历教育，培养另外某些专业从学士、硕士到博士的专门人才。为此'九五'期间需兴建国际学术交流中心大楼。（3）筹资建立国际学术交流基金，并设立对外校际交流专项经费。（4）积极邀请学有专长的在外人员回国访学、合作研究或来校长期工作。（5）进一步调整我校外事管理与教学的机构，使之适应国际交流工作与留学生教育工作的需要。"

在《首都师范大学2001～2005年发展计划纲要》中，关于国际文化交流与留学生教育的指导思想表述为："以国际化大学为目标，继续坚持和扩大对外开放，加强国际间的交流和合作，通过引进国外智力、来华留学、合作科研与合作办学等途径，弘扬中华文化，借鉴国际先进科学技术，扩大学校国际影响，培养具有国际视野的优秀人才，为现代化建设服务。"主要措施为：加大对外开放力度，提高学校的国际学术地位和教师的学术水平，扩大境外访问学者和专家讲学的数量、扩大留学生培养规模（达到1000人）。2003年12月，我校召开外事与留学生教育工作会议，会议的主题报告为：《以提高学校国际化水平为目标，开创国际交流合作与留学生教育工作的新局面》，其中，介绍了学校国际化发展战略的内容，以及2004～2008年学校国际化建设任务。

1999年校本部国际文化交流部与外语学院外事办公室、对外汉语培训部合并，正式成立国际文化学院。国际文化学院所属留学生部每年的招生规模为800人左右，包括长短期汉语进修生，汉语本科生，以及中国文化研习团、短期汉语进修团、普通话研习团等各类学生。国际文化学院所属对外汉语教学中心为我校对外汉语教学的主要机构。2002年有教师43名，其中副教授6名，讲师34名，助教3名，多数教师具有对外汉语专业教师资格证书，或有在海外大学任教的资历。

1993年经国家教委批准建立留学生"现代汉语专业"（四年制本科，后更名为"汉语言专业"），2003年获准建立"语言学及应用语言学硕士点"，拟于2004年招收"对外汉语教学方向"的留学生研究生。对外汉语教学的教学指导思想和培养目标是："在教学中注重汉语的应用能力，通过汉语语言要素和文化要素的传授以及通过汉语言语技能和汉语言语交际技能的训练，培养具有一定的汉语语言能力和运用汉语在一定范围内进行交际的能力。"中心的对外汉语教学形成了具有短期班、进修班、本科班等多种类型，初级、中级、高级多层次，必修课、选修课较齐备的完整教学体系，开设了初、中、高三个层次的汉语综合课、听力课、口语课、阅读课、写作课等专业课程，同时开出翻译课、文化课、历史课、哲学课以及书法、武术等选修课。

1993年和1998年，经国家教委批准，我校分别具有接受外国留学生和港澳台地区及华侨学生的资格。我校其他院系，如书法专业、现代汉语专业、油画专业开始从留学生中接受本专科生和研究生。

1980～2003 年，我校共接纳长短期留学生约 11 000 人，有约 200 名留学生在我校取得了本科或研究生学历。(详见本《志》第五编第一章《概述》)。

第二节　留学生教育机构

一、国际文化学院及港澳台事务办公室

“文革”以后，由一名院长分管外事工作或直接兼任外事机构负责人。

国际文化学院于 1999 年 3 月成立，其前身是 1985 年成立的国际文化交流部和外语学院的外事办公室、对外汉语培训部。国际文化学院兼有教学和管理职能。

首都师范大学又于 1999 年设立港澳台事务办公室，与国际文化学院实行“一套人马、两块牌子”的体制。

国际文化学院设置国际文化交流部、外国留学生部、对外汉语教学中心、出国留学咨询服务中心、外事招待所等，有教职员工 70 余人。

对外汉语教学中心在实践中将对外汉语教学逐步建成了独立的专业体系，并不断完善提高。该中心承担了国家对外汉语教学领导小组办公室的国家重点项目——中国汉语水平考试（文秘）的研发工作，并已被批准为国家汉语水平考试的考点。该中心与清华大学合作，承担了国家对外汉语教学领导小组办公室“十五科研规划”项目：“对外汉语远程教育资源库建设”。该中心与计算机系远程教育研究室合作开发的“汉语水平考试 HSK 智能网络学习辅导系统”，于 2001 年通过了北京市科委组织的技术鉴定。

国际文化学院与日本广岛大学合作设立“广岛大学北京研究中心”，于 2002 年成立。

1996 年首都师范大学国际文化交流部获国务院外国专家局“全面引进国外智力先进集体”称号。

表 2.6.2.1　　国际文化学院及其前身主要负责人任职更迭表

姓 名	机构名称	职 务	任 期
孙泽先	留学生办公室	主任兼支部书记	1965～1966
邸 路	院长办公室	副主任	1977～1984
常致华	国际文化交流部	主任	1985～1988
黄敬之	国际文化交流部	同上	1988～1996
吴京汨	国际文化交流部	同上	1996～1999
王吉芳	外语学院外事办公室	同上	1996～1999
孙福生	外语学院对外汉语培训部	同上	1993～2000
刘利民	国际文化学院	院长（兼）	1999～
吴京汨	国际文化学院 港澳台事务办公室	常务副院长 主 任	1999～2002

续表

姓 名	机构名称	职 务	任 期
程路宁	国际文化学院 港澳台事务办公室	总支书记	2002～
刘晓天	国际文化学院 港澳台事务办公室	常务副院长 主 任	2002～

二、首都师范大学白广路培训部

白广路培训部所在地原为北京师院分院院址。1992 年分院并入北京师院，北京师院更名为首都师大，原分院更名为首都师大分部。1993 年首都师大党委和校行政决定，撤销首都师大分部，成立首都师大白广路培训部。并且确定：培训部要坚持以办学为主，把进行来华留学生培训、开办成人高等教育作为主要任务。

在我校国际文化交流部（国际文化学院的前身）等单位支持帮助下，白广路培训部从 1994 年 7 月开始举办来华留学生短期汉语培训班（韩、日、法、美）15 期。对外汉语等课程由国际文化交流部教师担任，管理和服务工作由培训部担任。共培训短期留学生近 600 人。从 1995 年 9 月开始招收长期留学生（学习期限 1～4 年，培训任务、分工同上），共培训长期留学生 200 多人。由于培训部与校本部分处两地，教学方面有所不便，整体学习环境也逊于本部。

在成人教育方面，白广路培训部先后开办了高等教育自学考试辅导班、成人高考辅导班、计算机辅导班等，多次受到宣武区成人教育局的表扬。2000 年，白广路培训部作为首都师大、北京师大、人民教育出版社三家合办的中小学英语骨干教师国家级培训基地，开办了中学师资班 2 期，小学师资班 1 期，被国家教委专家组评为全国最好的办学点。

培训部在 1995～1999 年共上缴给学校收入 1 000 万元（留学生宿费及出租房屋租金）(200 万元/年)，并用部分收入改善办学和工作条件。世纪之交，留学生生源一度减少，出租房屋也遇到一定困难。2002 年撤销前，共上缴学校 300 万元（100 万元/年）。

2000 年北京市教委作出《关于首都师大白广路培训部校舍移交市教委的通知》，2002 年，首都师大党委常委决定，撤销白广路培训部建制，该处校舍房地产权移交给市教委。

表 2.6.2.2　　白广路培训部主要负责人任职更迭表

姓 名	职　　务	任　　期	姓 名	职　　务	任　　期
谢 元	培训部主任	1993～1996	潘秀英	直属党支部书记	1993～1999
吴芝祥	同上	1996～1999			
张自福	同上	1999～2002	陈玉兰	同上	1999～2002

第七章　德育和美育工作

第一节　德育工作沿革

学校德育，即思想政治和品德教育。《中华人民共和国教育法》第六条："国家在受教育者中进行爱国主义、集体主义、社会主义的教育，进行理想、道德、纪律、法制、国防和民族团结的教育。"《中华人民共和国高等教育法》第五十三条："高等学校的学生应当遵守法律、法规，遵守学生行为规范和学校的各项管理制度，尊敬师长，刻苦学习，增强体质，树立爱国主义、集体主义和社会主义思想，努力学习马克思列宁主义、毛泽东思想、邓小平理论，具有良好的思想品德，掌握较高的科学文化知识和专业技能。"

我校建立后，始终注重德育工作。50年代中后期，从培养"有社会主义觉悟的有文化的劳动者"和"全心全意为人民教育事业服务的中等学校师资"的要求出发，我校的德育主要进行以下几个方面的工作。(1) 通过开设几门马列主义理论课，组织学习毛泽东著作，以及结合专业课程有关内容渗透思想教育，使学生树立阶级观点、劳动观点、群众观点和辩证唯物主义历史唯物主义的观点。(2) 通过开设形势与任务教育课（每周一次报告），学习党在过渡时期和社会主义时期的总路线，引导学生参加国内国际的阶级斗争，并且在意识形态领域批判封资修。(3) 通过参加生产劳动促进思想革命化和知识分子劳动化。(4) 通过人生观教育，使学生养成共产主义的道德品质，如曾以开展群众运动的方式进行"红专关系"的大辩论。(5) 进行专业思想教育，使学生愿为党的教育事业奉献终身。

1963年，我校试行《教育部直属高等学校暂行工作条例（草案）》（简称《高校六十条》）。《条例》设有"思想政治工作"专章。(1) 对思想政治教育任务的规定除与50年代相近的内容外，又特别提出：要认真学习解放军和大庆、大寨的思想政治工作经验，搞好斗私批修，兴无灭资，不断改造世界观，大力培养和发扬无产阶级的好思想、好品德、好作风，批判资产阶级，批判修正主义，同一切不良倾向作斗争。(2) 要求在思想政治工作中正确处理人民内部矛盾，"必须有利于形成又有集中又有民主，又有纪律又有自由，又有统一意志又有个人心情舒畅，生动活泼的政治局面"（1958年毛泽东语）。(3) 在思想政治工作中必须正确处理红与专的关系。"红"首先指政治立场，进而要树立共产主义世界观。但对世界观的改造不可操之过急，不可强求一律。"白"是指政治上反动，不要随意给人戴上"走白专道路"的帽子。(4) 强调加强艰苦奋斗建设社会主义的教育，以及革命传统教育，个人利益服从革命利益、全心全意为人民服务的教育，共产主义道德品质的教育和社会主义法制的教育。(5) 要求思想政治工作要经常化，深入细致，实事求是，讲究实效，反对形式主义。《高校六十条》得到了一定程度的贯彻。

"文革"之前的十余年，我校毕业生的实际觉悟和品德水准得到社会的广泛认可。调查表明，他们的绝大多数勤勤恳恳地从事中等教育事业，能做到为人师表；旅居香港的三四百名校友，绝大多数都热爱祖国，而且顾恋母校。这些与学校的德育是分不开的。应当看到，德育成效，不仅来自校内教职工的施教和学生的自我教育，同时也取决于德育内容本身和当时社会的大环境。各种渠道所宣传的马克思主义普遍真理和科学的方法论，共产主义的崇高美好理想，近现代以来以中国共产党人为代表的为中华民族解放和复兴而奋斗的革命精神，以及国家的日趋昌盛，广大干部、党员为人民服务的无私品质，对学生产生了巨大的吸引力和感召力。学生们走向工厂、农村，接触了广大工农，从中学到的东西甚至远远超过课堂上的收获。另一方面，这一期间德育工作也有不少缺点错误，如宣传了教条主义和左倾思想，使学生不同程度地接受了。同样的，负面的东西很大程度来自全社会。(1）那时我国处于封闭和半封闭状态，人们缺乏对事物进行比较鉴别的条件。(2）阶级斗争扩大化形成的政治高压使“百花齐放、百家争鸣”的方针无从实施，人们不敢提出异议。(3）对领袖的个人崇拜，导致人们的独立思考能力严重弱化，必不可免地“唯书、唯上”。

在“文革”期间，其根本任务之一是“在灵魂深处爆发革命”。我校1970年9月印发的《关于创办社会主义师院的几点意见（讨论稿)》中，设有“政治思想工作”专项，提出抓六个方面的教育，包括“三忠于四无限”的教育，“无产阶级专政条件下继续革命”的教育等。

十一届三中全会以后，全面拨乱反正，人们（包括大学生）的思想空前活跃，从极左的精神枷锁下解放了出来，与此同时，邓小平向全党全国指出，思想领域出现了精神污染，出现了一股资产阶级自由化思潮。根据培养“四有”新人、“把坚定正确的政治方向永远放在第一位”、进行“坚持四项基本原则教育”的精神，我校从80年代初就大力加强学生的思想政治工作，先后出台了一系列文件予以实施。如《关于加强学生思想政治工作、建设政工队伍意见的通知》(1980)，《关于加强学生思想政治工作的决定》(1984)，《学生思想政治教育总体规划》(1986)，《关于加强教书育人工作的暂行规定》(1986)，《关于在全院学生中进行坚持四项基本原则反对资产阶级自由化教育的安排》(1987)，《学生社会实践活动发展规划》(1988）等。1989年政治风波后，倡导将德育置于学校一切工作的首位。我校党委又作出《关于在学生中进一步加强理论教育和思想政治教育的意见》(1990)，《关于进一步加强和改进学生工作的意见》(1993)，《关于加强和改进德育工作的意见》(1995）等，并逐一落实。1994年和1995年，《中共中央关于进一步加强和改进学校德育工作的意见》和《爱国主义教育实施纲要》颁发，我校根据其精神，并总结多年实践的经验，于1994年制定了《关于加强和改进德育工作的意见》，于1995年制定了《首都师范大学德育大纲》和《首都师范大学爱国主义教育实施意见》，1997年制定了《首都师范大学社会主义精神文明建设规划》。

《首都师范大学德育大纲》的要点如下：

1. 总则：德育体现教育的社会性、阶级性，与智育、体育等彼此渗透，共同育人。根据我校培养目标和学生特点，应突出方向性、整体性、层次性、师范性、实效性。

2. 德育目标：培养学生成为有理想、有道德、有文化、有纪律的献身有中国特色社会主义事业的建设者和接班人。使其成为合格的人民教师；使其掌握马克思主义的基本立场、观点和方法，拥护党的基本路线和方针政策，树立科学的世界观、人生观、价值观；热爱祖国，热爱社会主义，热爱教育事业，热爱教师职业，具有良好的道德品质和心理素质，具有敬业精神和献身教育事业的责任感和使命感。要在大学生中发现、选拔和培养一批优秀的、坚定的青年马克思主义者。我校学生要达到的要求包括：世界观、方法论要求，政治要求，道德品质要求，人生价值观要求，素质要求，能力要求。

3. 德育的主要内容：(1) 马克思主义理论教育，特别是建设有中国特色社会主义理论教育；(2) 党的方针政策和形势政策教育；(3) 爱国主义、国情和革命传统教育；(4) 社会主义教育；(5) 人生价值观教育；(6) 思想品德教育；(7) 教师专业思想教育；(8) 心理健康教育；(9) 社会主义民主与法制教育；(10) 学风和校风校纪教育。

4. 德育的主要途径：(1) 课程建设；(2) 思想政治教育活动和日常思想政治工作；(3) 教书育人、管理育人和服务育人；(4) 党团建设；(5) 加强实践环节（社会实践、军事训练、生产劳动、教育实践、心理咨询、校园文化建设、德育大环境建设）。

5. 德育分年级实施纲要（略）。

6. 德育工作的保证：(1) 完善科学的德育工作体系（党委是德育工作的领导核心，校长对学生的德智体全面负责，学校成立由校领导、党政有关职能部门负责人参加的首都师大学生工作指导委员会，负责执行计划、考核和协调；各系成立学生工作领导小组、年级学生工作小组）。(2) 加强德育工作队伍建设（建立一支专兼职结合的德育工作队伍，努力培养和造就一批德育工作的专家、教授和学者，提倡并发动专职人员“双肩挑”）。(3) 德育的制度保证（完善已有的“三育人”、学生德育综合测评、学生的奖惩等制度，并且制定德育工作考核制度，形成全方位德育格局）。(4) 德育工作的经费及物质保证。

1999 年，由我校党政干部、“两课”教师及其他学生工作者集体编写的《首都师范大学德育工作二十年》出版。其中，概括了改革开放以来我校德育工作的基本经验，即：(1) 形成了切实有效的德育工作思路。(2) 形成了健全的德育工作格局和良好的德育氛围。(3) 形成了稳定有序、健康发展的德育工作机制。(4) 形成了结构合理、功能互补的“两课”课程体系。(5) 形成了教育、管理、服务相结合的德育工作模式。(6) 形成了“五个结合”的德育工作方法。

2000 年，全国和北京市思想政治工作会议先后召开。同年，我校党委主持召开了首都师大思想政治工作会议。会议的主题报告指出：要认清形势，充分认识思想工作面临的挑战与机遇。当前思想政治工作面临着以建设社会主义市场经济体制为目标的社会变革所带来的挑战，面临着西方敌对势力对我实施“西化”、“分化”战略、进行意识形态渗透的挑战，面临着时代变化和高科技发展带来的挑战，面临着教育改革和学校发展新任务的挑战。为此，要乘势而上，努力开创思想政治工作新局面。会议通过了 3 个文件，有《首都师范大学关于加强和改进思想政治工作的意见》、《首都师范大学关于加强思想政治工作队伍建设的意见》、《首都师范大学关于加强师德建设的意见》等。

进入新世纪，中共十六大将“三个代表”重要思想确立为党的指导思想。教育是实现“三个代表”重要思想的基础性工作。教育要坚持把德育放在育人工作的首位，把理想信念教育放在德育的首位。我校德育工作体系全员动员，为全面贯彻十六大精神正创新思路，并加紧落实。

“两课”是德育的主渠道，沿革情况见下节。对学生的思想政治工作和精神文明建设见本《志》第八编第一章；有关社会实践活动，见第二编第三章、第五编第四章；有关大学生课外文体活动，见第八编第三章。

第二节 “两课”教学

一、马克思主义理论课（公共）沿革

自1955级起，我校根据教育部颁发的《师范学院暂行教学计划》的要求，设置四类课程，其中之一为政治理论科目，包括中国革命史、马克思列宁主义基础、政治经济学、辩证唯物主义与历史唯物主义等课程。

《北京师范学院1958～1962年跃进纲要（草案）》强调贯彻教育为无产阶级政治服务的方针，大力加强对学生的共产主义思想教育和政治教育。“首先要加强政治课，改进教学内容、形式和方法，克服脱离我国社会主义革命和社会主义建设的实际、脱离具体教育对象的教条主义倾向，肃清修正主义的影响，贯彻理论联系实际的方针”；“在社会主义思想教育课中，采用群众大鸣大放大辩论的方式进行学习和讨论……学习时应注意发挥党支部作用”；并要求政治课教员“不仅要教好政治课，还是党的政治工作干部，优秀的战斗的马列主义宣传员”。

1959年制定的《北京师范学院教育总计划说明（修正草案）》在实施“共产主义的思想教育和政治教育”方面提出：系统地讲授4门政治理论课（社会主义与共产主义教育、中国现代革命史、政治经济学、哲学），是实现上述任务的主要途径之一。讲授这些课程时，必须遵循“确立以研究中国革命实际问题为中心，以马克思列宁主义基本原则为指导的方针，废除静止地、孤立地研究马克思列宁主义的方法”，克服脱离我国社会主义革命和建设的实际、脱离具体教育对象的教条主倾向，肃清修正主义的影响，加强理论与实际的联系。因此必须贯彻时事政策教育和理论教育两条腿走路的方针，必须在系统地进行政治理论课的讲授的同时，密切结合学生的思想实际，以国内外重大政治事件为纲，经常地进行时事政策的学习。政治课（包括时事政策学习）的教学形式与方法应有所改变。应在加强教师主导作用的前提下，采用讲授、自学文件与鸣放辩论三者结合的办法，考试和评定成绩的办法也须改变，在评定学习成绩时，应把学生的政治觉悟放在重要的地位，并且应以学生的实际行动衡量学生政治觉悟的程度。政治课（包括时事政策学习）的总时数（包括上课、自习、讨论等）每周以不超过10小时为宜，约占周总学时的五分之一。中文、历史两系的学习时数可略多于理科各系。

根据党委调研计划的安排，物理系调研工作组发布了《调查研究的结论》（1961.8）。其中关于政治课调查的结论为：三年来，学生的精神面貌、思想面貌的变化极为显著。影响学生思想变化最主要的原因是政治运动和劳动锻炼，比起二者来，政治课（特别是系统的理论学习）所起的作用是比较小的。政治教师作为党委的一个助手，在党的领导下在各个政治运动中，起了一定的作用，但作为一个政治教师所起的作用是不够大的。一般政治教师对学生了解得极少（大抵仅限于党、团支委等少数人），几乎不大深入到学生中去，距离1958年中央和国务院颁布的教育工作指示中所规定的相差太远。这固然与学生太多、政治教师水平不够高、政治教师太忙有关，但主观能动作用发挥得不够也是重要原因之一。政治课在教改中无论内容和教学形式、方法都有较大的改革，且有了一定的成效，但作为一门课来说，存在的问题也不少。(1) 讲课质量一般不够高；(2) 从内容上说，系统的理论学得少了一些，三年级三年中只学了一门政治经济学，四年级四年中只学了中共党史及哲学，形势任务学习和政治运动侵占政治课时数过多；(3) 政治课的内容，从体系上看，有安排不尽妥当之处。如三年级的政治经济学先学社会主义部分，后学资本主义部分，造成学习上一定的困难。这种安排可能是根据当时情况的权宜之计，但值得引起注意。(4) 政治课（包括形势任务课）的讨论过多，个人认真读书钻研少。尤其值得注意的是：教师很少参加讨论，一般由学生小组长作结论，有时是事先经过一定的武装的，有时则不然，结论是否全都可靠，大有问题；而且另一方面形成小组长的特殊感（突出的一例是：年初形势学习时，对小组长改变了武装的办法，不是回去作结论，而是回去带头暴露思想，于是同学满意，人人称快，认为收获极大，而平时作惯结论的干部则大呼"被动"）。(5) 由此而产生的一个问题是，既然结论由学生干部来作，由于他们的水平所限（可能还有其他方面的原因），政策界限不清，于是扣大帽子、硬贴标签的现象时有发生，不利于思想问题的解决，形成压服，造成不良的后果。尤其值得注意的是，政治课不及格的大权无异操在班干部之手，因为影响到能否毕业，生杀大权有时不免滥用（物理系三年级即有班干部动辄以"政治课不及格"来威胁同学）。

"文革"期间，公共政治理论课得到畸形强化。"政治理论课要充分发挥战斗作用，以无产阶级专政理论为指导，以马列著作、毛主席著作为基本教材，以转变学员思想，培养学员掌握马克思主义的立场、观点、方法为主要目的。学习方法要理论与实际相结合；政治课学习与群众业余学习相结合；学习、批判、社会调查实践与改造世界观相结合；集中学习与分散相结合。"（见 1975 年制定的《北京师院教育革命发展规划（草案）》）

1978 年我校《关于制定四年制普通班教学计划的几点意见》对政治理论课的规定为：理科各系一至四年级分别开设中共党史、政治经济学、哲学、自然辩证法，每周上课 2 学时，共 288 学时。文科、外语、音乐、美术一至四年级分别开设中共党史、政治经济学、哲学、国际共产主义运动史。每周上课 3 学时，共 432 学时（外语系每周 2 学时，共 288 学时）。1982 年《北京师范学院四年制本科教学计划》规定，政治理论课含：中共党史、政治经济学、哲学、思想政治教育报告（四年共约 144 学时），总计占教学总时数的 15%。

70 年代末 80 年代初，中央提出了坚持四项基本原则、反对资产阶级自由化的任务。1985 年《中共中央关于改革学校思想品德和政治理论课程教学的通知》下发，1986 年我校对马克思主义理论课的教学进行了改革。(1) 调整了课程设置。更新了教学内容。由原来的"老三门"（哲学、政经、中共党史）改为"新四门"（马克思主义原理、中国社会主义建设、中国革命史、世界政治经济和国际关系）。(2) 改革教法，建立了以课堂讲授为主，课堂讨论、参观调查、观看电影录像片等为辅的教学体制。为了保证改革的进行，学校和马克思主义理论教研室采取了以下措施：(1) 建立党委和校长领导下的理论部和各职能部门、各系党总支相互配合、齐抓共管的管理体制。(2) 加强教师队伍建设。(3) 组织教师科研攻关，编写新教材。(4) 加强对教学、科研工作的管理。(5) 紧密结合党的重大方针政策的出台，及时制定各门课程从各自学科特点出发、联系重大实际问题的方案。

1989 年政治风波之后，中共北京市委教育工委和北京市高教局提出《关于加强高等学校马克思主义理论课（公共）建设的十项措施》。我校党委随之作出《关于在学生中进一步加强理论教育和思想政治教育的意见》(1990)，提出"切实加强和改进马克思主义理论课的教学"。(1) 马克思主义理论课是向学生灌输马克思主义的主要渠道。(2) 要坚持马克思主义理论课的党性原则。(3) 理论课教师要带头搞好教书育人。(4) 对学生要严格管理、严格考核。1991年马克思主义理论教研部作出《关于加强马克思主义理论课(公共)建设的意见》,教学实践中增强了理论课的时代感、针对性,以求在对学生进行社会主义教育、指导他们树立正确的世界观方法论方面发挥作用。

1992年党的十四大对邓小平建设中国特色社会主义理论作了概括,要求用这一理论武装全党。我校党委决定将其作为理论学习和思想政治教育的核心内容。

1994年,《中共中央关于进一步加强和改进学校德育工作的若干意见》颁发。我校也于1994年12月下发了《关于加强和改进德育工作的意见》,对于"两课"作了如下要求和规定:"马克思主义理论课和思想品德课是系统地对学生进行马克思主义理论教育和思想品德教育的主渠道和基本环节。我们要始终坚持把'两课'作为学生的必修课,要积极推进'两课'的改革。马克思主义理论教育中要把邓小平同志建设有中国特色社会主义理论作为中心内容,要贯彻邓小平同志关于'学马列要精,要管用'的指导方针。'两课'要把教育内容作为改革的核心,编写新教材,要坚持理论联系实际的原则,增强教学内容的时代感和针对性。'两课'教师要深入学生,了解学生的思想实际,努力回答学生普遍关注的重要理论问题和思想问题,增强教学的说服力和有效性。教学方法要灵活多样、生动活泼,做到以理服人、以情感人、入心入脑。马克思主义理论课和思想品德教育课改革的最终目标是要增强其对学生思想教育的实际效果,使学生真正能够通过学习树立与历史发展规律相一致的远大理想,坚定社会主义信念,使学生掌握马克思主义的立场、观点、方法,具有正确和清醒的对待生活和认识世界的思想水平和能力。我们要将'两课'作为重点课程进行建设,不断探索适合我校实际情况,有利于培养21世纪合格人民教师的马克思主义理论教育和思想品德教育的新思路、新方法。"

1994年北京市"两课"改革领导小组批准我校为北京高校"两课"改革试点单位。1995级本科马克思主义理论课的安排是:第三学期开设中国革命史论,第四学期开设马克思主义哲学原理,第五学期开设当代资本主义,第六学期开设中国特色社会主义建设概论,以上各门均为54学时,另外,文科第七学期开设当代世界政治经济与国际关系,36学时。其中,最突出的改革是,将"中国社会主义建设"课改为"中国特色社会主义建设概论",较集中地讲授邓小平建设有中国特色社会主义的理论。

1998年4月,颁布了经中央批准的"两课"课程建设的新方案。这一方案是贯彻十五大精神,掀起学习邓小平理论新高潮的重大举措。我校公共理论课于同年逐步予以实施。落实情况如下:(1) 以邓小平理论为中心内容,重新调整了课程顺序。从大学二年级起依次开设马克思主义哲学原理(54学时)、马克思主义政治经济学原理(36学时)、毛泽东思想概论(文科54学时,理科36学时)、邓小平理论概论(不含实践,54学时)、当代世界经济与政治(文科开设,36学时)。此外,硕士生课程开设科学社会主义理论与实践(36学时),自然辩证法概论(理科54学时),马克思主义经典著作选读(文科72学时);博士生开设现代科学技术革命与马克思主义(理工科54学时),马克思主义与当代社会思潮(文科54学时)。上述本科课程开设顺序力求体现严谨性、科学性,内容安排上更好地反映马克思主义在中国发展的实际,并突出以邓小平理论为中心的要求,从而有利于引导和帮助学生掌握马克思主义的立场、观点、方法,树立正确的世界观、人生观和价值观,确立建设有中国特色社会主义的共同理想,为他们坚持党的基本理论和基本路线不动摇,打下坚实的理论基础。在教学实践中，理论课教研部力求全面落实“以邓小平理论为中心、多门渗透”的精神。此外，抓住四个环节（加强对教学中的热点、难点、重点问题的研究，改革教学方法，加强重点课程建设和课题研究，创造条件并利用各种机会有计划地培训教师等），切实推进课程新方案的实施。

2000 年，《首都师范大学关于加强和改进思想政治工作的意见》的一个条款涉及理论课：加强马克思主义理论课和思想品德课程的建设，努力提高“两课”的教学质量和效果。“两课”是对大学生进行思想政治教育的主渠道，要贯彻落实中宣部、教育部关于高校“两课”教学设置的要求，进一步规范课程建设，开齐课程，开足课时，配齐教师；努力提高“两课”教学的质量和效果，组织力量对教学中的热点、难点问题进行攻关，增强教学的针对性和实效性；鼓励和倡导教师运用现代化教学设施，改进教学方法，提高“两课”教学的吸引力；提倡并逐步实施“两课”教师兼任其教学班的班主任工作和学生理论学习社团的指导教师，以增进对学生的了解和与学生的思想感情沟通；积极探索改进“两课”的考试方法，探索课堂教学与社会实践相结合的提高教学效果的有效途径，特别要在“两课”入脑、入心上下工夫；加强“两课”师资队伍建设，为他们参加培训和攻读高一级学位创造条件。

世纪之交，马克思主义理论课（公共）教学单位，积极实践，加速改革，从学科高度加强理论课的建设，长期以来存在的课程基本理论体系僵化，教材千篇一律，理论与实际脱节，教学方法以“填鸭式”为主，教学手段落后的局面，正在得到改观。

2002 年北京市委教育工委和市教委制定了《“两课”课程建设标准（试行）》和《“两课”学科带头人培养规划》，2003 年，教育部部署加强学校德育工作和高校党建、思想政治、哲学社会科学研究工作，强调落实教育部《关于进一步发展繁荣高校哲学社会科学的若干意见》。我校“两课”部正抓紧落实，围绕宣传贯彻“三个代表”重要思想，采取措施加快对“两课”内容、方法的改革。已经进行和准备进行的改革措施包括：以学科建设为龙头，以教改立项带动课程建设，确立并强化教学工作的中心地位。把推进教学方法和手段的改革作为增强课程实效性的重要一环，如提倡教学形式的多样化，开展公开教学，推进教学手段现代化等。在教学多样化方面，主要做法是：进行启发式教学的同时进行课堂讨论，针对学生提出的问题进行分析，组织知识竞赛，结合课程内容举办专题讲座，组织学生参观并进行社会实践，深化考试方法改革等。

二、思想品德课沿革

50 年代中期，我校根据教育部颁发的《师范院校暂行教学计划》而确定的课程体系中，只设政治理论科目，无思想品德课。50 年代末，开始增设“形势任务”课，每周半天，不定期举行时事报告会，其余时间常安排讨论，并无考试。对学生进行思想品德教育的渠道主要有组织其参与阶级斗争和学术批判，平时的思政工作，学生入学后及毕业前的专业思想教育等。“文革”当中，除了“天天讲”并参加阶级斗争外，“学习毛著、斗私批修”是思想教育的根本途径。

十一届三中全会后，在拨乱反正、解放思想的同时，思想政治领域也出现了一些新问题。1980 年 12 月的中央工作会议，决定加强党的思想政治工作，加强建设社会主义精神文明，批判违反四项基本原则的错误思潮，打击破坏社会主义事业的反革命活动。会议

《决定》所指错误思潮也波及高校，如在部分学生中出现了信仰危机和集体主义价值观失落的现象。1982 年、1984 年，国家教委先后发出《关于在高等学校逐步开设共产主义思想品德课的通知》和《若干规定》。1985 年中共中央发出《关于改革学校思想品德和政治理论课程教学的通知》，次年，国家教委又下发《关于高等学校思想教育课程建设的意见》等通知，提出设置 5 门课程的要求。

为贯彻中央的有关精神，我校在 70 年代末 80 年代初多次召开会议，部署学生思想政治工作，政工队伍在 1981 年即接受了“德育学”的概念，开展有关德育的研究。1982 年，我校确定德育为必修课，要求首先开出“形势与任务”、“共产主义思想品德”等课程，并成立了德育教研室。德育室通过开设讲座、编写教材和出版期刊（《大学德育》）以及实施专题教育的方式，几年内形成了 3 门德育课程的框架，至 1989～1990 学年度则全部开出国家教委规定的 5 门课程：“大学生思想修养”（一年级上学期），“法律基础”（一年级下学期），“人生哲理”（二年级上学期），“形势与政策”（二年级下学期），“教师职业道德”，每门 30～36 学时。

80 年代后期至 90 年代前期，德育教研室力图紧密结合国内外形势的发展，党的方针政策的出台，以及我校学生思想的热点，构筑课程的重点，如在 1989 年政治风波前后，针对学生中存在的深层次思想问题，曾拟出 9 个专题进行“形势与政策教育”，又从 8 个方面安排“社会主义道路教育”等。

1994 年《中共中央关于进一步加强和改进学校德育工作的意见》颁布，1995 年中央印发了《爱国主义教育实施纲要》。我校也召开德育工作会议，着手“两课”改革，1995 年我校被批准为“两课”改革试点单位。思想品德课实施新的方案：（1）开设两门必修课，一为“中华伦理”（二年级下学期开设，36 学时），一为“法律基础”（一年级下学期开设，36 学时）。前者被市教委批准为北京高校教改立项项目。（2）进行三项专题教育。一为“大学生活指导”（新生入学后 5 周内进行），一为“教师职业道德”（三年级进行，历经 10 周），一为“形势与政策”（四个年级中不定期进行）。

1998 年，遵照《中共中央关于进一步加强和改进学校德育工作的若干意见》并执行经中央批准的“两课”课程建设新方案，我校修订新一轮教学计划时，规范了思想品德主干课的名称和各课主要任务，确定本专科设必修课两门：一是“思想道德修养”，于第一或第二学期开设，36 学时（连同参观、听报告约 51 学时），进行以为人民服务为核心，以集体主义为原则的社会主义道德教育以及优秀的中国传统道德和革命传统教育，并将“职业道德”的内容穿插融会其间。二是“法律基础”，第二学期开设，36 学时，进行社会主义法制教育。以上两门课程采用部颁或北京市统编教材。此外，原“形势与政策”课改为通过选修课和组织不定期专题报告的方式进行。

随着时代的变迁和社会的转型，德育工作存在着某种“失灵”的“空转”。为了迎接挑战，我校有关部门围绕提高思想品德课的质量和效益，始终加强德育学科的建设，20 多年来，德育教研室完成和进行中的科研课题 19 项，编写出版教材 20 种。除了力求在课程内容上不断更新以贴近现实外，也尝试采用一些教学模式，如“循章节、系统讲授”，“列专题、重点讲座”，“收集问题、针对性讲解”、“分题准备、研究答辩”，“给材料、案例讨论”，“引入经典、自学与导读”，“设计活动、行动训练”等，积累了一定经验。

2003 年北京相关部门修订了 1995 年的《德育大纲》。《大纲》增加了“三个代表”重要思想的内容，强调“育人为本”、“特色性”和“整体性”原则。我校“两课”教研部正结合本校实际予以采用。

三、“两课”教研部

2002年9月，政法学院所属“两课”教研部从政法学院分离出来，成为独立的教学单位，全称为马克思主义理论课和思想品德课教研部，仍简称“两课”教研部。

原马克思主义理论教研部最早的前身是1955年设立的政治理论教研室，承担全院马克思主义基础理论公共课的教学任务，其后，先后与其他单位组建成政教系、管理系、政法系，期间又于1971年、1984年两度单独设置，2001年成为政法学院的组成部分。

原德育教研室1982年2月成立，起初与学生工作部实行“两块牌子、一套人马”的体制，1986年与学生工作部分开，成为独立的教学单位。先后开设人生哲理、法律基础、教师职业道德、思想道德修养、形势与政策等5门本科公共必修课。

2001年，原马克思主义理论教研部和原德育室合并，成为政法学院内的“两课”教研部。

2002年“两课”教研部下设马克思主义哲学、马克思主义政治经济学、毛泽东思想、邓小平理论、德育等教研室以及资料室等机构。另外，设有妇女问题研究中心。

“两课”教研部承担全校本专科和硕士、博士研究生的马克思主义理论与思想品德教育7门课程的教学，并开设8门公共选修课和13门研究生课程。

2003年“两课”教研部有教职工36名，其中教授5名，副教授15名。

表 2.7.2.1　“两课”教研部及其前身主要干部任职更迭表

姓名	职务	任期	姓名	职务	任期
冯甘霖	政治理论教研室主任	1955～1958	王慕增	联合党支部书记	1956～1958
马春景	马列主义教研室主任	1972～1982	章一之	直属党支部书记	1959～1961
林培黎	同上	1982～1983	林培黎	同上	1982～1983
卢恒显	同上	1984～1988	李润清	同上	1984～1988
卢恒显	马克思主义理论教研部主任	1988～1998	封亚林	同上	1988～1992
唐润	同上	1998～2001	唐润	同上	1993～2001
李松林	“两课”教研部主任（设在政法学院内）	2001～2002		党组织关系归属政治学院分党委	
王殿卿	德育教研室主任	1982～1991		党组织关系归属机关党总支	
赵军华	同上	1991～2001			
李松林	“两课”教研部主任	2002～	陈玉兰	直属支部书记 党总支书记	2002～

教研部“九五”期间承担省部级以上科研课题10项，发表论文250篇，出版专著15部，获省部级以上奖励12项，科研总经费30万元。

2002年12月，中共北京市委教育工委、北京市教委在“两课”建设评估汇报会上宣布，专家组一致通过首都师大“两课”建设的评估验收，并确定首都师大为北京高校“两课”重点建设示范单位。2003 年，两委为我校颁发了“北京高等学校马克思主义理论和思想品德课重点建设示范单位”的标牌。

第三节　美育工作沿革

美育是教育活动中必不可少的一个组成部分。

《北京师范学院 1956～1967 年规划（草案）》列有专项涉及美育：“所有教学人员应根据各课程的特点注意美育。中国语文系应更多的关心全院学生的文学艺术鉴赏能力的培养和提高。院部支持并帮助青年团、学生会有步骤地组织学生建立各种社团，开展有益的文化娱乐活动以培养、提高学生的审美情操、艺术素养并丰富学生的文化活动。”

1957 年毛泽东在《正确处理人民内部矛盾的问题》论及培养目标时，指出：“我们的教育方针，应该使受教育者在德育、智育、体育几方面都得到发展，成为有社会主义觉悟的有文化的劳动者。”其间没有特别标明美育的问题。此后，教育界对美育的性质、功能、实施渠道等长期有争论，不少美学观点受到批判。直到 1995 年公布的《中华人民共和国教育法》，仍然没有定论，而将培养目标表述为“培养德、智、体等方面全面发展的社会主义事业的建设者和接班人。”此前，1993 年中共中央、国务院颁发的《中国教育改革和发展纲要》第三十五条提出：“美育对于培养学生健康的审美观念和审美能力，陶冶高尚的道德情操，培养全面发展的人才，具有重要作用。”1999 年颁布的《中共中央、国务院关于深化教育改革全面推进素质教育的决定》第六款提出：“美育不仅能陶冶情操、提高素养，而且有助于开发智力，对于促进学生全面发展具有不可替代的作用。要尽快改变学校美育工作薄弱的状况，将美育融入学校教育全过程。”“高等学校应要求学生选修一定学时的包括艺术在内的人文学科课程。开展丰富多彩的课外文化艺术活动，增强学生美感体验，培养学生欣赏美和创造美的能力。”2002 年中共十六大《工作报告》对教育目标的表述则是：“培养德智体美全面发展的社会主义建设者和接班人。”这体现了在“三个代表”重要思想指导下，全面建设小康社会对人才培养规格的提高。

1987 年我校党委提出了《关于在学生中开设美育课和开展美育活动的意见》。其中，“指导思想”条指出：“没有美育的教育是一种不完整的教育。”“在高等师范院校开设美育课、开展美育活动有重要意义。审美能力和美育活动能力，是一个师范生必须具备的素质。”《意见》说，根据党委决定，成立校级美育指导委员会，负责组织和协调全院的美育课和美育活动。《意见》列举了当时适宜施行的美育内容，包括技能训练课（音乐、书法、绘画、舞蹈、摄影、戏曲、健美等），艺术欣赏课，美育理论课，美育活动等。15 年来，我校美育工作不断深入发展。学校历次的发展规划和 90 年代末制定的《大学生素质教育整体规划》对美育均作了设计。除美育指导委员会外，1999 年和 2001 年所成立的素质教育办公室、素质教育中心也参与了美育组织工作。各类美育活动蓬勃开展。（1）共举办了十几届文化节、艺术节。（2）陆续建成的 94 个学生社团中，涉及文学、艺术的占相当比重。（3）开设了音乐、美术、影视艺术、书法艺术、电脑美术等辅修专业。（4）开设美育类课程多门。

第八章　体育工作

第一节　学校体育工作体制

一、体育教学研究部

体育教研部最早的前身为体育教研组，成立于1954年。北京师院确定招收一年制的专修班后，即设立了体育教研组，任务是进行体育教学。当时确定由一名副院长直接领导，由教务处代管。1955年设立各系、科后，体育教研组的任务加重。1956年建立体育教研室，1958年12月，与教育研究室成立联合直属党支部。到1959年教师已增至20余人，场地设施、运动器材等初具规模。1964年改为院直属教研室，同时成立了直属党支部。“文化大革命”期间教研室随着当时的形势被撤销，教研室改编为连、排，教师下放“五七”干校劳动。1970年工农兵学员入学后，体育教学工作恢复，1972年始恢复体育教研室和直属党支部，归属学校直接领导。90年代前期，北京师院、北京师院分院和北京联合大学外语师院合并，这几个院校体育教研室也先后合并，1993年更名为体育教学研究部，是一个集体育教学、运动训练、群体工作和体育科研于一体的业务部门。

目前，体育教研部根据工作需要，设有一年级、二、三年级、群众体育等教研室，另设办公室和场馆管理办公室等机构。

体育教研部管理的主要体育场地和设施有：田径运动场、各类球场、游泳场、羽毛球馆等。

表2.8.1.1　　体育教研部（室）历届主要负责人任职更迭表

姓名	职务	任期	姓名	职务	任期
杨永灿	体育教研室副主任（主持工作）	1956～1960	晋劲敏	直属党支部书记	1956～1964
			果永刚	副书记（主持工作）	1958～1964
杨永灿	主任	1960～1966	果永刚	直属党支部书记	1964～1985
果永刚	同上	1974～1978	刘文中	同上	1985～1993
杨永灿	同上	1979～1984			
沈林南	同上	1984～1993	海治川	同上	1993～1998
孙剑辉	体育教研部主任	1993～2003	王育英	同上	1999～2003
何永超	同上	2003～	果　勇	同上	2003～

二、校、院（系）两级体育运动委员会

体育是我国学校教育的重要内容，历来受到党和政府的高度重视。自1949年新中国

建立以来，国务院、教育部及各级地方政府为了加强学校体育工作、促进青少年素质的全面发展和健康水平的提高，多次颁布法令和法规，规范学校的体育工作，其中很重要的一条就是要在普通高等学校、中等专业学校和规模较大的普通中学，建立相应的体育管理部门，以加强对学校体育工作的领导。

我校建立以来，始终重视学校的体育工作，按照教育部和国家体委联合颁布的《学校体育工作条例》要求，一直保持有学校体委的建制，负责领导全校的体育工作。校体委一般由校办、校工会、体研部、教务处、学生处、财务处、校团委和学生会各派一名负责人组成，并由一名学校主要领导兼任校体委主任。自1954年建校以来，曾有10位副校（院）长或副书记担任过校体委主任，依序分别为：王朝品、鲍成吉、马驰、王克（女）、高志忠、王伟、赵振东、李因、张建东、刘新成等。

除学校体委外，各院（系）也建有相应体育组织，负责贯彻和领导各单位学生和教职工的群众体育工作。

第二节　体育课程

一、1954～1978年沿革

新中国成立后，学校体育经历了一个改造和重建的过程。党和政府把学校体育作为培养全面发展一代新人的重要内容。1951年，政务院发布了《关于改善各级学校学生健康状况的决定》，指出学校体育和卫生工作的重要意义，提出了具体要求。1954年国家体委制定并公布了《准备劳动与保卫祖国体育制度》（简称劳卫制），对宣传我国体育的目的意义，激发学生参加体育锻炼的积极性，促进群众性体育活动有组织有计划地开展，增进学生的健康，提高学习效率，推动体育教学工作等方面都起了积极的作用。此时正是我校建校的初期，对我校体育工作的开展构成了良好的外部条件。当时，在我国部颁《体育教学大纲》中提出了："体育教学的目的是培养学生成为全面发展的社会主义建设者和保卫者"的基本原则。体育教研组根据学生既有应届生又有相当数量调干生的情况，分别制定了体育教学大纲和教学计划，对不同学生提出了不同的教学要求。同时成立了各项体育代表队，大力推行群众性的体育活动，口号是"人人上操场，天天必锻炼"。当时的学生竞技体育有较高水平，田径、体操、篮球、航海、航模、跳伞等项目在高校和市级比赛中都取得过较好名次。50年代后期，针对美帝国主义不断地侵犯我国领海、领空，进行军事挑衅，威胁我国安全的情况，1958年9月，毛泽东指出："帝国主义如此欺负我们，这是需要认真对付的。我们不但要有强大的正规军，还要大办民兵师。"又说："民兵师的组织很好，应该推广。这是军事组织，又是劳动组织，又是教育组织，又是体育组织。"根据上述指示，我校积极开展国防教育和国防体育的教学与训练工作。在体育课上进行了队列队形、水上泅渡、射击、投手榴弹、翻越障碍、无线电通信、军事野营等方面的教学；在课外组织开展了摩托车驾驶、无线电通讯、航空模型、跳伞、航海等多项校体育代表队的训练，并在北京市高校比赛中名列前茅。但是，在"大跃进"左倾思想的影响下，体育工作也出现了偏差。比较突出的是大搞"五个百"运动，即要求所有学生（患有慢性病者除外）都要达到一二级劳卫制、三级运动员、三级裁判员、普通射手的标准。为此，大搞突击，弄虚作假，限期通过，打乱了正常教学秩序，违背了体育锻炼的客观规律。进入三年困难时期，体育教学基本停止。

1962 年以后，在党的“调整、巩固、充实、提高”的八字方针指引下，体育教研室根据党委和上级的要求，重新修订了教学大纲，增加了季节性的教学内容，开设了冰上课和游泳课（两课已在 50 年代开始试行）。

1965 年，经全校师生的义务劳动，修建了游泳池，不必到八里庄的运河上游泳课了。“文革”前期，教学工作均遭停顿，体育场地亦遭破坏。

1970 年恢复招生后，恢复体育课，开始只从“五七”干校调回 2 名体育教师，以后大批体育教师陆续调回。

1972 年毛泽东“发展体育运动，增强人民体质”的题词发表 20 周年时，全国举行五项球类运动会，确定我院为赛场。为此，体育教研室教工自己动手，在现在学生宿舍前花园处修建了两座灯光篮球场（后因绿化场地而拆除）。

二、1978～2003 年沿革

1978 年，全国恢复高考后，体育课也逐步规范化，重新修订了体育教学大纲和教学计划。

1979 年，恢复教师的职称评定，进一步调动了教师的积极性，该年体育教研室被国家教委、国家体委评为“全国体育卫生先进单位”。

1980 年我院将游泳池改建成为两个 50×25 米的标准游泳池，新建了循环过滤设施。

1983 年 3 月和 1984 年，院党委相继作出《加强体育工作的决定》和《进一步加强体育工作的决定》，根据当时学生身体素质差、体育技能低的现状增加了体育课时，由原来每周 2 课时体育课改为每周 3 课时，并翻修了田径场，修建了看台、主席台和 10 块沥青篮球场及 6 块排球场，从而增强了体育工作的物质基础。同年，北京市高教局、市体育运动委员会、市高校教学科研委员会，通过对我院体育工作的考核和验收，我院被确定为“体育合格学校”。

1993 年根据现代教育理论对传统的体育教学大纲的模式进行了全面的改革。按照布鲁姆的目标分类理论，提出了“目标教学”，将体育课程目标分类化、细目化和具体化，使课程目标的认知领域、技能领域和情感领域具体分解到每节课的教案中，用可观察、可测量、可评价的目标来描述每节课的任务。在教学大纲中，无论课程目标、单元目标、还是课堂目标都得到了充分的体现，使教师的教学效果和努力方向有了明确的依据，进一步规范了教师的教学行为。

1994 年从我校教学改革的精神出发，在三、四年级增设了体育选修课，主要课程有武术、球类、体操等，三、四年级学生选修体育课的比例为 25％～35％之间。

1995 年根据专业课程建设的需要，体育教研部组织部分教师公开出版了我校体育课理论教材，并在此后的体育课程考试中增加了理论考试内容。

1998 年我校根据教育部的有关文件提出了体育课程的健康目标，在组织教师集体学习的基础上，要求教师在课堂上传授有关健康的理论知识，进一步丰富、强化了课堂中体育理论知识的传授。

世纪之交，《中共中央、国务院关于深化教育改革全面推进素质教育的决定》和《学校体育工作条例》进一步明确提出“学校教育要树立健康第一的指导思想，切实加强体育工作”的原则，教育部和国家体育总局决定于2003年9月新学年开始，在全国普通高等学校全面施行《学生体质健康标准》和《全国普通高等院校体育课程指导纲要》。面对新的形势，我校体育课程设置根据国家和社会的需要与学生的需求，重新定位体育课程的目标。我校2003版新的《体育教学大纲》规定，要体现“健康第一的思想、终身体育的思想、以人为本的思想和培养创新意识的思想”。要求教师将上述理念贯彻于整个教学过程之中，重点突出健康第一的思想，增进大学生的卫生知识，使其进一步了解健康的价值和意义，提高增强自身健康的责任感和自觉性，提高自我保健和预防疾病的能力，帮助大学生自觉选择健康的行为和生活方式，消除或减少危险因素的影响，从而促进身心健康，改善生活质量。为此，在每学期初，为大一、大二的学生集中上理论课，其主要内容是：健康与人生，健康与大学生活等。

表 2.8.2.1　　　　体育课程内容一览表

1954年至今已开设过的体育课内容	一、二年级	田径类：短跑、长跑、跨栏跑、越野跑、跳高、跳远、三级跳远、手榴弹、标枪、铁饼、铅球 球　类：篮球、足球、排球、乒乓球、羽毛球、网球 武术类：初级刀、初级剑、初级拳、太极拳 体操类：健美操、体育舞蹈、单杠、双杠 其　他：游泳、滑冰、轮滑
1995年至今已开设过的体育选修课	三、四年级	篮球、排球、乒乓球、网球、羽毛球、健美、体育舞蹈、健美操、武术、散打
2003年新大纲开设的教学内容	一、二年级（必修选项）	足球、篮球、排球、乒乓球、网球、羽毛球、长拳、太极拳、刀术、剑术、形意拳、健美操、综合体能
	三、四年级（选修）	体育舞蹈、足球、篮球、排球、软式排球、乒乓球、网球、羽毛球、武术、太极功夫扇、散打、健身瑜伽、健美操、器械健美、游泳、手球、棒垒球、艺术体操

第三节　体育师资队伍建设与科研

至2003年5月体育教研部有教职工42名，其中副教授16名，讲师14名。多年来，全体教工不畏劳苦，承担着我校体育教学、竞赛、训练、群体等各项体育工作。

体育教研部对教师教学能力与业务水平的提高十分重视。采取的主要方式有以下几种：(1) 在教学实践中培养。1985年起，凡新教师参加工作，均由一名教学经验丰富、具有高级职称的老教师担任指导教师，帮助他们熟悉业务，提高实际操作能力，以迅速提高青年教师的教学水平。(2) 国内进修。1985年起，组织青年教师参加国内各种进修学习，到现在为止，所有青年教师均参加过一年以内的单科专业班进修，大多数教师参加过助教进修班学习。(3) 出国进修。1983年起，先后选派8名教师赴美国纽约州立大学柯特兰分校体育系进修一年，进修现代体育与教学理论，其中一名教师获硕士学位。以上多种途径的进修活动，解决了由于“文革”造成的教师年龄和技能结构上的断层现象，迅速提高了青年师资水平和我校体育课程水平。

体育教研部现有北京市优秀青年骨干教师2名，多名教师担任了一定的社会工作，还有国际级、国家级、一级裁判员10余人。

1985年起，体育科研工作也取得了一定成果，根据国家教委关于体育教师必须讲授体育理论知识的规定，体育教研部组织我部8名教师编写了公共体育理论教材，并正式出版。有22名教师发表了90篇学术论文。教授杨绍虞在日本体育刊物上发表9篇论文，在美国体育刊物上发表论文2篇；另有15位教师编写出版了三部书。自1985年至今，体育教研部教师在各种学术刊物上发表论文800余篇，其中载于权威核心期刊十数篇，并有部分论文获得了不同等级的奖励，其中一篇论文被巴塞罗那奥运会科学大会所录用。完成市教委课题2项，校级课题3项。进入新世纪，体育教研部积极开展对外学术交流活动，2002年成功举办了第八届全国高师体育论文报告会，受到同类院校的好评。

第四节　群众体育工作和运动训练

一、群体工作

群众性体育锻炼和学生体育代表队的训练是学校体育的重要组成部分。多年来，我校建立健全了校系两级体委组织，并充分发挥体育教研部在校体委中的核心作用，在校团委、学生会、工会等部门的积极配合下，有计划、有组织地开展了校内外各种各样的群体竞赛活动，基本上达到了上级规定的“月月有比赛”的要求。经常参加体育锻炼的学生人数每年在稳步增长。近几年来，我校学生《国家体育锻炼标准》的达标率均为95%左右，优秀和良好率达到45%左右。我校还以校田径运动会和体育节为突破口，通过各种竞赛活动，丰富了广大学生和教工的课余体育活动和文化生活，促进了校园的精神文明建设。

自1983年起，体育教研室开始对学生的身体素质进行检测，积累数据，1985年，被原国家教委确定为全国大、中、小学生体质调研定点检测单位之一。1985年，教研室依据全国学生健康、素质的调查项目，进行跟踪调查，进一步积累数据，为我校的体育教学改革、科研的开展和学校的体育工作提供了相当数量的数据和论据。同时，教研室还大力开展群众性体育活动，开展国家体育锻炼标准的达标工作，这是继50年代我校开展通过国家一级劳卫制和二级劳卫制达标工作的又一次大规模的群众性体育活动。1985年以来，我校学生体育标准达标率一直在90%以上。在第二届全国大学生运动会上，我校被评为北京市五所群众体育先进学校之一。

截止到2003年，我校数次被评为北京市群体工作先进校，在2000年成都举行的第6届全国大学生运动会上曾被评为“全国体育先进校”。自1985年以来，我校先后4次（1985、1991、1995、2000）作为全国体质调研的定点校之一，对全国大学生体质调研工作的开展作出了贡献。

二、训练工作

50～60年代，体育训练主要围绕国防军事体育开展，如航模、跳伞、摩托车等，另外也开展一些田径与球类的训练。“文革”期间，我校学生体育训练工作几乎停止，70年代中期起才逐步恢复。体育教研室加强了校学生代表队管理工作，并配合教务处制定了校《体育特长生学籍管理办法》。在训练中，加强了科学研究，提高训练的系统性和科学性，努力提高运动成绩，并推动我校各体育代表队积极参加上级主管部门组织的各种体育竞赛。1998 年，我校修建了高标准的塑胶田径场，并成功地举办了第三十七届北京市高校学生田径运动会，取得了男女团体总分第一名的好成绩。2001 年我校田径代表队参加了第八届全国大学生田径锦标赛，在有 50 多所高校参加的甲 B 组的比赛中，顽强拼搏，夺得男女团体总分第 6 名的较好成绩，扩大了我校的社会影响。

建校以来至 2003 年，我校共举办了 44 届校级运动会。

2001 年我校成功承办了第二十一届世界大学生运动会部分足球比赛任务。

2002 年暑假，我校成功地举办第三届全国高师田径运动会，优秀的竞赛组织工作和周到的接待得到了全国 32 所兄弟院校代表队的称赞。

表 2.8.4.1　　校体育代表队中近期参加比赛部分成绩表

时间	项 目	比赛名称	名次								备 注
			1	2	3	4	5	6	7	8	
1974 年	田 径	北京高校田径运动会	*								
1974 年	女 篮	北京高校篮球赛	*								
1974 年	田 径	北京高校田径运动会	*								
1979 年	游 泳	北京高校游泳锦标赛			*						
1979 年	男 足	北京高校足球锦标赛	*								
1979 年	田 径	北京高校田径运动会					*				
1980 年	田 径	北京高校田径运动会					*				
1980 年	女 排	北京高校排球赛				*					
1980 年	体 操	北京高校体操赛				*					
1980 年	游 泳	北京高校游泳锦标赛						*			
1981 年	田 径	北京高校田径运动会								*	
1981 年	女 篮	北京高校篮球赛				*					
1981 年	田 径	北京高校越野跑								*	
1985 年	男 足	北京高校足球锦标赛	*								
1986 年	游 泳	北京市高校游泳运动会			*						
1986 年	田 径	第一届高师田径运动会					*				陕西师大承办
1988 年	游 泳	北京市高校游泳运动会		*							
1990 年	男 篮	北京市高校篮球赛						*			
1990 年	女 排	北京市高校排球比赛	*								
1990 年	乒乓球	北京市高校乒乓球比赛						*			
1990 年	艺术体操	北京市高校艺术体操比赛				*					

续表

时间	项目	比赛名称	名次								备　注
			1	2	3	4	5	6	7	8	
1991 年	女篮	北京高校篮球赛			*						
1991 年	田径	北京市高校田径运动会							*		
1991 年	女排	北京市高校排球赛	*								
1993 年	女篮	北京高校篮球赛		*							
1994 年	女篮	北京高校篮球赛								*	
1995 年	田径	北京高校田径运动会								*	
1996 年	田径	北京高校田径运动会							*		
1996 年	田径	第二届高师田径运动会			*						华东师大承办
1997 年	田径	北京高校田径运动会							*		
1998 年	田径	北京高校田径运动会							*		
1999 年	田径	北京高校田径运动会	*								
2000 年	男篮	北京高校篮球赛			*						
2000 年	田径	北京高校田径运动会		*							
2001 年	田径	北京高校田径运动会			*						
2001 年	田径	全国大学生田径锦标赛						*			
2002 年	田径	第三届高师田径运动会	*								首都师大承办
2003 年	艺术体操	北京市高校艺术体操比赛	*								

注：* 所在位置为我校代表队所属名次。

表 2.8.4.2　　首都师大田径运动记录（男子）（截至 2003 年）

项目名称		成绩	姓名	单位	地点	时间
100 米	手	10.8	张军	文学院	首师大（校 43 届）	2002.05.24
200 米	手	21.4	张军	文学院	科大（40 届）	2002.05.18
400 米	手	48.3	廉超	政法院	北航（42 届）	2002.05.19
	电	48.30	廉超	政法院	科大（40 届）	2002.5.18
800 米	手	1：53.80	张红星	中文系	清华（39 届）	2001.05.19
	电	1：53.00	张红星	中文系	科大（40 届）	2002.05.18
1500 米		4：01.46	张红星	中文系	首师大（37 届）	1999.05
3000 米		9：24.6	毛震	资环学院	首师大（新生运动会）	2001
5000 米		15：32.9	彭兴颀	中文系	北体大（23 届）	1985.10
10000 米		32：30.6	彭兴颀	中文系	北体大（23 届）	1985.10

续表

项目名称		成 绩	姓 名	单 位	地 点	时 间
110 米栏	手	16.2				
400 米栏	手	54.4				
4×100 米接力		42.68	校接力队		北方交大（41 届）	2003.10.18
4×400 米接力		3：17.41	校接力队		华南师大	2001.08.07
3000 米障碍		10：00：82	张晓毅	信息工程学院	北方交大（41 届）	2003.10.18
10000 米竞走		46：21.9	关涵菁	地理系		
20000 米竞走		1：39：13.00	关涵菁	地理系		
十项全能		4789	王永春	政法学院	清 华（35 届）	1997.05
跳 高		2.00	邓 超	教育系	首师大（新生运动会）	2001
跳 远		7.16	刘宏波	政法学院	清 华（39 届）	2001.05.19
三级跳远		14.74	刘宏波	政法学院	首师大（37 届）	1999.05
铅 球		14.95	白宏彬	地理系	清 华（39 届）	2001.05.19
铁 饼		42.22	朱晓臣	地理系	科大（40 届）	2002.05.19
标 枪		54.32				
链 球		38.48	马 岳	信息工程学院	北方交大（41 届）	2003.10.18

注：“地点”一项所列为北京市高校田径运动会的届数和比赛所在院校。（表 2.8.4.3 同此）。

表格内凡空缺处均未查实。

表 2.8.4.3　　首都师大田径运动记录（女子）（截至 2003 年）

项目名称		成 绩	姓 名	单 位	地 点	时 间
100 米	手	12.0	阎微微	文学院	首师大（校 43 届）	2002.05
	电	12.86	李 莉	中文系	华南师大	2001.08
200 米	手	25.0	阎微微	文学院	首师大（校 43 届）	2002.05
	电	26.71	李 莉	中文 98	华南师大	2001.08
400 米	手	57.8	王学来	政法 01	科大（40 届）	2002.05
800 米		2：13.1	王学来	政法 01	首师大（高师）*	2002.08
1500 米		4：47.8	高春梅	政法 98	首师大（37 届）	1999.05
3000 米		10：39.8	王学来	政法 01	首师大（校 43 届）	2002.05
5000 米		18：49.8	高春梅	政法 98	北工大（38 届）	2000.05
10000 米		41：27：57	刘腊梅	资环学院 03	北方交大（41 届）	2003.10
100 米栏	手	16.4	杨 波	中文 98	北工大（38 届）	2000.05
400 米栏	手	1：11.42	张夏妮	文学院	北方交大（41 届）	2003.10

续表

项目名称	成 绩	姓 名	单 位	地 点	时 间
4×100 米接力	50.6	校代表队		首师大（高师）	2002.08
4×400 米接力	4：07.2	校代表队		清 华（39 届）	2001.05
5000 米竞走	24：27.3	董 阎	政法学院	北方交大（41 届）	2003.10
10000 米竞走	52：08.5	董 阎	政法学院	北方交大（41 届）	2003.10
七项全能	2892 分				
跳高	1.61				
跳远	5.95	孙 婧	政法系	清 华（39 届）	2001.05
三级跳远	11.98	孙 婧	政法系	清 华（39 届）	2001.05
铅球	12.26 米	张 岩	地理 98	首师大（37 届）	1999.05
铁饼	37.77 米	张海峡	政法系	北工大（38 届）	2000.05
标枪	44.54 米	高 云	初教院	北体大田径赛	2000.03

注：* 指第三届全国高师学生田径运动会。

表格内凡空缺处均未查实。

第三编　科学研究工作

第一章　科学研究工作概况

第一节　沿　革

一、50 年代至 70 年代的科研

北京师院从成立到“文革”前夕的十余年，科研工作从无到有、从少到多，有了一定的进步，同时也积累了正反两方面经验。但是成绩有限。制约科研发展的原因是多方面的。其一，学校综合实力不足。作为白手起家的新建院校，缺乏科研的实力和传统。教师队伍中，青年占绝大多数，处于成长过程中，科研起步晚，难以在短期内产生大量高水平成果。再加上建院之初百业待举，保证教学成为最紧迫的任务，无暇顾及科研。其二，是体制上的原因。50 年代学习苏联，高校以教学为主，对科研强调不够（大量科研任务分配给科研院所系统承担）。而教育界、知识界又存在一种偏见，认为师范院校不过是培养中小学教师的，无须搞科研。其三，是受极左思想的冲击。当时常不加分析地将基础研究指责为脱离三大革命运动，视学术争鸣为鼓吹自由化，给热心科研而所谓“参加政治、社会活动少”的教师戴上追名逐利、走“白专”道路的帽子。至于反右、反右倾斗争和教育大革命中的“拔白旗”，更对知识分子造成极大伤害，挫伤了他们从事科研的积极性。60 年代初贯彻《高校六十条》，科研活动趋于活跃，只是在以阶级斗争为纲和反修防修的指导思想支配下，涉及意识形态领域的科研成果，大多未能经受住历史的考验。

(一) 1954～1957 年

《北京师范学院 1955～1956 学年计划要点》包括“开展科学研究”一项，要求教师从各自水平出发，分初、中、高三级逐步进行。内容为：参加全国学术思想批判和教育思想批判，结合学习苏联与备课研究有关的教学工作问题，接受市委教育部和教育局委托作一些专门问题的研究。

1956 年党中央召开知识分子工作会议，发出“为迅速赶上世界科学先进水平而奋斗”的号召，高教部制订了《高等教育十二年规划》。我校相应地拟定了《北京师范学院 1956～1967 年规划草案》，其中第四项为“加强科学研究工作”。要求科学研究从高师教育特点出发，重视教育科学的研究，不应把科研与教学对立起来，要防止好高务远、脱离实际的倾向。又指出科研工作应围绕几个方面进行：研究提高我院教育质量这一工作中最迫切的各项问题；研究对于提高中学教育质量有关的各项问题；批判资产阶级唯心主义的学术思想；为提高教师教学水平所必要的科学问题的研究；受政府部门的委托从事一些有关国家经济和文化建设的研究工作。规定 1956 年起教授、副教授、有能力的讲师开始科研工作，7 年内大部分教师都能从事科研工作。

1957年由教务处主持制定了《北京师范学院科学研究工作暂行制度》。

(二) 1958～1961年

1958年在全国高举“三面红旗”和学校系统推进“教育大革命”的背景下，科研也掀起“大跃进”。

《北京师范学院1958～1962年跃进纲要（草案）》关于科研的规定为：积极开展科学研究工作。我院的科研必须从高师特点出发，要密切结合教学、结合中学实际、有条件的还要结合生产。在科学研究中要破除迷信，反对妄自菲薄，要求讲师以上的教学人员都能进行科研工作，并积极吸收青年教师和助教参加。1958年党委批准成立科研部，同年又出版了内部刊物《文史教学》。

大跃进期间我校科研工作的主要内容有：其一，开展“灭资兴无”的学术批判。1958年在“双反”运动的基础上，检查批判教学中的资产阶级学术思想；1959年9月提出“拔白旗”的政治口号，全院共批判十余名“资产阶级学术权威”。1960年春，文科系参加全国对文学界的“修正主义、人道主义、人性论”和其他学术界的现代修正主义思想的批判斗争；夏天，又根据纪念列宁90诞辰的三篇文章和《毛泽东选集》第四卷的精神，对课程及教材的修正主义观点进行批判。理科则批判教学中的唯心主义和形而上学观点。其二，掀起群众性科研和技术革新的高潮。曾提出“比学赶帮超”的口号，采取过“科研比武打擂”等大轰大嗡的方式和做法。据统计，1958年至1960年，全院共完成科研题目（包括编写教材）586个，出版或发表的有71个。①在贯彻“教育与生产劳动相结合”方针过程中，师生下厂、下乡、下水库工地，又在校内兴办了20余个小型工厂。理科为校内外生产提出一些合理化建议，搞了新产品设计，开出新的实验项目，制成了若干新仪器；文科师生写出了一些公社史、厂史、地方史志。②结合教改由学生集体编写新教材或某些专著，如中文系58级某班突击编写《中国诗歌史》等。③一度提出搞一些“高大精尖”产品的要求。这主要基于提高科研质量的考虑，也是受1960年在新乡召开的师范院校教改座谈会的影响（会上曾提出“破师范院校的框框，向综合性大学看齐”，“师范院校要像综合性大学一样搞科研，要大办工厂，大搞尖端”，“教师地位要与综合大学一视同仁，问题是自己要对社会有贡献，将来科研项目自然会落在高师身上”等观点），当时，数学、化学等系，和教育电影制片厂都上马了个别较高层次的项目。

随着党中央开始纠正“大跃进”中的失误，1961年院党委制订了调查研究工作计划。物理系调研工作组于1961年8月写出《调查研究的结论》，在肯定物理系科研工作成绩的同时，总结了一些经验教训：①学生只有具备一定的基础知识和基本实验技能训练之后才能参加科研工作，企图用科研代替基础课的学习，代替实验，都是错误的。②科研应以个人活动为主，在学生个人活动的基础上发扬集体协作精神是必要的，但绝不能用集体活动代替个人活动。③科研应密切与教学具体工作结合，但不能局限于此，基本理论的研究，教学涉及的理论研究，中学物理教学的研究等，也是重要的研究内容。④科研中冷热结合得不够，有些项目要求过急过高；有一定的形式主义，产生了一定的浮夸风；缺乏必要的制度；教师参加的不多，发挥的作用也不够大；整个科研水平还不够高，等等。

1963年2月13日署名“北京师范学院”的文件《北京师范学院四年半以来（即“大

跃进”以来）工作的基本总结和今后的主要任务（草稿）》对这一时期科研工作的缺点也有所概括：生产劳动、社会活动、科学研究安排多了，要求过高过急，影响了正常的教学秩序；混淆了政治问题、世界观问题、学术问题之间的界限，乱戴“白专”帽子；检查教材受修正主义影响时，批判得过火，甚至把正确的东西当作了错误的东西。

（三）1962～1966 年

1961 年 9 月中央批准试行《教育部直属高等学校暂行工作条例（草案）》。我院于 1962 年 12 月制订的《关于我院今后科学研究工作的几点意见》中提出：①科研对高校具有重要意义。高校不仅要培养人才，也应为提高学术水平作出贡献。科研也是提高教学质量和教师水平的根本措施之一。②规划和组织科研工作时要注意：贯彻“百花齐放、百家争鸣”的方针；把科研摆在适当位置，在保证完成教学任务前提下积极参加科研；为使我院学术水平赶上国内水平，应以较高标准要求科研；正确处理科研中个人与集体的关系。③我院科研的方向主要是：教育科学的研究；基础理论的研究；为直接提高教学质量所进行的科研；编写满足专业教育普及需要的读物；在条件许可的情况下，接受国家经济建设、国防建设和某些理论、技术问题的研究工作。除上述内容外，《意见》还提出 7 条意见，又提出关于创造师资培养和科学研究条件的若干建议。

在贯彻《高校六十条》的头两三年内，形成了一个有利于科研开展的环境和氛围，出了一些成果，1965 年庆祝建院 10 周年的校庆展览上展出的科研成果有不少即产生于此时。然而过了不久，全国开始了“五反”、“四清”等社会主义教育运动，矛头直指“党内走资本主义道路的当权派”，在意识领域为“文化大革命”做准备的学术批判也一浪高过一浪，而高校的中心又是以实行半工（农）半读为主要标志的新一轮教育革命，因而正常的科研工作并未形成声势，也难以得到普遍提高。

（四）1966～1976 年

“文革”开始后，教学、科研全面停顿。由实践证明是正确可行的《高校六十条》被彻底推翻，我院建院 10 余年的科研成绩几乎被完全否定，只肯定了直接服务于阶级斗争和生产建设的部分成果，以及群众运动式的科研方式。至于“文革”期间开展的“革命大批判”，则被林彪、“四人帮”两个反革命集团所利用。

《北京师院 1970～1975 年计划（初步设想）》没有涉及科学研究，仅提及要办校办工厂和农场，“变过去资产阶级知识分子统治下‘三脱离’的单纯教学单位为以工农兵为主体的教学、科研、生产相结合的教学基地”。1974 年院教育革命组和 1975 年院科研生产组制定的科研计划，主要包括由部分教师和校办工厂技术人员共同开展一些与工农业生产相关的课题。

1975 年 9 月制订的《北京师范学院 1976～1985 年教育革命发展规划（草案）》仍未就科研工作作专题说明和规定。只讲到“文科要把整个社会作为自己的工厂，把教学、批判、社会调查、生产劳动结合起来。理科要建立教学、生产、科研三结合的新体制。”院《1975～1976 年度教育革命工作计划》有关于科研的专项说明是：“科研工作要以毛主席的三项重要指示为纲，坚持科研为无产阶级政治服务、为工农兵服务、与劳动生产相结合；贯彻群众路线，充分调动师生的积极性；科研要与改造旧学科与编写新教材相结合。”“下学年要抓好受工农兵欢迎的科研项目，特别是要抓好本市分给我院的重点科研项目，如援外速测箱、腐殖酸、地下水的普查、小麦高产丰产研究等项目。”

二、改革开放以来的科研

（一）70年代末至80年代末

十一届三中全会以后的10余年，学校的科研工作初步打开局面，为90年代的快速发展做了大量奠基工作。

1979年4月，院党委扩大会提出：把工作着重点转移到教学、科研上来，把教学、科研作为中心工作，扎扎实实地抓好。

在迎接“科学的春天”到来之时，干部和教师们反思了历史，认识到：科学实践也是一种社会实践，生产斗争不能代替它；不能不加区别地要求任何科研工作都要实现“以工厂、农村为基地”，不宜笼统地提“开门办科研”的口号；在搞好应用研究的同时，也要重视加强基础理论研究，不能把理论研究与“三脱离”等同起来。

1980年，北京师范学院被批准为市属重点大学。此前，市计委、市委教育部给北京市委的报告《关于办好北京师范学院的意见》中提出：“经过若干年脚踏实地的努力，力争把北京师范学院办成具有国内先进水平的高等师范学校，有些系、科争取努力赶上世界同类学校的先进水平，逐步形成既是教育中心，又是科研中心。”

1980年10月，召开了建院以来规模最大的科学讨论会，以此作为校庆的隆重纪念。大会的开幕词论证了教学与科研相辅相成、相互促进、相互依存的关系，要求把科研工作摆在十分重要的位置。

根据改革开放的形势，《北京师范学院1983～1990年发展规划》确定：“到1990年把我院建设成为具有中国特色的、居于全国同类院校先进行列的，与首都地位和要求相称的社会主义高等师范学校，逐步成为既是教育中心，又是科学研究中心。”《规划》的主要措施之一为“积极开展科学研究”。①要确定科研的方向和重点。要把科研的方向和重点放在教育科学的研究、对我院重点学科建设和对“四化”建设起重大作用的研究项目上。②在研究过程中，要采取基础理论研究、教育教学研究与应用研究兼顾的方针，各系、专业可从自身的特点及基础出发，确定研究的重点及侧重的比例。③在保证重点科研的同时，要抓好全院的科学研究工作，处理好科研与教学的关系。④要办好现有的专门研究机构，并有计划有重点地建立新的研究机构。⑤要做好科研的组织管理工作。

在80年代，我校新的发展目标的推出（由单纯的教学中心向着教学科研并举转变），教师专业技术职称的评定，学位制的实行，以及重点学科建设的实施，都成为推动科研工作的强大动力，科研工作逐步走上了正轨。在此期间，建立了校级科研管理职能部门——科研处，成立了教学科研咨询机构——学术委员会，出台了若干科研工作的政策条规，成立了50多个科研室、所，此外，《学报》的公开发行，出版社的成立，图书馆的扩建，实验大楼的建造，都为科研工作的开展提供了有利条件。我院先后制订了“六五”、“七五”科研规划，产出了一批科研成果，60余项成果获省市部委级等高层次奖励，同时开展了国内的学术交流。

（二）90年代至21世纪初

我校90年代的科学研究工作进入快速发展、提高质量的阶段。

《首都师范大学教育改革和发展纲要（1993～2000年）》确定：到90年代末或稍长一点时间，把学校建设成为集教学、科研和社会服务于一身的先进的教育中心和科学研究中心，在教学质量、科研水平和学校管理等方面达到国内一流水平的高师院校。其后先后公布的《首都师范大学教育改革和发展"九五"规划和2010年远景目标》、《首都师范大学"211工程"整体建设规划》重申了《纲要》的目标。

为了推动科研工作尽快上一个新台阶，1995年召开了第一次全校性的科研工作会议。会议的主题报告肯定了改革开放以来科研工作取得的明显成绩，同时指出，存在着"五多五少"的问题（基础性课题多，应用开发课题少；一般课题多，高层次项目少；小型的个人的项目多，重大的集体联合攻关的项目少；纵向课题多，横向课题少；课题数量多，科研经费少）。为此，①要求教师提高认识，明确科研工作的指导思想，认真学习邓小平提出的"科学技术是第一生产力"的论断，理解中央关于"科教兴国"的战略思想，落实《中共中央、国务院关于加速科学技术进步的决定》，进一步解放思想，转变观念，增强"主战场"意识，增强竞争意识，增强攻关、创新意识，增强联合意识。②提出今后科研工作的战略思想及方向，即调整布局，明确重点，形成优势。在5～10年内大力开展教育科学研究，推动教育科学学科群的建设；保持和发展一些基础研究的优势领域与方向（如基础数学、中国传统文化、外国语言文学、马克思主义理论等）；保持和发展我校在艺术教育领域科研中的一些优势方向；扶植一些新兴、交叉学科的发展（如生命科学、环境与发展、计算机科学、经济管理等领域）；鼓励和支持应用、开发的研究（如多媒体应用技术、应用光学、生物技术、药物及类杂化材料等方向），以及对现实问题的研究（如北京经济、政治、科技、文化的改革和发展等）。③确定加强科研工作的主要措施：进一步加强领导，成立校科研咨询委员会，各系、所、室组织力量拟订"九五"规划；深化科研管理体制的改革，进一步完善科研的竞争和激励机制；加强科研队伍建设，措施之一是引进一些高水平的学术带头人；加强学术交流形成浓厚的科研氛围；改善科研条件，多渠道筹措科研经费。

1996年和1997年，我校先后通过了"211工程"部门预审和立项审核，8项重点学科项目列入建设规划，从1995年起，每年又获得北京市资助的"211工程"启动费、建设费2000万元。在上述背景下，1999年召开了全校第二次科研工作会议。会议的主题报告回顾了近几年科研工作的进展。认为成绩表现在两个方面。①解放思想，更新观念，形成了科研工作的发展思路：确定了我校科研水平应在高师中处于一流的奋斗目标；明确了科研工作的方向和特点，即服务于首都的基础教育和两个文明建设，具有基础性、师范性、应用性、地方性的特色；从实际出发，明确了工作思路，即调整布局，突出重点，形成特色，倡导联合，多出精品，提高档次。②按照上述思路稳步实施，在队伍建设、科研立项和获取经费、科研成果和获奖等方面，总体水平有较大提高，对提高我校的教学质量、重点学科的建设、学位点的获得起了支撑作用。《报告》分析了科研工作的差距和面临的挑战。①科研基础相对薄弱的局面尚未彻底改变，科研总体实力仍然不强。在与若干超速发展的地方高师院校的横向比较中，某些差距更拉大了。②一些干部和教师的科研积极性没有充分调动起来，其中既有思想观念问题，也与管理机制相关（如处理不好教学和科研的关系，搞科研是受短期功利的驱动，思维仍沿袭计划经济体制下的模式等）。③科研队伍建设虽有一定成效，仍存在一些学科后备力量不足，引进人才的潜力挖掘不够等问题。《报告》提出了"十五"时期科研工作的思路和主要任务。①进一步转变观念，提高认识，坚持教学、科研并举的方针，以市场为基础导向，强化主战场意识、竞争意识、攻关意识和联合意识，以江泽民关于知识经济和一流大学四项任务的论述武装头脑，促进我校科研不断向高层次转化，上水平，出精品。②进一步调整科研布局，基础理论研究要出精品，应用理论研究要为首都的经济建设和社会发展服务，开发研究要有新的起色，要进一步加强教育科学研究。这次会议结束后到2000年的一年半内，高层次项目和横向合作项目的立项获得了较明显进展；组织了一些课题进入北京市两个文明建设的主战场，又初步打开了参与“西部大开发”的局面；在建校45周年之际广泛开展了学术交流活动；开辟了科技园区；出台了几项新的管理制度的条款，以营造良好的科研环境。

跨入21世纪，我校从建设成为国内一流水平的综合性教学科研型师范大学的总体目标出发，在“十五”发展计划中提出了科学研究的具体指标：“坚持科研兴校的方针，努力构架与逐步完善基础理论研究、应用研究与技术开发及科技成果转化三大体系，使一些主要科研指标在‘十五’末期实现明显增长，即全校科研经费达到1500万元/年，争取在国际三大检索系统发表的科技论文数达到100篇/年、在国内核心期刊上发表的科技和社科论文达到500篇/年，高层次优秀科研成果的获奖数平均达到5项/年，应用性科技成果的转化率达到20%左右。”2002年10月，我校召开科研与研究生发展工作会议。会议的主题报告总结了“九五”以来科研工作的状况：队伍建设取得较大成绩，科研立项和经费呈现上升态势，科研总体水平有所提高，重点学科、重点实验室与重点研究基地的建设取得进展，教育科学研究开始为北京市基础教育改革发挥积极作用，科技开发、科技产业发展迈出新的步伐。同时，对影响和制约我校科研工作发展的因素作了分析：整体科研水平较低（如教师人均科研项目和科研经费数远远低于兄弟院校，获得高层次项目及精品项目的产出也存在较大差距），开放意识有待加强，重点学科和重点实验室的水平有待提高，科研管理水平需要不断提高，教育学科水平不能适应北京市发展的需要（“特色”不“优”），需要进一步提高对科技开发和科技教育文化产业的重视程度等。报告提出了“十五”期间科研工作的思路，即：面向社会，坚持为首都教育现代化特别是基础教育现代化服务，为首都社会发展和经济建设全面服务；以开放推动科研工作实现跨越式发展；加强队伍建设，营造科研氛围；坚持以“重点”带动“一般”，以学术建设为重点，全面提高科研水平。会议期间，部分与会者充分肯定我国科技发展重大成就的同时，对一个时期以来高校出现的学术失范、学风不正乃至学术腐败现象深表忧虑。这些现象集中表现为：在学术活动中，浮躁浮夸，粗制滥造，弄虚作假，欺世盗名，导致学术泡沫堆积，浪费了大量资源，败坏了学术氛围。究其原因，高校部分人缺乏科学精神和科研道德固然难辞其咎，但在其背后深层次的体制原因是“学术行政化”或所谓“计划学术”的膨胀。而计划体制自上而下推行的学术评价机制又存在许多弊端。如学术评比活动过于频繁，学术指标的量化过于刚性（重量轻质），学术评价导向有偏差（片面重视科研而轻视教育教学，将科研成果与单位或个人的名利挂钩过密）等。凡此种种，必须加以正视并改进，才能张扬科学精神，催生科技创新的高素质人才，确保科研工作的持续发展。

第二节　科研工作管理

一、科研工作管理体制

（一）领导体制

在校党委作出宏观决策的基础上，校长主持全校的科研工作，主管科研的副校长和一

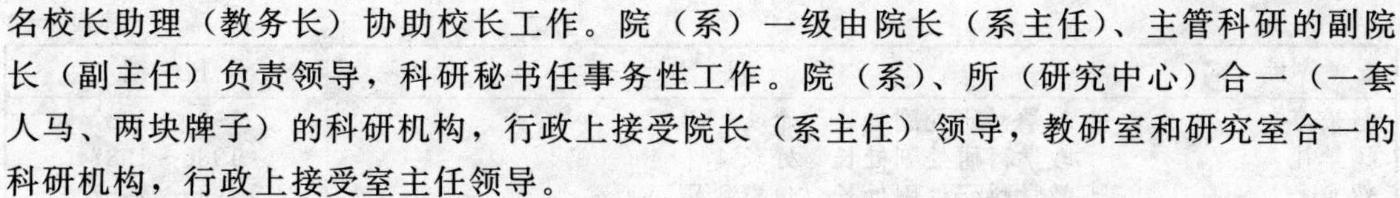

名校长助理（教务长）协助校长工作。院（系）一级由院长（系主任）、主管科研的副院长（副主任）负责领导，科研秘书任事务性工作。院（系）、所（研究中心）合一（一套人马、两块牌子）的科研机构，行政上接受院长（系主任）领导，教研室和研究室合一的科研机构，行政上接受室主任领导。

（二）与科研工作相关的校级委员会

首都师范大学学术委员会：1978 年 10 月成立。该委员会涉及科研工作的任务为：审议科研发展规划和科研工作中的重大问题；审议、鉴定科研成果；对科研工作提出建议；协助组织学术交流；协助办好《学报》和其他学术刊物；承担图书馆的学术顾问；对实验室、科研情报建设提出意见；对科研经费及设备更新提出建议；为学术问题提供咨询。

首都师范大学研究与发展咨询委员会：2000 年成立。其前身是科研咨询委员会，1999 年成立。该委员会的任务是：审议科研规划；参与重大课题的立项论证；参与对科研机构、科研成果的评估。

科研发展基金会：1989 年成立。

青年科研基金会：1990 年成立。

校长出版基金会：1990 年成立。1990 年公布《出版基金使用和管理规定》。2003 年改为教材出版基金会。

（三）校级科研管理机构：科学研究与新技术开发处

北京师院建院初期，科研工作由教务处兼管（教务处未设处长期间由教务长直接领导）。1958 年成立科研部。1960 年撤销科研部，科研工作复归教务处兼管。1970 年设院教育革命组，职能中涉及科研工作。1975 年设院科研生产组。1978 年成立科研生产处，主管科研规划和管理、研究生教育、校办工厂和学报（自然科学版）等项工作（1983 年研究生和校办厂的管理职能划转其他单位）。1984 年成立教学科研处，下设科研科，1986 年撤科研科，改设科研计划科和科研成果科。1987 年重建科研处，下设文科科研科、理科科研科、科技资料情报室。1986～1992 年，北京师范学院专利事务所曾隶属于科研处，1988～1989 年处下曾设生产经营办公室。2000 年科研处更名为科学研究与新技术开发处，简称科技处。

科学研究与新技术开发处作为学校科技管理工作的处级职能部门，协助校长履行以下主要职责。一是制订学校科技工作的方针政策、规章制度、中长期和短期的科技规划和计划。二是执行科技工作的日常管理，如科技立项、经费使用、成果验收和评奖、重要学术交流活动、对外相关联络、科研机构的设置和评估、科技园区的管理与部分科技成果开发等的组织工作。三是重点学科建设与评估工作的管理。科技处负责人任职情况见表 3.1.1.1。

表 3.1.1.1　　科技处（组、部）负责人任职更迭表

姓　名	职　务	任　期
仓孝和、齐世荣	科研部负责人（齐世荣任常务）	1958～1960
刘瑞华	科研生产组负责人	1975～1978
朱　学 严怀儒、宗　健	科研生产处处长 科研生产处副处长（一度主持工作）	1978～1983 1979～1984

续表

姓　名	职　务	任　期
赵秉贞 杨学礼 贺龙光	教学科研处副处长（牵头） 教学科研处副处长、处长 教学科研处副处长（负责科研）	1984～1987 1986～1987 1985～1987
林书煌 张同印	科研处处长 科研处副处长（实际主持工作）	1987～1992 1988～1992
张同印	科研处处长	1992～1998
王尚志	科研处处长 科技处处长	1998～2000 2000～

二、科研工作的规章制度

建校以来，由党委、校长办公会及科研管理机构制订的有关科学研究、科技开发工作的规章制度约20余项，见表3.1.1.2。

表3.1.1.2　　首都师范大学科研工作规章制度

- 北京师范学院科学研究工作暂行制度（1957）
- 关于我院今后科学研究工作的几点意见（1962）
- 北京师范学院科研机构管理条例（1986）
- 北京师范学院科研机构管理细则（1987）
- 关于科技开发转让咨询服务创收分配暂行办法（1988）
- 北京师范学院科研经费、科研基金管理条例（1988）
- 关于科研经费管理的补充规定（1989）
- 北京师范学院青年科研基金管理办法（1990）
- 关于科研工作量管理的原则意见（1990）
- 关于科研机构评估的意见（征求意见稿）（1991）
- 北京师范学院科学研究管理条例（1992）
- 关于科研编制的使用办法（暂行）（1995）
- 关于横向课题核定级别的规定（1995）
- 科研奖励的办法（1996）
- 关于教师科研工作的若干规定（1996）
- 关于权威性的刊物认定的通知（1997）
- 关于科研启动基金的使用办法（1997）
- 关于承担科研项目的教师使用科研编制的规定（修订案）（1999）
- 关于横向课题核定级别的规定（修订案）（1999）
- 关于鼓励开展合作研究的若干规定（1999）
- 对现行科研论文奖励政策的若干修改意见（1999）
- 首都师范大学贵重仪器设备共享基金实施办法（1999）
- 首都师范大学岗位津贴标准和有关科研奖励政策的规定（2000）
- 首都师范大学重点学科重点建设学科建设管理条例（2003）
- 首都师范大学重点实验室建设项目管理办法（2003）
- 首都师范大学学术活动管理办法（2003）
- 首都师范大学专利支持基金和技术成果实施管理办法（2003）
- 首都师范大学科学研究机构管理办法（2003）

以上条规章程使我校的科研工作逐步走上了规范化的道路，特别是适应经济体制、政治体制、教育体制改革的竞争与激励机制的形成，调动了广大教师的积极性。但也有一种意见强调，要警惕对科研考评过分的功利化倾向，过分功利化不利于形成宽松的学术气氛，不利于产生原创性科研成果和优异的人才。

第二章　科研机构

第一节　科研机构的设置

《北京师范学院科研机构管理条例》（1986）、《北京师范学院科研机构管理细则》（1987）和《北京师范学院科学研究管理条例》（1992）、《关于科研编制的使用办法》（1995）等，对科研机构的组织形式、任务及其建制、编制做了规定。

一、科研机构的组织形式

改革开放以前，作为教育教学组织的系和教研室，也承担科研任务，至1978年才设置专门的科研机构。我校的科研机构主要是研究所（研究中心）和研究室。二者可以是独立设置的研究机构，为校直属单位（包括学校与外单位合建的机构），也可以是院（系）、所结合或教研室与研究室结合、人员编制交叉的研究机构。此外，还可以成立临时组合的课题组。

二、科研机构的基本任务

确定研究方向和项目；制定研究规划和计划；组织本机构人员开展研究工作；按期取得研究成果。课题组负责课题实施的全部过程，任务完成后即行解散。各机构的科研工作要从国家、社会的需要和学校实际出发，应与本校的学科建设、学位点建设、师资队伍建设和研究生培养紧密结合。

三、成立科研机构的条件

科研机构须具备如下基本条件：有明确的研究方向和比较稳定的研究任务；有学术造诣较高的学术带头人和结构合理的学术梯队；能承担国家、部委、地方和本校重点科研项目，乃至能开展国际合作；具有满足科研工作需要的基本物质条件；有一定的管理能力。

新建科研机构需经一定的报批程序。

四、科研机构的建制和人员编制

研究所设所长，视需要设副所长；条件具备时应设学术委员会。

研究所可下设若干研究室，研究室设主任，视需要设副主任。

研究所、室由专职和兼职人员组成。我校专职科研人员数量很少，科研任务主要由教学人员兼职完成。在核定全校和各院、系人员编制的基础上，统筹教学和科研的需要，确定若干人员使用科研编制进行聘任，对科研编制实行动态管理。

第二节 已建科研机构及其管理

一、已建科研机构

我校自 1978 年成立教育科学研究所和农业地理研究室以来，科研机构不断增加，截止到 2003 年，已建立（不含中途调整、撤销者）的研究所 26 个，研究中心 11 个，研究室 52 个；机构的设置也开始突破了系科和学科的限制，出现了向综合和应用方向扩展的态势。已建主要科研机构（含部分已撤销或改组者）见表 3.2.2.1。

表 3.2.2.1　　首都师大科研机构一览

机构名称	所属单位	建立时间	历任负责人	附　注
语言文学研究所	文学院	1987	廖仲安、张燕瑾	后改组分化
李贽学术研究中心		1993.1	张建业	
语言研究中心		1999.11	周建设	
当代中国文学研究中心		1996.1	郗　珞	
中国文献学研究中心		2003.3	项楚(外聘)、张燕瑾、黄天树	
比较文学与比较文化研究所		2000	杨乃乔	
美学研究所		1995	曹利华、王德胜	
中国诗歌研究中心	文学院与校外联办	2000	吴思敬	
古籍整理研究所	学　校	1993.1	宁　可、张燕瑾	该所原属历史系/1989
中国少年儿童文学艺术研究发展中心		2001.4	冉　红	
历史研究所	历史系	1985.7	齐世荣、陈曦文、刘新成、阎守诚	
禅宗与生命科学研究所		1993		批准成立后未实际组建
北京历史与文化教育传播中心		2001.11	叶小兵	
北京社区文化研究发展中心		2003.3	马仲良(外聘)、宋　杰	
校志校史校党史研究室	学　校	1992	史振东、周发增	
马克思主义理论与思想政治教育研究所	政法学院	1998.11	王瑞荪、陈新夏	
东方文化研究所		1995.1	宁　可、孙长江	该所原属历史系/1989
哲学与文化研究所		2002.11	陈新夏	
易学研究所		2003.3	邓球柏	

续表

机构名称	所属单位	建立时间	历任负责人	附注
台湾问题研究室	学校	1990	刘洪海、刘建兴、石湘九 陈世英、吴相洲、崔萍	
妇女问题研究中心		2002	周谦、宋大敏、刘群伟、 张雪、陈玉兰	
教育科学研究所	教科院	1984	林传鼎、李友芝、阎立钦、 张君达、王长纯、宁虹	
心理科学研究所		2000	郭春彦	
基础教育研究所		1995.4	乔际平、张景斌	
国际比较教育研究中心		1999	王长纯	
教师教育研究中心		2001	宁虹	
课程与教学研究中心		1994	乔际平	
人脑开发与素质教育研究中心		1998.5	郭德俊	
性健康教育研究中心		1994.6	高德伟、张玫玫	
高教研究室	学校	1982	李友芝、杨传纬、张泽青 马啸风、高文生、邹华	
青年教育艺术研究所		1986.2	李燕杰、郭海燕	
初等教育研究所	初教院	2002.7	王智秋	
科技教育中心		2001	陈树杰	
外国语言学及应用语言学研究所	外院	2001.11	李均洋	
音乐文学研究所	音乐学院	1995	王金波、许自强	
造型艺术研究所	美术学院	1987	王焘、袁广	
现代美术研究所		1996	尚扬	
美术教育研究所		2001.11	尹少淳	
现代水墨画研究所		2003.11.19	刘进安	
中国工笔画研究所		2002.7	孙志钧、韦红燕	前身于1991成立
中国书法文化研究所	学校	1993.11	欧阳中石、叶培贵	
高等美术教育研究中心		1994.6	贾彤福	
民族艺术研究所	学校	2002.7	欧阳中石、张燕瑾	
数学研究所	数学系	1986.4	梅向明、殷慰萍	
光学所	物理系	1997.4	李福利	
自然科学史研究室		1984	申先甲、李艳平	
太阳能研究室		1986	李申生	
多媒体技术应用研究所	计算机系	1996.5	傅嘉模	

续表

机构名称	所属单位	建立时间	历任负责人	附注
综合技术研究所	学校	1987	林书煌	已撤销
生物医药研究中心	化学系	2001.11	王英锋	
分析测试中心		1987	于永澄、刘顺诚、王学琳、王英锋	前身为实验中心
生物能发酵研究室	生物系	1983	周孟津	
植物生物学研究室		1989	赵微平、邱泽生	
数量及细胞遗传研究室		1984	郭平仲	
植物学研究室		1993	陈阜东、杜桂森	
应用生物科学研究所		1995	郭平仲	
环境与发展研究所	资环学院、化学系、生物系	1997	毕维铭	
北京创新研究院	学校	2003.9.1	谢维和	

说明：表内所列部分科研机构，一个时段以来缺少实际运作，但未撤销。

二、科研机构的管理

我校的科研机构集中了学校的主要科研力量，体现了学校科研的实力、优势和特色。学校的重点学科的学术带头人，博士和硕士学位授权点的导师，大多也在科研机构中担任骨干；学校高层次的科研项目，多数由这些研究机构承担。

为了加强科研机构的建设和管理，1990年学校印发了《关于加强和整顿研究室的通知》。1991年科研处制订了《关于科学研究机构评估的意见》，其中规定了9项评估指标。1991年和1995年对科研机构各作了一次评估。1995年参评的机构，多数达到及格分数线，数学研究所得88.22分，历史研究所得80分，语言文学研究所得78分，教育科学研究所得69分，但也有部分研究室得分在30分～40分左右。评估结束后，总结了科研机构存在的若干问题，如：机构数量不少，而多数规模偏小，科研力量比较分散和薄弱；系、所合一（室室合一）及满负荷聘任制的管理制度有待完善（有的系教师教学任务少，用科研补工作量之差，通常只搞些零散研究，而有的系教学任务重，教师的科研时间难以保证）；科研机构建立后，未能根据情况的变化（如主要成员退休或调离）对机构作必要的调整，一些室、所已名存实亡；新建跨系跨学科的科研机构，内部关系松散，难以形成有效的运行机制和良好的协作关系等。

针对新情况新问题，“九五”以来对科研机构的管理采取了一些措施。如：加强对科研机构的领导，保证其开展活动所需条件；突出重点，择优支持，走联合攻关之路，提高科研竞争力；严格管理和考核，加强引导，进行必要的整顿，撤销无课题、无编制、无经费、无场地的机构；在条件成熟时，成立独立于各系的科研机构等。

第三章 科研项目及科研成果

第一节 科研立项和科研经费

一、科研项目来源

（一）研究者自行选题。教师个人或集体自行拟定课题，不待报批，自行安排时间进行，如成果公开发表，通过有关部门鉴定或取得专利权，则被学校承认，可用作完成工作量和评定职称的依据。

（二）校内项目。由系（所、室）及学校招标或资助的项目，校级项目同于局级，分一般和重点两类。

（三）校外纵向项目。各级政府及其下属职能部门（包括半官方的学会组织）招标或资助的项目，一般分厅局级、省（市）级、部委级、国家级等几个层次（部委与省市级平行），依其内容性质又分一般、重点、重大三种课题。

（四）校外（国内外）横向项目。企事业招标、委托项目，或联合攻关项目。80 年代，教师争取列入校内项目者居多。90 年代以来，纵向项目渠道增多，吸引教师申报。90 年代中期以后，部分教师开始了横向合作。

二、科研立项

长期以来，除了少数从事某些人文、社科或个别理科的人员或集体，实行自选课题、自行研究外，多数教师及其他专业技术人员为了取得科研时间和科研资金均申请科研立项。主持立项者为：本校的院（系）、校两级科研主管部门，学校的上级主管部门和各级政府的科研主管部门（纵向），以及各级各类企事业（包括农村）的科研主管部门（横向）。教师及科研人员，根据纵横两向的“课题指南”或“招标方案”，提出课题申请或进行投标，经过审批而中标者获准立项，或作为合作者，达成联合意向，最后双方签订合同。招标方提供经费资助，学校协同保证科研时间，承担者按期保质保量完成，双方不得违约。随着观念的更新，体制的变革，申报课题的渠道日益扩展。但竞争也愈加激烈。我校在 90 年代中后期以来获得高层次、重点重大课题的数量逐步增加，横向联合也开始打开了局面，这是科研水平提高的重要标志之一。

我校“七五”期间，共上马科研项目 633 项，其中国家级 75 项，省部级 206 项，厅局级 291 项，横向联合 61 项。“八五”以后立项状况见表 3.3.1.1 和 3.3.1.2。

表 3.3.1.1　　首都师范大学 1991～1999 年科研立项统计表

级别 项目数 年份	国家级	部委级	北京市级	局级	校级	备　注
1991	3	1	7	21	79	含横向合作项目，下同
1992	18	3	14	39	118	
1993	6	8	5	53	70	
1994	23	2	5	31	129	
1995	5	1	11	19	96	
1996	8	7	41	31	88	
1997	7	37	32	11	74	
1998	10	6	22	24	68	
1999	19	4	46	29	63	

表 3.3.1.2　　首都师范大学 2000～2003 年科研立项统计表

级别 项目数 年份	国家人文社会科学基金项目 27 项	国家自然科学基金项目 38 项	“863”计划课题 14 项	“973”计划课题 8 项	部委级项目 289 项
2000	6	13	1	2	56
2001	5	8	3	0	82
2002	11	7	8	4	83
2003	5	10	2	2	68

三、科研经费

80 年代以前，我校作为普通文理科为主的师范院校，缺乏取得大量科研经费的条件。80 年代～90 年代，科研经费来自三条渠道。（1）上级行政拨款。学校从北京市政府划拨的办学经费中提取少许，加上市教委（高教局）分配的重点学科建设费，用于支持科研。申报者在学校范围内接受评审，获准立项者可得到为数不多的资助。90 年代末校级项目分为校重点、校青年、博士科研启动基金三种项目。近几年，市教委对重点学科建设专项拨款增加，可用于科研经费。（2）纵向项目经费。中央各部委和北京市各局委及其下设职能部门设置各种科研基金，其数额比第一种为多，但也不一定都能满足需要。申请者须在全市和全国高校以及科研院所范围内参与竞争。（3）横向委托合作经费。招标者为国内外企事业单位，如系委托完成重大项目，出资额度可能相当大。投标者须参加激烈竞争，并冒风险，也可以引资借贷，整个科研活动均纳入市场化运作。

“七五”期间，全校科研总经费每年大多只有几十万元。“八五”期间增至每年三四百万元。1995 年起获得“211 工程”建设重点学科建设费，纵横两向经费也增长了，有的年份科研总经费已突破 1 000 万元。但若单纯统计科研项目经费，数额仍有限，如 1994～

1998 年，项目费分别为 169 万元、149 万元、66 万元、265 万元、274 万元。1999～2003 年，我校科研经费有较大增长，累积约 6 000 万元。

表 3.3.1.3　　首都师范大学 1990～2003 年科研经费统计表

类别 / 金额（万元） / 年度	文科		理科		文理两科当年拨入总计
	上年结转	当年拨入	上年结转	当年拨入	
1990	14.6	29.3	62.2	110.2	139.5
1991	缺	缺	101.5	211.8	211.8
1992	13.6	248.44	104.0	344.0	592.44
1993	27.97	26.04	353.2	276.0	302.04
1994	23.90	367.44	110.0	263.0	630.44
1995	23.90	450.44	147.0	647.2	597.44
1996	4.63	20.28	105.0	346.6	366.88
1997	76.60	468.32	160.0	887.5	1 355.82
1998	75.13	642.11	201.4	542.4	1 184.51
1999	91.80	562.16	350.0	497.5	912.16
2000	137.4	527.2	407.0	593.7	1 020.9
2001	212.4	624.2	586.0	576.5	1 200.7
2002	506.3	1 069	481.1	755.7	1 824.7
2003	955	1 063.9	585.3	1 291.8	2 355.7

注：表中，文科经费为科研项目费和重点学科建设费相加之和，理科只列出了科研项目费。

“八五”、“九五”期间，我校的科研工作逐步走上面向经济建设和社会发展需要的轨道，管理上也引入了市场机制，激发了科学研究的活力。争取高层次项目，高强度资助，出高水平成果，获高级别奖励，已经形成主潮。与此同时，一些教师也意识到，科学研究不能过分地急功近利，追求短平快。他们企盼营造更为宽松的环境氛围，充分地享受学术自由，拥有较为平和的心态，不汲汲于争经费、获大奖、评职称，使能够张扬个性的、自主的研究活动有更大的生存空间，以利于高层次学者及其学术精品的出现。

第二节　科研成果

我校成立近半个世纪以来，主要是改革开放以来取得了可观的科研成果，其水平也逐步提高。

科研成果是指：(1) 自然科学成果：指科学技术研究活动中富有创新内容，经实验验证具有良好的重复性，能够揭示一定的自然现象或客观规律，具有一定的科技先进水平或实用价值和经济价值的研究成果。具体包括科技领域的新发现、新发明、新认识、新理论、新技术、新工艺、新方法、新程序、新材料、新器件、新设备、新系统等理论与物质形态，通过实践考核、技术鉴定、学术评议后，可被确认为科研成果，包括基础研究成果、应用研究成果、开发研究成果等。(2) 人文及社会科学科研成果：成果形式主要包括公开发表的论文、研究报告（含调查咨询报告）、专著、编著、译著、教材、古籍校点注释、资料集、工具书，以及不宜公开发表而确备学术价值或应用价值的文字材料等。(3) 软科学成果：科技情报学及其他情报方面的研究成果及其发明专利等。(4) 文艺理论研究的论文、专著属于科研成果。但音乐、美术的创作、演出、比赛和文学各类体裁的创作，不划归科研成果，本《志》作为附录处理，从另一个角度肯定其价值。

一、公开发表的论文、专著

（一）改革开放以前的论文、专著统计

50 年代至 70 年代在校师生发表的科研成果约几百种，现将当时较有影响者举出若干。

《用什么尺度来衡量巴金过去的创作》（论文），1958，刘国盈、廖仲安

《谈古典作品的艺术生命力与所谓普遍人性》（论文），1960，古典文学教研室

《中国诗歌史（一）》（专著），1961，中文系（廖仲安等）

《陶渊明》（知识丛书），1963，廖仲安

《中国文学史》（专著），1964，廖仲安（参编）

《（水浒）浅谈》（知识丛书），1973，廖仲安

《汉语语法教材（一）（二）（三）》（专著），1957、1959、1962，刘世儒（合作）

《魏晋南北朝量词研究》（专著），1962，刘世儒

《五四以来汉语书面语言的发展和变迁》（专著），1959，陈兆年、刘世儒、徐仲华、史振晔

《西方的没落》（译著），1963，齐世荣、傅任敢、戚国淦、田农

《苏联历史论文选》（资料汇编），1964，齐世荣等

《论马克思主义的历史主义》（论文），1963，宁可

《论历史主义与阶级观点》（论文），1963，宁可

《戚继光》（知识丛书），1959，谢承仁、宁可

《二次大战期间的国际关系》（论文），邵鼎勋

《俄语语法（详解）》（专著），1964，高乃贤

《广播俄语教材》（专著），1960，刘光杰

《俄语》（教材、二册），1958，王忠、张作宾等

《龙烟钢铁公司四十年》（史料），1960，历史系

《北京海淀红旗公社史》（史料），1960，历史系

《马连道仓库库史》（史料），1960，历史系

《九一八以来顺义人民革命史》（史料），1960，历史系

《实验心理学》，1978，林传鼎

《只保留结合公理的几何——一般体上的三维射影几何》（论文），1964，梅向明

《数学在生产中的应用》（论文集），1960，数学系

《朗道超流理论的二次量子化》（论文），1957，李申生

《简易太阳能制冰机》（知识丛书），1976，李申生

《牛顿的力学及其哲学思想》（专著），1975，申先甲

《在豌豆叶生长过程中核酸和蛋白含量的变化》（论文），1965，赵微平

《土壤和作物养分的测定和施肥》（论文），1975，赵微平

《被子植物胚胎学引论》（论文），1966，刘捷平

《地球的面貌》（知识丛书），1963，张 苹

《大气和气候》（知识丛书），1958，褚亚平

《地球的外貌》（知识丛书），1973，褚亚平、张 荦

《怎样画风景》（知识丛书），1959，李瑞年

《怎样识五线谱》（知识丛书），1974，刘景春

（二）改革开放以来的论文、专著统计

改革开放之后，由于多种因素的影响，发表论文和出版专著的数量与日俱增。有一个时期某些基础理论研究成果难以面世，而随着出版界商业化运作的加强，只要作者肯于出资，发表文章和出书也变得不很困难。但相对而言，讲求质量和品位的刊物及出版社对稿件的要求仍是严格的。因此，考评科研成果不再单纯注重数量，而要求论文发表在较高级别的刊物上。在核心期刊、权威核心期刊、国际著名期刊上发表论文的数量和论文被引用的次数，成为衡量科研水平的重要标尺。然而，随着时间的推移，文教科卫等各条战线对专业人员的论文达标要求有攀升之势，评价科研成果又须防止单纯以在权威刊物发文数量而论成败高低。我校1978年以来发表的论文和出版的专著统计见表3.3.2.1，表3.3.2.2，表3.3.2.3，表3.3.2.4。

表3.3.2.1　　北京师范学院1978～1990年发表论文、专著等统计表

项目 / 数量 / 年份	正式出版的著作					正式刊物上发表的论文						调查报告	其他课题
	专著（部）	译著（册）	教材（册）	资料工具书古籍校注（册）	其他	学报 高教研究	省市 部委级	全国性	国际性	译文			
1978	7	2	2	1		23	21	9					3
1979	3	2	9	3		37	57	23		1			2
1980	23	10	17	8		51	87	32		2		1	2
1981	28	5	21	10		36	115	52		9			7
1982	22	14	32	4		43	163	39	5	14			4
1983	42	14	28	10		61	179	46	1	6			19
1984	31	14	35	12		67	184	46		12		2	2
1985	43	25	36	17		70	188	67		23			13
1986	62	24	49	21		76	177	65	2	21			23
1987	42	14	58	46	6	105	177	16		3		2	11
1988	65	13	88	37	8	157	173	20	3	19		2	27
1989	61	8	70	57	12	190	235	34	1	11		3	19
1990	56	13	44	56	2	172	182	29	1	9		2	
合计	485	158	489	282	28	1 088	1 938	478	13	130		12	132

表 3.3.2.2　　首都师范大学 1991～1996 年发表论文、专著等统计表

类别 / 数量 / 年份	论文				专著	教材	译著	论文集	工具书	科普
	国际	全国	省部	学报						
1991	16	111	143	179	47	30	7	9	27	
1992	19	127	64	164	98	36	9	12	43	
1993	59	136	52	205	54	30	20	3	23	
1994	37	232	162	265	86	52	16	10	41	
1995	40	287	173	155	66	44	8	6	38	
1996	45	352	292	266	48	56	5	9	32	19
合计	216	1 245	886	1 234	399	248	65	49	204	19

表 3.3.2.3　　首都师范大学 1997～2003 年发表论文、专著等统计表

类别 / 数量 / 年份	论文						专著	教材	译著	工具书	古籍整理	科普
	国际	国内				权威核心期刊						
		文科		理科								
		国内外公开发行	国内公开发行	全国性刊物	地方性刊物							
1997	75	278	226	311	97	58	89	58	22	73	7	18
1998	63	345	359	277	109	76	101	54	44	45	0	21
1999	29	313	274	305	82	79	55	94	40	34	0	15
2000	51	287	343	290	106	79	46	51	27	63	1	19
2001	66	471	634	229	102	73	90	81	28	18	2	12
2002	62	425	445	297	55	115	71	68	29	24	0	5
2003	65	382	368	290	62	93	48	124	15	47	0	13
合计	411	2 501	2 649	1 999	613	573	500	530	205	304	10	103

表 3.3.2.4　　首都师范大学 1997～2003 年发表科技论文的统计

项目 / 年度	国际论文						国内论文				
	《SCI》		《EI》		《ISTP》						
	篇数	高校名次	篇数	高校名次	篇数	高校名次	篇数	高校名次	高师名次	被引次数	高校名次
1997	7	112	4	142	4	110	131	170	12	73	177
1998	11	104	2	161	0	0	120	196	17	77	208

续表

项目 年度	国际论文						国内论文				
	《SCI》		《EI》		《ISTP》						
	篇数	高校名次	篇数	高校名次	篇数	高校名次	篇数	高校名次	高师名次	被引次数	高校名次
1999	17	86	5	147	3	137	140	194	14	53	254
2000	12		4	155	1	188	128	201		78	197
2001	13		6	138	5	129	136	205	21	122	185
2002	21		10	116	4	163	174	189		118	190
2003	50		15	124	5	175	196	196	17	192	203
合计	131		46		22		1 025			713	

注：《SCI》、《EI》、《ISTP》分别是美国《科学论文索引》、《工程索引》、《科技会议录索引》的简称。由于期刊水平不一、文章的被引用率不同，SCI等检索在实际应用中，渐次派生出对科研绩效的评价功能。因这一指标可量化、易操作，被高校和科研院所广泛采用。2003年5月，科技部、教育部、科学院、工程院、国家自然科学基金委员会联合发文指出："SCI、EI等收录论文数量只是科学技术评价中的定量指标之一，反对单纯以论文发表数量评价个人学术水平和贡献的做法。"学术评价应以国际通行的同行评议为主。

二、申请鉴定的成果（1991～2003年）

申请鉴定的科技成果，主要指技术性的产品、工艺或方法。成果研究人向受理鉴定的部委、省市等科技主管部门或相关专业性学会、协会申请鉴定。鉴定方式包括技术检测或专家评审等。申请鉴定与申报评奖有别。有些鉴定最终未作出结论。

表3.3.2.5　　首都师范大学申请鉴定的科技成果一览表

说明：本表各项表述内容依次为：成果名称、主要研究人、鉴定时间、鉴定结果。

- 北京松山自然保护区动植物资源调查报告，高武、陈卫，1990，"国内先进"。
- 北京百花山自然保护区动植物资源调查报告，高武、陈卫、付必谦，1992，"通过"。
- 北京市土地利用现状调查报告，王一峋，1991，北京市农业区划办鉴定为"国内先进"。
- 北京山区植被类型与植被区划，孟德政，1991，北京市农业区划办鉴定为"填补国内空白"。
- FGT－9001高功能拒水粉，刘瑜，1992，国家建材局鉴定，无鉴定结果。
- 北京农业综合自然区划，霍亚贞等，1992，北京市农业区划办鉴定为"国内先进"。
- 合成全息摄影系统，傅怀平，1992，北京市高教局鉴定为"国内先进"。
- GAS图形制作系统，张汉煜，1992，首都师大鉴定为"国内先进"。
- 苹果机－IBMPC信息传递和转换系统，祁煌等，1992，首都师大鉴定为"国内首创"。
- LIE1650分布式计算机软件系统的重建，张昭、祁煌，1992，首都师大鉴定为"国内首创"。
- 硬盘只读法病毒防预软件，杨峰，1992，首都师大鉴定为"先进"。
- RSP－Ⅰ型红敏光致聚合物全息干版，张光勇，1992，首都师大鉴定为"国内首创"。
- 初级中学化学实验箱，陈康叔，1992，北京市教育局鉴定，无鉴定结果。
- 模拟血管内皮舒张因子及前药设计，郭雪清、彭师奇，1993，无鉴定结果。

续表

·资水河系洪水自动化预报系统微机软件包研制，张斐慕，1993，无鉴定结果。

·人体能场穿壁效应的实验研究，林书煌，1993，无鉴定结果。

·超大面积重铬酸盐明胶版反向式全息图，章鹤龄、任永禄、张光勇，1994，首都师大鉴定为“国际先进”。

·北京低山区板栗丰产综合措施研究，李增彬、杜桂森，1994，首都师大鉴定为“国内先进”。

·北京山区地域系统特征及优化开发研究，杨作民、李廷芳、毕维铭，1994，北京自然科学基金会鉴定为“国内领先”。

·淮河中下游及泄洪区数据库，邵全琴，1994，中科院地理所鉴定为“国内领先”。

·低零漂磁敏传感器研究，徐彬，1994，“通过”。

·北京候鸟资源和环境的研究，高武、陈卫、付必谦，1995，“通过”、“获奖”。

·多媒体语文教育软件：汉字的产生和发展，刘庆俄、贺聿江，1995，电子部鉴定为“合格”、“重大成果”。

·光盘多媒体语文教育软件：汉字的结构，刘庆俄、贺聿江，1995，电子部鉴定为“通过”。

·汉语拼音速成教学软件，刘庆俄、王陆，1997，教委高教司鉴定为“通过”、“全国软件二等奖”。

·计算机结构与组成原理多媒体辅助教学软件，王陆等，1998，北京市科委鉴定为“通过”。

·三维坐标输入装置，刘金刚等，1998，国家科委鉴定为“通过”。

·实用 VR－多维空间信息输入装置的研究，计算机系，1998，“通过”。

·多媒体计算机安全防范监控系统，计算机系，1998，“通过”。

·升流式固体反应器处理鸡粪废水的研究，周孟津，1999，“世界华人重大学术成果荣誉证书”。

·儿童心理综合量表——中国城市修订版（PSSC－C），方平、周谦等，2000，北京市科委“通过”。

·多路合成彩虹全息图复制方法与系统，傅怀平，2000，北京市科委“通过”。

·汉语水平考试 HSK 智能网络学习系统，周文业、王陆等，2001，北京市科委、教委“通过”。

·首都师大虚拟学习社区智能网络教学平台 V1.0，王陆等，2002，北京市科委“通过”。

三、科技开发成果

（一）50年代至70年代

50 年代至 70 年代我校缺少科技开发的观念。1958 年起贯彻“教育与生产劳动相结合”的方针，将生产劳动列入课程计划，同时掀起大办工厂的热潮，又建立了若干劳动基地。“文革”期间贯彻“五·七指示”，学工、学农，上山下乡，也办了一些工厂、农场。教师、学生、工人和技术人员，在生产劳动中开展技术革新，解决了一些技术问题，研制了若干较先进的产品，取得了一定的经济效益和社会效益。

表 3.3.2.6　北京师范学院 50 年代至 70 年代主要校办厂及产品

·北京师范学院机电厂，前身为 1958 年由物理、数学两系建立的首都教学仪器厂。1973 年以后主要致力于研制各类型号的脉冲电源和电火花机床产品。

·北京科学教育电影制片厂，前身为 1958 年物理系主办的首都教育电影制片厂，1960 年脱离北京师院划归市属。

·低温实验室，1965 年由物理系建立，生产液化空气，分离氢气和氮气，1970 年停办。

·北京师范学院塑料厂（电木粉厂），1969 年由化学系和体育系等单位建立，生产民用电木粉，供不应求，10 个月内创产值 50 万元，又研制了航天用高性能电木粉。1972 年因厂址被占用而停办。

·北京师范学院半导体器件厂，1970 年由物理系正式建立。“五五”期间与外厂联合试制“硅霍尔元件”，又参加试制台式计算机、电视机。

续表

·北京师范学院制药厂，1972年由化学系建立。与中科院药物所联合生产速可眠、鱼腥草素、降压嗪等产品（由药物所研制），获得可观的效益，因厂址被占用而停办。

·电子仪器厂，1975年由物理系建立。1976年与中科院等单位合作研制生产氩离子激光眼科治疗机。此外，研制教学仪器20多个品种。

（二）80年代至世纪之交

1985年中共中央发布了《关于科学技术体制改革的决定》，强调科学技术的伟大作用，作出了改革科技体制、开拓技术市场等重大决定。我校1988年在科研处内增设生产经营办公室，1992年又成立校经济发展与管理委员会，均负责技术转让、咨询服务和科技产业工作。同时，80年代至90年代出台了《关于科学技术开发转让咨询服务创收分配暂行办法》等相关条例。

在上述背景下，科技开发有所开展。从事开发的主体，一方面是校有（校办）产业（参见本《志》第七编第六章），另一方面是教学单位和科研室所。我校参与联办的北京教育软件开发研究中心，曾开发了140多个教育软件，涉及中学的7个学科，同时开发了几种工具软件，如“图形制作系统”等。物理系组织教师对一批科技含量高的项目加以研发，其中激光全息立体摄影系统、红敏光致聚合物全息干版，均达到了国际先进水平。化学系承接外单位项目，生产血液制品稳定剂辛酸钠，1992年产值突破100万元，利润30多万元。又与洛阳的公司和张家口地区合作研制新产品、创造新工艺。生物系除研制了几种用于作物栽培和鱼类养殖的仪器和药品外，还参加科技支农活动，作了多项农村资源和产业调查，为在京郊有步骤有重点地建设300万亩集中连片的专业化商品粮生产基地提供了农业技术咨询。地理系从本学科特点出发，坚持为北京地区服务、为农业服务的指导思想，积极开展科技支农、科技扶贫工作。该系联合生物系、化学系教师先后承接北京市农业区划办公室设立的北京农业区划方面的项目十几项；在房山区西太平村通过小流域治理，使该村生态环境发生重大变化，1987～1988年两年内村民人均收入由240元提高到883元；在京郊开展的板栗生产研究，使亩产由几十斤提高到400多斤。数学系、计算机系和中文系研制了不少中小学教育软件和一批管理软件等。以上各系的获奖科研成果和鉴定成果，参见本《志》本节“发表论文、论著”、“申请鉴定的成果”等项。

但是，从总体上看，我校的科技开发长期徘徊在较低水平上。1995年和1999年两次科研工作会议都认为，科技开发工作存在明显差距，主要表现在各系、所的基础理论研究与应用、开发研究不同步，后者力量弱；校办产业中，高新科技含量高的拳头产品甚少，而且仅有的几种也基本停留在试验阶段，未获生产许可证，更无从到市场上参与竞争，以创造和实现利润。

2000年，我校科研处更名为科技处，扩大了职能。同时，建立了首都师范大学科技园区。科技园的发展目标是：成为开放的、服务于北京的、推动学校快速发展的科学研究基地、科研成果孵化基地、创新创业人才培养基地、文化教育科技产业基地。经过几年的建设现已初步形成了“教育技术、教育培训、人文科学、应用科技”四个主要产业方向。目前，首都师范大学与香港尊科集团合资建立的北京东方育源信息技术有限公司、东方华印软件学院、东方华印软件公司、高等美术教育研究中心、北京国学文化传播有限公司、北京首师金鹰文化传播有限公司、北京宇通天地科技发展有限公司、北京首师太白医药技

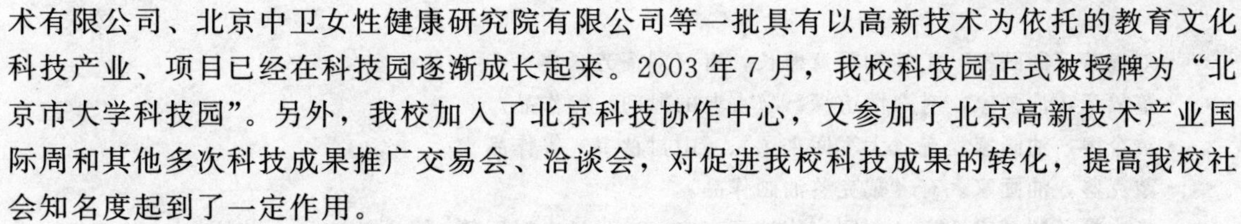

术有限公司、北京中卫女性健康研究院有限公司等一批具有以高新技术为依托的教育文化科技产业、项目已经在科技园逐渐成长起来。2003年7月，我校科技园正式被授牌为“北京市大学科技园”。另外，我校加入了北京科技协作中心，又参加了北京高新技术产业国际周和其他多次科技成果推广交易会、洽谈会，对促进我校科技成果的转化，提高我校社会知名度起到了一定作用。

四、附录　文艺创作及表演成果

文学艺术创作及表演，与科学研究在思维方式和表现方式上各有特点，是分属不同领域的实践活动，而文艺作品和表演艺术同样是精神产品。本《志》将我校教师的文艺创作及表演的成果在此作一简要介绍，之所以附录在“科学研究工作编”，主要基于编排处理的方便。

表 3.3.2.7　　首都师范大学文艺创作和表演名家及其代表作

·毛志成，作家。发表杂文、小说、文艺理论专著约2 000万字，主要有长篇小说《琼楼隐事》，中短篇小说集《乌纱巷春秋》，杂文、随笔《毛志成杂文精品自选集》、《昔日的灵魂》、《走过漫漫尘寰》、《学会沉默》等。

·冉红，作家。创作涉及小说、影视、戏剧多种样式，出版作品30余部，约700万字。根据自撰小说改编的电影《会唱歌的土豆》2000年获中国电影华表奖和金鸡奖，此外有电视剧《西部女盲流》、《快乐的小伙伴》等。

·魏润身，小说家，发表长篇、中篇、短篇小说500余万字。代表作有《我的血沁》（获《十月》文学奖），《挠攘》（获建国45周年优秀中篇小说奖），《风骨》（获《当代》文学奖），《顶戴钩沉》，《私情》（获《长城》文学奖）等。

·陈翼浦，推理小说家，发表长篇3部、中篇60部、专辑6部，代表作为《错乱人生》、《我的内线使命》等，前一种获全国首届侦探小说大赛三等奖。

·李玉民，法语文学翻译家。翻译法语文学名著60部，1 000余万言。

·李毓佩，科普（数学）作家。撰有数学科普读物100册，1 000余万言。曾获“建国以来成绩突出的科普作家”称号和宋庆龄儿童文学奖等。

·王金波，儿童文学家、歌词作家，出版儿童诗集、童话集和歌词集30余部。多次获宋庆龄儿童文学奖等，1992年获国际安徒生奖提名奖、台湾第三届杨唤儿童文学特殊贡献奖。

·岑　冰，男高音歌唱家。

·沈思岩，合唱指挥家。

·薄一彬，男中音歌唱家。

·姚思源，音乐理论家、作曲家。著有《姚思源音乐作品选集》、《论音乐与音乐教育》。1991年在北京举办了个人作品音乐会。

·王安国，音乐理论家，有《现代和声与中国作品研究》、《复调写作及复调音乐分析》。

·杨　青，作曲家。有音乐作品数十部。2000年获中国文联“德艺双馨艺术家”称号。

·张大龙，作曲家。有音乐作品数十部。

·黄珝莹，钢琴演奏教育家。

·唐重庆，钢琴演奏教育家。

·李瑞年，油画家，多次举办个人画展，有《暴风雨》等代表作。

·戚　单，板画家。

·戴　林，国画家，擅写意花鸟和书法篆刻。有《戴林花鸟画选》、《戴林艺术天地》等大型画册。

·吴静波，国画家。

续表

• 刘福芳，国画家，工笔和写意兼长，有《刘福芳画集》。

• 董福章，油画家，有《情谊深》、《古典的风韵》等作品。

• 黄今声，油画家。有《大军回来了》、《山村秋事》等作品。

• 戴克鉴，油画家。有《戴克鉴油画作品》。

• 尚 扬，油画家。有《中国当代油画名家——尚扬专辑》等。

• 孙志钧，国画家，2001 年获中国文联“德艺双馨艺术家”称号。

• 李爱国，国画家（工笔重彩）。

• 康 殷，书法家，篆刻家。

• 欧阳中石，书法家，书法理论家。获中国文联颁“中国书法兰亭奖”。

• 李燕杰，教育艺术演讲家。在国内（含港澳）422 个城市，讲演 3 000 余场，直接听众 500 万人次，同时多次到海外为我使节团人员和留学生讲演。著有《演讲美学》等。三次获“灵山杯”一等奖，并获演讲终身成就奖。被誉为“教育艺术家”。

• 郭海燕，教育艺术演讲家。在 25 个省区及港澳演说近 3 000 场，直接听众约 100 万人次，两次获北京市优秀报告（党课）灵山杯一等奖。

第三节　获奖科研成果

一、获奖科研成果统计

改革开放以前，全国和北京市为科研成果设立的奖项极少，我校也没有成果获得较高层次的奖励。

改革开放以后，我国最早设置的是自然科学、科技开发方面的奖项，至 80 年代中后期，为人文学科和社会科学成果所设奖项逐渐增多。90 年代理工医农科国家级成果奖项的体系基本齐备，包括国家自然科学奖、国家发明奖、国家科技进步奖；而人文、社会科学方面则有：国家人文社科基金成果奖、全国高校人文社科成果奖、全国高校优秀教材奖、全国教育科学奖等；此外，出版界有国家图书奖。但国家教育部于近期明确：我国在人文社会科学方面没有设过国家级奖项，原先冠以“国家”、“全国”字样的奖项只是相关项目或基金所设的奖励名目。与国家级奖项相应，省市、部委和下属局、校也设置了相关奖项，如北京市委、市政府所设的北京市哲学社会科学优秀成果奖，北京市科学技术委员会设的北京市科技进步奖等，首都师大则于 1994 年起设立科研优秀成果奖（含文、理两类）。此外，各种学术组织及行业团体也颁发奖励。

衡量学校及其下属系、所科研水平的标准除了视其高层次项目立项数、获取科研经费数外，归根结底要考察其成果的数量与质量。在数量已日趋增加的情况下，尤需考评其质量，因而成果获取高层次奖励的情况成为衡量科研水平的又一重要标尺。我校“七五”期间，获得较高层次科研奖励 66 项，“八五”期间，获省部级奖 51 项。“九五”期间获省部级奖 64 项。2001～2003 年，获省部级奖 24 项。总体上看，获奖数量增多，但获国家级奖数量极少。文科获奖数量高于理科。

二、获奖科研成果目录

表 3.3.3.1　　首都师范大学 1978～2000 年获奖科研成果目录

说明：

1. 本表所著录的获奖成果，系完成者在我校供职期间所完成的成果，即发表和鉴定时，所属单位为北京师院、首都师大。原北京师院分院和北京联合大学外语师院在与北京师院并校前的获奖成果见本《志》附录。

2. 著录标准：原则上国家级奖励四等奖以上，省市、部委级奖励二等以上，局、校级奖励一等以上，二级以上学会奖励一等以上者入选。理科成果遴选条件适度从宽。

3. 凡某项成果获得多种奖励者，只著录其所获最高奖项。

4. 获得教材奖的成果已见于本《志》第二编教育教学工作，本表不再重列。

5. 本表著录格式：科研成果名称，完成者，颁奖单位或奖项名称及等级，获奖时间。

6. 本表按年度排列，先列文科获奖成果，后列理科获奖成果。

成果名称	主要获奖人	获奖名称、级别	获奖年份
1.5m² 间歇式太阳能制冰机	李申生	全国科技大会重大科技成果奖	1978
YZ—1 型氩离子激光眼科治疗机	张崇起 李庚白	全国医药卫生科技大会奖	1978
半导体锗单晶的电火花加工	晏龙辉	全国科学大会奖	1978
土壤和作物养分的测定与施肥	赵微平	奖项同上	1978
C—EL 型 X 射线固体图像增强屏	杨近良	北京市科技成果二等奖	1980
北京东南郊环境污染调查及其防治途径研究	张仲德	奖项同上，一等奖	1981
供热及空调系统的热储存	李申生	国家建委建工总局建筑科学院，二等奖	1981
甲烷八叠球菌纯培养的分离和初步鉴定	周孟津	北京市学术奖	1982
SG—1 型两用数字高斯计	徐　彬	北京市科技成果三等奖	1982
6SH、4SH 硅霍尔元件	梁晓春	第一机械工业部二等奖	1982
YW—1 型氧离子激光微束仪	李庚白	北京市科技成果二等奖	1982
北京土壤类型	霍亚贞	北京市农业资源调查和农业区划成果一等奖	1983
房山县农业区划、农业现状区划、房山县农业综合自然区划	许焕林	奖项、等级同上	1983
北京土地资源质量评估	霍亚贞	奖项同上，二等奖	1983
北京山区 1/10 万植被图、1/20 万植被图和报告	孟德政等	奖项、等级同上	1983
北京农业地貌类型调查及区别	杨作民 毕维铭	奖项、等级同上	1983
北京水资源计算	张仲德	北京市科技成果三等奖	1983

续表

成果名称	主要获奖人	获奖名称、级别	获奖年份
北京市农业综合自然区划	王一峋 许焕林	奖项同上，一等奖	1984
北京平原区全新世构造活动调查研究	张仲德	奖项同上，二等奖	1984
811 镀镍光亮剂的合成及工艺研究	周兴疆	奖项同上，三等奖	1984
北京主要农业土壤和粮食作物中九种元素背景值研究	李廷芳	全国环境保护科技成果三等奖	1984
大型塑料模电火花加工用 200A 节能脉冲电源	郑荫高	国家科技发明四等奖	1984
中国与世界气候及农业气候相似的研究	刘桂莲（参与）	全国农业区划一等奖（得奖者参与子课题的一部分）	1985
北京山区泥石流分布及成因分析	张仲德	北京市科技成果三等奖	1985
恒定流水面线算法研究及人工明渠水面线算法绘图系统	张斐慕	奖项、等级同上	1985
叶层结构的奇点与示性类的关系	梅向明	北京市学术奖	1985
不分明拓扑与不分明代数拓扑学	郑崇友	奖项同上	1985
河北栾城农业资源调查及农业区划	霍亚贞等	全国科技成果三等奖	1985
农村家用沼气发酵工艺规程研究	周孟津	北京市科技成果三等奖	1986
沉水樟研究	杨　悦	江西省科技成果三等奖	1986
D7125A 型电火花加工机床、HYNC－50 微机控制脉冲电源	郑荫高 周晓帆 晏龙辉 李启谦	北京市科技成果三等奖	1986
RUDIN－KEILES 序与可数紧空间的乘积	杨守廉	北京市学术奖	1986
中国人口挂图	张文生	北京测绘学会，优秀地图作品一等奖	1986
中国抗日战争在第二次世界大战中的地位和作用	齐世荣	北京市首届哲学社会科学和政策研究优秀成果一等奖	1987
试论中国封建社会的人口问题	宁　可	奖项同上，二等奖	1987
汉语学习论丛	张寿康	奖项、等级同上	1987
教育与心理统计	郝德元	奖项、等级同上	1987
李贽评传	张建业	奖项、等级同上	1987
隋代均田制研究	翁俊雄	奖项、等级同上	1987
古文字学新论	康　殷	奖项、等级同上	1987

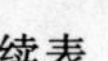

续表

成果名称	主要获奖人	获奖名称、级别	获奖年份
x射线低剂量数字诊断仪	张汉煜 张大庆 林书煌 刘易成	北京市科技成果三等奖	1987
北京市土特名产（干鲜果品）生态环境的研究	孟繁辉 王一峋 刘桂莲 张仲德	奖项、等级同上	1987
二元非晶态合金结构的计算模拟	陈金昌	北京市学术奖	1987
中国1∶100万土地类型图编制的研究	许焕林	中科院科技三等奖	1987
建设绒山羊基地、促进山区经济发展	高　武	北京星火集体三等奖	1987
探索热的本质	申先甲	全国科协优秀著作奖	1987
物理学史简编	申先甲	华东地区优秀图书奖	1987
沉水樟研究	杨　悦	江西省科学技术进步三等奖	1987
厚膜重铬酸盐明胶板	张光勇	北京市科技成果三等奖	1988
D7140机床及配套电源	恒源电火花机床厂	第一届中国机床工具博览会，造型一等奖，春燕二等奖	1988
霍尔元件	半导体厂	中国传感器协会等组织的评比会，北京市优质产品	1988
高斯计	半导体厂	奖项同上	1988
HY－02电火花成型机床及HYNC－50C微机控制脉冲电源的研制	恒源电火花机床厂	北京机械工程学会第三届学术年会优秀论文奖	1988
1986年首都大学生思想状况调查	王殿卿等	中国高教学会科研优秀成果二等奖	1989
社会对中学物理知识需求的调查研究	乔际平	中国教育学会，全国优秀教育科研成果一等奖	1989
同音字辨析	刘庆俄 刘胜利	国家教委，全国首届中华学习机软件银奖，二等奖	1989
池塘晶体管电脉冲捕鱼技术	张春生	北京市科技进步三等奖	1989
自然科学史简编	仓孝和	全国科技史优秀图书荣誉奖	1989
物理学史教程	申先甲	奖项同上，一等奖	1989
人生哲理	王殿卿	北京市高校思想课程研究会优秀成果一等奖	1990
产甲烷菌的研究	周孟津	农业部农村能源农业环境保护优秀成果二等奖	1990

续表

成果名称	主要获奖人	获奖名称、级别	获奖年份
北京地区蛙类资源的调查研究	张立峰 高　武	农业技术改进成果二等奖	1990
古文字形发微	康　殷	北京新闻出版局等，新书成果特等奖	1991
杨守敬集	谢承仁	北京第二届哲学社会科学优秀成果一等奖	1991
对80年代首都大学生纵向研究	王殿卿	奖项同上，一等奖	1991
商品经济与精神文明	王锐生	奖项同上，二等奖	1991
北京市经济地理	况鸿章	奖项同上，二等奖	1991
社会主义经济利益与经济运行	王瑞荪	奖项同上，二等奖	1991
中国现代政治思想评要	高　军	奖项同上，二等奖	1991
心理实验设计统计原理	郝德元 周　谦	奖项同上，二等奖	1991
地理环境在社会发展中的作用	宁　可	奖项同上，二等奖	1991
唐初政区与人口	翁俊雄	奖项同上，二等奖	1991
英国与“九一八”事变	徐　蓝	奖项同上，二等奖	1991
新二十四诗品——古典诗歌风格鉴赏	许自强	奖项同上，二等奖	1991
英语阅读教材1～4册	韩志先 贺慧声 刘北利 吴京汨	奖项同上，二等奖	1991
思维学引论	陈新夏	北京高校第二届哲学社会科学中青年优秀成果奖	1991
国民党在台四十年政局总论	李松林	奖项同上	1991
五四话剧的美学特征	葛聪敏	奖项同上	1991
现代“新派”北京话有/ər/和/ar/两个卷舌元音音位说	冯　蒸	奖项同上	1991
唐后期五代宋初沙洲僧尼的特点	郝春文	奖项同上	1991
思想教育艺术概论	李燕杰 郭海燕 张立中	中华教育艺术研究会，特等奖	1991
历史教学与爱国主义	周发增	中国教育学会历史教育学会，一等奖	1991
“掖单”系列在北京农业生产上的推广应用	付应春（参与）	北京农业技术推广奖，一等奖	1991
北京市商品粮基地建设技术攻关	付应春（参与）	北京市科技进步一等奖	1991

续表

成果名称	主要获奖人	获奖名称、级别	获奖年份
中华人民共和国1：100万土地资源图	许焕林	中科院，科技进步一等奖	1991
DK7125电火花成型机床	彭　勃 赵水林 李庆隆 张学珍	中国机床总公司，二等奖	1991
马克思劳动价值理论新论	郭寿玉	高校出版社优秀学术史著二等奖	1992
跃上新境界	陈新夏	第三届全国优秀青年读物	1992
汉字的笔划和笔顺	刘庆俄 吴敏华 贺聿江	国家教委中小学计算教育软件中心，二等奖	1992
FGJ－9001高功能拒水粉	刘　瑜	第22届日内瓦国际发明展，国际金奖	1992
CM－Ⅰ型光学仪器除雾剂	唐翠贞	国家发明奖四等奖	1992
高浓度有机废水的厌氧生物处理技术	周孟津	国家教委，科技进步一等奖	1992
三峡库区的土地资源及其承载能力的研究	胡　东	中科院，重大成果一等奖	1992
北京市土地利用	王一峋等	北京农业区划委员会，优秀成果一等奖	1992
北京市综合自然区划	霍亚贞 毕维铭	奖项、等级同上	1992
北京市山区植被类型和植被区划	胡　东	奖项同上，二等奖	1992
北京市山区植被类型	孟德政等	奖项、等级同上	1992
有限群及模表示论	石生明	北京市科技进步二等奖	1993
计算机辅助教学软件的研究与开发	张连永	奖项同上，三等奖	1993
北京市农业综合规划	霍亚贞 毕维铭	北京市农业区划委员会，一等奖	1993
北京土地资源与利用	王一峋等	奖项、等级同上	1993
北京山区植被成果更新	孟德政	北京市农业区划委员会，二等奖	1993
北京松山自然保护区野生动植物资源调查、保护及合理利用方式研究	高　武 陈　卫	北京市科技进步三等奖	1993
修辞艺术探新	张炼强	北京市第三届哲学社会科学优秀成果二等奖	1994
陶渊明新探	李　华	奖项、等级同上	1994
中国人名探析	籍秀琴	奖项、等级同上	1994

续表

成果名称	主要获奖人	获奖名称、级别	获奖年份
前秦史	蒋福亚	奖项、等级同上	1994
效率优先、兼顾公平	王锐生	奖项、等级同上	1994
蒋氏父子在台湾	李松林	奖项、等级同上	1994
学习心理学	周　谦	奖项、等级同上	1994
马克思主义思想政治原著选读讲解	闻立树	全国高校优秀成果二等奖	1994
读者在文章传播过程中的制约作用	陈亚丽	中国文章学会，一等奖	1994
CI策划——企业形象新境界	甘　波	北京市高教局，中青年奖	1994
毛泽东关于解放台湾问题的思考与当代中国的统一	李雅儒	奖项同上	1994
死亡、情爱、隐逸、思乡——中国文学四大主题	陶东风	奖项同上	1994
“天赋人权”观与现代资产阶级人权理论	赵会民	奖项同上	1994
都铎君主专制政体说质疑	刘新成	奖项同上	1994
大学英语写作初级教程	王小平	奖项同上	1994
小原国芳评传	周鸿志	首都师大首届科研成果荣誉奖	1994
汉代社会性质研究	杨生民	奖项同上，一等奖	1994
北京樱桃沟自然保护试验工程研究	杨　悦	北京市科技进步二等奖	1994
非晶态合金铁磁性及能带结构的研究	陈金昌	奖项、等级同上	1994
模拟血管内皮舒张因子及前药设计	郭雪清 蒋秀荣	奖项同上，三等奖	1994
定向微分流形上的Stiefel－whitney示性类的积分公式	梅向明	首都师大首届科研成果荣誉奖	1994
过渡金属络合物的合成和结构测定	刘顺诚	奖项同上，一等奖	1994
资水洪水自动化预报系统微机软件包	张斐慕	奖项、等级同上	1994
学校地理课本系统的大结构模式及一体化原理	褚亚平 林培英	中国教育学会优秀论文一等奖	1994
英国与中日战争（1931～1941年）	徐　蓝	国家教委，全国高校人文社科优秀成果二等奖	1995
修辞理据探索	张炼强	奖项、等级同上	1995
普通学校音乐教育学	曹　理	奖项、等级同上	1995
英藏敦煌文献（12～14卷）	宁　可 郝春文	第二届国家图书奖古籍类一等奖	1995

续表

成果名称	主要获奖人	获奖名称、级别	获奖年份
量子力学基础与费曼路径积分	顾之雨（合作）	国家教委，科技进步成果二等奖	1995
一类灵哈特（Reinhardt）域的研究	殷慰萍	奖项同上，甲类	1995
Kac—Moody 代数	卢才辉	北京市科技进步一等奖	1995
大城市郊区科技兴村策略与模式选择	奚为民 傅　桦 毕维铭	中国农学会优秀论文	1995
北京地区候鸟资源调查研究	高　武等	北京市林业局，科技进步一等奖	1995
拜金主义论析	王锐生	北京市第四届哲学社会科学优秀成果二等奖	1996
人的尺度——主体尺度研究	陈新夏	奖项、等级同上	1996
中国社会保障辞典	仓理新	奖项、等级同上	1996
心理科学方法学	周　谦	奖项、等级同上	1996
数学教育实验设计	张君达等	奖项、等级同上	1996
中华伦理	赵军华等	奖项、等级同上	1996
《九章算术》与汉代社会经济	宋　杰	奖项、等级同上	1996
中国散文通史	漆绪邦等	奖项、等级同上	1996
《说文》同义词的研究	冯　蒸	奖项、等级同上	1996
现代资本主义发展论	房　宁	奖项、等级同上	1996
文学史哲学	陶东风	首都师大第二届科研优秀成果一等奖	1996
社会哲学导论	王锐生	奖项、等级同上	1996
北京山区地域系统特征及其优化开发	杨作民 李廷芳	北京市科技进步三等奖	1996
超大面积重铬酸盐明胶版反射式全息图	章鹤龄	首都师大第二届科研优秀成果一等奖	1996
九年义务教育中学物理教材	乔际平	奖项、等级同上	1996
现代教学价值体系论	尚凤祥	国家教委，全国师范院校基础教育改革实验研究项目优秀成果二等奖	1997
中国当代儿童绘画解析与教程	杨景芝	奖项同上，三等奖	1997
建设有中国特色社会主义的几个哲学问题	王锐生	首都师大第三届科研优秀成果一等奖	1997
高师本科的培养目标、培养模式及课程改革研究	马啸风等	北京市教委，高教科研成果一等奖	1997

续表

成果名称	主要获奖人	获奖名称、级别	获奖年份
北京地区物候观测与基础物候学研究	杨国栋 陈效逑 刘桂莲等	北京市科技进步三等奖	1997
激光表面增强光谱技术及应用研究	方　炎 魏凤文 胡凤霞等	北京市科技进步三等奖	1997
数字血管减影系统	林书煌 丁石因 孙卫真等	奖项、等级同上	1997
跨共振点Duffing型方程周期解的多解性	王在洪	首都师大第三届科研优秀成果一等奖	1997
痕量成分分析方法研究	谷学新	奖项、等级同上	1997
多媒体计算安全监控系统开发	傅嘉模	奖项、等级同上	1997
敦煌社邑文书辑校	宁　可	北京市第五届哲学社会科学优秀成果一等奖	1998
基础教育现代化教学基本功	乔际平等	奖项、等级同上	1998
英国中世纪教会研究	刘　城	奖项、等级同上	1998
心理诗学	吴思敬	奖项、等级同上	1998
古本戏曲剧目提要	张燕瑾（合作）	奖项、等级同上	1998
扩张与危机——当代审美文化理论及其批评话题	王德胜	奖项同上，二等奖	1998
中学音乐教学论新编	曹　理等	奖项、等级同上	1998
雷神思想的源流与展开——中日比较文化考	李均洋	奖项、等级同上	1998
简明钢琴教学法	吴铁英等	奖项、等级同上	1998
差数显著性T检验与元分析的对比研究	郭春彦等	奖项、等级同上	1998
马克思的世界历史理论与现时代	叶险明	奖项、等级同上	1998
孔子传（英文版）	孙海晨	奖项、等级同上	1998
法国龚古尔文学作品选集——《悠悠此情》	李玉民	奖项、等级同上	1998
中唐诗文新变	吴相洲	奖项、等级同上	1998
二十世纪中国古典文学研究史	赵敏俐	奖项、等级同上	1998
从“橙色”计划到“彩虹”计划——太平洋战争前美国的战略演变	徐　蓝	奖项、等级同上	1998
中国人口史	阎守诚	奖项、等级同上	1998

续表

成果名称	主要获奖人	获奖名称、级别	获奖年份
社会主义本质论	王锐生	奖项、等级同上	1998
殷墟王卜辞的分类与断代	黄天树	普通高校第二届人文社科研究成果奖三等奖	1998
微分几何	梅向明	北京市科技进步二等奖	1998
痕量成分的微孔滤膜富集分离及测定方法研究	谷学新等	奖项同上，三等奖	1998
低零漂磁敏传感器研究	徐　彬等	奖项、等级同上	1998
功能钼钨多酸有机配合物合成晶体结构以及构效关系	鲁晓明等	奖项、等级同上	1998
中外历史八人谈	齐世荣等	五个一工程·一本好书奖	1999
教育大辞典（师范教育分册）	李友芝（合作）	教育部教育科学优秀成果一等奖	1999
英国都铎王朝议会研究	刘新成	国家社科基金优秀成果著作类三等奖	1999
李贽与晚明文学思想	左东岭	首届全国优秀博士学位论文奖（在南开大学就读时完成）	1999
欧洲声乐史	刘新丛等	首都师大第四届科研优秀成果一等奖	1999
非线性发展方程行波解的稳定性	吴雅萍	北京市科技进步二等奖	1999
应用费曼路径积分及超对称量子力学方法研究	王得云等	奖项同上，三等奖	1999
计算机组成原理多媒体辅助教学软件	王　陆等	奖项、等级同上	1999
超 CARTAN 域的 BERGMAN 核及其他	殷慰萍等	首都师大第四届科研优秀成果一等奖	1999
小麦醇溶蛋白高效毛细管电泳与品种鉴定技术	晏月明等	奖项、等级同上	1999
全新世黑垆土中千年尺度的全球变化记录	魏明建等	奖项、等级同上	1999
悖立与整合：东方儒道诗学与西方诗学的本体论、语言论比较	杨乃乔	北京市第六届哲学社会科学优秀成果一等奖	2000
新时期中国发展观——兼与国外发展观的比较研究	范燕宁	奖项同上，二等奖	2000
新编中华伦理	赵军华	奖项、等级同上	2000
国际比较教育学的若干方法与理论——兼谈我国比较教育研究的方法论问题	丁邦平	奖项、等级同上	2000
思想政治教育心理学	杨芷英	奖项、等级同上	2000
中国经济发展史	宁　可	奖项、等级同上	2000

续表

成果名称	主要获奖人	获奖名称、级别	获奖年份
唐后期五代宋初敦煌僧尼的社会生活	郝春文	奖项、等级同上	2000
近代中国陋俗文化嬗变研究	梁景和	奖项、等级同上	2000
社会转型与当代知识分子	陶东风	奖项、等级同上	2000
中国逻辑语义论	周建设	奖项、等级同上	2000
美术教育与人的发展	杨景芝	奖项、等级同上	2000
《高等代数》教材	石生明（合作）	北京市科技进步一等奖	2000
齐性 Siegel 域与蛋型拟凸域的研究	殷慰萍	奖项同上，二等奖	2000
传统的批判——从传统看精神文明建设	吴相洲	中宣部“五个一工程”奖	2001
稷下学研究——中国古代的思想自由与百家争鸣	白　奚	第三届中国高校人文社会科学研究优秀成果一等奖	2002
中国比较教育理论建设的研究	王长纯	奖项同上，三等奖	2002
比较思想政治教育学	王瑞荪	北京市第七届哲学社会科学优秀成果奖一等奖	2002
欧阳竟无佛学思想探微	程恭让	奖项、等级同上	2002
20世纪中国文学研究（多卷本）	张燕瑾（合作）	奖项、等级同上	2002
新时期中国史学思潮	邹兆辰	奖项同上，二等奖	2002
书法与中国文化	欧阳中石	奖项、等级同上	2002
20世纪后期的俄语学研究及发展趋势	杜桂枝	奖项、等级同上	2002
雷神、龙神思想和信仰——中日语言文化的比较研究	李均洋	奖项、等级同上	2002
王学与中晚明士人心态	左东岭	奖项、等级同上	2002
中国美术史	李福顺	奖项、等级同上	2002
教育管理决策功能模型	孟繁华	奖项、等级同上	2002
重新理解教育——建设教师发展学校的思考	宁　虹	奖项、等级同上	2002
不同方向视觉运动追踪的特性	丁锦红	奖项、等级同上	2002
校本课程开发：概念解读	徐玉珍	奖项、等级同上	2002
东亚联盟论研究	史桂芳	奖项、等级同上	2002
马克思的工业革命理论与现时代	叶险明	奖项、等级同上	2002
新时期中国发展观——兼当代国外发展观的比较研究	范燕宁	第四届吴玉章人文社会科学奖优秀奖	2002
唐后期五代宋初敦煌僧尼的社会生活	郝春文	郭沫若中国历史学奖三等奖	2002

续表

成果名称	主要获奖人	获奖名称、级别	获奖年份
创造型中学教师品质特征及其培养途径研究	陈树杰	北京市第四届教育科学研究优秀成果奖一等奖	2002
全面提高北京市初中教育质量	乔际平等	奖项、等级同上	2002
儿童心理综合量表	方　平	奖项同上，三等奖	2002
侏罗纪喜花昆虫作为被子植物起源的证据	任　东等	北京市科技进步二等奖	2002
高维气体动力学中非线性波的研究	李杰权等	北京市科学技术一等奖	2003

第四章 学术交流

50 年代至 70 年代，我校处在相对封闭的大环境当中，又受到自身综合实力的局限，与外界的学术交流活动很少。改革开放以后，学术交流活动逐渐增多，原因是：对高校在科学研究中加强横向联合与国际交流的自觉性逐步提高；学校综合实力增强，学科建设和科研活动取得明显成效；1977 年被北京市政府确定为对外开放单位；科研经费有所增加，特别是 1995 年起获得“211 工程”启动费和建设费，重点学科的科研项目经费较有保证。

第一节 国内学术交流活动

一、邀请学者来校讲学及派出教师访学

学校和各院、系约请著名学者、专家来校作学术报告，自 90 年代后期以来十分频繁，来访讲学者中，有牛满江、杨乐、姜伯驹、母国光、戴汝为、季羡林、张岱年、王蒙等科学院院士和著名学者。

1977 年至 2003 年公派教师 673 人次，到 25 个国家和地区专业对口的院校和科研院所进修讲学、合作研究，访学活动对其教学、科研能力的提高起了明显的促进作用。

二、举办学术会议

教师和科研人员参加国内学术会议人次数以百计。同时，校、院、系争取主办、联办、承办多次重大学术研讨活动。

表 3.4.1.1　　首都师大主办、联办、承办的重要国内学术研讨会一览表

- 中国现代文学研讨会（1980）
- 当代女性美研讨会（1995）
- 当代中国女性文学研讨会（1995）
- 首届全国高师美育理论研讨会（1995）
- 全国首届摄影文学理论研讨会（1995）
- 首届全国儿童电影理论研讨会（1996）
- 全国高师中国古代文学教学改革研讨会（1999）
- 语言研究中心成立大会暨首次学术研讨会（1999）
- 世纪之交谈中国文化系列学术讲座（2000）
- 中国李贽研究会筹委会成立大会暨学术研讨会（2000）
- 21 世纪中国诗歌研究发展趋势学术研讨会（2001）
- 北京人文奥运论坛（2003）
- 20 世纪的历史巨变学术讨论会（1997）
- 康熙名相陈廷敬暨皇城古建筑学术研讨会（1998）
- 中国封建社会地主制经济学术研讨会（1999）

续表

- 全国冷战起源与国际关系学术研讨会（1999）
- 全国世界古代中世纪史研究会世界中世纪史专业委员会第五届会员代表大会（1999）
- 人权理论问题讨论会（1990）
- 全国人权理论研讨会（1991）
- 全国省市自治区属高师马克思主义理论课经验交流会（1996）
- 当前我国经济形势与扩大内需研讨会（1999）
- 邓小平与当代中国研讨会（1997）
- 纪念毛泽东诞辰110周年学术研讨会（2003）
- 科技法制发展及秘密技术法律保护学术研讨会（2003）
- 全国青年思想教育改革研讨会（1987）
- 全国学科教育学学术研讨会（1988）
- 中华教育艺术研究会1、2、3、4届学术讨论会（1988、1990、1993、1997）
- 现代教学价值体系论研讨会（1993）
- 仓孝和教育思想研讨会（1994）
- 全国教育系统建设有中国特色社会主义教育理论研讨会（1995）
- 21世纪中国德育改革与创新学术研讨会（2001）
- 地方重点高师教学改革研讨会（1988）
- 8所师大高等师范教育改革与发展研讨会（1992）
- 全国高师财务管理研讨会（1995）
- 全国12所师大第十届校办主任联席会（1997）
- 全国7所师大“211工程”建设工作座谈会（1997）
- 东南、京津10省市重点师大第九次总务处长协作会（1997）
- 华北东北地区10所师范院校第七届协作会（1997）
- 面向21世纪高师教育改革研讨会（1999）
- 全国学科教育学第十届学术研讨会（2002）
- 教师发展学校研讨会（2003）
- 两岸三地“校本课程开发与校本化课程实施”学术研讨会（2003）
- 中国俄语教学研究会第六届理事会及会员代表大会（2003）
- 全国高师声乐教学研讨会（1985）
- 全国高师钢琴教学改革研讨会（1994）
- 全国高师理论作曲课程改革与学术研讨会（1994）
- 全国音乐史学会第三次理事会议（1997）
- 全国高师美术学科教育学研讨会（1999）
- 第八届全国高师体育论文报告会（2002）
- 全国几何学研究会筹备会（1980）
- 基础数学重点学科建设研讨会（1994）
- 全国第八届几何学研究会年会（1995）
- 全国高师数学分析研讨会（1996）
- 全国文科高等数学课程改革研讨会（1998）
- 全国高师院校数学教育教学改革研讨会（1999）
- 全国物理学史讲习会（1984）
- 物理教学研讨会（1987）

续表

- 第十届全国物理学史专业委员会年会（2000）
- 第一届全国人工智能教育学术研讨会（2002）
- 第五届全国地方大学分析测试中心主任研讨会（1995）
- 全国植物生理实验技术交流会（1982）
- 全国植物生理学术交流和教学讨论会（1985）
- 全国第四届植物生理教学与学术研讨会（1985）
- 全国分子生物学实验技术研讨会（1992）
- 北京性健康教育研究会（1995）
- 北京地理学会'94学术讨论会（1994）
- 北京市高校社会科学学报研究会（1991）
- 全国高校文科学报政治理论研讨会（2000）
- 北京市高校学报（自然科学版）研究会成立10周年大会（1995）

三、教学科研人员兼任学术性职务

80年代起，各级各类学术组织和团体纷纷建立，我校一部分教师、科研人员、干部参加筹组工作或申请入会，有些学者担任了领导职务（也有的科研骨干未申请加入），这对获取学术信息、加强科研协作、开展学术活动、扩大学校的影响起了一定的推动作用。同时国务院各部委、教育部各司下设委员会及北京市政府专家顾问团也聘任我校数名教师、科研人员担任了若干种学术性、专业性职务（另见本编第一章）。

90年代，部分学会因经费紧缺，开展活动渐少，我校加入学会的高年资学者也相继退休。青年教师陆续递补进入，近几年在其中担任高级重要职务者开始增加；但也有些高学历高水平的年青教师未及申请加入。

表3.4.1.2　　首都师大在学术组织中兼任学术职务（曾任或现任）人员名录

说明：1. 本表所列人员按所从事的学科专业分别予以集中，同一专业人员排名不分先后。

2. “*”提示：此处仅列出该员的一种学术性兼职，其他学术兼职可参见本《志》第九编人物相应的个人简介。

3. “**”提示：此处未列出该员确切的学术性兼职，如通过“参见”，可知该员在学术界活动的某些情况。

- 刘国盈　北京市社科联合会常务理事*
- 张寿康　北京市社科联合会副主席，中国修辞学会会长*
- 廖仲安　《光明日报·文学遗产》编委，中国作协会员*
- 洪成玉　北京市古汉语研究会会长
- 张炼强　北京语言学会学术委员*
- 王景山　中国作家协会会员*
- 张燕瑾　中国戏曲学会理事*
- 段启明　中国《红楼梦》学会常务理事*
- 张建业　北京市文艺理论研究会副会长*
- 吴思敬　中国诗歌学会理事*
- 黄天树　中国殷商文化学会理事*
- 郗　瑢　中国当代文学研究会常务理事
- 曹利华　全国美学会理事兼副秘书长

续表

· 王光明　中外文艺理论学会理事＊
· 王凯符　中国古代写作理论学会副会长
· 孙移山　北京市语文教改研究会副会长
· 刘庆俄　北京国际汉字研究会常务理事
· 周续赓　中国戏曲学会理事
· 张育泉　中国语文现代化学会理事
· 冯　蒸　中国音韵学研究会理事＊
· 赵敏俐　全国区域旅游文化开发学会理事＊
· 鲁洪生　全国诗经学会理事＊
· 邓小军　中国杜甫研究会常务理事＊
· 王震亚　中国当代文学研究会理事
· 王晓琴　中国老舍研究会常务理事
· 冉　红　全国儿童文学研究会副理事长＊
· 杨乃乔　中国比较文学学会理事＊
· 毛志成　中国作协会员兼专家咨询组成员，中国中小学教育研究委员会会长
· 魏润身　中国作协会员
· 李　泱　中国高校影视教学研究会理事
· 方位津　北京比较文学研究会副会长
· 宋均芬　中国修辞文学语言研究会理事
· 周建设　北京市语言学会常务副会长＊
· 王德胜　中华美学学会副会长，《中国美学》主编
· 许自强　中国作协会员，中国音乐文学学会理事
· 陶东风　中外文艺理论学会常务理事＊
· 饶杰腾　中国语文教学法研究会学术委员
· 陈金明　中国教育学会中学语文教学专业委员会理事长
· 王云峰　全国单元教学研究会常务委员
· 陈亚丽　中国文章学研究会副会长
· 季　烨　中国写作学会副秘书长
· 张志忠　中国作家协会会员
· 张轶楠　新闻心理学学会秘书长
· 孟庆夔　参见本《志》第九编人物＊＊
· 贺慧声　中国教育学会外语教学研究会常务理事
· 刘利民　中国俄语教学研究会会长＊
· 韩世滋　中国翻译工作者协会文艺委员会理事
· 李孙华　中国日语教学研究会副秘书长＊
· 李均洋　日本古代研究会会员，中国日语教学研究会常务理事
· 李玉民　中国外国文学研究会理事＊
· 张永泰　中国高校西班牙、葡萄牙语教学研究会理事＊
· 王　志　河北科技英语协会副会长
· 齐世荣　中国史学会副会长＊
· 宁　可　北京历史学会副会长＊
· 戚国淦　中国世界古代及中世纪史研究会理事长＊

续表

·杨生民	中国经济史学会理事＊
·蒋福亚	中国魏晋南北朝史学会理事＊
·刘新成	北京市社科联副主席＊
·徐　蓝	中国第二次世界大战史研究会副会长＊
·梁景和	中国社会史学会理事
·阎守诚	中国唐史学会理事兼秘书长＊
·吴　伟	中国世界现代史研究会常务理事
·周　钢	中国国际关系史研究会理事
·王乃耀	中国世界古代中世纪史研究会副理事长兼秘书长
·施　诚	中国世界古代中世纪史研究会理事
·郝春文	中国敦煌吐鲁番学会副会长＊
·邹兆辰	中国史学会史学理论分会理事
·叶小兵	中国教育学会历史教学专业委员会副理事长、北京市历史教学研究会理事长
·赵亚夫	中国教育学会历史教学专业委员会理事
·夏继果	世界中世纪史学会理事
·于友西	中国教育学会历史教学研究会副理事长
·张印斗	延安精神研究会会员
·孙长江	中国文化书院常务副院长＊
·王锐生	中国历史唯物主义学会副会长＊
·冯卓然	中国历史唯物主义学会常务理事兼人权专业委员会主任＊
·陈新夏	北京市哲学学会副会长＊
·房　宁	北京中青年马克思主义研究会副理事长
·刘淑莲	中国犯罪学会理事
·闻立树	中央教科所兼职研究员＊
·苏崇德	全国高校思政教育研究会思想政治教育学科建设组成员
·刘　孜	北京市经济学会常务理事，北京市高教学会副会长
·王瑞荪	北京市经济学总会常务理事＊
·王幼樵	中国统一战线理论研究会常务理事＊
·许北海	北京市经济学总会理事
·袁远林	中国历史唯物主义学会常务理事
·王朝文	北京市高校国际政治学教学研究协会副理事长
·王树荫	全国高校思想政治教育研究会专业委员会委员＊
·叶险明	北京市哲学学会理事＊
·陈世英	全国台湾研究会理事＊
·邱远猷	中国法律史学会理事＊
·赵俊玲	中国历史唯物主义研究会理事
·邓球柏	世界太极学会副理事长＊
·邓英秀	北京市高校党建研究会秘书长
·卢恒显	全国省市属高师院校马克思主义理论课教学研究会理事长
·李克非	北京市高校哲学教学研究会常务理事
·王健康	中国现代文化学会教育咨询部常务副部长
·姜渭良	北京市共运史学会副秘书长

续表

- 李松林　国史学会全国高教专业研究会副理事长＊
- 李雅儒　北京高教政经、中国社建教学研究会副秘书长
- 安云凤　北京市伦理学会副秘书长
- 崔　萍　全国台湾研究会理事
- 聂月岩　中国毛泽东思想与邓小平理论研究会理事
- 夏利民　中国法律教育研究会理事
- 李恩慈　中国刑法研究会理事
- 郑贤君　中国刑法研究会副秘书长
- 董玉平　全国马克思主义经济学说史学会理事
- 范燕宁　中国历史唯物主义学会理事，中国人学学会理事
- 杨芷英　中国青年研究会理事
- 林传鼎　中国心理学会常务理事＊
- 施宗恕　北京教育学会副会长＊
- 周　谦　中国心理学会理事＊
- 周鸿志　全国比较教育研究会常务理事＊
- 郭德俊　中国心理学会理事＊
- 李璞珉　中国心理学会理事
- 方　平　中国心理学会心理测量专业委员会秘书长
- 郭春彦　中国心理学会普通心理专业委员会理事＊
- 周玉荣　中国教育学会语言教学法专业委员会副秘书长
- 徐玉珍　全国教育学会课程教学专业委员会理事
- 王建平　全国比较教育学会理事
- 宁　虹　中国教育发展战略研究会理事，全国比较教育研究会理事
- 王长纯　全国比较教育学会常务理事＊
- 张燕镜　北京市教育学研究会副理事长＊
- 张君达　中国数学会普及工作委员会常务委员，北京数学会理事
- 张耀源　中国教育管理研究会理事
- 郝德元　中国心理学会教育统计与测量研究会理事＊
- 阎立钦　中国教育学会理事，中国教育学会语文教学法研究会会长
- 王殿卿　北京高校德育研究会副理事长
- 赵军华　北京高校德育研究会副秘书长
- 李燕杰　中华教育艺术研究会常务副理事长＊
- 郭海燕　中华教育艺术研究会副理事长
- 李友芝　中国高等教育发展战略研究会理事
- 何　钊　北京高教学会副会长＊
- 林培黎　北京高教学会副会长＊
- 张泽膏　全国高师教育研究会理事
- 杨学礼　北京高教学会副会长＊
- 谢维和　全国高教管理研究会副理事长＊
- 孟繁华　全国教育政策与法律研究会理事＊
- 钱方平　中国音乐教育研究会副理事长，中国音协器乐协会常务理事
- 姚思源　北京市音乐家协会副主席＊

续表

- ·王金波　中国音乐文学学会副主席＊
- ·黄珺莹　中国音协全国高师钢琴学会副会长＊
- ·唐重庆　北京市钢琴基础教育学会副会长
- ·杨国立　中国音协手风琴学会副秘书长
- ·杜晓十　全国高师理论作曲学会副会长＊
- ·王安国　全国高师理论作曲学会会长＊
- ·曹　理　北京高师音乐教育学会理事长＊
- ·杨　青　北京音乐家协会副主席＊
- ·尹铁良　中国音乐家协会理事＊
- ·孟维平　中国音乐史学会理事
- ·顾夫林　中国合唱协会理事
- ·蓬　勃　中央电视台银河少年艺术团合唱指挥
- ·田培培　中央电视台银河少年艺术团舞蹈编导
- ·张立德　中国音协音乐教育委员会基本乐科学会理事
- ·郑　莉　中国音乐家协会音乐教育委员会奥尔夫学会常务理事
- ·张大龙　中国音乐家协会会员，中国电影音乐学会理事
- ·李瑞年　北京市美协副主席＊
- ·戴　林　北京花鸟画研究会顾问＊
- ·刘福芳　北京市工笔重彩画学会副会长＊
- ·董福章　中国油画学会会员＊
- ·汪国懿　中国教育学会美术教育研究会秘书长
- ·王　猗　中国教育学会美术教育研究会副理事长
- ·李福顺　国家艺苑岩画研究会副主席＊
- ·尚　扬　中国油画学会副主席＊
- ·杨景芝　中国少年儿童造型艺术学会副会长、中华教育艺术研究会理事
- ·李爱国　北京美协中国画艺术委员会副主席兼秘书长
- ·王心昌　中国对外文化交流协会九州书画社艺术顾问
- ·常锐伦　中国美术家协会会员＊
- ·黄今声　中国美术家协会会员＊
- ·戴克鉴　中国美术家协会会员＊
- ·贾克德　中国当代工笔重彩花卉画学会秘书长
- ·杜希贤　教育部版中学美术教材编委
- ·踪念富　中国对外文化交流协会九州书画社艺术顾问
- ·孙志钧　北京美术家协会副主席
- ·欧阳中石　中国书法家协会顾问＊
- ·康　殷　中国书法家协会顾问＊
- ·刘守安　中国书法协会会员＊
- ·王世征　中国书法家协会学术委员会委员＊
- ·张同印　中国书法家协会会员
- ·叶培贵　中国书法家协会教育委员会委员，北京书协学术委员会副主任
- ·甘中流　中国书法家协会会员，北京书协教育出版委员会副主任
- ·王元军　北京书协教育出版委员会副主任

续表

· 解小青　中国书法家协会会员，北京书协理事
· 杨永灿　参见本《志》第九编人物 * *
· 杨绍虞　参见本《志》第九编人物 * *
· 沈林南　北京市体操协会副主席 *
· 孙剑辉　北京排球协会副主席 *
· 周琦琦　北京高校游泳协会秘书长
· 何永超　全国高师学校体育协会副秘书长
· 索　琳　北京高校篮球协会秘书长
· 刘玉友　北京高校田径协会秘书长
· 赵金荣　全国大学生体协健美操、艺术体操分会竞赛裁判委员会副主任，宋庆龄儿童少年体育促进会常务理事
· 周发增　北京高校社会科学学报研究会理事长、全国历史教学研究会学术委员会副主任
· 温绍堃　中国人文学报学会常务理事，北京高教学会社科学报研究会理事长
· 秦英君　中国人文学报学会常务理事，北京高教学会社科学报研究会理事长
· 苏　镇　北京高校自然科学学报研究会副理事长
· 杜进富　中国高校自然科学学报研究会常务理事
· 汪建民　北京高校自然科学学报研究会副秘书长
· 周金榜　北京高校社会科学学报研究会常务理事兼秘书长
· 潘　亮　中国高校校报研究会理事
· 母庚才　北京出版协会副主席
· 梅向明　中国数学学会理事兼普及委员会主任 *
· 石生明　中国数学会理事 *
· 殷慰萍　参见本《志》第九编人物 * *
· 林有浩《数学与实践与认识》编委 *
· 卢才辉　中国数学会理事 *
· 郑崇友　中国系统工程学会理事 *
· 王尚志　北京数学会副理事长 *
· 贺龙光　参见本《志》第九编人物 * *
· 李中凯　参见本《志》第九编人物 * *
· 吴　可　参见本《志》第九编人物 * *
· 于泽禾　中国教育学会数学教学研究会理事，北京教育学会数学教学研究会副理事长
· 张饴慈　中国数学会理事
· 杨守廉　北京数学会副理事长 *
· 王志玺　参见本《志》第九编人物 * *
· 杜少飞　参见本《志》第九编人物 * *
· 罗振东　参见本《志》第九编人物 * *
· 费少明　参见本《志》第九编人物 * *
· 吴雅萍　参见本《志》第九编人物 * *
· 吴建平　中国数学会普及委员会常务副主任
· 李建才　全国高师数学教育研究会副理事长兼秘书长
· 周春荔　中国优选法统筹法经济数学研究会理事、北京数学会常务理事
· 李延林　北京数学会普及委员会副主任

续表

- 刘增贤　全国高等几何研究会理事兼秘书长
- 李毓佩　中国科普作家协会专业委员会委员
- 张景斌　全国高师数学教育研究会常务理事
- 连四清　全国高师数学教育研究会副秘书长
- 黄敬之　中国数学会理事
- 李申生　中国太阳能学会副理事长 *
- 仓孝和　中国科技史学会副会长 *
- 佟盛勋　中国物理学会北京分会理事 *
- 顾之雨　中国高等科技中心协联成员（CCAST） *
- 申先甲　中国科学学会理事 *
- 刘雪成　中国人体科学学会理事，北京高校物理教学委员会常务理事
- 林书煌　中国人体科学学会副理事长
- 陈金昌　中国物理学会金属学会凝聚态理论专业委员会理事
- 傅嘉模　中国图形图像学会理事
- 李福利　参见本《志》第九编人物 * *
- 魏凤文　全国电磁学研究会常务理事
- 祁有龙　中国物理学会教学委员会委员
- 甄长荫　全国近代物理研究会副理事长
- 王士平　中国科技史学会常务理事兼物理学史专业委员会主任，中国现代设计法研究会青年委员会常务理事
- 秦大成　全国高师固体物理研究会副主任
- 李艳平　中国科技史学会理事
- 乔际平　中国教育学会物理教学研究会副理事长 *
- 许祥源　参见本《志》第九编人物 * *
- 方　炎　中国物理学会光散射专业委员会委员 *
- 刘金刚　北京科协委员会委员 *
- 王万森　中国人工智能学会教育工作委员会主任，全国高师计算机教育研究会副理事长
- 葛庆平　中国人工智能学会教育工作委员会秘书长
- 赵冬生　全国高师计算机教育研究会理事
- 邹宪法　北京市化学会常务理事
- 乔世德　中国自然辩证法研究会常务理事
- 张光勇　中国光学学会全息与光信息处理专业委员会委员
- 张锡鑫　中国管理科学院潜科学研究所副所长
- 祁有龙　中国物理学会普及工作委员会副主任
- 张菊生　中国能源协会常务理事
- 周天泽　《分析实验室》编委 *
- 曹居东　中国化学会理事 *
- 王学琳　北京化学会理事 *
- 刘顺诚　参见本《志》第九编人物 * *
- 张卓勇　中国化学会计算机化学委员会委员 *
- 张国柱　中国生物教学研究会常务理事 *
- 杨　悦　北京植物学会常务理事 *

续表

· 赵微平　中国植物生理学学会理事兼植物生理专业委员会副主任 *
· 郭平仲　中国遗传学会常务理事兼植物遗传专业委员会主任 *
· 张春生　中国动物学会常务理事
· 周孟津　中国沼气学会副理事长 *
· 张金栋　《中国生物学通报》常务编辑
· 高德伟　北京性健康教育研究会会长 *
· 杨秀山　中国沼气学会理事，中国太阳能学会常务理事
· 陈阜东　北京市植物学会常务理事 *
· 毛盛贤　中国遗传学会教育委员会委员 *
· 宋　未　参见本《志》第九编人物 * *
· 何奕昆　中国植物学会常务理事 *
· 晏月明　北京遗传学会理事 *
· 任　东　参见本《志》第九编人物 * *
· 付应春　邢台市太行山玉米研究所所长
· 杨善禄　全国生物教学研究会常务理事
· 邱泽生　中国植物生理学会理事 *
· 白　蓝　全国动物学会理事
· 郝依群　全国人体组织解剖学会理事
· 范　黎　中国菌物学会理事
· 高　武　中国动物学会理事
· 陈　卫　中国动物学会理事
· 杜桂森　中国植物学会苔藓植物委员会委员
· 印莉萍　中国植物学会细胞生物学专业委员会委员
· 霍亚贞　北京市土壤学会理事 *
· 褚亚平　中国教育学会地理教育研究会理事长 *
· 华　珞　参见本《志》第九编人物 * *
· 奚为民　中国植物学青年协会理事、全国高师植物地理学会理事
· 杨作民　北京市地理学会副理事长
· 毕维铭　北京市地理学会副理事长
· 况鸿章　全国经济地理教学与研究会常务理事兼副秘书长 *
· 吴兆钧　北京市地理教学研究会理事长
· 马星垣　北京市天文学会副理事长 *
· 刘桂莲　全国高师地理系（旅游专业）系主任联席会常务理事
· 林培英　中国地理学会理事，中国教育学会地理教学研究会副理事长
· 于　洸　中国地质学会副秘书长 *
· 宫辉力　中国地理学会副理事长 *
· 陈树杰　中国青少年科技辅导员协会常务理事
· 田致美　全国地理学和行政区划研究会理事
· 刘丽丽　全国高师人文地理研究会理事、全国高师世界地理研究会理事
· 张文生　中国测绘学会科普委员会委员

第二节　国际学术交流活动

一、校际交流合作

我校已与64所外国和港澳台地区的大学建立了校级交流合作关系，并派出了数百人次出国进修、讲学和参加国际学术会议（参见本《志》第七编第四章外事管理）。

二、在外国及港澳台学术组织中任职或获取荣誉称号

表 3.4.2.1　　首都师范大学在外国及香港学术组织中任职人员名录

- 孟庆夔　中国—欧盟协会理事
- 刘利民　国际信息化科学院（俄罗斯）院士，世界俄语学会秘书长
- 周建设　国际中国语言学会会员
- 郝德元　美国传记所研究评议委员会终身评议和会员
- 王长纯　世界比较教育学会专项委员会委员，《国际游戏杂志》（英）编委
- 邢克超　法国比较教育学会学术委员
- 姚思源　国际音乐教育协会（ISME）会员
- 郑　莉　匈牙利布达佩斯国际柯达依学会会员
- 刘福芳　国际美术家联合会名誉副主席
- 李福顺　联合国教科文组织国际岩画委员会委员、比利时国立根特大学海外博士论文评委、印度甘地国家艺术中心特聘专家
- 赵大陆　意大利罗马国际艺术团结学院院士
- 董福章　香港东方艺术基金会艺术顾问
- 孙剑辉　国际排球联合会裁判委员会委员
- 殷慰萍　MSRI的正式成员（Membership），国际理论物理中心的“Associate Member”（设在意大利），美国数学会会员，巴基斯坦PUNJAB数学会终身会员，英国剑桥国际传记中心荣誉研究员
- 卢才辉　德国《数学文摘》特约评论员
- 费少明　美国数学会《数学评论》评论员
- 李杰权　美国数学会《数学评论》评论员
- 李申生　国际太阳能学会会员，世界能源和环促会议的9人圆桌会议成员
- 许祥源　国际共振电离谱学顾问、国际电子原子碰撞物理委员会会委员
- 方　炎　第十七届国际激光拉曼光谱学会议学术委员
- 赵微平　纽约科学院国际会员，美国科学促进协会国际会员
- 宋　未　国际植物微生物相互作用分子学会会员
- 郭平仲　国际生物科学联合会中国委员会委员
- 邱泽生　英国植物生物学家学会成员
- 陈阜东　国际苔藓植物学家学会（IAB）会员
- 杜桂森　国际苔藓植物学家学会（IAB）会员
- 李学东　国际苔藓植物学家学会（IAB）会员
- 任　东　国际古昆虫学会理事
- 杨秀山　世界水质学会会员

续表

·马星垣　国际天文学会教育委员会永久会员

·于　洸　国际地质科学史委员会通讯委员

·宫辉力　国际水资源协会特邀会员，国际水质协会特邀会员

表 3.4.2.2　　获取外国或港澳台授予的荣誉称号、学位、学衔

·陈家鼐、卢才辉、梅向明、石生明、王尚志、杨守廉、殷慰萍、郑崇友、张饴慈（依姓氏汉语拼音字头排列）被收入国际数学家联盟公布的《世界数学家名录》（1993）

·申先甲　被收入英国剑桥国际传记研究中心的《国际知识界名人录》和《国际传记辞典》，并被该中心授予“1993 年度国际名人”称号

·张建业　被收入英国剑桥国际名人传记中心《国际名人录》第 12 版

·张燕瑾　被收入英国剑桥国际名人传记中心《国际名人录》（1996）

·李燕杰　被收入英国剑桥国际名人传记中心《国际名人录》

·郭平仲　被收入英国剑桥国际名人传记中心《国际名人录》（1995）

·周起骥　1983 年被美国纽约州立大学布法罗分校授予名誉教授学衔

·杨传纬　1987 年被美国纽约州立大学授予荣誉文学博士学位

·赵微平　1996 年被收入美国《名人录》（Who's Who）第 14 版被收入英国剑桥国际名人传记中心《国际名人录》（1996）

·郝德元　被英国剑桥国际名人传记中心授予“杰出教育业绩奖”，载入《国际业绩领袖》（1996）

·周　廉　被收入英国敛桥国际名人传记中心《国际名人录》

·毛盛贤　被美国科学名人传记学会评为“世界科学名人”（1997）

·邱远献　被收入美国《世界名人录》

三、邀请外国及港澳台人员来校进行学术交流合作

（一）接待来访

我校已接待来校讲学、访问和合作研究的外宾数千人次（参见本《志》第七编第四章外事管理）。

（二）主办、联办或承办国际性学术研讨会

表 3.4.2.3　　首都师大主办、联办、承办国际（附两岸三地）学术会议一览表

·国际敦煌吐鲁番学术研讨会（1986）

·中日美术教育研讨会（1992）

·汉字文化与书法国际学术研讨会（1995）

·’96 北京国际群论研讨会（1996）

·中国当代文学中日学者对话会（1997）

·“复齐性域上的分析与几何及相关课题”国际研讨会及讲习班（1997）

·中美少年文学研讨会（1998）

·’98 一般拓扑国际学术交流会（1998）

·’98 北京面向 21 世纪学校美术教育国际研讨会（1998）

·中日青少年性健康教育学术会议（1999）

·辅导心理学国际研讨会（1999）

·纪念敦煌藏经洞发现 100 周年国际学术研讨会（2000）

续表

- 超薄膜材料及相关系统国际会议（2000）
- 面向 21 世纪的教师教育（2000）
- 亚洲第一届性教育学术研讨会（2001）
- 中国诗歌理论国际研讨会（2001）
- 中法教师教育国际研讨会（2001）
- 外国语言学及应用语言学国际学术研讨会（2002）
- 超薄膜及相关体系光谱学国际会议（2002）
- 中日文化关系研讨会（2002）
- “2002”——北京教育技术国际论坛（2002）
- 第三届东亚符号学国际研讨会（2002）
- 国际音乐教育周（2003）
- 反贫困与社会公共政策国际研讨会（2003）
- 中西文化与人的精神发展国际学术论坛（2003）
- 2003 年北京中外语言文化对比研究中日国际研讨会（2003）
- 两岸三地“校本课程开发与校本化课程实施”学术研讨会（2003）
- 中西文化与人的精神发展国际研讨会（2003）

第四编 教职工

第一章 教职工概况

第一节 教职工队伍沿革

一、队伍构成

90年代以前，我校通常把教职工队伍分为教师（含教辅人员）、干部、工人三部分。90年代则将教职工划为五个部分，即教学科研人员，党政管理人员，教学科研辅助人员，校办产业人员，后勤工务人员。校办产业人员占用学校人员编制，但按照企业制度进行管理；2000年年底，后勤部门已从学校行政管理系统中分离出去，而原有人员的干部或工人身份仍保留。

二、队伍数量

1954年开办北京师院专修班时，除将北京教师进修学院大部分人员划转过来以外，又从市教育局等部门抽调一些干部，从中学抽调一批骨干教师，从北京师大等校分配来若干应届毕业生，共同组成最早的教职工队伍。

随着办学规模的扩大，教职工数量不断增加，增加渠道主要有三：一是从本校毕业生中择优留用。如50年代中后期至60年代前期连续几年录用一大批毕业生。70年代中后期也有一批学生毕业后充实到干部、教师队伍中。80年代前期又从恢复高考后的毕业生中留用一批。此后，由于研究生陆续毕业，留校人员中硕士、博士所占比例渐次提高。90年代强调大力引进人才，从全国各地各部门聘用吸纳了一批高学历、高职称、高水平的教学科研人员。二是由于并校，教职工队伍扩大。60年代初期，北京工农师院、北京体育师院整建制并入，华北人大3个系、北京艺术学院和北京师专部分系科教师并入。1972年中国人民大学从外地返京，部分系科一度并入（1978年绝大部分人员又复归人大）。1992年至1993年北京师院、北京师院分院、北京联合大学外语师院三校整合。1999年原北京第三师范学校、北京通州师范学校并入。三是基于落实政策的需要，接受了一些人员。如“文革”结束后，安排部分职工子女就业，组织他们搞起了服务性店铺。另外原师院及分院因征用农业土地进行基建，将失去土地的农民纳为学校工人。

计划经济时期，在工作人员作为“单位人”的条件下，教职工队伍长期以来相对稳定。在调出人员中，五六十年代多数属于由党政组织安排到其他单位就职或“下放”。改革开放后人员流动渐增，自动请调或出国未归者居多，也有一些属于“拒聘”、“未聘”人员。至于离岗者数量最大的是离休和退休人员，新中国建立前参加工作或新中国建立后至“文革”前的大学毕业生，90年代陆续从第一线退了下来。此外，在职或退休人员中，因老、病，去世者累计数量日增。

教职工类别及人数统计表见表4.1.1.1。

表 4.1.1.1　　首都师范大学教职工类别及人数统计表

年份	教师	教辅	行政	工勤	其他	合计
1954	81	20	66	43		216
1955	135					313
1956	248	26	167	156	0	597
1957	254	30	139	155	0	578
1958	248	34	154	137	55	628
1959	321	50	244	178	87	880
1960	398	55	206	192	0	851
1961	508	50	296	248	9	1 111
1962	665	61	414	314	25	1 479
1963	647	100	377	296	50	1 470
1964	704	117	378	243	53	1 495
1965	702	117	376	243	51	1 489
1977	956	99	529	387	275	2 246
1978	894	102	513	400	210	2 119
1979	801	188	488	521		1 998
1980	816	196	358	328	289	1 987
1981	821	188	349	372	301	2 031
1982	923	216	343	377	313	2 172
1983	931	246	352	397	311	2 237
1984	905	307	403	374	334	2 323
1985	977	299	409	301	469	2 455
1986	1 122	237	286	351	465	2 461
1987	1 053	301	363	312	429	2 458
1988	990	321	408	250	454	2 423
1989	982	259	366	259	545	2 411
1990	848	254	467	518	218	2 305
1991	832	252	385	499	258	2 226
1992	761	246	388	485	225	2 105
1993	1 090＋131	280＋35	355＋92	374＋63	382＋12	2 814
1994	1 085	301	538	590	284	2 798
1995	1 040	254	535	582	271	2 682

续表

年份	教师	教辅	行政	工勤	其他	合计
1996	1 005	269	479	569	247	2 569
1997	968	275	484	548	250	2 525
1998	1 009	288	458	545	225	2 525
1999	972	271	441	530	206	2 420
2000	1 092	287	473	542	203	2 597
2001	1 104	285	472	535	206	2 602
2002	1 116	262	395	510	209	2 492
2003	1 104	299	395	489	210	2 497

三、队伍质量

首都师范大学教职工队伍在数量增长的同时，质量得到明显提高。“九五”期间，各支队伍尤其是教师队伍的结构得到优化；学历层次提高，平均年龄下降，职称结构渐趋合理，学缘结构有所改善；涌现出一批优秀教师和优秀教育工作者，一批教职工获得各项奖励，一批教职工在政党、政府、人大、政协或学术性等群众团体中兼职。但教授和学科带头人年龄老化，知名度较高的中青年学术带头人以及中青年管理骨干不足，教师学历层次总体仍然偏低。经过几年的努力，“十五”之初，队伍整体状况有进一步改善，一支高水平的师资队伍正在形成。

全校师生比见表 4.1.1.2。教职工中各系列专业技术人员分布情况（1993 年与 1999 年比较和 2003 年专业技术人员分类情况），见表 4.1.1.3 和表 4.1.1.4。教职工专业技术队伍职务、学历、年龄变化情况（1990 年 1999 年比较），见表 4.1.1.5。

表 4.1.1.2　　首都师范大学师生比

年度	1993	1995	1996	1997	2003
师生比	1∶7	1∶8.9	1∶9.2	1∶10.7	1∶14

表 4.1.1.3　　首都师大各系列专业技术人员分布情况（1993 年与 1999 年比较）

系列名称	职称级别													
	小计		高级				中级		初级				未评聘	
			正高级		副高级				助理级		员级			
	1993	1999	1993	1999	1993	1999	1993	1999	1993	1999	1993	1999	1993	1999
合计	2 377	1 916	94	137	535	594	1 087	802	351	184	29	13	281	186
高校教学	1 222	1 031	85	118	422	422	548	370	167	63				58
教育管理	142	204	4	3	25	30	113	77						94
科学研究	24	46	4	10	7	17	13	14						5

续表

系列名称	职称级别													
	小计		高级				中级		初级				未评聘	
			正高级		副高级				助理级		员级			
中学教学	8	9			2	2	1	1	5	2				4
小学教学	14						8		6					
幼儿教学	14	21					2	8	3	9	9	4		
工程技术	189	117		1	18	16	122	72	48	21	1			7
实验技术	116	144			20	32	90	89	2	19	4			4
图书资料档案	173	137	1	1	18	25	111	90	43	17				4
新闻出版	40	47		4	14	15	20	20	6	5				3
财　会	82	62			2	2	26	19	42	31	12	7		3
经　济	7	4					3	3	4					1
统　计	4	2					2	1	1		1	1		
卫　生	61	51			7	9	28	27	24	14	2			1
翻　译		4						3						1
艺　术		1				1								
专　利		1						1						
政　工		35				23		7		3		1		

注：1993 年各系列未评聘数分类不详。

表 4.1.1.4　　首都师大专业技术人员分类统计表（2003 年 8 月）

序号	职称系列	合计	其中女	正高级职称	副高级职称	中级职称	助理级职称	员级职称	未定职称
1	高校教师	1 054	578	151	426	365	67	0	45
2	科学研究	44	14	16	21	6	0	0	1
3	教育管理	195	107	4	36	70	0	0	85
4	中学教师	5	4	0	1	2	2	0	0
5	小学教师	4	3	0	0	2	2	0	0
6	幼儿教师	14	14	0	0	7	5	2	0
7	中专教师	64	40	0	22	18	19	1	4
8	工程技术	102	27	0	14	63	22	0	3
9	实验技术	147	77	0	31	96	17	1	2
10	出　版	54	25	4	23	21	5	0	1

续表

序号	职称系列	合计	其中女	正高级职称	副高级职称	中级职称	助理级职称	员级职称	未定职称
11	图书资料	138	108	1	22	87	20	1	7
12	财　会	66	52	0	3	17	36	6	4
13	经　济	4	3	0	0	4	0	0	0
14	统　计	1	1	0	0	1	0	0	0
15	卫　生	50	39	0	10	26	13	0	1
16	翻　译	6	2	0	0	5	1	0	0
17	艺　术	2	2	0	1	1	0	0	0
18	专　利	1	0	0	0	1	0	0	0
19	审　计	1	1	0	0	0	1	0	0
20	政　工	36	19	0	22	8	6	0	0
总计	—	1 988	1 116	176	632	800	216	11	153

表 4.1.1.5　首都师大 1990 与 1999 年教职工专业技术队伍职务、学历、年龄的变化情况表

类别 \ 项目 比率 年度		职务										学历												小计	平均年龄	
		正高		副高		中级		初级		未定级		博士		研究生		本科		大专		中专及以下			正高级	副高级
		人数	%	人数	%	人数	%	人数	%	人数	%	人数	%	人数	%	人数	%	人数	%	人数	%			
教师	90	49	3.5	375	27.1	577	41.7	340	24.5	44	3.2	6	0.43	233	16.8	1 028	74.2	109	7.9	9	0.65	1 385	61.5	56.1
	99	124	12.6	409	41.7	329	33.5	45	4.6	64	6.5	115	11.7	339	34.6	448	45.7	75	7.6	4	0.4	981	51.5	45.7
教辅	90			21	5.3	187	48.0	165	42.3	17	4.4			2	0.5	146	37.4	136	34.9	106	27.2	390		54.5
	99	1	0.4	49	17.8	182	66.2	33	12	10	3.6			8	2.9	99	36	119	43.3	49	17.8	275	41	48.1
专技	90			23	8.4	119	43.3	106	38.5	27	9.8			2	0.7	79	28.7	49	17.8	145	52.7	275		54.3
	99	4	1.9	43	20.2	92	43.2	62	29.1	12	5.6	2	0.9	13	6.1	70	32.9	60	28.2	68	31.9	213	52.4	48.8
管理	90			12	3.2	126	33.4	11	2.9	228	60.5			3	0.8	137	36.3	77	20.4	160	42.4	377		54.2
	99	8	1.9	70	17	182	44.2	53	12.9	99	24	3	0.7	27	6.6	218	52.9	90	21.8	74	18	412	52	48
合计	90	49	2	431	17.8	1 009	41.6	622	25.6	316	13.0	6	0.25	240	9.9	1 390	57.3	371	15.3	420	17.3	2 427	61.5	54.8
	99	137	7.3	571	30.4	795	42.3	193	10.3	185	9.8	120	6.4	387	20.6	835	44.4	344	18.3	195	10.4	1 881	51.5	46.4

教职工社会兼职和获得奖励的情况，从一个侧面反映了队伍的素质。有关情况分别在第二编教育教学工作、第三编科学研究、第八编党派及群众团体和本编第三章记述。其中，担任省市级以上中共党委委员、人大代表、政协委员者和在政府机构中兼职者（曾任或现任）的名录见表 4.1.1.6。

表 4.1.1.6　　教职工社会兼职人员名录

·任全国人大代表	第五届	向锦江
·任中共北京市委委员	第一、二届	凌　莎
	第一、二、三届	杨伯箴
	第五届	李燕杰
·任中共北京市委纪委委员	第七届	朱全俊
·任中共北京市顾问委员会委员	第五届	崔耀先
·出席中共北京市党代会的代表	第五次	崔耀先　王德谋
	第六次	张印斗
	第七次	林培黎　那桂珊
	第八次	卢才辉　张　雪
	第九次	许祥源　张　雪
·任北京市人大代表	第一至第五届	孙念台
	第二届	鲍成吉
	第七、八届	向锦江
	第九届	贺慧声
	第十届	林培黎 梅向明（当选市人大常委会副主任）
	第十一届	王学琳　梅向明
	第十二届	许祥源（当选市人大常委）　雷　达
·任全国政协委员	第二届	凌　莎
	第六届	林传鼎　李燕杰
	第七届	林传鼎　李燕杰　梅向明
	第八届	齐世荣　欧阳中石　梅向明（当选常委）
	第九届	欧阳中石　张燕瑾　梅向明（当选常委）
	第十届	张燕瑾　欧阳中石　谢维和　刘新成
·任北京市政协委员	第一届	张寿康
	第四届	田珮之　林传鼎　陈家宁　赵国梦
	第五届	张寿康　李瑞年　徐仲华　林传鼎
	第六届	梅向明　赵微平　李瑞年　张寿康
	第七届	徐仲华　赵微平　张寿康　欧阳中石
	第八届	欧阳中石　贺慧声　白　文
	第九届	冉　红　梅向明（当选副主席）
	第十届	刘新成（当选常委）冉　红　刘金刚

·任国务院学位委员会学科评议组成员　李瑞年（文学学科）（第一届）
齐世荣（历史学科）（第二、三届）
欧阳中石（艺术学科）（第四届）
黄天树（中文学科）（第五届）

·任中央文史研究馆馆员　康　殷　欧阳中石

·任教育部国家督学　郑崇友（第四、五届）

·任教育部等部委下设的专门委员会委员或专家组成员（涉及专业或教学指导、学科评审、项目评审、职称评审、教材评审）

石生明　殷慰萍　王尚志　李申生　李福利　乔际平　曹居东　张卓勇　郭平仲

续表

周孟津　张国柱　任　东　褚亚平　赵敏俐　周建设　王德胜　宁　可　陈曦文
刘新成　林培黎　王树荫　牛继升　谢维和　张燕镜　王长纯　孟繁华　刘光杰
李均洋　刘利民　姚思源　杜晓十　王　熇　李福顺　王皋华　胡　越　沈孝本
李幼兰

·任北京市政府及其局、委所设机构成员（如专家顾问团顾问、特约监察员以及学位、职称评审专家等）或中共北京市委研究室特约研究员

卢才辉　李申生　刘金刚　王学琳　赵微平　周孟津　郭平仲　杨俭华　霍亚贞
许焕林　毕维铭　张寿康　张建业　张燕瑾　周建设　郝春文　王幼樵　邱远猷
郝德元　周鸿志　郭子玉　李孙华　张永泰　刘福芳　沈林南

第二节　专任教师队伍结构

一、职称状况

在“文革”结束之前，专任教师中，具有正副高级职称者，仅占总数的5%以下，中初级人员占总数的90%以上。此后，高级职称人员比例不断提高，90年代末约占总数的55%，教授、副教授、讲师、助教之比为1.4∶4.1∶3.6∶0.9。2003年高级职称人员仍占总人数的55%左右。

专任教师职称结构统计表见表4.1.2.1和4.1.2.2。

表4.1.2.1　　专任教师职称结构统计（1954～1999）

年份	总计	教授	副教授	讲师	教员	助教	备注
1954	87	0	8	43	6	30	
1956	247	6	14	83	5	139	
1960	998	6	16	63	17	296	
1962	649	6	22	106	125	390	
1964	699	6	22	125	127	416	
1970	640	9	22	112	125	372	
1977	831	19	73	552	40	147	
1980	816	10	53	537		216	
1984	905	17	120	481	48	239	
1988	990	50	317	375	6	242	
1990	929	41	286	370	3	229	
1993	1 221	84	422	548		167	
1996	1 005	112	409	362		110	其他12
1999	972	123	405	341		86	其他17

表 4.1.2.2　　专任教师职称结构统计（2000～2003）

学年度	总人数	教授＋研究员			副教授＋副研究员			讲师＋助研		助教	
		平均年龄	人数	%	平均年龄	人数	%	人数	%	人数	%
2000～2001	1 133	50.1	137＋13	13.2	44.9	459＋21	42.4	391＋7	35.1	98	8.6
2001～2002	1 138	49.3	149＋16	14.5	45.0	464＋20	42.5	386＋4	34.3	86	7.6
2002～2003	1 162	50.2	151＋16	14.4	45.7	448＋21	40.4	383＋6	33.5	87	7.5

二、年龄、学历、学缘状况

以1993年专任教师年龄、学历与1999年情况相比较，教师平均年龄下降，90年代末50岁以下教师已占教师总数的75%以上；学历层次提高，具有硕士以上学历者占教师总数的50%。

另外，学缘结构也趋于多元化。主要原因有二，一是“八五”期间以来从全国各地引进、录用的人才明显增多，二是本校原有教师通过跨学科进修、读研，获得第二学历的人数增多。

专任教师年龄、学历结构统计（1993年、1999年、2000～2003年）见表4.1.2.3、表4.1.2.4、表4.1.2.5、表4.1.2.6，学缘结构统计见表4.1.2.7。

表 4.1.2.3　　专任教师年龄、学历、职称结构统计（1993）

		合计	教授	副教授	讲师	助教
总计		1 071	82	396	457	121
30岁以下		210			88	108
31岁～35岁		151		5	137	9
36岁～40岁		119		32	84	2
41岁～45岁		111		43	66	2
46岁～50岁		115	1	57	55	
51岁～55岁		116	11	93	22	
56岁～60岁		218	42	168	8	
61岁及以上		31	28	2	1	
研究生	计	268	25	69	140	32
	博士	17	6	8	2	1
	硕士	209	1	49	129	28
	未授博士、硕士学位	42	18	11	10	3

续表

		合计	教授	副教授	讲师	助教
本科	计	700	56	182	261	89
	学士	313	2	34	188	78
	研究生肄业					
	未获学士学位	387	54	248	74	11
高等学校专科毕业及本专科肄业二年以上		99	1	43	54	
高等学校本专科肄业、未满二年及以下		4		2	2	

表 4.1.2.4　　专任教师年龄、学历、职称结构统计（1999）

	合计	教授	副教授	讲师	助教	其他
总　计	972	123	405	341	86	17
30岁以下	133	0	1	60	63	9
31岁～35岁	182	3	34	124	16	5
36岁～40岁	169	7	73	84	5	0
41岁～45岁	123	18	71	32	2	0
46岁～50岁	122	25	76	20	0	1
51岁～55岁	136	19	97	19	0	1
56岁～60岁	83	28	53	2	0	0
61岁以上	24	23	0	0	0	1
博士研究生	116	24	56	32	0	4
硕士研究生	338	34	111	144	46	3
本　科	443	54	193	148	39	9
专　科	71	10	45	16	0	0
专科以下	4	1	0	1	1	1

表 4.1.2.5　　专任教师年龄结构（2000～2003）

学年度	总人数	平均年龄	≤35		36～40		41～45		46～50		51～55		56～60		≥61	
			人数	%	人数	%	人数	%	人数	%	人数	%	人数	%	人数	%
2000～2001	1 133	41.0	380	33.5	235	20.7	127	11.2	146	12.9	165	14.6	64	5.6	16	1.4
2001～2002	1 138	41.2	356	31.3	267	23.5	118	10.4	164	14.4	143	12.6	74	6.5	16	1.4
2002～2003	1 162	41.5	362	31.2	274	23.6	106	9.1	172	14.8	132	11.4	98	8.4	18	1.5

表 4.1.2.6　　专任教师学历学位结构（2000～2003）

学年度	总人数	博士学位		硕士学位		研究生学历		本科	
		人数	%	人数	%	人数	%	人数	%
2000～2001	1 133	159	14.0	354	31.2	17	1.5	498	44.0
2001～2002	1 138	189	16.6	372	32.7	17	1.5	461	40.5
2002～2003	1 162	205	17.6	394	33.9	19	1.6	448	38.6

表 4.1.2.7　　专任教师学缘结构统计表（2000～2003）

学年度	总人数	本校毕业		外校毕业	
		人数	%	人数	%
2000～2001	1 133	536	47.3	597	52.7
2001～2002	1 138	512	45.0	626	55.0
2002～2003	1 162	490	42.2	672	57.8

注：以上统计包括在教师岗位上的科研系列专业技术职务人员。

“外校毕业生”包括在本校毕业又有在外校学习经历者。

第二章　专业技术职务评聘的实施

第一节　具备高级职务任职资格人员名录

20世纪初期，我国高校仿照西方开始实行学衔制。全国解放后，在沿袭旧制的同时有所变革。1950年教育部颁发的《高等学校暂行规程》规定："大学及专门学院教师，分为教授、副教授、讲师、助教4级。"直到1999年施行的《中华人民共和国高等教育法》仍将高校教师职务设定为4级。对于教师任职资格的审定称为"职称评定"，通常具备一定职称者，才被聘为相应的职务，不过近年来职称的作用有所淡化，聘任时更强调能力和实绩，开始打破职称的界限。从60年代起，我校按有关规定实施了对教师职务的评定工作。80年代中后期，国家教委下达了《高等学校教师职务试行条例》、《关于教育系统职称改革工作的部署和要求》、《关于高等学校深化职称改革工作，完善教师职务聘任制的意见》、《关于国家教委所属高校教师以外专业技术职务聘任制工作的几点意见（试行）》等文件，我校开始了一年一度的专业技术职务（资格）的评定工作（其中教师是人数最多的一个系列），累计评定各类专业技术人员数千人次，总体上调动了教职工的积极性，保障了学校改革发展和教学科研质量的提高。2003年教师队伍获高级职称者达54%，职称结构由过去初、中、高级下广上尖的金字塔形已转变为橄榄形（但上宽下窄）。（职务评聘工作参见本《志》第七编第二章人事管理）我校专任教师职务任职资格评审统计见表4.2.1.1，具备高级职务任职资格人员的名录见表4.2.4.1。

表4.2.1.1　　专任教师任职资格评审统计（部分年份）一览表

职称 / 年份	职称				备注
	教授	副教授	讲师	助教	
1956			19		包括确认及晋升
1960		8	37	6	包括确认及晋升
1979	7	5	432		包括确认及晋升
1986	17	153			
1987	8	45	191	146	
1988	24	225	332	64	
1990	7	41	99	25	
1993	23	83	82	57	
1994	25	73	76	46	
1996	19	72	51	45	

续表

年份 \ 职称	职称				备注
	教授	副教授	讲师	助教	
1999	21	36	71	27	
2002	17	41	51	21	
2003	(19)	(49)	34	30	因发生“非典”疫情，评审工作后延，新获批的正副教授任职资格从2004年1月起算，姑附记于此年。

表 4.2.1.2　　首都师范大学具备高级职务任职资格（职称）人员名录

说明：

1. 本名录分两部分，第一部分为具备正高级职务任职资格人员名录，第二部分为具备副高级职务任职资格人员名录。

2. 本名录主体为具备高等学校高级职务任职资格的人员姓名，也兼收具备非高校系列高级职务任职资格的人员姓名。

3. 高级职务指正、副教授和与之相应级别的其他高等学校正、副高级专业技术职务，以及中等学校的高级职务（相当于副教授）。本名录在排列时，先列正、副教授，以下列其他正、副高级专业技术人员。

4. 本名录所录人员按其取得任职资格的年份依次排列。此任职资格乃该专业技术人员在我校供职期间所具备者，该员离职他就后若取得新的任职资格，本名录不予反映。

5. 本名录所录人员如先后获取副、正高级职务任职资格，则只在正高职人员名录中列名。所录人员如变更专业职务系列，但前后职级相同，则不重复列名。

一、正高职专业技术人员名录

1949～1977 年

田珮之　林传鼎　齐植棻　蒋程九　傅　鲁　马奉琛　宁御澄　孙经灏　李瑞年
周贻贞　沈思岩　孙一青　何　洛　时万成　李　洲　陈昭矩

1979 年

廖仲安　刘世儒　齐世荣　戚国淦　田　农　张立忠

1981 年

郝德元　傅任敢　刘愈之　杨永灿　梅向明　成庆华　宁　可　邹宪法　秦祝洵

1983 年

李申生　褚亚平　徐仲华　齐治平　刘光杰　刘国盈　张寿康

1985 年

王安国

1986 年

霍亚贞　张炼强　王景山　赵微平　郭平仲　戴　林　杨绍虞　沈林南　韩辉翼
陈金昌　孙念台　傅国华　孙长江　王瑞荪　林有浩　杨守廉　谢承仁　王锐生

1987 年

洪成玉　黄鹏飞　申先甲　向锦江　佟盛勋　施新民　王景鹤　戚　单
吕俊华　尚　扬　石生明　殷慰萍　李　滋　张　岱　段启明

1988 年

鲁允中　苏国衡　曹贞敏　吴育群　姚思源　刘福芳　栾德怀　孟德政
田培栋　杨生民　郑崇友　李尚谦　郭保章　周鸿志　刘增贤　胡慧玲
张燕瑾　艾碧珈　张锡鑫　张国柱　王文明　高　林　李燕杰　孙家新
鲁德昌　郑光仪　陶凤娟　康　殷　邱远猷

1989 年

刘建兴　况鸿璋　郭奇格　徐振新　黄淑清　顾之雨　陈阜东　赵树棠　李福利

1990 年

周　谦　王幼樵　钱方平　陈家鼐　吴思敬　刘雪成　欧阳中石　陈曦文

1991 年

于善瑞　卢才辉　张建业　翁俊雄　闻立树　王殿卿　李　丹　刘桂莲　周孟津
董福章　赵大清　陈　韶　林健柏　王鹏飞　刘曼野　胡绍琼　苏崇德　张燕镜
陈子卿　叶国栋　李景波　杨　悦　张立峰　张春生　赵丕杰　曹居东　孟庆夔
舒春光　刘钧杰　陈　彤　高　原　于　洸　周天泽　傅家模　杨治安

1992 年

饶杰腾　李　华　郗　璐　蒋福亚　刘振岚　阎立钦　冯卓然　陈世英　卢恒显
杨传纬　田孝贵　王尚志　吴　可　耿天明　邱泽生　宋　未　高德伟　王长纯
冉　红　刁永祚　郭双库　李孙华　林培黎　马星垣　刘顺诚

1993 年

于友西　张斐慕　王汝楫　张光勇　施汝谷　籍秀琴　王凯符
漆绪邦　王光明　王金波　郭寿玉　王朝文　张君达　张卫族
韩世滋　毕维铭　华　珞　戴克鉴　张永泰　郑惠卿　杨松荫
秦英君　邓球柏　王学琳　刘守安　朱全俊　张泽膏　林书煌
周发增

1994 年

吴继路　李景华　黄今声　王德谋　孟庆珍　李廷芳　李克非
王　才　毛盛贤　温绍堃　唐重庆　黄珊莹　曹利华　郝春文
李福顺　贺龙光　乔际平　房　宁　李玉民　赵敏俐　阎守诚
杨学礼　李　瑰　母庚才　吴宗蕙　刘彦成

1995 年

许自强　易新鼎　牛鸿恩　陶东风　王世征　李淑兰　王佩琏
徐　蓝　刘新成　陈新夏　许北海　张耀源　李松林　何向明
李毓佩　范秋君　张饴慈　魏凤文　丁辰元　刘国湘　虞慰曾
杨秀山　王景林　曹　理　杨国栋　马　礼　董启明　邹　华
邓小军　刘利民　胡　杞　孙移山

1996 年

樊祥熹　李璞珉　杜希贤　张增喜　谢国强　王致钦　邱少华
邹兆辰　周　钢　刘　城　常锐伦　李爱国　周春荔　隋淑芬
尚凤祥　毛志成　牛继升　郭德俊　孟繁华　李新旺　尹铁良
王万森　李红琴　周建设　杨俭华　宁　虹　黄敬之　马啸风

1997 年

贺湘善　贾克德　董政武　杨　庚　林培英　郭春彦　许福谦
宋　杰　孙志钧　杜桂森　童　武　李中凯　黄苏华　王万良
任　东　吴铁英　安云凤　叶险明　冯　燕　鲁洪生　黄天树
王　志　张国栋

1998 年

冯怀荣　李建才　刘庆俄　谷学新　鲁晓明　张卓勇　程禹文
王乃耀　迟云飞　叶小兵　晏月明　吴雅萍　柴天枢　邢克超
郑　鹉　韩曼琳　林　立　蓝　维　聂月岩　李　泱　郭海燕
白　奚　刘金刚　何奕昆　方　炎　李幼兰　杨学军

1999 年

孔繁荣　张景斌　尹少淳　刘孔喜　杨善禄　杜少飞　刘旭敏
邢红军　王皋华　李均洋　王士平　张存林　杨　青　杜晓十
杨　阳　范燕宁　王树荫　杨生平　杨乃乔　王晓琴　王德胜
夏继果　宋焕起　沈孝本　彭正顺　胡　越

2000 年

赵会民　左东岭　吴相洲　王新霞　魏光奇　梁景和　张同印

张大龙　安士桐　刘亚平　王秋海　李庆忠　王志玺　赵学志
焦宝聪　祁有龙　续佩君　艾　伦　杨景芝　陈　颖　邵会波
方　平　郭　友　印莉萍　宫辉力　陈树杰　王　陆　赵军华
刘兆理　潘　亮　董凤举

2001 年

邱运华　宋金兰　夏利民　王淑芹　刘晓天　封一函　罗振东
张永华　邢永富　王建平　张飞雄　费少明　谢　元　仓理新

2002 年

王永平　李雅儒　郑贤君　雷　雳　徐玉珍　王智秋　周世斌
黄晞耘　陈兰平　苏加宝　李冰梅　沈京玲　周云松　邹　洪
蔺桂瑞　傅　桦　桂　勤　王福合　李杰权　张　朋　黄建平

2003 年

（因发生“非典”疫情，职称评审工作后延，本年内未批准新的正高职人选）

二、副高职专业技术人员名录

1949～1977 年

修古藩　沈启无　滕净东　孙梅生　莫文泉　徐培志　王云亭
周瀚青　陈兆年　王光兆　侯恩钜　张万里　薄一彬　郑宗鋆
赵德光　赵　澧　汪金丁　胡显东　刘俊峰

1978 年

宋玉珂　刘景春　吴静波　刘亚兰　戢镇南　俞斯晟　沈祖培
公有才　常　英　马春景　伍棠棣

1979 年

张作宾　韩志先　刘　钧　刘鹰年　刘含莉

1980 年

陆　耀　黄一欧　邵鼎勋　许　蛟　许俊基　谷宗瀛　杨良保
程仁智　高　滨　沈国梁　李秉忠　张金榜　李荫桥　吴光辉
张丽峰　赵文彬　罗斗明

1981 年

吴　澈　王书颖

1983 年

岑　冰	白汝琏	徐钟秀	雷大授	傅自成	徐　斐	武联珠
吴兆颐	李淑言	董斯美	李继祥	董振敏	王　忠	程荣辂
姚子范	刘美芙	刘捷平	杨作民	林向岩	米道生	吴让宾
俞翔辉	吴　英	林同驹	李西静	刘治汉	宣清汉	吴之荣
李连庆	南正云	苏　锦				

1986 年

陈燕芳	何惠贤	蒋锡九	朱耀斌	乔世德	陆仲文	张金栋
王　焴	章文澄	丁慈康	刘宇澄	边炳麟	陈家宁	曾繁本
张　瑾	叶宗敭	邓美雯	陆维藩	邵儒珍	苏克芳	李树德
吴炜彤	张冰清	朱立人	周　鼎	苏　玲	陈楚惠	韩　锋
王贵荣	毛培琦	徐友擎	顾玉琇	田子麟	高　军	郭兰清
陈其明	史振东	殷　彬	袁远林	吴树立	玉质冰	俞致赞
苏克尘	章道尊	魏秋荣	秦宗惠	丰子玲	薛淑琴	沈星槎
李瑞英	芮泽民	沈泽琪	刘吉江	仇淑芬	都长清	常　利
张崇起	惠士俊	孙爱玲	田文渊	罗仁富	于永澄	许焕林
张仲德	洪淑惠	袁淑兰	吴兆钧	杜兰玉	张世臣	徐乃勤
宁　泽	雷文娴	屈惠英	李思永	周续赓	曹淑芬	郭　谦
鲍　霁	宋家瑾	刘　淮	张桂珍	凌　冰	刘峻鼎	潘燕琴
郭录容	冯　智	苏俊良	任广宣	姜书元	张大卫	阮亦男
李梅甫	陈云鸾	刘在海	许慧卿			

1987 年

姜渭良	薛吉涛	高纪辉	杨俊民	王　行	吴崇义	于光仪
杨文智	周祖逵	孙宝琴	王履庆	韩志泉	刘万福	刘雪慧
宋浩庆	侯　健	杨　檀	丁朝弼	齐隆杰	彭云鹤	甄长荫
秦大成	赵淑文	李润清	刘逢祺	严　平	俞鲁思	麻易秋
杨锡文	郭瑞珍	马香仁	颜婉如	王绮霞	陆　敬	王容芳
李友芝	寇金和	冯东升	彭玉禄	贺聿江	朱文彬	王明宏
李希宽	周以鸣	李　忠	毛秀月	郭家坚	苏培成	于德泉
周振杰	张铁铮	李洪哲	张炳义	高　爽	肖士砺	王世贤
萧福霈	高诗敏	方学昌	邓林瑜	叶明儿	孙鸿霓	崔宏刚
陈伯雄	南正云	郭子玉	唐绍桢	薛映春	平士方	王进明
莫家瑁	于金海	潘邦桢	张　瑜	朱炳昌	程铁山	葛世彬
张瑞玲	张亚威	乔观渌	付国华			

1988 年

朵天俊	滕文藻	赵俊玲	徐祥民	章亚杰	庄良源	沈一中

许振声	吴汉樱	蓝　伟	冯　敬	汪昌仁	顾夫林	胡　瑛
王淑月	郁玉岱	邵昌弟	踪念富	王书芸	李若柔	沈锡文
刘义海	赵　平	王汇淳	陈天然	张中路	陈克明	窦学勤
董志达	孙玉莲	张继祖	葛杏春	刘鹤龄	孙长毅	魏树仁
李银珠	姚国旺	马国荣	徐子余	阎青山	周锦文	陈永禄
刘振中	周俊文	吴其馥	聂宜如	高居礼	黄育春	彭淑庚
傅应春	余蓓珍	楸云轩	李庭芳	谭家骅	张文生	李茂芸
王玉成	夏庆麟	麦学贤	周章宣	张惠瑛	陈少萍	王秀英
谢　云	王　珊	白令言	邓兰茹	吴山梅	王润琴	姜长贵
刘文中	董明爽	门振甫	邓英秀	李兰岫	叶　华	王其昌
褚一心	宋丽达	邱学琴	李　展	马　毅	孙淑萍	李宇寰
欧阳功博	付　珉	左　平	刘玉森	华德康	张惜光	周兴疆
李长芮	张育泉	王希晶	刘瑞玲	左庆寿	殷宗恕	丁静华
丁以珊	李天锡	高　武	唐翠珍	郝依群	邓厚培	李肃严
葛鼎新	刘燕林	谢惠灵	钱肃文	王振堂	张泽普	谭焕章
吴伟东	宁北河	马英华	叶淑宸	祁润朝	柳占东	杨慧娴
林玉芝	冯克难	武连江	常致华	尹世昌	王翠珍	侯幼珍
黄　瑞	谢家模	陈翼浦	吕琨荧	沈大来	张宁生	齐淑静
乔新芝	李仲钦	李洪绪	崔锡臣	毛介瑞	茅于兰	竺亚青
赵培庠	俞士洪	高和玉	周宝珍	丁　芬	李世新	卢以身
夏同普	刘清化	赵曙东	臧博平	张锦霞	沈逸仙	刘树本
解庭晨	吴泳琴	张友三	朱　桦	齐士昌	成宝田	严克勤
杨炳除	田增科	张耕夫	张　凡	邹集合	李祥仲	阎贵森
杜仲声	翟宝福	饶学良	陈明仁	周秉仁	赵秉贞	赵葆寓
于云鹏	吕贵申	王问渔	李守清	陈金明	胡乃羽	王超英
徐育民	季馥兰	叶洁泉	李一娟	裴兆仁	樊　进	刘国琴
叶树仁	赵振孚	侯英贤	刘家荣	张雅萍	娄连恂	董志齐
杨有璋	曾梦阳	王中平	沈　青	郑以岚	郭金玉	阎永文
史林淑	李光文	孙爱伦	饶亢宗	徐　彬	苏　镇	郑荫高
梁晓春	丁丕光	张菊生	徐志强	黄有富	陈世钧	曹在文
胡世雨	程凤歧	马崇兰	陈　平	孙茂权	任永禄	何　琳
田萱馨	孟昭仿	刘殿斋	侯培庄	张　琦	万杰雄	潘文秀
唐晋源	郭　力	高星珠	孟宗五	张秀艳	丁慎莹	徐明如
金绍绸	徐凤梧	李诠敏	廖翠媚	周光兴	郑品安	张良通
任允珊	邹蓉芝	张德训	秦枕戈	雷爱英	林敬映	李兴汉
刘树信	付志良	唐逸青	王法政	陆寿祺	王占春	胡祖清
马文君	崔秀梅	李淑华	王　静	赵瑞兰	王恩厚	高方同
李殿甫	林荣悌	许荣宝	焦光耀			

1989 年

魏端明	王淑萍	吕海芸	禹　鹏	张　昭	谭　钧	刘赛玲
郑桂云	解长利	董楚翘	安惠康	王金铮	普颖华	韩笃昌
李济民	杨庆生	刘佛岸	吴秉忠	尹　光	宗　健	汪国懿
齐景溪	刘泽英	陈乃密	赵淑芳	那增育	黄承芬	杨昭毅

1990 年

王永强	梅爱棣	许存良	吕玉明	王　伟	屈尔宁	戴志勤
王蕴华	崔一敏	陈文淑	郭敏华	李显堂	赵银淑	孙剑辉
刘北利	陈月琴	张大昌	陈士章	于天合	钱德慧	冯颖铎
吴　楷	胡玺荣	刘慧娟	海治川	孙嘉陵	班武奇	吴敏荣
杨谨孚	刘克智	解鸿玲	康克强	安树元	陈仪贤	杨治梅
迟佩芝	向福先	李春年	赵毓棠	玉质瑛	王志勋	赵永林
谌长兰	张志广	常德森	李　静	王春华	许顺庆	刘凤云
程介生	尉炳奇					

1991 年

刘庆泰	高景芝	杨　铸	王健康	詹万生	陈　洪	李陆平
王蕴彦	田凤彩	万　恪	陆福通	张立德	朱祖钰	蒋　雯
徐秀芬	张兴修	廉月琴	何敏中	刘　芸	刘胜利	吕振波
谢昌咏	乔承凤	江介民	殷常符	钱家达	张文欣	张自福
陈以禄	杨一明	王心昌	史儒林	李增彬	吕秀芬	曹绛雯
白　蓝	黄　铎	杜谦远	叶　澎	吴承浏	曹治国	刘　星
陈南文	王静芳	段绍福	吴天庆	李晓林	昝雪利	李汝海
宋庆林	程玉辉	蔚秉奇	陈大深	葛嘉训	刘世忠	李文松
路和禧	熊家华	李小梦	高志忠	董培华	赵秀华	王振民
赵国梦	陈劲春	刘惠宜	周金榜	封亚林	马逢苹	刘永魁
那丽芸	王宝存	李庆隆	张欣襄	张文霞	廖艾梅	郑赛芳
王宗俊	徐汉文	石生瑶	陆耀珍	王翰瑾	周咏辉	娄湘生
王　平	李振鸿	洪瑞珍	李桂萱	张广文	魏　曦	王跃明
恽振营						

1992 年

孙文泱	李全瑞	吴建平	张钟宪	孙明珠	高骏奎	高作民
金运昌	周琦琦	罗力群	何永超	张连仲	孙小芬	王凤英
李光荣	龚　群	田书义	顾志明	宋连生	刘维山	杨　静
李春玲	阎殿和	高文生	冯淑英	李建新	啜大鹏	白光洁
周兴旺	金玉明	刘少华	徐玉兰	付怀平	蔡民华	王一峋
韩景辉	赵大陆	董重恂	梁志斌	续培文	于秉正	苏德利

刘曼兰　杨凤兰　王希汉　谢绥东　汪毓海　金增媛　刘瑜
那桂珊　田宝华　周义琴　常悦　王木印　伍勇　刘战存
冯国友　苏德利　周义琴　门秀珍　田宝华　安世顺　姜德辉
果永刚　石湘九　张春雷　于濯清　房振勤　屈小霞　吴海
赵永明　阎宝珠　彭俊婷　王兴堂　高惠敏　吴芝祥　侯墨桥
杨崇华　李春忠　耿万安　吴小平　胡春生　王美仪　张昆岭
杨圣佐　严自修　郜舒竹　刘效丽　汪又红　王熙祥　张湘成
李宝亭　齐植芯　张永耀

1993 年

王培根　张洪达　王兆腾　王少亭　陈康叔　赵克平　易晓明
田玉梅　唐润　矫佩民　董正平　石彦伦　贺玉山　穆林华
刘宝芬　郝澎　葛秀莲　王新国　奚为民　何惠生　吴京汨
王竹贤　翟永存　陶文牛　韩莉　李永刚　黄博文　温凤祥
吴群英　胡东　孙秉伟　葛聪敏　邢化祥　李勤印　王军
孟留喜　赵连元　缪小放　周绍威　刘安荔　宋庆林　孙炤
李丹明　彭士媛　于健　孟墨勤　刘华　房慧闽　李洪琪
王玉华　刘瑞华　任三庭　刘洪海　张明进　周立明　宋镇年
黎泽渝　白振平　安方明　吴烨昭　马献英　万和英　马金豹
武竹秀　齐艳洁　刘淑云　姚黎暗　盛鑫荣　伊保云　朱慧哲
王彩华　蒋淑华　强妮　李恩慈　崔增亮　范孝丽　尚淑顺
韩增进　张先声　王梅

1994 年

朱宝清　魏润身　张大成　贺诚璋　赵军秀　吴伟　贾彤福
徐改　刘新丛　朱振山　林育　贾升溪　雷达　杨国立
隋然　陈玉兰　谢红　李因　赵三　侯忠义　管冰辛
傅作梅　刘维民　李艳平　王德云　王艾玲　刘祥林　张玫玫
朱榕　樊磊　时红庭　凌晓红　史桂芳　张志明　嵇立群
史锡禄　王希永　王淑琴　刘金华　徐家琳　王燕铭　陈丽明
王小平　韦红燕　郑秀芝　刘耀华　朱立群　陆薇　孙滨华
任真　刘振然　林蓉蓉　张新民　张伯华　史有为　张秀荣
房广玲　白秀芳　彭艳　杨淑芳　贺玉萍　李庚白　魏育遂
王淑英　郭雪清　张承谦　解永勃　李永和　曹明　蒋秀荣
吕福程　丁之瑶　金嘉岭　赵品诗　于祥莲　李克芳　宋大敏
陈卫东　唐其钰　詹新泽　王佩林　罗绮　张庆余　黄永兴
陆秀琪　冯锦云　赵倍田　魏静娴　姚慧英　徐林祥　张印斗
杨明廉　刘家骏　何钊　宋文茂　王淑娟　宁健　孟庆俊
邓崎　李献琦　薛汶　卢梅翰　卜希阳　刘祝城　朱振平

刘　莹　　徐春华　　周俊秋　　李文华　　杜国炜　　陈　薇　　吕丹妮
石维新　　张玉玲　　张　涌

1995 年

吴来苏　　蔡清生　　师海玲　　李玉荣　　刘向阳　　姚洪亮　　陈　虹
王本兴　　邱耀德　　甘　波　　迈恩启　　胡德荣　　周荫庄　　汪大昌
季　烨　　王云峰　　方位津　　郗志群　　赵亚夫　　胡玉顺　　林秀琴
崔宏斌　　李延林　　刘晓玫　　张　正　　赵冬生　　王立雪　　张国英
黄勤妮　　陈　卫　　刘丽丽　　郑　莉　　王吉乐　　姚爱莲　　王素兰
杨芷英　　渠淑坤　　于　敏　　刘恒永　　马凌波　　王　屏　　封玉璞
赵金荣　　梁　音　　王　英　　柏万林　　郑开义　　张汝胜　　佟庆伟
朱德朴　　王征发　　张成水　　杜进富　　伊英媛　　邱春兰　　郑　红
徐继良　　邓玉兰　　周　欣　　李　环　　张汉煌　　张起仁　　胡秋菊
王崇民　　施燕支　　张连永　　栗加顺　　孟昭信　　左智杰　　冯久泉
赵淑敏　　刘西静　　杨书和　　王秀芝　　吴　军　　张安利　　宋　森

1996 年

傅树京　　周玉荣　　侯　雯　　袁　广　　曹文培　　王　华　　吴敏华
陈志良　　杨悠明　　付必谦　　罗玉英　　李学东　　张春冰　　张海山
马祖良　　张淑华　　刘树勇　　章鹤龄　　吴树茂　　宋爱国　　刘蓉慧
孟维平　　付占文　　樊其光　　冯兰芳　　刘　可　　陈亚丽　　王震亚
侯　会　　王　南　　张桂珠　　苏寄宛　　何　怡　　邢　星　　吴毅为
熊　曦　　任文亚　　索　琳　　周惠玲　　史　红　　康丽颖　　崔　萍
黎德化　　杨秀杰　　韩丽娟　　谢福之　　张　丽　　王勤榕　　胡艳华
张　雪　　潘秀英　　段　蕾　　王文山　　史　彬　　史守萍　　于淑兰
邵全勤　　王晓燕　　刘　壮　　赵　琦　　马　洁　　谭　骏　　杨鸿霄
任　元　　李春华　　李　丽　　丁晓山　　丁石因　　杨悌愈　　傅苦力
汪洪杰　　谭进谦　　赵银荣　　徐克耀　　李鲁华　　王丽华　　尚德荣
魏文英　　张淑清　　王佐嗣　　林　玲　　孙际芳　　高宝英　　姬树立
叶宝生　　徐　华　　姚宝梁　　舒　京　　张宗杰

1997 年

谌稳固　　张　敏　　马雪琴　　高静娴　　李红梅　　郭春环　　王　炎
黄东梅　　李东明　　刘玉友　　吴沛京　　潘淑敏　　吴明艳　　张若莹
霍秀全　　宋均芬　　郭彩琴　　张云秋　　李维明　　苏丹兰　　李元华
侯志瑾　　赵秦岭　　饶　勤　　滕　英　　韩振刚　　蓬　勃　　闵子健
钱小陵　　张　晶　　王　薇　　洪剑明　　赵国忠　　赵云云　　齐　童
李晓秀　　马恩林　　王　安　　杨存洁　　黎　剑　　张建东　　于丽萍
齐　齐　　杨开果　　张　蕾　　刘伟玲　　刘俊英　　陈　鹏　　胡凤霞

王荣瑶　张美兰　熊　丽　刘雪明　于秀敏　仲维新　张新位
郑怀文　宋桂清　柴小清　胡荣芬　袁志红　曹　明　安国明
商富荣　王育英　李郁兰　张金英　谢文澜　黄爱华　胡亚非
杨培禾　张　辉　宋天乐　张燕翔　苏凤霞

1998 年

倪斯杰　娄辛悦　刘永顺　田致美　申玉铭　魏明建　宗瑞发
李　夏　汪　媛　李止戈　刘秀江　汪港清　槐鹤玲　刘家熙
高　音　王在洪　方运加　刘　颖　李志伟　汪和平　张春苟
酒全森　徐德举　李子明　孔繁志　何　琳　龚淑英　谢江南
贺淑莉　赵　桐　王卫宁　李锦萍　徐建成　肖枚英　张玉榛
温锐泽　何　薇　孙海晨　夏年喜　田国秀　王家平　黎烈男
赵大明　陈　宁　郑晓舜　王洁生　果　勇　刘　艳　刘淑芳
马　骍　万塔塔　周然毅　刘宗谦　程恭让　李　爽　张恩福
张　帆　袁晓红　孙春红　何　花　乔赤兵　孙继安　张承昕
脱凤琴　宣　密　王贵荣　詹韵琴　李培华　罗秀兰

1999 年

季星星　李树清　邓玉恒　金琼花　朱若华　顾玉良　葛庆平
周淑秋　张　钦　方　敏　刘群伟　范　黎　赵文吉　主玛于江
杨秀萍　关　永　苏加宝　何　涛　郑秋秀　王　成　刘晓红
王　萌　于　萍　丁小平　赵文吉　王福合　马小红　张建新
刘　佳　程广云　朱德龙　林精华　曹　薇　王成发　石长地
伍雅珍　施桂芝　孙素英　洪　波　耿玉珍　朱惠菊　孙　星
李启信　陶毓喜　杨　波　刘　扬　郭焕玲　朱方毕　邓艳红
徐志红　张凤霞　康玉忠

2000 年

烟　青　李　琳　李道新　黄应全　陶礼天　梁占军　江　湄
高　峰　叶培贵　张　菁　丁锦红　丁邦平　蒋国珍　丁小琴
莽　璋　赵永康　张淑荣　吕纪文　韩　梅　宋　洁　朱平平
姚　芳　王永晖　李德明　连四清　朱文芳　杜春丽　张志群
朱一心　赵　泓　隗功民　曹胜利　王英锋　王锁柱　李雅轩
张子慧　张明庆　王跃华　尤　勇　姜宏伟　李　游　崔增亮
李彩英　胡迎宾　田培培　曹运耕　季宏兵　龙文懋　任富田
杨　卉　郭玉玲　孙福生　高素兰　李永胜　韩宝卿　王一红
杨永丽　张光年　李晓东　王彩慧　刘东风　石　华　马康河
崔　嵘　朱希建　胡紫杰　王淑萍　李文岩

2001 年

魏家川　张庆民　汪龙麟　宋卫忠　吴艳君　高立平　甘中流
王元军　刘耘华　孙延军　张亚伶　王海燕　高　梅　白　雁
欧阳启名　常福良　李　宏　朱　锦　董继平　成亚君　王月平
陈姝波　王晓红　吴宪远　李民丽　张燕勤　胡　颖　李艳红
图立红　毕晓白　杨圣佐　杜国炜　张鸿燕　胡英考　张飞云
阎亚时　王　勤　俞　劼　徐　燕　孙晓华　高　原　孙建龙

2002 年

吴三冬　吴康茹　邹立志　施　诚　董增刚　王永刚　巴能强
王晓华　崔丽霞　王争艳　周　琳　王淑萍　李文岩　刘艳军
郭立民　蔡文芳　刘军利　赵　岚　陈旭日　周　琳　张立新
杜桂枝　解小青　吴明娣　刘　燕　段正渠　董付兰　陈文山
李定华　范　黎　袁慧梅　王　华　张连永　周以量　周荣胜
王柏华　踪训国　徐　军　王玉贤　王摧进　李兵红　李晓娟
杨宇红　张惠儒　孙　晓　高伟毅　丁晓山　高　翔　魏翠荣

2003 年

金滢坤　李　灵　王文胜　王　硕　王晓东（2003 年因发生“非典”疫情，职称评定工作后延，多数获得副高职称人员的任职资格从 2004 年 1 月起算，故此处未列。）

第二节　兼职专家教授名录

我校聘请的兼职专家教授分五种情况。一种是大多具有名誉教授性质，也有的承担若干实质性任务（见表 4.2.2.1）。第二种是聘请两院院士在一定时期内来校承担教学、科研任务（实际也是特聘教授，但未纳入特聘系列）（见表 4.2.2.2）。第三种是作为北京市特聘和学校特聘教授来校工作（一般聘期为 3 年，其中有的已将人事关系转入我校，列入正式编制）（见表 4.2.2.3）。第四种是各院系聘请任教的兼职教授，如刘绍棠、饶宗颐、陈述彭等，近年来聘请人数大为增加，约有 40 余人。第五种是聘请的长短期外籍教师，1997 年至 2003 年累计约 400 人次，其中多数属于外语教师，其学历层次以本科及硕士居多。

表 4.2.2.1　　首都师大校聘荣誉性或兼职专家教授名单

姓　名	聘任职务	聘任时间	职　务
吴　晗	兼职教授	1954	历史学家、北京市副市长
库兹涅佐夫	顾问教授	1955	苏联马列主义理论家
吴冷西	兼职教授	1958	马克思主义理论家、新华社社长
奥戈旦	名誉教授	1994	纽约州立大学柯特兰学院部主任

续表

姓　名	聘任职务	聘任时间	职　务
范光焕	名誉教授	1994	纽约州立大学柯特兰学院教授
勃　得	名誉教授	1994	纽约州立大学奥斯维哥学院部主任
韦　伯	名誉博士	1994	纽约州立大学柯特兰学院院长
克拉克	名誉博士	1994	纽约州立大学柯特兰学院院长
陈述彭	兼职教授	1994	中国科学院院士
朱伯舜	顾问教授	1995	香港纽士威国际集团公司董事长
杨永强	顾问教授	1995	香港多福发展有限公司董事长
伦炽标	兼职教授	1995	香港中文大学联系办事处副主任
卢乃桂	兼职教授	1995	香港中文大学教育研究所所长
田家炳	顾问教授	1998	香港企业家、公益事业家
岱　森	名誉教授	1984	美国俄亥俄州立大学物理系教授
铃木慎一	名誉教授	1999	日本教育学者
迈克·扬	名誉教授	2002	英国伦敦大学教授
石川忠久	兼职教授	2003	日本二松学会校长
田中久男	兼职教授	2003	日本广岛大学研究生院教授
黄本立	客座教授	2002	中国科学院院士

表 4.2.2.2　　首都师大特聘来校工作的中科院和工程院院士名单

姓　名	职　务	应聘时间
林　群	中科院院士	2001
杨国桢	中科院院士	2001
刘先林	工程院院士	2001
张景中	中科院院士	2002
匡廷云	中科院院士	2002

表 4.2.2.3　　首都师大特聘教授名单

姓 名	职 称	类 别	聘　期
周向宇	研究员	北京市聘教授	2001.10～2004.09
吴　可	研究员	北京市聘教授	2002.01～2004.12
裴真明	教　授	北京市聘教授	2002.06～2005.06
丁兴富	研究员	校聘教授	2001.11～2004.10
项　楚	教　授	校聘教授	2002.11～2005.10
张　杰	研究员	校聘教授	2002.02～2005.01
戎小春	教　授	校聘教授	2003.02～2006.02
辛周平	教　授	校聘教授	2002.05～2005.04
何　平	教　授	校聘教授	2003.10～2006.09

第三章 教职工的奖惩

第一节 沿　革

一、50 年代至 70 年代的奖惩工作

改革开放之前，在一般情况下，学校各单位通过定期（如学期末、学年末）和不定期的工作总结会，对教职工进行定性考评。教职工本人在科室、班组会上，全面总结自我表现，肯定成绩与进步，找出缺点和错误，然后与会成员本着批评与自我批评的精神互相评议。其后，在不同级别层次的工作会议上，党政领导对于思想政治、业务工作以及其他方面表现优良者，予以表扬或肯定；奖励方式大多是精神性的，如果发奖品也多为一支钢笔或一个笔记本之类。同时，教职工的优良表现及工作实绩也记录在案，作为入党、提干、晋级以及进修、疗养的依据。对于表现不佳乃至犯有错误者，给予批评，严重者予以行政处分直至解除公职，触刑律者则移送司法机关。1962 年《高校六十条》公布后，我校制订了《助教职责条例》、《实验室责任制和奖惩制》等条规，使奖惩较为有据可依。

50 年代后期开始，一直以阶级斗争为纲，政治运动频仍，在多次政治斗争和思想批判中，把教职工平时的一些言行集中整理无限上纲的现象多有发生，到“文革”期间，罗织罪名的极左流毒大行其道，而且把生产劳动作为惩罚手段，这些与正常的惩处已毫无共同之处。

二、改革开放以来的奖惩工作

改革开放以后，教职工的奖惩工作发生巨大变化。

逐步走向规范化、法制化。1985 年我国建立“教师节”。1995 年颁布《教师法》，对教师的奖惩有明确规定，1998 年颁布的《高等教育法》第五十一条亦有相关规定。1998 年国家教委发布了《教师和教育工作者奖励规定》。20 多年来，我校出台的各类有关教职工评聘、考核（是奖惩的依据）和单项奖惩的条例、规定约 20 余个。

设奖渠道多元化。涉及：(1) 国务院和国家教委等部委所设奖项。(2) 地方各级政府和教育行政等部门所设奖项。(3) 中共各级党委所设奖项。(4) 社会群众团体（工会、妇联、共青团、各级各类学术组织）所设奖项。(5) 其他社会组织或个人所设奖项。(6) 学校自身所设奖项（含校级和部门级）。对教学、科研、教辅、管理、工勤各类人员在人才培养、科学研究、社会服务、学校改革发展等方面成绩优秀者，予以表彰、奖励。其中最基本的一项，是试行全员聘任制以来，每学年对教职工进行年度考核，根据考核结果，予以相应的奖励和处罚。

奖励方式多为精神奖励和物质奖励相结合。获奖者除被授予奖状、奖章外，大多同时获取奖金或实物。1992 年学校下发了《关于鼓励教职工进行科技开发内联外引的试行规

定》，对为学校获得经济效益者给予奖金和住房优惠。在克服了一度出现的滥发奖金的倾向后，逐步强调在规范奖励的前提下，加大物质奖励力度。1993 年，一个考核成绩优秀的教授，全年所获奖励津贴不过 300 元左右。2000 年和 2003 年学校实行新一轮岗位聘任制度，调整校内岗位津贴，拉大收入分配档次，最高年津贴分别为 3 万元和 4.5 万元。此种津贴虽然不以奖金名义出现，实质上是对完成规定任务取得相应绩效者的奖励。

第二节　奖惩的实施

对教职工的奖惩依照各种奖项的实施办法运作。一般均由基层单位在考核和评选的基础上推荐。属于综合性奖项由人事处或组织部审理，校领导班子批准或审批后上报颁奖的上级领导部门。教学、科研等单项奖由相关的教务处、科技处审理，可召开学术委员会、教学指导委员会予以评定。属于校级以上或社会组织所设奖项，则由学校上报推荐材料，听候审议结果。

通过奖惩的实施，我校教职工获得各级各类奖励者数以千计，受到不同程度惩罚者数以百计。教职工获奖情况见表 4.3.2.1。

表 4.3.2.1　　首都师范大学获奖人员名录

说明：

1. 本名录所涉奖项，主要是省（市）部级及其以上部门所颁的，面对全体教职工（含全体党员、青年、妇女），带有综合性的奖项。教学、科研等奖项得主名单见本《志》第二编教育教学工作、第三编科学研究工作。

2. 教职工在进入首都师大工作以前所获奖励，仅择录其要者。

3. 本名录所载人名之前或之后所列年份为获奖年份。（我校档案所记年份间或与获奖人所持证书年份相差一年，盖因设奖年份与审批年份有别）

·“有突出贡献的专家”称号获得者名录

齐世荣（1988）　宁　可（1988）　李燕杰（1988）
曹居东（1990）　周孟津（1992）　石生明（1995）
欧阳中石（1995）　卢才辉（1997）　殷慰萍（1999）
乔际平（2001）

以上为“北京市有突出贡献的科学、技术、管理专家”（北京市科干局颁）

郝德元（1989）为“早期归国有突出贡献专家”（国家人事部颁）

王光明（1997）为“福建省有突出贡献专家”（福建省政府颁）

冉　红（1986）为“国家级有突出贡献的中青年专家”（国家人事部颁）

·享受“政府特殊津贴”人员名录（国务院颁）

国务院所颁的《政府特殊津贴证书》称：“为了表彰您为发展我国高等教育事业作出的突出贡献，特决定从××××年××月起发给政府特殊津贴并颁发证书。”

（1996 年以前入选者，国务院发给 100 元/人·月，1997 年起改为一次性津贴 5000 元/人，2000 年起北京市政府再奖 5000 元/人）

1991　齐世荣　宁　可　林传鼎　孙念台　李福利
1992　冉　红　殷慰萍　谢承仁　李申生　褚亚平　王瑞荪

续表

	周孟津	郭平仲	李燕杰	李毓佩	刘顺诚	乔际平
1993	戚国淦	田　农	成庆华	梅向明	马奉琛	陈家蕭
	莫文泉	刘桂莲	霍亚贞	杨守廉	顾之雨	张炼强
	许自强	张建业	徐　蓝	孟庆夔	刘愈之	王锐生
	朱世英	陈昭矩	杨永灿	修古藩	苏　锦	谷宗瀛
	戚　单	刘光杰	欧阳中石	廖仲安	邓球柏	尚　扬
	王万森	王光明	石生明	郭德俊	华　珞	曹居东
	张大龙					
1994	陈阜东	王尚志	栾德怀	康　殷	赵微平	刘　瑜
	申先甲	陈金昌	刘福芳	李玉民	翁俊雄	周　谦
1996	宁　虹	卢才辉				
1997	蒋福亚	杨生民	曹　理	郑崇友	许祥源	
1998	高德伟	陈曦文	刘新成			
1999	陈新夏	尹铁良				
2000	张燕瑾	郝春文				
2001	吴思敬	吴雅萍	任　东			
2002	赵敏俐					

· “全国教育系统劳动模范”称号获得者名录（国家教委等颁）

杨　悦　（1986）　　曹　理　（1993）

· “全国优秀教师”称号获得者名录（国家教委等颁）

1989　苏崇德　陈阜东　1991　陈曦文　尹铁良

1993　赵敏俐　1995　王安国　戴克鉴

2001　吴思敬

· “全国优秀青年思想教育工作者”称号获得者名录（宣传部、团中央等颁）

李燕杰　（1988）

· “全国优秀留学回国人员”称号获得者名录（国家教委、人事部颁）

徐　蓝　（1997）

· “全国高校优秀青年教师奖”获得者名录（教育部颁）

左东岭　（2001）

· “全国高校优秀骨干教师奖”获得者名录（教育部颁）

宫辉力　方　炎　张　朋　（2002）

· “从事高校科技工作四十年成绩显著”荣誉证书及“老骥伏枥金马奖”获得者名录（国家教委颁）

梅向明　孙念台　褚亚平　（1990）

续表

- “全国高校先进科技工作者荣誉证书获得者”名录（国家教委、国家科委颁）

刘桂莲 （1990）

- “北京市文教卫生系统群英会先进工作者”称号获得者名录（北京市委、市人委颁）

1960 戚国淦 成庆华 翁克敏 赵德先 杨作民 朱祖钰 路和禧
曹 理 郭双库 边庆文 向锦江 周学义 孙念台 徐卓然
马遐龄 夏淑琴 车保坤 房淑秋 张 涌 石维新

- “北京市劳动模范”称号获得者名录（北京市委、市政府颁）

李燕杰（1982）
李燕杰（1985） 王金波（1985） 许焕林（1989）

- “北京市先进工作者”称号获得者名录（北京市政府颁）

卢才辉（1995） 方 炎（2000）

- “北京市人民教师提名奖”获得者名录

高德伟（1999）

- “北京高校名师”称号获得者名录（北京市政府颁）

李福顺（2003）

- “曾宪梓教育基金会高等师范院校教师奖”获得者名录

1993 二等奖 廖仲安 谢承仁
三等奖 韩辉翼 李克非 贺慧声 周鸿志 冯卓然 闻立树
黄瑁莹 黄鹏飞 汪大昌 顾之雨 张金栋 刘钧杰
王汝楫 冯国友 戴克鉴 刘亚平 崔一敏 陈阜东
陆维藩 沈林南 褚亚平 杨松荫 田孝贵
1997 二等奖 曹 理
三等奖 饶杰腾 申先甲 孙文泱 杨 阳 卢才辉 陈世英
吴群英 周天泽 郑惠卿 王朝文
1999 三等奖 张怡慈 隋淑芬 王云峰 何惠生 黄勤妮 艾 伦
陈 洪 董重恂 魏光奇 程禹文

- “霍英东教育基金会高等院校青年教师奖”（教学类）获得者名录

刘北利（1992 三等） 张飞雄（1995 三等） 杨生平（1997 三等）
王永平（1999 三等） 梁占军（2001 三等）

- “北京市教育系统先进工作者”称号获得者名录（北京市高教局等5个局、办颁）

1984 林培黎 贺慧声 王玉乾 罗仁富 高 武 马啸风 曹 理
陈曦文 初一鸣 李 萍 孟庆夔 李毓佩

续表

- “北京市优秀教师”称号获得者名录（北京市文教办、北京市委教育工委等颁）

1989 王绍宗 齐世荣 陈子卿 汪大昌 房　宁 陈阜东 曹居东 王希汉

1991 张燕镜 孙茂权 樊祥熹 都长清 徐建辉 曹绛雯 金运昌 王景山 许北海 李希宽 乔新芝 恽振营 陈曦文

1993 曹　理 张建业 曹治国 赵会民 隋淑芬 张斐慕 刘晓天 李洪祺 李毓佩 周天泽 陆亚文 郑惠卿

1995 卢才辉 王安国 李建新 戴克鉴 赵淑文 孙明珠 陶文牛 安云凤 顾之雨 马啸风 梁　音 王振江

1997 张君达 唐重庆 杜希贤 傅嘉模 周祖逵 安树元 臧博平 石彦伦 林培英 刘晓天 王崇民 董正平 姜　萍 唐朝智 马士平 李培华

- “北京市优秀青年教师”称号获得者名录（北京市文教办、北京市委教育工委等颁）

1991 周　雨 刘效丽

1993 方　炎 张晨风 刘小红 张凤霞

1995 宫　正 刘晓红 张文选 叶宝生 卢　冰

1997 洪剑明 赵兰春 俞　劼

- “北京市优秀青年知识分子”称号获得者名录（北京市委组织部颁）

陈新夏（1992） 刘效丽（1994） 方　炎（1995） 王志玺（1998） 吴雅萍（1999）

- “北京市优秀教育工作者”称号获得者名录（北京市文教办、北京市委教育工委等颁）

1989 杨治安 赵树棠

1991 李柏林 孙　星 张新民

1993 郭平仲 果永刚

1995 李幼兰 伍雅珍

1997 王玉华 李兵红

- “北京市优秀思想政治工作者”称号获得者名录（北京市委、市政府颁）

李　因（1991）

- “北京市高教系统教书育人、服务育人先进工作者”称号获得者名录（北京市教育工会、市委教育工作部等颁）

1986 沈一中 周　谦 苏明立 邱泽生 侯培庄 胡　越 张祖荫 杨　悦

1987 高文生 张祥生 褚亚平 王希晶 王万良 张　雪 李兰岫 胡祖清

1988 周励新 张钟宪 康克强 韩曼林 李璞珉 刘连璧 王希永

- “北京市德育先进工作者”称号获得者名录（北京市教育工委等颁）

1990 杨凤兰

续表

1992 刘卫星 季树良 林培黎

1993 龚淑英

1994 韩宝卿 曹家琳 张代书 郭海燕

·“北京市优秀共产党员”称号获得者、因“在社会主义现代化建设中努力发挥共产党员先锋模范作用”被表扬者名录

1986 刘北利 高 武 苏国衡 （被表扬）

1987 王景山 （获得称号）

1991 郭双库 卢才辉 何 钊 张 雪 张学净（被表扬）

2001 吴群英（获得称号）（以上均为中共北京市委颁）

2003 石彦伦 张增福（获得称号，中共北京市委教育工委为表彰防治“非典”工作的先进组织和个人而颁）

·“北京市优秀党务工作者”称号获得者（中共北京市委颁）

1989 朱全俊 邓英秀 果永刚 杨 静

·“北京市‘五一’劳动奖章获得者”名录（北京市总工会颁）

杨 悦（1986） 刘利民（1990） 高德伟（1998）

·“首都劳动奖章获得者”名录（北京市总工会颁）

吴群英（2002）

·“北京市精神文明建设奖章”获得者名录（首都精神文明建设委员会等颁）

吴树茂（1991） 杨国志（1991）

·“全国‘三八红旗’奖章”获得者名录（全国妇联颁）

霍亚贞（1979） 霍亚贞（1983）

刘北利（1991） 啜大鹏（1998）

·“全国先进女职工工作者”称号获得者名录（全国总工会颁）

宋大敏（1994） 郭德俊（1994）

·“北京市‘三八’红旗手”称号获得者名录（北京市妇联颁）

霍亚贞（1983） 刘北利（1992）

第四章 教职工队伍建设

第一节 沿 革

教职工队伍建设和学校内部管理体制改革在我校历次发展规划中占据重要地位，有关文件和会议纪要中，对教职工队伍建设的指导思想和总体目标均有规定性阐述，而且进入新时期以来，预订的建设目标均已实现。

在《北京师范学院1956～1967年发展规划草案》中，"师资的培养和提高"专项提出："对于我校教学人员提高的要求必须是全面的，即从以下五个方面来要求：1. 马克思列宁主义理论水平；2. 专业科学知识及必要的技能技巧；3. 教育科学水平，包括应用于教学实际的能力；4. 必要的本国语文及外国语文的一定的修养；5. 必要的中学教学经验。"并且号召教师"向副博士进军"，"大力开展科学研究工作，准备实行学衔、学位制度"。

1958年制订的《北京师范学院1958～1962年跃进纲要（草案）》提出："五年内要求全体教师都能做到又红又专。"

1962年公布的《关于我院师资培养提高工作的若干规定》确定了5年内目标："逐步增加讲师以上的教师比重；培养出一批新的骨干教师；保证提高教学质量；保证提高学术水平和拿出科研成果。"

"文革"期间，广大知识分子受到迫害。1975年邓小平主持"全面整顿"，但很快又遭到批判。在这一背景下所制订的《北京师范学院1976～1985年教育革命发展规划（草案）》提出："10年内基本建立一支以工农兵为骨干的和革命技术人员（包括中学革命教师）、原有教师三结合的无产阶级教师队伍。"措施有："积极从挂钩单位聘请工农兵兼职教师；有计划地选留工农兵毕业生和选调经过实践锻炼的毕业生充实教师队伍；加紧对原有教师队伍的改造。"

十年浩劫导致师资的中坚力量老化，师资结构失衡，青黄不接严重，学科带头人短缺。1980年中共北京师范学院第七次代表大会的《工作报告》指出："加强师资队伍的建设，是一项刻不容缓的战略任务。"此前，1979年院务委员会通过的《关于教师培养提高工作的意见》提出："教师培养提高的重点应放在中年教师身上，要尽快提高他们的水平，培养出更多的骨干教师，这是提高整个教师队伍的关键。""对青年教师，首先要补上所缺的大学主要专业基础理论课，在老、中年教师的指导下，集中力量，在两三年内先学好本专业的基础理论、基本知识，进行基本功训练。"

《北京师范学院1983～1990年发展规划》提出："建成几支忠诚于人民教育事业、全心全意为人民服务，并熟悉和精通本门专业的教师队伍、实验技术人员和图书资料人员队伍、党政干部队伍、管理干部队伍，以及工人队伍。""建设一支结构合理、又红又专的具有共产主义世界观和崇高的道德品质、广博的学识、热爱教育事业并具有娴熟的教学艺术的教师队伍，是我院建成全国先进高等师范学校的关键。”同时，强调要“加强对全院干部、实验、图书资料人员和工人的培训工作。”

1989年政治风波之后，院长署名的讲话稿《坚持社会主义办学方向，培养德才兼备的人民教师》指出：“加强教师队伍建设是一件具有战略意义的大事，形势严峻而紧迫。再过5年至10年，50年代～60年代成长起来的中青年骨干教师几乎全部退休，目前的青年教师将成为教师队伍的主体。青年教师主流是好的，不少人政治思想较强，知识结构较新，但也有一部分人的缺点比较突出。”“青年教师这个群体，在政治态度、思想情操、业务素质、学风教风等方面，与中老年教师相比，还存在相当的差距。青年教师是我院的未来和希望，过去对他们的业务进修抓得较紧，思想建设相对薄弱，今后要帮助他们认真学习马克思主义，到社会实践当中去锻炼。”

1990～1991学年度我校《工作要点》中，把青年教师和青年干部队伍建设列为一项重点工作，“力争近期内在我院形成一支具有一定数量，能起到骨干作用的德才兼备的青年师资和青年干部队伍。”1990年党委作出实施“761工程”的决策。确定专业课年轻教师重点培养70名骨干（占年轻教师总数16%），年轻党政干部培养62名骨干（占年轻干部的17.6%），马列理论课年轻教师重点培养12名（占年轻理论课教师的17.4%）。重点培养人选不公开，操作由内部掌握。

1990年、1993年、2000年、2003年四轮以劳动人事和分配制度为主要内容的内部管理体制改革，直接促进了教职工队伍建设工作。

《首都师范大学教育改革和发展纲要（1993～2000年）》有“加强教师队伍建设”专项：“要努力建设一支具有良好政治业务素质、结构合理、骨干人员相对稳定的教师队伍，采取各种有力措施，加强中青年学科带头人和骨干教师的培养。通过改革，优化教师队伍的结构，提高教师队伍的整体素质。要全面贯彻党的知识分子政策，坚持做到‘政治、业务、生活待遇’三方面一起抓。”在具体奋斗指标中提出，到2000年，“拥有国内知名、有的在国际上也有一定影响的学科带头人50名左右；具有博士学位的教师100名（1996年增为150名），35岁以下青年教师90%以上具有硕士学位；有市级青年学科带头人20名以上，市级青年骨干教师100名；有中青年后备干部100名。”该项工作通称“52111人才工程”。

1996年制订的《首都师范大学教育改革和发展“九五”规划和2010年远景目标》及《首都师范大学“211工程”整体建设规划》关于加强教师、干部及职工队伍建设的指导思想是：“未来的竞争，最关键的因素是人才。学校办学水平的高低，取决于学术骨干和管理骨干的素质。学校有教师、教辅、管理、后勤、校产等五类人员，应以教师队伍建设为中心，全面加强队伍建设。‘九五’至2010年期间培养与造就一批跨世纪的青年学术带头人、学术骨干和管理骨干，是学校队伍建设的战略重点。除了选拔和重点培养一支高水平的学术梯队外，建设一支高水平的管理干部队伍，对于创办一流大学有同等重要的作用。”1996年6月全校师资队伍建设工作会议的主题报告则表述为：“以实现我校建成国内一流师大的奋斗目标为出发点，以加快培养跨世纪学科带头人与学术骨干、管理骨干为重点，从而加强重点学科和学位点梯队的建设，并全面提高教师、干部队伍的政治业务素质，以形成一支面向21世纪，具有高师教育特色的高水平的相对稳定的师资队伍。这支队伍应当具有坚定正确的政治方向，足以为人师表，能适应社会主义市场经济、科学技术以及首都基础教育等方面发展的需要，结构合理，精干高效，富有活力。”

1998年4月召开的首次全校师资工作会议的主题报告，总结了此前两年来师资队伍建设的成绩：“教师骨干队伍相对稳定，生师比明显提高；师资队伍结构进一步优化，思想业务素质进一步提高；学科梯队建设得到了加强和改善；学位工作取得了新突破；跨世纪中青年学术带头人和骨干教师队伍建设工作有了较大进展；师资队伍建设的投入有了重大增长；师资管理工作逐步走向法制化。”工作中取得的基本经验是：“必须确立师资队伍建设工作在学校工作中的战略地位，不断提高认识，强化对师资工作的领导；必须科学规划、制定学校长期和近期的师资队伍建设目标，逐步建立和完善适应新形势需要的管理体制；必须以学科建设为龙头，以学术梯队建设为核心，把跨世纪中青年学术带头人和骨干教师队伍建设摆在重点地位；必须坚持德才兼备的原则，逐步完善竞争激励机制，深化改革，优化教师队伍结构，调动教师从事教学、科研的积极性、创造性，强化思想政治工作，搞好师德教育，全面提高教师素质；必须坚持培养与引进、教学与科研、思想与业务三个并重的方针，全方位建设好教师队伍；必须加大投入，为师资队伍建设工作快速发展提供可靠的保证；必须努力提高教师的地位和待遇，形成尊重知识、尊重人才、爱护人才的良好风气，营造凝聚人才、吸引人才、造就人才的良好环境。”师资队伍建设中存在的问题和困难是：“师资队伍现状与面向21世纪提高教育教学质量，提高科研水平，实现‘211工程’建设目标的要求相比还有较大差距。教授和学科带头人年龄老化；缺少中青年的学术带头人，在国内有一定知名度学术水平高的更缺乏；教师队伍的学历层次偏低，整体的思想政治素质、业务素质也有待提高；师资队伍建设工作的发展很不平衡，队伍已步入良性循环的系和单位仍太少。”

进入21世纪，教职工队伍的建设更加快了步伐，逐步形成了“引进与培养相结合，以事业激励人，以学术氛围吸引人，以资源保障人，以环境培养人”的人才工作思路。《首都师范大学2001～2005年发展计划纲要》“关于队伍建设”提出：“十五”期间启动新的“2531”人才工程建设（即20名特聘教授［含院士］，50名中青年学科带头人，300名博士学位教师，100名年轻后备干部）。要合理控制规模，优化整体结构，强化激励机制，造就拔尖人才，稳定骨干队伍，全面提高政治、业务素质，建成一支整体水平较高、充满活力的、适应21世纪教育和社会经济发展需要的教师队伍和管理队伍。

根据2001年江泽民提出的“做好人才工作，首先要确立人才资源是第一资源的思想”，以及中共中央办公厅、国务院办公厅印发的《2002～2005年全国人才队伍建设规划纲要》的精神，我校召开了2003年师资队伍建设及人事工作会议。会议的主题报告（《与时俱进，努力建设一支结构优化、素质优良、富有活力和竞争力的教师队伍》）指出：近几年我校初步形成了一支思想政治素质较好、教学科研能力较强、基本能够适应学科专业发展的教师队伍，尤其是已拥有一批高水平的学科带头人和优秀的中青年学术骨干。我校教师队伍建设的主要成绩是：教师队伍总量相对稳定，生师比例明显提高；教师队伍结构进一步优化，高层次人才建设工作取得重要进展；学科梯队建设得到加强和改善；学位工作与重点学科、重点实验室建设取得新的突破；师资管理工作逐步走上规范化轨道等。与此同时，也存在着许多不容忽视的问题和差距：教师队伍需进一步优化，教师的潜能没有得到充分发挥；教师队伍建设工作需进一步朝着法制化、科学化、规范化的方向发展等。今后几年教师队伍建设的重点任务是：全面优化教师队伍结构，努力提高教师队伍整体素质；加强高水平学科带头人群体建设；加强我校教师队伍对外交流与合作的广度与深度等。今后要继续坚持引进与培养相结合的方针，采取有力措施，尽快提高教师队伍整体水平。经会议讨论，我校又出台了《首都师范大学教师队伍建设“十五”计划及“2008 年发展规划”》、《教师队伍建设工作条例》、《专任教师提升学历规划》和《专任教师培养计划》等。2003 年 12 月，中央召开了全国人才工作会议。会议精神将推动我校进一步树立科学的人才观，并开创人才工作的新局面。

第二节　主要措施

一、全员培训

凡拥护社会主义、热爱教育事业、认真从事本职工作的教职工，政府和学校均为他们提供思想政治和业务方面培训的机会。50 年代～60 年代，我院曾提出了“又红又专”、“红透专深”的口号，不过直到 80 年代初期，对于多数教职工而言，培训带有基础性，首要任务在于促使教职工跟上政治斗争形势和满足教学的需要，其中对部分教职工的培训实质是为了补偿学历以及学习普通文化和初级技能。80 年代中期以后，培训在终身教育和继续教育的理念指导下进行，强调全面提高教职工的整体素质，包括提高学历层次，从而提高教育质量和工作效率，也促进教职工自身的个性健康发展。培训内容兼顾思想政治和品德，以及专业（或文化）理论与实际能力。培训方式是坚持在实际工作中提高的原则，以在职进修为主，脱产进修为辅，校内进修为主、校外进修为辅。（见《北京师范学院 1983～1990 年发展规划》、1989 年《北京师范学院关于教职工培训工作的规定（试行）》）随着改革开放的深入，进修方式愈加灵活多样，教职工个人行为的因素也更加增强，如可以申请停职自费出国留学等。

建院初期，大多数教师致力于“边学边教边提高”。1962 年《关于我院师资培养提高工作的若干规定》实施后，曾掀起“读书、投师、科研”的热潮。《规定》中指出，骨干教师主要通过科研进修；薄弱课程的任课教师，可选派部分到校外进修（实际派往的单位有中科院、中山大学、上海交大、复旦大学、南京大学、中国人民大学、北京大学、华东师大等）；对“拔尖助教实行‘导师制’、‘助手制’”等。其时，中文系教师分一、二线，轮流进修，要求助教依次“过辅导、教学、科研三关”。其他系也开办在职进修班，如数学系开设了抽象代数、泛涵分析、无限维欧氏空间、多复变函数等课程或讲座，教育教研室开办古文班，不少系开办外文班，北京师院业余大学开办政治理论和哲学班等。1979 年公布了《关于教师培养提高工作的意见》，强调中年教师主要靠个人钻研，同时在接受老教师指导和指导青年教师过程中提高；青年教师则通过教学实践和进修课程进行补课。80 年代中期以后，兴起国内进修、出国访学、在职读研的热潮，学校还面向全体教职工广泛开展计算机应用和外国语方面的培训。对于青年教师和新上岗教师，则要求他们参加教育理论学习和岗位培训。在思想政治培训方面，50 年代～60 年代强调在学习马列主义、毛泽东思想的同时，投身于阶级斗争，下乡下厂，与工农兵结合，“炼就一颗红心”。80 年代资产阶级自由化思潮几度泛滥，以后又经历了 1989 年的政治风波和国际共运的挫折，直至 90 年代，改革开放过程和国际斗争对人们的思想产生了巨大冲击，在这种情势下，学校大力提倡教职工学好邓小平理论，参加社会实践、专业实践和中学教育实践，要求做到“教书育人、管理育人、服务育人”，1998年制订并实施了《教师职业道德规范》，2000年制定了《首都师范大学关于加强和改进思想政治工作的意见》和《首都师范大学关于加强师德建设的意见》，提出以师德建设为重点，切实加强教师思想政治工作。

二、培养骨干

在开展全员培训的基础上，我校对学科带头人、骨干教师、管理骨干予以重点培养。

1958年院党委明确提出对教职工的培养要突出重点。1962年遴选了18名骨干教师上报教育部备案。

1985年至1986年之交，选拔确定了第一梯队的学术带头人和骨干教师，以及第二梯队学术带头人。

从把我校建设成为一流的师范大学的战略目标出发，1990年、1993年和2001年先后启动“761人才工程”、“52111人才工程”和“2531人才工程”，又陆续出台了《关于加强青年骨干教师培养工作的意见》（1990年）、《关于加强青年骨干教师培养工作的若干补充意见》（1993年）、《关于调整校级青年骨干教师的意见》（1996年）、《关于选拔、培养中青年学科带头人的暂行条例》（1998年）、《加强院系处级干部队伍建设规划纲要》（2002年）、《骨干教师研修计划》（2003年）等。上述文件的有关规定，为骨干培养工作初步建立了一种定期遴选、广泛荐举、平等竞争、公开选拔、严格考评、滚动上下的机制，并且要求大力创造促使骨干力量茁壮成长的条件。其一，加强舆论宣传，转变观念，形成尊重知识、尊重人才、爱护人才、培养人才的良好人际环境和宽松的学术环境，克服论资排辈、求全责备、平均主义，甚至是嫉贤妒能的错误倾向。其二，加大培养力度，投入及时到位。2000～2003年，投入约2500万元用于骨干教师培养培训计划。对重点培养对象在职称评定、出国进修、科研立项等方面实行倾斜，在发放津贴、安排住房方面予以优惠。其三，各级领导和职能部门做好服务工作，保证优秀人才、拔尖人才脱颖而出。

90年代以来重点培养教职工骨干所做工作的相关统计如下：

1992年以来经5次评选，确定我校26人为北京市高校（青年）学科带头人（其中4人调离），116人为北京市高校优秀青年骨干教师。

1997年以来，经3次评选，我校41人入选“北京市跨世纪优秀人才工程”（北京市科干局主持）。

1994年起，我校13人先后列入北京市科技新星计划（其中4人已调离）。

1999年以来，我校确定44人为首都师范大学（青年）学科带头人。

2001年，1人入选国家自然科学杰出青年基金资助计划。

2001年，1人获教育部全国高校优秀青年教师称号。

2002年，3人获教育部全国优秀骨干教师称号。

2002年，1人入选教育部跨世纪人才培养计划。

1994年以来，4人入选教育部优秀青年教师资助计划。

2000年，9人入选教育部高校骨干教师资助计划。

1979～2003年，我校有747人次赴国外访学、进修；1977～2003年，191人次出国参加学术会议；1991～2003年，40多人参加国内访学、进修。

1989 年 200 名中层干部参加了每期二周的理论学习班；1991 年组织 40 名青年骨干教师赴山东沂蒙山区进行社会考察；1992 年 25 名青年教师参加有中国特色社会主义理论学习班（学习理论 3 周，社会考察 2 周）；1995 年 95 名系处级中青年干部参加邓小平理论学习班。世纪之交，连续开展每年一度的中青年教师思想教育系列活动。1997 年、2002 年分别组织系、处级党政正职干部到南方和某些高校进行社会考察。

三、引进人才

我校从 90 年代中期开始有计划地从校外引进高层次人才，世纪之交取得明显成效，累积引进各类人才近 400 名（参见本《志》第七编第二章人事管理）。1998 年教育部启动“长江学者奖励计划”，北京市也采取相应措施，我校随之实施了特聘教授（包括两院院士）岗位制度，截至 2003 年已聘用特聘教授 14 名，其中包括 5 名两院院士。引进高层次人才虽然代价较高，而其意义在于：其一，快速、高效地提升师资队伍的总体水平。其二，革除师资队伍近亲繁殖的弊端，破除“家族式”、“宗族式”的残余，有利于促进学术自由和发明创新。其三，对特聘教授实行的聘任考核制，带动了学校内部人事分配制度的改革。我校强调对引进人才须善于使用，严格考核，充分发挥其作用和潜力，以取得与投入相应的绩效。

四、改革内部管理体制

高等学校是教书育人、探索未知的特殊组织。传统的人事和分配制度难以保证完成其功能和使命。我校经 1990 年、1993 年、2000 年、2003 年四轮改革，已全面试行事业单位全员聘任合同制，以及按劳分配、优劳优酬的校内津贴制（参见本《志》第七编第二章人事管理），并将逐步建立符合高等教育规律又适应市场经济环境的教职工管理体制。

第五编　学　生

第一章　有关学生的基本数据

第一节　学生概况

80 年代以来，经过多次教育思想大讨论，我校教职员工的教育观、学生观得到更新，逐步认识到：学生既是学校的教育对象，更是服务对象。在教育教学活动中，要以实现学生的德智体全面发展为出发点和归宿，使之成为社会主义事业的建设者和接班人，而且具有健康鲜明的个性特征。学生是学校的教育质量、学校的品牌和声誉的载体，学校的办学水平将通过毕业生对社会的总体贡献体现出来。学生与母校之间犹如亲子关系，永远割舍不断。学生在校期间是办学的巨大有生力量，学生毕业后对母校继续发挥着重大影响。

1954 年学校开始招收普通高教一年制专修班生，同时举办成人师训班，1955 年开始招收普通高教本专科生，1965 年首次招收留学生，1979 年开始招收研究生，1984 年首次招收非师范生，1998 年获准招收港澳台地区和华侨学生（50 年代后期至 60 年代前期也曾招收过侨生）。近 50 年来，各类高教毕业生达 10 余万人。

学生的结构也发生明显变化：由招收普高本、专科生、师范生、本市学生、本国学生扩展到同时招收成教生、研究生、非师范生、外埠学生和外国留学生。

重要年份各类在校生人数见表 5.1.1.1。

表 5.1.1.1　　重要年份各类在校学生人数统计表

类别 \ 数量		1955 年	1965 年	1993 年	2000 年	2003 年
全日制本科生		161	3 382	4 001	7 530	10 050
全日制专科生		747		2 201	948	
硕士研究生（含教育硕士、二学位生）				152＋0＋21	540＋18＋22	1 348＋582
博士研究生				8	76	177
留学生（本科及其以上＋高级及普通进修）			0＋50	299	164＋556	53＋330
成人校内	脱产			792	834	2 569
	夜大学			2 986	4 999	6 458
	函授			760	4 384	6 182
总　计（在校注册数）		908	3 432		20 071	27 749

注：(1) 留学生中的“高级进修生和普通进修生”为短期学习（多在一年以内）。

(2) 成教生中的“函授生”约 80%在外地，占用学校的教育资源有限。

第二节　招生、毕业及授予学位人数

一、普通高教本专科

（一）招生人数

见本编第二章第一节

（二）毕业生及授予学位数

根据《普通高等学校学生管理规定》，具有学籍的学生，经考核德、体合格，修完教学计划规定的课程，考核及格，准予毕业。

根据《中华人民共和国学位条例》，我国从1981年起实施学位制度。相应的，我校随即成立了学位委员会，制订了《北京师范学院学位授权工作细则》。

北京师院及更名为首都师大以来，共毕业全日制本科生30 838名，专科生15 955名。其年度登录表及本科生授予学士学位年度登记表见表5.1.2.1和5.1.2.2。

北京师范学院分院（1978.2～1992.6）共毕业全日制本专科生4 350名，其中本科生2 319名，专科生2 031名（参见本《志》附录·北京师范学院分院志）。

北京联合大学外国语师范学院（1980～1993.4）共毕业全日制本专科生3 534名，其中本科生1 621名，专科生1 913名（参见本《志》附录·北京联合大学外国语师范学院志）。

并入首都师大的通州师范学校（1905～1998）和北京第三师范学校（1958～1998）为中等师范学校，分别有毕业生17 000余名和9 186名；北京联合大学外语师院的前身之一的北京外国语学校（1960～1980）也是中等学校，有毕业生数千名。以上三校毕业生，除北京三师的大专班1 380人以外，不计入普通高教本专科毕业生总数中。

表5.1.2.1　　首都师大（含北京师院）历年本专科毕业生人数一览表

年度	毕业人数		年度	毕业人数	
	本　科	专　科			
1955		413	1983	494	
1956		340	1984	427	
1957		389		本科	专科
1958		854	1985	517	364
1959	161		1986	807	200
1960	365		1987	799	133
1961	817		1988	1 097	322
1962	941		1989	712	86
1963	1 160		1990	843	145
1964	1 419		1991	1 031	152

续表

年度	毕业人数		年度	毕业人数	
	本 科	专 科			
1965	1 046		1992	1 184	511
1966	778		1993	467	475
1967	821		1994	907	785
1968	744		1995	1 050	1 124
1969	881		1996	1 143	883
1973		832	1997	972	931
1975		889	1998	1 127	746
1976		832	1999	1 102	504
1977		805	2000	1 148	608
1978		921	2001	1 549	415
1979		618	2002	1 627	432
1981	817		2003	2 065	246
1982	741				

注：1970 年、1971 年、1972 年、1974 年、1980 年无毕业生。1970 级为二年制，1971～1976 级为三年制。

表 5.1.2.2　首都师大（含北京师院）历年全日制本科授予学士学位人数统计表

年 份	人 数	年 份	人 数
1981	803	1993	440
1982	736	1994	888
1983	488	1995	984
1984	419	1996	1 030
1985	416	1997	489
1986	774	1998	645
1987	751	1999	723
1988	728	2000	814
1989	660	2001	1 175
1990	784	2002	1 133
1991	986	2003	1 440
1992	838		

注：(1) 表 5.1.2.2 为北京师院及更名为首都师大后授予全日制本科毕业生学士学位的数字，共 18 144名。

在实行学位制之后的十几年，毕业生中未获学位者数量不大，而 90 年代中期以后，毕业生中未获学位者数量较多，原因之一是英语考级不合格。以 2002 届本科生为例：该届应毕业 1 627 人，实际毕业 1 516 人，授予学士学位 1 133 人，未授予学位者 494 人，其中因未通过国家英语四级考试者 382 人，占应毕业生总数 23.5%，因课程四门次不及格者 59 人，占 3.6%，因其他原因者 51 人，占 3.1%。

(2) 北京师院分院授予学士学位人数 1981 年、1989 年、1990 年、1993 年共计 922 名（属于师资班的在职 1 287 名中学教师，虽接受全日制本科教育，但入学时系按优惠条件，故毕业时不授予学位，这种情况与 1988 年北京师院本科毕业生中的师资班待遇相同）；北京联合大学外语师院授予学士学位人数为 1 603 名。

二、双专业（二学位）

1984 年，经国家教育部批准，北京师院政治思想教育管理系设立思想政治教育专业第二学士学位班，属于大学本科后教育，在全国招收已获理工学士学位、工作两年左右的在高校工作的政工干部（也吸收少数本校获文科学士学位的政工干部），学制二年，在校学习期间的学籍管理与本科生一致。学习期满，成绩及格，获思想政治教育学士学位，享受研究生班毕业待遇，仍回原单位工作。从 1984 年到 2000 年，计有 8 届毕业生，共 232 人。

三、成人高教

成人高等教育招生和毕业及授予学位情况见表 5.1.2.3 和表 5.1.2.4。

表 5.1.2.3　　首都师大(含北京师院)历年成人高等教育招生情况统计表

年度	原计划招生	录取合计	专科录取							本科录取									其他			
			分类						小计	高中毕业起点本科				专科毕业起点本科				小计				
			函授	夜大学	师资班	脱产班	二学历	干部专修科		函授	夜大学	脱产班	小计	函授	夜大学	非师范	脱产班		自学高考	二学位	研究生班	培训
1977		2 375	2 375						2 375													
1978																						
1979																						
1980																						
1981		1 443	150						150	670	623		1 293									
1982		321		39					39		282		282						1 492			
1983		1 217		456				269	725		492		492						2 958			
1984	1 000	2 211	1 392	149					1 541	670			670							31		
1985	1 000	2 725	1 058	682				205	1 945	780			780							13		575
1986	915	747	382	160	118			62	722		25		25									
1987	1 230	1 102	208	187	305			34	734		15		15		353			353				
1988	1 300	1 204		197	81				278	140	193		333		434	159		593				
1989	2 110	2 476	797	663	195				1 655						821			821				
1990	1 000	983	72	380	92				544						439			439				
1991	700	928	161	175	157				493						435			435				
1992	630	1 194	106	351			185		642					36	373	143		552				
1993	2 408	2 468	138	447			319		904					421	353	790		1 564				
1994	2 490	2 881	408	531			618		1 557					172	526	626		1 324				630
1995	1 600	4 237	960	768			585		2 313					587	1 270	67		1 924				680
1996	1 600	2 264	627	429			470		1 526					53	685			738				750
1997	1 810	2 932	546	494		429	453		1 922					412	557	41		1 010			557	820

续表

年度	原计划招生	录取合计	专科录取							本科录取									其他			
			分类						小计	高中毕业起点本科			小计	专科毕业起点本科				小计				
			函授	夜大学	师资班	脱产班	二学历	干部专修科		函授	夜大学	脱产班		函授	夜大学	非师范	脱产班		自学高考	二学位	研究生班	培训
1998	1 800	3 487	628	640		182	940		2 390					572	525			1 097			980	980
1999	1 900	4 333	572	546		571	580		2 269					1 206	858			2 064			618	1 100
2000	3 020	3 881	516	685		284	349		1 834			257	257	1 045	671		74	1 790				
2001	4 300	6 383	76	1 621		604			2 301			52	52	1 786	2 244			4 030				
2002	4 060	5 701	91	1 200		698	355		2 344			20	20	2 171	1 039		127	3 337				
2003	4 200								0				0					0				
合计	39 073	57 493	11 263	10 800	948	2 768	4 854	570	31 203	2 260	1 630	329	4 219	8 461	11 583	1 826	201	22 071	4 450	44	2 155	5 535

注:2003 年因发生“非典”疫情,招生日期推迟,学生在年底前报到入学,而归入 2004 级。

表 5.1.2.4　首都师大(含北京师范)历年成人高等教育毕业生及授予学士学位情况统计表

年度	毕业合计	专科毕业						本科毕业										其他			授予学位					
		分类					小计	高起本			小计	专起本				小计										
		函授	夜大学	脱产班	二学历	干部专修科		函授	夜大学	脱产班		函授	夜大学	非师范	脱产班		自学高考	研究生班	培训	文学	理学	法学	历史学	教育学	小计
1977																									
1978																									
1979																									
1980																									
1981																									
1982	879	879					879																		
1983																									

续表

年度	毕业合计	专科毕业						本科毕业									其他			授予学位					
		分类					小计	高起本			小计	专起本				小计									
		函授	夜大学	脱产班	二学历	干部专修科		函授	夜大学	脱产班		函授	夜大学	非师范	脱产班		自学高考	研究生班	培训	文学	理学	法学	历史学	教育学	小计
1984	804	804					804																		
1985	433								433		433														
1986	1 877	150	434				584	670	623		1 293														
1987	2 431	1 358	387			406	2 151		280		280														
1988	1 401	703	110	65		42	920		449		449		32			32				129	5	65	94		293
1989	685	241	100				341		344		344									178	89		41		308
1990	1 484	210	128				338	523	623		1 146														
1991	1 366	147	308	99			554		18		18		794			794									
1992	2 091	541	602	121	185		1 449		65		65		434	143		577									
1993	561	39	284				323						238			238				52	55	35	6		148
1994	1 285	205	319				524					107	511	143		761				38	5	14		2	59
1995	2 393	143	390				533					598	472	790		1 860				23	4	20			47
1996	2 001	132	527				659					333	383	626		1 342				41	22	10		1	74
1997	2 439	532	551				1 083					233	1 123			1 356				58	15	38			111
1998	3 279	1 043	351				1 394					497	1 359	29		1 885				185	19	70	9	7	290
1999	2 415	723	544	369			1 636					113	666			779	416			80	41	94	4		219
2000	2 334	721	450	141	55		1 367					548	419			967				198	34	49	10		291
2001	3 256	685	617	474	398		2 174					484	598			1 082				172	109	46	13	93	433
2002	3 728	649	743	287			1 679					1 140	909			2 049				203	203	97	83	13	599
2003	3 770	385	839	678			1 902					1 029	839			1 868				167	178	52	48	62	507
合计	40 912	10 290	7 684	2 234	638	448	21 294	1 193	2 835	0	4 028	5 082	8 777	1 731		15 590	416			1 524	779	590	308	178	3 379

四、研究生教育

研究生教育招生、毕业、授予学位情况见表5.1.2.5。

表5.1.2.5　　首都师大（含北京师院）研究生培养状况一览表

年度	招生人数				毕业人数			授予学位人数		
	博士	硕士	教育硕士	研究生班	博士	硕士	研究生班	博士	硕士	教育硕士
1979		22								
1980		5								
1981		24								
1982		14				22			21	
1983		20				5			5	
1984		39				24			24	
1985	5	60		5		14			13	
1986		46		2		19			18	
1987	5	47		3		38	5		37	
1988	2	41			2	57	2	2	57	
1989	2	21		14	1	46	2	1	43	
1990		26			2	45	1	2	45	
1991	1	27			6	35	14	6	35	
1992	3	47			1	14		1	13	
1993	4	75			1	28		1	28	
1994	4	94			1	28		1	28	
1995	7	115			2	48		2	48	
1996	11	122			3	71		2	71	
1997	13	120			0	88		0	88	
1998	18	141			6	113		7	113	
1999	21	163	19		9	124		8	124	
2000	31	231	45		14	115		15	115	
2001	43	300	175		16	139		16	139	
2002	50	430	189		23	163		23	163	17
2003	73	611			23	224		23	224	22
合计	293	2 841	428	24	110	1 460	24	110	1 452	39

注：此表为2003年11月统计。

五、留学生（含港澳台生）教育

留学生入学及授予学位情况见表 5.1.2.6，港澳台生在校生情况见表 5.1.2.7。

表 5.1.2.6　　首都师大外国留学生一览表

入学年份	短期生（人）	长期生（人）
1981～1994	1 159	
1995	162	184
1996	420＋300	200＋400
1997	74＋320	216＋400
1998	124＋260	172＋200
1999	116＋210	231＋100
2000	169	358
2001	266	316
2002	357	455
2003	139	328

注：(1) 表中在 1999 年国际文化学院成立以前的数字为本部留学生数字加合外语学院留学生数字。

(2) 1965 年本部招收 50 名越南留学生学习一年（“文革”开始后中止），未计入。

(3) 授予留学生学位统计（起始年以授予学生学位年份为准）：

博士（2002～2003）共 1 人。硕士（1998～2003）共 16 人。

学士（1999～2003）共 183 人。

(4) 1980～2003 年我校接收了来自 55 个国家的留学生，这些国家是：

美国、英国、法国、韩国、日本、德国、意大利、澳大利亚、加拿大、新加坡、泰国、新西兰、芬兰、波兰、比利时、捷克、斯洛伐克、卢森堡、西班牙、墨西哥、牙买加、格鲁吉亚、挪威、俄罗斯、瑞士、瑞典、印度尼西亚、越南、爱尔兰、匈牙利、以色列、奥地利、丹麦、巴西、秘鲁、巴基斯坦、阿富汗、哈萨克斯坦、亚美尼亚、葡萄牙、爱沙尼亚、缅甸、尼泊尔、白俄罗斯、蒙古、土耳其、伊朗、苏里南、乌克兰、马来西亚、荷兰、毛里求斯、吉尔吉斯、马拉维、菲律宾。

表 5.1.2.7　　港澳台学生数字统计

1998．9～1999．7	13 人
1999．9～2000．7	13 人
2000．9～2001．7	15 人
2001．9～2002．7	15 人
2002．9～2003．7	3 人
2003．12	16 人

第二章　招生、收费、就业政策及制度

第一节　与普通高教本专科生相关的政策

一、招生政策及招生状况

(一) 1954～1976年

新中国建立初期，我国的高校招生政策是强调学生以工农（成份或出身）为主体，对工农兵以及少数民族和华侨的应考者有所照顾。

1954年建校时，为了满足北京市对中学师资的迫切需求，确定开办9个学科的一年制专修班。招生地区和对象是从华北、西南、中南、华东四大区高考未被录取的学生中挑选。从成绩看，这批录取的学生，总平均分比一般高校低20分左右，各科专业成绩文科学生均在60分左右，理科成绩较好者在60分左右，差的在30分左右。

1955年本科和专科的生源，大部分属于应届高中和中师的毕业生，其中化学科的学生是我校原化学一年制专修班毕业后留校继续深造的学生；一年制专修班的生源，一部分是从本年高校统一招生未被录取的学生中择优挑选的，另一部分是从转业军人、机关干部和中、小学教师中抽调来的。这次招生未完成计划。

1956年，一年制专修班停止招生；1958年两年制专修科停止招生。

1958年6月，《北京师范学院1958～1962年跃进纲要（草案）》中提出：今后招生“工农学生要占60%左右”。并决定增设预科，以“贯彻培养师资的阶级路线，保证今后本科工农学生的来源和提高我院培养师资的质量”。9月北京师院预科学生入学，生源主要来自初中毕业生中的工农成份的学生，学制三年，成绩优良志愿学师范者保送直升入校。

1960年3月，外语系创建，招收第一届英语本科专业学生99名。这批学生中，有97%的学生为印度尼西亚和马来西亚排华时返回祖国的爱国华侨。

1961年，设政治系，1962年定名为政治理论教育系，首届学生随华北人民大学历史系、哲学系、政治经济系并入我院时转来。

1966～1969年，“文革”中停止招生。

1970年，开始招收工农兵学员，先后六届，共开设中文、外语、政史、地理、农基、工基、数学、军体、革命文艺等9个学科，学制两年、三年不等，生源为有实践经验的工人、农民、上山下乡知识青年、军人、小学教师和革命干部。

(二) 1977～2003年

1977年恢复全国统一高考以来，尤其是招生并轨以后，我校普通本专科招生工作发生了很大变化。招生计划编制由上级教育主管部门编制改为学校自主编制；学生来源从限于北京地区变为来自全国30个省（区市）及港澳台地区；生源质量从一度堪忧到逐步稳定提高。

1.1977～1984 年，生源状况相对稳定，能正常完成招生计划。

1977 年恢复了全日制高校办学的基本模式，高考制度随之恢复，学校招生亦步入正轨。中文、历史、数学、物理、化学、生物、政教、外语、地理、音乐、美术等 11 个系同时招生。为了做好招生工作，先后选派 30 名招生工作人员到各区县参加招生。该年报考我院第一志愿的学生达 12 876 人。

1979 年 6 月 9 日，北京市计委和市委教育工作部共同上报北京市委的《关于办好北京师范学院的意见》中提出："为了尽快补充郊区县中学教师的缺额，提高这部分师资队伍的质量，近几年内，本科生 60%应从郊区县招收，录取分数可以适当降低。"我院根据上述精神开展招生工作，并从 1981 年起，实行定向招生。

1983 年，党委决定建立院"招生办公室"，以进一步保证招生工作的计划性、科学性和规范性。该年文科达到重点院校录取线以上的学生占录取学生总数的 27.3%，理科则占 31.9%。所录取的新生均报有师范类院校的志愿。远郊区县考生质量较历届高，理科达到我院调拨线的比计划招收人数多一倍，文科亦多 25%。因此突破了从远郊区县录取 60%的规定，达到了 65%。城近郊区考生成绩低于去年，降到按一般院校分数线录取，理科录取新生比计划少 61%，文科则少 70%。

1984 年，我院录取新生达到重点院校录取线的，文科学生占录取总数 54.8%，理科学生占 34.8%。本年度所录取的新生，全部都有师范类院校的志愿，按第一志愿录取的从去年的 52.3%上升到 81.8%。远郊区县多数学生比一般分数线高两个以上分数段，故定向招生任务，仍突破了 60%。城近郊考生增多，成绩提高，达到重点学校录取线的占城近郊区达录取线总数的 64.5%。该年还在城近郊区试行推荐与考试相结合的措施。具体做法是，通过各区县教育局将我院推荐人数及分配指标下达给各试点中学，我院各系对推荐生进行调查和面试，高考后够规定分数线的均予录取，这次招生完成原计划的 90%。

2.1985～1993 年，优质生源严重不足；录取学生质量较差，成为制约学校教学质量提高的瓶颈。

1985 年，优质生源不足。录取考生虽全部报有师范类院校志愿，但报第一志愿的，比 1984 年低 10.8%。从区县报送的推荐生中，录取数只完成招收推荐生的 45.3%，比 1984 年下降 44.7%。理科达到重点学校录取分数线的第一志愿考生仅 32 名，达到一般院校分数线的仅 131 名，不足计划招生数的 60%，不得不降低分数录取，即使如此，有的系仍完不成招生计划。

1986 年，生源不足，成绩下降，志愿为师范专业者少等问题日见突出。该年在考生中报考师范类院校为第一志愿的不足 10%，在录取新生中为第一和第二志愿的只占录取总数的 81%。新生录取成绩只在一般院校分数线上。远郊区县考生锐减，经所在区县动员补报师院后，录取新生仍只占录取总数的 35.2%，远未达到 60%在农村定向招生的指标（我校要求各系尽量不退返远郊区县学生档案，见一个收一个）。推荐生绝大部分上不了线，被录取者只占推荐生总数的 29%。保送生虽比去年增加 17 人，但比例减少两个百分点。

1986 年，除招收本专科学生外，招收西城、海淀、丰台专科师资班 540 人，招收顺义分院 150 人。各个层次招生共计 1 617 人，这是建院以来招生数量最多的一年。

1987 年，针对前几年招生情况，北京市决定试行师范学院提前单独招生。提前招生的命题、阅卷、评分完全按照统一高考要求进行。试题注意了中学教学大纲的要求，在考核书本知识的同时，注意了考生能力的考查。命题的原则比例是基础题30%，中难度题50%，高难度题20%，与全国高考命题的原则比例相较，中难度增加10%，高难度减少10%。这次招生报名人数与计划招生人数比例为11.1∶1。生源充足，成绩普遍提高，上线人数是计划招生人数的1.4倍，各系的录取分数线都高于最低控制线1～4个分数段。录取新生第一志愿者占新生总数的73.8%。远郊区县新生占新生总数35.3%。免试保送生的条件是德智体全面发展，学习成绩是市重点中学的前50名，区重点中学前30名，普通中学前10名，中师应届毕业生前3名，免试保送生录取数占新生总数11.6%。在部分系还试行了文理兼收的改革措施，即允许考生文、理兼报。1988年，仍提前招生，但西城、丰台师资班和顺义分院及外地委培生仍参加统考。新生全部报有师范学院志愿，理科考试成绩与去年持平，文科由于北京市该年各科成绩及格率普遍下降，因此专业平均分与总平均分均低于去年。对远郊区县考生仍贯彻定向招生的政策，以促进教师来源地方化，录取新生虽只占总数的45%，未达到60%的指标，但较去年则提高了9.8个百分点。据两届提前招生学生入学的情况看，新生专业程度较整齐，但其他各方面则显得平平，无甚特色，对如何估计师范学院提前招生的质量，各系看法不一，主张重新决策。

1989年，根据京高招委字［1989］第001号文件的要求："将1987年、1988年试行的提前招生，改为扩大保送生比例办法"，其人数"可占计划招生总数的30%～40%（含专科保送生），另60%～70%的新生仍从参加全国统一招生中录取"。本年录取新生的特点和情况是，生源严重不足，我院作为第一批录取新生的院校，市招办按一般院校最低档提供全部档案后，比我院计划招生尚差140份。为此，不得不减少本科招生计划。考生成绩下降，理科系总平均分较1988年降低了近70分。远郊区县录取新生占新生总数的41.3%，比1988年下降3.7个百分点。继续试行"哪来哪去"的保送生办法，录取保送生占36.4%，是历年保送生最多的一年。本年度音乐系实行招生改革，经市高教局批准，试行二二制招生办法，即先按专科招生，待在校学习两年后，从专科毕业生中择优选送部分学生升入本科学习，两年后，成绩合格，发本科毕业证书。

鉴于优秀生源严重不足，又要缓解远郊区县和偏远山区教师奇缺的局面，仍采取多层次办学。顺义分院中文、数学专业除继续招生外，还为郊区县增办数学专科班，采取给区县分配招生名额的办法。另外，还招收了中文预科班，面向远郊区县和山区。英语、俄语两系还招收了自费走读生。

1990年，我院招生只完成国家计划的80.2%。主要原因是生源质量差，上线率低，考生第一志愿报我院的虽10倍于我院招生名额，但达到市重点院校录取线者只有34人，录取分数呈逐年下降的趋势。远郊区县录取的147名新生中，含保送免试生100名，仅占录取新生总数的27%，比去年降低14.3个百分点。

1991年，针对连续两年完不成招生计划的情况，我院提出的"增加专科名额，扩大保送免试生比例，广泛开辟代培生源"的建议，得到了市高教局的支持。该年完成国家计划101%。全市以第一和第二志愿报考我院的考生上线者与招收人数之比为15∶1，上线的学生从1990年的2.8%，增加到10.2%，远郊区县录取的新生占新生总数的37.9%，免试保送生占本科招生计划的38%，从预科转入的新生占12.5%。

1992年，北京师院分院并入，1993年，北京联合大学外国语师范学院并入，两校并入时，均已完成招生任务，这两年首都师大招生情况均与1991年类似。

3.1994～1998年，为改善生源质量极不理想的局面，北京市教委批准，我校在生源计划上作重大调整，生源质量随之好转。

我校自1990年起，停止提前招生。恢复统一招生以后，通过扩大免试保送生名额、创办预科等措施，虽说是年年完成了招生任务，但就所处市属重点高校的地位而论，生源又回到了极不理想的老局面，主要是上线的学生少。为了保证首都中学师资的质量，在市委、市政府的支持下，1994年开始在河北、四川、湖北、湖南、安徽5省招生，并与天津、黑龙江等省市协作，培养定向学生。招生工作的这一重大改革，使我校无论在北京还是外省市录取的新生成绩均高于往年，外地学生比北京市学生的入学成绩平均高100分，而且第一志愿学生比例提高，外地生占到招生计划的78.8%，北京市亦达到75.5%，比1993年提高33.5个百分点。再有1994年高师预备班为我校提供了重要的生源基础。在101中、55中、潞河中学、大峪中学、密云二中、牛栏山一中等6所市重点中学举办的高师预备班毕业生，其中10%的学生免试保送入校，通过参加全国统考考入我校的超过56%。这年共招收免试保送生187人，虽只占录取新生总数的8.7%，但仍是解决生源的有效途径之一。从1995年到1997年，招生情况与1994年类似，但到1998年，生源再次回到了不理想的局面。

1998年，我校本专科共录取新生2 328人，其中本科生1 631人（保送生62人，在京统招1 106人，体师代录体优生5人；在京定向179人，外地统招228人，协作培养10人，外省定向37人，双河农场定向4人），占1998年实际招生总数的70%。招收专科生697人，其中预科转正127人，初等教育专科373人（三师246人，通师82人，校本部45人），在京统招166人，在京定向31人，专科招生比例占实际招生总数的30%。

1998年我校在外省完成本科招生计划279人（其中统招242人，定向37人），外省招生占招生总数的12%，在京招生2 049人（其中本科1 352人，专科697人），占招生总数的88%。

1998年的本科保送生仍全部从中师选取，专科由于扩大了招生规模，各中师按照择优推荐的原则推荐的学生，基本保证了前三分之一的学生能入学深造。1998年在京报考我校人数达5 441人，但实际录取结果文理两科均不理想。文科有的专业降低重点线分值20分才录满（77人），在重点线以上录取的占文科计划70%，最高分为528分（德语专业）；理科除计算机专业外，其余系普遍缺档，有的专业降低重点线分值24分始录满（116人），在重点线以上录取的占理科计划70%，最高分为562分（数学专业）。此次录取不理想的原因，除第二志愿被第一志愿校录走一部分外，还由于考生报考专业不平衡。再有是与减少外地招生170人有直接关系。在招收保送生工作上，虽完成了任务，而且整体素质尤其是师范生的素质较佳，但本专科考生文化考核均不理想，特别是外语程度偏低，大部分人成绩在50分左右。

4.1999～2003年，适应首都基础教育和经济文化建设需要，招生工作取得突破性进展。

1999年起，全国高校开始大幅度扩招。我校招生情况也有了新的变化。从普通本专科招生工作来看：在京统招录取本科新生的成绩，宏观上首次突破重点大学录取线（文科重点线466分，理科重点线460分）。在京第一批录取新生1 304人，而第一志愿上重点线人数达到 1 600 人。上重点线人数高于本科招生计划数，这在我校历年来的招生中尚属首次。第一批第一志愿（1 109 人）的录取率达到了 85%，第二志愿人数（195 人）只占 15%，这部分新生的成绩除思政专业外都在 490 分以上，高出重点线 2～3 个分数段。第三志愿和服从志愿的考生该年一概未录，原因是生源充足，挑选余地较大，不用等到第三志愿投档就已录满，这有利于学生专业思想的巩固。1999 年在京统招的新生中，理工类最高分为 579 分，文史类最高分为 553 分，最低分均在重点线以上，艺术类录取的新生成绩也好于往年，这是历年少有的现象。2003 年非师范专业的录取人数已超过师范专业，录取计划占第一批招生计划的 59%左右，是近年招生计划的特点之一。

适应 21 世纪首都教育发展的需要，将小学教师的学历层次提高到专科、本科的水平已成为必然趋势。为此，根据国家教委和北京市政府有关通知的精神，并请示教育部同意，我校 1999 年举办初等教育师资本专科班，采取单独命题、单独考试、单独招生的形式。另外经市政府批准，成立初等教育学院，新生入学后，全部由初等教育学院管理。1999 年上级下达给我校初等教育招生计划 600 人（本科 300 人、专科 300 人）。实际招生 599 人，其中直升专科（理科）78 人，通过考试录取 521 人。521 人中，本科录取 301 人（不分文理）；专科录取 220 人（理 132 人，文 88 人）。专科（理科）共计录取 210 人，5 个班；专科（文科）共计录取 88 人，2 个班。

在港澳台侨招生方面：我校自 1998 年获准招收港澳台侨全日制普通本科及预科学生。1999 年我校港澳台侨招生计划仍执行弹性计划（凡报考我校本科及预料，符合录取条件者均可录取，不受招生计划限制）。录取工作继续实施网上远程录取方式，1999 年，联合招生办公室划定的录取分数线为本科 200 分，预科 150 分，我校录取分数线为本科 200 分，预科 170 分。1999 年我校共录取港澳台学生共 16 人，本科 4 人，预科 12 人，其中香港学生 4 人，澳门学生 9 人，台湾学生 3 人。在录取的 16 人中，最后报到人数为 9 人，其中本科 4 人，预科 5 人。另外，又接收了 5 名来自云南师范大学 98 届预科转校生。其中香港学生 1 人，澳门学生 3 人，台湾学生 1 人。这 5 名均就读我校本科专业（中文系 1 人，政法系 1 人，英语系 1 人，德语系 1 人，生物系 1 人）。2003 年我校有港澳台本科生共 16 名。

在网上录取工作方面：我校实施网上录取的试点地区为北京市和天津市。在京招生工作进入现场网上录取，在天津市的招生工作实施全方位网上录取（在学校进行网上录取）。我校 1999 年在京招生工作只有阅档一项未在网上进行，在津则各项录取程序均在网上进行。

世纪之交，高校在生源领域的竞争日益激烈。我校在下列几个方面有了突破性进展。一是扩大招收外地优秀考生。2001 年在市教委支持下，我校尝试实行省际高师院校对等协作培养，取得较好效果，2002 年、2003 年继续进行协作，使我校一般专业在外地统招的数量扩大到 465 人，已超过 1994～1997 年在外地招生的数额。外地生源的考分平均比北京考生高 50 分左右。在艺术类招生方面，也一改过去北京生源一统天下的局面，2002 年起所有艺术类非师范专业均不作分省计划，在全国范围内招生，此举对我校艺术专业的发展具有重要意义。二是扩大招收非师范专业学生。由于我校加快了综合化进程，新建了一批非师范专业，2003 年非师范专业无论是招生专业数还是招生人数都首次超过师范专业，招收非师范生与师范生的比例为 56∶44。三是改变录取策略，如不再降分招收一志愿考生，改为适量招收二志愿高分考生；取消北京定向招生，减少外地定向生数量等。四是采取措施使招生工作更加科学化、规范化，并提高有效性，如设置本专科招生计划论证委员会，启动对招生计划论证的制度。另外，加大宣传力度，使全社会考生及家长对学校有更深入全面的了解，以吸引更多的优秀生源。

2003 年，教育部提出："依法行政、依法治招是深化高等学校招生管理制度改革的核心。"面对高校出现的招生规模失衡和招生过程失信的问题，我校结合自身实际，采取系列措施，推进招生的法治化进程。

二、收费制度

90 年代以前，我国高校的学生免缴学费和宿费，学校开支均由国家拨款。同时，对职工学生（入学前为国家职工）和家庭生活困难的学生提供"人民助学金"，并对确有需要者，提供临时补助。80 年代初，作了一些改革，即将助学金的发放与学生的平时表现联系起来。根据上述政策，我校采取了相应措施加以落实。另外，由于我国建立了独立的师范院校系统，为鼓励有志从事教育工作或家庭经济拮据者报考师范，国家为师范生提供伙食费。50 年代～70 年代，我校学生每人每月领取 12.5 元饭费，80 年代前期增为每人每月 18 元，90 年代前期增为每人每月 139 元，90 年代后期增为每人每月 170 元。但从 90 年代起，已不是平均发放到个人，而是提取一部分，集中起来，作为对优秀学生的专业奖学金。到 80～90 年代之交，我国部分高校试行缴费制，稍后，至世纪之交，多数师范院校的学生也须缴费上学了。可是，在北京市的支持下，截止到 2003 年，我校成为全国唯一一所师范生免交全部学费的高师院校。学生每年免交 5 000 元（一般文理专业）至 10 000 元（艺术专业）学费不等。十几年来，因为学校"少收多支"，北京市教育行政部门给予我校相应的经费补偿。

《高等教育法》规定"高等学校的学生应当按照国家规定缴纳学费"。我校对于计划内自费生、委培生和非师范生则收取学费，另外对各类学生均收取其他相关费用，如住宿费等。但坚持根据市教委、市物价局、市财政局规定的标准，不许违规胡乱收费。

在向学生依法收取学费的同时，近几年来，我校开始构建贫困生救助机制，完善对贫困生的"奖、贷、助、补、减"的资助政策。如为做好我校经济困难学生申请国家助学贷款的管理工作，依据北京市人民政府办公厅转发市教委、市财政局《关于国家助学贷款的管理规定（试行）的实施办法的通知》（京政办发［2000］4 号）和北京市教委、市财政局、市商业银行联合下发的《北京市国家助学贷款管理操作规程（试行）》（京教学［2000］032 号），我校于 2000 年先后成立了学生助学贷款办公室、国家助学贷款管理办公室。自 2000 年 9 月至 2003 年 9 月，全校共有 670 名学生申请助学贷款，贷款金额为 316 万余元。我校还实施了特困生补助办法。

三、就业状况和政策

从 50 年代起，国家就规定高校毕业生按国家指令计划分配就业，其中，地方院校毕业生主要在本地区就业，师范院校毕业生主要在普通教育口就业。1954 年我院招收一年制专修班学生，招生时即确定为定向培养、定向分配任中学教师。其后多年，毕业学生分配工作严格贯彻执行国家的毕业生分配政策和上级对于我院毕业生分配的各项指示。要求在分配工作中注意贯彻群众路线，成立院分配委员会和各系分配小组，全面了解毕业生情况，认真进行质量搭配。60年代前期，少量毕业生分配至各级政府部门或其他事业单位。80年代以后划出10%的名额，分配至普教口以外的部门。1991年我校制定的毕业分配政策中规定：委培生全部分配到委培地区和委培单位工作，远郊区县的毕业生分配到远郊区县工作，保送生分配到保送学校工作。为了加强基础教育，85%以上的本科毕业生分配到北京市教育局所属学校工作，并且择优分配，对学习和表现不好的学生在分配去向上加以限制。

1994年，我校执行的毕业分配政策更加清晰明确：基本上实行以计划为主、在一定范围内双向选择的分配办法来落实毕业生工作单位。凡是国家计划内招收的本专科毕业生，学校负责在教育系统推荐就业。保送生原则上派回保送学校或在所处区县协调；城近郊区生源的本科毕业生在城近郊区教育系统计划内择业；专科毕业生按生源所在区县教育局系统内安排就业，远郊区县生源的毕业生原则上在本区、县计划内择业；定向培养、协作培养或委托培养的学生，毕业后派回原定向、协培或委培单位；计划内招收的自费生，凭高教局加盖印章的毕业证书在全市范围内自主择业；统分生中的优秀毕业生可不受生源的限制，在分配计划中优先择业。90%的毕业生在普教系统择业，10%的毕业生可安排在高校、中专、中技、成人教育等教育管理部门择业。

自1990年开始师范类毕业生可以在生源所在城区内进行双向选择，1996年开始，东城、西城、崇文、宣武生源的师范毕业生可以在这4个城区内进行双向选择；1994年我校开始招收外省市学生以充实北京市的基础教育师资，合格毕业生可以在全市范围内双向选择；1998年开始，东城、西城、崇文、宣武、海淀、丰台、朝阳、石景山区生源的师范毕业生可以在这8个城近郊区范围内进行双向选择，这种针对师范生的双向选择就业政策延续至今。2001、2002、2003三届全日制本科师范类毕业生初次就业率分别为95.5%、93.3%和92.69%。

21世纪初，我校非师范专业毕业生增多，就业政策是坚持以市场为导向，提倡毕业生多渠道、多形式就业，鼓励毕业生到国家重点行业、西部地区和广大农村、基层和民营企业去建功立业，引导毕业生自谋职业，自主创业。近几年我校已有17个专业的非师范毕业生走上各行各业的工作岗位，包括国家机关、科研院所、新闻单位和科技企业等。

2003届毕业生分配就业情况见表5.2.1.1。

表5.2.1.1　　2003年本专科毕业生分配就业情况表

分配去向	师范类专业	非师范类专业
普教系统	1 172	27
教育系统（非普教）	69	13
考取研究生	97	37
考取双学位生	4	4
留校工作	5	3
出　国	7	22
待分配	62	175

续表

分配去向	师范类专业	非师范类专业
回归生源地	101	21
其他系统	134	565
合　计	1 651	867

注：表内数字含部分结业生数。

第二节　与其他层次类别学生相关的政策

一、成人高教生

80 年代，北京市为提高在职中小学教师的素质和学历水平，允许师范院校成人高教在招生考试科目和录取分数方面向在职教师考生倾斜，因此我校成人高教发展速度较快，规模较大。对成教生收费的标准，按市教委和财政局的统一规定执行。成教生以函授、夜大学或脱产就读等形式学习的，毕业后学校不承担为其分配工作的责任。

二、研究生

1979 年，我校招收首届硕士研究生，该届研究生是从 11 个省市 120 名考生中录取的。所拟试题，既注意了基础理论深度，又体现了一定的难度和灵活运用能力。共录取 22 名，完成计划招生的 68.7%。这些保证生源质量的做法，成为日后招生的良好开端。1983 年，开始招收在职研究生，生源多为本校青年教师，以之作为提高教师队伍素质的重大举措之一。1984 年，开始招收委培研究生和定向研究生。1985 年开始招收博士生，并将推荐优秀应届毕业生和在职优秀青年教师免试攻读研究生的办法，作为招生的举措之一。90 年代后期以来，招收的研究生有计划内和计划外之别。

2000～2003 年我校招生工作呈现几个特点：一是与全国的扩招趋势相同，报考人数迅速增加，分别为 1 437 人、1 524 人、1 806 人、2 860 人。为此，我校扩大了招生规模，硕士生年增 30%，博士生则控制增长比例，同时大力发展专业学位研究生教育，以培养更多的应用型人才。二是各学科专业之间合格生源呈现不均衡状态，有赖全社会协同加以引导。三是社会对研究生报考的关注程度加强，并呼吁改革考试制度。我校相应地实行了一些措施：按考生情况分学科专业划定复试的分数标准，专业考试调整到复试时进行，增加外语听力测试等。

从 1979 年至 2003 年，按国家规定，研究生就学一律不缴学费，而且享受政府提供的助学金。

关于毕业研究生的分配原则和办法，大致有以下几个方面。(1) 根据国家规定，实行由国家负责、按计划分配的制度。在职的研究生和定向、委培研究生毕业后一律派回原送地区和单位。(2) 试行在国家分配方针、政策指导下，采取学校推荐、毕业研究生与用人单位“双向选择”的办法，经上级主管部门批准后列入分配计划。并规定必须由用人单位、培养单位及毕业生本人三方签订协议，确定各自的义务以及相互制约的措施，毕业生如违约，按不服从分配处理。(3) 凡已纳入计划的毕业研究生，不服从分配，经教育后，不按规定时间到用人单位报到，取消分配资格，不授予学位。(4) 对结业研究生，国家不负责分配工作，学校可进行一次性推荐。(5) 凡符合国家规定，允许自费出国留学的毕业研究生，必须在毕业该年的两月前提出申请，批准后，按减员处理。(6) 毕业生中的婚姻恋爱关系，按国发 (89) 81 号文件规定办理。

从 1979 年招收研究生至 2003 年，我校硕士研究生已毕业 1 460 人，博士研究生已毕业 110 人，绝大多数取得了相应的学位。在已毕业的研究生中，相当一部分在高校从事教学和科研工作。1996～1999 年毕业研究生的分布情况为：高校师资 186 人，占 46.6%；研究单位 46 人，占 11.5%；党政机关 29 人，占 7.3%；中专学校 30 人，占 7.5%；其他 28 人，占 7%；以硕士生考取博士研究生的 27 人，占 6.8%。近几年研究生就业渠道更为多元化，而且过渡性就业占了一定比例。

第三章　本专科学生成绩综合测评及奖惩

第一节　成绩综合测评

一、沿革

为了激励学生奋发成才，从而培养合格的中学师资，1957年我院制订了《北京师范学院人民助学金暂行实施办法》，1978年出台了《北京师范学院三好学生评选条件和办法》。1984年，根据教育部、财政部、北京市高教局、北京市财政局关于人民奖学金的有关文件规定，结合我院情况制订了《北京师范学院人民奖学金试行办法》，其中规定，在评定三好生的基础上评定奖学金，每学年开学之初评定三好生，然后由系奖学金评定小组提出获得奖学金学生的名单。人民奖学金的获得者必须是三好学生，根据德、智、体全面发展的要求，做到思想品德好，学习好，身体好。工作中，要求每个学生认真作学年小结，填写《学年小结登记表》，在小组、班级进行个人交流和相互评议的基础上，经班委会，党、团支部，辅导员，任课教师评议鉴定，报系、院领导小组审核批准。对被评为三好学生、优秀学生干部者，颁发奖章和人民奖学金。

50年代至70年代考查学生往往突出强调学生在政治斗争中的表现，80年代以来，偏重以学习成绩评价学生，二者都不利于推动学生全面提高素质。再有，长时期以来，评估学生以定性评价为主，操作上有随意性。为深化、量化、细化对学生的教育管理，实现对学生的思想教育、行政管理与学生自我教育自我管理相结合，激励学生全面发展，1987年，我院学生工作部（处）开始在部分系的学生中进行综合测评，并于1988年3月制订了《北京师范学院学生综合测评的实施办法（试行）》。综合测评是对学生的德、智、体、美、能的全面测评，是班主任、广大同学和本人的共同测评，综合测评总分由思想品德分、智育分、体育分、基本技能分构成。为便于统计，在具体实施时，采用重新组合后的方案，即综合测评总分最后由学业成绩分、平时表现分、奖励分和扣除分四部分组成，学业成绩分占70%，平时表现分占30%，奖励分和扣除分依据事实直接加分或减分。为此，制订了《学生平时表现测评表》，包括思想意识、政治觉悟、道德品质、遵纪守法、专业思想、学习态度、基本技能、体育锻炼等20项内容，每项内容划分5项等级和分值，分别由本人、小组长、宿舍长、班长、班主任打分。奖励分包括社会工作附加分、各种奖励附加分、科研成果附加分、文体比赛附加分。同时，规定了综合测评的实施步骤及方法。综合测评的结果直接与奖学金和评优活动挂钩，并直接与毕业分配挂钩。非毕业班综合测评的时间安排在每年的9月份。

2001年7月，本着奖优罚劣、综合考察、全面准确、科学合理的原则，对我校学生的综合测评实施办法重新进行了修订。重新修订的《首都师范大学学生综合测评实施办法（试行）》中：测评内容增加了综合素质分，综合素质分值占10%，学业成绩分值比例仍为

70%，平时表现分值减为20%，专项加减分仍按实际得分记入总分。平时表现主要包括政治思想与道德品质、集体主义观念与集体荣誉感、遵纪守法、参加重大活动和团结同学等5项内容。综合素质分包括参加学术活动、职业技能比赛、读书工程、社团活动的得分。加分源自英语四六级通过者、学术科研活动及其他各类获奖者。

第二节　学籍管理

建校之始，院党政职能部门即将学籍管理工作排上了日程。1955年11月制订了《北京师范学院暂行学则》，并付诸实施，就入学注册、成绩检查、请假与旷课、奖励与处分、毕业及分配等项作出了具体规定。同时公布了《北京师范学院学生考勤暂行办法》。1963年，又制订了《北京师范学院学生成绩考核暂行办法》，对学生考试、考查的方式和运行、计分、补课、升留级、毕业和修业证书的发给均有说明。正当学籍管理工作走上正规化和制度化之时，因"文革"而停顿。1977年，恢复高考制度以后，学籍管理工作得到恢复，并在实践中逐步改进。在国家教委《高等学校学生行为准则》颁布的前后，我校制订了一系列有关学籍管理的规定。1986年，修订了《北京师范学院学生考场规则》；1990年公布了《学生成绩考核实施细则》；1990年公布了《北京师范学院学生学籍管理办法》，1992年仍继续沿用并编制出《首都师范大学学生学籍管理办法问答》，对学生入学与注册、考勤、成绩考核与学分计划、转学与转专业、本科转专科和专科转本科、休学、停学与复学、退学、奖励与处分、毕业和结业都作出了具体规定，并以问答的方式作了说明。同年还公布了《首都师范大学副修专业管理条例》，对进行此项工作的培养目标及方式、申报程序、招生与考试、教学计划的制订与实施以及管理等作出了规定。1994年又修订了《首都师范大学本科学生学籍管理办法》，引进了竞争激励机制。1999年，在《首都师范大学本科学生学籍管理办法》的基础上，制订了《首都师范大学本科学分制学籍管理办法》，从1999年入学的本科生开始执行3～6年的弹性学习年限，试行免修制，取消补考，实行重修制，并对学生的中期淘汰作了新的规定。学籍管理工作由教务处教务办公室负责。

第三节　奖　惩

根据激励和约束两种机制并行的原则，我校制订了对学生实施奖励和惩罚的规定。对学生的奖惩，在1955年制订的《暂行学则》中设有专章。其时奖励分口头表扬、褒奖、物质奖励三种；惩处有警告、记过、留校察看、开除学籍4种。在1963年制订的《关于实施〈学生奖惩暂行办法〉中有关奖励部分的具体意见》中，对受奖励总的要求是：以政治思想进步、道德品质好、积极锻炼身体为总前提，结合考虑学习成绩。1988年制订的《北京师范学院专业奖金实施细则》，是据市高教局转发国家教委、财政部［87］139号文件制订的。"我院专业奖学金分为优秀专业奖学金、普通专业奖学金和单项奖3种，优秀专业奖学金分为三个等级。"1990年制订的《北京师范学院学生学籍管理规定》中的"奖励与处分"条规定，对德智体全面发展或在思想品德、学业成绩、锻炼身体某一方面表现突出的学生，或树立良好的校风、班风、学风起模范作用者，可给予奖励。奖励实行精神鼓励和物质鼓励相结合，以精神鼓励为主，表扬的方式有：口头表扬、通报表扬、发给奖状、证书、奖章、奖品、或设置不同等级的奖金、授予荣誉称号等。对犯有错误的学生，视其情节轻重给予批评教育或纪律处分，处分有以下六种：（1）警告；（2）严重警告；（3）记过；（4）留校察看；（5）勒令退学；（6）开除学籍。并对确定错误的性质及处分的给予，在批准权限方面作出了具体规定。2000 年出台了《首都师范大学关于学生违纪处分规定》（试行），在制订过程中，开始注意尊重学生的权益与严格要求相结合。

一、对于学生所作奖励的统计

1982～2003 年，我校学生获市级“三好学生”、市级“优秀干部”称号者 147 人；市级“先进班集体”称号者 18 个（2001～2003 年）；评出校级“先进班集体”264 个，校级优秀社团 148 个；校级“三好学生”1 272 人，校级“优秀干部”293 人（2001～2003 年），校级“优秀毕业生”1 008 人；评出校级一等奖学金获得者 3 128 人，二、三等奖学金获得者 12 321 人，单项奖学金获得者 13 104 人，优秀毕业生奖学金获得者 2 378 人（2000～2002 年），国家奖学金（一、二等）获得者 86 人（2002～2003 年），金宝奖学金获得者 13 人（2001～2003 年）。

下面略举部分获得单项奖励或表扬的学生名单（其余参见本《志》第八编第三章第二节）。

1981 年，我院召开首届学生科学讨论会，共收到学生论文 611 篇，共有 150 篇论文获奖。

1989 年，美术系 1985 级学生宋冬《童曲》入选中国首届油画展，《发廊》入选第七届全国美术作品展，陈寅生《32826 号油井》在全国石油系统美术作品展中获金奖。

1992 年，美术系 1987 级学生刘元寿的《准备上战场》入选第八届全国美术作品展。

1992 年 5 月～1993 年 6 月，外语学院学生参加北京市在京高校申办 2000 年奥运会外语演讲比赛，5 个语系的 113 人参加初赛，42 人进入复赛，19 人进入决赛，并获奖 7 项。

1993 年，外语学院参加“全国第二届高校俄语大赛”北京区的比赛，俄语系 1988 级学生李永红获特等奖，李慧杰获二等奖。外语学院俄语系参加北京市高校首届“东方杯”俄语专业文艺演出邀请赛，分别获得话剧一等奖，朗诵二等奖，舞蹈《小白桦树》获舞蹈组第一名，并获“东方杯”。

1994 年，中文系 1990 级学生杨军晖获“全国十佳残疾青年”称号。

1997 年，我校接受国家教委的任务，组队赴新加坡参加“ '97 国家大专辩论会”，经过三轮角逐，我校辩论队（由崔卫军、王雁宏、王慰卿、李雪霞组成）获亚军，王慰卿获最佳辩手称号。我校物理系无线电小组学生刘凌、戴鹏、于晓光参加“北京市大学生电脑设计大赛”获三等奖。地理系男女 8 名学生组成的两支代表队，参加了由北京市教委和北京高校国防教育协会举办的“北京市学生定向越野比赛”，取得男女团体总分第一名、男子团体总分第一名，男子个人第一名和女子团体总分第五名的成绩。我校参加由市委教育工委、团市委、市教委、市学联主办的“建文明校园，做文明先锋”首都高校大学生演讲比赛，中文系学生李萌获一等奖。1994 年曾义务为北京市盲人学校学生援教的英语系学生，本年被评为北京市“优秀青年志愿者服务集体”。

1998 年 6 月 30 日至 7 月 15 日，第十六届世界杯足球赛在法国举行。法国外交部从

120 个国家和地区邀请全世界 600 名学法语的学生代表前往法国观摩比赛。中国有 5 个代表名额，其中京津地区仅有 1 人。经过多轮竞赛、选拔，我校外语学院法语系二年级学生王哲入选，赴法国观摩了世界杯比赛。8 月 9 日至 20 日，我校三名学生代表中国大学生参加了在挪威举行的“第十一届大学生定向运动锦标赛”，在 34 个国家和地区的 300 多名选手中，我校学生匡金辉取得了我国参加此项比赛以来的最好成绩。同年，我校学生参加“全国大学生数学建模竞赛”，获国家一等奖一项，二等奖一项，北京市一等奖一项，二等奖两项。

2001 年，在“挑战杯”首都大学生课外学术科技作品竞赛中，我校有 13 人、14 项作品获奖。信息工程学院研究生陈翔的《MCGSI 控组态软件平台》获三等奖。2003 年在“挑战杯”第二届竞赛中，我校 18 项作品获奖。同年，在全国“挑战杯”大学生课外学术科技作品竞赛中，我校生物系蔡正求的《细菌种特异性的 16SrDNA 寡核苷酸探针数据库的构建》，历史系刘荣华的《北京传统工艺美术行业现状调查》均获三等奖。数学系卞文良的《中小企业经营诊断及最优决策》在科技成果转让拍卖会上被某酒店以 1 万元的价格购去。

二、对学生的处分统计

自 1958～2003 年，受到开除学籍处分的学生 24 人；受到勒令退学处分的学生 20 人；受到劝退处分的学生 9 人；受到留校察看处分的学生 49 人；受到记过处分的学生 8 人；受到严重警告处分的学生 9 人；受到警告处分的学生 6 人；取消毕业资格的学生 3 人。

第四章 学生工作管理

第一节 学生工作体系和机构

一、工作体系与机制

（一）体制与机构

在长期的办学实践中，我校的学生工作逐步加强，形成了齐抓共管、分工合作的格局。党的系统，包括校、院（系、部）的党组织和各级团组织，直至班级的政治辅导员（曾一度设立），均承担学生工作。行政系统，包括校、院（系、部）的行政组织，直至班级的班主任，也都承担学生工作。同时，由校长分管的职能部门如教务处、研究生部，各承担相关的学生工作。由党政共管的专职部门，则有学生工作部（学生处）和武装部。此外，学校设立了若干专门委员会，如学位评定委员会、关心下一代工作委员会、毕业生分配委员会等，各职有专司。本《志》本节侧重记述本专科生工作体系和机构。

（二）学生工作队伍的建设

建院以来，学生工作除在班级设有专职政治辅导员外，主要是由党委宣传部、学生工作部（学生处）及人事处、教务处担任学生工作的有关干部，以及各系党总支和行政管理干部，院、系团委的干部来进行。党委在1978年的《工作总结》中指出，要在“学生中设专职政治辅导员”。1984年，党委在《关于加强学生思想政治工作的决定》中指出，全院各级党组织和行政部门都要加强对学生的思想政治工作，要做到“齐抓共管，形成合力”，要建立“班主任制度”，班主任是“作为院长和系主任派往教学班的代表，具体实施对学生的管理教育”。1986年，党委在《关于加强教书育人工作的暂行规定》中提出，“建立教师兼班主任制度，聘请教师指导学生课外学科小组和社团的活动”。要求“教学班要配备一名班主任”；“青年助教在五年内必须担任一年班主任工作，才具备晋升讲师的资格”；“课外小组和社团活动……要安排一部分讲师、副教授和教授指导”。1987年，党委《关于我院学生思想政治教育专职人员中聘任教师职务的实施细则》中，对聘任范围、任职条件、教师职责、任职资格评审与聘任都作出了具体规定。1990年，党委在《关于加强政工队伍建设的意见》中，界定学生思想政治教育工作队伍的成员主要是“包括学生工作部（处）、团委、各系分管学生工作的党总支副书记（系副主任）、团总支书记和班主任（政治辅导员）”。“这支队伍的结构是：院、系两级以专职为主，班级是专兼结合。专职队伍的人数，按在校生的100∶1配备”。“研究生人数在10人以上的，可聘任研究生政治导师1人”。文件中还对专职队伍的培训、发展方向及专兼职人员的任务、职责及待遇都作了具体规定。之后，党委把学生工作队伍与学生干部的建设，一直纳入日常工作之中。1997年10月，又对三年来参加学生工作的专职干部进行系统培训。“培训的主要目的是从思想、理论、业务上提高学生工作干部的整体素质，充分发挥他们的积极性、创造性。”

（三）规章管理制度的制订与完善

1954 年 10 月，首届学生入校后，学校即着手进行各项规章制度的建设。1955 年 11 月有关学籍管理的《北京师范学院暂行学则》和《北京师范学院学生考勤暂行办法》颁布施行，对学生的入学及注册、成绩检查、请假与旷课、转系及转科、休学、复学和退学、奖励与处分以及考勤的具体内容与措施都作出了具体的规定。1963 年，在贯彻“调整、巩固、充实、提高”的八字方针和贯彻“高校六十条”的基础上，进一步加强“三基”，努力提高学习质量，制订了《北京师范学院学生成绩考核暂行办法》和《关于实施学生奖惩暂行办法》有关奖励部分的具体意见。1985 年，人事处学生科划归学生部，实行了学生部和学生处部处合一的体制后，学生的管理工作进一步走向正规化、科学化，有关学生管理的规章制度不断建立和日趋完善。2002 年学生工作部印制《学生手册》，汇集了各类管理规定。

二、学生工作部（学生处）的沿革与职责

（一）沿革

1954 年，北京师院专修班政治辅导处协助各科考核学生的品行，进行专业思想教育、纪律教育、时事教育。各科科主任对学生全面负责，每科设专职或半专职干部协助对学生进行政治思想教育。

1955 年 7 月，北京师院人事室成立，下设学生组，负责招生、学籍管理以及毕业生分配等工作。1960 年，人事室改建为人事处，学生组改建为学生科。

1966 年至 1970 年，这 5 届学生的分配工作，由当时的院系革委会政工组主持。1970 年工农兵学员入校，学员的日常管理工作由院革委会教育革命组负责，招生、分配及学生的助学金则由校革委会人事组负责。

1977 年，恢复高考后，学生工作划归教务处负责，但学生助学金、政审、分配等工作仍由人事组负责。1979 年，人事处建制恢复，学生科建制也随之恢复，上述学生工作由教务处划归人事处。同年，我院招收首届研究生，相关工作由教务处负责管理。

1980 年，党委确定将学生工作作为一项专职工作，宣传部是学生思想政治工作的主管部门，设一名副部长专管学生思想政治工作，各系则设立学生工作组。1981 年 4 月，党委批准正式成立学生工作的专门机构——学生工作部，挂靠宣传部。1982 年 2 月，学生工作部脱离宣传部，成为一个独立的职能部门。10 月，又成立德育教研室。学生工作部与德育教研室实行两块牌子一套人马的体制，属于党委的职能部门，在党委的直接领导下，负责全院学生的日常思想政治教育工作和担负对学生进行思想品德课程的教学工作，并受党委委托领导院团委和学生会的工作，但是，毕业生分配工作仍由人事处负责。

1985 年，为进一步强化学生工作的行政管理职能，党委决定，并经高教局批复我院建立学生工作处，新建的学生工作处和原有的学生工作部在机构上合二而一，原设在人事处的学生科划归学生工作部（处），两块牌子，一套人马，负责全院研究生及本专科学生的思想政治工作、学生的毕业分配工作以及学生助学金的管理和奖惩工作，学生政工队伍建设工作，并协助党委指导、帮助团委、学生会开展工作。1986 年 7 月，德育教研室与学生工作部（处）脱离，成为一个独立的教学机构。学生工作部（处）负责全校学生的思想政治教育、日常行为管理、学籍管理、奖惩及分配、学生宿舍管理等工作。同时，各教学

班设班主任，由各系教师兼任，协助工作部（处）工作。1986 年 9 月，研究生处成立。11 月颁行了《北京师范学院研究生章程》，研究生教育的领导体制日趋完善。此后，学生工作部（处）一直保持两块牌子一套人马，党政齐抓共管的体制。

学生工作部（处）下设学生教育办公室、素质教育中心、学生管理办公室、就业指导中心、心理咨询中心、助学贷款办公室、勤工助学指导中心。共有工作人员 14 名。主要负责人见表 5.4.1.1。

表 5.4.1.1　　学生工作部（学生处）主要负责人任职更迭表

姓　名	职　务	任　期
王殿卿	学生工作部部长	1981～1986
朱全俊	学生工作部（处）长（兼）	1986～1988
方卫渤	学生工作部（处）长	1988～1991
王　伟	学生工作部（处）长（兼）	1991～1992
刘维山	学生工作部（处）长	1992～1996
王洁生	学生工作部（处）副部（处）长（主持工作）	1996～1998
烟　青	学生工作部（处）长	1998～

（二）职责

作为学生思想教育工作的职能部门，其职责涉及：开展各种思想教育活动，进行学生日常思想教育；调查分析学生的思想动态，向党委汇报学生的思想状况及信息；对学生进行形势政策教育、素质教育、心理健康教育；专职学生工作队伍的建设及学生骨干的培训与提高；学生的社会实践活动及学生工作的基层建设。

作为学生管理工作的职能部门，其职责涉及：学生的综合测评、奖学金评定、违纪处理，及学生休、退、复、转等工作；新生入学、毕业生分配工作；学生档案管理；学生勤工助学和助学贷款管理；接待处理学生家长、用人单位的信访工作；学生在宿舍寓居期间的教育、管理和服务。

附：学生工作部（处）近期规章制度要目

- 心理咨询与行为指导工作的暂行规定
- 关于学生勤工俭学活动的暂行规定（2000）
- 学生宿舍管理条例（移交后勤集团执行）
- 学生宿舍管理补充规定（移交后勤集团执行）
- 学生违纪处分规定（试行）（2000）
- 学生证件的管理规定（1997）
- 学生综合测评实施办法（试行）（2001）
- 师范专业优秀奖学金评选条例（试行）（2000）
- 非师范生优秀奖学金评选办法（2002）
- 学生申请国家助学贷款实施细则（试行）[修订]（2000）
- 关于学生参加勤工助学活动的管理规定（试行）（2000）
- 学生从事家教活动管理暂行规定（1999）
- 学生学术活动实施细则（试行）（1999）

- 学生读书工程实施细则（试行）（1999）
- 学生科研活动实施与管理条例（试行）（2001）
- 特困生补助办法（2001）
- 关于经济困难学生减免学费的暂行办法（2003）
- 毕业生就业暂行规定（2001）
- 国家奖学金评选办法（2002）
- 大学生素质教育整体规划（2003）
- 大学生发表学术论文（科研成果）奖励办法（试行）（1999）
- 市级优秀毕业生评选条例（2001年起每年修改）
- 校级优秀毕业生评选办法（2001年起每年修改）
- 校园文明行为规定（试行）（1997）

三、武装部沿革与职责

1958年，在“全民皆兵”的高潮中，我院成立了民兵师，并接受了国庆阅兵。在此基础上我院又成立了民兵师警卫连，由党委保卫部直接领导，负责全院节日期间的保卫工作。1963年，正式成立院武装部，负责全院民兵的组织、思想教育、军事训练工作，以及学生的学军活动。“文革”中该机构仍保持，兼受海淀区武装部领导。1993年起，武装部挂靠在学生工作部，武装部长由学生工作部长兼任。武装部负责人见表5.4.1.2。

表5.4.1.2　武装部主要负责人任职更迭表

姓　名	职　务	任　期
孙政国	武装部副部长	1963～1983
黎荣光	同　上	1984～1986
黎荣光	武装部长兼军训教研室主任	1989～1993
刘维山	武装部长（兼）	1993～1996
王洁生	武装部副部长（兼）	1996～1998
烟　青	武装部长（兼）	1998～

武装部的职责是：负责全院民兵的组织、思想教育、军事训练工作；做好拥军优属工作；做好有关人民解放军各种纪念活动的组织工作；协同学校办公室做好全校良好作风的培养和纪律教育工作；负责全校学生的国防教育、军事理论课的学习及军事训练工作；负责学生定向运动工作。武装部建立初期开展了民兵工作和校内保卫工作，70年代开始承担学生学军工作，80年代后期学生军训工作逐步成为武装部的主要任务。自2002年武装部又承担在大学生中征兵的工作。目前，军训、国防体育、国防宣传教育和学生征兵入伍工作已形成了有机组合。

第二节　学生工作部（处）及武装部主持的数项学生工作

一、素质教育

1999 年学校成立了素质教育办公室，由教务处、学生处、团委共同参与，组织全校学生的文化素质教育工作。2001 年成立素质教育中心，挂靠在学生处，中心主任由学生处副处长兼任。中心制订了《素质教育整体规划》，主要涉及学术科研活动，如读书工程、社团活动、教师职业技能训练、全能竞技大赛、“素质拓展——主体特色活动”、“尖子活动实施方案”等。

学术科研活动的主要内容之一，是举办“校园世纪讲坛”，该讲坛是学生学术活动、讲座、报告等的集成，分成六大主题，每年举办不少于 200 场学术和热点问题讲座，不仅营造了校园的学术氛围，更为学生提供了了解社会热点、提高学术水平的机会。2001 年 9 月至 12 月即举办讲座 100 多个，参与的学生达到 13 000 人次，开阔了学生的学术视野。中心还组织以当前社会问题为中心内容的各种主题活动，如 2001 年配合《公民道德建设实施纲要》的宣传教育，开展了以“远离不文明行为，争做高素质学子”为内容的“文明修身践行，塑造优良学风”主题活动，从而提高了校园文明程度，受到新闻媒体的关注和师生的赞扬。针对大学生中存在的“诚信和责任”的问题，又开展了“诚信·关爱·责任”大型主题教育活动。

为了增强师范生的科研能力，从 1999 年底开始实施《学生科研活动实施与管理条例》。每年由学校提供专项资金 25 万元～30 万元，本科生和研究生结成小组申报课题，在教师指导下开展研究。3 年来全校共批准立项 357 项，2001 年、2002 年、2003 年分别评出 21 个、25 个、62 个优秀科研成果奖，并编辑了 3 册《大学生优秀科研成果论文集》。直接参与科学研究的学生达到 2 000 人左右，通过参与科研活动，学生从中学会了一些科学研究的方法，更培养了创新能力和科学精神，增强了主动学习、研究性学习的意识。

二、心理咨询

1994 年学生处成立了心理咨询中心，到 2001 年形成专兼职结合（含外请两名专职专家）由 12 人组成的队伍。他们在工作中坚持以整体教育为主，又注意个别咨询；坚持发展性目的，即以增强学生心理素质为主，预防为主；逐步形成了一套教育、教学、咨询、科研和对外交流相结合的工作模式。每年为新生进行心理测试，除建立新生心理档案外，又为学生开设了《大学生心理健康教育》、《性心理与性教育》和《心理咨询与心理治疗》等课程，受到学生的广泛欢迎。同时积极开展心理咨询活动，1994 年至 2003 年共接待个别咨询 2 780 人次，团体咨询 940 人次，现场咨询 1 200 人次；共举办新生心理适应讲座、毕业生就业心理指导讲座和相关讲座 386 场，参与学生约 22 350 人次；共举办 3 次心理文化周、4 次心理文化月，参与学生近万人次；举办大型心理素质教育展览 3 次；对专兼职心理咨询教师进行督导、培训共 28 次，培训了一支素质较高、专业能力较强、专兼职结合的心理咨询教师队伍。2000 年 7 月心理咨询中心被评为北京市心理素质教育先进单位。

三、军训

50年代末我院成立了民兵师，除参与节日天安门阅兵活动外，平时有队列、射击、防化等多项训练。1966年毛泽东发表《五七指示》，要求学生“以学为主，兼学别样”，学军是兼学的重要内容之一。同年，中共中央、国务院发布《关于对大中学校革命师生进行短期军政训练的通知》，指出，通过军训，师生可以向解放军学政治、学军事、学四个第一，学三八作风，学三大纪律八项注意，加强组织纪律性。我院除仿军事化建制（团、营、连、排、班）外，每年安排一次集中训练，平时常有“拉练”活动，即“拉出队伍，进行训练”。1967届各系毕业生在1968年到河北省蔚县解放军某部锻炼一年，次年才进行分配工作，也是学军的一种形式。70年代，根据毛泽东关于“全党都要注重战争，学习军事，准备打仗”的指示，军训纳入教学计划。1974年，全校师生奔赴山西省临汾，进行了一次大规模的学军活动，返京途中又参观了大寨。同时，各系大多结合自身专业特点安排学军活动。如化学系到京郊房山某防化部队学军，历史专业学生曾到河北邯郸某部学军等。

80年代，学军活动一度停顿。1985年国家教委、总参谋部等下发了《关于高等学校高级中学进行军训训练试点问题的通知》，1986年发布《高等学校学生军事训练大纲》，提出：“对高等学校的学生实施军事训练，是学校改革教育内容，培养坚持四项基本原则的‘四有’人才的一项重要措施，是学生就学期间履行兵役义务，接受国防教育的基本形式。”从此军训、国防教育逐步走上规范化。1988年根据国家教委《关于1988学年高等学校军训安排的紧急通知》的精神，我院被确定为军训试点院校，对1988级新生按照《高等学校学生军事训练大纲》实施了集中训练。学校规定军事训练是教学计划的重要环节，学生参训期间的表现和军训成绩记入本人档案，考核不合格则按《全日制普通高等学校学籍管理办法》和学校有关规定处理。当时成立了院长直接领导、一名院领导主管，并由武装部、学生部（处）、团委、教务处、总务处等部处负责人参加的院军训领导小组（以后逐年调整人员）。自此，学校武装部每年组织对新生的军训活动。1992年我校规定军训作为学生的一门必修课，凡本科一年级学生（包括委培生）必须参加教学计划规定的军事理论课的学习和军事训练，未经批准不参加军事训练的学生，不予发放毕业证书，按结业处理，军事理论课和军事训练的考勤与考试按照我校《学籍管理办法规定》的有关条例执行。

在1992年11月海淀武装部举行的军训试点高等院校首届半自动实弹射击比赛中，女子各个比赛项目里我校学生均有人在前三名中取得名次。1993年，我校因承担全国七运会开幕式文体表演，1992级学生军事理论课照常进行，而停止集中训练的内容。1994年我校开始在北京高校学生军训基地——大兴魏善庄对新生进行军事训练，工作更加规范。2000年我校获“北京市学生军训工作先进学校”称号，2001年又获“全国学生军训工作先进单位”称号。1988年至2003年，我校共有近18 000名学生参加了军事训练。我校学生军训活动见表5.4.2.1。

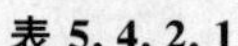

表 5.4.2.1　　学生参加军训活动一览表

年度	参训年级	参训人数	带队教师	参训地点
1988	1988 级	1 023	40	河北省承德隆化驻军某部
1990	1989 级	550	19	北京昌平高校学生军训基地
1991	1990 级	771	40	同　上
1992	1991 级	810	25	同　上
1994	1993 级	773	25	北京大兴高校学生军训基地
1995	1994 级	0		
1996	1995 级	854	30	同　上
1997	1996 级	919		北京延庆驻军某部
1998	1997 级	1 410	38	北京大兴高校学生军训基地
1999	1998 级	1 448	38	同　上
2000	1999 级	1 823	30	同　上
2001	2000 级	1 776	30	同　上
2002	2001 级	2 461	40	北京大兴高校学生军训基地、门头沟斋堂军训基地
2003	2002 级	2 487	40	同　上

我校武装部自 1996 年开始对军训工作进行巩固和延伸工作，大力开展军事体育活动，并在学生中成立了定向运动协会。1998 年 8 月我校代表我国大学生参加了在挪威举行的定向运动锦标赛，并取得了我国参加此项比赛以来的最好成绩；10 月又参加了在密云举行的“亚太地区定向运动锦标赛”；11 月底，我校举办了“ '99 世界公园定向运动巡回赛分站选拔赛暨 '98 首都师大校园定向运动比赛”。2003 年 11 月 15 日，我校又承办了由中国定向运动协会及北京市国防教育协会主办的北京市学生定向越野比赛，京津地区共有 22 所高校、6 所中学共 200 余名运动员报名参加了比赛。我校的定向运动得到了蓬勃的发展。

四、就业指导

1993 年 4 月，首都师大就业指导中心成立，由学生处毕业分配办公室成员开展工作，设主任一名，由学生处分管毕业分配工作的副处长兼任。

2000 年起，毕业生就业制度发生了根本性变化。几年来，就业指导中心工作目标日益明确，工作范围也日趋广泛。主要工作有：（1）健全工作制度。（2）开展就业指导。（3）制订我校研究生、师范类毕业生、非师范类毕业生三种就业工作办法。（4）通畅网络服务。（5）加强对外宣传。（6）举办校园招聘会（4 年来共 200 余场次）。（7）开展毕业生追踪调查。（8）其他工作，如档案的管理与转递，毕业生就业资格审查、上报就业方案、办理派遣，毕业生离校等工作。

五、勤工助学

为配合高等教育改革，确保我校学生勤工助学活动的健康发展，促进学生德、智、体、美等全面素质的提高，使我校学生勤工助学活动的管理更加科学化、规范化，2001年3月我校成立了勤工助学中心。截至2003年8月，中心为学生共提供了270个固定岗，临时岗119个，参加学生640余人，发放勤工助学经费13.5万余元。

第五章　毕业生信息

第一节　毕业生追踪调查

首都师范大学建校近50年，共培养各类合格毕业生十万多名，毕业生遍及全市教育系统、国家机关、企事业单位及其他行业，为首都的文教事业、经济建设和社会发展作出了重要贡献，成为北京市基础教育师资和其他现代化人才培养的重要基地。另有约两万多名全日制本科生和成人高教函授生毕业后工作在全国十几个省市自治区。

进入新时期，从1987年至2003年，我校多次进行毕业生追踪调查，其中，1996年3月至5月为准备申报进入“211工程”计划的材料而作的调查，规模最大，获取数据最全，且信息最多。《首都师范大学毕业生调查报告》称：这次在北京18个区县抽样调查22 150名毕业生的状况（其中18 419人在职），结果显示：我校在北京普通中学工作的毕业生，占全系统教师总数的36.69%，在中学11个主要科目具有本科学历的教师中占57.1%，在全部市级、区县级重点中学（57所）教师中占44.1%；目前，我校毕业生有788名担任中学校长、书记，即北京市平均每所普通中学有一名我校毕业生担任校级领导职务；我校毕业生有4 771人担任高级教师、5 018人担任一级教师，即北京市平均每所中学各有6名我校毕业生任高级教师、6名我校毕业生任一级教师；在北京普通中学，我校毕业生有109名获得过国家级奖励，1 007名获得过市级奖励。

《报告》指出：北京普教系统普遍认为，首都师大毕业生在北京各中学是教育教学和学校管理的主力军，首都师大已成为为北京输送中学师资名副其实的主渠道。

在20世纪，首都师大全日制本科主要设置师范专业，毕业生90%以上分配至中学工作，也有少量毕业生分配到其他系统，同时，在中学工作的毕业生，有一部分由于各种原因，后来转入非普教系统工作。至于成人高教本专科毕业生、毕业研究生以及世纪之交各非师范专业的毕业生，更是活跃在各条战线和各种岗位上。上述各类毕业生，经过再学习特别是工作实践的磨练，许多人分别在科教文卫部门、党政军部门和工商企业界担任了重要职务，取得了令人瞩目的成绩。

第二节　毕业生举隅

首都师大及其前身（原北京师院、北京师院分院、北京联合大学外语师院）共培养本专科及研究生10万余名。毕业生走上工作岗位后，在各级党委和政府以及所在单位领导及群众的关怀和培育下，奋发努力，经过再学习和工作实践的磨练，逐步从“学校人才”成长为“社会人才”，其中涌现出一批又一批活跃在各条战线各种岗位上的代表性人物。本节列举部分毕业生的工作简况，以示一斑。有关“毕业生举隅”的说明如下：

1.“举隅”列举若干本专科及其以上教育层次的毕业生。此稿暂不收集附属的中等教育各办学单位的毕业生（只录入了几名属于这类情况的校友会理事）。

2. 凡本校毕业生留校工作，已在本《志》第九编《人物》中给予介绍者，此处不再举出。

3. 排名不分先后，一般是将同一系科的毕业生予以集中，然后按毕业年份依次排列。

4. 著录格式：毕业生姓名之后，依次为毕业系科（不加附注即为北京师院和首都师大所属系科），毕业届别（不加附注即为本科毕业，其他则加“专”、“硕”、“博”等字样），工作单位和职务（如后附“原”字，则表示为曾任职）。

一、基础教育工作者

刘朏朏，中文系，61届，中学特级教师。

朱蔼昭，中文系，62届，中学特级教师，北京西藏中学。

苏立康，中文系，62届，中国教育协会中学语文教学专业委员会副理事长，北京教育学院教授。

马振民，中文系，62届，全国优秀教育工作者，北京大兴黄村一中。

顾德希，中文系，63届，中学特级教师，全国教育系统先进工作者，北京四中。

赵文江，中文系，63届，全国五讲四美先进工作者，北京顺义牛栏山中学。

赵大鹏，中文系，64届，中学特级教师，北京东城区教学科研中心。

田慧生，中文系，64届，全国优秀教育工作者，北京和平门中学。

程　刚，中文系，82届，中学特级教师，北京西城区教委主任。

石彦伦，中文系，82届，首都师大附中校长。

王宗显，历史系，55届（专），全国教育系统先进工作者，北京62中。

陈隆涛，历史系，60届，中学特级教师，北京35中。

孟广恒，历史系，62届，中学特级教师，北京教科院。

姜　菲，历史系，63届，中学特级教师，北京五中。

郭　涵，政教系，82届，北京101中校长。

董　晨，政教系，85届，中学特级教师，北京市牛栏山一中校长。

张　涌，通师，55届（中专），北京通州师范学校副校长（原），国家级田径裁判。

冯雪珍，三师，84届（中专）北京海淀实验小学校长、书记。

苑玉台，外语系（俄），64届，中学特级教师，北京教科院。

孟雁君，外语系（英），67届，中学特级教师，北京市特等劳模，北京教科院。

王乐军，外语系（英），67届，中学特级教师，北京15中。

刘成真，外语系（英），67届，中学特级教师，河南省洛阳市教育局教研中心。

王　岱，外语系（英），82届，中学特级教师，北京二中。

梁丽冰，外语系（英），83届，中学特级教师，北京丰台区教研员。

汪　艳，英语系（外师），90届，中学特级教师，北京八中。

冯聪英，美术系，75届，徐悲鸿中学校长。

贺信淳，数学系，55届（专），中学特级教师，北京东城区教科中心。

郑家麟，数学系，59届，中学特级教师，北京18中。

王占元，数学系（师专），61届（专），中学特级教师，北京教科院基教中心。

乔家瑞，数学系，61届，中学特级教师，北京教育学院崇文分院。

任光辉，数学系，62届，中学特级教师，北京立新中学。

王建民，数学系，62届，中学特级教师，北京中关村中学。

赵大悌，数学系，62届，中学特级教师，首都师大附中。

孙维刚，数学系（师专），62届（专），中学特级教师，北京22中。

周又芝，数学系，62届，中学特级教师，北京化工大学附中。

钱玉龙，数学系，62届，全国优秀教师，北京顺义牛栏山中学。

薛文叙，数学系，64届，中学特级教师，北京石油大学附中。

邵光砚，数学系，64届，中学特级教师，清华大学附中。

蒋宏涵，数学系，64届，中学特级教师。

陈俊辉，数学系，64届，中学特级教师。

范登宸，数学系，65届，中学特级教师，北京20中。

邴介夫，数学系，66届，中学特级教师，北京九中。

万　福，数学系，66届，中学特级教师，北京教育学院宣武分院。

郭立昌，数学系，67届，中学特级教师，北京市教科院。

郝　澎，数学系，67届，中学特级教师，东城区数学教研室。

郭　璋，数学系，67届，中学特级教师，北京朝阳区教研中心。

范永利，数学系，67届，中学特级教师，北京朝阳区教研中心。

刘纯朴，数学系，67届，全国模范班主任，北京市劳动模范，北京通州一中。

刘际蓁，数学系，82届，全国优秀教师，北京北海中学。

董明臣，数学系，82届，全国教育系统劳动模范，北京延庆中学。

童嘉森，数学系（分院），83届，中学特级教师，北京80中。

张振威，数学系（分院），83届，中学特级教师，北京海淀教师进修学校校长。

腾立军，数学系，85届，全国优秀教师，北京怀柔一中。

祁京生，数学系，85届，中学特级教师，北京通州潞河中学副校长。

张思明，数学系，93届（硕），中学特级教师，北京十大杰出青年，北京大学附中副校长。

周誉蔼，物理系，59届，中学特级教师，北京15中。

刘正己，物理系，61届，中学特级教师，北京12中。

郑人凯，物理系，61届，全国优秀教师，北京35中。

李时毓，物理系，61届，全国教育系统优秀工作者，北京顺义牛栏山一中。

刘树信，物理系，61届，原北京第三师范学校校长（原）。

唐朝智，物理系，62届，中学特级教师，首都师大附中。

刘千捷，物理系，63届，中学特级教师，北京八中。

赵汝兴，物理系，63届，中学特级教师。

涂克昌，物理系，63届，中学特级教师，清华同方教育技术研究所所长。

吴是辰，物理系，63届，中学特级教师，北京五中。

王天谡，物理系，64届，中学特级教师。

张香永，物理系，79届，全国优秀教育工作者，北京商贸学校校长。

杨春江，物理系，81届，顺义杨镇一中校长。

孙京玫，物理系，82届，主动到西藏工作。

刘长铭，物理系，83届，北京四中校长。

韩　萍，物理系，83届，中学特级教师，北京市盲人学校副校长。

钮晓桦，物理系，83届（分院），北京二中校长。

任炜东，物理系，92届，全国模范教师，北京日坛中学。

刘君德，化学系，57届（专），北京房山区河南中学，1958年因公殉职。

冯　朋，化学系，61届，中学特级教师，北京教育学院朝阳分院。

李时毓，化学系，61届，全国优秀教育工作者，北京顺义牛栏山一中。

王绍宗，化学系，62届，中学特级教师，首都师大附属育新学校校长。

冬镜寰，化学系，64届，中学特级教师，北京西城教研中心。

孙心若，化学系，64届，中学特级教师，北京宣武区青少年科技馆。

柯毓壁，化学系，64届，中学特级教师，北京十一学校。

于　丽，化学系，65届，全国教育系统优秀教师，北京159中。

李鹤年，化学系（分院），81届，北京怀柔一中校长。

郑克强，化学系（分院），83届，中学特级教师，北京东城区教研中心主任。

徐伟念，化学系（分院），83届，北京市劳动模范，全国师德先进教师，北京景山学校。

刘　鸿，化学系（分院），83届，北京航空航天大学附中校长。

张怀安，化学系（分院），83届，北京房山琉璃河中学校长。

贾康生，化学系，85届，全国优秀青年教师标兵，北京延庆中学。

王淑香，化学系，86届，全国优秀教师，北京大兴魏善庄中学。

李金海，化学系，64届，全国优秀教育工作者，北京广渠门中学。

董宝华，生物系，61届，中学特级教师，全国教育系统劳动模范，北京教科院。

刘存孝，生物系，62届，全国优秀教育工作者，顺义牛栏山一中。

龚正行，生物系，63届，中学特级教师，北京八中校长（原）。

王　勇，生物系，63届，中学特级教师，中国人民大学附中。

裘伯川，生物系，64届，中学特级教师，北京教科院。

陈正宜，生物系，66届，中学特级教师，北京日坛中学。

王润田，生物系，66届，全国优秀教师，北京通州二中校长（原）。

张志文，生物系，82届，中学特级教师，北京燕山区教研中心。

郭正权，地理系，56届（专），中学特级教师，北京教科院。

刘金栋，地理系，58届（专），中学特级教师。

邹　倩，地理系，62届，全国优秀教师，北京工业大学附中。

金桂森，地理系，63届，中学特级教师。

张　兵，地理系，63届，中学特级教师。

顾谊群，地理系，65届，中学特级教师，北京15中。

许　鑫，地理系，65届，中学特级教师，北京80中。

向学禹，地理系，65届，中学特级教师，上海某中学。

王能智，地理系，67届，中学特级教师，北京教育学院石景山分院。
张　凯，地理系，68届，中学特级教师，全国优秀教师，北京龙潭中学。
夏　芳，地理系，82届，中学特级教师，北京西城区161中学。
董学文，地理系，84届，全国优秀教师，北京通州干部中专。
李　奕，地理系，91届，中学特级教师，北京东城区教委副主任。

二、科学、教育、文化、艺术工作者

牛宝彤，中文系，57届（专），中国人民公安大学教授。
朱文相，中文系，62届，中国艺术研究院院长（原），研究员。
连瑞庆，中文系，62届，中央教科所《教育研究》主编（原）。
李乐毅，中文系，62届，教育部语言文字应用研究所研究员。
赵日升，中文系，62届，中国青年出版社《小说》主编（原）、诗作者。
张同吾，中文系，62届，中国作协创作部研究员。
孙武臣，中文系，62届，《文艺报》编审，中国作协鲁迅文学院副院长（原）。
王学泰，中文系，64届，中国社会科学院文研所研究员。
文　喆，中文系，64届，北京市教科院副院长（原）。
何孔周，中文系，64届，《文艺报》评论部主任（原）。
张巨龄，中文系，65届，《光明日报》高级记者。
母国政，中文系，65届，文学作者。
刘　讷，中文系，66届，中国社科院文研所研究员（原）。
章仲锷，中文系，67届，《中国作家》编审（原）。
武晋先，中文系，82届，中央电视台新闻编辑部主任编辑。
刘　涵，中文系，82届，北京青年报社副社长。
张福庆，中文系（分院），82届，外交学院教授。
方　宁，中文系（分院），83届，《文艺研究》主编，编审。
李　宁，中文系，84届，美国现代周刊、TBN浩瀚之声国际网路广播网新闻部总编辑。
夏　丽，中文系，85届，中国美术出版总社《连环画报》主编。
孟京辉，中文系，86届，中国实验话剧院编剧。
王　安，中文系（分院），87届，中国美术馆副馆长。
张　越，中文系，88届，中央电视台节目主持人。
舒　波，中文系（分院），90届，中央电视台制片人。
张海瀛，历史系，59届，山西省社科院副院长、研究员。
王殿卿，历史系，62届，北京青年政治学院教授。
郭成伟，历史系，65届，中国政法大学教授。
张晓爱，历史系，69届，北京电视台总编辑。
郑也夫，历史系，77届，北京大学社会学系教授。
王宏治，历史系，77届，中国政法大学法律史学研究中心教授。
贾书田，政教系，64届，北京日报社党委书记（原）。

赵多佳，政教系，82 届，北京人民广播电台副总编。
房　宁，政教系，82 届，中国社科院政治学所副所长，研究员。
张　雪，政教系，84 届，中国音乐学院党委书记。
柏　杨，政法系，92 届，中央电视台制片人、节目主持人。
苏国勋，外语系（俄），65 届，中国社科院社会学所研究员。
王大刚，外语系（俄），65 届，澳大利亚塔斯马尼吉大学教授。
郝晓鸣，外语系（英），75 届，新加坡南洋理工大学教授。
邱　鸣，日语系（外师），82 届，北京第二外国语学院副院长。
姜　华，英语系，91 届，北京电视台节目主持人。
刘元元，德语系（外师），92 届，北京电视台节目主持人。
杭天琪，音乐系，87 届，音乐人，一级演员。
柯肇雷，音乐系，92 届，音乐人，北京钛友文化有限公司艺术总监。
刘凤兰，美术系，68 届，清华大学建筑系教授。
宋焕成，美术系，68 届，清华大学建筑系教授。
戴士和，美术系，77 届，中央美术学院造型学院院长。
张文华，美术系，82 届，中国美协《美术》编辑部主任。
郑晓华，书法所，98 届（博），中国人民大学徐悲鸿艺术学院副院长、教授。
张英伯，数学系，75 届，北京师大教授。
何书元，数学系，81 届，北京大学数学院副院长。
汪同三，数学系，81 届，中国社科院数量经济技术经济研究所所长。
汪丁丁，数学系，81 届，北京大学中国经济研究中心教授。
张　爽，数学系，83 届（硕），美国辛辛那提大学教授。
戎小春，数学系，85 届（硕），美国 Rutgers 大学终身教授。
熊家华，物理系，63 届，北京联合大学党委书记兼校长（原）。
王铁楷，物理系，65 届，中国金融出版社副社长（原）。
张大也，物理系，82 届，兰州大学副校长。
周孝正，物理系（分院），82 届，中国人民大学社会学系教授。
万迪基，化学系，61 届，北京科教电视制片厂厂长（原），一级导演。
任大惠，化学系，62 届，中国电视剧制作中心制片人（原）。
漆方方，化学系（分院），81 届，美国惠氏制药公司高级研究员。
赵啸天，生物系，66 届，北京同仁医院耳鼻喉科主任、教授。
张绮文，地理系，61 届，中国林科院研究员。
袁家栋，地理系，65 届，中科院地理科学与资源研究所研究员。
李守仲，地理系，68 届，中国商报社总编辑。
郭长福，地理系，68 届，中科院地理科学与资源研究所所长。

三、党、政、军干部

高起祥，中文系，61 届，中共北京市委副秘书长（原）、市委组织部副部长（原）、北京社科院院长（原）。

胡红星，中文系，63届，北京西城区副区长（原）、育荣国际教育园区顾问。

马利生，中文系，67届，北京经济技术开发区管委会副主任。

王再云，中文系，67届，北京崇文区政协主席（原）。

李观政，中文系，68届，北京市教委副主任。

韩秀峰，中文系，69届，北京市委副秘书长（原）、北京人民对外友好协会党组书记。

王振华，中文系，76届，北京昌平区政协主席。

陈杰昌，中文系，76届，民政部副部长。

周庆禄，中文系，76届，北京顺义区人大常委会副主任。

焦志忠，中文系，80届，北京市水利局局长。

郭长江，中文系，82届，团中央统战部部长。

赵建忠，中文系，82届，北京海淀区副区长。

赵安良，中文系，85届，中共延庆县委副书记。

彭彧华，中文系，87届，北京怀柔区副区长。

康　泠，历史系，60届，全国妇联书记处书记（原）。

李其炎，历史系，63届，北京市市长（原）、全国政协社会和法制委员会主任。

刘　源，历史系，82届，中国人民解放军总后勤部副政委，中将。

韩子荣，历史系，86届，北京朝阳区委副书记。

何　宁，历史系，90届（硕），北京市新闻出版局副局长。

李小豹，历史系，95届，团中央学校部副部长。

王建国，政教系，67届，北京石景山区人大常委会主任（原）。

蒋春凤，政教系，75届，北京市政协副秘书长、港澳台侨委员会主任。

蒋效愚，政教系，81届，北京市奥组委副主席。

路建平，政教系，82届，中宣部理论局副局长。

刘　健，政教系，82届，北京市委教育工委副书记。

肖　培，政教系，84届，北京市委宣传部副部长。

李卫东，政管系，85届（干部专修），北京市委统战部副部长。

刘桂民，政管系，86届（干部专修），中共中央办公厅秘书。

吴世民，政管系，86届，北京市委、市政府信访办党组书记、主任。

王海臣，政法系，87届，北京顺义区副区长。

蔡淑敏，政法系，86届，北京怀柔区委副书记。

孟秀勤，政法系，95届，北京市委组织部副部长。

张　文，政法系，99届，北京密云县县长。

唐永森，预科，64届（高中）北京海淀区人大常委会副主任。

武　韬，外语系（俄），64届，中国驻俄罗斯、驻澳大利亚大使（原）。

王海容，外语系（俄），64届，外交部副部长（原）。

岳福洪，外语系（英），73届，中共内蒙古自治区党委书记。

王玉辉，外语系（英），73届，北京通州区政协主席。

张国庆，外语学校（英），73届，国家汉办副主任。

王　伟，外语系（英），78届，北京市奥组委副主席。

江广平，法语系（外师），85届，团中央国际部部长。

姜　江，英语系（外师），87届，国务院外事办公室参赞。

曹乃良，音乐系，87届，北京密云县人大常委会副主任。

罗　洁，数学系，82届，北京丰台区副区长。

高　洪，数学系，85届，团中央青少年部部长。

徐俊德，物理系，62届，北京市地方志编纂委员会办公室主任（原）。

马　立，物理系，63届，教育部师范司司长（原）。

蓝宏生，物理系，63届，北京市教委副主任（原）。

毛桂芬，物理系，83届，北京东城区副区长。

吴静涛，化学系，64届，北京平谷区人大常委会副主任（原）。

刘胜利，化学系，68届，文化部文化市场司司长。

胡保林，化学系，78届，国家环保总局办公厅主任。

靳　诺，化学系，82届，教育部社政司司长。

吴　伟，化学系（分院），83届，国务院新闻办三局副局长。

熊宗起，生物系，83届，1984年赴老山前线作战，负重伤，双目失明，受南京军区嘉奖。

尹　改，地理系，65届，国家环保总局科技发展司司长。

刘燕华，地理系，77届，国家科技部副部长。

吕仕杰，地理系，88届，北京丰台区副区长。

四、企业界人员

张　浩，中文系，62届，香港南北国际有限公司董事长。

田建国，中文系，81届，北京天竺房地产开发公司总经理。

韩　颖，中文系，87届，北京市通信公司副总经理。

窦春起，预科，61届（高中），中国电影集团公司党委书记，播音指导。

陈玉书，历史系，64届，香港繁荣集团董事长。

谢伯阳，历史系，81届，全国工商联副主席。

郭普金，政教系，76届，首都公路发展有限责任公司董事长。

陈　婷，政教系，76届，（北京市国资委）北京市国有企业监事会主席。

张　民，政教系，82届，建设银行北京分行行长。

胡晓炼，政教系，82届，中国人民银行副行长。

龙云泽，政管系，85届（干部专修），北京纺织集团控股有限责任公司总经理。

郑秉军，政管系，85届（干部专修），北京国际经济合作公司党委书记、副经理。

王海臣，政法系，87届，北京空港物流园区开发中心总经理。

宁　伟，政管系，87届（干部专修），首都公路发展有限责任公司总经理。

马雪征，外语系（英），76届，联想集团副总裁。

程炳仁，外语系（英），77届，华夏证券公司副董事长。

费宜来，外语系（英），81届，英国巴克莱银行北京代表处首席代表。

方　静，外语系（英），81 届，挪威王国驻华使馆高级商务顾问。

白　文，数学系，84 届，北京经济技术开发区党委副书记。

蔡世亮，化学系，66 届，香港海裕国际控股公司董事长。

王　雁，化学系，69 届，北京赛诺威国际集团董事长。

姜　哲，化学系（分院），81 届，中国纺织品进出口商会副会长。

盛　汀，化学系（分院），81 届，北京中基恒业房地产有限公司总经理。

朴学东，生物系，92 届，北京全聚德集团有限责任公司副总经理。

第六编　办学条件

第一章　房屋土地资源与基础建设

第一节　房屋土地资源

一、土地资源

北京师院建院初期，临时借用东郊一所中学校舍供专修班上课之用。1955 年接收了规划外迁的河北北京师院的校园区（即今首都师大本部，地处阜成门外八里庄，今称西三环北路 105 号；当时经批准我校共规划征地 413.46 亩，但未全部落实，80 年代两次购入 55 亩，而市政又占用了少量）和在建的数座教学、生活用房。随着办学规模的增大，经逐年扩建形成了现在本部（或称“南区”）的格局，占地 413 亩（含家属区）。

90 年代初，北京师院和北京师院分院（地处白广路、占地 15 亩）、北京联合大学外师（地处白堆子、后称东校区、占地 99.39 亩），三校合并。1992 年起，学校在校本部以北 700 米路西处（西三环北路 83 号）又新征土地 133.8 亩，建立了北校一区。1999 年，通州师范学校（占地 98 亩）和海淀第三师范学校（占地 53.37 亩）并入首都师大，尔后，北京市教委又将北校一区对面的北京工业大学所属的计算机学院所占用土地（43.37 亩划归首都师大称北二区）。2001 年白广路 15 亩土地连同建筑移交给市教委。

1987 年，我校经市政府批准，在北戴河地区建立一个教育实习基地和培训中心，兼作教职工休养的疗养地。于 1988 年、1999 年两次共征土地 29.4 亩。1995 年我校在平谷县东马各庄乡罗汉石村西、金海湖南山开发区水库边征地 22 亩，筹建首都师范大学教育实习基地。

2002 年，北京市政府、市教委同意在房山区良乡镇由首都师范大学征地 1 078 亩（除绿化带、隔离带外，自主开发 850 亩），建设一个新校区（称良乡新校区）。该校区正在规划中。

2003 年，我校土地资源总面积为 1 919.33 亩（连同金海湖和北戴河两处土地共 1 970.33亩）。

二、房屋资源

1955 年建校初期，接收了河北北京师院在建的教学楼和生活用房总建筑面积 29 800 多平方米。

几十年来，校本部及并入校园区、新辟校园区又陆续建成了教学楼、实验楼、食堂、学生宿舍、图书馆、办公楼、教工住宅等房屋楼舍，本部连同并入的校园区建筑，截止到 2003 年共有 601 373 平方米。

表 6.1.1.1　　2003 年首都师大各分区土地及建筑面积一览　　单位：平方米

	校本部	北一区	北二区	东校区	通州分部	海淀分部	小营	良乡	合计
总　计	396 119	76 173	15 653	58 136	29 363	21 157	4 772		601 373
一、教学及辅助	72 359	43 239	13 185	7 281	11 582	11 831			159 477
教　室	41 010	26 698	13 185	2 674	5 323	10 481			99 371
图书馆	7 815	16 541		3 207	2 249				29 812
实验场所	22 100				2 550				24 650
体育馆					1 460	1 350			2 810
会　堂	1 434			1 400					2 834
二、行政用房	7 558			3 908	2 493	3 100			17 059
三、生活福利用房	311 602	32 934	2 468	46 453	15 288	5 926	4 772		419 443
学生宿舍	32 032	19 873		5 577	4 344	5 114			66 940
学生食堂	6 855	5 943		1 628					14 426
教工单身宿舍	3 038								3 038
教工住宅	201 926			37 530	7 611		4 772		251 839
教工食堂	1 233				2 180				3 413
生活福利用房	66 518	7 118	2 468	1 718	1 153	812			79 787
四、工　厂	4 600			494		300			5 394
校　区 坐落地址	海淀区西三环北路105 号	西三环北路 83 号	西三环北路 56 号	白堆子甲 23 号	通州区	海淀区	小营		
占地面积 平方米	275 600.00	89 200.00	28 913.30	66 260.00	65 333.33	35 580.00		718 666.66	1 279 600.77
折合亩数	413.46	133.80	43.37	99.39	98.00	53.37		1 078	1 919.33

注：(1) 白广路分部的房地产已于 2001 年移交市教委。

(2) 本表统计数字不含金海湖、北戴河两园区。

(3) 其余凡产权尚未落实者（如来广营分部）此处均未列。

三、房屋土地资源开发

我校于 1993 年底成立了资源开发管理办公室，其主要职责是："在有利于学校发展建设，有利于教学科研工作的前提下，发挥学校部分资源优势，通过吸引外部资金开发一些具有经济效益、社会效益的项目，通过多种渠道为学校筹措资金。"1994 年以来，房屋土地资源部门所开展的开发工作主要有以下几项：

（一）1994 年，学校住房问题矛盾突出，房屋来源单一，严重影响了一批老教师、干部的积极性。学校于 1995 年选定北京市房修一公司作为合建住宅楼的合作单位。由学校提供土地，房修一公司提供资金，在本部西北角合作建设住宅楼 36 000 平方米（即现在的 23、24、25 号住宅楼），学校分得总建筑面积的 55%。另外，1995～2000 年期间，学校为了弥补建设住宅资金方面的不足，以合建形式对外出售部分住房。在此期间，校本部21套、北洼路（北一区拆迁楼富余住宅）49套，共70套住房售出，学校共获得合建住房款4000多万元，用于东校区住宅楼、校本部22楼、25楼等住宅建设。竣工后，有160多户教职工搬进三居室，受益近500户。

（二）1996年为了加快筹措资金，我校在本部东南角（原车队停车场位置，占地4.8亩）规划了近26 000平方米的科教服务楼（后更名为科原大厦），总投资计划为7 000万元，全部为合作方（原核工业部中国中原对外合作公司）投资。该楼1997年冬季竣工。整栋大楼总建筑面积25 500平方米，总高度50米左右，略呈方形，西北部位为首都师大使用区，东南部位为中原公司使用区，纵向对角分割，双方各据一半。该楼的建设，不仅为学校东南角增添了一处新的景观，而且每年为学校提供600万元的纯收入，在接待学校来访客人食宿等方面也发挥了作用。

（三）开发兴建平谷教育培训实习基地

为了拓宽多种形式办学渠道，并尝试在郊区县利用土地政策上的优势，兴建平谷教育培训实习基地，该基地位于平谷县东17公里处。1996年，学校要求由资源开发管理办公室牵头主持此项工作。1996年春季开工，1997年秋季竣工。基地第一期建筑面积2 000平方米，第二期5 000平方米的建筑也已竣工，该基地已经初具规模并具备了一定的接待能力。

四、教职工住房的体制改革

我校成立以来，教职工的住房情况发生了较大的变化。原来只有很少量的教职工宿舍，现在已有20余万平方米的住房（见表6.1.1.2）。

表6.1.1.2　　首都师范大学教职工住宅情况（2003年）

校　区	住宅数（套）	经济适用房（套）	建筑面积（平方米）	已办产权证（户）	备　注
校本部	1 789	302	143 214.9	1 918	
东校区	440	144	35 223.6		
北一区	28	0	2 520	0	
通州分部	105	0	6 200	105	大产权属市教委
海淀分部	66	0	3 972.77	46	大产权属市教委
校　外	415	5	40 176.52	193	
总　计	2 843	451	231 307.79	2 262	

随着住房制度改革的不断深化，1992年起，我校由原来单一的福利式分房，逐步发展为按成本价售房、提供经济适用房或商品房、住房货币化等多样化解决住房的形式。1995年，我校根据北京市住房改革的有关政策，为每一位在职教职工建立了住房公积金，对实行贷款购房起到了积极作用。截止到2002年底，已为2 262户教职工办理了个人房屋产权证（房屋大产权和土地产权仍归首都师大所有）。同时也办理了校本部、北一区的土地证和房屋产权证（其他校区的土地证和房屋产权证正在办理之中）。

五、组织机构及管理

房屋土地管理与资源开发处成立于 2000 年 5 月，其前身为资源开发管理办公室和房屋土地管理中心。

1993 年 12 月成立了资源开发管理办公室，为处级单位，当时只有 2 名职员。

1998 年秋，撤销资源开发管理办公室，组建了房屋土地管理中心。2000 年，又重新组建了房屋土地管理与资源开发处，核定编制 9 人，现有 8 人（其中 1 人内退）。其主要职责任务是：①对学校公用房屋实施科学有效的管理；②按照北京市要求进一步深化住房制度改革，做好教职工住宅分配、租售房、产权办理的相关工作；③做好职工住房公积金管理；④在坚持学校办学方向统一规划的前提下，对学校闲置的土地、房屋合理地开发利用，拓宽学校办学资金的来源渠道，为保证学校长期稳定地发展服务。该处负责人见表 6.1.1.3。

表 6.1.1.3　　房屋土地管理与资源开发处及其前身主要负责人任职更迭表

姓　名	职　务		任　期
张汝胜	资源开发管理办公室	主　任	1993～1998
张汝胜	房屋土地管理中心	主　任	1998～2000
张汝胜	房屋土地管理与资源开发处	处　长	2000～

第二节　基建工程

一、基建工程概况

（一）原有校区的基本建设

扩大基本建设始终是我校办学工作中的重点之一。“文革”前基建初具规模，“文革”中陷于停顿，80 年代基建速度加快，90 年代以来竣工项目最多。新时期以来基建成绩的取得主要由于：学校事业发展和师生生活有迫切需求，政府拨款大幅度增加，扩大了投资来源，管理工作逐步规范化法制化。我校近 50 年基建状况见表 6.1.2.1 和 6.1.2.2。

表 6.1.2.1　　1955～2003 年主要基建工程一览表　　单位：平方米

主要工程项目名称	建筑面积（平方米）	竣工年份	资金来源	备　注
一、教学及辅助用房	153 258			
本部 1～4 号教学楼	22 981	1955、2003	国拨	2003 年加层
音美楼	9 059	1984、2003	国拨	2003 年加层
实验楼	18 828	1991	国拨	

续表

主要工程项目名称	建筑面积（平方米）	竣工年份	资金来源	备 注
电教楼	6 211	1996	国拨	
北戴河教学实习基地	7 450	1993、2002	自筹	
金海湖教学实习基地	7 593	1998、2002	自筹	
图书馆（两座）、阅览室	24 356	1963、1998、2003	国拨	
科原大厦	26 600	1999	合建	
北一区文科教学楼	15 700	1998	国拨	
北一区外语教学楼	11 000	2000	国拨	即田家炳外语书院
会 堂（兼作食堂）	2 868	1957	国拨	
田径场	20 000		国拨、自筹	
二、本部办公楼	4 885	1959、1994	国拨	1994 年加西侧
三、生活福利用房	314 631			
本部 5～8 号学生宿舍	21 060	1957、1959	国拨	
本部 1～4 号学生宿舍	8 972	1987	国拨、自筹	
本部 9～17 号教工住宅	33 520	1955～1981	国拨	
本部 18～27 号教工住宅	122 347	1984～2001	国拨、自筹	
东区 1～2 号教工住宅	26 387	2000	自筹	
本部学生及教工食堂	8 088	1957～1995	国拨	
校医院	2 740	1995	国拨	
浴室	783	1990	国拨	
商店综合楼	6 314	1998	自筹	
外事楼	2 649	1985	国拨	
印刷厂	2 992	1985	国拨	
学术交流中心	1 954	1987	自筹	
北一区学生食堂	5 943	1997	国拨	
北一区拆迁楼	51 009	1999	自筹	
北一区学生宿舍	19 873	1997	国拨	
合 计	472 162			

注：此表只列出主要工程项目，某些小型建筑不属于基建处操作者未列入，再有，道路的修整和上水、下水、电缆、煤气管线的铺设，也未计入。

截至 2003 年，校基建处共完成基建 472 162 平方米。

表 6.1.2.2　　2003 年现有五校区在建、拟建工程一览表　　单位：平方米

主要工程项目名称		建筑面积	预计竣工年份	资金来源	备注
本部	理科教学楼	15 000			拟　建
	体育馆	8 000			拟　建
	会　堂	3 000			拟　建
	学生宿舍 9 号楼	36 000	2004.8		在　建
北一区	国际文化大厦	36 754	2004.7		在　建
	体育馆	7 960	2004.9		在　建
东区	美术学院楼	10 000			拟　建
	音乐教学楼	10 000			拟　建
	教科院大楼	10 000			拟　建
通州区	初教学院教学楼	20 000			拟　建
	初教学院图书馆	4 800			拟　建
北二区	综合楼	10 000			拟　建
合　计		171 514			

（二）良乡新校区建设项目

2002 年 8 月，首都师大与房山区人民政府签订《合作协议》，确定首都师大在“北京良乡高教园区”建设新校区。

首都师大良乡新校区位于良乡高教园区的东南部，规划范围北起高教园 8 号路，东邻长于公路，南至白杨东路，西至高教园 14 号路和高教园 17 号路。新校区总征地约合 1 078.7亩，项目规划总建筑面积 31.5 万平方米。全部建设任务计划 5 年内完成。

二、基建工程管理机构

（一）基建处

1954 年北京师院筹建过程中，由总务处派专人管理基建。1955 年 4 月成立基建办公室，负责河北北京师院在建工程移交给我院后的基建工作，此后几年主要完成了保障教学和生活的各项基建任务。1963 年撤销基建办公室，在总务处内设工程科，负责修缮房舍，保证水、电、暖的供应。1966 年工程科与总务科合并，定名为总务工程科。“文革”中总务处更名为后勤组。1977 年更名为院务处，并恢复下设的总务工程科的建制和职能。1983 年撤销总务工程科，成立基建处，下设基建科、修缮科、水电科、物资科，并配备专职基建档案员。1987 年 4 月基建处的修缮科与物资科合并，成立修建工程队，实行独立

核算、自负盈亏，负责房屋维修和承担小型房建。水电科则划归总务处。1992年修建工程队也归属总务处。自此，基建处只担任大型基建工程的运作管理。现在，基建处下设规划计划室、财务预算室、施工管理室和行政办公室，共有工作人员13人。主要负责人任职情况见表6.1.2.3。

表6.1.2.3　　基建处主要负责人任职更迭表

姓　名	职　务	任　期
石文博	基建处副处长	1983～1986
刘瑞华	基建处处长	1986～1998
胡建柱	同　上	1998～

基建处职责范围：

在学校党委和校长的统一领导下负责学校基本建设规划的制定、调整和实施；负责基本建设工程项目的计划、立项、可研、设计、招标等一切前期准备工作；负责每个基建项目的全过程管理，保证质量，节约资金；负责基建经费的预算、管理和使用；完成校领导交办的相关任务。

随着市场经济的逐步确立，我国基建领域的业务走上规范化、科学化、制度化的轨道。我校的基建工作在管理体制和管理方式上也发生了较大的变化，每个项目都须严格执行项目法人制、项目招投标制和项目监理制。同时对每个工程无论是前期规划、财务预算还是施工过程、竣工决算诸环节，均加强管理，责任到人，实行项目负责人的管理方式。

目前，每个项目的建设都经过严格的程序。首先进行项目的立项及可行性研究，对项目的地点、规模、投资等基本情况进行论证，并报上级领导部门审批、立项，其后经规划、建设等审批部门批准后进行工程的设计和施工。每个项目的设计、施工、监理单位的确定以及工程中采购重要材料、设备等事项都要通过招投标的方式运行。总之，每个项目的建设均按经济规律开展工作，并按法制办事，严格执行《建筑法》、《招标投标法》、《合同法》等相关法律。工程质量上强调标准化，坚决杜绝不合格的工程，争取每个工程都达到优良水平。近几年，我校的部分工程已取得较好声誉，如北一区文科教学楼获得“市优工程”称号，外语教学楼和27号住宅楼获得“长城杯工程”称号。

附：基建工作近期规章制度要目（未注完成年份者，为处于拟订或修订过程中）

- 施工管理制度（2002）
- 财务管理制度（2002）
- 合同档案管理制度（2002）
- 工程洽商管理制度（2002）
- 项目负责人管理制度（2002）
- 材料、设备认质、认价、封样管理制度（2002）
- 施工日志管理制度（2002）
- 招投标管理制度
- 三通一平管理制度
- 工程保修及用户回访制度
- 竣工验收及交付管理制度
- 前期工作管理制度
- 施工现场管理制度
- 关于贯彻执行北京市教育系统基建及修缮工作项目审计办法的通知（2001）
- 关于基本建设工程项目管理的规定（2000）
- 首都师范大学房屋建筑物建设管理办法（2002）

· 首都师范大学工程建设项目招标暂行办法（2003）

（二）首都师大良乡新校区建设筹委会办公室

2003 年我校为加快良乡新校区的筹备与建设工作，成立首都师范大学良乡新校区建设筹备委员会和办公室。筹委会主任为许祥源（兼），副主任为刘利民（兼）、李因（兼）。办公室职能之一是负责良乡新校区的基本建设。办公室主任、副主任分别为李因（兼）和周建设。

第二章 图书文献及博物资源

第一节 图书馆

一、概况及历史沿革

首都师范大学图书馆位于学校校园的中心地带，现有新老馆舍两座，分为校本部图书馆和北一区图书馆两部分。其前身为北京师范学院图书馆（室），始建于1954年。经过近50年的建设和发展，目前已经成为具有相当规模的、综合性的市属重点大学图书馆。

图书馆是学校文献信息中心，是为教学和科研服务的学术性机构。它履行搜集、加工、存贮和传播文献信息的职能，与各院（系）资料室互为补充，共同承担为全校教学、科研提供文献信息服务和文献资源保障的任务。图书馆在学校的教学和科研工作中，一直发挥着重要的作用。

在半个世纪的历程中，图书馆大致经历了四个发展阶段：

（一）创建时期（1954～1963年）

1954年春，筹建北京师院时，即着手筹建图书室。1955年9月，图书室随临时院址迁至西郊八里庄，正式命名为北京师范学院图书馆。1959年新的馆舍动工修建，1963年竣工。馆舍面积为5 900平方米，教师和学生开始有了条件稍好的借阅和学习场所。

（二）发展壮大时期（1964～1978年）

60年代初，华北人民大学部分系科、北京工农师范学院、北京师范专科学校等先后并入我院，调入部分人员及图书资料，图书馆初具规模。十年动乱期间，图书馆的业务工作受到很大影响，但馆藏文献基本完整地保存下来。

（三）恢复提高时期（1979～1991年）

“文革”结束后，老馆员焕发了工作热情，同时，又陆续调入了一大批年轻的工作人员，大家同心协力，改革进取，在馆藏文献建设、读者服务工作和图书馆自动化等方面都取得了一些成绩。1989年6月，图书馆扩建完成1 800平方米的新楼，馆舍面积已达7 800平方米，进一步改善了校内师生利用图书馆的条件。1990年，图书馆开始进行以劳动人事制度改革为重点的内部管理体制改革，进行了以业务技术水平、劳动强度与工作环境为依据的岗位评定，实行了评聘分开、双向选择、择优上岗、按岗计酬，在全国高校图书馆界引起较强反响，包括北京大学、北京图书馆在内的数十所图书馆同仁到我馆参观、交流。

（四）全面发展时期（1992年～　　）

1992年，我校更名为首都师范大学。次年，原北京师院分院图书馆正式并入。2000年，首都师范大学外语学院图书馆（原北京联合大学外师图书馆）并入。2001年，在北校园建设图书馆新馆，馆舍面积16 800平方米，在2003年8月落成。迄今为止，校图书馆总面积已达 24 600 平方米。

随着学校“211 工程”建设的不断深入，图书馆为全校教学和科研服务的水平不断提高。目前，图书馆在馆藏规模、服务质量与水平、现代化手段应用、网络化程度、队伍建设与管理水平等方面，均达到国内高等师范院校的一流水平，并逐渐发展成为全国高校图书馆中实力较强的中型图书馆。

1996 年，我校图书馆被全国高校图书情报工作委员会评为全国高校先进图书馆，2003 年，被评为华北五省高校先进图书馆。此外，图书馆先后顺利通过了北京市教委组织的评估：北京高校图书馆评估（1988 年 12 月），图书馆采访工作评估（1992 年 3 月），图书馆自动化网络化建设评估（1999 年 11 月）。2001 年 5 月，图书馆“九五”期间重点建设的“图书信息系统”，作为首都师范大学“211 工程”的子项目，顺利通过验收。

二、馆藏规模及特色

图书馆重视馆藏文献的收集工作。1954 年图书室初建时，只有 4 000 余册图书。到 1955 年年底，图书室迁至现本部校址，并改名为图书馆时，藏书已有 9 万余册。到 1965 年年底，图书馆藏书已近 65 万册。十年动乱期间，平均每年图书量只增长近 3 000 册。1978 年后，新增图书量则转入正常，每年保持在 4.5 万册至 6.3 万册之间。1988 年以后，由于书价上涨，经费紧张，图书馆改变了备置多复本的做法，复本率一般稳定在每种 3 册左右。90 年代以来，学校广泛争取资金（包括文科专款、世界银行贷款等），增加对图书馆的投入，文献采集的经费有了较大的增长，除正常的选书外，购进了一批大型图书，其中包括：《四库全书》、《四库全书存目丛书》、《四库禁毁书丛刊》、《四库未收书丛刊》、《中国近现代史丛刊》、《英国外交文献》以及世界权威出版社 Gale 集团出版的全套世界文学工具书等，有力地支持了我校重点学科的建设和教学科研工作。

经过近 50 年的建设和积累，目前，图书馆的文献总量已达近 30 万余种，244 万余册（件）。其中，印刷型文献 233 万册，主要有：中文图书 186.6 万册，包括 1949 年以前出版的图书 17 万册；线装书 7 000 余种，包括善本书 376 种；外文图书 22.1 万册；中文报刊 22.6 万册；外文报刊 1.9 万册；非书资料 2 000 余件；另外，图书馆还收藏大量的电子文献，主要包括：中外文网络数据库数十种，电子图书 10.5 万册，电子报刊 5.72 万种。

图书馆的馆藏建设与学校的学科设置、教学和科研方向紧密联系，文献收藏以本校各专业所涉及学科的基础理论文献、教学参考文献、科学研究参考文献以及有关工具书为重点。

多年来，图书馆为了形成具有我校特色的藏书体系，重视藏书特色和藏书结构的研究，并在工作实践中深入探讨。为了加强购置文献的针对性，图书馆一直和各系的教师保持密切联系，让他们参与选书和馆藏评估工作，定期征询他们对文献建设的意见。最近几年，图书馆陆续调入一批有学科背景的研究生，培养他们成为学科馆员，参加选书工作。

1989 年，“首都师范大学文库”建立，系统收藏我校教职工和校友的著作。2001 年，将所有征集的文库著作制作成电子图书。

2000 年，我校参加了“中国高等教育文献保障系统”（简称 CALIS）后，馆藏建设与学校的学科建设、教学和科研方向的联系更加紧密。

经过半个世纪的艰苦努力，图书馆的文献收藏已经基本形成我校的特色，除基本满足我校各学科的文献需求外，其中教育学、心理学、史学、文学等方面的文献收藏较为完备，馆藏古旧图书、地方志也具有一定的优势。

随着文献类型的不断增加以及信息技术的发展，图书馆的收藏也从仅收传统的印刷本转变为印刷本与多媒体光盘、网络数据库兼收并蓄。2002 年开始，电子期刊的品种、网络数据库的文献量超过了当年印刷品文献，电子文献已成为馆藏文献的重要组成部分。

近年来，图书馆重点建设具有我校特色的重点学科文献、教学参考文献、基础教育学科文献，加强非书资料和网络文献资源的建设，初步形成了具有我校特色的多学科、多层次、多载体形式的馆藏文献和数据库体系。

图书馆在建设和发展过程中重视全校文献资源的共建与共享，早在建馆之初，学校就召开全校图书馆会议，成立了院图书馆委员会，制订了《北京师范学院图书馆委员会条例》（后更名为《首都师范大学图书情报委员会条例》），成立了学校图书情报委员会，作为学校管理全校图书情报工作和文献资源建设的管理、咨询和协调机构。从 60 年代开始，学校先后三次召开全院资料室工作会议，讨论修改《资料室工作条例》和《关于加强资料室建设的试行办法》，加强了图书馆对资料室的业务指导。90 年代以来，学校制订了《“211 工程”重点学科文献建设管理办法》、《首都师范大学文献类资产管理办法》等一系列条规，加强了图书馆对全校文献资源建设的管理职能。

由于文献资源较为雄厚，我校图书馆已经成为全国文献资源的骨干馆之一。

三、读者服务工作

建馆初期，图书馆的工作重心是加强书刊的采购和分编，初具规模后，工作重心转向为读者服务。根据师生员工不同的需求，开展借阅工作，其中教学参考书的集体借阅工作在高校图书馆中起步较早，对缓解学生借书难、支持本科教学，起到了促进作用。

60 年代，图书馆开展的读者阅读规律的研究和工作实践，在图书馆界引起一定反响，北京图书馆组织北京各类型图书馆在我校图书馆召开了现场会。

80 年代，图书馆结合新时期的特点，在高校图书馆中较早拟订了“图书馆工作人员职业道德规范”、“文明服务用语”，提出了“读者第一，服务育人”的服务宗旨，随着图书馆扩建工程完工，图书馆扩大馆藏文献的开架借阅范围，延长开放时间，实行“内阅为主，外借为辅”和“开架为主，闭架为辅”，使读者服务工作有了进一步的发展。

90 年代，随着信息技术、网络技术的发展，图书馆开展了网络阅览、音像阅览和光盘阅览服务。

2003 年，随着学校北一区图书馆的落成开放，校本部图书馆的装修改造完成，图书馆全面实现了“藏借阅合一”的藏书组织方式，使读者更方便地利用图书馆，提高文献的使用率。现在，图书馆已经建立比较完备的读者服务工作体系，逐渐向主动服务、多层次服务和网络服务的方向发展。截至 2003 年，图书馆已开设借阅室 21 个，自习室 2 个，拥有阅览座位 2 400 个，为读者提供了舒适、安静的阅览环境。设有总咨询台，由学科馆员等解答读者在利用图书馆、查找文献过程中出现的各种问题。服务内容包括：辅导读者如何利用各种资源、开展定题服务、代查代检、馆际互借、制作学科导航、进行文献传递等。

四、自动化、网络化、标准化建设

图书馆从90年代开始进行自动化、网络化建设，建成了自动化集成管理系统，建设了馆藏书目数据库，实现了文献采访、编目、典藏、流通、查询的计算机管理；通过电子资源检索和视频点播系统，实现了本地和校园网内光盘数据检索；引进和建设各类文献数据库，实现了文献资源的全文检索；依托中国教育和科研计算机网，建立本馆的局域网、主页与站点，为读者提供互联网服务；通过学校“211工程”“九五”重点公共服务体系建设，初步建成以网上文献报道、网上信息导航、网上教育培训、网上馆际互借、网上咨询服务等为主要内容的网上信息服务平台，实现了网上各类信息资源的检索与服务。

在图书馆的业务工作中十分重视规范与标准的执行，建馆近50年来，先后正式启用的标准、规范和文件有：《中国人民大学图书馆图书分类法》、《中国图书分类法》、《中国图书馆图书分类法》（第四版改名为《中国图书馆分类法》）、《汉语主题词表》、《中文普通图书统一著录条例》、《中华人民共和国国家标准：普通图书著录规则》、《中文机读目录通讯格式》、《中文元数据方案》等。

五、科研活动与馆际交流

图书馆在繁重的业务工作之余，承担了大量的科研工作，既出了成果，锻炼了队伍，也有力地促进了图书馆的各项工作。工作人员在撰写学术论文（著）的同时，结合信息服务，参加了文献编辑工作。如：《中国地震史资料汇编（1～5集）》、《全唐文篇目索引》、《全国地方志联合目录》等。结合图书馆的发展与业务工作，先后承担了多个国家级、省部级重要的课题，主要有：《全国文献资源调查与分布研究》、《中文书目合作回溯建库研究》、《图书馆评估研究》、《北京市文献信息中心工程研究》、《北京地区高校图书馆资源共享服务体系研究》等。

图书馆在做好本馆工作的同时，积极参与各种学术组织的活动，注意发挥在图书馆界、图书情报学界的作用。

2001年，根据北京市教委部署，我校图书馆牵头组织“北京高校网络图书馆”，充分发挥北京市属重点高校图书馆的优势，带动一批基础条件较弱的高校图书馆，使其在软硬件及网络基础设施、文献数据资源、队伍建设及信息服务等方面有较大的改善，使北京市属市管高校图书馆的整体水平有较大的提高，与“中国高等教育文献保障系统（CALIS）”的建设相补充，形成对北京地区高校网上文献资源的重要补充和教学科研所需文献的联合保障，为北京地区高校的教学、科研提供信息支持和咨询服务。

在建设过程中，北京高校网络图书馆为27所院校的广大师生提供了大量的网络资源，提高了这些院校图书馆的文献保障水平和信息服务能力；建立了北京高校网络图书馆门户网站；在引进数据库的同时，与国务院发展中心国研网、新华社等单位合作开发了高等教育专栏、大学校长专递和校长内参，为高校管理决策提供信息支持；组织成员馆利用数字图书馆技术进行了“教学科研数字图书馆”建设，建立一个基于网络的动态虚拟学术资源库，以学科、专业、课程、机构、人物等为主体，以教学、科研为两翼，设计了一个能体现高校教学科研特点、容纳高校教学科研内容的知识平台，通过知识点的相互关联，产生信息的辐射效应，为教学科研工作提供有效的信息支持，初步构筑了北京市属高校教学科研信息资源整合的平台；建设“联合网上虚拟参考咨询系统”，为成员馆提供网络合作化的、具有视频功能的、可同步浏览的实时参考咨询服务。

北京高校网络图书馆的建设吸引了众多媒体的关注，新华社、中国教育报、北京晨报、北京青年报、中国网友报、中国计算机报、北京现代商报等近10家新闻单位都作了相应的报道。

随着改革的深入发展，图书馆将加速提高馆藏水平、服务水平、科研水平和自动化管理水平，尽早完成从传统图书馆向现代化的文献信息中心转变的历史任务。

六、组织机构和队伍建设

图书馆实行校长领导下的馆长负责制，图书馆设立馆务委员会和馆学术委员会，机构设置主要包括：办公室、资源建设部、流通阅览一部（北一区）、流通阅览二部（校本部）、信息咨询部、系统部。

图书馆重视干部队伍建设，截至2003年底，图书馆共有工作人员80人。包括：研究馆员1人，副研究馆员7人，馆员49人，助理馆员14人。50年来，特别是近几年，图书馆通过选留毕业生、调入业务骨干、在职培养等多种手段，逐步建设起一支适应图书馆现代化建设与服务的专业人员队伍，其中研究生毕业已达11人，大学本科毕业37人，大专毕业22人；各学科人才均衡发展，文科专业39人，理工科专业14人，图书情报专业20人。

表6.2.1.1　图书馆历届主要负责人任职更迭表

姓名	职务	任期	姓名	职务	任期
宁可	馆长	1954～1959.9	周战华	直属党支部书记	1959～1963.5
齐世荣	同上	1959.9～1959.12	杨明廉	同上	1963.6～1966
宁可	同上	1960.4～1963.5	苏林	同上	1972.2～1974
张仪容	同上	1963.12～1982.12	王克	同上	1974～1977.10
张锡鑫	同上	1983～1986	陈荫芝	同上	1978.6～1982.12
邱远猷	同上	1986～1993	史振昌	同上	1983.6～1984
胡越	常务副馆长	1993.7～1995.12	张汶	同上	1984.4～1986.12
			房振琴	同上	1986～1995.12
胡越	馆长	1996.1～	马金豹	同上	1996.1～2000.6
			于淑兰	同上	2000.7～2003.3
			于淑兰	党总支书记	2003.3～

第二节　资料室

在五六十年代各教学单位建立后即分别设立资料室，八九十年代有些科研单位单独设资料室；此外，学术出版部门或职能部门也有的设立了资料室。

教学单位的资料室行政上由院（系、所）负责人领导，专业方面受本单位各学科（教研室）指导，文献类资产的业务工作受校图书馆指导。

资料室的收藏重点是各教学单位的专业用书、专业报刊和专业工具书。

资料室资料的来源，一方面由校图书馆调拨，一方面使用本单位经费采购、订购，或通过国际交流及无偿捐赠获取。

80 年代～90 年代重点学科建设费数额逐渐增大，根据需要可购置相关的书籍报刊。这部分资料通常掌握在各教研室、研究室或个人手中，不归属资料室。

1980 年我院制订了《关于加强资料室工作的意见》。为了使全校文献资源发挥更大的效益和作用，转变文献类资产管理、使用方面的无序状态，2002 年出台了《首都师范大学文献资产管理办法》。

各资料室收藏情况见表 6.2.2.1。

表 6.2.2.1 **资料室文献统计**

种类 / 数量 / 单位	图书		期刊				音像资料	
	中文（册）	外文（册）	中文（种）	外文（种）	现刊（册）	过刊（合订本）	种类	数量（件、套）
文学院	15 000	300	290		2 650	7 000		
历史系	20 000		450		638	4 665		
政法学院	16 000	100	200		180	4 000	2	50
教科院	7 000	500	150		2 000	1 500		
初教院（海淀）	4 976				204	3 110		
初教院（通州）	68 341	85	185	1	3 760	4 969	3	240
外语学院	70 000	60 000	126	12			6（语种）	2 000
大英部		11 616		61	61	71	英、日歌曲	559
音乐系	26 200	5 000	70	10	52	1 100	8	11 000
美术系								
书法所	15 000		47		47	141	2	20
德育室	2 681		50			685	录像带	60
体育部	1 000		20		24	1 000	3	20
数学系	6 600	3 100	157	105				
物理系	25 000	4 000	70	40	3 000	4 000		
化学系	6 520	650	60	38	2 000	11 600		
生物系	20 000	15 000	60	60	50（中文）	27（英文）		
资环院	8 496		46	3	276	1 554	光盘	39
国际文化学院	1 352		15		140	104	光盘、音像带	440

续表

数量 种类 单位	图书		期刊				音像资料	
	中文 （册）	外文 （册）	中文 （种）	外文 （种）	现刊 （册）	过刊 （合订本）	种类	数量 （件、套）
成教院	600		23		250			
高教室	1 750	20	350			410		
学　报	1 612	7				162	光盘	148
语文报刊社	507				23	541	光盘	1
出版社	3 000	10	30			2	1	40
科技处	1 000				27	136		

注：本统计数字不全，截止期为2000年。

第三节　首都师范大学历史博物馆

首都师范大学历史博物馆于2003年10月9日正式成立。其前身是创办于1956年的北京师范学院历史系文物室。历史系于1955年从北京琉璃厂古董店及私人收藏家手中收购了一批文物，共计3 694件，分为青铜器、陶器、货币及铁器等系列，并在此基础上筹建了文物陈列室。60年代又购置了一批考古文物书籍。文物室根据教学进程组织学生参观学习，收到了较好的效果。

历史博物馆直属首都师范大学，首任馆长为侯毅（2003～　）。该馆位于校本部图书馆内，占地约500平方米，其中展厅约360平方米，文物储藏室、图书资料室约140平方米。现有藏品分为玉器、青铜、陶瓷、雕塑、字画、钱币等六大类。其中不少为具有历史、科学与艺术价值的珍品。如新石器时代的五孔玉刀，春秋时的玉璧，西周的“利”鼎，古钱币有殷、周时的“齿贝”直至清乾隆时的通宝，陶瓷有汉代的陶俑、唐三彩、宋代钧窑和汝窑瓷盘、明清的官窑青花瓷和斗彩五彩瓷，此外还有明清时的字画等。

首都师大历史博物馆主要承担着历史文物的收藏、展览、研究及对历史文化宣传的任务。它的成立，不仅为历史学、文物考古学等专业的教学、科研活动提供了服务的平台，也为向全校师生和社会大众进行爱国主义教育提供了一个场所。同时，它还将成为我校开展国内外文化交流的重要窗口。

第四节　文物室、标本室

若干教学、科研单位设有文物室、标本室，收藏非书刊类的文化、科技方面的资源。

一、美术学院藏画室

保存卫天霖油画作品196件，名家国画原作和临摹作品及历届学生优秀作品780余件，国际友人交流作品50件，均为不可多得的珍品，有的为孤品。

二、中国书法文化研究所资料室

收藏有历朝古砚和印章石料，有很高的教学研究价值和欣赏价值。收集的图书中，除学术著作外，碑帖本、拓片和古代名家墨迹精品复制件颇具特色。

三、生物系演化陈列室

典藏各种古化石（主要为昆虫化石）万余件。化石地质时代绝大部分为中生代侏罗纪和白垩纪。化石中有模式标本300余件。此数目随着研究工作的进行，还将继续增加。化石一经发表即成为模式标本。模式标本为无价之宝，是全人类共同的科学财富。模式标本的丰富程度，是衡量一个博物馆、一个学校、一个学科发展水平的重要标志之一。为研究的化石本身经过一系列的野外工作采集得来，平均每块昆虫化石标本价值约数百元至数千元不等。保存完好的大量昆虫化石如蜻蜓等每块价值数万元。

四、生物系植物标本室

始建于1956年，1992年已在国际植物分类学会注册，代号为BJTC。现藏有种子植物标本约40 000号，其中有许多国家珍稀濒危保护植物，如：银杉、珙桐、刺五加、领春木、青檀、人参、多种兰科植物等。还收藏了藻类、真菌、地衣、苔藓、蕨类标本约12 000号，是国内最全面、最完整的南极陆地植物标本室。多年来，为本学科的建设和发展，为本科生、研究生植物多样性的教学和多项科研工作的开展奠定了坚实的基础，在国内外标本资料交流等方面作出了重要贡献。1990年馆藏种子植物标本为编写出版《北京山区野生经济植物资源手册》提供了丰富的资料；1995年依据馆藏南极苔藓标本编写出版了《南极菲尔斯半岛苔藓植物手册》，被评审专家评价为“我国对南极地区苔藓植物研究最全面的报道，工作成果将对该地区有关植被研究起积极的推动作用”，为完成国家、北京自然科学基金有关苔藓类、蕨类、花粉等研究项目提供了丰富的资料。

五、生物系动物标本室

建有无脊椎动物标本室、昆虫标本室、鱼类标本室和脊椎动物剥制标本室4个。收藏无脊椎动物10门300余种、昆虫20余目数百种、鱼类标本200多种、剥制标本400多种。其中，尤以北京地区鱼类和翼手类、啮齿类标本涉及方面较广。

六、资源环境与旅游学院地质标本陈列室

该院地质标本陈列室筹建于50年代建校初期。由于教学、科研工作的需要，该室在建系之初即着手准备，到80年代初，已初具规模，添置了陈列柜并展出标本。

室藏地质标本是多年来逐渐收集的，来源于以下几个方面：(1) 从地质部门索取和购买的；(2) 师生在野外实习、科研中采集的；(3) 从有关单位征集和购买的；(4) 请科研部门复制的古人类、古动物化石模型；(5) 室内教师自制的构造模型等买不到的直观教具；(6) 外宾参观该室时赠送的珍贵标本；(7) 继承其他院校的标本。现在该室有玻璃陈列柜36个，分为晶体、矿物、岩石、矿床、古生物和古人类、地层、构造、地貌第四纪等8个部分，共展出标本近4 000件（块），古生物、地质构造模型150件（套），还有未

整理的标本6 000余件，该室的规模在全国师范院校中名列前茅。

该室建成开放后，每年都接待大批大、中、小学生、地质小组成员、地学爱好者、专家、外国友人来参观、学习、指导（他们给该室的建设发展提出了宝贵的意见和建议），特别是配合地质学基础、宝石学、自然地理学远程网络教学的室内实习，起到了推动作用。每次实习都有计划、有组织、有针对性地引导学生做系统的参观、记录，经过多年本专科生、研究生教学实习，培养了学生鉴定岩矿标本和独立工作的能力，普遍反映效果良好。

第三章 条件装备及设施

第一节 概 述

一、条件装备概况

截止到2003年12月，我校设备类固定资产总数为21 177台件，总金额1.82亿元(按不变价格计算)，其中大部分为供教学科研使用的仪器设备，其他设备包括机动车和各种基础设施的机具等。

1986年前，我院的教学科研仪器设备总值只有1 000万元，离教学科研的需求有很大差距，例如全校各种电子计算机只有53台（价值70.8万元），95%以上的学生难以有上机的机会。

1986～1990年利用世界银行贷款和国内配套资金共购置单价百元以上设备1 325台，价值人民币1 327万元，由此我院教学科研仪器设备总金额达到2 400万元，比项目执行前的1985年翻了一番，其中单价10万元以上的设备38台。若干实验室技术装备也从60年代跃升到80年代初国内一流的水平，为改变我院教学科研工作面貌提供了一定条件。计算机达到178台，价值274万元，件数和金额1990年比1985年分别增长了235.84%和287%。语言实验室由一套48座增加到9套（其中5套用贷款购买）360座。购置了电子显微镜、液闪分光光度计、核磁共振波谱仪、气相色谱仪、液相色谱仪、电感耦合等离子体发射光谱仪、微量水分测定仪、电化学阻抗系统、LKB柱层析系统、分子量测定仪等大型仪器设备。利用新购置的计算机建起了院计算中心，充实了数学系计算机实验室，还建了21个微机房，既满足了全院基础教学及各系计算机普及教育的需要，也为全院教育管理的微机化在技术装备上创造了必要条件。大型仪器设备的购置，促进了我院教学科研的发展。

1996～2000年期间，我校进行“211工程”一期建设。共购置仪器设备6 444台件4 593万元，其中5万元以上120台件1 400万元。购置计算机2 000余台，提高了学校教学、科研和管理等方面的计算机使用水平。购置了150万元的128导脑电仪、60万元的眼动仪等国际最先进设备。投资400万元建设了34个现代化多媒体教室。并建设了一批国内一流的实验室，如多媒体音乐教室、电脑美术实验室等。语言实验室增加到20个。通过“九五”期间建设，我校教学科研条件达到了国内同类院校先进水平，有力地支持了教学科研的发展。

进入新世纪，北京市对高教投资大幅增加，我校2001年～2003年7月，共购置仪器设备18 654台件11 454万元，其中5万元以上189台件3 330万元。购置了265万元的液相色谱一质谱联用仪、166万元的激光共聚焦显微镜、143万元的拉曼光谱仪、117万元的动态跟踪测试仪等一批精密贵重仪器，使我校的教学科研条件跨上了一个新的台阶。

二、条件装备的管理

1957 年教务处下设教学设备科，1962 年经调整更名为实验室管理科（附设仪器修配厂）。“文革”中教务处工作一度停顿，其后革委会教育革命组负责其事。1978 年重新组建教务处，实验室管理科恢复建制。1984 年在此科基础上成立实验设备处，后更名为教学设备处。教学设备处下设实验室管理科、设备科、电教馆。1988 年化学系的玻璃仪器库和化学试剂库划归设备处，与设备科合并，更名物资设备科。另外，理科各系和仪器设备较多的文科系所，成立实验管理室，设专职管理人员，各室受教学设备处和本系双重领导。

1993 年我校进行机关改革，撤销教学设备处，教务处下设实验设备科行使原教学设备处职能。1995 年成立“211 工程”办公室，负责“211 工程”规划和资金管理。1997 年以“211 工程”办公室和教务处实验设备科为基础成立条件装备处，负责“211 工程”规划和资金管理、实验室管理、物资采购、国有资产管理，2001 年实验教学管理划归条件装备处职责范围。条件装备处负责人更迭见表 6.3.1.1。

表 6.3.1.1　　条件装备处及其前身主要负责人任职更迭表

姓　名	职　务	任　期
张锡鑫	教学设备科科长	1957～1959
石文博（兼）	同　上	1959～1962
周秉仁	实验室管理科科长	1962～1966
宗　健	实验设备处、教学设备处处长	1984～1993
谢　元	条件装备处处长	1993～2000
刘维民	同　上	2000～

条件装备处的职责范围：

条件装备处是在主管校长的领导下，管理与协调各级实验室工作及负责全校设备类固定资产管理工作的职能部门。其主要任务如下：

1. 制定和完善学校实验室管理的规章制度，并组织执行、监督、检查。

2. 组织制定和实施实验教学大纲、教学计划和教材，对各院系实验教学情况进行检查评估。

3. 认真贯彻执行教育部及国有资产管理部门关于仪器设备管理的有关规定。

4. 负责组织各教学、科研单位仪器设备的购置事宜。

5. 负责实验人员专业技术队伍建设。

6. 负责各类仪器设备使用经费的管理工作。

7. 负责学校设备类固定资产的账目管理，配合国有资产办公室做好清产核资工作。

8. 负责“固定资产管理系统”、“实验室管理系统”、“高校技术物资信息网”建设、维护和管理工作。

9. 负责统筹规划并实施学校教室装备的更新与改善。

10. 负责实验室的工作环境、劳动保护、安全环保等方面的督促和检查。

11. 负责低值易耗品的购置，劳保用品的购置与发放。

附：条件装备处规章制度要目

·首都师范大学条件装备处的职责范围
·首都师范大学实验教学管理暂行规定
·首都师范大学实验室管理规划
·首都师范大学多媒体教室使用规定
·首都师范大学学生实验守则
·首都师范大学实验室安全管理制度
·首都师范大学关于计算机安全的管理规定
·首都师范大学实验室基本信息统计工作管理办法
·首都师范大学关于物资采购与管理工作的暂行规定
·首都师范大学仪器设备招标投标管理暂行办法
·首都师范大学关于加强固定资产管理的规定
·首都师范大学仪器设备管理办法总则
·首都师范大学大型精密贵重仪器设备管理细则
·首都师范大学贵重仪器设备共享基金实施办法
·首都师范大学关于物资进口的审批手续
·首都师范大学关于仪器设备等技术物资安全管理制度
·首都师范大学关于多余和废旧物资的处理规定
·首都师范大学通用低值易耗品的供应与管理
·首都师范大学关于仪器设备和低值耐用品的赔偿制度
·首都师范大学关于教学口发放劳动保护用品的若干规定
·实验技术与管理人员应具备的基本条件、工作职责及考核办法
·首都师范大学实验技术人员年度考核指标体系
·实验技术、图书资料队伍培训规划
·关于在职实验技术人员及图书资料人员进修问题的若干规定

第二节 实验设备

建校初期，我校物理系、化学系、生物系、地理系各建有实验室，其面积均不过数百平方米，万元以上人民币以上的仪器设备基本没有，实验室主要供本系学生自用。到1966年时，实验室总面积增加到4 405平方米。共有21个供学生使用的实验室，但仍不能满足学生实验课的需求。为此，市政府批准了我校建设实验楼的申请。但因“文革”爆发而被迫中止兴建。

“文革”结束后，我校加强了对实验室的建设和投入。1983年实验室总数达到27个，面积扩展到6 583平方米。生物系的生物园地也已恢复。市高教局连续三年拨款120万元，使我校仪器设备的固定资产增加到530万元，实验开出率也由1979年的42%提高到70%。

80年代市政府通过安排世界银行贷款、增拨教学经费、重点学科建设费、设备专款、基础实验室建设费等项措施，使得我校教学、科研仪器和实验室建设有了较大的变化，仪

器设备已由1982年的6 000台件、价值530万元增加到1992年1 1161台件、价值2 318万元。各科教学大纲规定的实验开出率达到97%以上。

实验室的基本建设也有了很大的变化。1984年动工的实验楼于1990年、1992年底分两期交付使用，面积达17 000平方米，使我校实验用房由1982年的7 600平方米增加到1992年底的近20 000平方米。实验室也由1982年的27个增加到1992年底的57个，生物系、化学系和地理系的实验用房有了较大的改善。1982年我校万元以上的设备只有50台件，1992年底2万元以上的设备增加到269台件，其中5万元以上的有58台件，10万元以上的有21台件。北京市还为我校提供了相当数量的美元额度购置进口设备。如1985～1987年，我校共用地方外汇29万多美元，进口合同38项，价值人民币近130万元，其中有培森多尔钢琴、锗锂探测器、奥林帕斯显微镜等53台件，因而我校的一些实验室步入同类院校的先进行列。教育系的心理学实验室、生物系的植物生理实验室、遗传学实验室等均装备了先进设备。

2000年全校有各类实验室61个，包括基础课实验室12个，专业基础课实验室28个，专业课实验室13个，科研实验室8个，其中市级重点学科点专业实验室4个。全校实验室使用面积10 320平方米。共有教学科研用仪器设备固定资产9 889台件，总值5 978万元，其中单价万元以上的大型仪器设备62台件，价值692万元。

全校有从事实验室工作的管理人员、实验技术人员146人。其中实验室专职人员82人，具有副高级职称者9人，中级职称者62人，初级职称者10人，实验技术工人1人。

实验室承担本专科学生应开实验课程70门，实际开出实验课程70门，实验课程开出率为100%；实际开出实验个数1 316项，实验项目开出率为100%。

1998～2001年，实验室管理体制从三级管理调整为二级管理，经过基础课实验室评估，原有61个实验室调整为30个，随着学校的发展，2003年实验室增加到42个，其中3个市级重点实验室，一个部级重点实验室，5个校级重点实验室和34个教学实验室。全校实验室和7个实习基地提供的实习场所面积121 542平方米，全校教学科研用仪器设备固定资产21 177台件，总值1.82亿元。其中，单价10万元以上大型精密贵重仪器设备165台件，总值4 288万元。

一、重点实验室

我校有部级重点实验室1个，市级重点实验室3个，校级重点实验室5个。参见本《志》第二编第二章第二节。

二、分析测试中心

1985年，我校获得世界银行“地方大学发展项目”贷款230万美元（不含国内配套费400万元人民币），用于引进先进的大型精密教学科研仪器。1986年决定由教学设备处筹建实验中心，1987年正式成立。同年成立北京师院实验中心管理委员会。实验中心下设计算机室、理化一室、理化二室和办公室，有教师、科技干部及职工24人。主任于永澄。1990年计算机室从实验中心分离，成立独立机构，与北京教育软件研究开发中心合并，建立计算中心，贺龙光任主任。实验中心利用世界银行贷款首批引进大型精密仪器18台件，均陆续投入使用，1988年验收完毕。1993年起刘顺诚任实验中心副主任。

1995 年实验中心改称分析测试中心，归属化学系，刘顺诚任主任。1996 年王学琳任主任，2000 年王英锋任主任。中心除继续开设“现代理化测试技术”等课程外，近年来又成立了“生物医药研究中心”，开展了中草药方面的研究。

第三节 电教设备

2002 年，我校有多媒体教室 98 个，座位 9 289 个；计算机房 50 个，机位 3 147 个；师范教育教学训练室（微格教学教室）15 间，座位 240 个；语音实验室 23 个，座位 1 057 个；画室 40 个。

电教设备的使用、管理除需各教学单位直接参与外，我校长期设有电化教育中心，近期其职能分散到数个单位。

1978 年责成教务处筹建电化教育机构，1979 年正式建立电化教育馆（科级）。随后，宣传部所属电影组划归电教馆。1982 年经高教局调整，北京师院分院电教室并入。1987 年市高教局所属电化教育录像中心（含高教音像出版社）并入（后又划出）。1987 年正式成立电化教育中心（处级教学单位）。

电教馆成立时的任务和职责是以电教手段促进教学质量和效率的提高，推动德育，宣传党的方针政策和我校党委各项措施的精神。其后一直依据上述原则开展工作，为教学科研服务。

电教中心的主要工作之一为摄制电教教材，早期生产有德育教学、专业思想教育、军训课和各学科教学录像片、幻灯片，以后逐步向形成系列化教材方向发展。获奖录像片有《人民教师的摇篮》、《英语泛读》、《戴林写意花鸟画》等。另一项工作为开设电化教育课程，如“幻灯教学”、“录像教学”、“教育电视技术”、“微格教学”（每年培训 500 人次）等。中心所属现代教育技术教研室与物理系合办电教技术专业（每年培养专业人才 30 名）。

80 年代电教中心及其前身电教馆通过艰苦努力，建立了演播室，改建成了电影厅，建成 5 个语言实验室，并积累了一批电教器材。90 年代完成了 5 项技术改造（摄影设备从模拟转向数字化，礼堂的多功能化，校园有线电视网的建成，电视台的邻频技术改造，大演播室的建设），并建立了课件制作中心。

2000 年电教中心下设电影厅组、有线电视组、教学组、课件中心组、摄制组。有教职工 24 名，其中具有副高级职称者 7 名。

2001 年 7 月，电教中心并入新成立的现代教育技术中心。

电教中心主要负责人任职更迭见表 6.3.3.1。

表 6.3.3.1　　电教中心及其前身主要负责人任职更迭表

姓　名	职　　务	任　期
齐景溪	电教馆馆长	1979～1987
陈世军	电教中心主任	1987～1988
路和禧	中心直属党支部书记后兼主任	1987～1991

续表

姓　名	职　　务	任　期
刘殿斋	中心主任兼直属党支部书记	1991～1994
浦万成	中心副主任、主任	1994～1997
商富荣	中心直属党支部副书记	1994～1997
商富荣	中心直属党支部书记、副主任（主持工作）	1997～2000
谢　元	中心主任	2000～2001
王成发	中心直属党支部书记	2000～2001

第四节　网络设备

一、数字校园建设的任务

为适应信息化高度快速发展的潮流，首都师大加快了信息化建设过程，“九五”期间提出“数字校园”建设的任务。数字校园是指运用现代信息技术，在校园内实现：信息传输网络化，信息资源数字化，信息管理智能化。数字校园建设包括四个部分：（1）校园网：数字校园的基础设施，以硬件为主；（2）信息系统：包括办公系统、教务系统、财务系统等各种管理信息系统，及学校信息中心；（3）教学资源：包括各种教学课件库、网络教学平台、资源库以及教师和学生的培训等；（4）技术支持：数字校园各种基础设施（家属区、学生宿舍网络，实验设备、办公设备等）的服务、维护和技术支持。

二、信息化建设的实施过程

首都师大信息化建设分为两个阶段：

校园网建设为主的阶段：1995～2002 年：建设以硬件为主的校园网，是信息化的基础设施，也是信息系统和教学资源建设的基础。

信息系统和资源建设为主的阶段：2002～2005 年，宽带校园网基本建成，可以为信息系统和教学资源提供宽带服务，建设重点转移到以校园网信息系统和资源建设并重。

三、校园网规模和主要设备

校园网规模：

1996～2002 年总共投入约 3 000 万元，平均每年 500 万元。

主干千兆/光纤长度 45 公里/连接 5 个校区/连接楼数量：50 座/IP 地址：4096/连接计算机台数：约 4 500 台/用户数量：1 500/家属用户数量：800/出口带宽：CERNET 100M，Chinanet 4M

主要设备：

千兆交换机 1 台 Cisco6509/千兆交换机 7 台 Cisco3550-12G/千兆交换机 40 台 Cisco3550-24/百兆交换机 100 台 Cisco2950/百兆交换机 45 台实达 1924/百兆交换机 1 台 Cisco5000/路由器 1 台 Cisco7010/防火墙 2 台 Cisco/服务器 1 台 SUN5500/服务器 2 台 SUN880/服务器 2 台 SUN480/服务器 1 台 SUN280/服务器 1 台 SUN250/服务器 1 台 SUN3000

四、数字校园建设的管理机构

为加强学校信息化建设，2002 年 2 月成立了首都师大教育信息化领导小组。

2002 年 7 月我校决定成立数字校园建设中心，组成中心的单位有：原隶属学校办公室的网络中心，以及现代教育技术中心（前身是电教中心等）。现代教育技术中心于 2001 年 2 月成立，中心主任为刘新成，常务副主任为周文业。

数字校园建设中心为学校教育信息化领导小组下设的执行机构，系学校直属单位。中心主任为周文业（2002～　）。

中心下设网络部、信息部、资源部和技术支持部，每年度负责若干项目。有工作人员 7 人。

中心的职责：

校园网建设：整体规划、设计、建设和优化改造，网络设备、通信线路的运行、维护和管理，网络安全、信息安全，用户管理，与 CERNET、China net 连接，管理制度建设，网络管理员的业务培训。

信息系统建设：数据中心建设、各部门管理信息系统建设，个性化门户，网络基本服务（身份认证、数据安全、数据备份），信息系统培训。

教学资源建设：课件库建设，网络教学平台，资源库建设，教师培训，师范生教学技能训练。

技术支持；学校机关计算机和网络技术支持，公共机房管理维护，实验设备技术支持，办公设备技术支持。

中心已制订的规章制度涉及中心和各部门的岗位职责、工作程序等。

第五节 体育设施

从 50 年代到 80 年代，我校的体育设施和体育教学环境一直较为简陋。主要的运动场地是一个 400 米煤渣跑道田径场和几块黄土篮球场，冬天上滑冰课，每年都在不同的地点临时泼冰场。为开展游泳活动，1958 年曾在现玉渊潭公园的湖边挖了一个池塘式的大水坑，水质浑浊。上球类课时，一个体育教学班只能分摊到两三个球。体育器械除了几副单双杠和几件举重器材外，几乎无其他可言。随着时间的推移，情况有所改善，如增添了几块沥青篮球场，增加了若干体育器材和一个不规范的游泳池等。

80 年代后期起，我校的体育场地建设和体育教学环境发生了重大变化，室内外体育场地总面积已近 11 万平方米。1998 年市教委和我校共同集资 600 多万元对田径场进行了彻底改造：铺装了国际标准的塑胶跑道，并在足球场铺了天然草坪，昔日遇风尘土飞扬、遇雨泥泞不堪的体育教学场地和学生课外活动的主要场所面貌焕然一新，步入了全国高校运动场地建设的先进行列。60 年代修建的游泳池几经改造，建成了两个标准游泳池，并采用了较先进的水循环系统。又新建了塑胶网球场和乒乓室以及体操房。在 2001 年世界大学生运动会上，我校承接了女子足球比赛任务，为了满足大型国际比赛需要，我校修建了一座多功能体育馆，并在足球场上安装了电子屏幕。场地设备条件的改善较大程度上满足了广大学生和教职工体育运动的需要，并吸引了众多的企事业单位来我校开展全民健身活动，从而扩大了我校的社会影响。截至 2003 年，我校体育运动场地状况见表 6.3.5.1、6.3.5.2。

表 6.3.5.1　　首都师大体育设施面积及分布一览表（2003）

序号	设施名称	分布地点	数量	面积（M^2）	备注
1	田径场	校本部	1	21 330	400M 标准塑胶地
		通州部	1	15 200	400M 煤渣地
		海淀部	1	4 515	200M 煤渣地
		校北二区	1	4 182	200M 煤渣地
2	足球场	校本部	1	7 331	标准草坪场，与田径场套用
		通州部	1	7 331	混合土，与田径场套用
3	篮球场	校本部	10	9 030	露天
		通州部	2		露天
		海淀部	4		露天
		校北一区	2		露天
		校北二区	3		露天
4	网球场	校本部	6	1 222	露天塑胶
5	排球场	校本部	2	3 410	露天塑胶
		校北二区	2		露天混凝土
		通州部	1		露天
6	游泳池	校本部	2	5 214	露天 50×25 米池
7	投掷场	校本部	1	973	沙土
8	门球场	校本部	1	576	沙土
9	体操活动区	校本部	1	1 000	
10	体育馆	校本部	1	1 400	羽毛球场地 5 块
		通州部	1	1 500	篮球场地 1 块
		海淀部	1	1 500	篮球场地 1 块
11	健美操教室	校本部	1	109	
12	健美教室	校本部	1	130	
13	乒乓球室	校本部	1	575	
	合计			71 866	

注：1. 足球场、北二区篮球场与田径场套用，足球场、北二区篮球场面积未计入合计面积。

2. 按我校学生自然人数为12 003计算，生均运动场面积5.99m^2/人。

表6.3.5.2　　首都师大风雨操场面积统计表（2003）

序号	名称	地点	数量	面积（M^2）	备注
1	体育馆	校本部	1	1 400	内设羽毛球场地5块
		通州部	1	1 500	内设篮球场地1块
		海淀部	1	1 500	内设篮球场地1块
2	体操房	校本部	1	109	
3	健身房	校本部	1	130	
4	乒乓球室	校本部	1	575	
5	塑胶田径场	校本部	1	10 500	
6	塑胶网球场	校本部	6	1 222	
7	塑胶排球场	校本部	2	797	
	总　计		15	17 733	

注：按我校学生自然人数为12 003人计算，生均风雨操场面积为1.47㎡/人。

第六节　生物园设施

50年代初，苏联教育专家建议：中学设生物角，师范院校也要有生物园地。1956年我院开始营造生物园，地点在今校本部美术学院至实验楼、电教楼一带，1958年从中分出部分土地供校办工厂使用。1956～1966年，生物园建有温室，大田种植有小麦、玉米、果树和蔬菜，另外饲养犬、兔、鼠等动物，主要供教学观察、实验之用。“文革”开始后，提出“砸烂生物系”，生物系迁至城外，校内生物园废弃。“文革”中生物系教师在校办农场研制植物激素920、菌肥5406等。1977年恢复生物园，80年代初新征土地15亩（今本部北门以南）。室外仍种植普通农作物、果树、蔬菜；两排温室种植珍稀植物和花卉；饲养室养殖牛、鸡、鼠、蝎、犬等试验用动物。其后以3～5亩土地作为小麦、玉米的良种培育基地，取得了阶段性成果。1995年生物园原址改作家属宿舍楼盘，在北一区规划地辟出十几亩继续用作试验基地，但该地块实际早已规划为市政用地，至1997年今校区内没有了生物园。2002年良乡新校区建设启动，规划含生命科学学院并附设试验园区，如温室等。

第四章　编辑出版系统

第一节　学　报

一、《首都师范大学学报》(社会科学版)

1958 年试办《文史教学》，属内部刊物，不定期出版。编辑有齐世荣、刘国盈、廖仲安、谢承仁，均为兼职。主要在本院和北京市内外中学范围内交流，只出版过 3 期，可视为学报社会科学版的前身。

1973 年申请出版学报获准，1974 年正式出刊，定名为《北京师院学报》（社会科学版），季刊，内部发行。1979 年 11 月，获准在北京地区公开发行。1980 年第三期开始在国内公开发行，1982 年获准向国内外公开发行。1988 年，经市新闻出版局批准，由季刊改为双月刊，刊号为 CN11－1110。自 1989 年起，每年出刊 6 期。1993 年更名为《首都师范大学学报》。截至 2003 年总共出刊 155 期，另有增刊 6 期。最初发行量为 400 册左右，发行量最高时为 7 000 册，一度降到千余册，21 世纪初增至 1 500 册。在国外及港澳台地区的发行数，长期稳定在 80 册上下，涉及日、美、法、德、意等国。在全国学报（社科版）对外的发行中，始终位居前列，在全国高师院校学报中则名列前茅。

1973 年成立学报领导小组。1974 年在党委直接领导下设立编委会，下设办事机构“学报组”，负责学报编辑与日常具体工作。1978 年虽仍设编委会，但不再是编委会开会讨论文稿。文稿经编辑初审后，送有关编委或专家审定，最后由主编或副主任定稿。1979 年编委会主任由主管学报工作的副院长兼任。1980 年党委《关于学报公开发行的决定》规定：学报在党委直接领导下，设立学报编委会和编辑部。1984 年院长办公会议《关于学报（社会科学版）编辑工作的意见》确定，在院长、副院长领导下设立学报编辑委员会和编辑部。编委会是学报的学术领导机构，讨论决定有关学报的重大问题，每年至少开会 1～2 次。编委分工审阅编辑部送审的稿件。编委会主任由主管学报的院长或副院长担任，副主任由学报主编、常务副主编担任。1988 年编辑部进行调整，设兼职主编 1 人；专职副主编 1 人，主持编辑部工作；编辑 4 人，其中含教育编辑 1 人，以加强学报的师范性；设编务 1 人，并兼任办公室工作。1994 年，编辑部社会科学版与自然科学版合并为一个行政单位，设编辑部正副主任各 1 人，设常务副主编 2 人，分别主持学报两个版的业务工作。2003 年学报在编人员共 10 人，社科版有 6 人。学报（社科版）历届负责人情况见表 6.4.1.1。

表 6.4.1.1　　　　学报（社科版）历届编委会负责人任职更迭表

姓　名	职　务	任　期
薛成业	主　任	1974～1978

续表

姓　名	职　务	任　期
张延生	副主任	1974～1978
马春景	主　任	1980～1984
刘国盈、宁　可、杨续先	副主任	1980～1984
刘国盈	主　任	1984～1985
严怀儒、赵学廉、张德厚	副主任	
刘国盈	主　任	1985～1987
姚子范	副主任	1985
张建业		1987
张寿康	主　任	1988～1990
周发增	常务副主任	
齐世荣	主　任	1990～1991
张寿康、母庚才	常务副主任	
齐世荣	主　任	1991～1991.7
张寿康、周发增	副主任（常务）	
齐世荣	主　任	1991～1994.3
王锐生、周发增	副主任（常务）	
齐世荣	主　任	1994～1998.10
王锐生、温绍堃	副主任（常务）	
齐世荣	主　任	1998～
秦英君	副主任（常务）	

表 6.4.1.2　学报（社科版）历届主编任职更迭表

<table>
<tr><th>主　编</th><th>专兼职</th><th>任　期</th><th>常务副主编</th><th>任　期</th></tr>
<tr><td rowspan="2">马春景</td><td rowspan="2">兼</td><td rowspan="2">1978～1982</td><td>张延生</td><td>1974～1978</td></tr>
<tr><td>杨续先</td><td>1978～1983</td></tr>
<tr><td>刘国盈</td><td>兼</td><td>1983～1984</td><td rowspan="2">赵学廉</td><td rowspan="2">1983～1984</td></tr>
<tr><td>严怀儒</td><td>兼</td><td>1984.2～1984.10</td></tr>
<tr><td>姚子范</td><td>专</td><td>1984～1986</td><td rowspan="2">张德厚</td><td rowspan="2">1984～1987</td></tr>
<tr><td>张建业</td><td>专</td><td>1987</td></tr>
<tr><td rowspan="2">张寿康</td><td rowspan="2">兼</td><td rowspan="2">1988～1991</td><td>周发增</td><td>1988～1990</td></tr>
<tr><td>母庚才</td><td>1990～1991</td></tr>
<tr><td rowspan="2">王锐生</td><td rowspan="2">兼</td><td rowspan="2">1991～1998</td><td>周发增</td><td>1991～1994</td></tr>
<tr><td>温绍堃</td><td>1994～1998</td></tr>
<tr><td>秦英君</td><td>专</td><td>1998.10～</td><td></td><td></td></tr>
</table>

学报社科版先后开辟了几个在全国较有影响的专栏。如："中国社会经济史研究"、"作家新评价"（又称"当代作家作品研究"）、"文章学研究"、"学科教育学研究"专栏等；1990年5月，在全国率先开辟"人权理论研究"专栏。近年来，先后新辟有："古史考辨"、"博士论坛"、"后现代主义研究"、"敦煌研究"、"比较教育研究"、"北京文化研究"等专栏。在一些国际交流会上，台湾地区及日、英、美等国学者都曾表示欣赏上述某些专栏。

从80年代起，学报社科版在多项评估中排名属于较前位置。1996年被中国社科院信息文献中心评为全国700家核心期刊之一，后得到国家出版总署认定；同年被北京市新闻出版局评为一级期刊。1999年获"首届全国百强社科学报"称号，同年入选"中国人文和社科核心期刊"。2000年获北京市优秀社科期刊和华北地区优秀社科期刊称号。2001年入选国家新闻署组织的"中国期刊方阵"，获得证书及标志。2002年获北京市"一等奖社科学报"、"十佳社科学报"、"中国人文社科学报核心期刊"称号，同年被评为第二届全国百强社科学报。同年，据中国人民大学书报资料中心《复印报刊资料》全文转载量，我校学报社科版在800余家高校文科学报中排名第七。

学报社科版在学报界的各项活动中也发挥了较大作用，受到好评。先后承办北京地区高校文科学报研究会的筹备工作，多次组织和主持北京高校文科学报有关的学术研讨会和编辑学优秀论文的评奖工作，公开出版了《学报编辑与管理研究》和《学报编辑学引论》二书，主持了全国高校文科学报主编及政治理论编辑参加的政治理论研讨会等。近几年主编或常务副主编担任全国高校学报文科研究会常务理事和北京高校文科学报研究会理事长。2002年全国第二届高校社科学报评优活动中，我校学报在岗主编被评为优秀主编。

二、《首都师范大学学报》（自然科学版）

1975年，借用学报社科版统一刊号，出刊过自然科学版专辑一期，在国内高校内部交流。1976年，又借用上述刊号，出版了两期。据此，创刊年代定为1976年。

1980年5月，成立《北京师院学报（自然科学版）》编委会，下设办公室挂靠科研处。确定为半年刊，仍在内部进行交流。1986年，改为季刊。同年12月6日，经北京市新闻出版局批准在国内外公开发行。1989年，与学报社科版合并组成北京师范学院学报编辑部。学报（自然科学版）编委会及编辑部负责人情况见表6.4.1.3。

表6.4.1.3　　学报（自然科学版）编委会、编辑部负责人任职更迭表

主任、主编	副主任、副主编	任　期
马春景	宗　健、秦祝洵	1980～1983
梅向明	宗　健、陈阜东	1983～1986
梅向明	贺龙光、郭平仲、苏　镇	1986～1987
梅向明	郭平仲、苏　镇（常务）	1987～1994
梅向明	郭平仲、侯培庄（常务）	1994～1998
梅向明	郭平仲、杜进富（常务）	1998～

截至2003年学报（自然科学版）共出刊87期。

学报（自然科学版）公开发行以来，已实现编排标准化、规范化，学术质量、编辑加工质量以及印刷装帧质量均不断提高。从1987年开始，参加了中国高校学报论文文摘英文磁带文献库。1989年以来学报自然科学版多次获奖。1997年获北京市科委、北京市新闻出版局颁编辑质量奖，教育部全国优秀科技期刊三等奖。1999年获教育部颁优秀学报三等奖。2002年获北京市优秀科技期刊奖。该刊为自然科学类核心期刊之一（中国科技研究所信息中心评）。

三、《首都师范大学外国语学院学报》

其前身为《北京联合大学外国语师范学院学报》，1984年创刊，内部发行。该刊发行之初，正是北京联合大学外师新建之时，对学校的教学科研起到了推动作用。1993年北京联合大学外师并入首都师大，该刊更名为《首都师范大学外国语学院学报》，1995年7月停刊。10年间共有90名作者发表论文170篇。该学报历届主编为周起骥、孟庆夔，常务副主编为成宝田。

四、《首都师范大学高教研究》

1982年我院筹建高等教育研究室，同年，经市高教局、文化局批准于10月正式创办《高教研究》，为内部交流的不定期的高等教育学术性刊物，由北京师院主管，院高等教育研究会和高教研究室主办。1985年正式成立编委会，确定为季刊。1988年起，每期约10万字，稿约范围是高等教育领域的理论与实践，以高师教育为主，兼及基础教育，辟有10多个固定专栏。1999年按北京市新闻出版局规定，改为内部资料，刊期不变。截至2003年，累计出刊79期。同时出版专辑20种，如《高师的改革与发展》、《北京师院内部管理体制改革》、《优秀教学成果选辑》、《性健康教育》、《妇女工作的理论与实践》等。该刊除在校内发放外，还与全国各高校、教育科研机构进行交流，并赠予北京市若干中学。每期印数1 000册～1 300册左右。从80年代～90年代前期，《高教研究》质量较有保证，部分论文被公开报刊转载。其后由于申报副高以上职称时，该刊所发文章不能作为有效成果，稿件的数量和质量开始下滑。2002年校方规定：全体教师在一个聘期内至少发表一篇教学改革研究论文，这对办好《高教研究》将产生积极影响。该刊历届主编为李友芝(1982～1987)，周发增（常务副主编、1984～1987)，马啸风（1987～2003)，曹薇（执行主编1993～2003)，邹华（2003～　）。

第二节　其他学术丛刊

一、《教育文化研究》

首都师大教科院主办，2000年创刊，刊期半年，为内部刊物。发行对象为全国各综合大学、师范院校所属的教育科学学院、教育系及其他相关的教育研究机构和教育期刊编辑部，每期印刷500册～800册。目前主要栏目有：教育基本理论研究、心理学基本理论研究与应用研究、教师教育研究、高等教育研究、基础教育改革研究、农村教育研究、研究生论坛等。该刊主编为王长纯，副主编为张景斌，编辑主任为任园。

二、《语言》

《语言》是首都师大语言研究中心和首都师大文学院联合主办的语言学专门刊物，主要发表语言学及其相关学科的研究论文、译文，强调理论的深刻性以及学风的严谨性，并关注学术研究的热点话题，及时反映语言研究的最新动态。该刊力图以学术交流的方式扩大与海内外语言学界的沟通，展示中国语言研究的成果，推动中国语言研究的发展。《语言》创刊于2000年，每年1卷（以书代刊），由首都师范大学出版社出版。2003年已出版4卷，发表学术论文约百篇，发行中、美等国家和地区，总发行量近万册，在海内外学术界产生了良好影响。《语言》杂志由刘利民、周建设任主编，学术顾问有王福祥、裘锡圭、陆俭明、蒋绍愚、戴庆厦、王宁、沈家煊、张炼强等名家，编委会成员有冯蒸、黄天树、李均洋、林立、刘利民、汪大昌、王陆、周建设等。

三、《文学前沿》

《文学前沿》丛刊是首都师大文学院和首都师大出版社主办的面向海内外人文学界的思想性、学术性连续出版物，旨在沟通并扩大海内外人文学者间的联系，展示中国人文学者的思想风采，繁荣和推进中国人文学术领域的研究。丛刊立足于中国文化本位，主要发表有关文学艺术及美学理论、中国文学、中外文艺现象、中外审美文化思潮等方面的思想性、学术性评论文章及专题研究论文和译文。2000年创刊，每年出版两辑（以书代刊），每辑25万字。《文学前沿》学术委员会主任为钱中文、袁行霈，编辑部历任主编为吴思敬、赵敏俐、左东岭，副主编为邓小军、陶东风、王德胜、宋焕起、吴相洲。2003年起由学苑出版社出版。

四、《中国诗歌研究》

《中国诗歌研究》是首都师大中国诗歌研究中心所创办的大型学术丛刊，设置有中国古代诗歌研究、中国现当代诗歌研究、中国诗歌理论研究、中国少数民族诗歌研究、当代海外华人诗歌研究及中西比较诗学研究等栏目。2002年6月出版第一辑，由中华书局出版发行。《中国诗歌研究》编委会主编为赵敏俐，副主编为左东岭（常务）、吴思敬。另设有《中国诗歌研究》学术委员会，主任为罗宗强。

第三节　出版社

首都师范大学出版社原名北京师范学院出版社，1985年2月13日由文化部正式批准成立，是全国大学出版社中成立时间较早的出版社之一，出版范围以大学教材、基础教育教材和学术著作等文教图书为主。1992年随学校更名而改称首都师范大学出版社。建社18年来，从无到有，现已发展成为具有一定规模，有较强的编辑、出版、发行能力，并形成一定特色的大学出版社。

一、编制和机构

出版社建社第一年组建了基本队伍13人，1987年发展到39人。1993年将编制定为

40人。学校制定“九五”规划时，曾计划将编制增加到45人。2001年，出版社建社以来第一次向社会招聘企业编制的策划编辑和发行业务员。到2003年年底，全社员工共有40人。40人中属编辑系列者28人。此外，还有一批社外编校队伍作为专职编辑的补充。全社人员职称结构为：正高职6人，副高职13人，中级13人，初级5人；学历结构为：博士2人，硕士4人，大本28人，大专以下6人。

1987年，出版社的组织机构从单一的编辑部发展为11个科室：办公室、总编室、第一编辑室（文科）、第二编辑室（理科）、第三编辑室（政史）、第四编辑室（教育）、出版科、发行科、财务室、校对室、资料室。1997年将4个编辑室合并为文科编辑室和理科编辑室。2001年，机构设置朝着企业化管理的方向进行整合，成立5个大部：策划开发部、图书制作部、营销发行部、行政后勤部、社外机构等。

策划开发部包括项目组、教材编辑部、总编室（对内称企划调度室，含宣传室、资料室、档案室）、质检室和美编室；图书制作部包括出版室、文案编辑室和校对室；营销发行部包括市场开发部、教材发行部、储运部和读者服务部；行政后勤部包括办公室、财务室和机房；社外机构包括社外审读室、兼职编辑室、社外校对室、社外装帧设计室等。

二、管理体制

根据教育部对高校出版社的定性，我校出版社是实行企业化管理的事业单位，实行社长负责制，由社长、总编辑、副社长、副总编辑组成社委会。出版社历届负责人任职情况见表6.4.3.1。

表6.4.3.1　　　　首都师大出版社历届主要负责人任职更迭表

姓　名	职　务	任　期
刘国盈	社长兼总编辑	1984～1986
王　才	常务副社长	1984～1986
鲍　霁	社长兼总编辑	1986～1989
王超英	直属党支部书记	1986～1989
张国栋	副社长兼副总编（主持工作）	1989
段启明	社长兼总编辑	1989～1990
	总编辑	1990～1993
周发增	社　长	1990～1991
刘玉森	直属党支部书记	1990～1991
母庚才	社　长	1991～1993
	社长兼总编辑	1993～1994
李世新	社长（兼）	1995～1996
白光洁	社　长	1996～2000
邹　华	社　长	2000～2003

续表

姓　名	职　务	任　期
宋焕起	总编辑	1996～2003
傅作梅	代社长（主持工作）	2003～
陈　鹏	总编辑	2003～

三、社会效益和经济效益

出版社是十分重要的文化资源，是学校形象的对外窗口之一，80 年代初，我校经多方奔走创办了出版社，后经营数年，在服务学校的教学科研，服务社会发展和基础教育等方面，都发挥了一定作用，扩大了学校的影响，提高了学校的声望。1990 年我校设立“校长出版基金”，资助教师、干部出版有价值的专著和教材，至 2003 年改为“教材出版基金”，入选的出版物，均由出版社运作编审出版事宜。出版社还是北京市哲学社会科学出版基金会委托的定点出版社。

截至 2001 年出版社出版本科及专科、职教及成人教育、基础教育教材，学术著作，教学参考书、教学辅助读物等各类图书累计 2 100 余种，逾 3 500 余万册。销售码洋 39 600万元，销售收入 27 837 万元，累计创利 3 750 万元，上缴学校 1 039 万元；拥有流动资金 1 300 万元，基本适应经营出版的需要，并有一定的资金用于扩大再生产（见表 6.4.3.2）。有 100 多种图书获得省部级以上奖，其中包括国家图书奖和中国图书奖等项（见表 6.4.3.3）。有两套“全书”选题被列入国家“九五”、“十五”重点图书出版规划。由于在出版大专教材和基础教育课本方面成绩显著，1994 年被教育部评为全国教材管理先进集体；1997～1998 和 1999～2000 年连续两届被国家新闻出版署评为全国良好出版社。

近年来，出版社面临着图书市场竞争激烈、中小学教材限价等一系列挑战，为此必须加速改革，抓住机遇，开创发展的新局面。

表 6.4.3.2　　首都师大出版社经营情况统计表　　单位：万元

年　度	销售码洋	销售收入	上缴利润
1985	206.4	155.8	10.00
1986			15.00
1987	426.17	321.21	16.19
1988	713.59	536.76	24.27
1989	627.16	440.96	18.20
1990	945.14	635.12	29.19
1991	1 134.11	802.36	32.95
1992	1 322.38	887.11	45
1993	1 170.26	1 166.80	34.68
1994	1 827.18	2 274.31	55

续表

年　度	销售码洋	销售收入	上缴利润
1995	3 466	2 274	73
1996	4 249	2 938	76
1997	4 976	2 564	110
1998	4 574	2 456	120
1999	5 148	2 793	120
2000	4 069	2 210	130
2001	4 747	2 748	130
2002	5 402	2 918	130
2003	5 543	3 068	130

注：销售码洋＝书价×册数

表 6.4.3.3　　首都师大出版社部分获奖图书一览表

书　名	获奖名称及等级	评奖单位	年份
王维新论	北京市优秀图书一等奖	北京市政府、北京市委	1991
学术论著自选集	国家图书荣誉奖	新闻出版署	1995
中国实学思想史	第九届中国图书奖	中国图书评论学会	1995
中国社会保障辞典	优秀教育图书一等奖	全国教育图书展优秀图书评委会	1995
转型中的中国社会和中国社会的转型	北京市优秀图书（社科类）一等奖	北京市新闻出版局、北京市版协	1996
经济鸟类学	第七届全国教育图书展优秀图书奖	全国教育图书展优秀图书评委会	1997
通用数奥小学教材	第三届全国高校优秀双效书荣誉奖	中国大学出版社协会	1997
新时期文艺建设丛书	北京市优秀图书二等奖	北京市新闻出版局	2001
近代中国大报道	第三届全国高校书籍装帧艺术评比金奖	全国大学版协、全国高校书籍装帧艺委会	2001
学科教育学大系	第十三届中国图书奖	中国图书评论学会	2002

第四节　语文报刊社

首都师范大学语文报刊社于 1993 年由中学语文教学杂志社和作文导报社组成。其时有职员 38 人，工人 6 人。编辑人员中高级编辑 6 人。历任社长为孙秉伟（1993～1995）、臧博平（1995～2002）、杨学军（2002～　）；总编辑为孙移山（1993～1997）、臧博平（兼）（1998～2002）、杨学军（兼）（2002～　）。报刊社下设《中学语文教学》编辑部和《作文导报》编辑部。

一、《中学语文教学》（附《中学生文苑》）

1973 年中文系部分教师发起创办《语文教学自学讲义》（内部刊物，在北京市中学范围内发行），李燕杰、吕贵申先后任主编。共出版 58 期，1978 年停办。

“文革”后，鉴于广大中学语文教师对教学期刊的渴求，吕淑湘、叶圣陶、张志公等学者倡议，在《语文教学自学讲义》的基础上，由人民教育出版社和北京师院联合创办一份以中学语文教师为对象的刊物，经教育部批准，《中学语文教学》于 1979 年 7 月正式面世。截至 2003 年共出刊 294 期，累计发行 3 000 余万份，读者遍及全国及世界各地。创刊初期，虽为限量发行，每期仍达到 30 万份。后因诸多因素影响，每期发行降至 4 万份。该刊力求在把握语文教学改革方向方面起到一定的指导作用。该刊编辑部曾组织数次全国性语文教学专题研讨会，举办 7 届中学生“圣陶杯”作文大赛。办刊过程中扶植了一批语文教师，其后有的成长为知名语文专家。该刊 1979～1984 年期间实行编委会制，主编为刘国盈，副主编为刘国正、张寿康，编辑部主任为吕贵申。1985 年以后实行主编负责制，张寿康（1985～1991）任名誉主编，孙移山（1985～1997）、臧博平（1998～2002）、杨学军（2002～　）先后任主编，黄光硕、吕贵申（1985～1994）庄文中、陈金明、顾振彪（1994～1997）陈金明、姜庭晨、顾振彪（1997～1998）史有为（1998～2002）先后任副主编，史有为（2002～　）任执行主编。1998 年以后该刊由首都师大语文报刊社独自主办。

《中学生文苑》由北京师院中文系于 1985 年创办（与语文报刊社无涉）。宗旨是沟通我校与中学的联系，了解中学语文教学动态，促进改革，扩大中文系在全国中学的影响，并通过办刊培养锻炼青年教师。共出版月刊 58 期，后以丛书名义出版 9 期，发行量不低于三万余册。90 年代初停办。

二、《学作文报》、《说写月刊》、《作文导报》

《学作文报》原为北京师院分院中文系于 1979 年创办，分设中学版和小学版，以中小学生和语文教师为对象，发行量 20 万份，最高时达 100 万份。创刊后即成立学作文报社，但未设专门机构，由中文系主任高[illegible]和副主任高原兼任。

1987 年《学作文报》经北京市新闻出版局批准更名为《说写月刊》，学作文报社也更名为说写月刊社。1992 年说写月刊社共编辑出版一种月刊，即《说写月刊》，四种报纸，即《作文导报（高年级版）》、《作文导报（中年级版）》、《作文导报（低年级版）》、《少年智力开发报（数学版）》。1994 年《说写月刊》停刊，《作文导报》继续出版发行（2002 年增加职教版），受到中小学生喜爱和语文研究人员的重视。该报在有关单位支持下从 1984 年起举办了每年一届的全国中小学生作文竞赛。1999 年起，由中国儿童少年基金会等单位主办、语文报刊社承办的“春蕾杯”征文活动已成功举办了 4 届，每届参赛人数均逾百万。《作文导报》主编为孙秉伟（1992～1995）、臧博平（1995～2002），2002 年起，总编为杨学军，执行总编为苗立源、刘淑芳、王彩慧。

《作文导报》社历年经营情况见表 6.4.4.1

表 6.4.4.1　　《作文导报》社历年经营情况　　单位：万元

年 份	销售收入	利润总额
1991	160	61
1992	224	45
1993	416	176
1994	443	127
1995	495	103
1996	685	207
1997	772	328
1998	868	270
1999	862	345
2000	741	207
2001	755	185
2002	859	195
2003	829	121
合计	8 109	2 370

第五节　中学理科教学期刊

一、《中学生数学》

进入新时期，中学师生教与学的积极性很高，为了传播和普及中等数学的基础知识，中国数学会普及数学知识委员会、北京数学会等委托北京师范学院数学系主办《中学生数学》，于 1981 年试刊两期。编委会由清华大学应用数学系、北京师范大学数学系及外省市高校若干教师组成，主编为我院数学系梅向明，由中国青年出版社编辑出版。1982 年定为双月刊。先后辟出"课堂的学习补充与提高"、"数学杂谈"、"思路方法与技巧"等 10 余个栏目。至 1991 年末共出刊 60 期。1993 年经中国科协批准，从 1994 年起改为月刊。由数学系王尚志任主编，梅向明改任顾问，又邀请全国多位学者专家组建新一届编委会。该刊办刊宗旨为"提高中学生的素质，促进中学生的全面发展"。办刊的方针是：积极宣传、认真贯彻国家教委颁布的课程计划、教学大纲以及提高基础教育教学质量的新思路、新举措；紧密配合学校的教与学，在加深对基础知识的理解、加强基本技能的训练、掌握基本的数学思想与方法、培养数学能力、发展个性和特长等方面给学生以帮助和指导；提供落实教学目标和检测及升学考试的指导；为中学数学活动课及兴趣小组提供参考资料，支持和鼓励中学生探索、创新以及运用数学解决实际问题，活跃学生的课余生活；及时报道有关数学和数学教育的动态和信息。新增加的主要栏目有十几种。从 1994 年至 1999 年共出刊 72 期。2000 年起，《中学生数学》改为“初中刊”和“高中刊”，分刊出版发行。办刊宗旨不变，根据初高中数学和教学对象特点进一步突出刊物的“科学性、指导性、实用性、服务性”，努力做到“既有较高的学术水准，又有广泛的可读性”，成为中学师生及爱好者的良师益友。2002 年起，由吴建平任主编。

二、《中小学数学》(小学版)(初中版)

《中小学数学》于 1983 年创刊，1995 年分为小学版和初中版，是由教育部主管、中国教育学会主办、首都师范大学数学系协办的两个科技教育类期刊，是我国面向九年义务教育的、专门发表数学教育、教学、教研成果的重要期刊。

《中小学数学》1991 年以前由地质出版社出版，1991 年起由教育部主管、中国教育学会具体领导，编辑部设在首都师范大学数学系；主要办刊人员（如主编、副主编、编辑）多为数学系或我校其他单位的教师，如杨文智、方运加、胡杞、郜舒竹等。首都师大校行政领导和历届数学系领导集体均对办刊给予了大量具体帮助。现任两版主编均为方运加。

《中小学数学》小学版为月刊，初中版为半月刊，每月版面文字刊发总量约 25 万字。主要刊发全国基层数学教师和教研员的科研成果或来稿。主要栏目有：数学教育、教学研究、教材研究、现代教育技术、探讨与争鸣、问题设计、典型课示例、中考研究等。截至 2003 年 10 月，初中版已刊发 236 期，小学版刊发 209 期。

三、《中学物理教学研究》

北京师范学院物理系曾于 1981 年创办了《中学物理教学研究》文集，每年出两集，每期 25 万字左右，先后由原子能出版社、科学普及出版社和北京师范学院出版社出版，发行最盛时期每集印数达 2 万册。文集主要对象为中等学校的物理教师以及高校物理系高年级学生。宗旨是为了较系统深入地开展对中学物理教学改革与教学规律的研究，力图从理论层面上对中学物理教学中的理论与实践中的热点、重点、难点等问题进行探索，促进中学物理教师科研水平的提高。

该刊编辑工作主要由北京师院物理系物理教学法教研室承担。主编先后为张锡鑫（1981～1984）、孙念台（1984～1987），常务副主编为乔际平（1981～1987）。文集在全国发行后有较大影响，每月来稿来信达 200 余篇（封），引起了中央教育部和全国物理教学研究会的重视，为物理系物理教学法及教学论的研究在同类院校中居领先地位创造了条件，后因多种原因于 80 年代末停办。

第六节　教育艺术杂志社

教育艺术杂志社于 1989 年成立，社长为李燕杰（1989～　），副社长为安邦。该社没有国拨经费，独立经营。

《教育艺术》杂志由首都师大青年艺术教育研究所主办，中华教育艺术研究会领办，北京自修大学联办。1989 年 6 月经北京市新闻出版局批准创刊，国内外公开发行。1990～1992 年为季刊，1993～1998 年为双月刊，1999 年起改为月刊。主编郭海燕（1989～ ），副主编郑晓舜（1995～ ）

《教育艺术》以铸魂育人为宗旨，致力于宣传社会主义教育方针，传播中华民族优秀的传统文化与道德，研究与推广别具特色的教育艺术，交流国内外丰富多彩的教育信息。先后辟有“时代精神磁场”、“钟鼓论坛”、“教育艺术研究”、“美的寻觅”等二三十个栏目，紧跟社会潮流，并力求做到着笔以实、立论以理、感人以情、辅之以趣，熔思想性、艺术性、知识性于一炉。出刊已逾百期。

第五章　附属学校

第一节　首都师大附中

首都师范大学附属中学（简称“首都师大附中”），位于海淀区北洼路 33 号。前身是创建于 1914 年的正志中学，1920 年更名为“京师私立成达（‘成德达材’之意）高级初级中学校”。创办人徐树铮，一些社会名流曾为校董。北京解放前，共毕业了高中 11 个班，初中 37 个班，约计两千余人。

1949 年春，成达中学从位处中海附近的原址迁至阜成门王府仓。1952 年改为公立中学。同年，法国天主教圣母会修士吉善于 1906 年创办的“上义中学”并入，改名为“北京市第三十八中学”，并在阜外八里庄筹建新校舍，1954 年 9 月 1 日迁入新址，改名为“北京市第四十二中学”。从三十八中到四十二中的几年期间，是学校除旧布新的历史转变时期。

1958 年，北京四十二中划归北京师院领导，更名为“北京师范学院附属中学”，学校得到迅速发展。60 年代初，北京师院党委采取一系列措施，推进附中的干部、教师队伍建设，到“文革”前夕，附中的办学条件已达到北京市中学的一流水平。“文革”期间，学校遭到严重破坏，优秀教师大量流失，档案资料损毁殆尽。1978 年，被北京市确定为首批市属重点中学之一。1991 年由北京市政府派遣的教育督导团进驻附中进行全面检查，认为“从各方面看可以称得起北京市一流水平的中学”。1992 年李岚清副总理为附中题词：“认真贯彻德智体全面发展的教育方针，为办好我国的素质教育起示范作用。”1992 年 6 月，随着首都师范大学的成立，更名为首都师大附中，现受市教委和首都师大双重领导。党政负责人任职更迭见表 6.5.1.1。

表 6.5.1.1　　　首都师大附中党政主要负责人任职更迭表

<table>
<tr><th>姓　名</th><th>职　务</th><th>任　期</th><th>姓　名</th><th>职　务</th><th>任　期</th></tr>
<tr><td>艾友兰</td><td>校　长</td><td>1958～1966</td><td>秋　粟</td><td>总支书记</td><td>1958～1966</td></tr>
<tr><td>杨逢和</td><td>革委会主任</td><td>1967～1976</td><td>杨逢和</td><td>同上</td><td>1967～1976</td></tr>
<tr><td>蔡国祥</td><td>同上</td><td>1977～1978</td><td>蔡国祥</td><td>同上</td><td>1977～1978</td></tr>
<tr><td>艾友兰</td><td>校　长</td><td>1979～1984</td><td>艾友兰</td><td>同上</td><td>1979～1984</td></tr>
<tr><td>杜　森</td><td>同上</td><td>1984～1991</td><td>蔡国祥</td><td>同上</td><td>1984～1991</td></tr>
<tr><td>霍恩儒</td><td>同上</td><td>1991～1997</td><td>蔡国祥</td><td>同上</td><td>1991～1995</td></tr>
<tr><td rowspan="3">石彦伦</td><td rowspan="3">同上</td><td rowspan="3">1998～</td><td>刘彦弟</td><td>总支书记</td><td>1995～2000</td></tr>
<tr><td rowspan="2">石彦伦</td><td>总支书记</td><td>2000～2003</td></tr>
<tr><td>分党委书记</td><td>2003～</td></tr>
</table>

几十年来，首都师大附中规规矩矩办学，扎扎实实教书，被市、区教委两次授予“德育先进校”称号，被海淀区教委多次授予“质量优秀校”和“全面育人，办有特色校”的称号。近几年，逐步形成了自己的办学特色，即“三注重一体现”（注重德育、注重校园文化建设、注重现代教育技术的应用；在教育教学各环节充分体现学生的主体性）。在贯彻素质教育的实践中，又提出“一种意识，二种精神，三种能力”的培养目标。即责任意识，集体主义精神和爱国主义精神，自学能力、实践能力、创造性思维能力。学校的校训是：“自觉，勤奋，求实，创新。”学校的办学主导思想是：尊重个性，全面发展。学校的奋斗目标是：国内一流，国际知名。

2000 年，首都师大附中经北京市教委审议批准进入国家级示范性高中校建设行列，2001 年 12 月，通过评估验收，成为首批北京市示范性高中校之一。首都师大附中 90 年代参与发起组织“全国知名中学科研联合体”，在全国普教界有一定影响。

第二节　其他附属学校

一、首都师范大学附属育新学校

育新学校位于海淀区西三旗高校住宅区育新花园内，成立于 1997 年 8 月。其人事管理和财务工作受北京市教委领导；其校级干部任免和党政、工会工作受首都师大党委领导；而教师进修、职称评定、招生及日常学籍管理和中小学日常教学工作则由海淀区教委领导和代管。该校的校训是：“勤奋、好学、和谐、致美。”学校力求办成超前型、科研型、自主型的现代化学校。被誉为“海淀教育的北疆新秀”。

育新学校为集中小学于一体的 12 年制公办校。创办以来，教育教学工作全面发展。1999 年～2002 年中考总成绩名列海淀区第一，2002 年高考文科和理科总成绩分别名列海淀区第五和第十位。

育新学校校长为王绍宗（1997～　），直属党支部书记为黄以卉（1997～2001）。2001 年 3 月成立党总支，党总支书记为王绍宗（兼）（2001～　）。

二、首都师范大学附属实验学校

首都师大附属实验学校的前身是首都师大附属望京中学（1999 年由首都师大附中申办，首都师大协助在首都师大来广营分部校区创办）。2001 年 6 月，首都师大与朝阳区教委协议，并经市教委、市编办批准，由望京中学承办望京花园（高校住宅小区）配套学校，并更名为首都师大附属实验学校。学校为国有公办性质，人事及党团组织由首都师大负责，教育教学、规划行政由朝阳区教委负责。刘彦弟任校长（1999.4～　）兼总支书记（2000.9～　），此前，杨凤兰一度任总支书记（1999.4～2000.7）。

学校的办学方针是：扎扎实实推进素质教育，培养德智体美全面发展的社会主义事业接班人。办学目标是：教师队伍、教学设备、管理水平达到北京市一流。办学理念是：“尊重的教育”，即坚持尊重教育规律，尊重教育对象身心发展规律，尊重人才成长规律，尊重教师的知识和尊严，尊重学生的人格。目前的实验任务是：在推进基础教育改革中承担办学体制改革试点任务，以及九年一贯制课程及教材改革的实验任务。

三、首都师范大学附属丽泽中学

2000 年 7 月，首都师大与北京市丰台区教委签订联合办学协议，并报请市教委批准：原丰台三中和丰台师范学校合并，冠名为“首都师范大学附属丽泽中学”，2001 年 5 月 28 日正式挂牌。该校位于西四环南路。学校的办学宗旨是：全面推进以德育为核心，以美育为特色，以创新教育和实践为重点的素质教育，创建一所和谐向上的具有美育特色的示范校。该校 2001 年被评为北京市基础教育科学研究先进校。

四、首都师范大学附属良乡实验学校

原北京送变电公司子弟学校为“企助民办试点校”。2000 年 6 月，首都师大与北京送变电公司签订联合办学协议，将该校更名为“首都师范大学附属良乡实验学校”。办学层次为小学、初中和高中。更名后，首都师大对其师资建设、教学研究、学校管理、教育质量及教育教学设施方面提供援助和督导，该校则成为首都师大的教育教学科研基地和实习基地。

第七编　各类管理和服务

第一章　综合性管理与服务

第一节　党政日常工作的管理

党政日常工作由学校办公室管理。学校办公室是全校党政综合协调管理部门，由原中共首都师范大学党委办公室及校长办公室合并而成。

一、党委办公室

1956年10月，经中共北京市高校委员会批准，建立中共北京师范学院委员会，随后即组建党委的办事职能部门，党委办公室亦在其中。此前在中共北京师范学院支部委员会和总支委员会建制下，均未设办公室，只设一名专职秘书，管理党的日常工作。党委办公室成立后，与院长办公室合署办公，1958年后党办才与院办分开办公。1961年以后杨伯箴、冯佩之相继担任党委书记兼院长，一身二任，故党办、院办虽然分设，实际仍处于合署办公的状态。“文革”开始，党办停止工作。1967年，军宣队进驻学校，全校按班、排、连建制，党办也就不存在了。1971年6月，中共北京师院第六届代表大会召开，恢复了党委及其职能部门，但党务工作由革委会政工组负责。1978年，党委办公室重建，其时的党办主任同时兼任院办主任，故两办虽然分设，仍是合署办公。1983年，党办与院办正式分署办公，各司其责。1999年10月，在新一轮内部管理体制改革中，党办与校办合署办公，改称为“党、校办公室”，2000年9月更名为“学校办公室”。

1983年9月党委讨论通过并决定试行《中共北京师范学院委员会党委机关岗位责任制、考核奖励试行条例》，规定了党办的职责。1991年10月，党办对上述《条例》中关于自身的职责做了修订。其中《总则》规定：1. 围绕党委重要决策及中心工作，参与政务，管理事务，搞好三个服务（为上级党委、同级党委、院基层组织服务），发挥党委的参谋助手作用；2. 尽职尽责地完成办文、办事两大任务，重点搞好督查、信息、调研、协调、服务等五项工作；3. 不断增强“四性”（计划性、组织性、纪律性、保密性），逐步实现“四化”（制度化、规范化、科学化、办公手段现代化）；4. 牢固树立全心全意为人民服务的思想，发挥无私奉献的精神。

党委办公室主要负责人见表7.1.1.1。

表7.1.1.1　　党委办公室主要负责人任职更迭表

姓　名	职　务	时　间
赵石昆	党委办公室主任	1956～1958
李　朴	同　上	1959～1966
王　克	同　上	1978～1983

续表

姓　名	职　务	时　间
赵国梦	同　上	1983～1984
吴秉忠	同　上	1984.8～1992.6
张　雪	同　上	1992.6～1993.7
林蓉蓉	同　上	1993.10～1999.3
陈　宁	同　上	1999.3～1999.10

二、校长办公室

1954年，北京师院初建时，即设立了院长办公室（1958～1966年称院委办公室），任务是协助院领导处理日常行政事务。当时党组织尚未建立办公室，故在院长办公室内设了一位处理党的日常事务的专职秘书。1956年，院党委建立后，即建立了党委办公室，但仍与院长办公室合署办公。1958年后，院、党两个办公室分开办公，院办下设秘书组和中心工作组两个科级单位。1961年以后，杨伯箴、冯佩之相继担任党委书记兼院长，故党办、院办又处于合署办公的状态。"文革"开始后，院长办公室与其他党、政部门皆受冲击而瘫痪。工作组、军训团、工宣队相继进入师院后，原院办主管和处理的工作，都由其管理和安排。革命委员会建立后，下设办事组、政工组承担原院办、党办的任务。1978年，院革命委员会更名，恢复原北京师院各职能部门的名称，院长办公室也恢复名称而重建。其时院办主任同时担任党办主任，"两办"实际上仍是合署办公，直至1983年，"两办"始各自独立办公。1999年10月，"两办"又合署办公，成立"党、校办公室"，2000年9月更名为"学校办公室"。

1958年确定了"院长办公室职责范围"，规定它是协助院长处理院部日常行政的办事机构。1986年进一步明确院长办公室是院长领导下负责全院性行政工作的办事办文机构。校（院）长办公室主要负责人见表7.1.1.2。

表7.1.1.2　　校（院）长办公室主要负责人任职更迭表

姓　名	职　务	时　间
施宗恕	院长办公室主任	1954～1958 1958～1966（兼）
李洪琛	院长办公室副主任	1957～1959
宋　仁	同　上	1962～1966
方　程	同　上	1962～1966
王　克	院长办公室主任	1978～1983
向福先	同　上	1983～1984
赵国梦	同　上	1984～1988
葛嘉训	院长校长办公室主任	1988～1993
高文生	校长办公室主任	1993～1999

三、学校办公室

1999 年 10 月，党委办公室和校长办公室合署办公，称“党、校办公室”，2000 年 9 月，更名为“学校办公室”。

学校办公室沿袭原党办和校办的职能，并作了若干调整。其主要职责是：处理学校日常党务、政务工作，组织、安排与协调全校重大活动；完成上级机关及校领导交办的工作；组织、安排校党委常委会、书记办公会、校长办公会、校级班子民主生活会以及校务委员会、理论中心组学习会、全校中层干部会、总支书记会等重要会议；完成全校重大政治活动的组织、安排以及特殊时期、敏感时期的工作；检查、落实、督办上级布置的有关工作和学校作出的决议、决定执行情况；党委文件及行政公文的起草、编辑、报送；机要文件、内部资料和学校印章的管理；校园网的建设、使用和维护；网络信息的建设、维护；办公管理信息系统的建立与管理；学校统计报表的整理、编制、报送；对外联络及接待工作；校友总会的工作；协助并负责全校信访工作；学校文件的录入、打印、装订；报告厅、国际会议厅及有关会议室的使用、维护及设备管理工作；学校报刊的订阅、收发；学校的文书、教学、科研、照片及实物档案的收集、管理和开发利用工作；全校计划生育工作；北校区的管理；校史志的编撰工作等。学校办公室主要负责人见表 7.1.1.3。

表 7.1.1.3　　学校办公室主要负责人任职更迭表

姓　名	职　务	时　间
陈　宁	党、校办公室主任	1999～2000
陈　宁	学校办公室主任	2000～

学校办公室下设机构为：办公室、秘书室、信息室、机要室、打字室、综合档案室、计划生育办公室、收发室，另外，校志校史校党史研究室挂靠校办。

(一) 综合档案室

前身是文书档案室，成立于 1959 年 1 月，设专职档案员 1 人，负责全院文书档案的集中统一管理，隶属于党办。该室成立后，发动各单位将建院以来的文书档案材料清理上交，经整理建立了学校第一批文书档案。随着库存档案数量的不断增加，专职档案员增至 2 人。1966 年“文革”爆发后，文书档案室停止工作。粉碎“四人帮”后，文书档案室得以恢复。1983 年文书档案室更名为“综合档案室”，任务是负责全院文书档案和科技档案的集中统一管理，划归院长办公室领导。1999 年召开档案工作会议，各立档单位 60 余名兼职档案员到会，会议提出档案工作任务，同时由校保密委员会重申了定密保密工作的要求。截至 2003 年，该室共存有文书档案 35 000 余卷（原北京第三师范和原通州师范尚未移交档案 3 000 卷，财务处未归档案约 11 000 卷），其中科技档案（含研究生论文、基建图纸）6 600 卷，反映学校重要活动的照片资料档案 1 100 张，各种实物（礼品等）97 件。综合档案室在制订学校规划、接受各类评估等工作中发挥了查考依据和提供参考的作用，并为毕业生出国深造、求学任职提供了档案依据。该室现设专职档案员 3 人。1987 年在北京市档案工作检查评比中被评为“文书档案工作先进单位”。该室围绕各类档案的范围、保管办法等出台了若干规章制度。如《首都师范大学档案工作管理条例》、《首都师范大学文书档案归档范围》、《首都师范大学关于文书立卷归档工作暂行办法》、《档案传阅制度》、《档案保密制度》、《档案室工作职责》等。

（二）计划生育办公室

我校计划生育委员会成立于70年代初，下设计划生育办公室，现有专职干部2人，同时，各院系和各单位分别建立了计划生育领导小组和计划生育协会组织。计划生育办公室的工作对象包括全体教职工及其子女、学生（女生）、集体户口人员、人才交流中心人员（校内人才）、外地来京人员等。计划生育工作的任务是：认真学习、宣传和贯彻落实中共中央、国务院《关于加强人口与计划生育工作稳定低生育水平的决定》精神，推动人口与计划生育工作健康、稳定、持续发展，坚持控制人口数量，提高人口素质，落实《中华人民共和国人口与计划生育法》、《北京市人口与计划生育条例》及相关政策法规，搞好宣传教育、科学管理、综合服务，加快实现工作思路和工作方法的转变。我校人口与计划生育工作连续多年被评为海淀区和北京市计划生育工作先进集体，2001年被评为“全国婚育新风进万家活动先进单位”。

（三）校志校史校党史研究室

1992年1月，根据市政府、市高教局有关会议精神和要求，常委会决定，成立校志校史校党史编写领导小组和校志校史校党史研究室，该室先后挂靠在党办和校办。研究室成员和工作屡经变迁。先后任主任的为史振东、周发增，副主任为吴秉忠、尹光、张雪、周明珠。“十五”期间，编写工作转移到高教研究室，主持人为马啸风。其主要成果《首都师范大学志（1954～2003）》。

第二节　高教决策咨询服务

1981年3月我校高等教育研究会成立。1982年9月成立高等教育研究室，其任务是从理论与实践的结合上进行高等教育研究，侧重高等师范教育研究，首先要承担本校教育决策咨询研究工作。1983年10月经中共北京市委教育部批准，高教室更名为政策研究室，但在院内仍一直沿用原名，性质任务也未改变。1984年高教研究室划归教科所。1987年7月，高教室从教科所中分离出来，划归院长直接领导。1990年经北京市编制委员会办公室批准，高教室列为我校内部机构之一。2000年更名为高等教育与政策法规研究室，仍简称高教研究室。同年，我校成立校务委员会，其《条例》中规定：“高等教育与政策法规研究室为其研究机构”。高教研究室历届负责人见表7.1.2.1。

表7.1.2.1　高教研究室主要负责人任职更迭表

姓　名	职　务	时　间
李友芝	主任	1982.9～1987.2
杨传纬	主任（兼）	1987～1989
张泽膏	同　上	1989～1998
马啸风	常务副主任	1987.11～2000.9
高文生	主任（兼）	2000.9～2003.5
邹　华	主任	2003.5～

高教研究室成立20年来，主要完成以下工作：

1. 参谋咨询：就校、市、部下达的课题，在调查研究基础上起草文件或会议报告稿。如该室成员参与起草我校80年代～90年代至“十五”期间的历次《教育发展规划》和《“211工程”建设项目规划》以及“党建”、“本科教学工作水平”评估的汇报材料，校内一些重要会议的主题报告等。

2. 提供信息：1988年起创办《高师信息》（内部资料），从报刊、文献中摘录有关高等教育的各类理论和实践活动的信息，整理、汇编成册，发至各单位，现平均每年发排30万字。同时根据领导部门提出的要求，编辑专题资料汇编，如《高师如何主动适应社会经济发展的需要》、《关于高师师范专业本科教学计划的修订》、《推进教育教学改革、实施大学素质教育》、《推进教育教学改革、培养高素质基础教育师资》、《知识经济时代的高等教育》、《关于一流大学的建设》、《关于学分制》、《关于高师院校的综合化》等多种，供我校教育思想讨论中学习使用。

3. 编辑出版《首都师范大学高教研究》（参见本《志》第六编第四章第一节）。

4. 科学研究：该室成员发表论文百余篇，出版专著《中国近现代师范教育参考资料》、《教育大辞典·师范教育分册》、《中外师范教育辞典》、《师范教育学》、《中国师范教育史》、《梁启超教育思想研究》、《高师本科培养目标培养模式及课程改革研究》（除第一、三种外，均为国家教委“六五”至“九五”重点课题）。另外，该室参与《首都师范大学志》的编写，一名成员为第三任执行主编。

5. 组织联络：我校是北京高教学会团体会员，全国高师教育研究会团体会员，两个组织的办事机构均设在高教室，高教室曾多次参加全国和校际普通高教和师范教育学术研讨。另外，高教室在80年代～90年代聘有兼职研究人员数十人，成为全校开展高教研究的骨干力量。

6. 教学培训：该室成员于80年代～90年代曾开出师范教育、高等教育学等相关课程。

第二章 人事管理

第一节 人事管理沿革

一、人事管理的沿革

根据我国50年代起确立的事业单位人事制度及《高等学校暂行规程》，北京师院成立时，教职工中，凡具备合乎规定的资历和学历的管理人员、教师和其他专业技术人员，均具有国家干部身份，工勤人员具有全民所有制事业单位工人的身份。任用各类人员的主体是国家，学校代表国家对教职工实行行政管理，并按国家统一规定给予相关待遇（涉及工资、住房、医疗、劳保等福利）。教职工是“单位人”，而非“社会人”，一般只进不出，很少流动；其任职资格、任职级别等，一般只升不降，实际上是终身的。长期以来，对教职员工的表现和业绩，缺乏严格的考核体系和激励机制，分配制度上平均主义日趋严重。随着国家教委《高等学校教师职务试行条例》（1986）、《教师法》（1995）、《高等教育法》（1998）、中共中央组织部《党政领导干部选拔任用工作暂行条例》（1995）、《关于深化高等学校人事制度改革的实施意见》（2000）及教育部《关于当前深化高等学校人事分配制度改革的若干意见》（2002）先后下达，我校在1990年、1993年、2000年、2003年不断深化以聘任制为核心的人事劳动分配制度改革，教职工的职务终身制和“官本位”接连受到冲击。

在教育改革中，体制改革包括内部管理体制的改革，起着关键性作用。

80年代中期开始实行的教师职务评审聘任制、党政管理干部责任制和考核制，重新核定人员编制，试行工资总额动态包干和扩大基层财务自主权等，为内部管理体制改革做了一定准备。

以改革劳动、人事和分配制度为核心的内部管理体制改革，90年代共进行了三轮。三轮的指导思想一脉相承，每一轮新的改革，都是在前一轮改革的基础上予以强化和深化。第一轮在1989年试点，1990年全面铺开。指导思想为“改善待遇，转换机制，打破‘三铁’（铁工资、铁饭碗、铁交椅），提高效益”。改革中共分流70多人。分配上拉开了一些差距：教授平均月收入较副教授多92元，副教授较讲师多64元，讲师较助教多56元。同一职称人员中，教授最高最低分别为798.5元和318.5元，副教授最高最低分别为572元和225元，讲师最高最低分别为443.5元和194.5元，助教最高最低分别为418.5元和136.5元。

第二轮在1993年进行，本着“转换机制，精简机构，分流队伍，优化结构，提高效益，改善待遇”的原则，采取了如下措施：一是实行满负荷聘任制、岗位责任制和全面考核制，考核结果与继续聘任、提职晋级、发放岗位津贴等直接挂钩；二是精简机构，机关人员试行教育职员制；三是分流人员，一次性分流150人。

第三轮改革在2000年进行，指导原则为："转换机制，优化结构，增强活力，提高效益"。总体思路是：遵循高等教育改革的特殊规律，适应社会主义市场经济的要求，精简机构，减员增效，优化结构，以转换机制为核心，通过人事制度的改革，"强化岗位，淡化身份"，进一步打破"铁饭碗"，破除职务终身制，建立干部能上能下、能高能低、能进能出，有利于优秀人才脱颖而出发挥其聪明才智的竞争激励机制。共出台了下列规定：《首都师范大学关于实行岗位聘任制度、调整校内岗位津贴暂行规定》、《首都师范大学教学科研岗位聘任规定》、《首都师范大学管理岗位聘任规定》、《首都师范大学岗位津贴标准和有关科研奖励政策的规定》、《首都师范大学机关机构改革实施方案》。在重新核定人员编制、职称结构比例、机关编制的基础上，设置校级关键岗、单位重点岗和一般岗等共8个档次，对教学科研管理人员实行岗位聘任，明确规定了上岗条件和岗位职责；又有187人次参加了50个机关部处级岗位的公开竞聘。与8个档次岗位相对应，确定了新增津贴标准。总体人均收入，由原先最高与最低的2.5：1，调整到7.5：1，较大地拉开了收入差距。这一轮改革，旨在建立新的管理体制和运行机制，建设一支结构优化、精干高效的教学、科研队伍和管理队伍，以利于实现建设国内一流师范大学的奋斗目标。此次改革在精简机构和队伍、提高师员比、生师比、强化岗位管理、实现优劳优酬等方面力度较大。

进入新世纪，2003年4月学校召开"教师队伍建设及人事工作会议"。会议提出继续深化人事制度改革，为实现学校"十五"规划、增强学校实力提供人才和管理的支持工作。重点有二：一是在全校全面试行事业单位合同聘用制，按需设岗，择优聘用，合同管理（聘期通常由一年延长为三年）；二是在加重各档次人员岗位职责和从严考核的前提下，适当合理地提高岗位津贴标准。这一轮改革先后出台了《首都师范大学岗位聘任方案》及《实施办法》，《院系处级领导干部选任工作办法》及《考核办法》等。

近15年来，首都师大的内部管理体制改革，逐步从国家用人转向单位用人，从身份管理转向岗位管理，从行政指令性管理转向合同法制化管理，从分配上的平均主义转向"效率优先、兼顾公平"，不断有所深化。

二、人事管理机构

1954年北京师院筹建时暂设人事组，1955年正式成立人事室，设室主任一人，下设干部组与学生组，1957年增设了档案组。1960年人事室改建为人事处，下设干部科、学生科、档案科及保卫科。1968年"文革"时期撤销人事处，院革命委员会的办事组下设人事组。1979年恢复人事处，1984年增设劳资科。1985年学生科由人事处分离出来，成立学生处。1986年人事处临时成立职称改革办公室，负责专业技术人员职务评审事务，涉及教师系列的评审工作会同教务处师资科共同负责；1988年正式设立职称改革办公室，负责全校12个专业系列的职称评审事务。同年设立人才交流中心。2000年人事处下设5个科室：人事科、劳资科、档案科、职称办公室、人才交流中心。21世纪初调整为人事处办公室、劳资办公室、人事调配办公室、职称办公室、聘任考核办公室、档案室、人才交流中心。

人事处的主要职能有：1. 制定全校有关人事管理工作的各项规章制度，提出合理设置机构的方案；2. 制定和管理各单位的编制和人员调配计划，制定各类人员使用、培养、考核、奖惩办法，负责各类专业技术人员任职资格的评审事务；3. 负责管理工资，制定校内津贴的标准，落实全校教职员工的劳保福利；4. 负责科级干部的晋升与考核等事务工作；5. 负责学校教职员工各类人员的人事档案的搜集与保管；6. 办理教职工离退休、退职、借调等事务；7. 负责学校各单位不聘人员及临时工的管理。人事处负责人见表 7.2.1.1。

表 7.2.1.1　　人事处及其前身历届主要负责人任职更迭表

姓　名	职　务	任　期
张毓珣	人事室主任、人事处长	1955～1966
黄日清	政工组内人事组负责人、人事处长	1971～1984
向福先	人事处长	1984～1990
李幼兰	同上	1990～1999
林蓉蓉	同上	1999～

第二节　人员编制

一、人员编制

1954 年我院筹建时，管理干部多数来自北京市教育局等部门，教学人员大多数是从北京部分中学抽调出来的骨干教师，同时吸纳了若干高校应届毕业生（大部分为北京师大毕业生）。建校初期，教职工总人数为 216 人。为了进一步扩大师资、干部、工人队伍，根据学校发展的需要，历年从各种渠道引进了各类人员。1984 年全院教职员工总人数已达 2 323 人。1987 年成立编制办公室，按照学科要求和学生人数，对全校各单位实行编制控制，合理地制定了教学系所、行政处室、后勤及校产部门的编制数。1990 年全院推进内部管理体制改革，精简机构，分流多余人员，引进骨干教师。由此教师队伍的结构发生了变化：学历水平、职称层次提高了，平均年龄降低了。1990 年底，教职员工总数为 2 350 人，其中教师总数为 848 人，占总人数的 36.8%。同年市编办《关于核定北京师范学院机构编制的通知》核定我院人员编制总数为 2508 人。90 年代初，三校合并后更名为首都师范大学，1993 年市编办核定我校编制总数为 3400 人。1999 年两所师范学校并入，由于学校编制尚有空缺，编制总数仍为 3 400 人，2000 年首都师大教职员工总人数为 2 676 人。2003 年 8 月总人数为 2 490 人。

二、优化教职工人力资源配置

（一）引进人才

建校以后，教职员的补充主要来自本校毕业生。虽经几次并校，兄弟院校人员转来，教职工队伍的面貌、成份发生了一定程度的变化，但与“引进人才”的内涵不同。“文化大革命”期间，工、军宣队进校，掌管党政大权，并聘任工农兵到校承担教学任务，目的是“在资产阶级知识分子成堆的地方掺砂子”，与“引进人才”也不是一回事。

我校首次正式提出“引进人才”，始于《首都师范大学教育改革和发展纲要（1993～2000 年）》：“要引进人才。引进人才的重点是重点学科、博士授权点、硕士授权点及新增专业。学科带头人每年引入 3～5 名，选留毕业生一般应具有硕士以上学历。为了改善教师队伍的学历结构，以后每年平均引入 10 名博士、博士后人员。积极吸引出国留学人员来校工作。要为引进的人才创造必要的工作及生活条件。”“九五”期间，我校进一步认识到，原有教师队伍存在某些弱点，单纯依靠自身原有力量而完成“52111 人才工程”难度很大，加快引进人才的任务十分紧迫，因而加大了引入力度。与此同时，又加强了对原有教师的培养提高。在 90 年代，以较小的代价，迅速引进录用了一批高素质的紧缺人才，计有学科带头人和学术骨干（教授、副教授）96 名、博士 78 名、硕士 140 名，改善了教师队伍的学历和学缘结构，同时原有教师中共计 90 余人在职攻读博士和硕士学位。21 世纪初，我校又聘请两院院士 5 名及市、校特聘教授 9 名来校工作。

（二）精简人员

事业的发展，必然要求扩大人员编制，增加机构数量。但原有的学校办社会的格局、行政化的机构设置和僵化的人事劳动制度又导致人浮于事、管理松散，平均主义和效益不高等弊端日趋严重。《北京师范学院 1954～1955 学年度工作总结》指出：“虽说为建院储备一定的力量是必要的，但编制上仍存在不合理的现象。如教学人员与非教学人员的比例为 1∶1.04，非教学人员超过了教学人员；全院教职工与学生的比例为 1∶2.6，教育部规定是 1∶3.5；行政人员与学生的比例为 1∶7.3；勤杂人员与学生的比例为 1∶20；教学人员与学生的比例为 1∶4.8，教育部规定为 1∶7 或 1∶8。教师任课时数每人每周平均为 4.8 小时，工作中存在忙闲不均的现象。”1957 年 10 月党委决定“精简机构、紧缩编制，下放部分干部到农村和基层”。1962 年 6 月再次动员并实施“精简各类人员”。“文革”期间，绝大多数教职工下放农场，1970 年 10 月恢复招生时，少部分人返回校部，多数人仍作为“编余人员”留在农场继续劳动至 1972 年（这与一般意义上的“精兵简政”有原则区别）。90 年代进行的三轮内部管理体制改革，累计分流各类人员约 800 人。同时，校办企业改行企业编制，后勤部门中从事经营活动的单位也改行承包制，人员的工资奖金自理，因而实际的生员比得到提高。

（三）优化使用

1954 年曾外聘兼职教师 13 人。60 年代前期也从其他高校聘请部分教师为本科生上课，本校助教为之辅导。改革开放以后，本校相当一部分教师到外校兼课，各教学单位也从外校聘用教师兼课。2001～2003 年已有 40 余名兼职教授应聘来我校。

第三节 职务评聘

一、教师职务系列的评聘

（一）建校初期的教师职务状况

1954 年建校初期，全院教师仅有 87 人，其中副教授 8 人，讲师 43 人，助教 30 人，教员 6 人。多数教师未经过职级审定和职务晋升。1956 年我院上报教育局确定或提升了 19 人为讲师。1960 年，据《国务院关于高等学校教师职务名称及其确定与提升办法的暂行规定》，我校 51 人确定或提升了职务。1964 年全院教师中的教授、副教授、讲师、助教及教员的百分比分别占教师总数的 0.85%、3.15%、17.9%、59.5%及 18%（当年全国教师中高级职务教授占教师总数的 2.6%，副教授占教师总数的 3.2%）。

(二) 教师职务评定工作的恢复

1978 年 6 月，院党委根据国务院批转的教育部《关于高等学校恢复和提升教师职务问题的请示报告》制订和实施了《关于恢复和提升教师职务的计划安排》。1983 年我校教授占教师总数的 1.7%，副教授占教师总数的 13.3%，合计为 15%（当年全国高校教师中高级职务占教师总数的比例为 11.72%，北京市高校教师中高级职务占教师总数的 18.3%）。

(三) 实行专业技术职务聘任制

1985 年我校作为北京市专业技术职务制度改革的试点单位，成立了教师职务资格评定委员会及各专业、学科评审组，进行了一次大规模的评审工作。1988 年，全校共有教授 79 人，副教授 423 人，具有高级职务任职条件的教师占教师总数的 35.2%，在市属高校中已名列前茅。

1988 年 5 月 30 日，北京市高教局授予我院副教授评审权，首批含历史、中文、物理、数学、地理等 5 个学科；到 2000 年我校全部学科都获得了副教授评审权。1997 年 11 月国家教育部授予我校教授评审权，首次通过的为中文、历史、政教、外语、数学、物理、化学、音乐、美术等 9 个学科，2000 年又增加了生物与教育 2 个学科。

我校自 1987 年起开展了一年一度经常性的专业技术职务评聘工作。此后，评聘工作由职称评审（评定任职资格）和职务聘任两种专门委员会（小组）操作，而二者大致归于统一。即获得了某种职称，通常则依其聘任，并享受相应的待遇。因此对绝大多数人而言，职称、职务实际上仍是合二为一、长期拥有的身份。

(四) 实行按需设岗，按岗聘任，并完善考核制度及奖惩制

1990 年北京市高教局提出高校专业技术职务岗位设置原则，由指标控制改为结构比例控制。我校作为重点试行单位，一改原来的逐年根据高教局下达指标而进行评审的方式，变为依据本校办学需要、学科特点来设立各类职务的数量，并从学校发展的实际出发逐年调整比例，使各类职务的数量更为合理。改革前的 1988 年，我校教师系列中教授、副教授、讲师、助教之间结构比例为 5∶30∶40∶25，改革后的 1992 年各类职务的结构比例为 9∶32∶50∶9，2003 年各类职务的结构比例为 15∶41∶35∶9，学校高级职务的比例有了较大幅度的增加。

为了提高专业技术人员的素质和业务水平，学校加强了聘前、聘后的考查。1992 年颁布了申请专业技术职务的基本条件，并要求申报人对任现职以来的业绩进行述职，将本人的教学工作、论文、著作公开展示。对有突出成就和贡献的中青年学术骨干拨出一定名额，作为破格申报高一级专业技术职务的指标。1998 年颁布了《首都师范大学教师考核办法》，规定了对教师教学、科研的量化标准和考核程序及考核结果的处理意见。2000 年至 2003 年，所颁布的聘任方案中规定的对专业技术人员的管理和考核开始走上了法治化、规范化的道路，而如何改进并完善科学合理的专业人员评价体系，仍是教师关注的热点问题。

近些年来，教师职务评聘工作出现了新的矛盾。限于事业单位人员的社会保障体制远未健全，实际上不聘和高职低聘的教师（包括其他职工）数量极少，结果必然是基本予以聘任，而且评聘合一，因而有限的高级职务职称资源几乎被占用殆尽，不利于后起之秀的晋升并获取相应的待遇。为此，仍须不间断地进行新的探索。

二、其他职务系列的评聘

（一）管理干部的职务评聘

首都师大及其前身北京师院为北京市属局级单位，干部由北京市管理和任免。党委正副书记或直接由中共北京市委及教育工委委任，或经党委常委会选举产生，报市教育工委批准。正副院（校）长由北京市政府任命。根据“党管干部”的原则，校内系、处（部）级干部由党委任免，科级干部由行政任免。1993 年我校率先试行教育职员制，机关职员分为高、中、初三个职等和若干职级。当年，党政机关（后勤部门除外）处级及其以下干部一律就地免职，重新聘任，各部处只设正职（部、处长）一名，不设副职，取消科级。1997 年有一部分人员多、任务重的部处重又设了一至二名副职。90 年代以来在遴选提拔校、系（部、处）级干部时，加强了考察和民主推荐工作。2000 年 5 月在全校公开招聘机关和部分直属单位处级领导干部（正处级岗位 11 个，副处级岗位 39 个），随即对一般职员也实行竞聘上岗。此前，党务及行政管理干部，根据自身条件可申报 4 种专业技术职称，即教师系列中的“学科教育”、“学生德育”和科研系列的“教育管理研究”（北京市试评）以及“政治思想工作”（北京市委教育工委组织试评，不设正高职）等。此外，在职而不担任校处级职务的部分干部，可以被聘为“调研员”，享受原相应待遇。

（二）其他专业技术职务的评聘

1986 年国家教委发布《关于国家教委所属高校教师以外专业技术职务聘任制工作的几点意见（试行）》。“教师以外专业技术人员”主要指科学研究人员、实验人员、工程技术人员、会计统计人员、卫生技术人员、出版专业人员、图书档案资料人员等。70 年代末至 80 年代后期，教育部和国家教委分别就以上人员的职责、任职条件、评审与聘任程序作出《规定》或《条例》（试行）。我校均参照执行（科研人员纳入教师系列）。1985 年北京市教委开设“教育管理研究系列”（试行），主要解决各级管理干部的专业职称问题，正副高职多用于校级兼及处级干部的职务聘任，一般干部可获准具有中、初级职称。1994 年中共北京市委教育工委开设“政治思想工作系列”（试行），党务人员可申报“高级政工师”职务（相当于副教授）任职资格，我校由党委组织部负责实施。

（三）工人职务的评聘

工人分普通工人和技术工人两种。技术工人包括初级技工、技师、高级技师三个档次。按有关规定，达到一定工作年限可以参加各级政府有关部门组织的资格考试，考试合格获得相应资格，学校兑现相应待遇。另外，根据工作需要，有的工人可以安排在干部岗位上工作，称作“以工代干”，或由工人转为干部。

第四节　劳动工资

一、建院初期的工资状况

建院初期，教职员工大部分从诸多单位调来，原工资标准不一，既有分配来的高校毕业生，也有某些资深的革命干部。当时高等学校的工资标准的特点是：等级多而级差小，教职员工又按同一标准系列定级，每次升级的人数很少。

1956年，我院在原有工作基础上（即1954年按“全国高等学校教职工工资标准表”核定教职员工的工资级别，1955年执行国务院［55］国密字第171号文件的决定，国家机关工作人员全部实行货币工资制），参加了全国机关工作人员的工资制度改革。这次评定工资的原则是：克服工资中平均主义的不合理现象，贯彻按劳分配原则，调节各类人员之间的不平衡，并在原有工资水平的基础上，适当提高全院职工的工资。这次我院平均工资增长了14.44%。

1959年，全国企业部分职工调资，其他原则不动，我院教学人员调整幅度约5%，行政人员调整约2%，调资人数共计21人。

1960年，国家为高校和中小学教师调整工资，我校按上级规定升级面为40%，与此同时，国家对工资制度进行了局部改革。为了缩小差距，密切党群关系，继1956年降低国家10级以上干部的工资标准之后，1959年、1960年又先后两次降低了部分党员干部的工资标准。我院共有58名党员干部按规定降低了工资。

1963年，随着国民经济的恢复和发展，我院根据国家规定，再次为全院40%的教职工调整了工资。

二、60年代中期至80年代中期的工资状况

1966年“文革”开始，正常的调资工作中断了。1972年周恩来主持中央正常工作，国民经济有所转机，为部分低工资职工调整了工资，调整的对象是：1966年年底前参加工作的一级工；1960年年底前参加工作的二级工；1957年年底前参加工作的三级工；以及与上述工人工作年限相同、工资等级相似的工作人员。

“文革”结束后，全国进行了一次补偿性的工资调整。具体规定与1972年调资规定类似，但调整范围扩大到各个领域。1978年按国家规定对工作成绩特别突出的教职工，按全院人数的2%升级。

1979年11月为部分职工调整了工资，升级面按1979年10月底职工人数（指1978年底前参加工作的固定工和计划内临时工）的40%确定。这次调整工资，国家教委在《关于教育部门教职工升级问题的通知》中规定，调资原则为“各尽所能、按劳分配、择优升级、坚决反对平均主义”。升级面为48.89%。

1981年，我院遵照国务院发布的《关于1981年调整部分职工工资的通知》，给幼儿园、卫生科和附中的教职工调整了工资。

1983年，全国进行了一次较大范围的工资调整。凡1978年年底前参加工作的职工一般可升一级，这次工资调整着重体现了注意改善中年知识分子生活问题的精神。

三、工资制度的改革

1985年经中共中央、国务院批准自7月开始进行工资制度的改革，这次改革废止了实行30年的职务等级工资制，改行以职务工资为主要内容的结构工资制。我院据劳人资（85）19号文件规定，将所有工作人员的工资标准一律按规定办法就近套入新工资标准，同时计发工龄津贴，初步建立了新工资制度的框架。

1986 年，据劳人薪（86）96 号文件，对部分担任高中级专业技术职务而工资处于较低档次的人员，按规定的工作年限和工资标准提升一级工资。

1987 年，据京人工（87）3 号、6 号、42 号文件和京政办（87）75 号文件，为一部分工资偏低的农转工人、复员转业军人等调升一级工资。

1990 年，据国发（89）82 号文件和京国调（90）1 号文件为全院正式职工全部调升一级工资，同时据京国调（90）2 号文件，为离退休干部和工人增加了离退休费。据京国调（90）6 号、7 号、8 号、9 号文件，又为全院教职工 96％的人员再次调升了一级工资。

四、深化工资制度改革

根据北京市政府的内部管理体制改革精神，在市政府的直接领导下，我院在 1990 年全面推行了以劳动人事、工资分配为重点的校内管理体制改革的各项措施。据 1988 年 11 月 25 日党委下发的《北京师范学院管理体制及人事、劳动工资制度的改革方案和实施意见》文件的精神作了以下改革：

（一）实行工资总额包干基础上的聘任制：以北京市编制办公室核准的 2 508 人的编制基数，学校向高教局实行工资总额包干。各系各单位的编制以 1988 年下达的数额为准，在岗人员实行聘任制，富余人员进行分流。

（二）实行结构工资制：1. 基础工资：按国家规定的工资标准确定；2. 补贴部分：包括国家规定职工应享受的各种补贴；3. 教学工作量津贴或其他岗位津贴：学校规定的教学人员按教学工作量计发津贴，科研、教辅、行政管理、后勤及思想政治工作人员按所聘岗位完成的工作量计发的津贴；4. 奖励津贴：年终考核后按业绩成果由校、系所（部处）两级发放的津贴。

分配制度改革提高了办学效益，也提高了教职员工的收入。改革前全校 16 个教学单位，其中有 11 个单位超编，1 个单位平编。人员较大幅度减少后，人均工作量相应提高，大多数单位的教师工作量提高了 20％～30％。由于人员减少，而“减人不减资”，工资收入增加了。1994 年进一步完善了分配制度，教职工的收入较前一年提高了 50％～60％。

2000 年为了进一步深化内部管理体制的改革，充分调动在岗人员的工作积极性，同时有利于引进学科带头人与骨干教师，在确定各类人员的岗位职责及职能的前提下，制定了各个级别的岗位津贴标准。校内岗位等次共分 8 档：校内关键岗位为 1～5 档；各单位所聘的重点岗位为 4～6 档；一般岗位为 7～8 档。岗位津贴（指原结构工资内津贴保持不变的基础上，新增津贴）标准为 1 档 30 000 元/年，2 档 24 000 元/年，3 档 18 000 元/年，4 档 13 000 元/年，5 档 9 000 元/年，6 档 7 000 元/年，7 档 5 000 元/年，8 档 4 000 元/年。

2003 年实行新一轮改革，《聘任方案》继续贯彻以下精神，即将教职工的工资收入与岗位职责、工作业绩、实际贡献以及知识、技术成果转化中产生的社会与经济效益等直接挂钩，向优秀人才和关键岗位倾斜。《聘任方案》规定：教学科研岗位和管理岗位仍各设 8 档，其中两档又分 A、B 两类。最高年津贴 45 000 元，最低年津贴 7 000 元。实践过程中，对于《方案》能否解决过于重视科研成果的量化评定从而导致短期行为，学术评价是否存在行政化倾向，以及校内津贴的级差是否合理等问题，教职工中尚有不同的认识。

五、建立正常的增资制度

根据国务院1993年发布的有关文件，对事业单位工作人员建立正常的增资制度。

(一) 正常升级

我校为政府全额拨款单位，在每年严格考核的基础上，实行正常升级。两年考核合格者可晋升一级工资。考核不合格者，不得晋级。我校在1995年、1997年、1999年做了三次正常的晋级工作。

1995年实有人数（考核范围内）2 673人，经考核符合晋升条件的2 252人，未能晋升的349人，人均月增资28.10元。

1997年实有人数（考核范围内）2 528人，经考核符合晋升条件的2 313人，未能晋升的215人，人均月增资20.30元。

1999年实有人数2 444人，经考核符合晋升条件的2 234人，未能晋升的210人，人均月增资35.18元。

(二) 定期调整工资标准

根据《国务院办公厅转发人事部财政部关于1997年调整机关、事业单位工作人员工资标准问题的通知》精神，1997年7月1日调整事业单位工作人员的工资标准，其中职务等级工资，人均月增资34.26元。1999年7月1日再次调整了事业单位工作人员的工资标准，人均月增资133.86元。

六、限额升级和提前晋级奖励工作

1994年11月市人事局出台了《北京市事业单位升级奖励工作暂行办法》，每年对事业单位给予3%的升级奖励指标，对过去一年中作出突出成绩的工作人员、考核成绩优秀者，选取全体人员的3%奖励晋升一级工资，并直接固定在档案工资中。从1994年到2000年，学校共有538人获得3%晋升一级工资奖励。其中1994年度88人、1995年度70人、1996年度77人、1997年度75人、1998年度73人、1999年度75人、2000年度80人、2001年度78人、2002年度80人、2003年度76人。

国务院1993年发布了《事业单位工作人员工资制度改革实施方案》中提出：对个别考核优秀并作出突出贡献的专业技术人员，经上级主管部门和人事部门批准，可提前晋升或越级晋升，比例一般控制在单位总人数的3%。学校1996年度获得提前晋级的81人、1998年度75人、2000年度76人、2002年度80人。

第五节 职工福利

一、职工住房、医疗、就业、生育等福利制度

(一) 1973年根据国家计生委所颁政策，鼓励一对夫妇只生一个孩子，凡独生子女均可享受独生子女津贴，此项工作由校计划生育办公室分管，经费由政府拨出专款。

(二) 1997年学校为全校教职工作了失业保险，由校财务处直接管理，经费由工资总额中拨出。

（三）教职员工从50年代起即享受“福利分房”（按条件出租公房给个人居住），90年代开始将公有房屋出售给个人。2000年结束福利分房的历史，采取多种形式解决教职工的住房问题（参见第六编第一章）。1994年按照国家有关政策，建立了住房公积金，以补贴教职工购房，此项工作由后勤办公室分管，经费由上级部门直接拨出；1994年执行有关政策，实行购房与租房补贴，此项工作由学校房屋土地管理与资源开发处分管，经费由上级部门拨出。

（四）教职员工从50年代起即享受公费医疗，各种医药住院费一律免收或实报实销。1985年9月，根据北京市政府决定实行医疗改革，以后又陆续出台一些新措施。在纳入医疗保险体系之前，除行政13级以上干部、离休人员和1993年以前评定的教授医疗费全额报销（自费药除外）外，其余人员自付10％～20％的医药费和5％～10％的住院费。近几年，学校用自筹资金抵补教职工的医疗开支，每年达数百万元。

二、福利费的使用

教职工的福利费，根据国家财政部等有关部门的规定，按全校教职工基本工资总额的一定比例提取，用于教职员工个人生活困难补助和集体福利事业，如医疗保健、职工疗养、幼儿园及校外活动站的部分经费支持。

90年代学校实行内部管理体制改革后，教职工的收入普遍提高，用于个人补助明显减少，福利费主要用于集体福利。为了便于使用，人事处将福利费的50％下放到各基层单位（系、所、机关、后勤等）管理，用于职工困难补助和单位集体福利。学校掌握的部分用于公费医疗补贴、每年教职员工体检、慰问危重病人及病故职工家属的补助。

第六节　离退休人员的管理

北京师范学院职工退休始于1971年，当时按照政府关于职工退休的有关规定，第一次为1名职工办理了退休手续。教职工离休始于1982年。据1982年中共中央13号文件提出的建立老干部退休制度及国务院发布的关于老干部离职休养制度的几项规定，学校将已经办理过退休手续而符合离休条件的老干部，由退休转改为离休，并确定这部分老干部的管理教育暂由院工会代管。同年12月党委常委决定设立专门的老干部管理机构。1983年4月，老干部管理办公室正式设立，同时成立了离休干部党支部，后升格为党总支和分党委。1987年，为了适应离休和退休工作开展的需要，老干部管理办公室更名为离退休老干部管理办公室，扩大了它的职权范围，1988年又更名为离退休干部处，由党委和院行政双重领导。1991年成立了群众团体——北京师院老教育工作者协会，离退休干部处处长兼任该会副会长。离退休干部处负责人见表7.2.6.1。

表7.2.6.1　　离退休干部处及其前身历届主要负责人任职更迭表

姓名	职务	任期
杨明廉	老干部管理办公室主任、离退休干部处处长	1983～1988
崔志银	离退休干部处处长	1988～1991

续表

姓名	职务	任期
金嘉岭	同上	1991～1993
杨书和	同上	1993～1998
王文山	同上	1998～

从20世纪70年代～80年代之交到21世纪之初，我校离退休人员数量大增，2000年12月为1 310人，2002年12月为1 401人，2003年为1 800余人（含附中和初教院退休人数）。详见表7.2.6.2，表7.2.6.3。

表7.2.6.2 **离休人员统计表**

类别 \ 年份 人数		2000年	2002年	2003年
行政级别	局级	21人	20人	20人
	局级待遇	47人	44人	44人
	处级及处级待遇	186人	181人	177人
	科级及科级以下	26人	23人	23人
其中具专业技术职称者	正高职	29人	29人	29人
	副高职	33人	82人	91人
合计		280人	268人	264人

注：附中及初教院离休人员未计人。

表7.2.6.3 **退休人员统计表**

类别 \ 年份 人数		2000年	2002年	2003年
专业技术干部	高级	518人	568人	577人
	中级	140人	158人	167人
	其他	26人	26人	29人
行政干部	局级	11人	12人	12人
	处级	78人	82人	85人
	科级	48人	52人	52人
	其他	32人	32人	31人
工人		177人	203人	226人
退休人员合计		1 030人	1 133人	1 179人

注：附中及初教院退休人员未计人。

离退休工作是政策性、思想性极强的一项工作，学校为了加强对离退休教职工的管理和服务，相继下达了院办字（86）第33号《关于离退休职工返聘工作的暂行规定》、院办字（89）第 10 号《离退休干部工作两级管理的规定》、院字（90）第 62 号《关于离退休工作的暂行规定》三个文件。在文件中明确规定，鉴于“我院退休干部人多等特点，实行两级管理”。对院离退休干部处提出的任务和要求是：宣传贯彻有关离退休干部的方针政策和规定，抓好离退干部管理和服务工作，开展一些适宜离退休老同志身心健康的活动。文件中突出要求离退休干部处要“配合离休干部党总支抓好思想政治工作，组织离休干部学习，做好党员管理教育工作”，“关心和解决离休干部思想和生活上的实际问题”。文件中对离退休干部原工作单位提出的任务和要求是，对离休干部要关心他们的思想和生活上的实际问题，组织工会活动及完成全院性的福利工作。对退休干部，文件规定：“退休干部的人事关系、工资关系、党的关系、工会关系等仍归原所在单位，原单位负责他们的学习、党员教育管理和工会工作，并可向离退休干部处申请一定的行政经费，解决他们的实际生活福利待遇。”文件中对离退休干部发挥余热、身体保健、老、病、离世等方面也都作出了规定和要求。1997 年，党委又制订了《关于老干部工作领导责任制及目标考核办法》和《关于加强校、系两级管理退休工作的意见》两个文件，进一步明确了校党、政领导分管老干部工作的主要职责，确定了离退休干部处职责和各系各单位（部、处）各自的职责。1998 年，还将离退休工作明确落实到各单位的领导和具体工作人员。

离休干部的学习与其他活动，从成立专门管理离休干部的机构起就走入了规范化，与此同时，在 1983 年成立了离休干部党支部，1986 年和 2001 年又先后升格为离休干部党总支和分党委（历任书记为杨明廉、马春景、张仪容、邓剑泉、刘逢祺、陈其明），按照党委的统一安排，组织离休干部开展各种活动。退休干部的大型集体活动由离退休干部处退休办公室具体组织和进行宏观管理，其他学习和日常工作则由原单位安排。

为了使离退休人员分享学校改革的成果，学校向离退休人员发放了“共享费”（与在职人员共同享受学校改革发展的成果），1993 年 45 元/人·月，2000 年增加 30 元/人·月，2003 年再增加 50 元/人·月，合计 125 元/人·月。

第七节　人事档案管理

建校以来，学校所有人员，包括在职教职员工（后增加离退休人员）档案及学生档案均由人事处档案科（室）或其前身管理。1996 年学生档案中的本科生分离到学生处管理，研究生的档案仍由人事处档案科管理。

人事档案管理主要涉及以下部分：在职教学人员、行政人员（校级干部除外）、工人，离退休人员，及博、硕士研究生。档案以文字为载体，所有档案的排列采用汉语拼音的顺序。分为在职人员与离退休人员两部分。研究生档案的排列按年级学号排列。

截至 2003 年年底，档案科共管理全校人事档案 6 392 卷，其中在职教师、干部2 017 卷，在职工人 488 卷、离退人员 1 705 卷、退职人员 363 卷、研究生 1 279 卷、附中人员档案 14 卷、其他遗存档案 41 卷、死亡人员档案 485 卷。

档案科现有工作人员 3 人，负责收集、整理档案中的所有资料。档案科有严格的规章制度，以保障档案工作的准确、安全和保密。我校人事档案科曾在 1992 年获得“北京市干部档案管理先进单位”称号，2000 年达到北京市档案目标管理的三级标准。

学校拟建档案馆，计划正在落实中。

第三章 财务管理

第一节 概 述

学校的财务管理工作，是指根据党的教育方针和国家有关的政策法规，对学校的财务活动进行科学管理和监督。其具体职能是，贯彻执行国家财经政策和法规，维护财经纪律，制订学校财务规章制度，编制和执行年度综合财务计划，检查财务状况和经济效益，参与学校的经济决策。

学校经费来源含预算内收入和预算外收入。预算内收入指国家拨给学校的教育事业费和专项经费；预算外收入指在国家拨款以外，由学校按照国家有关规定多渠道筹集的、纳入学校预算计划、用于学校发展的经费。1982年以前，学校实行的是限额拨款方式（上级专管部门核定年度教育事业费并拨款，学校年终结余额缴回财政）。1983年，财政拨款试行“预算包干，结余留用，超支不补，自求平衡”的管理办法。从1984年起我院严格执行该管理办法。我院从1985年起，按院党委党字（85）第56号通知，认真执行“在院长领导下，主管财务的副院长全面负责我院的各项财务工作，实行‘一支笔’审批财务开支的制度”，并将这一制度在一些单位逐次试行，到1990年时，全院所有单位，均实行了“一支笔”的审批财务开支的制度。从1986年起，又实行了“统一领导，切块包干，一级核算，两级管理”的综合财务计划，即对拨给系（处、馆、室、所）使用的经费，实行经费包干，超支不补，节约留用的管理方法。为了做好会计核算和管理，要求上述单位建立二级账，并建立相应的会计科目。从1987年起，财务处开始实行计算机管理，首先对工资实行了计算机管理，然后逐步实行了预算内外的财务核算。为了贯彻落实国家教委、财政部（86）教计字162号《高等学校财务管理改革实施办法》文件的精神，我院制订了《基金管理改革实施办法》，确定了学校计划外经济创收和分配的指导思想，规定了创收和分配的比例，明确了基金的管理与使用的原则和办法。1989年，根据党的十三届四中全会和江泽民在国庆40周年大会上讲话精神，依照治理经济环境、整顿经济秩序、全面深化改革的要求，以保证全院财务改革的健康发展，院党委认为必须在稳妥而有步骤地深化财务管理改革的同时，严格财务管理，健全财务制度，适当集中财权，整顿财经纪律。为此，制定了院字（89）第100号文件《关于加强全院财务管理和监督的几点意见》。1990年，鉴于内部管理体制改革已逐步在全院推开，又制订了院办字（90）第40号《关于在实施内部管理体制改革中财务管理的暂行规定》，对实施工资总额包干及其管理、结构工资的组成及改革经费的来源和使用，实行结构工资后对其他人员工资额度的安排等方面，都作出了具体规定。1995年以后，对后勤财务管理实行任务与经费同步，即学校将年定经费拨付总务处，由总务处包干使用以回收补充经费不足。1996年根据市教委规定，将原“基础定额加专项补助”的拨款办法，改为实行核定收支，定额或定向补助，超支不补，结余留用的拨款办法。1998年落实《高等学校财务制度》、《高等学校会计制度》，全校取消预算内外资金之分，实行统一核算，将事业经费集中一个账号管理（经批准的外语学院、膳食处、基建处、培训部等单位暂行保留账号），全校各系、各部门的资金，全部集中到财务处统一管理，纳入学校预算计划，并且实行收支两条线的核算。2000 年以来，北京市实行财政预算体制改革，首先推出部门预算改革，将“基数＋增量”的功能预算改为以零基预算为特点的部门预算；第二项改革是推行政府采购。2001 年市教委和市财政局制订了新的《北京市普通教育事业公用经费定额标准》，我校按规定予以实施。

我校的办学经费长期处于拮据状态。由于学校基础薄弱，50 年代～70 年代一直维持低水平消费和投入，矛盾尚不突出。随着经济体制的转型，事业的发展，各类开支的加大，从 80 年代后期起，政府拨款的 80％用于人员消费（教职工工资和学生助学金），而自身创收能力又有限，学校的财务状况日益吃紧。世纪之交，在财政资金拨款的结构中，专项资金的比重逐年加大，过去那种财政资金只保基础运行的状况得到了根本改变，同时，我校也通过多种渠道自筹资金，学校开始“脱贫”。以 2003 年与 1998 年相比，国拨经费增加了 190％，预算外资金增加了 113％，学校固定资产由 3 亿元增至 8.7 亿元。但经费紧缺实际上是一种常态。目前我校除进一步广辟财源增加投入外，更致力于提高投资的产出率，力争用较少的资金办成办好更多的事，同时，注意防范偿贷风险。

第二节　教育经费

教育事业经费，习惯上称为学校经费，财务上称之为预算内资金，是国家拨给学校开展各项工作的资金，其主要使用项目为：劳动工资、学生助学金、设备购置费、教学行政费、科学研究费、外事活动费、修缮费，以及其他费用开支。这笔经费的下拨和使用，须根据国家有关政策的规定，进行预算设计。教育事业经费使用的原则，应遵循统筹兼顾、全面安排、合理使用的原则，要优先保证教学和科研的正常需要，同时注意改善师生员工的工作和生活条件，对于一切非业务性的开支，要压缩到尽可能低的程度，以确保最需和急需的需要。近五十年来，我校财务工作，坚持勤俭建国、勤俭办教育和厉行节约的原则并按照上述精神办事，力求做到量入为出，使有限的教育经费能收到较大的效益，并年年略有节余。学校历年经费收入、支出见表 7.3.2.1。

表 7.3.2.1　　**预算内教育经费一览表（1955～2003）**　　单位：元

项目 年	拨入经费 及专项拨款	经费支出	固定资产基金	办公用品等 材料费	抵支收入
进修学院 1954	147 911.19	135 185.27			
北京师院 1955	535 273.30	523 505.60	4 469 387.01	12 497.85	
1956	1 708 998.54	1 646 217.35	6 175 155.96		
1957	1 539 589.34	1 538 680.38	6 573 478.72		
1958	1 698 709.83	1 667 266.57	6 852 988.66		
1959	1 896 300.10	1 819 770.17	7 288 524.47		
1960	2 531 526.20	2 519 000.68	7 820 788.69		

续表

项目/年	拨入经费及专项拨款	经费支出	固定资产基金	办公用品等材料费	抵支收入
1961	1 996 224.48	1 999 226.02	7 947 803.35		
1962	2 636 377.40	2 387 351.15	8 596 576.08		
1963	2 891 163.31	2 879 085.43	817 170.38		
1964	3 059 225.00	3 056 070.63	8 977 787.95		
1965	2 877 000.00	2 797 869.22	9 080 046.11		
1966	2 637 000.00	2 476 721.17	11 891 243.68		
1967	2 789 800.00	2 510 548.12	1 197 6471.61		
1968	2 436 000.00	2 406 736.14	12 035 052.08	133 622.41	
1969	1 907 000.00	1 844 886.17	12 035 102.72	597 756.02	
1970	1 946 000.00	1 905 428.67	12 408 087.71		
1971	2 572 000.00	2 568 190.59	12 578 131.57	722 597.12	
1972	3 152 000.00	3 153 523.60	12 706 865.32	721 134.84	
1973	2 856 000.00	2 850 076.09	12 852 103.08	720 964.60	
1974	3 238 000.00	3 238 027.05	12 954 645.21	720 964.60	
1975	3 700 000.00	3 675 751.60	13 235 645.01	720 964.60	
1976	3 640 000.00	3 768 872.14	13 586 228.15	720 964.60	
1977	3661 000.00	3 655 266.97	13 931 094.21	720 964.60	
1978	4 159 000.00	407 761.45	14 364 571.24	720 964.60	
1979	4 542 400.00	4 458 747.94	15 265 484.24	720 964.60	
1980	5 435 000.00	5 158 042.21	16 171 238.26	720 964.60	120 337.59
1981	5 508 800.00	6 909 180.91	17 572 005.32	720 964.60	442 045.56
1982	6 661 700.00	6 710 539.65	19 102 840.78	720 964.60	272 144.46（其他） 141 158.57
1983	7 638 300.00	7 489 876.32	20 709 855.37	720 964.60	329 049.74（其他）
1984	9 705 000.00	9 000 242.01	22 881 765.89	720 964.60	964 285.42（其他）
1985	9 932 100.00	11 427 261.35	24 856 272.39	720 964.60	272 046.98（其他）
其中预算经费	9 486 100.00	10 977 854.35			校办厂交费 140 000 学杂费 350 000
肉价补贴	446 000.00	449 407.00			
1986	12 018 400.00	11 691 774.80	26 781 018.56	720 964.60	767 886.34（其他）
其中教育经费	11 242 400.00	11 001 289.30			332 857.58
肉价补贴	776 000.00	690 485.50			

续表

项目 年	拨入经费及专项拨款	经费支出	固定资产基金	办公用品等材料费	抵支收入
1987	13 800 900.00	1 182 848.95	28 114 653.85	720 964.60	633 766.80
其中教育经费	13 100 900.00				
肉价补贴	700 000.00	691 588.35			
1988	15 130 400.00	1 556 415.01	3 479 582.40	720 964.60	1 628 354.89
其中教育经费	13 102 900.00	14 055 940.05			
世行贷款配套	1 200 000.00	618 111.95			
肉价补贴	730 000.00	758 227.10			
科技三项	97 500.00	739 355.89			
1989	16 309 000.00	16 238 233.15	34 556 516.25	720 964.60	1 215 664.75
其中教育经费	14 589 000.00	14 892 490.67			
肉价补贴	760 000.00	751 617.50			
企业挖潜（改世行贷款）	960 000.00				
1990	16 140 800.00	16 115 800.00	37 106 686.42	720 964.60	1 374 992.28
其中教育经费	15 515 800.00	15 883 233.31			
肉价补贴	600 000.00	722 941.50			
科技三项	25 000.00	479 119.44			
1991	17 282 800.00	17 249 074.10	97 158 536.30	720 964.60	1 276 927.51
其中教育经费	16 568 800.00	16 734 253.16			
肉价补贴	660 000.00	646 342.00			
科技三项	0 000.00	706 761.28			
古籍整理	4 000.00	6 698.00			
1992	19 778 000.00	19 051 007.30	99 126 867.29	720 964.60	1 300 217.60
1. 教育事业费	17 498 000.00	18 231 730.90			
2. 教育费附加	1 500 000.00	1 100 000.00			
3. 肉价补贴	730 000.00	660 152.00			
4. 科技三项	50 000.00	774 497.29			
5. 古籍整理		1 238.60			
首都师大 1993	29 969 800.00	28 941 597.27	102 132 743.95	720 964.60	1 209 878.00
1. 教育事业费	27 869 800.00	27 918 196.23			
2. 教育费附加	1 000 000.00	1 400 000.00			
3. 肉价补贴	1 100 000.00	779 334.00			

续表

项目 年	拨入经费 及专项拨款	经费支出	固定资产基金	办公用品等 材料费	抵支收入
4. 科技三项	15 000.00	885 731.39			
5. 技业挖潜改造		2 032.68			
1994	59 157 100.00	52 857 971.42	105 155 706.87	720 964.64	
1. 教育事业费	48 407 100.00	48 450 749.72			
2. 教育费附加	10 000 000.00	6 980 662.70			
3. 肉价补贴	750 000.00	832 237.00			
4. 科技三项		147 994.73			
1995	70 813 800.00	43 734 789.28	108 622 275.13		1 430 933.75
1. 教育事业费	69 913 800.00	42 844 643.33			
2. 肉价补贴	900 000.00	890 145.95			
1996	90 777 600.00	92 962 305.30	129 888 188.01	38 871.59	8 474 530.28
1. 教育事业费	88 657 600.00	90 832 451.25			
2. 其他支出	1 320 000.00	1 320 000.00			
3. 肉价补贴	800 000.00	809 854.05			
1997	107 644 458.00	12 616 595.86	288 463 417.96	31 478.84	4 646 570.08
1. 教育事业费	106 836 400	125 353 537.86			
2. 肉价补贴	808 058.00	808 058.00			
1998	120 000 000.00	111 406 997.74	304 781 403.71	80 048.37	
1999	139 333 100.00	126 264 841.89	318 210 871.60	180 103.15	
2000	231 528 600.00	191 588 859.55	3 881 877 714.75	95 236.03	
2001	249 868 000.00	235 341 698.67	413 132 240.68	95 236.03	
2002	315 851 472.60	368 037 860.25	878 842 766.32		
2003	347 860 173.70	381 234 414.20	948 011 869.55		

第三节　学校基金

学校基金，是指不包括在国家预算计划以内，由学校和各单位、各部门按照国家有关规定多渠道筹集，用于学校发展的资金，财务上称之为预算外资金。

根据教育部（79）计字496号文件、财政部（79）财事字375号文件精神，在完成国家下达的教学科研各项任务的前提下，应充分调动广大教职工的社会主义积极性，挖掘潜力，增收节支，加强经济管理，建立教学基金，以促进教学科研的发展，并在此基础上逐步适当地改善教职工的工作生活条件。从1980年开始我校成立了院基金委员会，主要负责人由院办主任王克和财务科杨远志担任。由教务处经办或与教学有关的各项收入均予以纳入学校基金，主要收入有：①举办短训班和接收进修生、旁听生的收入；②实验室或大型仪器设备对外服务的收入；③教师在外单位兼课交公部分；④稿费上交部分；⑤对外发行教学参考书、教材的收入；⑥函授及其他方面的收入；⑦根据“预算包干”的有关规定，从定额经费节支中提取的奖金；⑧教室、实验室、操场、游泳池等外借的收入。学校从此开始创收活动，以滚雪球的方式，逐渐扩大收入，为学校积累了基金。从成立初期的收入基金31.6万元到1991年收入基金已达3 665万元。学校基金的分配原则本着主要用于改善教学科研的物质条件，其中一部分作为奖励基金的原则精神，在使用分配上按照经济规律办事，既体现“多劳多得、按劳分配”，反对平均主义，调动各个方面的积极性，以搞好教学科研工作的精神，又要照顾左邻右舍，使全院各单位教职工福利待遇的差距不要过大。其中办班收入的30％拨给有关系、室，70％上交院基金，对其他各项创收也规定了不同的分成比例，制定了一系列基金分配办法。如：①关于兼课教师酬金和教师编译教材稿酬的规定（1980）；②关于稿酬处理办法的暂行规定（1980年）；③关于教室、实验室、操场、游泳池等外借收费管理试行办法（1980）；④关于印发《北京师范学院基金管理试行办法》的通知（1985）；⑤关于计划外办学收入分配使用的暂行规定（1988）；⑥关于函授和夜大学收费办法的通知（1990）。这一系列规章制度的出台，使学校基金的管理纳入正轨，为以后的一系列教育体制改革、内部管理体制改革打下了基础。随着学校体制改革的不断深入，学校自主权的扩大，校系两级及各单位的预算外资金的增多，学校专门成立了校基金管理办公室，对这笔在不增加国家财政开支的前提下，利用现有的人员和办学条件，向社会开辟财源的合法收入进行管理，按照以学校整体利益为主，坚持学校、创基金单位和教职工个人利益相结合的原则办事，制订出学校基金的收支计划，确定具体的分配原则和使用范围，以充分调动广大教职工的社会主义积极性，努力提高基金的开创和利用的效果。历年学校基金收支状况见表7.3.3.1。

表7.3.3.1　　预算外资金一览表（1956～2003）　　单位：元

年 \ 项目	上年结余	本年收入	支出数	预算结余	其他存款
1956					12 724.18
1957				1 300.06	
1958				1 906.78	10 110.42
1959				16 999.67	
1960				14 967.53	65 291.45
1961				50 636.04	49 171.84
1962				48 648.92	
1963				57 653.85	
1964				71 783.88	5 018.24
1965				49.00	
1966				27 766.97	45 392.41

续表

年　项目	上年结余	本年收入	支出数	预算结余	其他存款
1967				36 477.51	138 148.63
1968				54 124.31	93 323.90
1969				77 202.03	119 986.77
1970				67 613.76	175 555.16
1971				97 852.89	184 944.24
1972				129 585.53	249 402.87
1973				140 839.65	336 484.48
1974	338 176.61	201 678.53	183 727.11	356 128.03	年终结余
1975	356 128.03	232 443.10	210 828.50	355 393.98	年终结余
1976	355 393.98	185 924.01	153 205.06	410 461.59	
1977	410 461.59	250 590.33	293 750.52	367 301.40	
1978	367 301.40	166 740.99	99 433.83	434 608.56	
1979	434 608.56	233 339.85	253 569.84	414 378.57	
1980	324 881.56	209 434.45	301 301.91	233 064.10	
1981	233 064.10	943 890.32	662 369.41	514 585.01	
1982	514 585.01	323 320.41	590 068.47	247 836.95	
1983	1 879 868.00	975 230.00	1 050 539.00	1 804 559.00	
1984	1 804 559.00	869 788.00	290 994.00	2 383 353.00	
1985	2 383 353.00	7 143 274.00	5 513 998.00	4 012 629.00	
1986	4 012 629.00	9 472 541.00	10 001 912.00	3 483 258.00	
1987	3 483 258.00	3 338 080.00	5 406 571.00	1 414 767.00	
1988	1 433 985.00	4 944 942.00	3 443 490.00	2 935 437.00	
1989	3 204 440.00	2 890 930.00	5 365 630.00	709 740.00	
1990	709 740.00	3 655 320.00	3 121 590.00	1 193 470.00	
1991	1 193 470.00	3 685 370.00	4 016 000.00	862 840.00	
1992	812 840.00	2 276 210.00	2 596 160.00	292 890.00	
1993	292 890.00	4 926 320.00	5 004 850.00	161 160.00	
1994	205 506.00	4 992 010.00	6 312 600.00	230 750.00	
1995	230 750.00	8 140 330.00	7 833 350.00	306 980.00	
1996	550 210.00	18 054 260.00	18 260 020.00	344 450.00	
1997	344 450（并校）	20 022 739.50	18 300 407.75	2 066 781.75	

续表

年 \ 项目	上年结余	本年收入	支出数	预算结余	其他存款
1998	2 066 781.75	29 808 556.23	27 231 363.58	4 643 974.40	
1999	4 643 974.40	32 739 089.20	33 082 144.91	4 300 918.69	
2000		65 000 000.00	60 365 567.81	4 634 432.19	
2001	4 634 432.19	70 000 000.00	62 406 131.73	12 228 300.46	
2002	12 228 300.46	80 000 000.00	81 262 639.49	10 965 660.97	
2003	10 965 660.97	63 833 292.56	74 798 953.53	0	

注：1. 由于50年来财务制度、管理办法发生过多次变化，财务管理人员屡经变迁，以及原始资料不够齐备等原因，造成个别年份承转数字无法完全衔接，却难于在短时间内彻底理清。因此，对于可能有误的数据（1973年与1974年、1975年与1976年年末余额与年初数不符）暂时保持不变，以免牵一发而动全局。

2. 由于国家逐渐规范“预算外资金”的定义和范围，自2000年起，预算外资金，特指纳入《收费许可证》项目收取的学费和住宿费等。因此，2000年以后的预算外收入与1999年以前的预算外收入统计口径不同，这是形成1999年末与2000年初数字首尾不接的原因。

第四节　管理体制

一、管理体制

我校的财务管理体制，是指由校财务处对全校各会计机构的人员和经费进行管理。

（一）人员管理

人员管理的对象不限于校财务处的人员，而是对于财务处面向的各单位会计机构人员在政策和业务方面的管理。2002年全校有会计机构6个，其中设有独立会计机构的单位5个（一级为财务处，二级为后勤集团、科教服务中心、校医院、教材科），未设独立会计机构的1个。全校会计人员总共56人。其中高级会计师1人，会计师11人，助理会计师29人，会计员5人。上述人员具有大专以上学历者41人，中专或高中文化程度者1人。

（二）经费管理

高等学校财务管理的原则是：统一领导，集体管理，分工协作，权责结合。

我校的经费管理体制是实行“统一领导，切块包干，一级核算，分级管理”。校、院系两级领导的经济岗位责任制实行“一支笔”审批财务开支的制度。校对院系（处、馆、所等业务部门）一级经费的财务管理实行“包干使用，节余留用，超支不补，自求平衡”和“节余有奖”的综合财务管理办法，进一步完善了我校财务管理制度。

二、规章制度及政策性文件的制订

学校自建立之初就注重和加强财务的管理，陆续制订出相关的政策、制度及政策性文件，并随着时代的变化，不断更新，其中近期规章要目如下：

财务工作规章制度

·财务管理暂行办法（1984）
·关于财务管理改革的意见（1986）
·基金管理改革实施办法（1986）
·关于加强财务管理和监督的几点意见（1989）
·关于在实施内部管理体制改革中财务管理的暂行规定（1990）
·关于首都师范大学并校过程中财务工作的若干意见（1993）
·关于加强对行政性收费管理的暂行规定（1993）
·关于在我校贯彻《中华人民共和国个人所得税法》的实施意见（1994）
·关于成立首都师范大学校内银行的通知（1994）
·关于严格控制消费基金、加强现金管理的通知（1994）
·关于加强财务管理的若干意见（1995）
·首都师范大学关于校办产业财务制度若干问题的补充意见（1995）
·关于进一步加强校内收费管理的补充规定（1996）
·关于建立校内财务报告制度的通知（1996）
·关于转发《首都师范大学会计账簿管理办法》的通知（1997）
·首都师范大学关于贯彻《事业单位财务规则》、《高等学校财务规则》的意见
·首都师范大学校内二级财务机构设置与管理的暂行规定（1997）
·首都师范大学"211工程"建设项目资金使用管理办法（1997）
·关于后勤内部管理体制改革中有关财务工作的若干意见（1998）
·关于印发《计划外办学收入分配使用的暂行规定》的通知（1998）
·首都师范大学清理检查预算外资金账户实施办法（1998）
·关于加强我校国有资产管理工作的几点意见（1995）
·关于加强专控商品购置审批管理工作的意见（1997）
·关于固定资产管理工作若干问题的通知（1997）
·关于提高目标管理奖金标准的通知（1996）
·关于调整学生奖学金标准的通知（1997）
·关于增加工作人员职务补贴及增加离退休人员生活补贴的通知（1996）
·关于开展清理检查"小金库"的通知（1995）
·关于开展1995年税收财务物价大检查的通知（1995）
·关于开展1995年教育收费大检查的通知（1995）
·首都师范大学收据、票据使用管理办法（1996）
·关于校内银行的任务和收入分配问题的意见（试行）（1995）
·关于财务开支审批权限的意见（1995）
·关于交纳个人所得税的补充规定（1999）
·关于初等教育学院财务管理工作的几点意见（2000）
·首都师范大学校园网收费管理暂行办法（1999）
·关于加强校内借款管理的规定（1999）
·首都师范大学关于调整校内收入分配问题的补充意见（1999）
·关于职工子女统筹医疗的规定（2001）
·关于规范会计凭证的有关规定（2001）
·关于票据管理的暂行规定（2001）
·关于我校学位论文评阅及答辩酬金标准的规定（2002）

· 首都师范大学基建财务管理办法（2002）

· 关于调整校内个人所得税的通知（2002）

· 首都师范大学国有资产管理办法（2002）

附件：文献类资产管理办法、固定资产处置管理实施办法、房屋建筑物管理实施办法、汽车管理办法。

· 关于实行机动车辆统一保险工作的暂行办法（2003）

· 关于首都师范大学良乡校区建设项目财务管理办法（2003）

三、一级财务机构

1954 年北京师院设财务组，1955 年改为财务科。“文革”中一度更名为“财务组”、“财粮组”，1975 年恢复财务科名称。1982 年起改建为财务处。

首都师大财务处是学校的一级财务机构，在主管校长领导下，对全校各项财经工作进行集中统一管理。2001 年下设财会办公室、计划管理办公室、经济核算办公室、综合管理办公室、电算化管理办公室、资金核算办公室。另外，首都师大国有资产领导小组办公室设在财务处，负责学校国有资产管理的日常工作。共有职工 23 人，大学本科（含在读）以上学历者占 96%，全部具有专业技术职称（中级以上者占 43%），形成了一支财会基础扎实、电算化程度较高、具有一定管理水平的财务管理队伍。财务处 2001 年被评为学校的先进单位。财务处主要负责人见表 7.3.4.1。

表 7.3.4.1 财务处及其前身历届主要负责人任职更迭表

姓　名	职　务	任　期
石文博	会计组负责人（兼）	1954～1955
石文博	财务科长（兼）	1955～1962
杨远志	财务科长	1962～1966
杨远志	财粮组负责人、财务科长	1970～1976
陈　平	财务科长、财务处副处长	1977～1982
张敏斋	财务处长	1982～1985
王志勋	院、校财务处长	1985～1993
柏万林	校财务处长	1994～2000
伊英嫄	同上	2000～

第四章　外事管理

1977 年我校被北京市确定为对外开放单位。此后，不断加强国际文化交流和合作。我校的国际文化交流活动和其他涉外事务，从 90 年代末统一归属国际文化学院管理（国际文化交流沿革及国际文化学院沿革见本《志》第二编第六章留学生教育）。

第一节　国际文化交流活动的管理

国际文化学院下设的国际文化交流部职司相关的管理事宜。

学校设有首都师范大学对外交流委员会，常设机构设在国际文化交流部。该委员会由原三个机构合并而成。（1）北京师范学院对外学术交流委员会。1989 年 10 月成立。其《章程》规定了教师出国参加国际学术交流活动的管理体制和聘请长、短期专家的管理体制。（2）北京师范学院外国专家目标管理、教学评估工作小组。1991 年成立。评估项目包括：外国专家的管理工作、外教的教学工作、外国专家对我校的意见等。1991 年 6 月进行了首次评估活动。（3）北京师范学院派出领导小组。1989 年成立。小组建立了选派出国人员的管理体制，工作原则是坚持党委提出的“选派出国人员一定要严格掌握标准，按需派遣，宁缺毋滥”。

国际文化交流部历年制订积累了大量有关外事的文件，集有《外事文件汇编》，涉及外事纪律，出国（境）访问、讲学、公派留学规定，护照签证管理，来华留学、外国专家管理规定，合作办学、举行国际会议规定，招收台港澳及华侨学生的规定，出国经费、外事活动中接受赠送礼品的规定等。

一、建立与外国高校交流合作关系

1980 年至 2003 年我校与外国高校及港澳台高校共 64 所建立了文化交流与合作关系（见表 7.4.1.1）。同时同联合国教科文组织、亚太文化中心等保持联系，取得了合作开发项目。

表 7.4.1.1　　首都师范大学与外国及香港台湾建立友好关系的院校一览表

序号	外方国别（附中国港台）及学校	签字日期
1	美国纽约州立大学柯特兰学院	1980 年 6 月签署交流协议 1985 年 5 月第一次续签 1991 年 9 月第二次续签
2	美国纽约州立大学奥斯威戈学院	1983 年 9 月签署交流协议 1992 年 9 月续签
3	美国纽约州立大学布法罗分校	1997 年 8 月签署交流协议
4	美国托莱多大学	1996 年 7 月签署交流协议

续表

序号	外方国别（附中国港台）及学校	签字日期
5	美国新英格兰大学	2002 年 5 月签署交流协议
6	美国威梯尔学院	1997 年 4 月重新签署
7	美国兰多夫-梅肯学院	1998 年 8 月签署交流协议
8	美国玛利亚塔学院	1995 年 6 月签署交流协议
9	美国加州圣荷塞大学	1996 年 3 月签署交流协议
10	美国杜克大学	1986 年起有实质交流项目
11	美国瑞德学院	1991 年起有实质交流项目
12	美国纽约州立大学布法罗学院	2000 年 6 月签署交流协议
13	美国辛辛那提大学	2000 年 7 月签署交流协议
14	美国乔治亚大学音乐学院	2001 年 3 月签署交流协议
15	美国西华盛顿大学环境学院	2001 年 6 月 26 日签署交流协议
16	美国印第安那大学	2001 年 11 月签署交流协议
17	美国纽约州立大学坎顿学院	2001 年 4 月签署交流协议
18	美国加州北岭大学	2002 年 10 月签署协议
19	法国巴黎高等师范大学	1997 年 11 月签署交流协议
20	法国巴黎第七大学	1996 年 5 月签署交流协议
21	法国波尔多第三大学	1996 年 5 月签署交流协议
22	法国东方语言文化学院	2002 年 11 月签署交流协议
23	法国高等师范大学	2003 年 10 月签署协议
24	德国洪堡大学	1998 年签署交流协议
25	德国不来梅科技大学	1990 年签署汉语教学合作交流协议 2000 年 4 月签署两校交流协议
26	德国埃尔夫特大学	2002 年 6 月签署两校合作备忘录
27	德国马尔堡大学	2002 年 9 月签署两校合作备忘录
28	荷兰德温特大学	1998 年签署研究生课程合作协议
29	肯尼亚肯亚塔大学	1998 年 9 月签署合作备忘录
30	澳大利亚墨尔本大学	1995 年起有实质交流项目 2000 年 5 月签署交流协议
31	澳大利亚新英格兰大学	2002 年 10 月签署两校合作协议
32	澳大利亚弗兰德斯大学	2002 年 12 月签署两校交流协议
33	韩国西原大学	1997 年 5 月签署交流协议 2000 年 5 月续签
34	韩国公州大学	1997 年 6 月签署交流协议

续表

序号	外方国别（附中国港台）及学校	签字日期
35	韩国大田产业大学	1998年4月签署交流协议
36	韩国庆州大学	2000年7月签署交流协议
37	韩国仁川大学	2000年12月签署交流协议
38	韩国尚志大学	2001年1月签署交流协议
39	韩国东西大学校	2002年2月签署交流协议
40	韩国西部产业株式会社	2002年7月签署合作协议
41	日本城西大学集团	1998年6月签署交流协议
42	日本佐贺大学	1999年4月签署交流协议
43	日本东京都立大学	1997年5月与北京市政府签署学术交流协议
44	日本秋国际大学	1997年6月签署交流协议
45	日本大谷大学	1998年11月签署交流协议
46	日本京都计算机学院	1997年5月签署交流协议
47	日本早稻田大学	2000年12月签署交流协议
48	日本神田外国语大学	2001年6月签署交流协议
49	日本青森大学	2002年9月签署合作备忘录
50	日本广岛大学	2002年10月签署两校学术及交流协议
51	日本东京国际商贸学院	2003年4月22日签署协议
52	日本长崎外国语大学	2003年4月26日签署协议
53	加拿大剑桥教育学院	2001年10月签署交流协议
54	加拿大西蒙菲莎大学	2002年1月签署交流
55	加拿大魁北克省大学校长联席会	2000年6月签署交流协议
56	俄罗斯国立师范大学	1996年签署交流协议
57	俄罗斯莫斯科语言大学	1996年5月签署交流协议
58	俄罗斯莫斯科大学普希金外语学院	2001年6月签署交流协议
59	英国立兹大学	1997年起有实质交流项目
60	香港大学语言中心	1997年4月签署合作交流协议
61	新西兰惠灵顿维多利亚大学	2000年9月签署交流协议
62	希腊欧洲教育机构	2001年6月28日签署交流协议

续表

序号	外方国别（附中国港台）及学校	签字日期
63	奥地利海顿音乐学院	2001年7月签署合作协议
64	台东大学	2003年9月1日签署协议

二、派员出国进行文化交流合作

（一）公派教师、学生出国进修讲学和学习

1977～2003年，我校向30多个国家和地区公派教师进修、讲学共747人次。公派学生165人赴美、法、德、俄、加等国学习。

（二）派员短期出访

1977～2003年，我校向29个国家和地区派出短期出访人员200余人次（团、组长主要为正副校长，如仓孝和、杨传纬、齐世荣、林培黎、张泽膏、杨学礼、孟庆夔、刘利民、许祥源等），任务是考察外国高校，与对方协商交流合作项目，达成有关协议。

（三）派员参加学术会议、

1977～2003年，我校出国参加学术会议者共191人次。（参见本《志》第三编科学研究工作）。

三、延聘外教、接待外宾、参与主持国际学术会议

（一）聘用外国专家来校工作

此项工作的指导思想是：积极引进国外智力，增强语言教学和科研攻关能力，合作培养外语骨干教师和其他高层次人才，拓展国际间校际间教育合作领域，及时了解国际最新学术动向，不断提高聘请外国专家工作的质量和效益，更好地为我校的教学科研服务。国务院外国专家局批准我校为“A类聘用外国专家单位”，每年可聘任15名长期工作的语言专家。在校内，国际文化交流部是外国专家工作的归口部门。外籍教师的教学业务管理由教务处和所在院系负责，以院系为主。我校根据国务院外国专家局和教育部关于高等院校聘请外国文教专家的指示精神，认真贯彻了“以我为主，按需聘请，择优选聘，保证质量，用其所长，讲求实效”的原则。从外语教学的需要出发，聘请的外教一般具有本科以上学历，受过语言教学的专门训练，并具有一定的语言教学经验。聘用期限实行长短期结合，一般不超过两年。

我校60年代起就开始聘请外国专家，是北京市最早聘请外国专家的高等院校之一。截至2003年7月，共有370人次来校担任外国专家。现在，学校每年都从美国、加拿大、澳大利亚、英国、法国、日本、德国、俄罗斯、西班牙和韩国等国家和地区聘请10余名外国专家来校授课，他们分别在我校外国语学院的英语文学系、英语教育系、日语系、德语系、法语系、西班牙语系和俄语系，以及成人教育学院、文学院、资源环境与旅游学院、音乐学院、美术学院、数学系、首都师大附中等部门进行教学指导。此外，首都师范大学还与俄罗斯国立莫斯科语言大学、法国巴黎高等师范大学、日本长崎县教委以及西班牙国际合作署、德意志学术交流中心（DAAD）建立了长期派遣外国专家的合作关系。外

国专家为我校培养高质量的外语人才以及在师资培训、编写教材、学科建设和促进国际文化交流等方面都作出了重要的贡献。

（二）邀请外国学者短期来校讲学、合作研究

1977～2003年，我校邀请外国学者短期来校讲学、合作研究153人次。目前每年有20多位短期访问学者来我校进行学术交流和访问讲学。我校历年授予国外学者名誉博士学位3人，授予国外学者名誉教授称号6人。

我校聘请短期外国专家工作的原则是，根据教学、科研的实际需要，做到有计划、有目标、有实效，争取用最小的花费换取最大的收益。实际工作中坚持了此项原则。如计算机软件制作与研究课题起步时，聘请了美国麻省大学马萨斯基讲授4个月编程课。教育系为弥补“比较教育”教学科研上的不足，连续几年聘请9名短期外教讲授“西方教育”，数学系邀请美国布法罗大学威廉姆斯担任客座教授，与我校教师合作培养研究生。

（三）接待外宾

1977～2003年，我校共接待36个国家和地区来访外宾5 025人次。其中有一些是前来就校际交流进行谈判、签约的代表团，也有教育部等委托我校接待的外国教育代表团，1997年12月还配合有关部门接待了美国太平洋总司令普鲁赫一行。

（四）主办或参与主办在我校召开的国际学术会议

1977～2003年在我校召开国际学术会议20次，同时兼办国际性专题研讨班数次（参见本《志》第三编科学研究工作）。

第二节　其他涉外事务管理

一、外国留学生的招生和管理

我校是教育部批准的可以接受外国留学生（1992年起）、港澳台地区学生（1998年起）及华侨学生的院校。每年长期生和短期生招生规模在800名左右，具体包括长期短期汉语进修生、汉语本科生、进入各专业学习的留学生，以及中国文化研习团、短期汉语进修团、普通话研习团等各类学生。

国际文化学院下设的外国留学生部职司留学生的招生和管理工作。该部建立了科学化、规范化的管理体制。在国家教委颁布的《外国留学生管理条例》、《外国留学生管理办法》和公安部颁发的《来华外国人管理条例》等文件基础上，结合我校情况，制订了《外国留学生办理入学手续规定》、《学籍管理条例》、《宿舍管理条例》等。在管理工作中，认真贯彻“政治上积极影响，不强加于人；学习上严格要求，认真帮助；生活上严格管理，适当照顾”的方针。为做好留学生的培养教育工作，努力把教学作为管理的中心环节，通过各种方式引导他们把主要精力放到学习上来，采取必要措施为他们创造良好的学习条件和环境。2000年教育部、外交部、公安部颁布了《高等学校接受外国留学生管理规定》，我校正在贯彻落实。

二、介绍自费出国留学

我校是教育部、公安部首批认定的自费出国留学中介服务机构。首都师大自费留学咨询服务中心（归口国际文化学院）于 2000 年 4 月获教育部批准成立。同年 10 月取得工商经营执照，年底与 10 个国家二十多所学校建立初步联系，陆续派送自费出国留学生近百名，并与 9 个国外文化交流机构建立了合作关系。截至 2003 年，协助五百多名中国学生自费到日、德、法、美、新、澳、加拿大等国留学。

三、因私出境工作的管理

原国际文化交流部、人事处、保卫处先后承担因私出境人员的审批工作，2003 年起公安机关简化审批手续，各单位免除此项任务。

四、经营外事招待所

外事招待所有 3 座留学生公寓，一座外国专家公寓，可容纳 400 名外国师生住宿，并配有相应餐厅和服务设施。但总体上不敷事业发展需要。学校自筹资金，于 2003 年 1 月开工兴建国际文化大厦（位于北一区，建筑面积 35 660 平方米，于 2004 年竣工），设施较完备，可容纳 1 000 名留学生住宿和 1 500 名留学生上课，将建成我校对外交流的窗口和中外学生学习、语言交流和学术研究的中心。

第五章 后勤管理

第一节 概 述

学校的后勤是为教学、科研、师生生活服务的管理部门。传统的后勤涉及基本建设、财务会计、物资设备、能源动力、膳食洗浴、医疗保健、房管维修、环卫绿化、交通运输，以及提供其他物质条件的种种业务。后勤管理，是指对学校后勤人员及分管的物力、财力进行计划、组织、检查并使之正常运行，从而保障学校各项工作得以顺利进行。

1954 年，学校初创时期，借用朝阳门外一所新建中学的教室和场地开学上课。总务处员工在设备简陋，只有一辆毛驴车的情况下，主要任务是为师生员工创造一个最起码的教学和生活条件。1955 年 4 月，接管原河北北京师院在建工程（即今校本部所在地），当时后勤工作的重点是校舍建设和搬迁。1955 年设总务长。当年 10 月开学以后，逐渐转入到各项服务管理和设施配套工作，先后建成教学楼、学生宿舍楼、教工宿舍楼、锅炉房、食堂、药品库、托儿所和商店等设施，为师生员工初步营造了一个可供教学和生活的环境。“文革”期间，后勤党政机构瘫痪，职工大部分下放农场或干校劳动，总务处缩编为后勤组，工作仅限于一般性的服务和管理。随着“四人帮”的覆灭，1978 年后勤组扩编改称院务处。在事业日益发展、改革开放不断深入的形势下，1981 年，财务科从院务处分出建处，此后直属一名校长领导；1983 年，重设总务长，主持后勤工作；同年，院务处改建，分设为总务处、基建处，1985 年成立了服务公司，1992 年膳食科升格为膳食服务处。

多年来，后勤系统的职工在经费拮据、队伍老化的情况下，坚持“三服务、两育人”的宗旨，办了大量实事，保证了师生员工的工作和生活需要。特别是在非常时期和突发事件爆发时，后勤职工坚守岗位，从生活方面保证了大局的稳定。

但是，在计划经济模式下的我国高校后勤工作逐渐暴露出诸多弊端。一是株守事业型的纯服务机制，由学校办社会，完全依赖政府财政拨款，又不核算成本。二是行政化的体制造成机构重叠，机构臃肿，都吃“皇粮”。三是人事管理上的“铁饭碗、大锅饭”导致工作效率低下。为此，学校党委和行政根据中央和北京市有关指示精神，作出不断深化后勤社会化改革的决定，在世纪之交，实现了管理体制和运行机制的转变。后勤体系的工作，成效日益显著。

我校后勤改革大致分四个阶段。

（一）实行部分承包责任制

1983 年先在膳食科实行部分承包责任制，逐步在后勤所属各部门推开，由原来的无偿服务改为服务与创收相结合的体制。1986 年起，先从车队和膳食科试点，实行财务两级管理，1988 年在总务处全面推开。

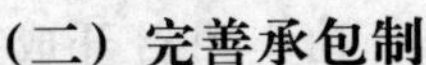

（二）完善承包制

1993年党委《解放思想，抓住机遇，积极推进综合改革，加速首都师范大学的建设与发展的意见》提出：后勤要在认真总结过去承包改革经验与教训的基础上探索适合目前校情的承包改革方案。要逐步向社会化半社会化方向过渡。除必须由校集中管理的工作外，在有甲乙方制约机制的条件下，经费可以分到单位，实行收费服务。后勤各部门要努力开拓创收渠道，增加收入，抵补经费。但不论采用什么方式改革，都应把提高服务质量放在突出的地位。

其时，在管理体制上分为三种类型。（1）服务型目标管理体制。如后勤党总支和基建处的工作属于无创收的纯服务性质，实行目标管理责任制，对在编人员实行岗位责任制，核发结构工资；（2）服务经营型管理体制。总务处和膳食处均属于半承包性质单位。如膳食处，由学校发给职工工资、生活补贴及部分行政管理费，其他部分，如部分厨具购置费、各种维修费、技术培训费、职工奖金等，通过创收解决。又如总务处，由学校拨给职工工资、行政经费及专项用款，而须通过内部创收，解决全体员工结构工资及其他奖励费用，并抵补部分接待、用车、维修等开支之不足。（3）经营型管理体制。如修缮工程队基本属于全承包单位。1988年以来即实行经费承包责任制，除享受学校发给的寒暑假两个月基本工资、各种生活补贴和医疗待遇外，单位账户独立核算，逐步过渡到自负盈亏，成为企业化管理与生产服务型经营实体，由工程队内部解决员工的工资、奖金、公积金、公益金。此外，每年须向学校上缴2万元。

（三）建立“小机关、多实体”的事业性管理与企业化管理相结合的后勤体制

1998年5月，党委《关于继续深化内部管理体制改革的意见》中指出：“后勤改革的指导思想是：调整机构、理顺关系、转化机制、改善服务、提高效益；分清事业与企业化管理，稳步地、有序地推向半社会化、社会化的轨道。后勤队伍在调整结构的过程中适当精简，充实骨干，改善素质。”

这一轮改革首先从调整机构入手。在明确甲（学校）、乙（后勤管理服务部门）双方关系的基础上，撤销总务处、膳食服务处，保留基建处，并成立后勤管理办公室，该室与具体实施管理和服务的各部门组成后勤管理服务体系。体系内分设：1. 生活服务中心（属经营服务性质）；2. 接待中心（属经营服务性质）；3. 动力与修建服务中心（水电暖属管理服务性质，维修建设属经营服务性质）；4. 房屋土地管理服务中心（含“资源开发领导小组”的日常机构，属管理服务性质）；5. 住宅管理服务中心（属经营服务性质）；6. 饮食服务中心（兼管理服务与经营服务性质）；7. 校园管理中心（属管理服务性质）；8. 校医院（属管理服务性质，经批准可有限地开展服务创收）；9. 基建处（原性质与职能不变）。其次，转换机制。后勤管理办公室属机关性质，协助主管校长、总务长管理全校后勤工作，对上述9个部门既实施行政管理职能，又代表学校与各部门形成甲、乙方关系。后勤年度所需经费由学校切块划拨，后勤办公室负责经费的管理使用并代表甲方对乙方实行监督。各中心的职能、任务与拨款，经营服务单位的消耗成本及上缴学校利润，由后勤办公室逐一核定。

（四）成立后勤集团，实现学校后勤行政管理规范分离

2000年初，国务院转发了教育部等部门《关于进一步加快高等学校后勤社会化改革的意见》，北京市也出台了《北京高等学校后勤社会化改革规划》。3月份我校开始调研测算，8 月初确定改革方案。10 月底筹建工作基本完成，2001 年 1 月后勤集团召开成立大会。该集团由原各后勤服务实体（基建处、房屋土地管理与资源开发处改纳行政体系，校医院和接待中心暂不归入）组成，整建制地从学校行政体制中分离；根据高校后勤的产业属性，确立“自主经营、自负盈亏、自我发展、自我约束”的经营机制。后勤管理办公室代表学校（甲方）管理后勤工作，与后勤集团（乙方）通过契约关系实现后勤服务；后勤经费由拨款制改为服务收费制。后勤集团下设三个部、10 个中心，开展物业、餐饮、运输、幼教、商贸、修缮等业务。

后勤集团成立后，坚持以“三服务两育人”为宗旨，秉承“优质、高效、开拓、进取”的精神，规范运作，优质服务，讲求效益。2002 年 11 月通过了北京高校后勤改革领导小组组织的专家组验收。“十五”期间，后勤集团将大力加强专业化建设，以师生员工的需求为中心，以群众满意为标准，全面提高服务水平和竞争力，逐步走向市场化、专业化、产业化的路子。

第二节　管理机构体系与体制

1954 年建校之初，在院长领导下设总务处，总务处设主任，处下设组，管理机构为三级制。1955 年，设总务长，不再设总务主任，1957 年改“组”为“科”，仍为三级制。1966 年，“文革”开始，后勤机构瘫痪。1967 年，在院革命委员会下设后勤组，虽未宣布取消原设各科，但因后勤工作人员绝大部分下放劳动，后勤管理机构实际上是院革委会与后勤组两级制；1977 年，学校原机构的建制逐渐恢复，后勤组改为院务处，设处长，不设总务长，成为主管院长、总务处长，科室三级制。1983 年又设总务长，此后，后勤管理机构及体系为主管院长、总务长、总务等处、科室四级制，以适应学校扩大规模和日益发展的需要。1998 年撤销总务处和膳食处，成立后勤管理办公室，管理 9 个后勤服务管理实体（称“中心”），各中心机构不定行政级别，干部保留原有或重新确定一定职级。2001 年 1 月后勤集团成立，从学校行政管理体制中分离出去，实行企业化管理。设立董事会、监事会，实行董事会领导下的总经理负责制。集团董事会由学校委派，是集团权力机构，董事长为集团法人代表。后勤集团成立之后，原后勤管理办公室仍然保留，与后勤集团为甲、乙方的关系。后勤机构的演变见表 7.5.2.1、表 7.5.2.2、表 7.5.2.3、表 7.5.2.4。

表 7.5.2.1　　后勤机构演变及负责人更迭表（一）（1954～1982）

年月	机构名称	下属单位	行政负责人职务姓名			员工人数	党组织负责人职务姓名		下属支部	党员人数	备注
			总务长	正处	副处		总支书记	总支副书记			
1954	总务处	庶务组、财管组、会计组、膳食组、卫生室		石文博（主任）	郭继尧（副主任）	47					
1955			张天泳			69	张天泳			18	本年后勤建党组织
1957		总务科、膳食科、财务科、财管科、托儿所、卫生室									

续表

年月	机构名称	下属单位	行政负责人职务姓名			员工人数	党组织负责人职务姓名		下属支部	党员人数	备注
			总务长	正处	副处		总支书记	总支副书记			
1959			赵石昆（副）			177	赵石昆		工友支部、职员支部、工厂支部	50	
1961		增建卫生科						王卫国、盖子章	联合支部（托儿、财务、卫生）	59	
1962			张敏斋（助理）					薛汶	总务科支部、膳食科支部		赵石昆1961年调出，王卫国、盖子章1962年调出
1963		增建工程科									
1965								张国英			
1966		总务科、工程科合并为总务工程科				347			组织瘫痪		
1967											
1968	后勤组	各科建制不变									
1970			张敏斋（组长）								
1971			董学亭（组长）				徐景全	杨惠			
1975											
1978	院务处	增设物资科		顾理昌	张敏斋 黎超						
1980		各科建制不变			董学亭 石文博			张国英 关玉峰			
1982				李大为			顾理昌				

注：1. “年月”一栏，没有人员及机构变化的年份未登录。2. 有的年份人员数目无从查考，未登录。3. 1955～1966年设总务长，1966～1982年未设。

4. 本表只列出负责人的就职年份，一般未列卸任年份。

表 7.5.2.2

后勤机构演变及负责人更迭表(二)(1983～1997)

年月	行政机构负责人职务姓名及演变情况														后勤党总支负责人			人数	
	总务长	总务处			基建处			劳服公司			膳食服务处			书记	副书记	下属支部	党员	职工
		处长	副处长	下属机构	处长	副处长	下属机构	经理	副经理	下属机构	处长	副处长	下属机构					
1983	李大为		梁炳有	总务科、房管科、膳食科、卫生科、汽车队、幼儿园、招待所、人防、处办公室		石文博	基建科 修缮科 水电科 物资科		佟洪生 孟庆俊	办公室					李克芳	总务科支部、幼儿园支部、基建支部、财务处支部、汽车队支部、处办支部，后增：人防支部、房管支部、膳食支部、财务处支部	112	
1984			杨俊祥 黎荣光			程克旭								崔志银				
1985	刘世忠 (副、正)	董学亭	高　富 刘振然		刘瑞华	王　泉		方至厚	杨俊祥									
1986		施辉						于濯清						梁炳有	任锁印		123	
1988		王希永												施　辉				
1989	周立明																	
1991	周立明 (副、正)	周立明 (兼)															103	
1992			胡建柱			盛鑫荣					刘振然		处办公室	任锁印	白凤兰	处办支部、汽车队支部、工程支部、基建支部、医院支部、总务科支部、幼儿房管支部、水电支部、膳食支部		357
1993		范宝建	田源		刘瑞华	王泉		高树青				严立宪	接待科 膳食一科 膳食二科				109	
1996														陈卫东				

注：1. 财务处归主管校长领导，此处未列，参见本《志》第七编第三章。财务处党支部属后勤党总支。

2. 自 1992 年春，劳动服务公司脱离后勤归校经委会领导。

表 7.5.2.3　　后勤机构演变及负责人更迭表（三）(1998～2003)

年　月	行政机构及党组织负责人职务姓名及演变情况							
	校长助理	后勤办公室			后勤党总支		人数	
		主任	副主任	下属机构	总支书记	下属支部	党员	职工
1998.5～2000.7	周立明	刘瑞华	范宝建	生活服务中心、科教服务中心、动力与修建服务中心、房屋土地管理服务中心、住宅管理服务中心、饮食服务中心、校园管理中心、校医院、基建处	陈卫东	后勤管理办公室、生活服务中心、幼儿园、车队、科教服务中心、动力与修建服务中心、住宅管理服务中心、饮食服务中心、校园管理中心、校医院、基建处	160	356
2000.7～2001.1	周立明	柏万林	张学净	增房屋土地管理与资源开发处，同年与基建处、校医院、科教服务中心从后勤的管理系统中划出			152	370
2001～	周立明	周立明	张学净 周俊杰 刘晓明	后勤办公室人员本部、东区共18人	转为后勤集团分党委（见表 7.5.2.4）		173	

表 7.5.2.4　　首都师范大学后勤集团机构及负责人一览表　　(2000.7～　)

年 月	后 勤 集 团			后勤集团分党委		人 数	
	董事会	监事会	经理	分党委书记	下属支部	党员	职工
2000.7～2001.1	董事长： 李　因 成　员： 李　因 伊英娅 陈卫东 谷　群 周立明 柏万林 臧博平	白国芬 范宝建 顾志明	总经理： 柏万林 副总经理： 高树青 高　富 王　彬	陈卫东	后勤管理办公室支部 饮食服务中心支部 北京安安物业管理中心支部 校园管理服务中心支部 生活服务中心支部 动力运行服务中心支部 修建中心支部 学生公寓管理服务中心支部 幼儿教育中心支部 运输服务中心支部 东区管理服务中心支部 校医院支部 校医院退休人员支部	152	370
2001.1～	人员组成 同　上	人员组成 同　上	总经理： 柏万林 副总经理： 高　富 田书义 王崇民	陈卫东	同上	173	

第三节 服务实体

一、后勤集团所属服务中心

2000年10月后勤集团建立时共设10个中心。

（一）饮食服务中心。中心有正式职工66人，在全校13个食堂服务。主任高树青（兼）。

（二）北京安安物业管理中心。有职工25人，负责校本部、北校区和海淀学区的家属区物业管理，水、电、煤气、电梯维修业务和教学区人防工程。主任田士和。

（三）校园管理服务中心。有正式职工22人，提供校本部、北一区、北二区各教学区楼的保洁、安全防范、小型维修、电教设备管理，校园环境的保洁、绿化、美化、会场和环境布置等服务。主任何怡情。

（四）生活服务中心。即仁和商场。有正式职工26人，提供师生员工生活必需品、日常用品。主任高富（兼）。

（五）动力运行服务中心。有职工43人，负责全校水、电、暖、气运行及设施的管理维修工作。主任孙佩兴。

（六）修建中心。有职工11人，提供以土建工程（瓦、木、油、铁）为主的综合工程服务。主任赵德光。

（七）学生公寓管理服务中心。有正式职工12人，负责全校各校区学生宿舍管理、维护、服务工作，并与学生工作系统共同承担学生的思想政治教育工作。主任王佩林。

（八）幼儿教育中心。有职工21人，接受本校教职工子女入托，并面向社会开展服务。主任王桂荣。

（九）运输服务中心。有正式职工17人。为师生员工提供行政办公用车、教职工班车、教学实习用车、会议用车、团体旅游用车及教职工家属、个人用车等交通运输服务。主任李广恒。

（十）东区管理服务中心。负责东校区范围内的物业管理工作。主任郝久宽。

二、未归入后勤集团的服务实体

（一）科教服务中心

科教服务中心是直属学校施行企业化管理的服务部门。

1998年5月，校党委《关于继续深化内部管理体制改革的意见》，把我校包括学术交流中心、招待所、建成以后的科技服务楼（即科原大厦）、北戴河培训中心、金海湖培训中心归为一体。其任务一方面是为科研教学服务，另方面为学校创收。中心实行企业化管理，属经营服务性质。中心所辖房地产资源见表7.5.3.1。

表 7.5.3.1　　科教服务中心所辖机构的房地产资源

<table>
<tr><th>名　称</th><th>占地面积(亩)</th><th colspan="3">建筑面积(平方米)</th><th>落成时间</th></tr>
<tr><td>科原大厦</td><td>11.26</td><td colspan="3">26 600(中心占用 13 300,另一半合资方占用)</td><td>1998 年</td></tr>
<tr><td>学术交流中心</td><td>0.75</td><td colspan="3">2 180</td><td>1995 年</td></tr>
<tr><td>地下室招待所</td><td>0.75</td><td colspan="3">1 000</td><td>1985 年</td></tr>
<tr><td rowspan="2">平谷金海湖培训中心</td><td rowspan="2">22</td><td rowspan="2">8 280</td><td>一期老楼及配套建筑</td><td>2 245</td><td>1998 年</td></tr>
<tr><td>二期综合楼及配套建筑</td><td>6 035</td><td>2002 年</td></tr>
<tr><td rowspan="2">北戴河培训中心</td><td rowspan="2">29.4</td><td rowspan="2">5 400</td><td>一期前楼和两个小楼</td><td>3 400</td><td>1993 年</td></tr>
<tr><td>二期后楼</td><td>2 000</td><td>1998 年</td></tr>
</table>

中心所辖机构共占地 64.16 亩,建筑面积 43 460 平方米,实际使用面积为 18 960 平方米。

中心的任务是为首都师大管理上述资产,并开展经营。经营宗旨是办成为学校教学、科研服务以及可举办面向社会的办班开会、旅游度假等活动的综合性接待和服务单位。学校与中心确立甲乙方关系,乙方(中心)按甲方(首都师大)要求独立自主经营,按承包合同每年上交学校 600 万元。

中心共有在编职工 23 人(其中 3 人退休)。主任为刘振然(1998～　　),常务副主任李永胜(2003～　　)。

(二)首都师范大学校医院

1954 年总务处下设卫生室,有 7 名医务人员。1961 年设立卫生科,下设 17 个科室。1985 年改称校医院(实际仍为门诊部级别),增到 23 个科室,仍属总务处。1995 年直属主管校长(书记)领导。1998 年归属后勤管理办公室,为不定级别单位。2000 年后勤集团成立,而校医院未纳入,复归校直属单位,属管理服务性质,只能有限地开展创收。21 世纪初,每年自行集资抵补部分工资、办公经费和设备购置及维修费 80 万元～150 万元。

校医院下设社区医疗部、社区支持部、行政后勤部。有内、药剂、普外、儿、中医、口腔、妇产、皮、眼、耳鼻喉、保健、社区服务、放射、检验、心电图、B 超、计划免疫注射、消毒供应、综合手术、输液、住院抢救、理疗、北区医务、初教院通州部医务等科室(部),另有公费医疗、财务、统计等室。此外,开设数种特色门诊(外请专家主持)。校医院有建筑面积 2 740 平方米的门诊及住院楼一座,各种医疗设备价值 400 多万元,住院部设 30 张床位。2003 年在编职工 46 人,其中高级职称 9 人,中级职称 22 人。校医院及其前身历届负责人为赵纯曦(1954～1960)、初华(1960～1981)、侯墨桥(1981～1987)、高星珠(1987～1988)、王宗俊(1988～1992)、安保华(1992～1994)、田源(1994～1995)、吴树茂(1995～　　)。

首都师大校医院 1996 年被市卫生局评为“一级综合合格医院”,1998 年被确定为“一级甲等医院”,2001 年被认定为北京市医疗保险定点机构,2002 年被批准为首都师范大学社区卫生服务中心,同年获得“计划生育咨询服务站”资格。1995 年起连续 9 年获得北京市“无偿献血”金质奖状,1996 年、1997 年、1998 年、1999 年、2000 年、2002 年连续被评为北京市公费医疗管理先进一等奖,1997 年以来连续获得医疗补助专款总计 1 314 万元。近几年有数名职工获北京市医疗管理或防治工作先进个人奖。

学校设立首都师范大学公费医疗管理委员会,常设机构设在校医院。

第六章 校办产业

第一节 概 述

1958年2月，在党的教育方针指引下，我校各系逐步开展起勤工俭学活动。起初，主要是搞一些校内农业劳动和服务性劳动，目的是通过劳动锻炼改造思想，同时也是为了解决一些学生的经济困难，减少国家开支。6月，全国掀起“大跃进”，7月，全院深入贯彻教育方针，进一步形成勤工俭学的热潮。在破除迷信，解放思想，结合专业，面向生产，理论联系实际，为勤工俭学开辟广阔门路的思想指导下，各班级纷纷提出“白手起家，依靠自己劳动的双手，建立和改造自己的工厂”的口号，先后办起工厂22个(其中的电影制片厂，后来成为北京教育电影制片厂的前身，首任厂长为李洪琛)。9月9日，中央发布《关于教育工作的指示》，明确提出“教育为无产阶级政治服务，教育与生产劳动相结合”的方针，规定在一切学校必须把生产劳动列为正式课程。院党委决定将劳动生产正式纳入教育计划，实行教学、科研、生产相结合。确定将时有的22个小型工厂，调整合并为联合机械厂(由物理系负责)，联合教具厂(由数学系负责)，联合化工厂(由化学系负责)，细菌肥料厂(由地理系负责)，印刷厂(由中文系负责)，教育电影制片厂(由学校负责)，并提出建厂的原则是，(1)为政治服务；(2)紧密结合教学；(3)增加收入，节约开支。同时还确定了各工厂的扩建规划，学生参加劳动的安排及收益分配等。1962年，国家进入调整时期，工厂相继收缩或下马。1966年“文革”开始后，工厂随之瘫痪。后来，数学、物理系师生到机械厂等处参加劳动，才逐步恢复生产。1967年5月，“五七”指示下达后，改名为“五七”工厂，接收不能下放农村的部分教师和干部到工厂来走“五七”道路。1969年，学校“复课闹革命”，市革命委员会主任丁国钰来校视察时指出：没有校办工厂不能复课。院革委会据此要求，在有条件的系，恢复“五七”工厂或在原有基础上扩建、新创工厂，是为日后校办产业的基础。在此期间曾经建立电木粉厂(1977年迁往体师)。

1982年，我院根据中共中央、国务院关于“广开门路、搞活经济、解决城镇就业问题，促进安定团结”的指示，报海淀劳动服务公司批准，成立了院劳动服务公司，其任务是安置院内待业青年，管理全院临时劳务人员及代管新城施工队的财务等。1984年，办起了劳动服务公司的第一个下属企业——知青商店，又相继办起托儿所、理发室、招待所等。与此同时，学校创造条件，办起诸多企业。到1991年，学校成立了由一名副院长主管的院经济发展与管理委员会并建立相应的党总支。院经委会管理的学校直属企业已有北京恒源电火花机床厂(首都师范大学半导体器件厂此时与恒源厂合并，对内统称机电厂，对外仍为两个法人企业，以下简称恒源厂、半导体厂)、高教音像出版社、综合技术研究所(以下简称综合所)、北京钟声科技开发公司(以下简称钟声公司)、音达教育软件开发中心、专利事务所、首都师范大学印刷厂(以下简称印刷厂)、北京京都电子仪器厂(以下简称京都厂)、国际文化交流部、劳动服务公司、首都师范大学出版社(以下简称出版社)、深圳京师机电有限公司、海口亚运公司等14个校办企业，从业人员374人，厂房占地面积约13 800平方米。

90年代初，北京师院等三校合并更名为首都师范大学后，1993年12月常委会决定：撤销经济发展与管理委员会及经委会党总支委员会，成立“校办产业管理办公室”，并建立校办产业党总支委员会。此时学校所属企业单位，除原有的外，又新增加了仁和商场、半导体厂（此后与恒源厂分开经营）、京师科技开发公司（1992年成立，以下简称京师公司）、华乐音像公司、白广路培训部（含服务部、印刷厂）、北京奇想科技开发公司（以下简称奇想公司）、首都师范大学语文报刊社（对外称北京首师大作文导报社，以下简称报刊社）等单位。综合所、国际文化交流部改直属学校。音像出版社划转市高教局，京都厂1992年并入钟声公司（1997年又与钟声公司分开经营），海口亚运公司撤销，计算机软件中心归入计算机系。原校培训中心扩展为成人教育学院。恒源厂于1993年迁厂至玉渊潭乡，1998年因多种原因停办转让。仁和商场于1998年划转后勤集团，国际文化交流部于1999年扩建成国际文化学院。系办系管的企业此时有师化精细化工科技开发公司、北京华狮科技开发公司（以下简称华狮公司）、北京晶鑫电子技术公司（以下简称晶鑫公司）、北京百奥乐新技术研究所（以下简称百奥乐研究所）等。系办系管企业相继撤销和破产的有双新电子设备厂（1992年破产）、白广路印刷服务部（2000年初并入校印刷厂）、高科达机电公司（1997年撤销）、专利事务所（1997年撤销）、四环汽修厂（1997年撤销）。1998到1999年相继撤销的还有北京智明科技公司、造型技术研究所、天韵乐经销公司、玉中文装潢公司、双新仪器仪表经销部、东方丝路建筑装饰制品厂、北京宏开经贸公司等。

校办产业办公室成立后，按照党委关于改革校办产业的决策，调整了干部队伍，理顺了校办产业管理结构，实行了经营责任制。特别是1998年5月，校党委《关于继续深化内部管理体制改革的意见》文件中指出：随着社会经济发展及改革的逐步深入，现有体制和机制有必要进行调整。应以效益为中心，重点扶植效益较高的高科技和文化产业。凡效益低下，近期难有大的改观的企业均应撤、并、转。上述《意见》逐一得到落实。

到2000年，学校直属校办企业有出版社、报刊社、印刷厂、半导体厂、奇想公司、钟声公司、华乐音像公司、京都厂、京师公司。截至2000年底，上述9家经营单位资产总额达5 417万元；2000年的销售收入为3 822万元，实现利润674万元。其中无论资产总额、销售收入、实现利润、上缴数额，以两社占绝大部分比重，多数科、工、贸企业由于诸多原因，经营困难，效益较低。

1999～2001年，中央、北京市委和市经委、市教委陆续出台了关于国有中小企业、校办企业改革的《决定》、《意见》等文件。根据国有企业以及校办企业改革的精神，我校于2002年2月出台了《首都师范大学校办企业改革方案》。《方案》确定的改革目标是：两年内完成校办企业的调整，实现投资主体多元化，重点办好为科技成果转化服务的科技型企业和依托我校教师教育优势的文化产业；对于我校现有的属于一般竞争性领域的全民所有制企业，如果缺乏经营项目，没有发展后劲、效益低下或连续亏损的，则应销号关闭。《方案》附有四项规定和意见：《校办企业改革人事管理、分流安置工作暂行规定》、《校办企业改革中加强国有资产管理的意见》、《校办企业改革中加强党风廉政建设的意见》、《校办企业改革工作中加强安全工作的意见》等。《方案》经过一年多的实施，除文化企业外，其他直属校办企业、系办系管企业中，有印刷厂、半导体厂、钟声公司、华乐音像公司、京都厂、奇想公司、华狮公司、晶鑫公司等销号关闭，师化公司出售，京师公司与百奥乐研究所（因有经济纠纷）暂缓改革。

从1993年至2002年的10年间，学校直属校办企业上缴学校利润合计3 293万元，同期返还工资1 445万元。校办企业在发展过程中单独或共同建设生产经营用房达到八九千平方米，现在有很大一部分用于学校的教学、科研、管理、服务工作。很多在校办企业工作过的职工，现在在教学、科研、管理岗位上继续为学校的建设发展努力工作着。

校产办主要负责人见表7.6.1.1。

表7.6.1.1　　校办产业管理办公室及其前身主要负责人任职更迭表

姓　名	职　务	任期
张泽膏	经济发展与管理委员会主任(兼)	1991.5～1993
刘世忠	经济发展与管理委员会副主任	1991～
张汝胜	经济发展与管理委员会常务副主任	1991～1993
陶毓喜	经委会党总支副书记	1991.12～1993.1
宗　健	校产党总支书记	1993.11～1997.8
李洪琪	校办产业管理办公室主任	1993.11～1995.9
高树青	同　上	1997.8 ～1998.10
田书义	校产党总支书记	1997.8～2000.2
王　彬	校办产业管理办公室副主任	1997.8～1998.4
宣　密	校办产业管理办公室主任 校产党总支书记	1998.10～ 2000.2～

第二节　主要直属校办企业沿革

一、首都师范大学出版社(见本《志》第六编第四章)

二、首都师范大学语文报刊社(见本《志》第六编第四章)

三、北京奇想科技开发公司(新材料研究所)

1992年成立，次年成立新材料研究所，实行两块牌子、一套人马的体制。曾承担了北京市科委、高教局“八五”重点项目和1996～1998年国家自然科学基金项目。1992年研制成功FGJ－9001高功能拒水粉，通过了国家建材局主持的部级鉴定，并获第20届日内瓦国际发明展金奖。此外，研发的项目还有系列高性能复合防水材料、复合场地材料、涂料及纳米材料等。该公司于2002年注销。历任经理为李洪琪、刘瑜。

四、首都师范大学半导体器件厂

建于1970年，曾试制、生产过外延片、二极管、三极管、计算器、黑白电视机等，是我校教学、生产、科研三结合的基地之一。从“五五”到“八五”，每一个五年计划中都承担有国家科技攻关课题，其中“硅霍尔元件”课题获机械部科技成果二等奖；“敏感元件及传感器可靠性实验与分析技术的研究”，获机械电子部科技进步三等奖；“微型硅霍尔元件”为机械部优秀成果。“低零漂磁敏传感器研究”也在1995年通过了鉴定。从1980年开始，为发展霍尔元件的应用，自行开发生产了多种型号的特斯拉计。其中SG－1型特斯拉计获北京市科技进步三等奖，PG－5型特斯拉计被评为1991年“北京市优质产品”。该厂是二级计量合格单位，产品的用户遍及全国，并出口到美、意、港、台等国家和地区。2001年在低零漂磁敏传感器的基础上设计出了高分辨力的SG－4C型特斯拉计。由于该厂产品市场狭小、竞争激烈，企业很难有规模发展，效益不高，在校办企业改革中，于2003年注销。历任厂长为徐志强、梁晓春、洪波。

五、北京首都师大印刷厂

印刷厂是我校在60年代末办的校办工厂，当时以油印、铅印为主，主要为教学服务。1985年我校成立出版社后，以铅印书刊为主，年产值约30万元，年利润为3万元～4万元左右。90年代初，自筹资金40万元，更换了一批胶印设备。随后，在不断进行印刷设备更新的基础上，对外注重开拓市场，提高服务水平，对内加强管理，提高印刷质量。“九五”末期，成为市级书刊印刷定点厂，可接受微机排版、书刊印刷、彩色印刷、零件印刷、烫金、覆膜、装订等生产任务，厂房占地面积2 000平方米，拥有固定资产259万元。由于书刊印刷行业竞争剧烈，利润空间越来越小，中长期预测该厂很难有所作为，据此，在校办企业改革中于2003年注销。历任厂长为王振民、杨俊祥、芦山根、王明盛、王彬、林松。

六、北京师范学院劳动服务公司

公司下设科技开发部、米隆艺术服务部、京师知青商店、京师小吃店、理发店等。1998年8月，随着我校改革方案的实施，该公司的集体所有制职工绝大部分转为全民所有制职工，资产转制为首都师大全民所有制资产。自1998年11月1日起，劳动服务公司注销，京师知青商店、京师小吃店划归校饮食中心。历任经理为李大为、方至厚、于濯清、高树青。

七、北京京师科技开发公司

1992年开办的全民所有制校办企业。公司设立后，与劳动服务公司以两个经营实体、一套人马的方式经营管理。在劳动服务公司撤销后，京师公司独立经营（1992年左右，曾设立京师新技术发展总公司，批给过编制）。公司经理为高树青。

八、北京钟声电子科技开发公司

成立于1984年，原名钟声科技实业开发公司。1988年，公司转入海淀科技开发试验区注册，被确定为北京市新技术产业开发试验区“新技术企业”。1992年，原物理系创办的京都电子仪器厂划入（1997年又划出独立经营）后，公司扩建为一厂两部，即电子仪器厂、经营部、财务部。公司曾经与物理系联合开发生产计算机8088卡，与化学系合作开发辛酸钠产品，又相继成立了北京钟声教学仪器设备调剂中心、北京钟声教学仪器设备维修中心，开展了业务工作。在校办企业改革中根据该公司实际情况，于2002年注销。历任经理为黄日清、果永刚、梁炳有、刘小星、蒋爱平。

九、京都电子仪器厂

1975年9月成立，由物理系创办，时名“北京师范学院电子仪器厂”。仪器厂性质为物理系教学、科研和生产的三结合基地。其方向和任务是，为培养合格的中学教师和发展科学技术服务，同时，从事生产创收，为发展教育积累资金。1986年11月3日，海淀工商局批准并颁发了“北京市京都电子仪器厂企业法人营业执照”，注册资金97.2万元，经济性质为全民所有制，经营范围为制造教学仪器、医疗仪器、电光仪器、加工机械。1989年底更改厂名为北京京都电子仪器厂。从建厂到1992年期间，工厂逐步发展壮大，自筹资金盖起630平方米的二层楼房及其附属设施，除供厂自用外，还将其中一层供物理系实验室用。在科技产品开发上，所制造的“氩离子激光眼科治疗机”，获市科委颁发的二等奖，其评语是“国内领先”；另一项二等奖的“氩离子激光危束仪”的评语是“填补国内空白”。这期间工厂还承担了物理系历届学员的实习任务。1992年，我校决定将此厂隶属于钟声公司，1997年分开独立经营。由于市场萎缩、产品老化等诸多原因，经营效益逐渐下滑。该厂于2002年注销。历任厂长为董政武(组长)、骆亚民、李庚白、丁静华、张序中、侯宪景、梁炳有、刘小星、刘振成。

十、北京华乐音像公司

该公司1993年成立，主要从事音像销售业务。1997年划入钟声公司，2002年注销。历任经理为杜义忠、蒋爱平。

十一、北京恒源电火花机床厂

前身为教学仪器厂，建于1958年，当时为教学仪器厂，后为实习工厂、机电厂附件厂。从70年代初起从事电火花机床的研究、开发、生产。产品由单一品种发展为两大系列、10余个品种，技术水平由手动普通型发展为单坐标数控。产品覆盖全国20多省、市、自治区。并有部分机床远销香港及印尼、菲律宾、摩洛哥、美国、伊朗等地区和国家。机床产量由年产数台发展到1994年销售机床123台，工业总产值1 070万元，销售额816万元，恒源厂成为国内有知名度的电火花机床生产企业。是国家教委验收的合格企业，二级计量单位。1992年被北京市工商局定为市级“重合同守信誉”单位。同年被北京市高教局评为“北京市高校先进校办企业”。机床厂自1993年迁出学校与玉渊潭乡裕盛工贸公司联营后，正遇国家机床行业经营特别困难的时期，虽经恒源厂广大干部、职工艰苦努力，仍难扭转效益下滑的趋势。至1996年已开始出现亏损。同时，由于工厂效益不佳，联营方的裕盛工贸公司认为，与我校联营后，收益太少，多次提出中止联营协议，使恒源厂的生产、经营更加困难。根据以上情况，经1997年106次常委会研究，认为恒源厂与裕盛工贸公司的联营已难以继续下去，其经营效益也难以在短期内明显提高，故决定停办恒源电火花机床厂。历任厂长为仓孝和、周秉仁、刘世忠、杨凤华、于大为、李庆隆。

第七章 安全保卫工作

第一节 安全保卫工作机构

学校的安全保卫组织是负责学校内部治安管理的职能部门，其主要职责是在学校党委领导下，在市公安、安全机关的指导下，为维护社会稳定和保证学校安定做好各项安全防范工作，积极化解人民内部矛盾，把各种不稳定因素处置在萌芽状态，同时协助配合公安机关，加强对扰乱校园管理秩序现象的打击以及对违反校园治安管理条例事件的处罚，协助配合公安机关和国家安全部门侦破发生在校内的各类刑事、治安和政治性案件，为巩固和发展社会主义事业服务，为学校的教学、科研“保驾护航”，保护师生员工人身及公私财产的安全。

我校建立以来，贯彻执行中央和北京市有关安全保卫工作的各项指示，逐步建立健全了安全保卫组织机构。1954 年设有院党支部保卫小组，1955 年组建院治安保卫委员会，1958 年党委设保卫部，行政在人事处下设保卫科，实行一套人马、两块牌子的体制。1962 年保卫科升格为保卫处，下设保卫、治安两科。1963 年将院传达室和巡逻组合并，组成由保卫处领导的第一支校卫队。“文革”开始后，保卫处工作陷于瘫痪。1968 年院革委会下设保卫组，吸取原保卫干部三人参加工作。1978 年恢复保卫处建制，下设治安科、政保科。1981 年成立院社会治安综合委员会，保卫处有成员参加。1983 年重建院保密委员会，1990 年恢复党委保卫部与保卫处一套人马两块牌子的体制。1995 年成立校园安全领导小组，办公室设在保卫处。1993 年实行职员制，取消科级，设立岗位。2000 年，保卫处下设政保保密办公室、治安交通防火办公室、户籍办公室等。保卫处历任负责人见表 6.7.1.1。

表 7.7.1.1　保卫处(部)及其前身历届主要负责人任职更迭表

姓　名	职　务	任　期
周秉仁	党支部保卫小组组长(兼)	1954～1956
王振民	保卫科、治安科副科长(实际主持工作至 1966 年)	1956～1958
赵石昆	保卫科科长(兼)	1958～1959
徐林祥	保卫科科长	1959～1978
黎　超	保卫处处(部)长(兼)	1962～1966
徐林祥	保卫处副处长、处长	1978～1983
关玉峰	保卫处副处长、处(部)长	1983～1991
李克芳	保卫处(部)处(部)长	1991～2000
冯久泉	保卫处(部)处(部)长	2000～

第二节　安全保卫工作沿革

50年代中期至60年代中期，保卫小组和群众性治安保卫委员会的主要任务是及时掌握具有重大政治问题人员的情况，防止敌特和其他坏人破坏，协助公安机关打击刑事犯罪，侦破违法案件，做好“四防”（防奸、防谍、防火、防盗）的宣传教育。1960年曾提出保卫工作的任务是以预防为主，以打击一切现行破坏活动为中心，朝着把学校的治安和政治状况搞得像“玻璃水晶石”一样的目标迈进。1961年起草了《关于调查和加强保卫工作的意见》，1963年学习公安部制订的《保卫处、科工作细则》，进一步明确了保卫机构的性质、任务、职权范围、思想作风和工作方法，推动保卫工作走向正规化、规范化。

1978年，保卫处重建，保卫工作增加了新的职能。保卫干部由4人增至10人，各系各单位均配备了人事保卫专职干部，校卫队也得到充实。当时建立了安全保卫制度，对我院钱、财、物集中的重点部位、防火重点部位和相关要害部门，都派专人负责；修订了《门卫会客、留宿制度》，加强了门卫巡逻。

80年代，随着改革开放不断深入发展，学校也由过去的“单纯学府”发展成为“教、学、工、商”一体的小社会。师生员工以外的各类人员剧增，高档教学、科研设备大量添置，各种治安案件亦呈增长的趋势。1981年综合治理领导小组成立，1983年保密委员会重建，起草了《北京师范学院保守国家机密暂行细则》，1984年又制订了《关于科技保密及管理意见》及《保密工作六项要求》，保密工作已成为保卫处的一项重要任务。1998年制订了《保密要害部门（部位）保密工作暂行规定》。1985年，根据中央《关于加强社会治安综合治理的决定》精神，成立了“校综合治理小组”，并制定出《综合治理实践方案》。1987年整顿门卫着装上岗。1988年制订并印发了《北京师范学院暂住人口管理办法》。1991年，根据人口管理形势发展的要求，户籍工作主要由原膳食处划归保卫处。1991年12月，根据全国人大常委会关于“加强社会治安综合治理”的规定精神，党委对校综合治理领导小组进行了调整和充实，增设办公室于保卫处。同时大力开展法制教育，建立起治安防范责任制；在加强校卫队的基础上，健全群防群治的防范网络；进一步完善了《校治安管理条例》，使治安管理和防范工作逐步符合时代发展的要求。1992年，开始聘用保安公司保安员，加强校园巡逻，加强各项防范措施，学校治安案件开始逐年下降。1995年，根据中央和市委要求“涉外单位需建立国家安全领导小组”的规定，成立了“校国家安全领导小组”，设办公室于保卫部。此项工作随着学校的对外开放和国际交流活动的增加，工作责任加重，于是，党委在1996年、1997年两次连续调整补充校国家安全领导小组成员，并在1996年制订出《首都师范大学国家安全领导小组工作细则》。1997年，根据新的《消防法》关于“防火工作应成为保卫工作重点”的要求，保卫处在落实1987年制订的《防火安全管理规定》的基础上，加强对隐患的排查与整治，保证了我校连续多年无重大火灾。随着机动车辆和驾驶员逐年增加，相关的宣传和管理工作日渐加重，保卫处在1986年制订《行人、非机动车、摩托车管理规定》的基础上，数次修订出台了《首都师范大学交通安全管理规定》。1996年，首都师范大学社会治安综合治理领导小组改为“首都师范大学社会治安综合治理委员会”。该委员会为了搞好校园管理，做好群防群治工作，实行“谁主管，谁负责”原则，于1999年制订和下发了《首都师范大学治安保卫责任制暂行规定》，健全治安整治规章，有效地维护了校园环境。2003年进一步推出《首都师范大学安全管理责任制暂行规定》。在每年的重点时期和各项重大活动中，保卫处都制定有对突发事件处置的预案，确保了学校的稳定和安全。

我校保卫部门和保卫干部个人多次获得上级嘉奖。1960 年保卫科被北京市委、北京市人民政府评为市级先进集体。1990 年第十届亚运会后，保卫处被市公安局记集体三等功。1991 年保卫处被首都治安综合治理委员会评为先进集体。1992 年、1994～1999 年连续被市公安局评为先进集体。1960 年 4 名保卫干部被北京市委、市人民政府分别评为先进个人。进入新时期，12 人次被市公安局、市文保处等单位评为先进工作者、先进个人。

第八章 监察、审计工作

第一节 监察工作

一、学校内部行政监察机构

(一)行政监察机构的建立

1989年6月15日,经第十四次院务会议通过,成立了北京师范学院监察工作委员会,并通过了院长提名的监察工作委员会委员名单,委员8名。宋文茂任主任委员,丁丕光任副主任委员。

1992年3月23日,经第三次院长办公会议通过,调整和增补了北京师范学院监察工作委员会。委员10人中,新增了民主党派的代表。副院长杨学礼任主任委员,丁丕光任副主任委员。

1989年9月14日,经北京市编制委员会办公室批复同意,成立了北京师范学院监察审计办公室(处级),为院监察工作委员会日常工作机构。

1993年3月,学校深化内部管理体制改革,对校机关进行机构调整,决定监察审计办公室与纪委合署办公。

1994年6月,监察工作委员会停止工作。

1993年党的纪检和行政系统的监察机关实行合署办公以后,1994年11月,经校改革领导小组决定,撤销监察审计办公室,分别设立监察室和审计室。监察室为处级单位与纪委合署办公。

表7.8.1.1　　监察机构主要负责人任职更迭表

机构名称	级别	负责人	职务	任期
监察审计办公室(监委日常工作机构)	处级	杨　波	副主任	1990.12～1995.03
监察审计办公室(与纪委合署办公)	处级	丁丕光(兼)	主　任	1993.03～1994.11
监 察 室(与纪委合署办公)	处级	李文松(兼)	同　上	1994.11～1997.04
		顾志明(兼)	同　上	1999.03～

(二)行政监察机构的任务与职责

我校监察室对我校依法任命的各行政机构及其工作人员和依法聘任的各级各类教师及专业技术人员进行监察。监察室的主要任务和职责是:

1. 检查监察对象贯彻执行国家法律、法规、政策的情况,贯彻执行学校决议、决定和规章制度的情况,并依法保护其行使职权。

2. 受理对监察对象违反行政纪律行为的检举、控告。

3. 调查处理监察对象违反行政纪律的行为。

4. 受理监察对象不服政纪处分的申诉。

5. 上级和学校规定的监察室应履行的其他职责。

二、行政监察机构建立以来完成的重要工作

行政监察机构建立以来完成的重要工作，参见本《志》第八编第一章第四节。

第二节 审计工作

一、学校内部审计机构

(一)学校内部审计机构的建立

根据北京市高教局关于建立高校内部审计机构的指示，经北京师院党委讨论决定，于1987年3月正式建立审计室(科级单位)。审计室由主管院长直接领导。审计室建立初期，暂设在财务处，主管财务工作的副院长高志忠委托院纪委书记宋文茂领导审计室的工作。

1989年9月，经北京市编制委员会批复同意，成立北京师范学院监察审计办公室(处级单位)。该办公室为北京师范学院监察委员会的日常工作机构，由监委主任宋文茂领导。

1993年学校深入进行内部管理体制改革，决定监察审计办公室与纪委合署办公。1994年11月，经首都师大改革领导小组决定，撤销监察审计办公室，分别设立监察室和审计室。审计室为独立的处级单位，由校长主管。

2000年6月，学校内部管理体制改革中，审计室与纪委、监察室合署办公，审计室仍为处级单位，由校长主管。

(二)校审计室的主要任务和职责

我校审计室在校长的直接领导下，依据国家法律、法规和政策，以及上级和我校的规章制度，对我校和所属各单位的财务收支及有关经济活动进行审计监督，独立行使内部审计监督权，对校长负责并报告工作，同时接受国家审计机关和北京市教委审计处的指导和监督。

校审计室对我校和所属单位的下列事项进行审计：财务计划或学校预算的执行和决算；预算内外各项教育资金的管理和使用；与财务收支有关的经济活动；国有资产的管理和使用；校办产业的资产、负债和损益；基建、维修工程的概算和预决算；办学效益、经济效益；国家财经法规和上级部门、本校财经规章制度的执行；所属企事业单位法定代表人和主要负责人的经济责任；内部控制制度的建立和执行；学校领导和上级审计机关及上级内部审计机构交办的其他审计事项。

校审计室对我校或所属单位财务收支及有关经济活动中的重大事项组织或进行审计调查，向校领导反映情况，提出加强管理和调控的意见和建议。校审计室对下列事项进行审签：学校预算和财务收支计划执行情况及决算的上报；学校负责人或上级有关部门要求审签的专项经费结算和决算的上报及其他事项。

校审计室对本校及所属单位财务收支及有关经济活动中的问题提供咨询服务。

二、内部审计机构建立以来完成的主要工作

我校审计室在校长的直接领导下，围绕学校的中心工作，开展多种类型的审计监督活

动。审计室自成立至2003年,完成财务收支审计、经济责任审计、经营承包审计、校办企业改制审计及各种专项审计和调查100多项。2000年起全面开展基建修缮工程结算审计。至2003年,审计金额28 659万元,核减1 509万元。审计室依据国家法规和学校规章制度,对被审计单位存在的问题提出改进工作的意见和建议,为学校领导加强对我校财务和经济活动的管理提供依据。审计室还负责对科研结题经费使用情况进行审签,对工程和物资采购招投标活动进行监督,协助校纪委、监察室对经济违纪案件的调查,为基层单位提供咨询服务。

为了使审计工作法制化、制度化、规范化,学校依据《中华人民共和国审计法》及国家审计署和教育部有关内部审计的规定,结合我校实际情况中近期先后制定了如下规章制度(要目)。

- 北京师范学院审计工作条例(1987)
- 北京师范学院科研经费审签制度(1990)
- 北京师范学院内部审计工作规定(1992)
- 首都师范大学内部审计工作实施办法(1996)
- 首都师范大学关于对领导干部进行经济责任审计的实施办法(1998)
- 关于加强工程竣工决算审计的暂行规定(1999制定,2001修订)

我校审计室于1990年被北京市高教局评为1989年内部审计工作先进集体,1990年被国家教委评为全国教育系统内部审计工作先进集体,1998年被教育部评为1994～1997年全国教育系统先进内部审计机构。1991年我校1名干部被北京市高教局评为内部审计先进工作者。

我校内部审计机构负责人见表7.8.2.1。

表7.8.2.1　内部审计机构主要负责人更迭表

机构名称	级别	负责人	职　务	任职起止时间
审计室	科级	马崇兰	主　任	1987.3～1989.10
审计室	同上	周明珠	副主任	1987.3～1988.7
监察审计办公室	处级	杨　波	副主任	1990.12～1995.3
审计室*	科级	邢　棋	科　长	1989.12～1994.4
监察审计办公室	处级	丁丕光(兼)	主　任	1993.3～1994.11
审计室	同上	丁丕光(兼)	主　任	1994.11～1996.11
审计室	同上	白国芬	副主任	1996.11～2001.5
审计室	同上	刘雅琪	副主任	2001.5～

注:*此时审计室为监察审计办公室下设单位。

第八编　党派和群众团体

第一章　学校中的中国共产党组织

第一节　建立与发展

一、组织体系与机构

（一）党组织的建立与沿革

1954年3月29日，中共北京教师进修学院支部委员会成立，隶属于中共北京市西单区委，仓孝和为支部书记、刘国盈为副书记、李自昆为宣传委员、李洪琛和周秉仁为组织委员。时有党员14名。1954年8月，北京师范学院专修班成立后，转为北京师范学院专修班党支部，隶属于中共北京高校委员会。1955年3月，中共北京市高等学校委员会下发文件，对支部领导成员进行了调整，仓孝和、吴瑞章、李洪琛、施宗恕、周秉仁、孙泽先、李自昆等为党支部委员，仓孝和任支部书记，吴瑞章任专职副书记。

1955年，北京师范学院开始招收四年制本科及二年制专修班学生。其时，有教职工296人，学生779人，共计1 095人，其中有党员109人。9月17日，经市委组织部同意，成立北京师范学院党总支委员会。10月29日，召开党员大会，选举凌莎、仓孝和、吴瑞章、李洪琛、李献琦、周秉仁、刘国盈等为总支委员。吴瑞章任书记。

1956年10月9日，经中共北京市高等学校委员会批准，成立中共北京师范学院委员会。时有党员304名。

1956年10月至1999年1月，共召开11次党员大会或党员代表大会（会议的序号合并计算），产生了11届党委会。

（二）现阶段党的组织体系及各级党组织的任务

1. 全校的党员代表大会和它选举产生的党委会：为中共首都师范大学组织的最高领导机构。

2. 党委会：由党员大会或党员代表大会选举产生，由其产生的常委会主持日常工作。1956年以后，党委在学校工作中处于核心地位，对学校工作实行统一领导。对学校的重大问题进行讨论并作出决定，同时支持行政领导充分行使自己的职权。

3. 纪律检查委员会（50年代～60年代为监察委员会）：由全校党员代表大会选举产生，任期与校党委相同。

4. 分党委、总支委员会：是院系的政治核心，对本单位的教学、科研和管理等项工作的完成起保证监督作用。

5. 支部委员会：是最基层的党组织，在各项工作中充分发挥战斗堡垒作用。协助行政机构完成任务，部分支部委员会直属校党委。

（三）党委的办事机构

1. 党委办公室：1956年始设，此前只设专职秘书。2000年与校长办公室合并为学校办公室。

2. 组织部：1956 年始设，此前设组织委员。

3. 宣传部：1956 年始设，此前设宣传委员。

4. 统战部：1962 年始设，此前由党委办公室兼管。

5. 学生工作部：1981 年始设，此前学生工作由其他处（科、室）负责。与行政系统学生处为同一实体。

6. 武装部：1963 年始设。

7. 保卫部：1958 年始设（与行政系统保卫处为同一实体）。

8. 劳动生产部：1958 年始设（1960 年撤销）。

附：机关党组（机关党组不属于党委的办事机构，由于在本《志》中没有适宜的部位对其加以表述，暂且附录于此）。

建校初期至“文革”前，院部机关的党员不多，组成过联合党小组、联合党支部，由党委组织部领导。“文革”时形成两个总支，分别由党委系统各部和行政系统各处的党员组成，80 年代中期两总支合而为一。2003 年，机关总支升格为分党委。

表 8.1.1.1　　机关分党委及其前身负责人任职更迭表

姓　名	职　务	任期（或起点）
安　良	政工组办事组党总支书记	1972
林庆华	教育革命组党总支书记	1972
朱世英	政工组办事组党总支书记	1973
何　莹	教育革命组党总支书记	1973～1977
赵国梦	机关党总支书记	1978～1980
陈汉民	同　上	1980～1981
赵国梦	同　上	1982～1983
王振民	同　上	1982～1983
徐林祥	同　上	1984～1990
屈小霞	同　上	1991～1992
张明进	同　上	1992～1997
杨书和	同　上	1998～2000
李克芳	机关党总支书记、分党委书记	2000～

二、历次党员大会或党员代表大会

第一次党员大会，于 1956 年 10 月召开。在 304 名党员中，选举产生并经上级党委批准党委委员 15 人，即凌莎、吴瑞章、仓孝和、朱学、张毓珣（以上为常委）、施宗恕、张天泳、李献琦、赵石昆、刘国盈、何万华、邹宪法、晋劲敏、李大为、张海瀛（以上为委员），凌莎为党委书记，吴瑞章为副书记。

第二次党员大会，于 1957 年 10 月 11 日至 13 日召开。在 379 名党员中，选举产生并经上级党委批准党委委员17人（较第一次增加王朝品和田珮之），监委委员5人，凌莎任党委书记，王朝品、吴瑞章、田珮之为党委副书记，王朝品兼任监委书记。

第三次党员大会，于1958年9月11日至13日召开。在373名党员中，选举产生并经上级党委批准党委委员17人（较第二次增加鲍成吉、陈日新，凌莎、吴瑞章调离），监委委员5人，鲍成吉任党委书记，王朝品、施宗恕任党委副书记，王朝品兼任监委书记。

第四次党员大会，于1960年10月23日至25日召开。在483名党员中，选举产生并经上级党委批准党委委员23人、监委委员7人。在第四次党员大会产生的党委会上，选出鲍成吉、施宗恕、朱学、张毓珣、张天泳、仓孝和、晋劲敏、李朴、何莹、刘国盈、邹宪法等11人为党委常委，鲍成吉为书记，王朝品、施宗恕为副书记，张毓珣为监委书记，何莹为副书记。10月底王朝品调离，12月高秀山调入任副书记兼监委书记。1961年1月杨伯箴调入担任院长。由于人员出现上述变化，1961年9月15日，中共北京市委大学科学工作部对常委及其分工进行了调整，杨伯箴、鲍成吉、高秀山、施宗恕、朱学、张毓珣、仓孝和、晋劲敏、李朴、刘国盈、张天泳、何莹等任院党委常委；杨伯箴任党委书记，鲍成吉改任党委副书记，高秀山、施宗恕任党委副书记；高秀山兼任党委监委书记，张毓珣任监委副书记。

第五次党员大会，于1962年8月26日至28日召开。在568名党员中，选举产生并经上级党委批准党委委员31人、监委委员7人，在五届一次党委会上，选出杨伯箴、马驰、高秀山、施宗恕、田珮之、于文周、朱学、仓孝和、张毓珣、张天泳、黎超、黄耘、晋劲敏、刘国盈等为党委常委，杨伯箴继任党委书记，马驰任党委副书记，高秀山、施宗恕继任党委副书记。高秀山兼任监委书记，黎超任监委副书记。11月13日，中共北京市委大学科学工作部下达文件，同意杨云芝为党委常委。1963年10月，杨伯箴调离，1965年2月，冯佩之调入，11月23日，中共北京市委组织部下达文件，冯佩之任北京师范学院党委书记兼院长。同年9月，刘寿彭调入任党委副书记、副院长。

第六次党员代表大会，于1971年6月召开。选举产生并经上级党委批准党委委员23人。张贵明（军宣队员）任书记，马驰、高琛（军宣队员）、白福祥（工宣队员）任副书记。1973年，白福祥调离，11月，市委任命崔耀先为院党委副书记、革委会主任。1974年，张贵明调离，崔耀先主持工作，刘俊英为党委副书记（工宣队员，1976年调离）。1977年7月，市委任命崔耀先为党委书记，刘寿彭、施宗恕为党委副书记。1979年，根据中共北京市委指示精神，建立中共北京师范学院纪律检查委员会筹备组，代行纪委会的职权，组长由党委书记崔耀先兼任。

第七次党员代表大会，于1980年12月20日至24日召开。在1072名党员中，选举产生并经上级党委批准党委委员31人、纪委委员7人。在七届一次党委会上，选出崔耀先、刘孜、施宗恕、刘国盈、马春景、文棋、黄日清、王克、顾理昌、李大为、向福先、梅向明等为党委常委。崔耀先为党委书记，刘孜、施宗恕为党委副书记，施宗恕兼纪委书记，向福先为纪委副书记。1982年何钊调入，任党委副书记。1983年6月经北京市委批准，何钊任党委书记，仓孝和任北京师范学院院长、党委副书记，高志忠为党委副书记，崔耀先、刘孜、施宗恕离职休养。1982年10月和1984年5月，马驰、仓孝和相继病故。1984年7月31日中共北京市委教育工作部任命林培黎、熊家华为党委副书记；增补杨传纬为党委常委。1984年9月5日，中共北京市委教育工作部任命高志忠为副院长，免去其党委副书记职务。1984年12月6日，中共北京市委教育工作部任命熊家华兼任纪委书记，卢梅翰任专职纪委副书记。

第八次党员代表大会，于1985年8月27日至29日召开。在1625名党员中，选举产生并经上级党委批准党委委员29人、纪委委员9人。在第八次党代会产生的党委会上，选出何钊、林培黎、熊家华、杨传纬、刘国盈、高志忠、李大为、宋文茂、向福先9人为党委常委。何钊为党委书记，林培黎为党委副书记，熊家华为党委副书记兼纪律检查委员会书记，卢梅翰为纪律检查委员会副书记。1986年2月，中共北京市委教育工作部任命宋文茂为纪委书记。1988年，中共北京市委任命林培黎为党委书记，免去何钊党委书记职务，离职休养。1988年3月，中共北京市委教育工作部任命朱全俊为党委副书记。

第九次党员代表大会，于1988年12月27日至29日召开。在1668名党员中，选举产生并经上级党委批准党委委员27人、纪委委员7人。在第九次党代会产生的党委会上，选出林培黎、杨传纬、熊家华、朱全俊、漆绪邦、王瑞荪、吴秉忠、果永刚、刘洪海9人为党委常委，林培黎为党委书记，朱全俊为党委副书记，熊家华为党委副书记兼纪律检查委员会书记，丁丕光为纪律检查委员会副书记。1993年4月，北京市委决定于洸任校党委书记（7月到任），免去林培黎校党委书记职务，市政府任命林培黎为校长。

第十次党员代表大会，于1994年6月20日至23日召开。这次党代会是在原北京师范学院、北京师范学院分院、北京联合大学外国语师范学院三校合并后更名为首都师范大学召开的。从次数上，仍以原北京师范学院党员代表大会的次序排列。在2078名党员中，选举产生并经上级党委批准党委委员21人、纪委委员7人。在第十次党代会产生的党委会上，选举于洸、张泽青、张雪、李因、李文松、杨学礼、孟庆夔、林培黎、林蓉蓉等9人为党委常委，于洸为党委书记，李因、张雪为党委副书记，李文松为纪委书记，丁丕光为纪委副书记。

第十一次党员代表大会，于1999年1月18日至21日召开。在2572名党员中，选举产生并经上级党委批准党委委员21人、纪委委员9人。在第十一次党代会产生的党委会上，选举王万良、牛继升、刘利民、杨学礼、李因、张雪、张建东、赵会民、詹新泽等9人为党委常委，牛继升为党委书记，张雪、赵会民、张建东为党委副书记，詹新泽为纪委书记，顾志明为纪委副书记。截至2003年12月31日之前，牛继升、张雪、赵会民、张建东均调离首都师大，杨学礼退休。2001年10月市委任命许祥源为首都师大党委副书记兼校长，2002年4月任命谢维和为党委书记，2002年3月任命赵文为党委副书记。

三、各时期党组织及共产党员情况

表8.1.1.1 历年党组织及党员数量一览表

年度	党委（个）	分党委及党总支	党支部（含直属支部）	党员人数（人）			当年发展党员人数（人）		
			合计	合计	教工	学生	合计	教工	学生
1954			1	14					
1955		1	7	109	54	55			
1956	1		15	304					

续表

年度	党委（个）	分党委及党总支	党支部（含直属支部）	党员人数（人）			当年发展党员人数（人）		
			合计	合计	教工	学生	合计	教工	学生
1957	1	5	27	379	271	108			
1960	1			483	273	210			
1962	1			568	504	64			
1971	1	3	26	988	683	305	321	302	19
1972	1	9	46	1110	637	473	69	3	66
1973	1	14	63	1178	748	430	88	7	81
1974	1	14	69	1492	763	729	96	21	75
1975	1	14	76	1578	811	767	132	11	121
1976	1	15	75	1522	860	662	113	7	106
1977	1	14	83	1357	949	408	80	9	71
1978	1	16	102	1221	924	297	83	17	66
1979	1	15	101	1062	901	161	52	25	27
1980	1	15	97	1072	895	177	13	6	7
1981	1	15	101	1122	922	200	33	10	23
1982	1	15	93	1065	976	89	52	12	40
1983	1	15	99	1253	970	283	53	28	25
1984	1	18	109	1502	988	514	112	44	68
1985	1	18	132	1625	1153	472	260	83	177
1986	1	17	132	1629	1242	387	204	56	148
1987	1	18	141	1665	1363	302	152	42	110
1988	1	18	147	1668	1381	287	157	18	139
1989	1	18	144	1590	1396	194	32	8	24
1990	1	18	143	1552	1380	172	50	0	50
1991	1	18	145	1546	1388	158	117	10	107
1992	1	26	183	1868	1639	229	187	26	161
1993	1	22	180	2040	1827	213	143	39	104
1994	1	20	180	2078	1841	237	166	18	148
1995	1	22	190	2148	1879	269	177	26	151
1996	1	22	192	2303	1931	372	307	31	276
1997	1	22	205	2572	2019	553	397	39	358
1998	1	21	206	2568	2030	538	226	26	200
1999	1	21	206	2572	2021	551	199	21	178
2000	1	22	225	2796	2249	547	288	20	268
2001	1	22	229	2844	2252	592	247	15	232
2002	1	22	225	3026	2321	705	302	33	269
2003	1	24	245	3320	2358	962	403	24	379

四、党组织在学校中的地位和作用

首都师大及其前身的中共组织是中国共产党的一个基层组织。中共十六大通过的《党章》确定："党的基层组织是党在社会基层中的战斗堡垒，是党的全部工作和战斗力的基础。"其基本任务有8项。又确定："实行党委领导下的行政领导人负责制的事业单位中党的基层组织，对重大问题进行讨论和作出决定，同时保证行政领导人充分行使自己的职权。"

从北京师院成立以来，学校内部的领导体制是以党委领导下的行政领导人负责制为主（详见本《志》第一编）。党委及常委、纪委的职责、工作制度及程序，经过多次修订，不断完善（文件要目参见第一编），1999年《中华人民共和国高等教育法》正式实施，其第三十九条是首都师大党组织遵循的法律依据："国家举办的高等学校实行中国共产党高等学校基层委员会领导下的校长负责制。中国共产党高等学校基层委员会按照中国共产党章程和有关规定，统一领导学校工作，支持校长独立负责地行使职权，其领导职责主要是：执行中国共产党的路线、方针、政策，坚持社会主义办学方向，领导学校的思想政治工作和德育工作，讨论决定学校的改革、发展和基本管理制度等重大事项，保证以培养人才为中心的各项任务的完成。"

改革开放以来，在全党全国逐步形成了"坚持党的领导、人民当家作主和依法治国有机统一"的局面，高等学校内部管理体制也渐次形成了党委统一领导、校长依法行政、师生参与管理、教授民主治学相统一的格局。

在党中央、北京市委的领导下，首都师大党委与时俱进，从严治党，不断提高执政能力，在学校的改革、发展、稳定的事业中，日益发挥着政治思想核心、领导决策核心、团结凝聚核心和精神文明建设旗手的作用。在党委带领下，师生员工经过50年的艰苦奋斗、锐意进取，在办学的前25年，将学校建成了北京市属重点大学，在办学的后25年，使学校跻身于"211工程"建设的行列，为建成新型的一流师范大学打下了基础。

1993年我校被中组部、中宣部和国家教委授予"全国党的建设和思想政治工作先进高等学校"称号，1994年被中共北京市委、北京市政府授予"北京市党的建设和思想政治工作先进高等学校"荣誉称号。1997年北京市委教育工委下达《党的建设和思想政治工作先进高等学校评选参考标准》，其中"评选条件"包括：①党对学校工作的领导坚强有力，学校整体工作成绩显著；②学校领导班子认真履行职责，自身建设搞得好；③切实加强党的基层组织建设，效果突出；④加强和改进思想政治教育和教育工作，取得明显实效；⑤干部工作和队伍建设工作做得好；⑥重视统一战线工作，加强对群众组织的领导；⑦重视文明校园建设，形成良好的育人环境。按照上述标准，1998年3月市委教育工委通过了对我校作为"北京市党的建设和思想政治工作先进高等学校"的复查。

半个世纪中，学校党委的工作也发生过错误。20世纪50年代中期至"文革"前夕，全党的工作在指导方针上有过严重失误，十年"文化大革命"的严重左倾错误更使党、国家和人民遭到新中国建立以来最严重的挫折和损失。我校党委在执行过程中，也犯了这样那样的错误。党的十一届三中全会以后，我校党委经过拨乱反正和改革开放的洗礼，清理了自己的错误，作了认真改正，并努力消除其影响。至于此后，党委工作在不同时段仍存在不同的缺失和不足。1999年1月召开的中共首都师范大学第十一次党代会上，党委的

《工作报告》指出：回顾四年来的历程，我们深深感到，与市委、市政府的要求和全校师生员工的期望相比，党委和学校的工作还有差距，某些方面差距还比较大。主要表现在：在领导班子建设上，面对深刻巨大的社会变革，校、系两级领导班子开拓创新不足，在结合学校实际贯彻中央和市委精神方面还需要下一番工夫。在领导干部工作作风上，深入群众不够，群众反映较大的某些问题还没有及时有效地得到解决。各级的某些干部精神状态、工作水平不孚众望。在学校管理方面，效率低下的情况还没有彻底改变。在队伍建设上，教职工队伍的结构还不尽合理，素质还有待于提高。在办学水平上，提高教学质量和学生培养质量的任务仍然十分艰巨，等等。针对上述问题，十一届党委以"三个代表"重要思想为指导，上承前4届党委的工作，进一步探索加强和改进党的建设的新思路、新方法，使学校党的建设紧密围绕学校的中心工作展开，并渗透在学校各项工作之中，注重把思想建设、组织建设和作风建设有机地结合起来，把制度建设贯穿其中，同时抓好制度的落实，使我校党的各项工作走上了制度化、程序化、规范化的轨道。在此基础上，学校制订了中近期发展规划，党内外团结一致，抓住机遇，不断开拓进取，正为把首都师范大学建成国内一流的综合性教学研究型师范大学而努力奋斗。

第二节 宣传思想工作

一、工作沿革

（一）师生员工的思想政治教育

建校之初，我校根据教育部1954年10月下发的关于在高等学校试行政治工作制度的要求，成立了政治辅导处，主管全院思想政治工作，建立起了比较正规的理论学习制度，同时设立了政治业余学校。当时政治理论学习的方式是，教职工根据自己的条件，自愿参加本院政治业余学校或校外举办的系统政治理论学习。初中毕业以上的干部参加政治理论学习，小学文化程度的干部参加文化学习。学习的内容主要是，党在过渡时期的总路线、总任务和总政策，辩证唯物主义与历史唯物主义，苏共的《联共（布）党史》。在此期间，还组织教职工参加当时各项政治运动和思想斗争，如批判"俞平伯、胡适资产阶级唯心主义"、声讨所谓"胡风反革命集团"（俞平伯、胡风均获平反）以及肃反运动等。学生的政治思想工作，由政治辅导处负责，每个班都有辅导员。学生的思想政治教育主要是通过专业教学的渗透和政治课的学习，以及参加各项重大政治活动进行。青年团组织成立后，开展团的工作，在学生中主要进行专业思想、培养独立工作能力、做合格的人民教师的教育，并开展了"孩子们在等待我们"等主题团日活动。

1956年制订的《北京师范学院1956～1967年规划（草案）》中，要求在7年内，绝大部分教师都学完4门政治理论课（马列主义基础、中国现代革命史、政治经济学、辩证唯物主义和历史唯物主义），行政领导干部要在7年内学完4门政治课和2门教育课，具有高中文化水平的一般行政干部，首先在7年内通过业余学习方式学完4门政治课，实际文化水平不足初中毕业程度的一般行政干部，暂不参加一般的政治理论学习，应以参加业余文化学习为主。在12年内要求每个干部均达到高中毕业水平，并学完4门政治课。

1956年下半年到1957年上半年，党委先后传达了中共"八大"精神，毛泽东的《在中国共产党宣传工作会议上的讲话》和《正确处理人民内部矛盾的问题》，其中，关于社会主义建设、“双百方针”和“知识分子问题”的政策，极大地调动了教职员工搞好工作和改造思想的积极性。与此同时，“苏共二十大”、“波匈事件”对国际共运发生重大冲击。中共中央发表了《论无产阶级专政的历史经验》和《再论无产阶级专政的历史经验》等文章，党委组织全院师生员工学习，要求运用马克思主义的立场、观点和方法分析国内外形势，明辨是非，分清敌我。

1957年中共中央为适应社会主义改造和建设的需要，进行了整风，但随之而来的反右运动严重地扩大化了，师院的情况与全国大致相同（详见本章第三节）。

1958年中共中央提出“鼓足干劲、力争上游、多快好省地建设社会主义”的总路线，并掀起“大跃进”和“人民公社”运动。对“三面红旗”的态度成为当时判定政治立场的标志。其后，根据中央和北京市的部署，我院要求师生员工通过学习和辩论，保卫总路线，同时在党内开展了反右倾斗争（详见本章第三节）。

在“反浪费、反保守”的运动中，1958年3月，党委召开师生员工大会，提出“加速自我改造”、“引火烧身”，以搞运动的方式推动个人思想改造，人人向党交心。这一活动很快以大字报和大辩论的方式迅速开展。当时师生中开展了红专大辩论，主要辩论红与专、政治与业务的关系，中央提倡二者的统一，但实际上师生中先专后红或重红轻专的倾向仍有很大影响。

60年代前期，全国强调“突出政治”、“政治挂帅”，倡导“四个第一（人的因素第一，政治工作第一，思想工作第一，活的思想工作第一）”。随着《毛泽东选集》第四卷的出版，掀起了学习毛泽东思想的高潮。其时，又以《毛选》第四卷、《列宁主义万岁》等三篇文章和连续发表的“九评”为主要教材，持续批判帝国主义、修正主义和一切反动派（在中苏两党大论战中，双方“都讲了许多空话”——邓小平1989年语）。在学校内部，我院提出要联系工作实际、联系思想，促进思想革命化。先是批判“修正主义学术思想”，对教材中的“人性论”、“人道主义”观点进行检查，在教师中“拔资产阶级白旗”；此后又参加意识形态领域的政治批判（后被证明是过火的、错误的）。在文科各门课程中要求加强思想性和战斗性，特别是阶级观点的教育；在政治课的教学中，要求结合学生中某些有代表性的错误思想倾向，帮助他们改造世界观；理科课程也要加强思想性，使学生树立辩证唯物主义的世界观。为推动毛泽东著作学习，党委采取抓典型、树标兵、不定期地印发学习心得小册子、交流学习经验等方式，院刊也加强了对学习的宣传报道。但是与全国学毛著运动一样，“活学活用、急用先学”和断章取义地学习语录，助长了实用主义和教条主义。

1961～1963年，中共中央决定开展甄别工作，即为在政治运动中受到错误处理的人员平反；在知识界传达了1962年全国科技会议的精神（周恩来作报告，陈毅讲话，称知识分子是“为无产阶级服务的劳动者”）；在高校又贯彻《高校六十条》，校园的政治环境较宽松。从总体上看，那几年师生员工通过学习毛泽东著作，焕发了奋发图强、艰苦奋斗的革命精神，度过了我国国民经济严重的困难时期。

1964年根据市委教育部部署，我院在两届毕业生中（其中64届集中停课用50天时间）展开革命世界观的教育，当时许诺“不打棍子、不扣帽子、不揪辫子、不入档案”，引导学生暴露“反动思想”。但有些系对揭批的问题无限上纲，处理了若干“反动学生”，也伤害了一批学生（特别是华侨学生）的感情。这次“清理思想”的一个负面影响是使人认为思想政治工作“就是搞阶级斗争，就是整人”。（“文革”后已为受错误处理的人员平反。）

1966年“文化大革命”开始后，随着党委的瘫痪，正常的思想教育工作也因而中断。以后历经工作组、军训团、工宣队和军宣队主持学校工作。这一阶段，干部、教师、学生的政治理论学习，是以学习“无产阶级专政下继续革命的理论”为中心，不允许有丝毫不同认识，严重败坏了马克思主义学风和党的思想政治工作的优良传统。

1969年4月，开展“开门整党”，以大批判开路，批判所谓修正主义的“三党六论”、“修正主义的建党路线”，搞乱了思想是非（详见本章第三节）。

1971年6月，重新建立了北京师院党委，各级党组织也相继恢复组织活动。在“左”的思想和理论指导下，先后发动了“抓516反革命集团”、“批判十七年修正主义教育路线”、“反回潮”、“反击右倾翻案风”等运动。但随着林彪反党集团的覆灭，“四人帮”的反革命面目也愈加败露，上述批判、斗争活动逐渐受到党内外群众的抵制。

1976年10月，粉碎“四人帮”以后，在中共中央和市委的领导下，在全校师生员工中开展了揭批林彪、“四人帮”两个反革命集团罪行的群众运动，先后召开了党委扩大会、理论骨干揭发批判会和全院批判大会，对广大干部和教职工进行了一次马克思主义的普遍教育。党委就“文革”中的一些主要问题表明了态度，检查了错误，总结了经验教训，开始分清了一些路线是非、思想是非、理论是非。

1977年11月，全校开始批判林彪、“四人帮”炮制的“两个估计”（诬蔑十七年在教育领域是黑线专政，知识分子是资产阶级知识分子），使教职工从精神枷锁中解放出来。

1978年，党的十一届三中全会召开后，广大师生思想十分活跃，但认识并不统一，党委责成有关部门进行了多次调查、研究和分析。针对存在的问题，加强思想政治工作。党委组织干部学习党的十一届三中全会文件，要求解放思想，打破“唯书、唯上”的思维定势，完整准确地掌握马列主义、毛泽东思想的科学体系，特别是要结合《实践论》的学习，从理论上搞清实践是检验真理的唯一标准，迎接历史新时期。1980年4月，党委召开扩大会，学习党的十一届五中全会文件，并确定每周三下午组织党总支书记、各部（室）负责人集中学习《关于党内政治生活的若干准则》，同时对党支部书记进行轮训，在学习中突出了“共产党员必须讲党性，必须与党中央在政治上保持一致，必须发挥共产党员先锋模范作用”等几个重点，并在院系两级开展评选优秀党员的活动。

1980年12月，在北京师院第七次党代会的工作报告中总结了1977年以来落实党的知识分子政策的情况，提高了全党的认识，进一步调动了广大教师干部的社会主义积极性。1985年、1988年的第八、九两次党代会工作报告也涉及此项工作。1978年，我校建立了相关工作领导小组，又先后组成落实政策复查办公室、错划右派改正工作办公室和清退查抄物资办公室等，展开了艰苦而浩繁的工作。1982年、1984年、1985年三次检查工作情况。知识分子政策的落实主要包括政治方面（冤假错案是否改正，历史遗留问题是否得到处理），业务方面（工作安排使用是否合理、培养进修有无保证），工作和生活条件方面（工资待遇、住房、夫妇两地分居等解决得如何）。80年代后期，优秀知识分子入党难的问题已得到解决。

1981年3月，党委制订了《中共北京师范学院委员会关于加强和改善思想政治工作的意见》和《中共北京师范学院委员会关于干部教育的计划》。《意见》提出了加强和改善思想政治工作的六点意见，即：首先应从党内抓起，重视党的自身思想建设；加强思想政治工作的重点在青年；采取有效措施，提高形势任务教育的质量；在党的领导下，充分发挥工会、共青团和学生会的作用；加强政工队伍的建设；发挥思想政治工作威力，为提高其效果，必须打总体战。《计划》对干部的理论学习、业务学习和文化学习提出了明确要求：关于政治理论学习，根据中宣部总的设想，用5年时间学习马列主义三个组成部分，即马克思主义哲学、政治经济学和科学社会主义。首先学习政治经济学，院、系两级领导干部分批集中一个月时间学习《陈云同志文稿选编》、薛暮桥的《中国社会主义经济问题研究》。关于中央文件、时事政策的学习，一般干部、教师安排在星期四下午，领导干部安排在星期二、四下午。另外，提出对校级和中层（正职）领导干部，要排出顺序，分别参加中央党校或中央党校北京分部学习和北京市委党校学习。对院党委组织的领导干部理论学习班，由机关各部处正副职、各系正副主任和正副总支书记参加。提出要建立严格的考核制度，要把干部教育同对干部的考核、使用结合起来。对那些学得好、能够学以致用的优秀干部、职工要给予表扬，作为晋级、评定职称的根据之一。

1981年6月，《中国共产党中央委员会关于建国以来党的若干历史问题的决议》公布，我院党委组织了学习，这次学习对统一思想有重大作用。《决议》总结了党在1957～1976年左倾错误的表现和原因。大家认识到，“阶级斗争的严重扩大化”和“党内个人专断和个人崇拜现象滋长起来”，给思想政治工作带来了严重的负面影响，必须认真总结经验教训。

70年代、80年代之交，在全党全国拨乱反正的总体形势下，思想战线也出现了一些右的错误倾向，不利于安定团结。根据上级部署，党委多次组织传达学习中央关于大力宣传“坚持四项基本原则”的精神，强调要按照邓小平的指示，纠正错误倾向不要随意上纲，不要人人过关，不要搞运动。“过去那种简单片面、粗暴过火的所谓批判，以及残酷斗争、无情打击的处理方法，决不能重复。”

1983年，《邓小平文选》（1975～1982年）出版发行，根据中共中央和北京市委的指示精神，党委提出把组织学好《邓小平文选》作为一件头等大事，对院、系两级领导干部、党员和师生员工的学习提出了不同的计划和要求。党委重点抓了院、系两级领导干部的学习，主要采取了平时学习和办学习班相结合的方式进行，除党委理论学习中心组及各党总支学习组坚持学习制度外，党委还集中举办了3期每期11天的《邓小平文选》读书班。党员和师生员工的学习主要是利用党日和政治学习时间进行，要求政教系、政管系教师和党委机关干部通读全书，其他单位的人员学习中宣部规定的28篇文章。

1983～1986年党委组织全校教职工、党员学习：（1）学习党的知识分子政策，统战政策；（2）学习党的十二大、十三大文件（包括党章）；（3）学习党中央关于经济体制改革、科技体制改革、教育体制改革的决定，对推动学校工作起了重要的作用。

1987年，根据中宣部和北京市委的要求，党委组织全院教职工认真学习《建设有中国特色的社会主义》和《坚持四项基本原则，反对资产阶级自由化》两本书。要求以这两本书为基本教材，统一全院教职工特别是党员干部的思想，正确领会改革、开放同坚持四项基本原则的内在联系，全面正确地理解和贯彻执行党的十一届三中全会以来的路线、方针、政策。中层以上领导干部采用集中办读书班的形式，通读两本书，结合学习毛泽东

《改造我们的学习》、《反对自由主义》等著作及学习《世界经济与政治》、《社会主义商品经济问题》等书，进一步提高马列主义理论水平。党委宣传部组织院、系两级领导干部撰写理论文章，并于1989年与我院学报编辑部、科研处共同组织出版了“坚持四项基本原则，反对资产阶级自由化”《学报》增刊一辑。

1989年平息政治风波后，院党委在上级党委的领导下，自6月下旬以来，分别组织中层以上党员干部、支部书记以上党员干部和全体党员学习了中共十三届四中全会的文件和邓小平的三次重要讲话，包括“十年最大的失误是教育，这里我主要是讲思想政治教育”的论断；组织全体教职工学习中共十三届四中全会的文件；利用开学初两周的时间，对全体学生集中进行政治教育。为了提高学习效果，宣传部组织了一系列活动，如：收看关于风波真相的电视片，参观军博关于平息风波的展览，收听关于美国对华和平演变战略和波兰形势的录音报告，请戒严部队领导来校作报告及收听戒严部队领导的报告录音，将《五十天回顾与思考》一书发至每个教职工等。在学习中大家联系思想实际，认真反思，对这场风波的起因、性质，党和政府所采取措施的正确性及老一辈革命家、人民解放军所起的关键作用等问题的认识都有不同程度的提高。大家一致拥护党中央新的领导班子，拥护党中央对赵紫阳错误的处理决定，认识到稳定是压倒一切的，要继续改革开放。当年，党委确定，要把德育置于全部教育工作的首位。

1990年根据中共中央、北京市委关于组织广大领导干部特别是县以上领导干部学习社会主义理论的指示精神，党委决定在我院党员重新登记工作基本结束后，组织中层领导干部分批学习《关于社会主义若干问题学习纲要（试读本）》。要求把学习社会主义理论与学习马克思主义哲学结合起来，要以学习《纲要》为主线，贯穿学习马克思主义哲学的一些基本观点，切实解决在社会主义问题上存在的深层次思想认识问题。确定了就怎样认识世界大趋势、当代资本主义、和平演变与反和平演变的斗争、当代社会主义、民主社会主义五个重点问题进行学习讨论。1990年至1994年，党委对中层干部的理论学习主要采取集中办班进行培训的方式，共举办了9期中层干部中国特色社会主义理论学习班，共培训270多人次。党委还采取多种形式对教职工进行社会主义教育系列活动。如学习《关于社会主义若干问题纲要》，并由宣传部组织部分教授、副教授和中层干部共170人到京郊参观，各单位也组织了300多人就近进行社会调查。通过教育活动，使广大教职工感受到了改革开放10年来农村发生的巨大变化，对中共十一届三中全会以来的路线、方针、政策的正确性有了更深刻的理解。

1991年10月，院党委成立了“反和平演变理论研究室”，任务是为全院教职工理论政策学习服务；围绕国际、国内形势进行理论研究；当好党委加强思想政治工作的参谋。该研究室就反对“和平演变”战略、批判民主社会主义和学习中国近现代史、国情及党的基本路线等问题组织专题研究和辅导报告。

1992年初，邓小平视察南方发表重要谈话。院党委提出深入学习邓小平谈话精神，是当前对干部和教职工进行思想政治教育的头等大事。要求结合学习江泽民6月9日在中央党校的重要讲话，重点学习领会关于计划经济与市场经济的关系、社会主义与资本主义的关系、警惕右但主要防“左”、“两手抓”等四个重要理论观点。

1993年《邓小平文选》第一至三卷出版发行。中央提出把用邓小平理论武装全党、教育干部和人民作为党的思想建设的一项根本任务。校党委坚持分层次、有重点地组织全校师生认真学习《邓小平文选》，围绕“什么是社会主义、怎样建设社会主义”这个首要的基本的理论问题，开展学习讨论，澄清模糊认识，统一思想认识。校、系两级领导干部着重研讨了市场经济与高师教育改革、市场经济与党的建设和思想政治工作等两个专题。同年，党委还组织了全校性邓小平有中国特色社会主义理论研讨会，纪念毛泽东诞辰100周年等活动。

1994年，理论学习的重点是邓小平的教育理论，党委提出要联系学校实际，指导学校全面修订教学计划工作，并制订学校深化改革和发展的措施。

1994年初我校将原“理论研究室”更名为“邓小平理论研究中心”。1995年我校和教育部邓小平理论研究中心联合举办了首届“全国教育系统邓小平教育理论研讨会”，编辑出版了论文集《百年大计纵横谈》。理论研究中心还组织开展研究，先后出版了《建设有中国特色社会主义理论纵横谈》、《社会主义市场经济知识问答》等专著，至2000年共推荐入选全国和教育系统邓小平理论和邓小平教育理论研讨会论文20多篇。

1995年5月，《中共中央关于印发〈邓小平同志建设有中国特色社会主义理论纲要〉的通知》下达后，全校分四个层次组织学习《纲要》。

1996年3月《江泽民与四所交通大学负责人座谈》的报道及7月江泽民《关于讲政治》的文章发表后，学校组织全体师生认真学习领会精神，此后又结合中共中央十四届六中全会文件和全国师范教育工作会议文件进行学习，使教职工明确为什么要强调讲政治，在实际工作中如何体现讲政治的要求。同时使教职工明确教育工作面临的“两个重要转变”（教育要全面适应现代化建设对各类人才培养的需要，全面提高办学的质量和效益）的意义及其对教育工作和教育工作者的要求。

1997年上半年组织师生学习《中共中央关于加强社会主义精神文明建设若干重要问题的决定》和《邓小平论社会主义精神文明建设》，并组织收看大型文献纪录片《邓小平》。为迎接我国对香港恢复行使主权，组织师生学习邓小平同志关于“一国两制”理论，收看电视片《莫忘国耻》，使教职工从中获得历史启迪，增强民族自尊心和自豪感。下半年重点学习党的十五大精神，理论教学单位联系实际，及时把十五大报告中提出的新思想、新观点纳入到教学内容之中，还就十五大报告中提出的理论问题开展研究。

1998年12月20日江泽民在纪念党的十一届三中全会召开20周年大会上发表了重要讲话，党委组织教职工学习，并召开座谈会，组织参观“北京市改革开放20周年图片展”，校报开辟“改革开放20年”、“教育思想大家谈”等专栏。

1999年5月8日，以美国为首的北约悍然袭击我驻南斯拉夫使馆，当日下午，宣传部在我校师生去美国驻华使馆抗议之前，代表全校师生赶写一份抗议书。下半年，适值国庆50周年，学校组织师生参观《建国50年成就展》，组织党总支书记参加“爱北京、逛京城”活动。为迎接、庆祝澳门回归，学校也组织了一系列活动，其中澳门知识竞赛，有1800人参加。

2000年“七一”前，中共中央召开思想政治工作会议，北京市思想政治工作会议、全国高校第九次党建工作会议也相继召开。为了贯彻这三个会议精神，党委要求各单位组织教职工把学习三个会议精神与学习《中共中央关于加强和改进思想政治工作的若干意见》结合起来；与学习江泽民关于“三个代表”的论述结合起来，围绕学校的中心工作，扎扎实实地推进思想政治工作。党委于2000年底召开了思想政治工作会议，会议分析了在严峻的国际竞争和国内社会经济转型时期，思想政治工作面临的严重挑战和难得机遇，总结了我校思想政治工作的成绩和存在问题，提出了《关于加强和改进思想政治工作的意见》、《关于加强思想政治工作队伍建设的意见》和《关于加强师德建设的意见》。在这次会议上，党委改进了学校过去每周四的“教职工学习活动日”制度，实行“四一制”，即每月的四个教职工学习活动日原则上确定为“政治学习日”、“业务活动日”、“组织生活日”、“工会活动日”。

2001年结合纪念中国共产党成立80周年，在干部中开展了学习“三个代表”重要思想的教育活动，在广大教职工中开展了“爱党、爱国、爱社会主义”的系列主题教育活动。

2002年以学习贯彻中共十六大精神为中心，党委通过组织领导干部学习班、报告会、座谈会、参观等活动，在全校迅速兴起了学习贯彻“三个代表”重要思想新高潮。《“三个代表”重要思想学习纲要》发行后，学校以学习《纲要》为重点，深入学习“三个代表”重要思想，2003年底《首都师大学报》出版了党务干部和理论教师学习贯彻“三个代表”重要思想的增刊。

2003年4月至6月，北京和其他部分地区出现了严重的“非典型肺炎”疫情，中央采取果断措施取得抗击非典的决定性胜利。我校宣传机构通过多种媒体加大宣传力度，实事求是地通报本校疫情，传播防疫的科学知识，表扬集体主义精神，增强了师生战胜疾病的凝聚力。

2003年中共十六届三中全会闭幕后，我校党委举办领导干部学习班，各宣传机构对会议《公报》和《中共中央关于完善社会主义市场经济体制若干问题的决定》进行宣传，师生员工对“坚持以人为本，树立全面、协调、可持续的发展观，促进经济社会和人的全面发展”的精神反响热烈。

（二）党员的党性、党风和党纪教育

1954年建院之时，只有14名党员，其中候补党员6人。1955年，随着学校规模扩大，党总支建立，党员人数增多，党组织注重对党员进行党性和党风的教育。党总支书记在全体党员会上作了《增强党性锻炼，做一个合格的政治战士》的报告，要求健全组织生活，开展批评与自我批评，克服工作上、生活上的困难，做好工作、完成任务。

1956年，学校建立党委，根据中共“八大”精神，进一步抓党员的管理和思想政治工作，提出了《加强党的建设工作的意见》，要求各级党组织严格组织生活，建立组织生活制度，开展批评与自我批评，党员要拣重担子挑，把困难留给自己，把方便让给别人，以身作则，在群众中起表率作用。各级党组织和党员按照党委要求去做，开展工作，在党内外团结互助蔚然成风，党的威信不断提高。

从1957年开始，在“左”的思想干扰下，特别是在整风反右和反右倾运动中，一些敢于实事求是地向党反映实际情况和提出批评意见的党员和群众受到了不应有的打击，党内出现了明哲保身、不敢讲真话的风气。1961年，中共中央召开七千人大会，进行纠“左”，中央领导也作了自我批评。1962年根据市委部署，我校进行“甄别”工作，落实党的知识分子政策，党内外的民主气氛有所活跃。1963年，开展“五反”和社会主义教育，党委对“五反”中发现的问题，进行了实事求是的处理，党委书记在全院大会上代表党委检查了官僚主义、分散主义的表现，提出了改进措施，欢迎大家批评，提高了党委的威信，改进了党的作风。

“文革”十年中，在1969年搞过一次整党，造成了严重的消极后果（详见本章第三节）。

1978年12月，中共十一届三中全会召开，党委决定在全校党员中广泛深入地进行一次党的基本知识的教育，组织党员对照检查自己的思想和行为，开展批评和自我批评。

1981年1月，中共北京师院第七次代表大会召开，会议总结了近十年来的历史经验教训，着重对恢复和发扬党的优良传统和作风问题提出了要求。《工作报告》提出，要严格执行《党内政治生活准则》的各项规定，做到是非分明，好坏分明，赏罚分明、纪律严明。对执行《准则》好的予以表扬，违反的要批评教育，严重的要给以纪律处分。对违法乱纪案件，特别是1980年以来发生的违纪案件，一定要认真检查处理。有意包庇纵容者，要追究领导责任。要对师生员工进行艰苦奋斗的教育，要大力提倡共产主义的劳动态度。党委及各总支委员会，要以整风精神，认真检查、切实解决本单位或个人存在的问题，特别是思想政治路线、民主集中制、特权等方面的问题。院、系两级干部要带头搞好整风，做党员和群众的表率。要加强对党员的教育，发挥党员的先锋模范作用，端正党风。

1982年，中共十二大召开，这次会议通过了新《党章》，新《党章》清除了中共九大以来《党章》中“左”的错误 。院党委开展了以学习新《党章》为内容的党员教育活动，主要学习党员条件、坚持党的民主集中制、加强组织纪律性等内容，争取做一名合格的共产党员。通过这次学习，党的组织生活质量有所提高，党内存在的个人主义、派性、无组织无纪律、自由主义等不良倾向有所克服，对党内存在的一些不正之风和违法乱纪行为进行了处理。

1984年10月党委部署用近一年时间整党（见本章第三节）。期间1985年3月至6月，党委开展了整顿机关作风的活动。通过整顿机关作风，使全体机关干部受到一次党性、党风、党纪的教育，进一步明确全心全意为人民服务、面向基层、建设基层、为基层服务的思想，进一步提高了政工干部、管理干部的素质。在建立和健全组织制度，使党的生活制度化方面，重点抓了基层支部以批评、自我批评为内容的组织生活、党团活动、党员联系群众等三项制度的落实。8月，中共北京师院第八次代表大会召开，会议提出今后要有计划、有针对性地继续对党员进行党性、党风、党纪教育，加强基层支部的建设，严格党的组织生活和党的纪律，充分发挥党支部的战斗堡垒作用和党员的先锋模范作用，要进一步克服派性和自由主义。要求共产党员在改革的形势下，更加自觉地增强党性，坚持共产主义远大理想，牢固树立全心全意为人民服务的思想，加强组织纪律性，增强党性观念。

1986年，院党委制订了党风责任制，纪委也注意通过各种渠道宣传落实，特别是结合案件查处和纠正不正之风，强调全党动手，一级抓一级，层层负责，把抓党风的工作落实到各级党组织和每个党员领导干部身上，同时认真进行党风状况的调查和分析。1987年初，纪委和组织部，对全院22个党总支（直属党支部）的党风状况进行了调查。通过调查分析，提出了全院党风建设中值得注意的带倾向性的几个问题，即对维护党的政治纪律的重要性认识不足，党内自由主义比较严重，个人主义滋长，党组织战斗力不强等。院党委提出，要进一步加强党的建设，从严治党，要严格组织生活，加强党性教育，充分发挥党员的先锋模范作用，要通过组织生活，运用批评与自我批评的方法，对存在的问题逐步地加以解决。对于忽视政治，甚至对党的路线、方针、政策持有怀疑或反对态度，不参加党的组织生活，不按时交纳党费，不接受党分配的工作，不起党员作用的个别党员，经教育不改的要坚决地劝其退党。对违反党纪、国法的个别党员要执行党纪，严肃处理。

1988年12月，中共北京师院第九次代表大会召开。大会《工作报告》总结了自我院第八次党代会以来，党的建设取得的新的进展。着重强调：在改革开放条件下要加强党的自身建设，其首要问题是坚持党员标准，提高党员素质，保持党员队伍的先进性。在教育内容上要以坚持党员标准，发挥党员在执行党的治理经济环境、整顿经济秩序、全面深化改革的指导方针和认真完成本职工作的模范带头作用为主要内容来进行；在方法上要坚持理论联系实际、思想教育与业务工作相结合、民主平等、分层次讲实效、形式多样化的原则；要大力办好业余党校和各种形式的干部理论培训班，朝着制度化、规范化的方向发展；要努力提高组织生活的质量，增强组织生活的原则性和吸引力，在继续坚持"争优创先"制度的同时，还要逐步建立民主评议党员的制度，同时要妥善处置不合格党员。

1989年，根据《党章》、《关于党内政治生活的若干准则》和中共中纪委《关于对党员干部加强党内纪律监督的若干规定（试行）》，结合我院实际，院党委制订了《中共北京师范学院委员会关于加强党内监督的若干规定》。当年春夏之交在北京出现了政治风波，其时我院第九届党委刚刚成立，在政治风波中，党委头脑清醒、立场坚定，在思想上、政治上、行动上与党中央保持一致，紧紧依靠各党总支、基层党支部和全体党员，旗帜鲜明地反对动乱，在艰苦条件下做了大量工作，维护了学校的稳定。

1990年，按照中共中央和北京市委的部署，进行党员重新登记工作，针对当时的社会环境和党员的思想实际，着重进行了坚持社会主义道路、坚持人民民主专政、坚持全心全意为人民服务的宗旨、坚持民主集中制和严格遵守党的政治纪律等专题的教育（详见本章第二节）。

1996年，根据中共十四届四中全会要求和市委部署，我校在全体党员中开展了学理论、学党章的"双学"活动，旨在进一步提高广大党员贯彻执行党的基本路线的自觉性，坚定社会主义、共产主义理想信念，明确要求在社会主义市场经济条件下共产党员必须坚持党的宗旨，增强党性，收到了较好的效果。我校在北京高校党建工作会议上交流了经验，党委的体会《高举建设有中国特色社会主义理论伟大旗帜，坚定地走社会主义道路》一文，获北京高校党建和思想政治工作第二届优秀成果一等奖；《攻克理论难关，澄清模糊认识》一文，在全市党员学理论、学党章征文活动中被评为一等奖。

1999年10月至2000年1月，根据市委教育工委的部署，我校作为北京教育系统开展"讲学习、讲政治、讲正气"为主要内容的党性党风教育的试点单位，在全校系处级以上领导班子和领导干部中开展了"三讲"教育。整个活动分为思想发动、学习提高，自我剖析、听取意见，交流思想、开展批评，认真整改、巩固成果四个阶段，各级领导干部受到了一次马克思主义教育和党性党风教育。

（三）围绕学校教育改革发展的宣传思想工作

1954年建校之初，许多干部和教师觉得办学条件多不具备，又缺乏办大学的经验。为此思想政治工作的重点是树立信心，明确专修班的培训任务是培养面向中学的师资，批判教学脱离中学实际、脱离学生实际的倾向，并结合我院实际学习苏联的教育教学经验。

1963年，院党委提出要加强在教与学中的思想政治工作，要求开学初在全体师生中传达学习周恩来给应届毕业生作的报告，教育学生在德、智、体等方面全面发展，成为又红又专的共产主义接班人，要求政治工作干部、教育课程教师和全体教师有计划地对学生进行专业思想教育和共产主义道德品质教育。

从1964年到1966年“文革”开始以前，学校开展了以贯彻毛泽东《春节讲话》和《七三批示》等一系列指示为中心的教育革命。学习贯彻毛泽东“春节讲话”，党委要求着重围绕培养什么人和用什么方法培养的问题，深入领会毛泽东的教育思想，边学习，边改进。学习贯彻毛泽东“七三批示”，主要解决学生负担过重问题。当时团市委大学部干部调查了我院历史系二年级学生负担过重的情况，撰文在内刊上发表，毛泽东阅后，于1965年7月3日作出批示：“学生负担太重，影响健康，学了也无用。建议从一切活动总量中，砍掉三分之一。请邀学校师生代表，讨论几次，决定实行，如何，请酌。”“七三批示”对我院震动很大，党委于1965年10月16日作出《关于教师职工劳逸结合的几项规定》、《关于增进学生健康贯彻劳逸结合的几项规定》，减少了学生活动总量。学习贯彻毛泽东关于“阶级斗争是你们的一门主课”、“文科要把整个社会作为自己的工厂”以及中央关于“两种教育制度”的指示，按照上级的要求，我院安排了师生参加城乡社会主义教育运动（“四清”、“五反”），并进行了半工（农）半读的试验。

1979年，院党委召开扩大会议，学习贯彻中共十一届三中全会精神，提出把我院工作的重点转移到教学科研上来。党委指出，转移工作重点，首先要思想转移。当时大力宣传中共三中全会精神，各党总支也深入教学第一线，加强师生的思想政治工作。党委还专门召开了政治工作会议，并建立了上至党委下至学生班级的学生工作管理系统，建立健全了学生思想政治工作的机构、队伍和制度，先后成立了学生工作部和德育教研室。党委在全校开展了评选优秀党员活动，在学生中坚持每年一度的“创三好”活动，在青工中进行了遵守《青工守则》的评比活动。各党总支、党支部在“思想政治工作深入到教学之中”方面积累了一些经验。生物系党总支在全市学生思想政治工作经验交流会上介绍了发动教师做学生思想工作的经验，中文系教师李燕杰介绍了教书育人的经验。

1983年，院党委组织教职工学习中共十二大文件和当前形势，以增强办好师院的信心和决心，提高工作积极性。围绕落实党的知识分子政策和统战政策，在各级干部中广泛进行学习和宣传，包括在后勤工人中进行了尊重知识、尊重知识分子的教育，提高了广大职工为教学、科研服务，为知识分子服务的自觉性。

1985年，《中共中央关于教育体制改革的决定》颁布。党委组织教职工学习贯彻，提出：作为高等师范院校应充分发挥潜力和活力，为推行九年义务教育，调整中等教育结构作贡献。《决定》把改革教学内容、教学方法、教学制度和提高教育质量列为十分重要而迫切的任务，我院80年代中期至90年代初的教育教学改革，始终以此为指导思想而持续进行。

1994～1995年，学校的中心工作是贯彻中共中央、国务院印发的《中国教育改革和发展纲要》，修订教学计划和准备申报进入“211工程”计划。宣传思想工作主要以学习邓小平的教育思想为先导，促进教育教学的改革发展，党委举办了领导干部学习邓小平教育思想学习班，在教职工中开展学习教育活动，以提高认识、统一思想。同时学校以庆祝建校40周年为契机，在全校师生中开展敬业、爱校，为首都师大进入国家“211工程”计划作贡献的教育活动。党委宣传部还举办了“摇篮颂——庆祝首都师大建校40周年展览”，组织全校师生员工参观。

1996 年 3 月江泽民发表谈话，提出全国教育面临的两个主要转变，要求教育适应现代化建设对各类人才培养的需要，提高办学质量和效益。此后两年学校在办学过程中力求加以贯彻落实。

1998 年，《邓小平教育理论学习纲要》出版发行，《高等教育法》颁布，这是教育战线具有重要意义的大事，学校开展了邓小平教育理论思想的学习讨论，组织党总支书记培训班，先后邀请周远清、顾海良、李连宁、钟秉林、马立等教育部领导来校为教职工作专题报告。

1999 年至 2002 年，党委组织全校师生员工学习《中共中央国务院关于深化教育改革全面推进素质教育的决定》和江泽民在北京大学、清华大学、中国人民大学和北京师范大学发表的重要讲话精神，并举办辅导报告，使广大师生进一步明确教育的战略地位、高等学校在知识经济时代的历史使命和教育工作者肩负的神圣职责。

2001 年配合学校“211 工程”“九五”项目验收，党委宣传部制作并展出了大型展览《回首五年满眼春》，组织全校师生参观，使师生员工了解近 5 年来学校发生的明显变化，从而增强人们的责任感和使命感。

2003 年下半年，宣传思想工作以配合学校迎接教育部本科教学水平评估为重点，在师生员工中广泛开展“我为迎评作贡献”的活动，营造思想舆论氛围。

（四）开展精神文明建设活动

“精神文明建设”的概念是改革开放之初提出来的，但思想道德建设工作在“文革”之前就已广泛深入地开展起来了。与全国同步，50 年代起，我校师生即开展经常性的向民主革命时期的先烈、新中国建立后的志愿军和各行各业劳动模范学习的活动，60 年代前期又大兴学大庆、学大寨、学习解放军之风，雷锋和焦裕禄成为人们热爱的社会主义时代英雄。作为师范院校，党委始终强调对师范生进行忠诚党的教育事业、为教育工作奉献青春的教育。我院 50 年代～60 年代的毕业生，大多数分配到北京的远郊区县，在艰苦的生活和工作条件下，长期默默耕耘，出现了许多可歌可泣的人和事。另外，党委注重校风、教风、学风建设，1955 年提出了“实事求是，团结互助，热爱教育，艰苦朴素”的 16 字校训。1958 年制定的《学生守则》又规定“树立认真读书、刻苦钻研的学风”。

中共十一届三中全会后，全院再次广泛开展了学雷锋的活动，表彰学雷锋活动中涌现出来的先进个人和集体，在对学生进行系统的爱国主义、集体主义、社会主义的思想教育方面做了大量工作。

1981 年，党委加强社会主义精神文明建设，开展了“五讲四美”和“全民文明礼貌月”活动，强调师范院校要走在建设社会主义精神文明的前面。学校还把精神文明建设同学生的日常学习生活结合起来，开展了“文明校园”、“文明教室”、“文明宿舍”、“文明标兵”等不同类型、不同层次的精神文明创建活动，促进了广大学生思想道德素质的提高。

1982 年，学生工作部、德育教研室针对学生在人生观方面存在的问题，做了大量的调查研究工作，在 1979 级和 1980 级进行了人生观教育的试点。组织了“什么是人的本质”、“人生的目的和意义”、“正确对待人生道路上的几个问题”、“80 年代大学生应当树立共产主义人生观”等四个专题的讨论和宣讲，取得了一定的经验，受到了上级领导机关和兄弟院校的重视。随后学校组织德育课教师编写了《人生哲理》讲义，培训了思想品德课师资队伍，并在全国率先开设了面向学生的“人生哲理”讲座，回答了学生在人生观方面关注的理论与实践中的诸多问题。广大学生在思想政治方面出现了要求进步、积极向上的态势。全院有 300 多名学生提出了入党申请。

1984 年党委作出了《关于加强学生思想政治工作的决定》、《关于加强研究生工作的决定》，1986 年又制订了《北京师范学院学生思想政治教育总体规划》，通过宣传，使全院师生提高抓思想工作的认识，形成齐抓共管的氛围。

1986 年，中共十二届六中全会作出了《中共中央关于社会主义精神文明建设指导方针的决议》，院党委理论学习中心组首先进行学习，并按不同层次组织全校师生员工学习《决议》，在领会《决议》精神的基础上，制订了学校加强精神文明建设的措施。同年，还在全院范围内开展了普法教育，全校师生员工增强了法制观念，提高了学法、用法、守法的自觉性。同年我校还首次对学生进行了以培养集体主义精神和严格的纪律作风为重点的集中军事训练。

1986 年起，党委全面而明确地提出加强“三育人”活动的意见（在 1983 年已提出办学的各类人员的工作都要围绕培养“四有”新人而进行），要求教书育人、管理育人、服务育人，使全体教职工肩负起培养社会主义新人的神圣职责，同时提高自身的素质。

1987 年党委制订了《关于在学生中开设美育课和开展美育活动的意见》，并决定成立美育指导委员会，推进相关活动。同年党委在学生中开展以“五讲四美三热爱”为主题的系列教育活动。

1988 年组织部分学生干部赴沿海开放地区和革命老区进行社会实践，使学生受到了深刻的教育。

1991 年 9 月，学校首次成立校风、教风、学风综合治理小组，把“三风”作为学校的基本建设来抓。此后 10 余年，针对部分学生学习动力不足、学习浮躁、纪律松弛的现象，针对部分教师学风不正、不能为人师表的问题，针对部分职工不思进取、疏忽职守的情况，通过多种渠道加以纠正，并建立制度保障。1993 年党委确定“为学为师，求实求新”为首都师大校训，1999 年举行了校训碑揭幕典礼。

1991 年 10 月，市委教育工委、市高教局下发了《关于北京高等学校开展‘文明校园’建设的意见》，我院随即成立“文明校园”建设领导小组，研究“文明校园”建设的总体设想和具体实施办法。领导小组下设办公室、宣传阵地、校园治安、教学环境、校园卫生、校风校纪等 10 个专业组。学校还召开全院中层干部大会，部署“文明校园”建设工作，其重点是：教风、学风、领导作风及机关工作作风和校园环境建设。

1993 年 10 月，北京高等学校文明校园检查评估组来我校考核，我校通过了文明校园建设检查验收，得分在已查的十几所高校中排名第一。

1995 年，中共中央下发了《关于进一步加强和改进学校德育工作的若干意见》和《爱国主义教育实施纲要》，为贯彻落实文件精神，我校召开了德育工作会议，讨论通过了我校《加强和改进德育工作的意见》，要求树立全员德育意识，建立全方位德育格局，寓德育于培养学生的全过程，创造有利于学生发展的德育环境，加强和改进学校的德育工作。党委相继制订下发了《首都师范大学德育大纲》、《首都师范大学爱国主义教育实施意见》，全校还开展了“做合格公民、做文明大学生”的活动。

1998 年 12 月，北京市教委来我校抽查文明校园建设情况，并确定提名清华大学和我校为北京市精神文明建设委员会评选的“首都文明标兵”单位。

2000 年，为深入贯彻《中共中央关于加强和改进思想政治工作的若干意见》，市委宣传部和市思想政治工作研究会组织编写《北京市思想道德建设创新实践》丛书，该套丛书由市委书记贾庆林作序，选取了北京市不同行业的思想道德建设的 30 个典型。我校作为思想道德建设典型单位入选，编写了《师魂的律动》一书，该书反映了我校近年来思想道德建设的经验和成果。

2001 年中共中央印发《公民道德建设实施纲要》，2003 年中共中央文明委印发《关于深入贯彻党的十六大精神进一步加强公民道德建设的意见》，我校党委发出通知，要求各单位高度重视，结合我校实际，努力推动公民道德建设向纵深发展。

2002 年党委印发《抓住机遇，开拓进取，为实现学校“十五”计划目标而奋斗》的文件，党委指出，建设高水平的大学，必须培育优良的大学精神，要把全社会的精神文明建设与大学特有的传统和学术风格建设结合起来。要大力倡导“营造浓厚的学术氛围，增强综合的学术实力，提升高尚的学术品位”，这为形成一流的大学软环境注入了新的内涵。

二、宣传教育机构

党委宣传部沿革：

1954 年、1955 年，中共北京师院党支部、党总支均设立了宣传委员。1956 年 10 月，北京师院党委建立，下属宣传部等职能部门相继设立。宣传部内设办公室、院刊编辑部。“文化大革命”开始后，党政机构瘫痪。1968 年，军宣队进驻，革委会成立，下设有政工组，政工组内下设宣传组，宣传组又下设办公室、大批判组、电影队、广播站等部门。1971 年 6 月，北京师院第六次党代会后，宣传组更名为宣传部。1978 年宣传部所设的机构有：办公室、电影队、广播站，取消了大批判组。1982 年，电影队划归教务处设备科管理，广播站划归学生会和团委管理。此后，宣传部机构主要由办公室、校刊编辑部两部分组成。

“一报两台”是学校的主要宣传舆论工具。

（一）《首都师大》（校报）

《首都师大》报是首都师范大学党委和行政的机关报，为有国内统一刊号的报纸，由校报编辑部编辑。原名《北京师院》报，1992 年更名为《首都师大》报。1956 年成立院刊筹委会，院刊定名为《北京师院》，为内部刊物，宣传报道对象为本校师生员工，主要报道学校的中心工作和各项活动。1957 年 1 月 1 日，《北京师院》正式创刊。初创刊时半月一期，同年 9 月 30 日后改为周刊。1958 年 9 月，党委制订了《关于加强院刊工作的决定》，强调要“全党办报，全院办报”。这一时期，院刊一共出版了 135 期。1960 年 7 月 20 日后，因国家处于困难时期而停刊。1964 年《北京师院》复刊，每月出 3 期。1966 年“文革”开始，院刊被迫停刊。“文革”结束，1978 年再度复刊。1992 年以前，编辑室长期是 1 至 2 人办报。1992 年后，设主编 1 人，编辑 2 人。《首都师大》报为半月刊，4 开 4 版（要闻版、教工生活版、学生生活版、文艺生活版）。有时扩大版面或出版专刊。截至 2003 年年底共出刊 375 期。现任主编为赵群（2000～ ）。

（二）首都师大电视台

1986 年，学校完成了全院闭路电视系统建设，继而成立北京师范学院电视台，设在电教馆内，凡是全院性的集会等重要活动，都可向全院直播。1988 年，电教馆撤销，成立电化教育中心，加强了对电视台的管理，电视新闻的拍摄量有较大幅度的增加。1991年党委决定成立电视宣传领导小组，下设新闻制作、播放、学生活动中心电视台播放3个组，分别负责校内各单位新闻的采编、制作、统稿、电视台各类节目的选择和播放，以及学生活动中心内部各类节目的选择和播放。1993年，制订了《首都师大电视宣传工作暂行条例》，规定由宣传部统一下达电视新闻摄制任务，电教中心负责电视新闻的拍摄和制作，宣传部负责电视新闻解说词的统编工作。《条例》还规定了专题电视片和其他电视栏目的拍摄制作规则。此后，校电视台一直坚持拍摄校内新闻，每周三晚向全校师生员工播放。同时还制作了《摇篮颂》、《继往开来、再创辉煌》、《托起明天的太阳》等一系列题材各异的专题片，大力宣传学校的改革和发展。

（三）广播台

50年代中后期起，北京师院即有有线广播活动。1968年8月到1971年8月间，师院革委会宣传组主持建立了广播站，配合形势进行宣传。1972年6月，宣传组改称宣传部，广播站受宣传部领导，直至1982年底，广播站由校团委、学生会管理。

（四）宣传橱窗

建校初期，在今校本部学生活动中心两侧和对面设立了三组砖木结构宣传橱窗，2001年更换为不锈钢橱窗。宣传橱窗由党委宣传部统一管理，制订了橱窗使用登记制度。橱窗内容除配合国家重大活动的宣传外，主要展示学校各方面工作的成果、表彰先进等。

表8.1.2.1　　党委宣传部主要负责人任职更迭表

姓　名	职　务	任　期
吴瑞章	宣传部长（党委副书记兼任）	1956～1958
章一之	宣传部长	1959～1961
杨云芝	同　上	1962～1966
杨云芝	同　上	1978～1982
宋文茂	同　上	1982～1986
刘洪海	同　上	1986～1991
李　瑰	同　上	1991～1997
潘　亮	同　上	1997～

党委宣传部工作职责：

宣传部是党委的职能部门，在校党委的领导下，主管全校宣传思想工作。主要职责有：围绕党和学校的中心工作和主要任务，负责制订党委理论学习中心组和全校教职员工政治理论学习计划，组织全校领导干部的理论教育与培训，协同党委组织部和纪委对党员进行党性党风党纪教育；及时了解和把握全校教职员工的思想政治动态，有针对性地开展形势政策教育与法制教育，并对学习情况进行检查、督促；负责指导与协调大学生思想政治课的改革与建设，组织思想政治理论课教师开展理论与实践问题的研究；负责运作校报、校电视台、校新闻网和橱窗等校内宣传媒体，围绕党和学校的中心工作，加强与新闻媒体的联系与沟通，策划、组织、撰写有关宣传学校重大活动的文章在新闻媒体上刊发和播出；负责全校有线电视的管理与维修。

第三节 组织工作

一、工作沿革

（一）校、院系两级领导班子建设

1. 思想政治建设

建院初期，院党支部便建立了比较正规的政治业余学校和理论学习制度，组织院领导班子成员系统学习党在过渡时期的总路线、总任务、总政策和《联共（布）党史》，学习毛泽东的《实践论》、《矛盾论》等哲学著作。

1955 年 9 月，新成立的院党总支规定，党内每周过一次组织生活，要求院、系领导积极参加并带头学习，带头开展批评和自我批评。

1956 年 11 月，院党委提出院、系两级领导干部要认真学习贯彻落实中共“八大”会议精神，培养德智体全面发展的学生。

1957 年 5 月，院党委委员、院系两级 13 名负责人参加第一批整风，通过整风也整顿了学习纪律。之后我院院、系两级领导班子的理论学习制度建立并坚持下来。

1958 年 9 月，我院召开党员大会。大会提出，要加强党的领导，加强领导班子建设和党的基层组织建设。号召全体党员，尤其是院系两级领导干部，在总路线照耀下，认真贯彻社会主义教育方针，为争取提前实现我院 5 年跃进纲要而奋斗。

1958 年 10 月，院党委作出决定，大张旗鼓地开展共产主义思想教育。党内先领导干部，后普通党员，自 10 月 26 日起到 11 月 10 日止，由党委会传达刘少奇的讲话和安子文《在党的组织工作方面为过渡到共产主义准备条件》的报告，进行学习讨论，最后由党委会作总结报告。

1962 年，我校党委贯彻中共中央提出的“党要管党”的精神，大力加强党的思想政治建设，陆续制订了《党总支工作条例》等党内的规章制度，要求党总支和系行政领导，带头学好党的方针政策。

1965 年 11 月，党委扩大会议提出，各级领导干部要突出政治，深入学习毛泽东教育思想，将教育革命的重点放到教学改革上来。

1966 年 2 月 25 日，在总支书记及 17 级以上干部会上，党委书记号召深入开展活学活用毛泽东著作运动，必须和思想工作实际相结合，强调在“用”字上狠下工夫，并加强学习的自觉性。

1978 年 12 月，全党号召认真学习中共十一届三中全会公报。此后，领导班子形成了每周一次的理论学习制度。

1979 年 10 月，党委召开扩大会，历时 7 天半，学习真理标准问题。

1982 年 9 月，中共十二大召开后，党委研究和部署了党的十二大文件的学习，并结合学习《邓小平文选》和《党的三中全会以来重要文献选编》，同时根据全国党员教育工作会议精神，着重抓了以学习新党章为主要内容的党员教育活动。《中共北京师范学院委员会 1983 年上半年工作小结》指出：“通过这次党员教育活动，党的组织生活质量有所提

高；党员的党性、党纪和党的组织观念有所加强；党支部的战斗堡垒作用和党员的先锋模范作用不同程度地得到提高，为今冬明春的整党做好了思想上的准备。”

1983年下半年，在系处级以上干部中传达学习中共中央和北京市委关于落实知识分子政策、统战政策和老干部政策的精神和部署，举办有关人员参加的学习班。

1984年1月，党委制订了《北京师范学院院、系领导班子学习制度》，规定建立院、系两级领导干部理论学习中心组。院理论学习中心组成员为党委常委、院级党政领导及列席党委常委会议成员，党委书记任组长，党委宣传部长、党办主任协助党委书记进行组织安排。每周二下午为理论学习日，如无特殊情况必须坚持。《制度》还规定，把理论学习的情况作为考核、评议干部的重要内容。

从1990年起，北京师院党校有计划地抓对系处级干部的集中理论培训，特别是1992年以来，按照年龄、岗位、职级、不同任职年限等不同类别，每年举办1～2期系处级领导干部学习班。

1992年4月，院党校举办45岁以下中层干部党建理论培训班，38名处级干部参加为期10天的培训，以学习党的宗旨为中心，解决权力观、价值观、群众观的问题。

1993年4月，首都师大党校在坚持以往对干部进行党的理论知识培训的同时，承担了对机关干部进行多方面素质培训的任务——对校机关干部进行计算机培训，第一期有26名干部完成40课时的学习和上机练习，促进了机关干部现代技能的提高。

1997年以来，为了完善和规范我校校、系两级中心组的学习制度，校党委又制订了《首都师范大学校、系理论中心组学习制度的规定》，从组织形式、学习内容和学习方式、学习要求三个方面作了具体的规定。除重新明确了校、系理论学习中心组的人员组成外，在学习内容上，增加了经济知识、管理知识、现代科技知识和中国近现代史等，突出强调了“学马列要精，要管用”的原则；在学习要求上，更加强调学习要有计划，有考勤，有讨论记录，个人有读书笔记，强调树立理论联系实际的学风。

1999年10月至2000年1月，根据中共北京市委和市委教育工委的要求和部署，作为试点单位，我校在系处级以上领导班子和领导干部中开展了以“讲学习、讲政治、讲正气”为主要内容的“三讲”教育。全校共206名处级以上领导干部参加了学习。

2001年12月，举办中层干部理论学习班，学习江泽民“七一”讲话。

2003年3月至7月，校系领导干部学习中共十六大文件。2003年8月，举办暑期领导干部学习班，学习胡锦涛“七一讲话”和“三个代表”重要思想。

2003年12月，党委举办领导干部学习班，主题为“提高执政能力和领导水平”。

2. 组织建设

1957年4月1日、4月22日，院部先后召开了行政会议及系科室主任会议，会议讨论了关于提高干部水平、干部管理、劳动纪律、精简编制等一系列组织人事工作方面的重要问题。关于干部管理问题，强调对干部要考察、了解和帮助。会议反复强调，今后应加强对干部的管理工作。

1962年，根据《高校六十条》的要求和学校第五次党员大会的精神，为更好地发挥领导班子的作用，党政职责逐步分开。党委在加强党的思想政治建设的同时，大力加强党的组织建设，及时调整并加强了党委职能部门和系、部、处、委的领导班子。

1979年11月29日，院党委召开党员大会，传达中共中央和北京市委组织工作会议精神。指出：各级党委要切实加强领导班子建设，积极培养和选拔接班人。要搞好干部培训，积极准备进行干部制度改革，善始善终地搞好落实干部政策工作，加强党员的教育管理。对献身"四化"，思想解放，肯学肯钻，业务精益求精，能够以身作则，讲党性，守纪律，倾听群众意见，在工作中表现出实干精神和创造精神的优秀干部，要加以重用。要大胆提拔使用中年干部，大力培养、选拔青年干部。要充分发挥老干部的作用，搞好传帮带。

1980年12月20日，党委书记在《中共北京师范学院第七届党代会的报告》中指出：要大力选拔、培养德才兼备、又红又专的中、青年干部，充实院、系两级领导班子，特别是院级领导班子，要制订选拔培养中青年干部的计划，老干部要真正担当起培养革命接班人的重任。为此，1980年底，曾在全院中层以上干部中投票推荐院级干部接班人，在群众推荐的基础上，逐步建立了滚动式的后备干部名单，有计划地对他们进行培养。

1982年以来，党委组织部在连续几年的《工作要点》中反复强调要加强干部工作，组织部要继续做好对中层干部的管理考察，逐步建立对干部的考察卡片，做到对干部心中有数；认真做好对中层干部选拔提升和调整的组织工作。在总结数年实践的基础上，党委于1990年制订了《关于加强中青年干部考察、选拔、培训工作的意见》。

1985年和1986年党委分别制订并实施《关于院、系领导班子民主生活会制度》和《关于评议院级和中层领导干部的制度》。

1989年2月，为了加强党对学校的领导，保证社会主义办学方向，根据《中国共产党章程》和上级的有关规定，出台了《中共北京师范学院委员会工作暂行条例》，明确党委是党在我校的基层组织，是政治核心。党委要坚持社会主义办学方向，全面贯彻党的基本路线和教育方针，全面领导学校的思想政治工作，从严治党，切实加强党的思想、组织、作风建设，做好学校中民主党派组织和无党派人士以及侨胞、台属等方面代表人物的统战工作，从政治上领导教代会、工会、共青团、学生会、研究生会等群众组织，支持他们的工作。《条例》还就党委会、常委会的主要职权、会议制度、工作制度和程序等问题作了明确规定。在工作制度和程序上，明确了党委与校长的关系，提出发挥党委政治核心的作用，重大问题必须由党委集体讨论作出决定；又要保证院长充分行使对学校行政工作的统一指挥权，支持院长独立负责地开展工作。

1990年初，党委为加强年轻干部培养和后备干部队伍建设，在调查研究的基础上，提出实施"761"人才工程（即重点培养40岁以下的年轻骨干教师70名、年轻优秀党政干部60名、年轻马克思主义理论骨干教师10名)。"761"人才工程实施后，1994年初又制订了我校的"52111"人才工程（即从现在起到本世纪末或稍长一段时间内，培养、引进50名在国内知名、有的在国际上也有一定影响的学科带头人，20名40岁以下的市级学科带头人，100名40岁以下的市级骨干教师，100名至150名具有博士学位的青年教师，100名中青年党政管理干部)。在培养选拔后备干部工作中，党委要求院系处级党政班子每学期研究一次后备干部工作，每年调整一次后备干部队伍，根据岗位的需要和系党政班子的现状确定后备干部的培养人数、方向和目标，拟定措施，有计划有步骤地进行培养。我校以《加强"双青"队伍建设是一项跨世纪的战略任务》为题的经验总结多次作为北京市委、市委教育工委和北京高校党建研究会的会议交流材料，并获1994年度北京高校党建研究成果一等奖。

1995年10月至1996年7月，校党委组织6个调查组，对全校45岁以下系处级党政干部的思想政治状况进行调研，《调查报告》提出了面向21世纪，努力建设一支高素质的系处级干部的6点思考。《调查报告》被收入北京高校党建研究会文集——《加强高校党的建设，办好社会主义大学》。

1996年7月，校党委在北京市委召开的组织部门知识分子工作经验交流会上作了《面向21世纪，加快实施“52111人才工程”，为建设全国一流师范大学而奋斗》的经验介绍，对我校加强“双青”队伍建设和制定、实施“761人才建设工程”的情况进行了总结；对制定、实施“52111人才工程”的具体做法和设想，特别对高素质、高水平年轻教师、年轻干部的选拔、培养情况进行了说明，提出要“建设一个好班子，培养一支好队伍，教育、凝聚、带领全校教职工，为把首都师大办成一流水平的社会主义的师范大学而奋斗”。

1997年、2002年党委两次以社会考察的方式，组织全校党总支书记、党委各职能部门部、处长近50人分三个方向赴广州、深圳、上海和江苏等地的高校和改革发展搞得好的地区和单位进行为期一周的社会考察，使大家开阔了眼界，增长了见识，学到了许多书本上学不到的东西，对中共十五大精神和邓小平理论，对中共十六大精神和“三个代表”重要思想有了更加深刻的理解。

2002年11月党委通过了我校《加强院系处级干部队伍建设规划纲要》，在组织建设方面，从年龄、学历、职称、学缘等方面提出了更优化的要求，特别提出要加大培养年轻干部的力度，做好选拔、培养100名优秀年轻后备干部的工作，努力提高现有干部的整体素质。

2003年8月，党委以“提高领导干部执政能力和全面素质”为主题，举办全校正处级领导干部培训班，86人参加，学习胡锦涛“七一”讲话，大家表示要把首都师大办成让北京人民“靠得住”、“信得过”的大学。2003年11月，又在全校处级以上领导干部范围内组织了这个主题的培训，181人参加。通过培训，进一步提高了处级以上领导干部的执政能力和全面素质。

3. 作风建设

1957年5月，北京市委在高校党委书记会议上布置整风，方法是和风细雨，但要有风有雨(参见本节第四项)。

中共十一届三中全会以后，党委十分注重领导班子的思想作风建设，努力从制度建设上加以解决。1985年制订了《中共北京师范学院委员会关于院、系领导班子民主生活会制度》，1997年又制订了《关于校、院系领导班子民主生活会的制度》，强调实行党员领导干部民主生活会制度，是党内政治生活中的一项重要制度，是解决领导班子自身矛盾与问题、加强党内监督、提高领导干部思想水平和党性修养的有效途径。对于校级领导干部则规定要以普通党员身份坚持过好双重组织生活，即除参加校领导班子的民主生活会外，还应参加所在支部的组织生活。此外，还规定全校院系处级领导班子每学期召开1～2次民主生活会，认真开展批评和自我批评，努力提高生活会的质量。

为了搞好领导班子的思想作风建设，校党委坚持每1～2年对系处级干部的思想、工作状况进行调研，通过调研，了解干部的思想、工作和生活等基本情况，并有针对性地进行教育和培训。在提高理论水平和政治素质上，主要是采取学习培训的方式，如1992年党校举办党员系处级干部和教授学习班，重点学习邓小平关于建设有中国特色社会主义的一系列论述，全面理解和贯彻党的基本路线。1996年、1997年和1998年分别以"增强党性、提高素质"、"学习贯彻中共十五大精神，提高年轻干部思想政治素质"和"认清形势、明确职责、当好人民公仆"为主题举办了为期各一周的学习班。2003年分别举办正处级领导干部和全体处级领导干部学习班，学习中共十六大精神、邓小平理论和"三个代表"重要思想，对干部进行执政能力和思想作风方面的教育，促使他们增强执政意识，改进领导作风，提高工作水平，增强使命感、责任感和全心全意为人民服务的奉献精神，正确行使人民赋予的权力，为学校的改革发展作出贡献。

为了加强领导班子的思想作风建设，更好地贯彻执行党的路线、方针、政策，1986年党委还制订了《中共北京师范学院委员会关于评议院级和中层领导干部的制度》，规定每年对院级领导和中层干部进行一次评议。1997年，又制订了《关于评议校级和系级领导干部的制度》，就领导干部贯彻执行党的路线方针政策，学习马列主义、毛泽东思想、邓小平理论，坚持民主集中制，坚持党性原则，维护党和人民的利益，遵循全心全意为人民服务宗旨等方面进行评议。

1991年党委制订了《关于建立同系处级领导干部谈话制度的决定》，1996年又对其进行了修订。明确规定了在什么情况下需要对干部进行谈话，并对谈话的分工，谈话的次数，以及同系处级领导干部谈话应遵循的基本原则，提出了明确的要求。这一制度的建立旨在通过交流情况，交换意见，疏通思想，帮助干部发现问题，纠正错误，改进工作和作风，提高思想政治素质，推动领导班子的作风建设。

(二) 院（系）处级领导干部的选拔任用

中共十四届四中全会后，党委在院（系）处级领导干部的选拔、任用与培养上，投入了更多的精力，将其作为一项重要的工作来抓，使之制度化、规范化。

1995年召开的学校党的建设工作会议，以加强系处级领导班子建设和基层党组织建设为主题，通过了《关于进一步加强系处级领导班子组织建设的意见》。1997年根据中央有关精神制订了《关于系处级领导干部选拔任用工作暂行办法》，以制度的方式把干部工作的原则具体化，使选任系处级干部工作有章可循。2002年中共中央关于印发《党政领导干部选拔任用工作条例》通知下发后，党委结合我校实际，于2002年12月修改、制订了《院系处级领导干部选拔任用工作办法》，除了对干部选任条件、程序作出明确规定外，还采取了任前公示制度、竞争上岗制度等。

在干部的选拔任用上，在80年代中期相关举措的基础上，进一步扩大了民主，重点抓了三个环节：第一个环节是民主推荐。坚持选拔任用院（系）处级领导干部，必须经过民主推荐提出考察对象。按照《首都师范大学系处级领导干部选拔任用工作暂行办法》的规定，院（系）处级领导班子换届时，按照领导班子职位的设置全额推荐；个别提拔任职时，按照拟任的职位推荐。为了确保推荐质量，必须保证推荐范围有足够的广泛度。第二个环节是组织考察。考察拟任系处级领导干部人选时，采取广泛听取意见的办法。注意在工作实践中去考察其德、能、勤、绩。第三个环节是党委集体讨论。在党委常委会上讨论干部工作时，由分管干部工作的党委副书记和组织部长详细介绍对领导干部人选的推荐、考察情况，与会人员进行充分的讨论，按少数服从多数的原则，只有得到应到会成员半数以上同意时，才能形成"决定"。否则，暂缓决定，或不予通过。

此外，在领导干部的选拔任用上，党委还重点抓了三个原则的贯彻：一是坚持党管干部的原则。党委在对干部的培养、考察、选拔、任用、罢免、教育、管理、监督等方面实行统一管理。二是坚持德才兼备、任人唯贤、群众公认和注重实绩的原则。当院（系）处级班子换届时，组织部除在全体教职工中以书面无记名投票方式进行民意测验、民主推荐外，还以个别谈话的方式，在60人以下的单位，听取所有教职工的意见，百人左右的单位听取不少于70%教职工的意见，注重社会舆论和群众呼声，通过群众公认来选贤，使年富力强、德才兼备的干部走上领导岗位。三是坚持依法办事和民主集中的原则。在选拔干部过程中，党委严格按照干部条件和法定的程序开展工作。包括民主推荐，民意测验，组织部门考察，广泛听取教职工意见，征求纪委意见，组织部门认真分析研究后汇报，党委（常委）集体讨论决定等。在干部任免上，坚持未听取群众意见，未经过组织部门考察，不能提交常委会议决的原则。对干部的任免，严格按制度办事，不搞临时动议。在决定干部任免时，由组织部全面介绍被考察干部的德才表现，工作实绩和主要特长，指出主要缺点和不足。在认真讨论的基础上，党委常委按少数服从多数的原则表决，对有争议者暂不作出决定，会下再沟通情况，统一认识后再议。

2000年5月至6月，党委对我校机关和直属单位50个处级岗位实行竞争上岗。全校129名教职工参加竞聘。通过竞争上岗，一批年纪轻、学历高、观念新、能力强、素质好的人员走上领导岗位。

2003年4月至5月，党委对18个处级岗位进行第二次较大规模的干部轮岗交流、竞争上岗。在这期间，音乐学院、数学系、体育教研部等单位，也以竞聘方式选任院长或系（部）主任。

（三）党的基层组织建设

1954年3月，北京教师进修学院党支部（北京师院专修班党支部的前身）成立。党支部主要围绕学校创业，进行党内外的思想政治工作。一方面抓党员和干部的先锋模范作用，另一方面注意调动广大师生建校的积极性和主动性。党支部通过组织理论学习，提高党员、干部及教工的思想政治素质。

1955年9月，学校建立了党总支委员会。党总支成立后，注意加强对党员的管理，规定党员每周过一次组织生活，党员每月要主动向党小组长或支部委员汇报一次思想、工作和学习情况。在党员发展工作上，提出全党动手，共同做好党的发展工作。为加强基层党支部建设，于1956年5月制订了《中共北京师院总支委员会关于教师支部建设工作的决议（草案）》。

1956年10月，学校成立党委。同月，党委制订了《关于加强学生支部工作的补充意见》。

1957年1月，党委组织全体党员学习中共八大通过的《中国共产党章程》，拟定详细学习计划，确定学习重点，召开党总支、党支部干部会具体布置落实。

1962年，我校参照实行《高校六十条》的规定，党政职责有所分开。党委贯彻中共中央提出的“党要管党”的精神，大力加强党的组织建设和思想作风建设，陆续制订了《党总支工作条例》等党内的规章制度，调整并加强了党委职能部门和系、部、处、委的领导班子，重视并加强发展党员的工作。

1964年，党委多次召开常委会和党委会，分析发展学生党员的必要性和可能性。暑假时，在党内再次传达北京市委有关党的队伍发展的精神，批评了“工作忙，顾不上做党员的发展工作”、“学生入党条件尚不具备”等不正确的认识，提出要克服党员发展工作中“关门主义”的倾向，要求党总支和党支部按照“历史问题看现在，家庭社会关系看本人”的精神，积极开展党的发展工作。

1979年5月，党委对全院党员情况进行调查。全院有党员1234人，占师生员工总数的27%，有党总支15个，党支部104个。在党员中，“文革”以来入党的有506人，占党员人数的42%。由于林彪、“四人帮”搞乱了思想理论是非，党组织长期处于瘫痪状态，组织生活不正常，新党员未受到党的严格教育，许多人不懂得党的基本知识，不了解党的历史、党的优良传统和作风，不知道怎样做一名合格的共产党员。即使是“文革”以前入党的党员，在极左思潮的毒害下，有些人党的观念也淡薄了，放松了对自己的要求。调查报告指出，加强党组织的建设迫在眉睫。

1980年4月，根据中共十一届五中全会精神，院党委决定对党员和干部进行普遍深入的思想政治教育，包括采取对支部书记进行轮训的措施，组织支部书记重点学习《关于党内政治生活的若干准则》，讨论党的工作重点转移后应如何开展党支部工作。1981年，党委制订并下发了《建立和健全党的组织生活制度的通知》。1983年9月，党委制订并印发了《党总支委员会及总支书记、副书记、总支秘书岗位责任制和考核办法（征求意见稿）》，对系级总支委员会的组成、任务，总支书记的职责范围，总支副书记和总支秘书的岗位责任制、考核办法都提出了具体意见。

1984年5月，党委根据中共中央（1983）5号文件精神和北京市委要求，从我院情况出发，用半年时间抓了以学习新党章为主要内容的党员教育，每周用半天，采用集中上党课、分散讨论的形式，分四个专题，即党员教育是整党前的重要思想准备，坚定为共产主义奋斗的信念，用党员条件严格要求自己、做一名合格党员，坚持党的民主集中制原则、加强纪律性等。通过学习，党支部的组织生活质量有所提高，党员的党性和组织观念有所加强，党支部的战斗堡垒作用和党员的先锋模范作用得到不同程度的提高。为提高和规范党支部的工作，1985年制订并实行党支部工作手册制度。

1984年10月至1985年7月，根据《中共中央关于整党的决定》，我院进行了整党(参见本节第四项)。

1986年4月，院部党政机关开始整顿机关作风。通过整顿作风，努力做到：(1)党支部要及时掌握党员的思想情况，党员要主动向支部汇报思想，搞好批评与自我批评。(2)党内没有特殊党员，领导要带头参加组织生活和主动进行自我批评。(3)组织部要检查各支部的生活会，并向党委汇报。

1986年12月，根据北京市委《关于对新党员进行培训的通知》精神，院党委决定对1983年以来发展的536名新党员普遍进行一次培训。培训内容为重点学习党的基本理论和基本知识，努力提高党员的政治素质，明确新时期如何发挥党员的先锋模范作用。教工党员和学生党员的培训工作分别进行。

1988年，党委组织部对全院党支部建设情况进行了调查，在调查的基础上提出了要抓紧对党员的教育，建立健全各项规章制度，对不合格党员进行教育查处等意见。

1988年12月，院第九次党代会报告指出，党组织要在改革开放的新形势下加强自身建设，在发挥支部战斗堡垒作用和党员先锋模范作用方面应增强3个“力”：一是支委会的凝聚力；二是支部生活的活力；三是党员教育的吸引力、感染力。要坚持和健全5项制度：（1）健全党日活动制度；（2）坚持民主生活会、开展批评与自我批评的制度；（3）完善党员联系群众的制度；（4）推行民主评议党员制度；（5）支委会向党员大会报告工作制度。

党委组织部按党委要求制订了1988～1989年《党员教育提纲》。《提纲》主要内容包括四个方面：（1）正确认识社会主义初级阶段的理论和实践，坚定共产主义的理想和信念；（2）认清改革形势，坚定改革必胜的信心；（3）加强党风建设，严肃党的纪律；（4）坚持党员标准，充分发挥党员的先锋模范作用。在教育方法上，强调要密切联系实际，坚持民主和平等的方法，根据不同层次，区别对待，讲求实效。《提纲》还重申了党员教育的各项制度。

1990年1月，党委根据《党章》有关规定，结合我校的实际情况，制订和下发了《教工党支部工作试行条例》，对教工党支部的地位、作用、任务、党支部的设置、支委会的产生、党支部书记的条件等做了规定。

1990年4月～1991年1月，进行了党员重新登记工作（参见本节第四项）。

为了明确党委、党总支、党支部三级党组织在党支部建设中的责任，根据中发（1990）12号文件和《中国共产党普通高等学校基层党组织工作暂行条例》的精神和规定，党委于1991年9月结合我校实际，制订了《关于加强基层党支部建设的三级责任制》。这一文件规定了党委在加强基层建设方面的5项职责，党总支对加强基层党支部建设的5项职责，基层党支部委员会对加强基层支部自身建设的5项职责。为了使党支部工作规范化、科学化，根据党章关于基层组织的任务和《高等学校党组织工作条例》以及院党委制订的《党支部工作条例》、《关于加强基层党支部建设的三级责任制》的要求，党委于同年11月制订了《党支部工作考核办法（草案）》，规定了考核的目的、内容、标准和办法，把党支部的工作状况作为考核各系党政工作和机关部、处工作的重要指标之一。

党的十四届四中全会根据新的形势，对加强基层党组织建设提出了新的要求。为贯彻落实党的十四届四中全会《决定》和市委、市委教育工委《党的建设三年规划》的精神，1995年，我校召开了党建工作会议，制订了《首都师范大学党的建设三年规划》、《关于进一步加强党支部建设三级责任制》、《关于党支部工作考核办法》、《关于表彰和奖励党的建设和思想政治工作先进集体、优秀工作者和优秀工作成果的办法》等加强基层组织建设的文件。在《关于进一步加强党支部建设三级责任制》的文件中，把党员教育与党的发展工作作为学校三级党组织的重要职责，三级党组织的职责均由1991年文件规定的5条职责增补为7条职责。在《关于党支部工作考核办法》文件中，把基层党支部的考核确定为：支部的组织建设、组织生活、党员的教育、管理和监督等5项基本内容，其中每项内容含有4个指标，每个指标分为优、良、中、差4个档次。20个指标满分为100分。文件还规定了考核的程序和办法，考核成绩将作为评选先进党支部的重要依据。在对党支部考核的同时，积极探讨对党总支的考核工作。规定对党总支每年考核1次，党支部每两年考核1次。

1996年，党委组织广大干部和党员学习中央颁布的《中国共产党普通高等学校基层组织工作条例》和市委组织部、市委教育工委关于贯彻中央条例的《实施办法》，并将中央《条例》、市委《实施办法》和我校《党支部工作考核办法》装订成册，发至党员人手1册。

1997年，党委在组织党总支、党支部学习中共十五大文件，学习市委教育工委下发的《北京高校院系党总支、教研室党支部工作考核评估办法（征求意见稿）》的基础上，结合前几年党支部考核的实际，认真修订和完善了我校党总支、党支部工作考核办法。

1980年，党委决定在党内开展“争优创先”活动，并在此基础上，每年“七一”开展表彰先进活动。通过表彰先进，树立典型，推动基层党组织建设。为了提高“争优创先”活动的质量，1992年开始改为每两年评选1次。“争优创先”的过程是学习党章、学习先进，增强党员意识，发挥党员作用，发挥党组织的优势的教育过程，根据党委制订的标准和条件，在党员和支部总结每两年工作的基础上，党员集体评议，支部广泛征求群众意见，经过党支部、党总支通过，报经党委讨论批准，在“七一”进行表彰。自1995年起，对党支部工作开始进行量化考核，党委把党支部的考核结果，作为评选先进党支部的依据，只有在考核中达到85分以上的支部，才有资格参加校先进党支部的评选。从1994年开始，除了表彰优秀党员和先进党支部外，还增加了3项评优内容：即评选院系级党的建设和思想政治工作先进集体、优秀党务工作者、党建和思想政治工作优秀成果。1994年表彰了26名优秀党员，16个先进党支部。1996年，表彰了2个党的建设和思想政治工作先进集体，30名优秀党员，23个先进党支部，11名优秀党务工作者，2个党建和思想政治工作优秀成果。1998年，表彰了3个党建和思想政治工作先进集体，34名优秀党员，28个先进党支部，11名优秀党务工作者，5个党建和思想政治工作优秀成果。2000年表彰了1个党建和思想政治工作先进集体，43名优秀党员，32个先进党支部，12名优秀党务工作者，8个党建和思想政治工作优秀成果。2002年，表彰了3个党建和思想政治工作先进集体，39名优秀党员，37个先进党支部，10名优秀党务工作者，12个党建和思想政治工作优秀成果。2003年，在抗击“非典”取得阶段性胜利的时刻，表彰了6个党建和思想政治工作先进集体，54名优秀党员，40个先进党支部。

民主评议党员制度是加强党员教育、管理和监督，提高党员素质的有效方法。1990年我校进行了民主评议党员工作。此后，党员民主评议，每隔1至2年进行一次，坚持至今。民主评议党员工作分思想发动，学习文件，个人总结，民主评议四个步骤进行，党员评议以党支部为单位，由个人总结，群众评议。评议中坚持实事求是的原则，认真开展批评与自我批评。在此基础上，每名党员填写《民主评议党员登记表》。

（四）党组织的集中整顿

1.1957年的整风和反右

1957年3月上旬，党中央在宣传工作会议上提出全党准备整风。北京市委在5月召开的高校党委书记会议上布置高校整风，指出这次整风主要是反对主观主义、宗派主义、官僚主义，方法是和风细雨，但要有风有雨。要求各校党委对群众提出的什么意见都要硬着头皮听，但注意不要上街。我校广大群众响应号召，给党组织和党员干部提出意见。5月中旬以后，社会上的一些过激言论逐渐传入学校，提意见的方式由在会上口头表达发展到运用大字报、黑板报等方式，礼堂前和教学楼前出现了“自由论坛”，自由发表演说。涉及最集中的问题是“要教授”，说“师院不具备办大学的条件”，应“与北师大合并”，有些言词过激，意见片面，个别人出言不逊，甚至提出要上街游行，向市委、教育部请愿，学生一哄而起纷纷赞成。针对这一触即发的形势，党委决定让各班选代表，由院团委书记与代表们一起去市里反映意见，使同学有表达意见的机会，也避免了事态扩大。

在整风过程中，社会上出现了复杂的情况。6月初，党中央认为资产阶级右派分子借机向党和社会主义猖狂进攻，决定反击右派。然而这场斗争被严重地扩大化了，许多地方甚至采用所谓“引蛇出洞”的手段和“下达抓右派指标”的做法。根据北京市委部署，我院也在6月份开始反右斗争，教师和学生中部分人被打成右派，其中包括一些党员干部。他们中，有的是提出了正确的观点而被曲解或误解；有些是言词偏激或有以偏概全之嫌；有的是发些牢骚说了些落后话；有的是对社会上的错误论调学舌但不构成敌我矛盾；有的是在反右过程中对如何认识处理某些人和事提出不同意见，便被冠以“同情右派”、“立场不稳”之名而被定为右派分子。全院共划定右派分子151人（3人开除学籍、劳动教养，26人劳动考察，109人留校察看或降级降薪，13人免予处分）。1961～1962年，根据中央指示，我院给大多数“右派分子”摘了帽子。但“文革”当中，即使是“摘帽右派”仍与“地、富、反、坏、叛、特、走资派”并列，受到多方迫害。1979年我校成立办公室，根据1978年的中共中央决定，认定我院的“右派分子”均属错划，连同受株连的人员全部予以改正。

2.1959年的反右倾

1958年，中共八大二次会议通过了社会主义建设总路线，但由于多种原因，轻率地发动了“大跃进”运动和“人民公社化”运动，左倾错误严重泛滥。本来中央已开始纠“左”，但庐山会议上却作出了《为保卫党的总路线，反对右倾机会主义而斗争》的决议。1959年9月至1960年9月，我院根据北京市委部署，进行了反右倾运动，批判重点是“对三面红旗有怀疑的右倾思想”。此次共有25名党员受到批判，其中重点批判对象10人，2人被开除党籍。1962年，25人均予以甄别，并向他们赔礼道歉。

3.1969年的“开门整党”

1966年5月，“文革”开始后，党组织陷于瘫痪状态，党员的组织生活停止。1969年4月，在党组织生活中断将近3年后，在军宣队、工宣队的领导下进行“开门整党”。这次整党以“阶级斗争为纲”，以大批判开路，人人“斗私批修”、“灵魂深处闹革命”，每个党员能否恢复组织生活都在不同范围的群众会上逐一地通过。在“左”的理论指导下，批判所谓修正主义的“三党六论”（即“全民党”、“业务党”、“好人党”和“阶级斗争熄灭论”、“驯服工具论”、“群众落后论”、“入党做官论”、“党内和平论”、“公私溶化论”），以及“修正主义的建党路线”。实行“上挂下连”（“上挂刘少奇，下联本单位”）、“上纲上线”（把问题提到执行什么纲领和路线的高度），对北京师范学院的各级党组织在“文革”前的工作全盘否定，以致不少干部、党员被“挂起来”，直到1972年，尚有37名党员未恢复组织生活。

4.1984年的整党

中共十一届三中全会强调有针对性地抓好党的建设。1982年中共十二大确定进行一次整党。1983年10月，十二届二中全会作出的《中共中央关于整党的决定》分析了党内存在的思想、作风、组织严重不纯的状况，其中有十年动乱遗留下来的消极东西，也有在新的历史条件下产生和发展起来的消极东西。我院党组织根据上级部署，于1984年10月至1985年7月进行了整党。这次整党的任务是：统一思想，整顿作风，加强纪律，纯洁组织，以期彻底否定“文革”，消除派性，增强党性，提高广大党员的政治思想素质，消除精神污染。整党分为学习文件、对照检查、组织处理和党员登记、总结经验4个阶段。

整党开始，党委召开全体党员动员大会，要求全体党员充分认识这次整党的重要意义，端正态度，积极认真参加。在学习《中共中央关于整党的决定》、《党章》、《党内政治生活的若干准则》等文件的基础上，党员进行了历时50天的对照检查，院、系领导干部起带头作用。党委常委在听取意见基础上开展批评和自我批评，并由党委书记在全院党员大会上作了检查，同时提出了常委自律的5条规定。在有关党员标准、党的纪律的学习以及个人总结的基础上，郑重进行登记。我院办理党员登记手续的共995人，问题未落实暂未登记的8人，开除党籍1人。此次整党结束后，党委提出了《关于进行教育、领导管理体制改革的基本设想》。

5.1990年的党员重新登记

1989年春夏之交在北京发生了"政治风波"。根据市委指示，院党委于1989年8月和12月先后印发了《中共北京师范学院委员会关于开展内部清理工作的意见》以及《中共北京师范学院委员会关于结合清查和清理工作对中层干部进行考察工作的意见》，并予以实施。在此基础上，按照市委组织部、市委教育工委部署，我院党组织决定从1990年4月到1991年1月，进行党员重新登记工作。党委《关于进行党员重新登记工作的实施计划》指出："去年春夏之交的政治风波、当前严峻的国际形势、高校面临的艰巨任务，都要求我们切实搞好党的建设。我院各级党组织和党员队伍总的状况是好的，主流是健康的，但是，也确实不同程度地存在着思想混乱、党性不纯、纪律松弛、组织涣散的问题，特别是在去年春夏之交制止动乱、平息反革命暴乱的斗争中，有些党员由于受资产阶级自由化的影响而迷失方向，政治信念动摇，程度不同地卷入了动乱和反革命暴乱，有的党员错误比较严重。有些基层党支部在党遇到危难的关键时刻，不能发挥战斗堡垒作用，个别支部甚至陷入了瘫痪。"所以，"必须认真加以整顿"。

《计划》还提出党员重新登记的指导思想：坚持从严治党；坚持着眼于教育，着眼于团结教育大多数；坚持扎扎实实，讲究实效。

党员重新登记分为4个阶段进行，即思想教育阶段、个人总结阶段、民主评议阶段和总结验收阶段。全校应办理重新登记手续的党员1528人，当时准予登记的1447人，经过组织处理之后登记的13人，出党8人。未登记的60人（其中出教育口40人，待处理19人，未参加评议的1人）。

（五）党员发展、党校工作与积极分子培训

建院初期，学校共有本科生207人，专科生368人。学生中有党员55人，共青团员395人，党、团员占学生总数67%。院党支部对积极分子的培养、教育、考察主要从以下三方面入手：指定联系人；向积极分子明确任务，提出具体要求，并适当地分配一些社会工作，从实际工作中来考察其觉悟；吸收积极分子参加党的组织生活，通过公开部分党内活动，扩大党的影响，教育积极分子。那时，在学生中定期举办党课，教职员工中的积极分子单独组织学习活动。由于新建院，各单位党员分布很不平衡，1955年9月成立院党总支时，11个教学单位中，7个单位没有党员，23个学生班中，10个班没有党员。对此，党总支提出：全院全党动手，共同做好党的发展工作。各单位制订了党员发展计划。

1956年2月院党总支起草了《1956年1月～1957年12月发展党员两年规划》，各支部及党员积极工作。经过1956年9月到1957年7月一学年的努力工作，一年共发展新党员39名，23名候补党员转为正式党员。据统计，1958年我院非党员学生2391人，学生党员 246 人，学生党员占学生总数的 10.2%。

1958 年以后，学生中的调干生数量减少，学生党员剧减。1959 年学生党员占全院学生的比例为 6%，1960 年为 4.5%，1961 年为 2.4%，1962 年为 1.4%，1963 年只有 0.98%。全院 99 个班中，有 62 个班没有党员。1964 年院党委多次召开常委会和党委会，分析发展学生党员的必要性与可能性，传达市委有关党的发展工作的精神，要求积极开展党的发展工作。各系普遍建立了由辅导员和有关任课党员教师组成的临时学生党支部，主要任务就是做好学生积极分子的培养和发展工作。当时学生申请入党的人数很多，这一年发展了 40 多名学生党员。1965 年初，我院共有党员 655 人，其中，教学人员 230 人，占教学人员的 32%；党政干部 311 人，占党政干部的 60%；后勤工人 21 人，占后勤工人的 7%，学生党员 93 人，占全体学生的 2.4%。1965 年下半年发展了 72 名学生党员。1965 年底学生党员占学生总人数的比例已上升为 3.7%。

粉碎“四人帮”后，党中央对发展党员工作提出了新的要求。按照中央和北京市委的要求，我校制订了培养发展计划，有步骤地在培养教育的基础上吸收够条件的人员入党，做到了积极培养，慎重发展。为了把发展工作中各个环节的工作做细、做实，确保发展新党员的质量，1978 年 3 月，学校组织有关人员编写并下发了指导基层做好发展工作的《学习资料》。

1980 年，鉴于“文革”中发展党员数量大而质量不高的情况，党委提出：为提高新党员的质量，今后必须做好四个方面的工作：加强领导，制定计划；发展新党员必须经过较长时间的培养、教育和考察，保证吸收的是真正具备入党条件的优秀分子；努力提高发展党员的支部大会的质量，使之成为对党内外进行党的优良传统和作风教育的好形式，也是提高新党员质量的重要一环；重视对预备党员的考察和教育工作，制订有关的制度和条例。

党委在 1982 年的党员发展计划中，把 1978 级学生确定为发展工作的重点。1983 年下半年，党委普遍检查了各单位积极分子培养对象的情况。在总结以往工作的基础上，对重点培养对象下发了《积极分子登记表》，使我校积极分子的培养工作进一步正规化。同时，党委重点抓了对中年知识分子的培养、教育和发展工作。

1984 年 5 月，根据《中共中央关于整党的决定》关于要较多地注意在高校、中专的学生中吸收党员的指示精神，党委指出要切实抓好在学生中发展党员的工作。经过半年多的工作，我院学生中申请入党和积极参加党课学习的学生越来越多，到 1984 年底，申请入党的学生达 391 名，约占全院学生总数的 14%，学生党课学习小组 74 个，参加党课学习的学生 865 名，占全院学生总数的 30%，其中一、二年级参加党课学习的人数占学生参加党课学习总数的 56%，本科学生党员占学生总数的比例有所上升。

1986 年 4 月，党委召开发展学生党员工作会议，总结了近 3 年来发展工作的情况，进一步提出了《关于加强在学生中发展党员的意见》。

进入 90 年代以后，我校学生和青年教师积极分子队伍不断扩大，本科生申请入党的人数占非党本科生的比例从 1994 年的 19.4%上升到 2003 年的 36.5%；35 岁以下青年教师申请入党的人数占非党青年教师的比例从 1994 年的 14.8%上升到 2003 年的 24.34% 。自 1994 年至 2003 年，共有 10248 名教工与学生积极分子参加了党课培训。按照“坚持标准，保证质量，改善结构，慎重发展”的方针，积极发展大学生和青年教师入党，其中

3370名学生、182名教职工加入了党组织。本科生学生党员比例从1994年的3.83%上升到2003年的5.01%。

为了加强对学生申请入党积极分子的教育工作，于1985年成立业余党校，由组织部主管发展工作的副部长主持日常工作。1988年12月，党委将业余党校更名为党委党校，党委书记兼任党校校长，一名副书记兼副校长，此后又设一名常务副校长（或专职副校长）主持工作，建立了校务委员会，定期研究和协调党校工作，聘请14名有经验的教师和干部做兼职教师，办公室也配备了专职人员。工作上与组织部互相配合。培训对象也扩大了，涵盖了学生申请入党积极分子，教工申请入党积极分子，一般党员，党支部书记和全校中层党政干部，从此，党校建制和工作走向正规化。

1993年，我校进行内部管理体制改革，党校归属党委组织部。各系各单位按照党中央和北京市委关于发展工作的精神与要求，一方面努力做好申请入党积极分子的培养教育工作，另一方面认真做好选派培养对象进党校参加短期集中培训的工作。党校坚持"学习理论、联系思想 、增强党性、见诸行动"的教学方针，积极探索，努力工作。在学生申请入党积极分子培训方面，1991年以前，党校每年举办一期培训班。随着学生申请入党积极分子队伍的不断扩大，从1991年开始，每年举办两期培训班。由于办学规模不断扩大，自2002年下半年起至2003年底，共有13个院系成立二级分党校。自1991年以来，党校每年举办一期教职工申请入党积极分子培训班，至2003年共举办了12期教职工申请入党积极分子培训班，培训学员524人。

在培训的内容上，坚持用科学的理论武装申请入党积极分子。着重组织学习马列主义、毛泽东思想、邓小平理论和"三个代表"重要思想，规定每期学员都要读一至三篇（或节选）经典著作，学习《中国共产党章程》和《关于党内政治生活的若干准则》等文件，学习党的基本理论、基本纲领、基本路线、基本知识，学习中组部组织编写的《入党教材》；进行党风党纪和共产党员形象的教育；进行国内外形势与政策的教育；进行科教兴国与知识分子使命感、责任感的教育；进行青年知识分子走又红又专的成才之路的教育。围绕以上几方面的学习内容，根据每期学员的不同情况和学生与教职工申请入党积极分子的不同特点，精心组织课堂教学。课堂教学内容一是经典著作辅导，主要有《共产党宣言》、《论共产党员修养》、《中国共产党党章》等。二是围绕党的基本理论、基本纲领、基本路线、基本知识开设专题讲座，先后开设了党的性质、党的指导思想、党的最终目标和现阶段的任务、共产党员的理想信念、党的宗旨、党的纪律、党员的义务与权利、共产党员的条件、如何以实际行动争取入党等。三是结合形势任务开设讲座，如邓小平的人权理论、美国的人权观及其实质、正确认识当代资本主义等。四是围绕党和人民对大学生、对高校的希望与要求开设讲座，如当代高校学生党员应具备的思想政治素质、江泽民在北京大学百年校庆的讲话学习辅导等。

在培训的方式上，坚持四个结合：一是学员自学与听辅导、讲座相结合，在40学时的培训中，一般安排出三分之一或二分之一的自学时间，要求学员边读书、边结合思考题认真思考问题。二是把党校集中培训与各系各单位分散组织学习结合起来，一方面，抓住积极分子队伍中带有普遍性的理论问题和大家比较关注的社会热点问题，组织专题教学与辅导，另一方面，又注意充分发挥基层党组织在培训申请入党积极分子方面的作用。三是把课堂教学与社会实践结合起来，先后组织学员到北京三露厂、北京燕京啤酒集团、李大钊故居、开滦煤矿、良乡工业开发区、上地信息产业基地、大兴绿邦农业蔬菜园区等地参观学习。参观后组织交流座谈会，提高学员全面、历史、辩证地分析认识现实问题的能力。四是把运用传统教育手段与现代化电化教育手段结合起来。在学习培训中，播放党的基本知识、优秀党员先进事迹、报告讲座等录像带，如九集大型历史政论片《走向英特纳雄耐尔》，多年作为师生申请入党积极分子必看的录像片，受到历次培训学员的好评。在培训中，党校还注意把理论教育与提高学员对党的认识、端正入党动机结合起来。

为保证教学质量，党校始终有一支由党校专职干部、校系两级党政领导干部、在职和离退休的骨干理论教师组成的相对稳定的教师队伍。校党政领导亲自为党校学员上党课，此外还请校外知名学者、专家为学员作报告。

在党委的领导下，党校的培训工作取得了一定成绩。1988 年，我校被增补为全国高校党校工作研究会领导成员之一，在 1993 年和 1995 年继续被选为领导成员，与北京大学、清华大学一起承担秘书处工作，负责组织全国高校党校教学研讨、出版党校论文集和《全国高校党校信息》等。在北京市委教育工委召开的党员教育会议上，我校曾 3 次介绍经验，《北京日报》、《光明日报》、《党建研究》和《北京支部生活》等刊物上，均报道和反映过我党校的情况，中央政治局委员李铁映来校视察时，肯定了我校办党校的经验。

二、党委组织部

1954 年 3 月，北京教师进修学院党支部（8 月转为北京师院专修班党支部）成立，5 名支部委员中，有 2 名组织委员；1955 年 9 月，学校建立了党总支委员会，7 名支部委员中，有 2 名组织委员；1956 年 10 月，学校成立党委，下设组织部，组织部建制持续至今（1968～1971 年除外，当时由革命委员会政工组下设的组织组负责其事）。

表 8.1.3.1　党委组织部主要负责人任职更迭表

姓　名	职　务	任　期
李献琦、周秉仁	党总支组织委员	1955～1956
李献琦	党委组织委员、组织部长	1956～1957
王朝品	部 长（党委副书记兼任）	1957～1958
何　莹	部　长	1958～1967
李焕昌	同　上	1976～1978
何　莹	同　上	1978～1979
文　棋	同　上	1979～1982
高志忠	部 长（党委副书记兼任）	1983～1984
朱全俊	副部长（主持工作）	1984～1985
朱全俊	部　长	1985～1986
熊家华	部 长（党委副书记兼任）	1986～1987
果永刚	部　长	1987～1993
尹　光	党委党校常务副校长	1991～1994
张　雪	部　长	1993～1994
张　雪	部 长（党委副书记兼任）	1994～1997
贺玉山	副部长（主持工作）	1997～1999
贺玉山	部　长	1999～

党委组织部工作职责：

1. 根据党的路线、方针、政策和党委的指示决议，经过调查研究，提出贯彻党的组织路线，落实党的组织政策的具体措施和工作计划。

2. 做好分党委、党总支、直属党支部的设置、领导班子调整及改选工作。检查、督促分党委、党总支、直属党支部贯彻执行民主集中制，搞好组织建设、思想建设和作风建设，不断提高基层党组织的工作水平。

3. 贯彻执行党的干部路线和干部政策，按照中共中央《党政领导干部选拔任用工作条例》的要求，做好中层干部的推荐、考察、选拔、调配和培养工作；按照党中央、北京市委和学校党委的要求，加大干部人事制度改革的力度，做好对干部的管理、教育和监督。

4. 负责全校党员的管理、教育，考察组织生活的安排、民主评议党员、评选先进党组织和优秀党员及党务工作者等工作，不断提高党员素质；协助纪委做好违纪党员的处理；同宣传部一起做好党员的教育工作；同党校一起做好干部、党员、申请入党积极分子的培训工作；按照“坚持标准、保证质量、改善结构、慎重发展”的方针，认真做好发展新党员和预备党员转正工作。

5. 协助党委做好党代会筹备工作；做好知识分子和人才工作；审核及办理干部离休工作；做好政工人员的职评工作；做好党员组织关系的接转、党费的收缴、管理和党员统计工作；做好干部、党员出国政审工作；做好干部、党员、群众的来信、来访工作。

附：中近期组织工作规章制度要目

- 党委工作暂行条例（1989.1）
- 党委议事规则（1989.1）
- 关于进一步加强党员思想教育的意见（1990.3）
- 关于加强政工队伍建设的意见（1990.3）
- 关于加强中青年干部考察、选拔、培训工作的意见（1990.10）
- 教工党支部试行条例（1991.11）
- 关于校系两级领导班子坚持和健全民主集中制的意见（1995.5）
- 关于建立同系处级领导干部谈话的制度（1995.5）
- 关于进一步加强系处级领导班子组织建设的意见（1995.5）
- 关于加强党支部建设的三级责任制（1995.5）
- 关于党支部工作考核办法（1995.5）
- 关于表彰和奖励党的建设和思想政治工作先进集体、优秀工作者和优秀工作成果的办法（1997.5）
- 关于进一步做好系级领导班子届中考察的办法（1997.12）
- 系处级领导干部选拔任用工作暂行办法（1997.12）
- 关于机关和部分直属单位处级领导干部调整交流和竞聘上岗的实施意见（2000.5）
- 关于加强思想政治工作队伍建设的意见（2000.11）
- 加强院系处级干部队伍建设规划纲要（2002.11）
- 关于深化干部人事制度改革的意见（2002.11）
- 院系处级领导干部选任工作办法（2002.12）
- 关于加强和改进党校工作的实施意见（2003.3）
- 首都师范大学院系分党校工作实施细则（2003.3）
- 处级领导干部考核办法（2003.6）

第四节　纪律检查工作

一、纪律检查机构

（一）纪律检查机构的建立

1957年，在北京师院第二次党员会上，选举产生了党的监察委员会，至1966年共历4届（各届主要负责人名单参见本《志》第一编），在“文革”时期终止工作。

1979年，根据中共北京市委批转的《关于建立健全本市各级党的纪律检查机构的意见》等指示精神，党委常委会决定，成立中共北京师范学院纪律检查委员会筹备组，自1979年10月26日起代行纪律检查委员会的职责。筹备组由5名成员组成。

1980年12月，中共北京师范学院第七次代表大会选举产生纪律检查委员会，委员7名。

1985年8月，中共北京师范学院第八次代表大会选举产生纪律检查委员会，委员9名。

1988年12月，中共北京师范学院第九次代表大会选举产生纪律检查委员会，委员7名。

1992年6月1日，北京师范学院分院并入北京师范学院，北京师院更名为首都师范大学。原纪律检查委员会更名为中共首都师范大学纪律检查委员会。

1994年6月，中共首都师范大学第十次代表大会选举产生纪律检查委员会，委员7名。

1999年1月，中共首都师范大学第十一次代表大会选举产生纪律检查委员会，委员9名。

中共首都师范大学（及前身北京师范学院）纪律检查委员会设专职纪检干部2～4人，负责纪委日常工作。历任主要负责人见表8.1.4.1。

表8.1.4.1　　中共首都师范大学纪律检查委员会主要负责人任职更迭表

姓名	职务	任期	姓名	职务	任期
崔耀先	筹备组组长	1979.10～1981.1			
施宗恕*	纪委书记	1981.1～1983.9	向福先*	纪委副书记	1981.1～1983
			熊家华*	同　上	1983～1984.9
熊家华*	同　上	1984.9～1986.2	卢梅翰*	同　上	1985.9～1988.12
宋文茂	同　上	1986.2～1988.12		同　上	
熊家华*	同　上	1988.12～1991.7	丁丕光*	同　上	1988.12～1994.6
李文松	同　上	1994.6～1997.4	丁丕光*	同　上	1994.6～1998.3
赵会民*	同　上	1997.4～1999.1	顾志明*	同　上	1998.3～1999.1
詹新泽	同　上	1999.1～	顾志明*	同　上	1999.1～

注：*表内左侧纵列施宗恕、熊家华、赵会民以党委副书记兼纪委书记。

*表内右侧纵列均为专职纪委副书记。

(二) 纪律检查委员会的任务与职责

根据《党章》规定，党的基层纪律检查委员会在同级党的委员会和上级纪律检查委员会双重领导下进行工作。

纪律检查委员会的主要任务是：维护党的章程和其他党内法规，检查党的路线、方针、政策和决议的执行情况，协助校党委加强党风建设和组织协调反腐败工作。

纪律检查委员会的主要职责是：(1) 维护党的章程和其他党内法规，对党员进行遵纪守法教育。(2) 检查党组织和党员贯彻执行党的路线、方针、政策和决议的情况。(3) 协助党委加强党风建设和组织协调反腐败工作。(4) 对党员领导干部行使权力进行监督。(5) 检查处理党的组织和党员违反党的章程和其他党内法规的案件，按照规定决定或取消对这些案件中党员的处分。(6) 受理党员的控告和申诉，保障党的章程规定的党员权利。

二、纪律检查委员会及行政监察室工作沿革

我校纪律检查委员会在校党委和市纪委的领导下工作。历届纪委书记均为党委常委。纪委书记由党委副书记兼任时，专职纪委副书记列席党委常委会。

在我校历届党员代表大会上，纪委均向全体代表报告工作。每学期纪委向校党委、市纪委、市教育纪工委递交工作报告，向各分党委、党总支、直属支部通报工作情况。

我校纪委和监察室（监察室为校行政机构，但与党委的纪委合署办公，故二者的工作在此合并介绍）自成立以来，与校内有关部门密切配合，依靠各级党组织和广大党员、群众，认真履行职责，围绕全党和学校的中心工作，协助党委加强党风廉政建设和反腐败斗争，主要工作内容如下：

1979 年至 1984 年，协助党委调查全校党员情况，为整党做准备；对在“文革”中被立案审查的人员落实政策；在整党过程中核查“三种人”，纯洁党的队伍。

1985 年至 1988 年，查处各种违纪案件，纠正用公款请客、送礼、旅游、滥发钱物等不良风气，着手进行制度建设，如建立党风责任制，草拟加强党内监督的若干规定等。

1989 年至 1991 年，协助党委对 1989 年春夏之交“政治风波”中发生的问题进行清理，对在风波中犯有严重错误的党员进行组织处理。

1991 年下半年至 1993 年上半年，贯彻党的“一个中心，两个基本点”的基本路线，探索纪检监察工作为经济建设服务的工作途径。1992 年学习贯彻邓小平视察南方谈话精神，重新认识社会主义的本质，研讨纪检、监察工作应怎样解放思想、更新观念，树立知全局、懂教育、积极参与、主动服务的意识。

1993 年下半年，开始贯彻中共中央纪委第二次全体会议部署的在全国开展反腐败斗争的三项任务，即领导干部廉洁自律、查处违法违纪案件、纠正行业不正之风。以后历年反腐败斗争三项任务的格局不变，每年都按照中纪委在年初召开的全会上提出的具体要求予以落实。从 1994 年上半年开始，校、院系（处）两级领导干部每年召开一次廉洁自律民主生活会。民主生活会对照检查的基本内容是，中纪委关于领导干部廉洁自律的规定，以及针对教育系统实际情况提出的具体要求。在高校纠正不正之风的工作中，主要是清理和规范行政事业性收费的项目及收费标准，开展对招生和毕业生分配工作的执法监察。

1995 年开始，根据中纪委和市纪委的规定和要求，对我校公款购置小汽车和通讯工具、领导干部的住房、收受礼品登记、个人收入申报和个人重大事项报告等情况进行调查

清理，并制订了相应的制度。

1997年，组织学习和贯彻党中央颁布的《中国共产党党员领导干部廉洁从政若干规定（试行）》、《中国共产党纪律处分条例（试行）》、《关于党政机关厉行节约制止奢侈浪费行为的若干规定》等党内法规性文件，并结合我校实际制定了具体措施。

1998年11月，党中央、国务院发布了《关于实行党风廉政建设责任制的规定》。我校立即组织学校各级领导干部学习，制订了《首都师范大学关于贯彻落实党风廉政建设责任制的实施办法》等相关制度。党委每年将党风廉政建设和反腐败工作任务进行分解，由校领导分工负责，并明确牵头部门和协办部门，又将党风廉政建设责任制落实情况作为对各级领导干部和各单位考核的重要内容。各分党委、党总支、直属党支部制定了落实党风廉政建设责任制的具体制度。纪委根据党委的要求，每年对各单位落实党风廉政建设责任制的情况进行检查。党委统一领导，党政齐抓共管，纪委组织协调，部门各负其责，依靠群众的支持和参与的党风廉政建设和反腐败工作领导体制和工作机制逐步建立起来。

1999年以来，为适应社会主义市场经济和学校快速发展的形势，我校行政监察工作的范围和力度也逐渐加大。纪委、监察室进一步强化对招生工作的监督，协助招生办公室、研究生部、成人教育学院健全制度，加强对招生工作人员的纪律教育，规范招生工作的管理，配合招生办公室对艺术类招生进行改革；协助学校制定和完善基建、修缮工程及仪器设备、物资采购招投标管理办法，对招投标工作实施监督；开展了对我校执行“收支两条线”规定和教育收费情况的检查，督促各单位及附属学校严格执行国家关于“收支两条线”的规定和教育收费政策，加强财务管理，完善收费制度。

中近期学校制定的主要相关文件有：

- 中共北京师范学院委员会关于建立抓党风责任制的决定（1986.9）
- 关于加强党的自身建设、加强党内监督和思想政治工作的几点意见（1988.3）
- 北京师范学院关于在干部中加强廉政建设的几项规定（1989.10）
- 中共北京师范学院委员会关于加强党内监督的若干规定（1992.6）
- 首都师范大学关于在干部中加强廉洁勤政建设的几项规定（1993）
- 首都师范大学关于贯彻中纪委五次全会关于领导干部廉洁自律几个问题的具体规定（1995）
- 首都师范大学关于贯彻党中央国务院关于党政机关厉行节约制止奢侈浪费行为的若干规定及市委市政府实施办法的实施意见（1997）
- 首都师范大学关于贯彻落实党风廉政建设责任制的实施办法（1997.6）
- 首都师范大学实行党风廉政责任制责任追究的补充规定（试行）（2000.6）
- 首都师范大学党风廉政建设牵头部门工作职责（2000.6）

中近期校纪委制订的主要文件有：

- 关于处分违犯党纪的党员批准权限的补充规定（1984）
- 关于抵制毕业生分配和招生工作不正之风的通知（1989）
- 中共北京师范学院纪委关于处分违犯党纪的党员批准权限的规定（1990）
- 中共首都师范大学纪委、监察室关于在教职工住房分配工作中的纪律要求（1994）
- 中共首都师范大学纪律检查委员会关于处分违犯党纪的党员批准权限的规定（1999.11）
- 中共首都师范大学纪律检查委员会关于对违犯党纪的党员立案检查的实施办法（1999.12）
- 中共首都师范大学纪委关于对新任处级干部党风廉政教育谈话的制度（2000.6）
- 中共首都师范大学纪委关于对处级干部进行诫勉谈话的制度（2000.6）
- 中共首都师范大学纪委关于党总支纪检委员工作职责的规定（试行）（2000.12）

• 中共首都师范大学纪委重申和提出对领导干部有关行为的规定（2001）

纪检、监察的日常工作主要是：党纪教育；受理群众信访；查处违纪案件；检查有关制度执行情况等。

党纪教育的主要内容是：（1）党纪基本知识教育，以讲党课的方式进行。（2）党纪条规教育，自1991年起，定期组织全体党员或部分党员参加党纪条规学习和考试。（3）案例教育，以社会上的典型案例和我校发生的违纪案件为内容进行遵纪守法教育。（4）专题教育，根据某一时期出现的倾向性问题，以听报告、看录像、参观展览等形式进行教育。

1979年至2003年12月受理群众信访1000多件次，其中反映经济问题的较多。群众的信访是民主监督的一个重要渠道，是违法违纪案件线索的主要来源。

1979年至2003年，校纪委、监察室立案查处违纪违法案件38件，其中政治类14件，占36.8%；经济类12件，占31.6%；道德类7件，占18.4%；失职类3件，占7.9%；组织类2件，占5.3%。受到党纪处分的24人，其中开除党籍5人，留党察看3人，严重警告7人，警告1人，免予处分8人。受到政纪处分的7人，其中开除公职1人，撤职1人，记大过1人，记过3人，警告1人。校纪委受理申诉案件2件，1件撤销原处分，1件更改原处分。

1991年北京师院监察室被市高教局评为1990年度市属高校监察工作先进集体。1997年1月，经北京市纪委、监察局批准，首都师大纪委、监察室“96·10案”调查组立集体一等功。2002年2月，经市纪委、监察局批准，首都师大纪委、监察室“侯伟贪污案调查组”立集体一等功。1995年、2002年，市纪委、监察局、人事局分别授予我校2名干部“北京市优秀纪检监察干部”称号。1998年，我校纪委的《要敢于办案，还要善于办案》和《我校预算外资金管理使用情况的调查报告》两篇论文分获1997年市教育系统纪检监察工作论文二等奖和三等奖。2002年我校纪委的论文《对一起虚报冒领稿费案的剖析与分析》获北京市教育纪检监察研究会1999～2001年度优秀论文三等奖。

第五节　统一战线工作

《中共首都师范大学委员会关于进一步加强统战工作的意见》（2001）确定：

我校统一战线工作对象包括：各民主党派成员、无党派人士、党外知识分子、少数民族人士、有宗教信仰的人士、港澳台同胞、台属、归侨和侨眷、出国及归国留学人员。我校统战工作的主要职能是：了解情况，综合研究，掌握政策，协调关系，化解矛盾，理顺情绪，培养新人，举荐人才。主要任务是：紧紧围绕学校的中心工作，争取人心，凝聚力量，调动一切积极因素，积极营造团结和谐、宽松稳定的工作环境，为促进学校的改革和发展服务，为实现新世纪党和国家的三大任务服务。

一、统一战线工作机构

1954～1956年，北京师院筹建和建立初期，中共北京师院支部和总支没有单设的统战机构，统战工作由支部书记仓孝和及统战委员李洪琛共同负责。1956～1961年，中共北京师院委员会成立后，统战工作由党委办公室兼管。为了加强党对统战工作的领导，1960年初，党委开始研究设立统战部的问题。1962年，党委统战部正式建立。

1966 年“文革”一开始，统战部就被诬蔑为“投降部”。在“十年动乱”期间，统战工作处于完全瘫痪状态。

1976 年 10 月，“文革”结束。1977 年，党委各方面工作走向正常。1978 年 6 月，党委统战部正式恢复工作。

统战部的职责及工作范围：

党委统战部是负责党的统战工作的党委办事机构，其职责范围和要求如下：(1) 协同党委宣传部进行统一战线理论政策的宣传教育工作，组织各单位负责统战工作的干部进行统一战线理论、方针、政策的学习，从“讲政治”和“三个代表”重要思想的高度充分认识统战工作的重要性。(2) 督促检查党的各项统战政策的贯彻落实。(3) 做好民主党派的工作。(4) 做好无党派人士和党外知识分子的工作。(5) 做好对台工作、侨务工作、民族工作、宗教工作。(6) 做好出国和归国留学人员的工作和其他方面的统战工作。

表 8.1.5.1　　党委统战部主要负责人任职更迭表

姓　名	职　务	任　期
施宗恕	部长（党委副书记兼）	1962～1966
宁　健	部　长	1978.6～1984.9
薛　汶	同　上	1984.9～1986.1
李小梦	同　上	1986.1～1991.10
刘洪海	同　上	1991.10～1994.1
石湘九	同　上	1994.1～2000.6
吴相洲	同　上	2000.6～

二、工作沿革

（一）主要工作可分为四个时期

1.1954～1956 年。北京师院筹建和成立初期，统战工作的主要任务是：组织党内学习党的统战方针政策，要求党政领导及党员教师与党外教师交朋友，团结各方面的人员，调动一切积极因素，为建立一所合格的培养中学教师的高等师范学校而共同努力。党支部组织全体党外同志学习党的方针、政策，支持民盟、民进、民革等党派在学院建立基层组织和开展活动，定期召开党派团体联席会等。

2.1957～1966 年。这一时期统战工作的主要任务是：宣传并贯彻扩大的中共中央工作会议精神，以及中共中央召开的第十二次全国统战工作和民族工作会议精神，正确处理阶级关系、党派关系、民族关系、宗教关系，努力做好归侨等方面的工作。1960 年前后，由于国际关系方面的原因，大批华侨归国，大量归侨来我校就读或工作，做好归侨工作是这一时期的重要任务。为此，学院成立了归侨工作小组，统战部工作人员廖胜带（归侨）担任归侨工作小组组长。小组与有关部门配合，共同做好归侨工作。

3.1966～1976 年。统战工作处于瘫痪状态。

4.进入新时期以来。1976 年 10 月“文革”结束，1977 年党委积极开展统战工作，1978 年 6 月，统战部正式恢复。

1978年党的十一届三中全会召开。统战部贯彻落实党在新时期的统战方针政策，因工作量较大，编制一度增加到5人。

1979年至1985年，统战部协助党委贯彻党中央“拨乱反正，有错必纠”的方针，按照实事求是的原则，为在“文革”中受打击和迫害的党外人员恢复名誉，为其妥善处理、解决历史遗留问题，落实各项政策。支持各民主党派恢复活动，发展组织。1985年9月，根据北京市委部署，完成了落实统战政策情况的普查。

1986年至1992年，认真贯彻党中央、北京市委统战工作精神，支持九三学社、农工民主党、致公党等3个党派在学院建立基层组织，开展对台、港、澳同胞和归侨、侨胞及其亲属的联谊活动，扩大海外统战工作的范围，建立对台办公室，加强对台工作。从80年代初，为了推动我校统战工作进入制度化、规范化的轨道，我校制订了一系列有关统战工作的制度和规定。如1983年起，由党委书记直接领导统战工作，1984年起，党委每月召开一次民主党派成员和其他统战对象座谈会。1992年，统战部被评为北京市统战工作先进集体。

1993年底，全国统战工作会议召开，进一步明确了新时期统一战线的性质、地位、对象和任务，明确了新时期统一战线的新变化、新特点，对统战工作提出了新要求。江泽民提出“要努力开创统战工作的新气势、新局面”。随后北京市也召开了统战工作会议。这一时期学校认真贯彻落实全国、北京市统战工作会议精神，结合新时期高校工作特点，探索做好统战工作的新路子。1979年以来，历届党委在每个学年和学期的工作计划要点中，都根据中央和市委的有关指示，具体布置统战工作，提出明确要求。在学年工作总结时，又对统战工作开展情况进行总结。1980～1999年，我校先后召开了第七次至第十一次党代会，5次党代会的《工作报告》，都根据党在新时期的统战方针政策，结合学校实际，论述了学校的统战工作，要求全党增强统战意识，积极开创学校统战工作的新局面，广泛团结一切可以团结的力量，调动一切积极因素，为学校的改革与发展，为国家的“四化”建设作贡献。

（二）我校开展统战工作的具体内容

1. 加强统战理论、方针、政策的宣传教育

党委在每学期布置党建工作时，都把统战工作单列为一个方面，要求每学期安排1～2次学习时间组织党员学习统战理论。1994年底，根据北京市委的要求，在全校开展了统战理论方针政策的宣传教育活动，举办了“全校统一战线基础知识问答竞赛”活动。

2. 促进学校统战工作制度化、规范化

2000年全国统战工作会议后，党委制订了《首都师范大学关于进一步加强统战工作的意见》、《校领导与党外人士交朋友制度》、《关于民主党派调研活动经费等问题的规定》、《关于加强留学归国人员工作的意见》等文件。在《关于进一步加强统战工作的意见》中，确定了一系列制度和规定，规定党委每学期至少要研究一次统战工作，并规定各总支（直属支部、分党委）应分别制订本单位贯彻落实统战工作的具体措施。1995年7月，又重新制订了《党总支（直属支部、分党委）统战委员工作职责》。学校的统战工作已逐步制度化、规范化。

3. 切实做好民主党派工作

加强同民主党派的合作，推动其基层组织为学校的改革、发展、稳定贡献力量，充分

发挥民主党派参与学校民主管理和民主监督的作用。1994 年以来，党委共召开有民主党派负责人参加的民主协商会、情况通报会、征求意见会等共 38 次，坚持并完善与民主党派负责人双月座谈会制度，认真听取民主党派的意见，请他们献计献策，力求做到闻过则喜，广纳群言。

支持并帮助民主党派加强自身建设。一是帮助各党派加强领导班子建设。1996 年和 2001 年先后两次协助我校各党派进行了领导班子换届和领导班子干部的调整。二是帮助各党派加强思想建设。如组织各民主党派领导干部学习班学习党的方针政策和统战理论。1996 年 12 月和 2000 年 9 月，统战部与各民主党派协商，共同举办了各党派新成员学习班和“加强民主党派自身建设”经验交流会。三是帮助各民主党派加强组织建设。加强对党派组织发展工作的引导，协助做好对发展新成员的考察、协调工作。1996 年上半年，统战部对我校各民主党派过去 5 年组织发展情况进行了调研，提出了帮助各党派做好组织发展工作的建议和措施。

支持各民主党派围绕学校中心工作进行调查研究。1993 年至 1996 年，支持民盟、九三学社两个党派完成了 3 次调研课题任务。民盟“关于师范生生源问题”的调查报告经民盟市委修改后形成提案提交市政协，被市政协评为“1993～1995 年度优秀提案”。2002 年相关党派“关于首都师大引进人才、用好人才、留住人才问题的调查”和“首都师大外省生源追踪调查”等报告为学校有关决策提供了依据。

注意改善民主党派的工作条件。1994 年，为各党派扩大了办公用房，改善了党派开展活动所需经费和用车。1995 年，解决了党派负责人工作量津贴和党派主要负责人电话补贴费问题。1998 年，党委又作出了在校内考核中兼任民主党派工作职务定量考核计算办法的补充规定。2002 年学校为党派办公室安装了空调机，2003 年又给党派办公室更换了家具。2003 年党委作出《关于民主党派活动经费等问题的规定》，为民主党派调研活动提供经费，调整了基层组织负责人的工作量津贴及电话费用补贴，对获得上级表彰者给予配套奖励等。

4. 切实加强党外知识分子工作

校、系两级都制订了领导干部与党外同志交朋友的制度，并定期进行检查。加大党外人士的选拔、培养、推荐和任用工作的力度，特别是有计划地选拔新一代中青年知识分子代表人物，目前我校已有百余名党外代表人物，其中部分已担任校、系等各级行政职务。

5. 落实侨务政策，做好归侨、侨眷及海外统战工作

贯彻党的侨务政策，本着“一视同仁，不得歧视，根据特点，适当照顾”的 16 字原则，关心照顾归侨、侨眷和港澳台属，适时组织各方面代表参加联谊活动。

1995 年和 1997 年学校两次分别及时落实了北京市三局一办联合下发的《关于发给归国华侨退休人员临时生活补贴的通知》和《补充通知》。1997 年 12 月，我校统战部被评为“北京市贯彻落实《中华人民共和国归侨、侨眷权益保护法》及北京市《实施办法》的先进单位”。

学校注意加强与出国留学人员和海外校友的联络工作，1997 年，统战部又对我校新海外关系进行摸底，为拓宽海外统战工作打基础。2002 年学校制订了《关于加强归国留学人员工作的意见》。

6. 根据党中央和北京市委的要求，认真做好对台工作

根据党中央和市委的要求，1990 年 9 月，我校成立了“台湾事务办公室”。其主要职责是：宣传、贯彻党的对台方针和政策，加强学校对涉台事务的管理和指导，为促进两岸的交流交往开展多渠道、多层次、多形式的工作，为实现祖国和平统一服务。校党委决定，“台湾事务办公室”设在统战部，与统战部为“一套人马、两块牌子”的体制。

1991 年以来，我校共接待了来校进行文化、教育、学术交流的台湾代表团 10 余次，为数十名教师赴台参加有关学术文化交流活动办理了相关事宜。

1990 年 10 月，学校成立了“台湾问题研究室”。台研室是一个学术研究团体，接受市台湾问题研究会的指导和市台办交给的对台调研课题任务。台研室不占学校编制，由对台湾问题有一定研究能力的教师自愿参加组成。台研室属统战部领导，统战部长兼台研室主任。台研室成员民主协商推举 1 名或 2 名副主任负责业务工作。1994 年以来，台研室每年均完成了市台办交给的对台调研课题任务，并年年获得北京市对台调研课题奖。

7. 贯彻党的民族宗教政策，做好民族宗教工作

学校在师生中进行“马克思主义民族观和宗教观”的教育。认真贯彻《北京市少数民族权益保障条例》，关心少数民族师生的生活和工作情况。并根据上级指示成立了少数民族学生工作领导小组，落实市委统战部、市委教育工委、市民委《关于进一步加强北京市高校少数民族学生工作的几点意见》。学校每年均为部分少数民族师生举办他们的节日庆祝活动。1996 年为回、维等少数民族扩建了清真食堂，并于 2002 年重新装修，同时更新了设备。

8. 努力抓好统一战线两支干部队伍的建设

加强党内统战干部队伍的建设。党委要求统战干部不断加强自身建设，统战部通过以会代训方式，提高统战干部自身素质。1995 年、1996 年和 2001 年，统战部先后召开了三次基层统战工作总结交流研讨会，互相学习和启发，推动基层统战工作的开展。

加强对党外干部和党外代表人物的培养，支持党外干部、党外代表人物参加全国和北京市组织的培训班和外出考察活动，组织民主党派负责人定期学习党中央及北京市委关于民主党派工作的方针政策。1999 年统战部会同各民主党派举办了民主党派干部学习班。2002 年学校组织党派负责人赴宁、沪等地高校考察。

9. 做好统战调研、信息工作

积极开展统战理论的研究工作，1995 年以来，有多篇论文获北京市优秀论文或优秀调研成果奖。自 1994 年起，统战部共编写各类统战信息约 300 篇。我校的统战信息工作，1995 年获北京市统战信息鼓励奖，1996 年获北京市统战信息工作优秀单位三等奖。

第二章 学校中的民主党派组织

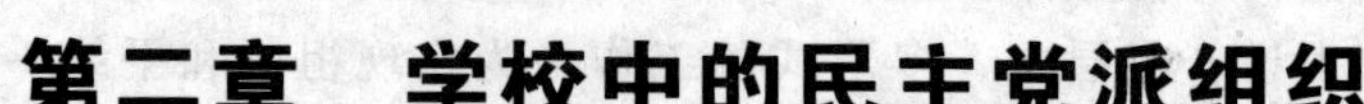

中国共产党领导的多党合作和政治协商制度是我国一项基本政治制度。“长期共存、互相监督、肝胆相照、荣辱与共”是中国共产党与民主党派合作的基本方针。

多年来，我校各民主党派在校党委的政治领导下，注意加强自身建设，积极发挥参与学校民主管理和民主监督的作用，为学校的改革发展和建设作出了重要的贡献。

2003 年，我校共有民主党派成员 261 人（包括未建基层组织的民建成员 6 人），有民主党派基层组织 6 个。这 6 个民主党派基层组织是：中国民主同盟首都师范大学委员会，中国民主促进会首都师范大学委员会，九三学社首都师范大学委员会，中国国民党革命委员会首都师范大学支部委员会，中国农工民主党首都师范大学支部委员会，中国致公党首都师范大学支部委员会。

第一节 民盟、民进、九三学社首都师大委员会

一、民盟首都师大委员会

中国民主同盟（简称“民盟”）是由从事文化教育以及科学技术工作的高、中级知识分子组成的、具有政治联盟特点的、致力于社会主义事业的政党。民盟首都师大委员会是民盟北京市委的一个基层组织，它的前身是民盟北京师院直属支部。

1954 年，北京师院筹建时期，全校共有 5 名盟员，1955 年组成一个民盟小组。1956 年，民盟北京师院支部成立，共有盟员 14 名，1957 年增加到 18 名，他们都是各系的骨干教师，在建校、建系的工作中作出了较大的成绩。

1957 年，民盟支部根据民盟中央发出的《中国民主同盟关于参加中国共产党整风运动的通知》精神，组织盟员认真学习讨论《中共中央关于整风运动的指示》等文件，并参加党的整风运动。反右斗争开始后，民盟支部组织盟员学习讨论关于反右斗争的社论和文章，学习民盟中央发出的《中国民主同盟号召展开反右斗争并开始盟内整风的通知》，在学校党委的领导下，参加了反右斗争。有 6 名盟员被错划为“右派”，其中 4 名盟员被开除出盟，更换了支部主委。此时，支部盟员有 12 名。反右斗争后，民盟中央发出《中国民主同盟号召全盟向党交心运动的通知》，支部盟员经过学习讨论，展开向党交心活动，并制订了改造公约。

在“文革”期间，民盟整个组织被迫停止活动。

1976 年，“四人帮”被粉碎。1978 年党的十一届三中全会进行了拨乱反正。从 1979 年起，民盟支部逐渐恢复了正常的组织活动。90 年代初三校合并后，首都师大盟员已达 57 名。1993 年 3 月成立民盟首都师大委员会，下设 5 个支部。1999 年 10 月共有盟员 79 名。这个时期盟委组织活动的主要内容是：学习党在新时期的各项方针政策，在校党委的

政治领导下，围绕学校的中心工作，开展调查研究，充分发挥参与学校民主管理、民主监督的作用；学习邓小平理论，以及民盟中央与民盟市委的有关文件和指示精神，进行社会主义和爱国主义的教育，加强自身建设，提高党派整体素质，关心盟员的思想、工作和生活，调动广大盟员的积极性，认真做好本职工作。在学校的改革与发展中努力发挥作用，作出贡献。1993 年至 1996 年我校民盟在党委的支持帮助下，组织盟员完成了两项调研课题任务。民盟首都师大委员会于 1995 年被民盟海淀区工委评为先进单位，1996 年被民盟北京市委评为先进集体，1997 年被中共海淀区委、海淀区政协评为“海淀区党派、工商联为双文明作贡献先进集体”，2001 年，在中国民主同盟成立 60 周年暨北京市民盟组织成立 55 周年纪念大会上民盟首都师范大学委员会被授予盟务先进集体称号。

我校民盟盟员中担任过校级职务的有：田珮之：曾任北京师范学院副院长。

担任过重要社会职务的有：林传鼎：曾任第六、第七届全国政协委员；向锦江：曾任第五届全国人大代表，北京市第七、第八届人大代表；张寿康：曾任北京市第一、第五、第六、第七届政协委员；霍亚贞：曾任民盟第五、第六、第七届中央委员，第五、第六届全国妇联执委，全国第五、第六、第七届妇代会代表，北京市人民政府农业区划第一、第二届顾问；郑崇友：曾任和现任民盟北京市第六、第七、第八届市委委员，民盟第八届中央委员，第四、第五届国家督学。

表 8.2.1.1　　历届民盟组织负责人任职更迭表

姓　名	职　　务	任　期
林传鼎	组　长	1955～1956
林传鼎	支部主委	1956～1957
田珮之	同　上	1958～1961
向锦江	同　上	1961～1966
林传鼎	同　上	1979～1982
霍亚贞	同　上	1982～1991
郑崇友	同　上	1991～1993
郑崇友	盟委主委	1993～

二、民进首都师大委员会

中国民主促进会（简称“民进”）是由从事教育、文化、出版及科技等工作的有代表性的知识分子组成的、具有政治联盟性质的、致力于建设有中国特色的社会主义事业的政党。民进首都师大委员会，是受民进北京市委直接领导的一个基层组织。

民进北京师院支部于 1954 年 12 月成立，其时有会员 10 余人。1955～1956 年建校初期，民进组织发展较快，有会员 30 余名，他们大多为各系（科）的骨干教师，有的还担任了系级领导职务。至 1957 年底，已有会员 37 名。在反右斗争前后，民进支部的活动主要是组织会员学习中共中央关于整风运动及反右斗争的有关文件，进行自身的思想改造。在此期间，有 1 名会员被错划为“右派”。

“文革”期间，民进组织被迫停止活动。

1978年，中共十一届三中全会以后，在全国进行拨乱反正。民进支部于1979年9月恢复了组织活动。1991年前后，发展新会员22人。1994年3月，民进师院支部改为民进首都师大总支部。1998年12月，民进总支部下设4个支部，共有会员72名。这个时期民进总支部组织活动的主要内容是：学习党在新时期的各项方针、政策，贯彻学习民进中央与民进市委的有关会议精神，学习邓小平理论，研究如何加强自身的思想建设和组织建设，围绕学校中心工作，开展调查研究，参与学校的民主管理、民主监督，调动会员的积极性，在学校的改革与发展中努力发挥作用。1999年11月我校民进组织升格为民进首都师大委员会。2003年共有成员77人。2000年民进市委成立50周年时，我校民进被评为先进集体，2002年被民进市委评为参政议政先进集体，2003年被民进市委评为抗击“非典”先进集体。

我校民进会员中担任过校级领导职务的有：梅向明，曾任北京师范学院副院长。刘新成，现任首都师大副校长。

担任过重要社会职务的有：梅向明，曾任民进北京市委委员、市委常委兼秘书长、副主委、主委；民进中央委员、副主席；北京市人大代表、市人大常委会副主任；第七届全国政协委员、全国第八、九届政协常委，北京市政协副主席等。徐仲华，曾任北京市第六、七届政协委员。石文博，曾任民进北京市委常委。刘捷平、李成栋、傅任敢、赵德先、沈祖培曾任民进北京市委委员。张燕瑾，任全国第九、十届政协委员。冉红，现任民进中央委员，曾任民进市委副主委；北京市第九、十届政协委员。刘新成，现任全国政协第十届委员，北京市第十届政协常委，民进北京市委副主委。

表 8.2.1.2　　历届民进组织负责人任职更迭表

姓　名	职　务	任　期
李成栋	支部主委	1954.12～1966
梅向明	同　上	1979.9～1984
沈祖培	同　上	1984～1986
杨锡文	同　上	1986～1988
沈祖培	同　上	1988～1990
刘捷平	支部、总支部主委	1990～1995
李毓佩	总支部主委	1995～1998
张燕瑾	基层委员会主委	1998～

三、九三学社首都师大委员会

九三学社（简称“九三”）是以科学技术界高、中级知识分子为主的具有政治联盟特点的致力于社会主义事业的政党。九三学社首都师大委员会是九三学社北京市委直接领导的一个基层组织，其前身是九三学社首都师大支社。

1956年夏秋之间，九三学社北京师院直属小组成立。当时有社员16名，组长蒋程九是物理系教授，时为院务委员会委员。此时，正值周恩来《关于知识分子问题的报告》发表，九三小组的活动主要是围绕这方面内容进行学习，调动小组成员的积极性，投身到祖国建设和学校建设的实际工作中去。

1957年，九三小组根据中共中央和九三学社市委的有关指示精神，参加党的整风运动。在此后开展的反右斗争中，九三小组中有4名成员被错划为“右派”，其中3人于1958年被开除社籍。1958年后，改选组长，小组活动进入了曲折发展时期，以自我改造为主。

“文革”期间，九三学社小组被迫停止活动。

1978年党的十一届三中全会以后，九三小组被错划为“右派”的4人全部得到改正。1979年，九三学社逐步恢复组织活动，九三学社北京分社协助师院九三学社小组重建组织，有社员11名。经过一个阶段的发展，至1990年小组成员发展到18人，同年1月九三学社北京师院支社委员会成立。北京师院等三校合并后，我校九三学社成员进一步发展。2001年9月九三学社首都师范大学委员会成立，下设3个支社。2003年社员已达53人。

自1979年以来，支社成员积极投身于教学科研工作及为“四化”服务的热潮中，很多社员积极参与社会活动和各种学术活动。1990年3月，九三学社北京市委讨论高校工作问题，我校佟盛勋参加，并就提高北京市中学师资质量和招收外地新生等问题提出建议。1997年，九三学社首都师大支社被中共海淀区委、海淀区政协评为“海淀区党派、工商联为双文明作贡献先进集体”。这期间，支社的活动内容主要是：加强对中共中央各项方针、政策的学习，研究如何发挥参政党的作用，加强自身建设，调动社员的积极性，围绕学校的中心任务，积极进行调查研究，努力投身教学科研工作，更加坚定建设有中国特色的社会主义的信心。2001年，九三学社北京市委成立50周年时，九三学社首都师大支社被评为先进集体。

我校九三社员担任过重要社会职务的有：佟盛勋：曾任九三学社北京市委委员。王学琳：海淀区人大常委，北京市政府特邀监察员，九三学社中央文化教育委员会委员，九三学社北京市委委员，九三学社海淀区委主任；曾任北京市人大代表。魏明建：九三学社北京市委委员，九三学社海淀区委副主任，海淀区政协委员。

表8.2.1.3　　历届九三学社组织负责人任职更迭表

姓　名	职　务	任　期
蒋程九	组　长	1956～1958
佟盛勋	同　上	1958～1966
佟盛勋	同　上	1979～1990
佟盛勋	支社主委	1990～1992
栾德怀	同　上	1992～1996
王学琳	同　上	1996～

第二节　民革、农工、致公党首都师大支部

一、民革首都师大支委会

中国国民党革命委员会（简称“民革”）是由中国国民党民主派和其他爱国人士所创建的，是具有政治联盟特点的、致力于建设有中国特色社会主义和祖国统一事业的政党，是中国共产党领导的多党合作中的参政党。民革首都师大支部是民革北京市委直接领导的一个基层组织。

1954 年，师院筹建时期，民革成员只有 1 名。1956 年，民革北京师院支部成立，有民革成员 5 名。当时支部的主要工作内容是，在党委的领导下，为建设好一所合格的高等师范院校而出力献策。1957 年反右斗争以后，民革师院支部解散，其成员分散在民革市委直属的 3 个支部中。

“文革”期间，民革组织被迫停止活动。

中共十一届三中全会以后，经过拨乱反正，我校民革组织恢复了活动，1979 年，重新建立了支部。这一阶段民革组织得到了发展，至 1998 年底，我校有民革党员 13 名。这一时期，民革支部的主要活动内容是：组织民革党员学习中共中央、民革中央、民革市委的有关会议和文件精神，学习邓小平理论，加深对改革开放意义的认识，加强自身建设，调动民革党员的积极性，宣传“和平统一、一国两制”的方针，为促进祖国的繁荣富强和祖国的统一，为学校的建设发展贡献力量。

我校民革成员担任过重要社会职务的有：雷达，任民革北京市委第十一、十二届委员、民革中央祖国统一委员、民革海淀区工委主任；北京市海淀区第十三届人大常委，北京市第十二届人大代表；北京市第八届青联委员。

表 8.2.2.1　　历届民革组织负责人任职更迭表

姓　名	职　　务	任　期
喻环芬	支部召集人	1956～1957
赵国桢	支部主委	1979～1992
陈文叔	同　上	1992～1996
雷　达	同　上	1996～

二、农工党首都师大支委会

中国农工民主党（简称农工党）是以医药卫生界高、中级知识分子为主，具有政治联盟特点、致力于社会主义事业的政党。农工党首都师大支部是农工党北京市海淀区委领导的一个基层组织。

1962 年，北京工农师院并入北京师院，我校有农工党党员 1 名，1985 年至 1986 年发展新党员 5 名，这时我校开始有了农工党组织的集体活动。1986 年底，农工党师院临时小组成立，组织活动仍统一在农工党市委所属文教联合支部进行。1989 年农工党师院临时小组成员已发展到 10 名，农工党北京师院支部于 1990 年 1 月 6 日成立。至 2003 年，农

工党首都师大支部共有成员10名。农工党支部在农工党市、区委和校党委的领导下，积极组织支部党员学习中共中央的有关文件和党的方针政策，认真学习邓小平理论，不断加强自身建设，努力围绕学校的中心工作，开展调查研究，积极发挥参与学校民主管理和民主监督的作用，努力在经济体制改革和学校的改革和发展中，发挥应有的作用。

表8.2.2.2　　历届农工党组织负责人任职更迭表

姓　名	职　　务	任　期
叶国栋	临时小组召集人	1986～1990
叶国栋	支部主委	1990～1997
张承忻	同　上	1997～

三、致公党首都师大支委会

中国致公党（简称致公党）是以归侨、侨眷的中上层人士为主和其他有海外关系的代表性人士组成的、具有政治联盟特点的、致力于建设有中国特色社会主义的政党。致公党首都师大支部是受致公党北京市委直接领导的基层组织。

1986年9月，我校有致公党党员1名，1989年10月，致公党党员发展到7名，1989年10月6日致公党北京师院支部正式成立。北京师院等三校合并后，致公党组织继续发展，2003年发展到18名党员。致公党支部自成立以来，在致公党市委和校党委的领导下，积极组织支部党员学习中共中央的有关文件和党的方针政策，学习邓小平理论，学习贯彻致公党中央和致公党市委的有关会议精神，加强自身建设，努力提高党派整体素质，增强参政意识，努力发挥参与学校民主管理、民主监督的作用，发挥与海外联系的优势，为加快国家经济建设的步伐，为学校的改革与发展出力献策。

致公党首都师大支部主委：陈克明（1990～　）。

第三章　学校中的群众团体

第一节　工会、教代会

一、历史沿革

1954年，北京师范学院工会筹建工作开始进行。1955年1月24日召开了会员大会，北京师院工会委员会正式成立。1957年初、1959年3月、1961年6月、1962年10月，相继召开了院工会第一、二、三、四次会员代表大会，均在总结上届工作的基础上，选举产生了新一届工会委员会，并提出了本届的工作任务。从50年代到60年代上半期，院工会在院党委领导下，主要是围绕各项政治运动和学校的中心工作，组织教职工进行时事政治学习和社会主义教育。五六十年代之交，为加强院内家属工作和对青少年的教育成立了家属委员会（现在挂靠在工会）、课外少年儿童辅导站和工会俱乐部。

1966年6月，“文革”爆发，此后工会工作长期停顿。

1978年初，根据全国总工会关于恢复教育工会有关通知，院党委决定成立院工会筹委会，边筹备边工作。各单位的组织也渐次恢复。1980年初，院工会第五次会员代表大会召开，选举产生了第五届工会委员会。以后于1983年11月、1986年5月，又先后召开了第六、七次会员代表大会，选举产生了新的委员会。在第七次工会会员代表大会召开之前，还根据院党委的决定，建立了以教师为主体的教职工代表大会的制度，并确定院工会承担教代会工作机构职责。于1985年1月召开了首届教职工代表大会。1990年3月，根据院党委的意见，院工会第八次会员代表大会和第二届教职工代表大会（简称双代会）同时召开，选举产生了第八次工会委员会和第二届教代会委员会。1996年1月，校工会第九次会员代表大会暨教代会第三届代表大会召开，选举产生了该届“双代会”委员会。2001年1月，第四届教代会、第十次工代会第一次会议召开，会上选举产生了该届“双代会”委员会。

表8.3.1.1　　工会、教代会负责人任职更迭表

届　次	主席	副主席	任　期
工会会员大会1955	褚亚平		1954～1955（筹建）
			1955～1956
第一次会员代表大会1957	李成栋		1957～1959
第二次1959			1959～1961
第三次1961		于濯清（专职）	1961～1962

首都师范大学

续表

届　次	主席	副主席	任　期
第四次 1962	李成栋 施宗恕（兼）	纪　宇（专职）	1962～1966
第五次 1980	施宗恕（兼）	纪　宇（专职）	1980～1983
第六次 1983	高志忠（兼）	王振民（常务）	1983～1986
	林培黎（兼）	赵品诗（专职）	1983～1986
第七次工代会 1986 第一届教代会	林培黎（兼）	王振民（常务）	1986～1988
	王瑞荪	张汝胜（专职）	1986～1990
第八次工代会 1990 第二届教代会	王瑞荪	张汝胜（常务）	1990～1991
		康克强（常务）	1991～1996
		宋大敏（专职）	
第九次工代会 第三届教代会 1996	赵会民（兼）	康克强（常务）	1996～2000
	詹新泽（补）	宋大敏（专职）	
第十次工代会 2001 第四届教代会	詹新泽（兼）	范宝建（常务）	2001～
		邱春兰（专职）	

二、教代会及工会的主要工作

教代会是根据教育部和全国教育工会联合召开的高等学校教师代表座谈会精神和校党委关于实行党委领导下的教代会制度的决定，于 1985 年建立的。

校首届教职工代表大会第一次会议于 1985 年 1 月召开。会议中心议题是在中共十二届三中全会精神指导下，贯彻《北京师范学院 1983～1990 年发展规划》并讨论《中共北京师范学院委员会关于进行教育、领导、管理体制改革的基本设想》等两个文件。此次会议还审议并通过了院长《努力贯彻发展规划，加快改革步伐，为开创师院工作的新局面而奋斗》的工作报告；制订并讨论通过了《北京师范学院教职工代表大会条例实施细则》。会议选举产生了第一届教代会主席团，下设五个专门工作委员会，即：教学科研委员会、人事福利委员会、后勤财务工作委员会、业务工作委员会、职工宿舍分配委员会。根据《教代会条例实施细则》规定院工会委员会承担教代会工作机构的任务。

1987 年 1 月，经党委批准召开了教代会第一届第二次会议。主要议题是讨论《职工宿舍分配管理暂行条例》，选举产生分房委员会。

1987 年 10 月，教代会第一届第三次会议召开。会议以贯彻中共中央中发（87）18 号文件的精神，广泛、深入、持久地开展教书育人、服务育人活动为中心议题。此次会议审议并通过了院长《关于教书育人、服务育人》的工作报告，讨论并通过了《北京师范学院关于进一步推动教书育人、服务育人的若干措施》的文件。

1990 年 3 月教代会进行换届改选，第二届教职工代表大会和第八次工会代表大会同时召开，简称“双代会”。这次“双代会”的中心议题是学习贯彻中共十三届四中、五中、六中全会的精神和邓小平近期的几次重要讲话、江泽民的国庆讲话，中共中央中发（89）12号文件以及中国工会十一次代表大会精神，着重讨论我校如何坚持社会主义办学方向，进一步推动“三育人”工作开展，振奋广大教职工精神，把我校办成培养社会主义接班人的坚强阵地。大会通过了《工会第七届委员会工作报告》和《经费审查委员会工作报告》。“双代会委员会”选举主席1名，副主席5名。这届“双代会”经过认真研究讨论，认为工会和教代会的职权虽不尽相同，但两者在学校民主管理和民主监督方面基本上是一致的，为精简机构，提高办事效率，工会与教代会在人员、组织和工作上可以合一，即构成以教代会为基本形式，工会为主体的民主管理体系。大会决定“第八届工会委员会”和“第二届教代会委员会”结合为一体，即一套人马，两块牌子，简称“双代会委员会”。下设工会宣传部、组织部、文艺部、体育部、青年部、福利部、财务工作委员会、妇女工作委员会等部委，教代会只设“提案工作与后勤工作管理委员会”和“教学科研工作委员会”，院工会为“双代会”日常工作机构。

1992年6月“双代会”召开第二届第二次全体代表会，讨论审议了《住房制度改革条例》和《内部管理体制改革条例》。与会代表共提出了300多条意见和建议，对两个条例的修改和进一步完善起到了积极的作用。

1996年1月9日，我校第三届教代会、第九次工代会召开。会议听取讨论了校长的工作报告、副校长关于学校财务情况的报告，讨论了《首都师范大学教育改革和发展“九五”规划及2010年远景目标》，通过了修订后的《首都师范大学教职工代表大会条例》，又听取并讨论了提案审理委员会收集的有关党政、教学、科研、后勤等方面的建议和意见审理情况的报告。

1997年4月3日～4日，我校召开第三届教职工、第九次工会代表大会第二次会议。校长作了题为《同心同德，埋头苦干，扎扎实实地推进我校“211工程”建设》的报告，党委副书记作了关于《首都师范大学精神文明建设规划》起草工作的报告，代表进行了讨论并提出意见和建议。

1998年6月，我校召开第三届教职工、第九次工会代表大会第三次会议。会议听取了校长题为《把握机遇，群策群力，为全面落实“211工程”建设规划而奋斗》的工作报告，听取了副校长的《后勤工作报告》，讨论了我校《住房分配办法》。

1999年12月24日～25日，我校召开第三届教代会、第九次工代会第四次会议。校长作了题为《关于紧抓机遇，乘势而上，全面贯彻落实第三次全国教育工作会议精神，推动学校的改革与发展》的工作报告，副校长作了题为《关于加快住宅建设，努力解决教职工住房困难》的工作报告，副校长作了题为《关于学校当前财务工作情况》的工作报告。此次会议针对教职工关心的问题及学校改革发展的总体思路加强了校领导与教职工的沟通和了解。

2001年1月10日，我校召开第四届教职工代表大会和第十次工会会员代表大会第一次会议。会议听取并讨论了学校关于“十五”计划的《工作报告》；审议了学校第三届教职工代表大会和第九次工会代表大会委员会《工作报告》、《财务工作报告》、《经济审计工作报告》；选举了新一届“双代会”委员。

2002年1月15日，我校召开第四届教职工代表大会和第十次工会会员代表大会第二次会议。会议听取了校长作的题为《认清形势，抓住机遇，加快发展，努力建设综合性教学科研型师范大学》的工作报告，报告提出到“十五”末，基本实现学校发展的三个重要转变。副校长作了《2000～2001年度财务工作报告》，另一副校长作了题为《树立教学中心地位，提高本科教学质量》的工作报告。大会又讨论通过了《关于建立二级教代会制度的意见》。校工会主席通报了学校《关于实行校务公开工作的若干意见》。“双代会”专职主任委员通报了提案工作情况。

2002年12月26日～27日，我校召开了第四届教职工、第十次工会会员代表大会第三次会议。会议听取了校长的《工作报告》，副校长的《财务工作报告》和“双代会”《提案工作报告》。代表围绕学校“十五”计划目标及当前主要工作展开讨论。闭幕式上党委书记讲了话。此次“双代会”之前，2002年10月，学校下发了《关于建立二级教职工代表大会制度的意见》，标志着该项制度的建立。

2003年12月11日～12日，我校召开第四届教职工、第十次工会会员代表大会第四次会议。会议听取了校长题为《再接再厉，开拓创新，夺取学校改革发展的新胜利》的工作报告，副校长的《财务工作报告》，以及“双代会”的《提案工作报告》。围绕一年来的工作以及2004年的三项重点工作（迎接建校50周年、良乡校区建设、教师教育改革），代表展开了讨论。

三、工会的主要日常工作

自1954年院工会建立以来，在我校党委和上级工会的领导下，坚持贯彻了党的基本路线和中国教育工会历届代表大会确定的方针任务。特别是党的十一届三中全会以来，认真贯彻了党的“一个中心，两个基本点”的基本路线，依据《工会法》，积极开展了工会的各项工作。

（一）积极开展群众性的文化技术培训

提高广大青年职工文化知识并进行科学技术的培训，是校工会的主要工作之一，也是一项经常性工作。1955年工会成立伊始，即成立了职工业余学校，帮助工农干部和其他职工进行文化补习，使他们达到了初中文化程度。进入新时期，为了适应“四化”建设的需要，工会会同有关部门，开办了电大班，成立了职工业余大学，开设了哲学、政经、中文、数学、英语、俄语、炊事等专业，对在“文革”期间毕业的职工进行文化补课或专业培训，使400多名中青年职工分别达到了初中、高中、中专乃至大专和本科水平。

（二）积极开展群众性的思想政治工作

根据党委“工会要积极配合党组织、加强教职工的思想政治工作，特别是发挥在青年教职工思想教育中的作用，把工会办成共产主义学校”的要求，工会配合学校有关职能部门组织教职工进行时事政策的政治学习。1984～1986年分期分批组织教职工到农村参观，加深了他们对党现阶段农村改革方针政策的理解。组织工会积极分子和青年职工学习邓小平同志《坚持四项基本原则》和《建设有中国特色的社会主义》两本书，并举行了学习这两本书的征文活动，收到100多篇论文或学习心得。其中2篇被市教育工会分别评为二、三等奖。另外在青年职工中开展了“振兴中华”的读书活动。组织职工系统地学习了《中国近现代史》、《中国工人阶级本色、优良传统和作风》、《理想和纪律》3本书，进行爱国主义和理想教育。

（三）认真落实把德育放在学校工作首位的指导思想，积极配合党委和行政开展“教

书育人、管理育人、服务育人”的活动

工会采用多种形式向广大教职工宣传“三育人”和为人师表的重大意义，会同教务处召开“三育人”工作经验交流会。1986 年，为了总结推广教书育人的经验，在党委安排和北京市教育工会的统一部署下，参与了由有关部门负责人组成的“教书育人情况调查组”，对社会上教书育人状况进行了全面调查，总结了教书育人的经验，分析了存在的问题，提出了开展教书育人工作的意见，并将这份调查报告提交给 1987 年召开的第一届教代会第三次会议。这次会议通过了《北京师范学院关于进一步推动教书育人服务育人的若干措施》。尔后，工会与教学科研处又将这次会议所收集到的 30 篇有关教书育人和服务育人的经验总结汇编成册，题名《火炬集》，于 1988 年公开出版。

（四）配合校党委、行政大力表彰先进

自 1984 以来，坚持每年在教师节评选、表彰先进教育工作者和从事教育工作 30 年的教职工，发给奖状、奖品或证书。

（五）积极为教职工谋取福利

工会通过多种形式听取和集中教职工的意见和要求，及时向学校党政领导反映，提出解决的办法和意见，并协助做好工作。如在住房分配方面，工会负责人参加校房改工作，又参与起草在“双代会”上通过的有关分房、售房、房管等方面的《条例》，十分注意解决青年住房的困难问题。在教职工工资待遇、职称评定方面，在广泛听取教职工意见的同时，进行深入的调查研究，及时向领导反映，提出相关建议。在教职工生活方面，组织教职工体检，特别是注意安排女教职工的专项体检，并从 80 年代开始，每年分期分批组织教职工赴北戴河短期休养；为方便教职工购物，工会与商业部门联系，不定期地来校销售生活用品，或是为教职工购物提供部分补贴；工会还协同有关部门，为教职工办理了家庭财产两全保险；为解决经济困难职工的生活问题，在 80 年代以前，曾在教职工中组织“互助储金会”，并会同有关部门，给予一些职工困难补助。

（六）妇女工作

为维护妇女的权益，校工会设有女工部和女教职工委员会。女工部和女教职工委员会的前身（妇女工作委员会）原受北京市妇联领导，1993 年起归属工会。妇女工作委员会（1985～1993）历届主任委员为霍亚贞、廖艾梅；女教职工委员会（1993～ ）历届主任委员为宋大敏、邱春兰。

（七）儿童校外教育工作

儿童校外活动站成立于 1962 年。我校家属区有六七百名中小学生，校外教育是对校内和家庭教育的必要补充。尤其是在教职工下放劳动的年代办的几届住宿班，解除了家长们的后顾之忧，受到教职工的好评。

该站的主要活动：（1）进行法制教育。邀请派出所人员做遵纪守法的讲座；（2）寒暑假组织中小学生慰问烈、军属，举办游艺会、文体比赛、各种科技手工组，使他们度过有意义、有趣味、长知识、长身体的愉快假期。（3）日常教育。利用休息日参观访问、举办各种与课业有关的讲座及故事会，还进行家访、校访等。（4）在本市首先开办了高考补习班，帮助班里的学生 60%考上大、中专学校。该站多次受到海淀区的奖励，2 次被评为市级先进，负责人多次被海淀区评为先进个人，1983 年评为市儿童教育先进工作者。

(八) 居委会工作

首都师大社区居委会于2002年4月正式挂牌，其前身是北京师院家属委员会，成立于1958年2月。1992年以前，家委会挂靠在院长办公室，此后挂靠在工会。

根据《中华人民共和国居民委员会组织法》，我校居委会的工作任务主要包括：宣传法律、法规和国家政策，开展精神文明建设活动；办理本居民区的公共事务和公益事业；开展爱国卫生运动；维护本居住区的绿地；对出租房屋进行管理；做好外来人口管理工作；开展争创文明安全居委会活动；协同做好计划生育、优抚救济、青少年教育工作，开展便民服务；向有关部门反映居民意见和要求。

历届家委会主任为赵红军、薛传彬、黄永兴、张春华、姜贵、黄华。2002年首届居委会主任为黄华。

我校居委会（家委会）历届获奖情况：1987年、1988年、1998年、2002年被评为街道先进家委会（居委会），1986年、1989年、1991年、1992年、1999年、2000年、2001年被评为海淀区先进家委会（1999年、2000年为一级达标单位），1990年、1993年、1994年、1995年、1996年被评为北京市先进家委会。

第二节 共青团

一、历史沿革

中共共产主义青年团于1957年由中国新民主主义青年团更名而来。我校的团委机构的更迭与历次团代会同步，经历了一个初创、发展到逐步健全的过程。

1954年夏，北京师院专修班建立了团总支委员会，有团员28名，约占全体教职工人数的13%。9月，学生入校，在409名学生中，有团员124名，约占学生总数的30%。

1955年10月，北京师院建立了共青团委员会（临时），时有团员467人，占青年总数的60%，分为27个团支部。

1956年，团员人数已发展到513人。该年夏，我院第一次团代会召开。会上明确了我院团委的主要任务，即在院党委的领导下做好各项青年（主要是学生）工作。这一任务也是此后历届团委的主要任务。在这次团代会上，经选举产生了第一届团委会。

从1956年至1966年的10年中，团委会坚持了每两年召开一次全校团代会的制度，先后于1957年11月、1959年3月、1960年9月、1962年9月、1964年2月召开了第二至六次团代会。

1966年，"文革"爆发，团组织陷入瘫痪状态，团的一切工作也被迫停止。1971年11月，根据毛泽东在九届一中全会上发出的整团指示，及市委关于建立党委的单位必须建立共青团组织的指示精神，1971年12月召开了第七次团代会，建立新团委。当时建有团总支一个，团支部14个，团员659名。1973年3月召开第八次团代会时，团总支增加到9个，团支部增到40个，团员有710名。1975年9月，召开了第九次团代会，又成立了新一届团委。次年，"四人帮"被粉碎，团委开始全面开展团的各项工作，团的工作跨入了一个新阶段。

1978年11月，第十次团代会召开，通过了《学生团支部职责范围》、《团支部组委职责范围》。

1981年4月23日，第十一次团代会召开。团委书记作了共青团第十一次代表大会工作报告，院党委副书记在大会上讲话。

1983年4月9日，第十二次团代会召开，团委书记作了工作报告，院长在大会上讲话。

1985年4月14日，第十三次团代会召开。团委书记作了工作报告，团市委大学部蒋效愚代表上级单位讲话。是年9月，团委制订《关于进一步发挥共青团在培养积极分子入党中的作用的意见》，进一步严格了“推优入党”的程序。

1987年4月12日，第十四次团代会召开。团委书记作了工作报告，党委副书记在大会上讲话。

1991年5月12日，第十五次团代会召开。团委书记作了《迈好90年代第一步，在实践中锻炼成才》的报告。

1997年11月4日，第十六次团代会召开。团委书记作了《开拓奋进求实求新，团结带领我校团员青年迈向21世纪》的工作报告。

1999年5月4日，我校团委被评为全国“五四红旗团委”。同年9月28日，获得首批“五四红旗团委创建单位”称号。

表 8.3.2.1　　　　历届团委书记任职更迭表

姓　名	任　期
李大为	1955～1959
赵国梦	1959～1964
杨瑞广	1964～1966
向福先	1971～1973
刘瑞华	1973～1975
李玉庆	1975～1978
白小麦	1978～1981
蒋效愚	1981～1982
方卫渤	1982～1986
肖　培	1986～1989
白　文	1989～1994
韩颖（副）	1994～1995
郑登文	1995～1996
李小豹	1996～2000
刘　嘉	2000～

二、团的主要工作

50年代，校团委的主要工作是，在院党委领导下，发动团员和团外青年努力学习文化、时事政治、积极参加各种政治活动和社会活动，在社会主义革命和社会主义建设中接受锻炼和考验。进入60年代后，主要是开展学习雷锋的活动。党的十一届三中全会以后，校团委主要开展了以下几方面的活动。

（一）在党委领导下，坚持以贯彻党的基本路线和教育方针为中心，组织广大团员、青年学习马列主义、毛泽东思想、邓小平理论和“三个代表”重要思想，以及党中央、团中央的有关文件，加强思想建设并开展学习活动

1981年，在思想解放的背景下，政教系1977级男生宿舍中开展关于“人的本质是不是自私”的讨论，学生干部蒋效愚整理成《简报》，受到北京有关方面重视，后发至全国高校，产生了较大反响。1982年上半年，根据团中央有关通知精神，针对部分团员中存在的团员意识不强、组织观念淡薄、组织纪律松弛、缺乏团员的光荣感和责任感等问题，院团委在全院团员中开展了“合格共青团员教育”的活动，促使团员端正学习态度、提高思想认识。1988年，为了在团员、青年中进一步组织理论学习，团委成立了“理论研究室”，组织团员、青年撰写理论学习的心得和论文，于当年出版了《大学生理论文集》。1989年“政治风波”后，根据党委的要求，团委与学生处、党委宣传部及各系党团总支密切配合，对团员、青年进行坚持四项基本原则与反对和平演变的教育，爱国主义和国际主义的教育，以及革命传统教育等系列活动，一直坚持至今。并于1990年汇集团员青年学习理论和参加社会实践的心得体会，出版了《大学生文集》。1992年邓小平发表了视察南方谈话，党办转发校团委《关于在全校团员青年中开展“社会主义”主题教育活动的安排的通知》，全校各级团组织开展了“社会主义主题教育活动”。

一系列思想教育活动在团员中产生了重要影响。学校涌现出一批好人好事。1998年2月，地理系1996级学生张云峰在家乡见义勇为，将一个受伤而失血过多的孩子送往医院抢救，不留姓名。其事迹在校园内影响很大。校团委召开了表彰会，授予他“见义勇为好青年”和“优秀共青团员”称号。

从1998年4月1日起校团委会同各分团委、团总支和直属团支部就团的基本情况进行了调查，重点调查团的思想建设、基层组织状况、团的干部队伍状况、团的作用发挥和民主生活等方面的内容，编辑了《全团调研工作报告汇编》。

2001～2003年，我校团委系统共获北京市五四达标创优组织奖一个，北京市五四达标创优红旗团委称号一个，北京市五四达标创优红旗团支部称号一个，北京市五四达标创优优秀团员称号一个，市级红旗团总支称号2个，市级先锋杯优秀团支部称号25个，市级优秀团干部称号一个。同时，评出校级优秀团支部128个，校级优秀团员388个。

（二）做好“推优入党”工作

共青团是党的助手和后备军。党的十四届四中全会通过的《中共中央关于加强党的建设几个重大问题的决定》指出：“共青团要进一步做好推荐优秀团员作为党的发展对象工作。”自80年代中期起，我校团委始终把推荐优秀团员作党的发展对象工作作为自己的一项战略的经常性的工作。各级团组织认真协助党组织做好积极分子培养工作，坚持推荐的质量标准，做好培养对象的考察、帮助工作，共计向党组织推荐优秀团员3479人。

2001年12月，党委发布的《关于我校各级团组织进一步做好“推荐优秀团员作党的发展对象工作”的意见》，在“三个代表”重要思想的指导下，进一步明确了“推优”工作的意义，细化了坚持质量标准的5个方面，完善了推优程序，密切了党、团关系，成为

“推优”工作的一个重要的指导性文件。

（三）组织团员青年参加社会实践活动

1983 年暑假，院团委组织学生对“首都郊区教育状况”和“未来对教师的要求”进行专题调查。一些郊区学生发出了“如不回家改变教育落后状况，就对不起父老乡亲”的誓言，激发了学生献身家乡教育事业的热情，巩固了专业思想。在同年开展的“关于师范生素质”的大讨论中，校团委组织团员开展了“双百双千”（走访“百所中学、百名校长、千名教师、千名校友”）活动。帮助团员青年了解北京基础教育的状况和对师范生的素质要求。

从 1984 年开始，团委每年组织团干部及部分学生赴外地考察并参加社会实践。如组织团总支书记先后赴深圳、泉州、大别山、沂蒙山、天津大邱庄、无锡、苏州等改革开放地区和老革命根据地考察；组织学生赴湖北二汽、吕梁地区及大庆等工农业基地和革命老区考察。

在校团委的领导下，各系团总支还结合本系特色，组织了丰富多彩的社会实践活动。如生物系自 1982 年起就开展多种形式的“爱鸟周”义务宣传咨询活动，到 2003 年已举行了 21 届。每年 4 月的第一个星期日，先后在紫竹院、王府井、西单、东单、前门、长安街等地进行爱鸟、护鸟、绿化、保护野生动物的宣传和咨询。1996 年，获北京市颁发的“绿化先锋杯”。

1990 年，化学系“小博士盒”学生科技活动站成立。至今参加者已达 900 人次。先后在中国儿童活动中心及北京市的中小学进行科普表演与咨询活动，深受广大学生欢迎。

自 1993 年起，地理系团员青年数年如一日地在松堂临终关怀医院、四季青敬老院和一些残疾人家中开展送温暖活动。当年，地理系团总支部被评为市级青年志愿者服务先进集体。

北京市城建集团一公司职工部三喜不幸牺牲后，中文系 1992 级班团支部的团员主动承担起为烈士的三个孩子义务家教的任务。此项活动从 1994 年 1 月开始，到 1998 年共有 150 人次参加。在同学们的帮助下，三个孩子都成长为全面发展的好学生。

1995 年暑期，管理系组织学生社会调查小组对北京商业区的“洋名”、“洋货”、“洋店”状况进行了调查，并写出了调查报告：《一个待解决的问题——对北京商业区‘洋名、洋货、洋店’现象的调查》。该报告引起了市委的重视，刊在《北京日报内参》上。

1995 年 11 月 19 日，中文系 1994 级学生自发成立了“自律社”。他们在全校范围内倡导“先锋由我创造，自律尤须先行”、“不以善小而不为，不以恶小而为之”。他们从自身做起，并在校园内开展了宣传、监督活动。全校共有 8 个系百余名学生参加。

1998 年暑假，我校近千名师生组成 26 个实践团，奔赴陕西、内蒙古、河北、北京郊区等 21 个省市自治区，以支教扫盲、文艺演出、教师培训、社会调查等形式开展社会实践活动。其间共散发各种宣传材料 4000 余份，培训基层教师 500 人次，赠送各种文具、图书 3000 余件，接受扫盲和文化辅导的农民超过 2000 人，观看演出的群众近万人。1998 年暑期“三下乡”活动中我校获得北京市教委、团市委等单位联合颁发的“首都大学生‘三下乡’暑期社会实践先进单位”称号。

1999 年暑期，我校承担了国庆 50 周年庆典活动的集体舞和中心表演区的任务，获得了“国庆 50 周年庆典活动优秀组织奖”。此外，团委还组织了大型的暑期社会实践活动，获得由教育部、团中央联合颁发的“全国大中专学生‘三下乡’暑期社会实践先进集体”称号。

2000年暑期，校团委组织了大规模的暑期“三下乡”社会实践活动，同学们深入到密云、房山、延庆等区县进行广泛的调研、义务支教等活动，获得了北京市教委、团市委等单位联合颁发的年度首都高校社会实践先进单位、年度高校社会实践首都贡献奖等奖项。

2001年7月初至8月，按照市教委和团市委的统一部署，校团委组建了一支由多专业本科生、研究生相结合的近30人的“首都高校大学生‘三个代表’实践服务团”，深入到宣武区团区委和天桥街道、大栅栏街道等下辖的几个社区，开展了实践活动。在光明里居委会帮助建立社区青年工作站。在宣武区居委会干部的带领下，挨家挨户检查危房漏雨情况，入户帮助居民解决实际困难。还开展了关于宣武区历史遗迹、大栅栏地区商业文化及社区建设等等针对性较强的专题调研，形成了调研报告。2001年暑期社会实践活动中，我校获得年度首都高校党员大学生“三个代表”实践服务活动优秀组织奖、年度“区校共建”突出贡献奖。

2002年7月至8月，校团委组织的大学生社会实践活动有：按照高师运动会组委会的安排，做好各项志愿服务工作；组织暑期社会实践团深入北京远郊区县体验生活；继续开展暑期科技、文化、卫生三下乡活动，广泛开展社会调查，加深对改革开放的认识。2002年暑期社会实践活动中，我校获得年度大学生社会实践首都贡献奖、年度首都大学生“公民道德”实践服务行动优秀组织奖、年度首都大学生“三个代表”实践服务行动优秀组织奖等奖项。

2003年7月至8月，校团委组织的社会实践活动主题是：实践“三个代表”，弘扬民族精神。重点是抗击“非典”，医疗卫生下乡，实施大学生“三个代表”实践服务。重点服务地区为农村贫困地区和城镇社区。2003年暑期社会实践活动中，获得由市教委、团市委等单位联合颁发的“北京青年志愿服务行动组织奖”、“北京青年志愿服务行动杰出服务集体”、“北京青年志愿服务行动优秀服务集体”等奖项。

我校的青年志愿者活动也开展起来。

1985年6月17日，院团委组织广大团员、青年开展主题为“用我们的心和战士一起筑起南疆长城”的慰问云南前线边防战士的活动。活动中共收到写给战士们的慰问信541封，各类图书、杂志2,300余册，纪念品30余件，均运往前线。

1994年我校组织学生参加远南运动会志愿服务者活动。

1996年9月我校组建了“志愿服务交通岗”，配合公安部门整顿首都交通秩序。

校团委被评为1996年度北京市青年志愿者服务先进单位。1997年我校青年志愿者服务队又被中宣部、国家教委、团中央、全国学联授予“全国暑期大中学生科技、文化、卫生三下乡优秀服务队”称号。

1998年6月28日，我校历史系研究生李军、张莹、陈彬斌、张海明和本科生李晓琳，受外交部和故宫博物院的委托，作为青年志愿者为美国总统克林顿及其代表团参观故宫进行翻译和讲解。他们流利的英语和丰富的历史知识赢得了美国客人的好评。《中国青年报》7月3日以《我为克林顿做导游》为题作了详细报道。

2000年5月，我校青年志愿者中心正式成立。中心发扬志愿精神，引进项目化管理体系，建立各院系志愿服务队。突出教育主题，积极搭建平台。服务工作覆盖海淀、宣武、西城、昌平、延庆等区县，服务量超过1万人次，受助人员多达万余人。2003年2月，北京市纪念开展学习雷锋活动40周年暨学习雷锋志愿服务表彰大会上，我校中心获北京青年志愿服务行动杰出服务集体奖及其他多个奖项。

2001年暑期，校团委带领广大师生参加了第二十一届世界大学生运动会的志愿者服务、开幕式表演、火炬传递、文化节演出、游园等各项活动。直属志愿者343人和机动志愿者691人的首都师范大学彩虹志愿者服务队，圆满完成了任务，得到各级领导的表扬。2001年8月5日，我校70名志愿者参加了在首都机场进行的大运会组委会迎接参会国外代表团的模拟演练。8月21日，我校80名志愿者参加了在世纪坛和长安街举行的“第二十一届世界大学生运动会全国火炬传递活动终交仪式暨北京国际大学生火炬传递活动出发仪式”，均圆满完成了任务。暑期，我校有近百名同学承担了大运会开幕式的演出任务。我校获得第二十一届世界大运会筹备组工作先进集体、第二十一届大运会彩虹志愿者拉拉队金奖、第二十一届世界大运会志愿服务组织奖金奖、第二十一届世界大运会彩虹志愿者培训工作优秀组织奖。

2002年9月，我校张振贤、秦福来、王红等3名研究生，2003年8月，我校龚渤、王军、赵萍、刘娟等4名同学，参加团中央青年志愿者扶贫接力计划支教团，赴内蒙古兴和县开展为期一年的支教工作。

2002年10月17日，首都师范大学与八里庄街道举行了区校文明共建启动仪式。21名校志愿者代表参加。分别在10个社区中担任主任、书记助理的职务。在此后的合作中，将陆续开展义务家教、社区教育等活动。

2003年3月20日，在首都师范大学学生活动中心举行了“首都师范大学青年志愿者赴八里庄街道志愿服务启动仪式”，56名志愿者参加。服务内容除了原有的文化科技知识普及、弱势群体家教等以外，还增加了对本年度“两会”精神及“三个代表”重要思想的宣讲。

2003年5月9日、10日，校团委和研究生会组织“众志成城抗‘非典’，师生捐款献爱心”活动，共收集捐款14万余元。

此外，校团委还开展了一系列献爱心活动。1999年1月8日，校团委、学生处联合举办了“把学校的温暖带回家”活动，为全校40名贫困生赠送过节礼品和生活补助。全国优秀干部、胡楚南优秀学生奖学金获得者、中文系学生会主席杨海滨，也把自己获得的3 000元奖金全部捐给了贫困学生。8月21日至9月4日，在学生活动中心门前，我校组织了大规模的为灾区捐款活动，一次捐款总额达58 000余元。为支援灾区人民顺利过冬，10月9日，校团委又发出了《关于号召团员青年交纳特殊团费的紧急通知》，一周时间内，又捐款35 000元。

（四）开展丰富多彩的文化活动

根据青年特点，坚持在全体团员中开展群众性的文体活动和丰富多彩的文化活动，以活跃校园生活，繁荣校园文化，增进青年们的身心健康，寓教于乐，推动学校学风和校风建设，提高团员青年的综合素质，这是历届团委的主要任务之一。为了完成这一任务，校团委组织了一系列活动，除了坚持开展经常性的文化宣传活动如举办板报、专题广播、专题讲座、征文、演讲、书画摄影等活动和竞赛评比，以及节日常规性的文体活动外，还根据各个时期的不同情况，举办了形式多样的活动。

1980 年 1 月，我校举行了首届大学生艺术节，旨在活跃校园气氛、提高学生的艺术修养。

1984 年 5 月，院团委与美术系在劳动人民文化宫进行“美的咨询”活动，其中“美的人生”大型板报，成为当日活动中最受欢迎的活动内容之一。

1984 年 10 月 1 日，院团委组织我院 1 228 名学生参加了国庆之夜联欢活动，受到市有关单位的表彰。

1987 年院团委在全院开展了以“五讲四美三热爱”为主题的系列活动。主要包括师范生基础文明和基本技能大赛、教师的基础文明与中学生行为规范美学研讨等活动。

1989 年 5 月，院团委组织了北京市大学生定向越野邀请赛。同年，组织学生参加了国庆 40 周年集体节目表演。

1992 年 11 月，受北京市委教育工委及市教委、团市委、市学联的委托，我校承办了北京大学生军乐团。同年，参加首届北京大学生军乐比赛，获二等奖。1993 年获首届全国大学生吹奏乐比赛行进队列表演金奖。尔后，分别在海淀剧院和北京音乐厅举办了专场音乐会并获得成功。乐团还参与了全国大学生运动会开幕式、全国大学生文艺汇演开幕式、全国大学生万人黄河大合唱、庆香港回归文艺演出等一系列大型活动，得到一致好评。

1995 年我校 200 名学生参与“首都大学生万人黄河大合唱”，获得了优秀组织奖。1995 年校团委组织开展了纪念抗战胜利及世界反法西斯战争胜利 50 周年知识竞赛、专题讲座。

1996 年我校军乐团、合唱团为参加全国师范教育工作会议的代表演出，受到好评。为纪念“一二·九”60 周年，校团委举办了“首都师范大学 '96 大学生艺术节”，主要活动有：校园歌手大赛，话剧、戏曲专场，音乐会，文艺汇演，书法大赛，并举办了以“爱我国货、固我长城”为主旨的“乐凯摄影大赛”等。北京电视台、《光明日报》等对此进行了报道。

1997 年，校团委组织学生参加了由团市委主办的“香港请听我说”首都大学生诗歌创作大赛。英语系吴耀宗获二等奖，政法系王欣和李援援获三等奖。

1997 年，为庆祝香港回归，我校 200 名学生参加了 6 月 30 日晚的天安门广场庆祝香港回归联欢活动，7 月 1 日在工人体育场举行的“首都各界庆祝香港回归祖国大会”和大型文艺演出《欢庆香港回归》。在此期间，我校学生还在校内开展了以“香港回归与我”为主题的征文活动、以“百年沧桑终有结，一国两制绘新图”为主题的全校学生演讲比赛、“百个团支部百首颂诗迎香港百年回归”活动和“迎回归，爱祖国”板报展等。

1997 年 12 月，我校承办了由市委教育工委、市教委、团市委、市学联主办的“建文明校园，做文明先锋”首都高校大学生演讲比赛。参赛的有来自北京大学、中国人民大学、北京师范大学等高校的 20 余名选手，我校中文系李萌获一等奖。

1998 年 10 月中旬，我校北京大学生军乐团先后在北京第二外国语学院、北京理工大学等 10 所高校举办了“高雅艺术，校园之旅”专场音乐会。

1998 年 11 月 12 日，校团委举办了第二届学生学术节，以“提高素质，迎接挑战”为主题，邀请校内外著名专家、学者，推出系列讲座 80 余场。并以“创造型教师的品质初探”和“论科学技术是一把双刃剑”为题，在全校文理科学生中发起学术论文竞赛。

1998 年 12 月 9 日～27 日，校团委举办了以“青春跨世纪”为主题的 '98 大学生艺术节，共包括第十四届校园歌手大赛暨大学生艺术节开幕式、艺术节文艺汇演及北京大学生军乐团 '99 新年音乐会暨大学生艺术节闭幕式三个阶段，历时近一个月。

1998 年 12 月 22 日，校团委召开了首都师大红十字会学生分会成立 10 周年庆祝大会。我校红十字会学生分会会长向大会作了工作报告。学生们以“爱国奉献”为主题，进行了文艺表演。

1999 年 3 月至 6 月，全国大学生艺术节举行。我校团委共选派 5 个节目：军乐团器乐表演、音乐系大合唱、中文系自创小品、政法系自创配乐诗朗诵、校舞蹈团自创舞蹈和 6 幅美术、书法、摄影作品参加北京赛区的比赛。共获 4 个一等奖、3 个二等奖和 2 个三等奖，一等奖获奖数和获奖总数均列全市高校前列。

1999 年 4 月 25 日，校学生工作部、校团委联合主办了“首都师范大学学生学习邓小平理论经验交流会”。

1999 年 5 月 4 日，校团委隆重召开纪念五四运动 80 周年暨五四表彰大会。会上表彰了被评为全国和市级的先进集体 15 个，优秀个人 23 名，校级先进集体 86 个，优秀个人 380 名。

2000 年 6 月 5 日至 7 月 3 日，校团委、学生处、国际文化学院共同接待香港中文大学 2000 年度“中国就业发展奖励计划”学生实习培训活动。9 月，校团委书记赴香港中文大学参加了结业式。

2000 年 10 月至 11 月间，校学生会主办了第一届女生文化节，以讲座、征文、英语演讲和服饰风采大赛为主要内容，历时近一个月。

2000 年 11 月 29 日至 12 月 27 日，校团委举办了 '2000 大学生艺术节。本次艺术节规模宏大，内容丰富，校园歌手大赛、合唱比赛、歌舞专场、文艺汇演、军乐团新年专场音乐会及书画摄影比赛，受到同学的欢迎。

2001 年 4 月至 5 月，校团委、校学生会举办了我校学生体育节。主要内容包括足球、篮球、排球、拔河、跳绳比赛，历时一个月，参与者达 3000 余人次。

2001 年 8 月 25 日，校团委带领校艺术团在宣武区文化广场举行了“北京之夜”专场演出。后又在中华民族园为中外大学生运动员奉献一场文艺演出。

2001 年 9 月 21 日，校团委召开我校共青团系统大运会工作总结表彰会。共表彰市级先进集体 6 个，市级先进个人 34 人，校级先进集体 22 个，校级先进个人 222 人。

2001 年 10 月，校学生会举办师范生技能大赛，内容包括辩论、演讲、板书、课件设计比赛，调动了同学们参与的热情，推动了校风学风建设。

2001 年 12 月 6 日至 12 月 27 日，校团委举办了 '2001“风之彩”大学生艺术节。本次艺术节上，校园歌手大赛、歌舞专场、文艺汇演、军乐团新年专场音乐会及书画摄影比赛，受到同学的欢迎。

2002 年 11 月 28 日至 12 月 23 日，校团委举办 '2002 大学生艺术节活动，以歌颂党、赞美祖国、弘扬爱国主义精神为中心，组织 7 场晚会，观众7 000余人次；大型比赛 3 场，参赛者1 500余人。12 月 5 日举行了北京大学生军乐团建团 10 周年管乐交响音乐会。

2002 年 5 月 23 日，教务处、大英部、校团委联合组织的“首都师范大学 2002 年英语文化节”开幕。内容包括英语歌曲、英文短剧、英语知识竞赛等形式。

2002年年底正值教育部举办“全国学生戏剧比赛（双语）”，我校话剧团排练了4个剧目，获得表演、剧目、剧本创作、最佳指导教师、最佳组织奖。

2003年11月8日～14日，应中联办和香港联艺公司的邀请，我校艺术团一行70人赴港参加“香港青年大专学生协会”10周年庆典活动。我校受市教委的委托，承担此次出访任务，组成了“北京大学生艺术团”，艺术团成员主要来自我校。在香港演艺学院歌舞剧院献上了两场歌舞艺术晚会。

2003年12月4日，校团委举办'2003大学生艺术节。12月16日举办了北京大学生军乐团新年音乐会。同时开展了其他声乐、器乐、话剧、舞蹈等一系列文艺活动。

附：　首都师范大学学生社团名单（2003年度在册）

校级社团（10个）（共645人）

军乐团（团委）（65人）、话剧团（大学生艺术团）（团委）（15人）、吉他班（学生会）（60人）、旱冰社（学生会）（130人）、天启摄影协会（社团部）（30人）、模特队（学生会）（85人）、当代马克思理论研究会（研究生会）（30人）、首都师范大学英语协会（学生会）（85人）、舞蹈协会（学生会）（65人）、晨曦社（社团部）（80人）、另有研究生辩论协会

院系级社团（94个）（共3354人）

数学系：计算机协会（25人）、乐天社（40人）、数学系系刊（20人）、“帮贫扶困”志愿者服务队（60人），（共145人）

物理系：应用电子小组（22人）、《希望号》（20人）、物理系计算机小组（25人），（共67人）

化学系：武术爱好者协会（30人），（共30人）

生物系：新蜂环保社团（50人）、环境教育俱乐部（88人）、生物系计算机协会（40人），（共178人）

资环学院：大学生旅游协会（60人）、首都师范大学同行社（40人）、资环学院旅游协会（55人）、“绿色之声”环保社团（150人）、计算机爱好者协会（50人）、燕山登山攀岩协会（15人）、宝石协会（45人）、地图小组（20人）、物候小组（25人）、假日旅行社团（80人），（共540人）

音乐学院：首都师范大学“华夏手风琴室内乐团”（8人）、春潮乐社（65人）、爱乐之家（50人），（共123人）

文学院：哄天文社（60人）、静海动漫社（55人）、自律社（30人）、哄天剧社（30人），（共175人）

历史系：首都师范大学历史系“书林雅韵”京剧社（20人）、“北京史”专题社会调查小组（65人）、杏坛学社（60人），（共145人）

政法学院：“单翼天使”爱心社（30人）、《雪浪》诗社（15人）、昕旸艺术团（85人）、邓小平理论学生社团（85人）、法学社（230人）、月桂树读书社（65人），（共510人）

教科院：touch体育社团（20人）、“牧灵”电影社（60人）、freedom文艺社团（15人）、杜威教育理论研讨学社（45人）、知心社（150人）、“第六感”话剧社（10人），（共300人）

外院：合唱团（30人）、吉他班（20人）、蒲公英环保社团（60人）、旱冰协会（20人）、篮球队（10人）、舞蹈队（25人）、足球队（20人），（共185人）

信息工程学院：棋社（10人）、英语剧社（5人）、羽毛球协会（20人）、乒乓球协会（25人）、比特

学社（50 人），（共 110 人）

初教院：（海淀部）排球社（15 人）、“篮缘”（10 人）、试飞话剧社（15 人）、绿叶电脑俱乐部（15 人）、未来书社（30 人）、绿苑环保社（50 人）、韩舞团（20 人）、37 度爱心社（50 人）、“my English”英语社（25 人）、灵感文学社（15 人）、燎原理论社（30 人）、晨星电脑俱乐部（15 人）、心语文学社（15 人）、陶园文学社（10 人），（共 315 人）

（通州部）学习实践社（130 人）、悠悠排球社（20 人）、热血篮球社（12 人）、咔嚓咔嚓摄影社（25 人）、一格聊天室（30 人）、东篱文学社（10 人）、生命支点爱心社（35 人）、青鸟剧社（15 人）、舞光时色（20 人）、新思想第一线（30 人）、今宵雨杂志社（20 人）、音符之光（25 人）、巧姑娘动手社团（35 人）、墨行舟书法社（8 人）、绿色家园（38 人）、英语社（22 人），（共 475 人）

美术学院：“崇拜丢勒”版画社团（10 人）、“AC”动漫社团（30 人），（共 40 人）

成教院：影堂漫画社（16 人），（共 16 人）

第三节　学生会　研究生会

一、首都师范大学学生会

首都师范大学学生会是在中共首都师范大学委员会和共青团首都师范大学委员会的领导下，面向在校的本专科生的先进的学生组织，也是学生自我管理、自我教育、自我服务的机构。其宗旨为：代表和维护同学的利益，自觉成为广大同学与外界联系的纽带，为培养各种社会需要的人才而服务。

首都师范大学学生会现设主席团、办公室、权益部、学习部、生活部、文艺部、宣传部、通讯部、勤工部、外联部、体育部、会刊编辑部等 11 个部门。有严格的值班制度和例会制度，有细致的档案管理，有明确的财务管理和定期的工作评估。学生会采取广泛的民主制度，接受各类人事监督，虚心接受大家意见，并及时改进。学生会本着为广大学生服务的宗旨，一方面开展丰富多彩的活动，大力推进校园文化建设，让同学们在学习之余能在学生会的活动中得到放松和有所收获；另一方面，学生会坚持把维权作为工作重点，倡导大学生的维权意识，为广大同学健康成长提供服务。

多年以来，学生会立足本职，深入同学，积极思考，不断推进自身发展。成功组织了校园歌手大赛，体育节，校园十佳教师评选等多项学生会品牌活动，并紧扣时代脉搏，不断赋予活动新的内涵。此外，学生会还积极探索，推陈出新，针对我校特点开展了师范生技能大赛，女生文化节，旧货交易等一大批具有首都师大特色的活动，丰富了校园文化生活，深受广大同学的喜爱。在师范生技能大赛中，学生会向全校学生喊出了“师大育我成英才，我为师大添光彩”的口号，激励首都师大学子好好学习，报效祖国。在维护广大同学权益方面，长年以来，学生会一直把维权工作当作重中之重，主张“同学权益无小事”，并提出“有困难找学生会”的口号，从生活到学习，不断为同学解决各种各样的问题。而首师蓝鸟家教中心是学生会本着为同学服务的宗旨，结合我校学生特点，在勤工部下创建的非盈利组织。十几年来，家教中心义务为广大学生提供了大量勤工俭学的机会，也为即将成为人民教师的同学搭建了一个锻炼自我的平台，积累了经验。此外，学生会拥有自己的网站和杂志《首师风格》，另有周刊《时讯快递》，能够全方位报道校、会动态。

首都师范大学学生会是北京市学生联合会第九届主席团单位。

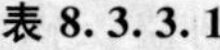

表 8.3.3.1　　历届学生会主席任职更迭表

届　数	姓　名	任职期限（或起点）
第 1 届	梁常在	1955
第 2 届	陈振英	1956
第 3 届	李振田	1957.10
第 4 届	沈煜华	1959.03
第 5 届	刘德恩	1960.04
第 6 届	王殿卿	1961.10
第 7 届	白志平	1962.12
第 8 届	（未查实）	1964.06
（未查实）	蒋春凤	1973
第 11 届	周立明	1978.11
第 12 届	党大建	1981.05
第 13 届	钱祖惠	1982～1984
	娄辛悦	1984～1985
第 14 届	周俊杰	1985～1986
第 15 届	张再栋	1986～1987
	朱　梅	1987～1989
	陈　炜	1990.1～1991.3
第 16 届	贾　杰	1991.3～1993.3
	彭卫军	1993.3～1994.4
	刘　嘉	1994.3～1995.4
	吴　炜（副）	1995.4～1996.4
	王明欣（副）	1996.4～1996.9
	张　伟	1996.9～1997.3
第 17 届	郭启华	1997.10～1999.12
第 18 届	徐京京	1999.12～2000.3
	卢海军	2000.3～2001.3
	王　琳	2001.3～2002.3
	尹　刚	2002.3～2003.3
	周　月	2003.3～

二、首都师范大学研究生会

首都师范大学研究生会是在学校党委、上级学联组织的领导和学校团委指导下的学生自治性组织，以“三个代表”重要思想为根本指针，代表全体研究生的根本利益，积极围绕“求真务实，服务青年”这一宗旨开展工作。该会秉承“为学、为师，求实、求新”的校训，发挥“自我服务，自我管理，自我教育”的职能，围绕创建国内一流的综合性教学研究型师范大学的发展目标和服务研究生同学成长成才的根本要求，积极开展学术交流、实践创业、文化娱乐、体育锻炼等多方面的活动，引导广大研究生同学树立正确的人生观、价值观和世界观，促进全体研究生成为祖国建设需要的德智体全面发展的高级专门人才。

研究生会下设9个部门。主席团包括秘书长1名，主席1名，副主席3名。办公室负责研究生会日常工作安排，做好研究生会档案搜集与整理工作，提高研究生会工作效率，同时负责《研究生通讯》的编辑与出版。学术部负责反映研究生在学术上的学习和交流需求，联系校内外著名学者，定期或不定期举行讲座；密切注意学术动态，及时发布学术信息和学术刊物的征稿启事。社团部负责对各院系研究生社团进行管理，办好校级学生社团“当代马克思主义研究会”和“研究生辩论协会”，作为我校研究生追求进步、交流思想、展示风采的重要阵地。宣传部负责结合研究生实际，做好对研究生的宣传、鼓动、教育工作，促进良好学风的形成；并以各种方式向校内外媒体反映我校研究生的科研学习生活动态。生活部发挥纽带作用，密切联系同学，了解同学们学习生活方面的真正困难，及时反映到学校相关部门；定期维护研究生会服务信箱，促进研究生会与同学的沟通与交流。文娱部负责调动研究生参加文艺活动的积极性，定期组织如晚会、舞会等内容健康、形式活泼、气氛热烈的研究生文艺活动，丰富研究生业余文化活动。体育部负责研究生足球队、篮球队的日常训练与管理；结合研究生实际，积极组织研究生开展丰富多彩、有意义的群众性体育活动。外联部负责对外联络调查研究，促进对外交流，加强与其他院校研究生会的工作联系，并配合研究生会其他部门开展活动，争取社会的关注。

表 8.3.3.2　　　　历届研究生会主席任职更迭表

届　数	姓　名	任职期限（或起点）
第1届		1984.10
第2届	张金利	1985.10
第3届	蔡　坚	1986.10
第4届	（未查实）	（未查实）
第5届	同上	同上
第6届	郑国民	同上
	刘开阳	同上
第7届	张贵林	同上
第8届	张　伟	1998.4～2000.5
第9届	郭　芳	2000.5～2001
	金庆昕	2001～2003.1
	钟海涛	2003.1～

第四节　其他群众组织

一、校友会

（一）首都师范大学校友会

1985 年 9 月成立（时名北京师范学院校友会）。

首都师范大学校友会章程（节选）
（1999 年第二届理事会通过）

本会的宗旨：

1. 加强海内外校友之间以及校友和母校之间的联系，增进友谊，加强团结。

2. 发扬母校的光荣传统和优良学风，积极提出办好学校的意见和建议，总结交流工作经验，开展各种活动，为母校建设作贡献。

3. 为振兴中华、促进我国社会主义现代化建设贡献力量。

本会的任务：

1. 组织校友进行学术工作经验交流、技术开发、文化教育、咨询服务和文化艺术、体育等活动。

2. 加强与国外校友的联系，共同探索引进人才、科学技术和筹措办学资金。

3. 协同各校友分会配合母校做好招生的宣传、动员工作，推荐优秀学生报考首都师范大学。

4. 受学校的委托，跟踪调查历届毕业生的工作情况，开展教育科学的研究，征集办好母校的意见和建议。

5. 组织校友的联谊活动，协助学校搞好校友返校。

6. 征集校友回忆录，编辑出版《首都师范大学校友通讯》。

入会条件：

凡原北京师范学院、北京师范学院分院及北京联合大学外国语师范学院的历届毕业生、肄业生、研究生、博士后、进修生、留学生、夜大学生、函授生和各种短训班、学习班的学员和在上述学校工作过的教师、干部、职工，均可成为本会会员。（注：1999 年以后确定，原北京通州师范学校和原北京第三师范学校的毕业生和教职员工均可成为本会会员。）

北京师范学院校友会第一届理事会成员名单（1985）

名誉会长：杨伯箴　冯佩之　崔耀先　何　钊

会　　长：杨传纬

副 会 长：刘国盈　林培黎　梅向明　高志忠　熊家华

顾　　问：刘　孜　施宗恕　田珮之　吴瑞章　刘寿彭　高秀山　鲍成吉　薛成业
王　克 杨云芝

理　　事：（以下按姓氏笔画顺序排列）
万迪化　于洪波　文　棋　文教亨　方　程　毛美华　王　浒　王　蒙
王再云　王建国　王慕增　卢秀荣　叶上诗　宁　可　母国政　石文忠
刘世忠　刘东升　吕月贞　孙念台　齐世荣　严怀儒　吴秉忠　宋　仁
张泽膏　张殿申　李　贵　李大为　李其炎　李洪琛　李焕昌　李燕杰

岳福洪　杨永培　陈日新　周书塔　孟雁君　林传鼎　郑热力　胡红星
胡静萍　赵友合　赵国梦　赵微平　徐俊德　晋劲敏　顾理昌　康　泠
蒋效愚　蓝继士　廖胜带　熊万华
在港澳居住及国外侨居的校友代表三人

总 干 事：赵国梦　　副总干事：王　希　柏万林　　秘　书：殷琳茹

首都师范大学校友会第二届理事会成员名单（1999）

（理事按姓氏笔画排列）

名誉会长：冯佩之　崔耀先　齐世荣　李其炎　何　钊　林培黎　岳福洪
会　　长：杨学礼
副 会 长：马　立　王　伟　王再云　王建国　文　喆　蓝宏生　朱全俊
刘利民　李　因　李世新　张　雪　张泽膏　孟庆夔　郭普金
韩秀峰　蒋效愚　焦志忠　蔡世亮
理　　事：万迪基　马利生　马静兰　王　雁　王立生　王玉辉　王绍宗
王润田　王振华　王能智　王铁楷　王笑儒　方　静　孔凡礼
尹　改　石彦伦　田建国　白家瑶　冯　朋　冯树林　冯聪英
冬镜寰　乔家瑞　朱蓉先　朱蔼昭　任大惠　刘　涵　刘　源
刘千捷　刘元元　刘正己　刘胜利　刘树信　刘维山　刘燕华
齐立强　安兴春　徐俊德　孙心若　朴学东　杜连顺　杜洁美
杨启华　杨春江　李　宁　李守仲　李若松　肖　培　吴世民
吴是辰　吴静涛　佟志忠　谷艳兰　张　科　张　浩　张　磊
张大也　张文华　张启祥　张宝安　张嘉佩　张海赢　陈　婷
陈殿华　武晋先　杭天琪　罗　洁　周庆禄　周书塔　孟雁君
线长久　柯毓壁　柏家栋　郝晓鸣　南昌明　赵多佳　赵建忠
姜　江　姜　菲　费宜来　姚秀清　胡红星　胡宝林　贾书田
顾乃昭　夏　丽　徐　兰　翁克敏　郭长福　郭明增　郭淑琴
高起祥　唐朝智　唐永森　涂克昌　曹　华　曹乃良　曹云健
龚正行　康　泠　阎立钦　梁行怡　梁育民　韩　萍　韩友富
彭兴颀　董志学　程炳仁　谢伯阳　谢敬仁　靳　诺　窦国英
窦春起　蔡亚军　熊家华　戴　方　戴士和
秘 书 长：高文生

附：首都师范大学校友会第三届理事会成员名录（2004）

（理事按姓氏笔画排列）

名誉会长：冯佩之　崔耀先　何　钊　齐世荣　康　泠　林培黎　于　洸
杨学礼　岳福洪　李其炎　刘　源　谢伯阳　蒋效愚　王　伟
刘燕华　谢维和　马　立　韩秀峰　朱全俊　蓝宏生　文　喆
王再云　熊家华　张泽膏　李世新　孟庆夔　刘树信　蔡世亮
会　　长：许祥源
常务副会长：刘利民
副　会　长：马利生　马雪征　王建国　张　雪　张建东　李观政　孟秀勤

赵建忠　夏　强　翁克敏　郭长江　郭普金　焦志忠　程炳仁
路建平　靳　诺

常务理事：毛桂芬　王　伟　王　雁　王玉辉　王立生　王绍宗　王振华
王海臣　宁　伟　白　文　石彦伦　刘　健　刘　涵　刘元元
刘长铭　刘维山　吕仕杰　戎小春　朴学东　纪建军　邢建绪
何　宁　吴世民　张　文　张　民　张　浩　张　越　张国庆
张思明　张晓爱　李　宁　李　奕　李小豹　汪丁丁　肖　培
谷艳兰　孟京辉　孟雁君　房　宁　杭天琪　罗　洁　郑秉军
郑登文　姜　华　柏　杨　胡晓炼　赵多佳　赵安良　钮晓桦
郭　涵　郭明增　顾晓园　高　洪　梁育民　阎立钦　龚正行
彭彧华　蒋春凤　韩　颖　韩子荣　窦春起　雷占全　蔡淑敏
戴士和

理　　事：丁　曦　万迪基　马静兰　尹　改　方　静　方位渤　王秀全
王润田　王能智　王铁楷　王新华　冬镜寰　冯　朋　冯树林
冯雪珍　冯聪英　田建国　白家瑶　乔家瑞　任大惠　刘正己
孙心若　安兴春　朱蓉先　朱蔼昭　朴　树　佟志忠　吴是辰
吴静涛　宋焕起　张　勇　张　科　张　磊　张大也　张文华
张启祥　张志文　张宝安　张素建　张嘉佩　李　京　李　翃
李守仲　李若松　杜连顺　杨春江　汪同三　沈白榆　陈　炜
陈　婷　陈正宜　陈殿华　陈德福　周书塔　周庆禄　武晋先
线长久　南顺弟　姚秀清　姜　江　柏家栋　柯毓壁　柯肇雷
胡红星　胡保林　费宜来　郝晓鸣　唐永森　唐朝智　夏　丽
徐　兰　徐宝力　徐俊德　涂克昌　贾书田　郭长福　顾乃昭
高起祥　曹　华　曹乃良　曹云健　梁行怡　彭兴顾　程　刚
董　晨　董志学　谢　莹　谢敬仁　韩　萍　韩友富　窦国英
蔡　闯　戴　方

秘 书 长：高文生

副秘书长：陈　宁　刘海涛

（二）首都师范大学旅港校友会

1993年5月，首都师大校长齐世荣一行应邀赴香港，与校友晤谈，商议成立首都师大旅港校友会事宜，经筹备，8月22日宣告正式成立，校长林培黎一行7人赴港祝贺。成立大会上通过了《首都师范大学旅港校友会章程》，其中“第三条宗旨”是：“联系首都师范大学（原北京师范学院、北京师范学院分院、北京联合大学外国语师范学院）及其附中旅居香港、澳门及海外之校友，互通信息，团结互助，促进校友之间的情谊，鼓励和发扬爱校、兴学的精神，为促进香港的繁荣，母校教育事业的发展，振兴中华，贡献力量。”截至2001年9月，旅港校友会共联系校友280人，其中校友会正式会员160人。旅港校友会成立10余年，共接待6批校领导访港团，举行了欢迎会、座谈会；1994年和1999年又分别组成数十人的团队赴京参加母校建校40周年和45周年庆祝活动，并向母校赠送礼物。此外，在香港地区开展了多项校友间的联谊活动。

首都师大旅港校友会领导成员为：第一、二届会长翁克敏，理事长翁克敏，副理事长戴方（培贤）。第三届会长翁克敏，理事长张浩，副理事长梁凤翔，监事会监事长戴方。

（三）建设首都师大校友恳谈会

1993 年 2 月 14 日在首都师大召开了建设首都师大校友恳谈会，来自市委和 12 个区县担任领导职务的校友参加了会议，并特邀原党委书记、院长冯佩之出席。会议同意成立“建设首都师大校友恳谈会”，并就发展校办产业、扩大自费生招生规模、解放思想、开拓办学思路等提出了意见和建议。

二、基金会

（一）首都师范大学加力教育基金董事会

1993 年 10 月 7 日，香港海裕国际控股集团主席、校友蔡世亮来校签订捐资助学协议书。同时，成立加力教育基金会董事会，董事会成员为蔡世亮（董事长）、张泽膏（秘书长）、林浦生、于洸、林培黎、杨学礼、马玉岭、陈柏球、梁治萍。会议通过了《加力教育基金会章程》，召开了第一次董事会。

（二）首都师范大学基金会

1995 年 4 月 7 日，北京市市长李其炎，市委副书记李志坚，副市长胡昭广，市政协副主席、市委教育工委书记陈大白等一行来首都师范大学召开现场办公会，会议原则同意我校争取进入“211 工程”计划的基本设想，并作出 4 项决定，其中之一是：“同意建立首都师大基金会，李志坚任会长。”

三、华侨联合会

1985 年 12 月 5 日成立。当时我校有归侨、侨眷、港澳同胞及亲属、去台人员亲属近 200 人，当选的侨联委员有饶芃宗、傅国华、杜家敏、林淑琴、曹理、刘万福、庄良源，负责人为林淑琴。现任侨联主席为邱泽生，副主席为饶芃宗。

此前，1980 年 6 月，我校统战部召开的全院归侨会议上，传达了北京市第七届归侨代表大会的精神，其中指出，侨务工作的对象是：归侨、侨眷、中国血统的外籍人亲属，港澳台同胞亲属。侨务政策是：“一视同仁，不得歧视，根据特点，适当照顾。”我校归侨翁克敏为北京市侨联（第六、七届）委员。

2001 年《中共首都师范大学委员会关于进一步加强统战工作的意见》列有“继续做好侨务工作，扩大与台港澳的交流”专项，提出如下要求：“积极宣传执行《中华人民共和国归侨侨眷权益保护法》和《中华人民共和国归侨侨眷权益保护法实施办法》及《北京市实施〈中华人民共和国归侨侨眷权益保护法〉办法》，维护归侨、侨眷的权益；积极开展海外联谊活动，加强对新移居国外的留学人员以及其他人员情况的调查研究，对学有所成的留学人员，要寻找有效的工作方法，加大感情投入，引进智力支持，鼓励他们以多种形式为学校改革与发展服务；要加强对侨联工作的领导，帮助他们加强自身建设，实现干部的新老交接；切实解决归侨、侨眷生活上的困难；党委统战部会同侨联不定期组织归侨、侨眷开展参观、学习、联谊等活动。”“继续加强对台港澳的工作，积极开展文化、教育、科技等方面的交流与合作；加强与首都师大旅港校友会的联系；切实解决台胞、台属的工作和生活上的困难；加强台湾问题研究室的建设：增加人员和加大经济投入，在相关政策上予以扶持，明确学术发展方向，发挥优势，扩大影响，为完成祖国统一大业贡献力量。”

我校侨联成立以来，在党委领导下积极开展工作，帮助成员解决了不少困难，并且组织了联谊活动，如90年代曾由校党委常委带领归侨代表赴福建侨乡参观，近期每年有两次集体活动，这些活动凝聚了侨心，扩大了海内外影响。目前我校有归侨27人，侨眷600余人。

四、北京高等学校老教育工作者协会首都师范大学分会

北京高等学校老教育工作者协会首都师范大学分会是由首都师大退（离）休老教育工作者自愿组成的群众团体。协会的宗旨是在市委市政府领导下，坚持党的基本路线和教育方针，依照国家宪法、法律、法规和政策，本着老有所养、老有所医、老有所为、老有所学、老有所教、老有所乐的精神，开展各项活动，为老教育工作者发挥余热、健康长寿、安度晚年创造条件，为首都教育事业和三个文明建设作贡献。

老教协首都师大分会于1992年成立。受首都师大党委和行政领导。现有会员约1300人。成立以来，大力开展有益于会员身心健康的活动，继续关心、参与首都师大的改革发展，并开办了培训中心，同时为会员提供了一定的福利。分会于1995年、1999年、2002年，分别被市委组织部、人事局、老干部局等评为“北京市老干部先进集体”、“北京市老教协先进集体”。

分会历届理事会成员

第一届（1992）

名誉会长：崔耀先　何　钊　齐世荣

会　　长：高志忠（1993年辞去职务）

副 会 长：朱全俊　杨学礼　杨明廉（1993年起主持工作）金嘉岭

秘 书 长：杨明廉　　　　副秘书长：方志厚　金嘉岭　潘燕琴

第二届（1998.1）

名誉会长：崔耀先　何　钊　齐世荣　杨学礼

会　　长：杨明廉　　　　副会长：张　雪　果永刚　杨书和

第三届（2003.1）

顾　　问：杨明廉（聘请）

会　　长：果永刚　副会长：滕文藻　王文山（聘请）

五、首都女教授联谊会首都师范大学分会

首都女教授联谊会首都师大分会是由首都师大女教授（含具有各专业技术系列正副高级职称人员）自愿组成的群众团体。联谊会的宗旨是坚持党的基本路线，团结各高校女教授，为改革开放和社会主义建设服务，关心维护女教授特殊利益，增强自尊、自强、自立、自信精神，提高女教师群体素质；加强首都女教授与全国和世界的联系，推进北京和全国的妇女运动。

联谊会首都师大分会于1994年11月成立。曾挂靠在首都师大统战部，2000年转为挂靠在首都师大工会。现有在职会员180多人。成立以来，开展了各种形式的联谊和活动，并为女大学生举办成才讲座，开设女性学课程等。

分会历届理事会成员

第一届（1994.11）

会　长：霍亚贞　石湘九

第二届（1999）

名誉会长：张　雪　会　长：王佩琏　　副 会 长：刘北利　宋大敏　石湘九

秘 书 长：宋大敏　邱春兰　　副秘书长：陈亚丽

第三届（2003.4）

名誉会长：张　雪　会　长：安云凤　　副 会 长：王佩琏　陈亚丽　邱春兰

秘 书 长：邱春兰　　　　　　副秘书长：陈亚丽

第九编　人　物

第一章 学校负责人简介

本章收入首都师范大学（含原北京师范学院、原北京师范学院分院、原北京联合大学外国语师范学院）校级正职党政负责人（含50年代副职干部）的简介，按任职时序排列。

仓孝和（1923～1984） 男，汉族，河南中牟人，生在天津。1943年就读于重庆中央大学化学系时参加革命，毕业后，1945年带领200名青年到中原解放区并加入中国共产党，先后在359旅、民主建国大学从事民运、教育等工作。1946年被派赴北平，以育英中学教员身份为掩护，担任中共中央南方局平津学委职青支部书记，该支部对争取傅作义等人起义直接做了相关工作。北平解放后，任育英中学党支部书记、校长。1953年任北京教师进修学院副院长，为教育局党组成员。1954年受命以教育局党组名义起草了《北京师范学院筹办的初步意见及问题》，并开始筹建工作。北京师院专修班开学，被任命为党支部书记、教务长，主持全院工作，此后一直主管教学、科研工作。“文革”中惨遭迫害。1978年，调入中国科学院，曾任自然科学史研究所所长兼党委副书记，编写审定了有关科技史的书稿，筹备成立了中国科技史学会，任第一届理事会副理事长。1983年初调回北京师院任院长兼党委副书记，与党委一班人制订了《北京师范学院1983～1990年发展规划》。1984年4月率院代表团出访美国，心脏病复发，归国后即辞世。《人民日报》刊登其逝世的报道中，称之为“教育家、自然科学史家”。其教育思想的主要观点为：坚持“教育先行”原则；强调在教育事业中“师范优先”；倡导建设新型的、高水平、有特色的师范院校；重视科学研究等。其教育思想辑为《教育必须先行——仓孝和教育思想言论集》一书（周秉仁编），遗著《自然科学史简编》于1989年获全国科技史优秀图书荣誉奖。事迹收入《中国现代教育家传》，《新中国北京高等教育的开拓者》一书中收有《首都师范大学的奠基者——仓孝和》一文。

刘国盈（1925～ ） 男，汉族，河南获嘉人。1948年北京大学中文系肄业。1947年加入中国共产党。全国解放后，长期从事教育行政工作，兼中国语言文学领域的教学和研究。1949年参加军管会，后被任命为北京市教育局视导员，1953年调至北京教师进修学院，1954年被指派与仓孝和等干部筹建北京师范学院，任党支部副书记、教务主任。1957～1966年，任中文系总支书记、系副主任（实际主持工作）。60年代～80年代，先后任中共北京师院共4届党委的常务委员。1979～1987年任北京师院副院长，主要分管科学研究工作，期间兼任院学术委员会副主任委员，院学位评定委员会主任委员，北京师院出版社社长兼总编辑，《北京师院学报》主编以及《中学语文教学》主编等职。1983年晋升为教授。80年代曾任全国中学语文教研会副会长及中国作协会员。90年代曾任北京市社会科学界联合会常务理事、北京文艺学会副会长、韩愈研究会理事等。1949年起在报刊发表论文。撰写出版专著有《韩愈》、《韩愈评传》、《唐代古文运动论稿》、《语文教学与知识更新及其他》、《韩愈丛考》等。

吴瑞章（1928～　）　男，汉族，天津人。1946 年在天津上中学时参加党领导的地下外围组织（民青）。1947 年考入北平师范学院（现为北京师范大学）历史系。1948 年 2 月入党，曾任年级支部委员、书记。后担任师大民主青年联盟总支书记并筹备建立新青团（后改名为共青团）。曾任团委书记、党委宣传部部长、党委副书记。1954 年调入北京师范学院专修班，参加建院工作，任党支部专职副书记、政治辅导处处长。1955 年北京师范学院建立党总支，任总支书记。1956 年党委会建立，任专职副书记。1958 年调中共北京市委《前线》编辑部，任农业组长，负责组织、编辑农业方面的稿件并撰写有关农业的社论和论文。"文革"后期下放农村劳动，后到市委农村组工作。1977 年调中共中央毛主席著作编辑委员会办公室理论组，参加为中央起草文件的工作。1980 年中央文献研究室成立，任周恩来研究组副组长、组长，参加和主持编辑《周恩来选集》、《周恩来书信选》、《周恩来统一战线文选》、《周恩来外交文选》、《周恩来 1946 年谈判文选》等。曾任文献记录电影《周恩来》的顾问，该片获广播电影电视部优秀影片奖。职称为编审。1993 年起享受国务院颁发的政府特殊津贴。

凌　莎（1905～1962）　女，汉族，原名李雾仙。原籍广东梅县，出生于印尼雅加达。1920 年回国，1926 年加入中国共产党。后两度赴苏联学习，中间曾在中共中央机关（上海）和满洲省委工作。1939 年春回延安，先后供职于中央党校、延安女子大学、延安保育院，曾当选为陕甘宁边区劳动模范。1945 年至 1948 年，先后任热河军政干校和冀察热辽建国学院教务长、黑龙江省和热河省教育厅副厅长。1948 年参加北平和平解放工作，1949 年初，任北京市教育局副局长。旋随军南下，先后任武汉市教育局长、文委党组书记、中共武汉市委委员等职，领导整顿改造武汉市大、中、小学，并创办了中南财经学院。1954 年底调北京师范学院，任首任院长，后兼党委书记，全面负责学院的初建工作，把全面执行党的教育方针列为学校的中心任务，又倡导建立优良校风，提出了"实事求是，团结互助、热爱教育、艰苦朴素"的 16 字校训。期间十分重视领导干部的作风建设，并身体力行，开学 5 周内，深入基层的时间即占三分之二，并定下每周五下午为固定接待群众时间，这一制度延续至今。1958 年 6 月离任，调往中共中央联络部，其时，北京师院已成为初具规模的市属高等师范院校。毕生关心并参与妇女工作。1956 年，曾率中国妇女代表团赴东南亚国家进行友好访问。曾任中共北京市第一、二届市委委员，第二届全国政协委员。

田珮之（1903～1987）　男，汉族，山东莱芜人。先后毕业于山东省第二师范、北平师范大学教育系和教育研究院。1937 年参加革命工作。此前历任山东、北平两地的中学校长、民国学院教育系主任、教授。曾广泛阅读革命书刊，参加进步组织。抗日战争时期在山东抗日根据地任山东省行政委员会委员、教育处长。1940 年出任山东公学（中共在沂蒙山区创办的干部学校）校长。抗战胜利后，在山东省解放区任山东省政府委员，受党的委托参加创办山东大学，任副校长。1946 年加入中国共产党。1948 年调至华东大学任教育学院院长。全国解放后，1950 年华东大学教育学院独立为山东师范学院，任院长、党组书记。1952年调至上海华东师大，任党委委员、研究部主任，兼政治系主任、教授。此间因工作需要，加入中国民主同盟。1956年调至北京师范学院，任党委副书记(1957～1958)、党委常委或委员(1958～1966)，副院长(1956～1966)，教授，主管教学和科研工作。同时任北京师院民盟组织负责人。

王朝品（1925～ ），男，汉族，江苏盱眙人。1939年参加革命，1941年参加中国共产党。1943年任中共管镇区委组织部长，后调到华中建设大学研究生班学习。抗日战争胜利后，先后任中共石集区区委书记，益寿县高柳区土改队队长兼该区区委书记，长江支队一中队副队长，阜阳东城区区委书记兼区长，泗溜区区委书记兼区长。1949年底调任阜阳县委宣传部部长。1950年调任皖北行署直属机关党委宣传部副部长。1952年调往上海，在沪江大学任临时党委委员兼宣传部部长。1953年入华东局党校理论班学习。1954年任华东局组织部干部培训科副科长。1955年调入北京，在中共中央书记处第四办公室任研究员。1956年底调至北京师范学院，1957～1960年任党委副书记兼监委书记、组织部长。1960年调任中共中央西北局宣传部理论组组长。1973年任陕西省财贸办公室政工组组长，1975年任陕西省财经学校党委副书记兼革委会主任。1979年调往蚌埠，任安徽财贸学院党委副书记、副院长。离休后被聘为安徽省教育咨询研究中心成员等职。撰有革命回忆录、教育研究论文多篇。

鲍成吉（1906～1990）男，满族，辽宁凤城人。1938年9月赴延安参加革命工作，1939年1月加入中国共产党。历任延安保育院科长和副院长、营口市委委员和公安局局长、海城地委秘书长、营口市委书记、辽宁省委干部局局长、鞍山市委组织部部长、东北人民政府林业局副局长、林业部林业检查局副局长等职。1957年12月，调北京师范学院，先后任第一副院长、党委第二副书记、党委书记。1958年8月至1962年4月，全面主持学校的党政工作。到北京师院就职时，主张高等师范院校“培养又红又专能贯彻党的教育方针全面发展的中学师资”，要求师生积极参加社会实践。从1959年起，强调以教学为中心，大力提高教学质量。1961年组织对1958年以来的教改进行调研后指出：办学“应有师范学校特点，培养的学生要有两条：一是热爱教育事业，一是有良好的道德品质”。工作中十分重视体育和学生保健工作，曾专门召集300名体弱同学开会，三年困难时期亲自抓食堂伙食，制止浮肿病患的发展。曾担任北京市第二届人民代表。1962年8月调离北京师院，先后任长春市副市长、市委常委和组织部长，市政协副主席等职。

施宗恕（1916～ ） 男，汉族，安徽潜山人。1942年毕业于北平辅仁大学经济系。其时，曾掩护、安顿从延安潜入北平做地下工作的人员项子明。1943年加入中国共产党。此后即在项子明领导下在平津两地做地下工作，公开身份是铁路大学铁路管理实习生、工厂技佐。1946年转到中共北平城工部学委会，公开身份为中学教员、军校教官、中国大学讲师等，掩护城工部学委会地下党机关的工作，直至北平解放。1949～1952年任中共北京市学委会私立中学委员会书记、北京高商学校（后更名为北京财经学校）校长并兼任财经干部学校校长，北京市第九区人民政府委员。1952～1954年任北京市教育局中等技术教育科副科长、科长，北京市中等技术教育委员会副主任委员兼该会办公室主任，1954

年调入北京师范学院任院长办公室主任，参加北京师范学院的筹建工作。1955～1956 年脱产进修教育理论。1957～1983 年先后任北京师范学院院长办公室主任、党委副书记（兼院委办公室主任、统战部长、院工会主席、业大校长、纪委书记）等职。社会兼职有北京教育学会副会长，北京市高等院校德育研究会理事长。1982～1985 年又担任过北京自修大学校长。曾发表《纪念安·谢·马卡连柯逝世 20 周年》、《重新学习马克思主义教育学说——正确贯彻党的教育方针》、《开展高校德育研究的几个问题》等文。

高秀山（1915～　）　原名高维峻，男，河南省南乐县人。“九一八事变”后，与河北二职师生一道参加反日活动。1932 年考入河北省立第七师范学校。1938 年在家乡参加中国共产党，先后在直（隶）南特委、豫北特委油印科和冀鲁豫区党委机关工作。1942 年任内黄县委组织部长、一区区委书记。面对日寇的大扫荡和严重的自然灾害，组织群众迎战敌人并开展生产自救。后调往冀鲁豫中央分局干部科工作。1945～1950 年先后任中共长垣县委组宣部部长及副书记之职，坚持腹地斗争，完成了整党、土改、支前等任务。1950 年到中共中央马列学院学习。1953～1960 年，先后在北京俄专、北京俄语学院、北京外语学院、华北人大任专职党委书记兼监委书记。1960 年底到北京师院，至“文革”爆发，任专职党委副书记兼监委书记，主要负责师生员工的思想政治教育，加强党的组织建设和对违纪案件的处理。1963 年底至 1965 年初曾主持党委工作。“文革”结束后，任北京师院党委顾问，1982 年离休。

杨伯箴（1919～1989）　男，汉族，贵州镇远人。1936 年加入中国共产主义青年团，并转为中共正式党员。1937 年 10 月赴延安学习，从 1939 年起先后在晋察冀边区工作。1946 年 2 月奉命到北平，担任中共北平学生工作委员会委员及代理书记、中学工作委员会书记等职。在此期间，开展学生运动，曾组织领导了围绕“沈崇事件”的斗争，反饥饿、反内战、反迫害的斗争，以及迎接北平和平解放而开展的护厂、护校的斗争。北平解放后，曾任青年团北京市委副书记和书记、中共北京市委宣传部副部长、中共北京市委教育部副部长，中共西城区委第一书记等职。1961 年调北京师范学院任院长兼党委书记。提出要结合高师特点和我院实际情况贯彻《高校六十条》，反复强调以教学为主，从严治校。1962 年主持对全院知识分子的调查，对曾被错误批判的教师和干部逐个甄别平反、赔礼道歉。在教务处调查了 626 位教师的业务情况后，制订了《关于我院师资培训提高工作的若干规定》，又十分重视学校的基本建设并改善设备条件，如促使停工多年的图书馆复工，请市政工程局修筑校东门外的柏油马路，联系园林局支援树木美化校园等。1963 年底，调任我国驻瑞典王国大使，1972 年调任北京外国语学院临时领导小组组长、党委书记，1980 年，出任联合国教科文组织执行局委员、副主席等职。曾担任中共北京市一、二、三届市委委员，第五、六届全国政协委员。

马　驰（1915～1982）　男，汉族，河北省容城人。1931 年加入中国共产主义青年团，后转为中共党员。1937 年参加容城县抗日游击队，1940 年参加过“百团大战”。1944 年在一次战斗中身负重伤 9 处，定为二等乙级残废军人。1945 年 9 月在延安中央党校学习。1946～1948 年，任中央组织部与晋察冀中央局联络部干事、华北军区政治部教导团组织科长。全国解放后在华北军区炮兵政治部等单位任领导工作，曾任第六炮兵学校政治部主任、代理党委书记。1957 年被授予三级独立自由勋章和三级解放勋章。1958 年从部队转入地方工作。1959 年任北京工农师范学院党委书记，1962 年随该院并入北京师院，任北京师院党委副书记、副院长，1971～1980 年继续担任党委副书记，1971～1982 年任副院长。

冯佩之（1918～　）　男，汉族，河北武强人。“七七事变”前参加了党的地下工作。1938 年加入中国共产党，1939 年入中央北方分局党校学习。截至 1948 年，曾任冀中公安局侦察科长、冀中九地委社会部长、宣化市公安局长兼卫戍司令部参谋长（任内带领军警击落敌机一架而受到察哈尔军区通令嘉奖）、平西地委城联部长兼平西军分区敌工部长等职。北京解放后，历任中共门头沟区委书记兼北京矿务局党委书记并兼军管会主任、中共北京郊委宣传部长、市总工会秘书长、北京市委建筑党委书记、市规划局长兼市规划委员会副主任并兼北京建筑设计院院长、中共昌平工委第一书记。1962 年任中共北京第二医学院党委书记。在二医时提出为社会主义培养能适应各种环境的、红专健的人民医生，与院长吴阶平及党委一班人创立了“教学医院”的新体制。1965 年初调北京师范学院任党委书记兼院长。到任后与党委一班人提出“创造性的劳动”和“在斗争中创造新局面”的指导思想，围绕贯彻毛泽东的“七三批示”和中央一系列关于教改的方针，抓了“宣传‘重在表现’批判‘唯成份论’”、“商传学习‘出圈’大讨论”、“数学系将相和”、“中文系召开师生代表会”、“同学互助”、“机关人员值班蹲点跑面三结合”等典型，推动了全局工作和“生动活泼主动学习”局面的形成，明确了德智体之间的辩证关系和健康第一、德育为首、教学为主的认识，提倡“德智体全面发展”、“一专多能”和“主学兼学”，做“革命化教师”和“革命化接班人”。“文革”中备受冲击。1976 年以后历任国务院第八机械工业部副部长、北京理工大学党委书记、中国医学科学院并兼中国协和医科大学党委书记。2002 年出版《冯佩之高等教育工作回顾》和《烽火情》两书。

崔耀先（1917～　）　男，汉族，山西翼城人。1932 年入高等小学时，受到反帝爱国思想的启蒙教育。1937 年 11 月加入中国共产党。此后主要在晋冀鲁豫边区工作，曾任邢台市委书记、邢台地委副书记、书记、军分区政委等职。1952 年调中国人民大学，历任党委书记、副书记、副校长等职。在随后的 21 年中，致力于推进人民大学的巩固和提高。“文革”爆发后，受到冲击长达三年。1969 年，出任人民大学革委会常委、校整党建党领导小组成员，主持创办人民大学“五七”干校于江西余江，后任校临时党委书记、革命领导小组组长。人民大学撤销时，提出对人员按建制成块地进行安置分配，以利于日后的复校。1973 年 10 月，调北京师院，历任院革委会主任、党委副书记、党委书记兼院长等职。对“四人帮”的极左路线，做了力所能及的抵制。党的十一届三中全会后，与党委一班人致力于拨乱反正，恢复学校的教学秩序，平反冤、假、错案；加快科学研究工作；抓紧学科建设和教学改革；加强教师队伍建设，改善办学条件和教工的工作、生活条件；同美国纽约州立大学柯特兰学院结成姊妹学校，等等。作为党委书记，带头贯彻执行党内生活准则，加强党的思想、组织、作风建设和思想政治工作，改革政治理论课教学，做好教书育人。到 1980 年，北京师院获准为市属重点大学。1982 年离休，后任中共北京市顾问委员会委员（1982.9～1987.12）。

何　钊（1924～　）　女，汉族，云南昆明人。1947 年解放区北方大学文教学院毕业，1959 年中国人民大学党史研究班肄业。1944 年参加革命工作，1945 年参加民主青年同盟，后转为团员，1949 年 1 月加入中国共产党。长期从事教育、党务工作。50 年代在北方大学、华北大学做过研究、教学工作，后在中国人民大学党委办公室任干事、副主任，统战部副部长。1960 年调中共北京市委大学科学工作部，任联络员、联络员组副组长。“文革”中被冲击，下放农村劳动并到中学做党务工作。1977 年调回市委教育部，任大学处处长，主抓学生思想政治工作。1982～1988 年任北京师院党委副书记、书记。期间，与党委一班人制订并实施《北京师范学院 1983～1990 年发展规划》；根据上级部署开展整党；推进全面落实党的干部、知识分子、统一战线等政策的工作；提出“教书、管理、服务三育人”，加强学生思想政治工作；作出一系列决定，实施了学院领导体制、管理体制和教育、教学工作的改革。曾任北京高教学会副会长。1988 年以后担任过政管系“党的建设”课教学工作，主编了《党的建设教程》，并担任两届北京市高校党建研究会会长。1991～1993 年被市委教育工委聘为联络员，1992 年被市高教研究所聘为兼职研究员。1991 年因“在社会主义现代化建设中努力发挥共产党员先锋模范作用”，被中共北京市委给予表彰。1992 年被市委教育工委、高教局等部门授予“德育工作开拓奖”。与人合著《新时期高等学校党的思想建设研究》一书获北京市第四届哲学社会科学优秀成果二等奖。另有论文或专著（合作）也曾获奖。

杨传纬（1930～　）　男，汉族，重庆市人。1948～1952 年先后在北京大学西语系、俄语系学习。1948 年秋加入党的外围组织“民联”，1949 年加入中国共产党。大学毕业后曾在北京大学、中共中央华北局工作。1963 年调到北京师范学院。先后担任过外语系副主任、主任、院教务长等职。1984～1989 年任北京师范学院院长，党委常委，参与制订并执行《北京师范学院 1983～1990 年发展规划》。从 1971 年开始，在外语系以及区县短期师训班担任英语教学工作，讲授英语基础课，“英汉翻译”、“英语修辞”、“美国诗歌”等课程。1981～1982 年在美国哥伦比亚大学做访问学者。1986 年经评审为英语专业副教授。1987 年被美国纽约州立大学授予荣誉文学博士学位。1992 年晋升为英语专业教授。编著有《美国诗歌选读》、《英语诗歌赏析》以及有关翻译和诗歌的学术论文 5 篇；翻译有长篇小说 1 部，短篇小说和散文 20 篇；与他人合著有《英语学科教育学》，《名师导学：初中英语》等。

林培黎（1930～　）　男，汉族，重庆万州人。1949 年参加中国人民解放军。1953 年毕业于中国人民大学研究生班（合作社系经济理论专业），同年加入中国共产党。毕业后留校，任经济学助教、讲师。1973 年调入北京师范学院任教，曾兼任马列主义教研室党支部（直属）书记、教研室主任（1982～1984），思想政治教育管理系总支书记兼系主任（1984～1985）。1983 年晋升为副教授，1992 年为研究员。历任中共北京师院党委副书记（1984.7～1988.1）、书记（1988.1～1993.7），首都师大校长（1993.7～1997.9）。兼职有国家教育部邓小平理论研究中心理事（1993～2002）、北京市高教学会副会长

(1992～2000)，是出席中共北京市第七次党代会代表，北京市第十届人大代表。1984 年和 1992 年被评为“北京市教育系统先进工作者”和“北京市德育先进工作者”。在报刊上发表论文约 20 篇。担任校级党政负责人期间，与党政领导班子一起，适时抓住机遇，制订并实施了《坚持社会主义办学方向、培养德才兼备的人民教师》等文件，如：《首都师范大学教育改革发展纲要（1993～2000)》，《首都师范大学教育改革和发展“九五”规划和 2010 年远景目标》，《首都师范大学“211 工程”整体建设规划》。由于市委、市政府的大力支持和师生员工的奋发努力，学校的教学改革、科研及学科建设、党建和思想政治工作、教师队伍和管理队伍建设等的综合改革和全面发展取得明显进展。1991 年北京市属高校管理体制改革现场会在北京师院召开，同年学校《加强双青队伍建设是一项战略任务》一文入选全国高校党建和思想政治工作经验交流材料；1993 年、1994 年首都师大分别获得全国和北京市“党的建设和思想政治工作先进高等学校”称号。1996 年北京市政府组织的专家组通过了“首都师范大学‘211 工程’部门预审”，1997 年通过了“‘211 工程’建设项目可行性论证暨立项审核”。

齐世荣（1926～　）　男，汉族，江苏连云港人。1945 年入成都燕京大学历史系，1947 年转入北京清华大学历史系，1949 年获文学士学位。1953 年加入中国共产党。1949～1954 年，任教于北京育英中学。1954 年至今任教于北京师院（后更名首都师大），历任历史系讲师、教授、系主任、历史研究所所长。1989 年 9 月至 1993 年 7 月任院长、校长。1983 年任历史学科世界近现代史博士生导师。社会兼职主要有国务院学位委员会第二、三届学科评议组历史学科评议组成员、中国世界近现代史研究会会长、中国史学会副会长、第八届全国政协委员。1988 年被评为北京市有突出贡献的科学技术管理专家。长期从事世界现代史和现代国际关系史的教学和科研工作。出版专著和译著多部，论文数十篇，见《齐世荣史学文集》。代表作有与吴于廑共同主编的《世界史》6 卷，获国家教委第三届普通高等学校优秀教材一等奖；与他人合译的有斯宾格勒《西方的没落》和《苏联历史论文选辑》3 册；提交第十六届国际历史科学大会的《论中国抗日战争在第二次世界大战中的地位和作用》一文，获 1987 年北京市哲学社会科学和政策研究优秀成果一等奖；所编译的资料《世界通史选辑·现代部分》获 1988 年国家教委高校优秀教材一等奖。

于　洸（1935～　）　男，汉族，江苏镇江人。1951 年参加工作，先后任镇江团市委学校工作部干事、副部长、团市委委员、镇江市学联秘书长。1956 年加入中国共产党。1956～1960 年在北京大学地质地理学系地质学专业学习，学习期间曾任系团总支副书记、北大团委宣传部副部长、办公室副主任。毕业后留校任教，先后任助教、讲师、副教授、研究员，讲授过“分散元素地球化学”、“地质学基础”、“结晶学与矿物学”等课程。先后任北京大学地质学系副主任、系党总支书记、北京大学党委组织部长、校党委常委、北京大学副校长。1993 年 7 月至 1997 年 9 月任首都师范大学党委书记。曾兼任北京市海淀区人民代表、北京地质学会常务理事、全国党的建设研究会理事、国际地质科学史委员会通讯委员等社会职务。主要从事地质学史、教育管理、党的建设和德育工作等方面的研究，主持“中国高等地质教育史”课题的研究，曾任《树立正确的世界观人生观价值观》一书编委会主任，《中外著名山川湖泊辞典》主编之一，《中国地质学会 80 周年记事》编写者之一，《北京高等学校党组织80年大事》执笔人，编写讲义5本，发表论文80余篇。现参加北京市教育科学重点课题——“北京高等教育史的研究”的研究与编写工作，任中国地质学会副秘书长、中国地质学会地质学史研究会副会长。

牛继升（1949～ ） 男，汉族，原籍辽宁锦县，生于哈尔滨市。1978年到黑龙江生产建设兵团第四师39团工作，历任农工、班长、排长、团政治处干事、连指导员。1974年加入中国共产党。1978年考入中国人民大学本科，1985年从该校国际政治系研究生毕业，获硕士学位。1978～1997年在中国人民大学任教，并且先后担任国际政治系副主任、党总支副书记，校党委宣传部副部长、部长。1993年任中国人民大学党委副书记，分管学生工作。1997～2001年任首都师范大学党委书记，2000年兼任校务委员会主任。1988～1989年赴苏联列宁格勒大学（现圣彼得堡大学）进修。1991年任中国人民大学国际政治系副教授，1993年被聘为硕士生导师，1996年晋升为教授。发表论文30余篇，与他人合著《科学社会主义理论与实践》、《科学社会主义原理》、《马克思主义思想政治教育理论基础》等。1991年任首都高校中青年马克思主义研究会会长，1997年被国家教育委员会（现教育部）聘为高等学校思想品德课教学指导委员会委员。

杨学礼（1939～ ） 男，汉族，北京人。1961年毕业于北京师范学院物理系。1964年加入中国共产党。1961年至1990年在北京师院任教，历任物理系助教、讲师、副教授。1981年任物理系副主任，1986年调教学科研处任副处长、处长。1988年回物理系任主任。1989年任学院副教务长，1990年任学院副院长，先后分管科研、教学、人事等工作。1992年起任首都师范大学副校长，分管教学科研工作。1997～2001年任首都师范大学校长，主持学校行政工作，重点涉及深化学校各项改革，加强师资队伍建设，实现学校“九五”期间“211工程”建设目标，研究学校发展规划等。1994年晋升研究员。90年代曾任北京市高教学会副会长，北京市青少年科技教育协会副理事长，北京市性健康教育学会副理事长。1983年起在学术刊物发表论文，曾主持“八五”国家教委“高师本科的培养目标培养模式及课程改革研究”课题的研究，与人合著《普通物理专题研究》，主编《学科教育学大系》等。

许祥源（1946～ ） 男，广东普宁人。1970年毕业于清华大学工程物理系，1982年获清华大学理学硕士学位，1985年至1987年为美国斯坦福大学访问学者，1994年为清华大学教授，1995年为清华大学原子核物理专业博士生导师。2001年调任首都师范大学校长兼党委副书记，同时任清华大学兼职教授、博士生导师。在北京市第十二届人民代表大会上当选为市人大常委。曾任海南大学校长、党委书记，中共海南省省委委员，清华大学研究生院副院长、国际共振电离谱学顾问、国际电子原子碰撞物理委员会委员等。长期从事原子物理和核物理的实验和理论研究，在原子高激发态谱学、激光共振电离谱学、原子碰撞物理、中子极化核反应以及π核反应机制方面作过专门研究，发表论文90多篇。在原子高激发态、尤其是复杂原子双电子高激发态研究领域的成果达到国际领先水平，对激光同位素分离、超高灵敏探测等高新技术领域具有重要意义。承担国家基础研究重大项目（攀登A）课题和国家自然科学基金项目多项，获国家“七五”科技攻关重大成果奖、国家教委科技进步一等奖、二等奖等。1997 年起享受国务院颁发的政府特殊津贴。

谢维和（1954～ ） 男，汉族，江西上饶人。1977 年至 1988 年先后在江西大学、厦门大学、南京大学、中国社科院学习，相继获哲学学士、硕士、博士学位。1989 年至 1992 年在北京青年政治学院工作，1992 年至 2002 年在北京师范大学工作，曾任校长助理、副校长、教授、博士生导师（教育学原理博士点）。2002 年 4 月调入首都师大任党委书记。社会兼职有：第十届全国政协委员，教育部本专科教学评估专家委员会副主任，教育部教育科学研究规划高等教育评审组成员，全国高教管理研究会、高校招生就业研究会、高校教学研究会的副理事长，全国现代教育技术研究会副主任等。所从事的教学和研究领域为：教育学原理、教育社会学、高等教育、青少年研究等。近期学术成果有：《当代青年社会学》、《教育活动的社会学分析》等著作和译著数部；《当前中国高等教育的转型及其主要取向》、《网络教育需要新的教育思想观念》等论文数十篇；主持或参与国家社科、教育部、世界银行规划或资助项目约 10 个，如“中国青年的价值观研究”、“我国高等教育社会需求的结构和特点的研究”、“我国师范教育的回顾与前瞻”等课题。

张印斗（1927～ ） 男，汉族，山西武乡人。1939 年在武乡一高加入牺牲救国同盟会和中国共产党。后在太行三中、太行联中学习、毕业。1944 年末在抗日军政大学六分校参谋训练班学习。1945 年 7 月任太行第五军分区司令部作战参谋，参加对日反攻、平汉战役，获华北解放纪念章一枚。1947 年任邯郸行知学校教师。1948 年任华北育才小学教导主任。1949 年进京任北京育才小学副校长。参与编辑育才小学《教导工作经验点滴》(中华书局出版)，该书收入自著《如何给儿童讲话》等 4 篇文章。1955 年任北京教师进修学校校长兼支部书记。次年并入北京教师进修学院，先后任小教进修部主任、副院长、总支书记等职。1965 年前后曾任北京市教育局党委委员。“文革”中下放劳动，1971 年任北京四中支部书记兼革委会主任。1974 年任北京西城教育局党委书记兼局长。1978 年起任北京师院分院党委书记兼院长，1986 年任党委书记。曾在北京市委《邓小平文选》读书班写学习心得《为迎接群星灿烂的新时代而奋斗》，被推荐在北京广播电台播放。1994 年被评为高级政工师。曾协助北京育才学校编辑《从延安到北京》（校史）并撰写文稿。《中华之魂》丛书选入所撰《对初入学儿童的教育》等 4 篇文章。1987 年出席中共北京市第六次代表大会为代表。1996 年被接收为延安精神研究会会员。

李世新（1938～ ）男，汉族，山东省淄博市高青县人。1965 年毕业于北京大学数学力学系。1965～1968 年在北京市教育局人事处、北京第二师范学院筹备处为一般干部。1968～1978 年任北京市大灰厂中学教师、党支部书记、校长。1978～1986 年任北京师范学院分院数学系教师、党总支副书记和书记。1986～1992 年任北京师范学院分院院长，全面主持学校的行政工作。1992～1999 年任首都师范大学副校长，主管学校的校办产业工作。

刘寿彭（1916～ ） 男，汉族，河北省易县人。1926 年起入私塾，1933 年起在私塾任教 5 年。1937 年“七七事变”后，经中共地下党员陆治国介绍，到河北省完、满、唐、易4县抗日动员委员会工作，同年由该组织保送至晋察冀军区军政干部学校学习，于1938年1月加入中国共产党。1938年4月分配到晋察冀军区第一军分区政治部任党支部书记，1939年任政治部秘书。1943年任第一军分区武装部政治股股长，1945年任武装部副部长，1947年调察哈尔省人民武装部任政治科副科长。1948年调中共华北局党校学习。1949年调华北人民革命大学任班主任。1950年调中国人民大学，先后任合作社系副主任、贸易经济系主任。1956年任中国人民大学党委副书记兼监察委员会书记，分管党的建设和思想政治教育工作。1965年调北京师范学院（今首都师范大学），任党委副书记兼副院长。"文革"中被冲击，1971年任北京师院革委会副主任。1977年一度赴中央党校学习。1980年，北京市政府决定将北京外语学院分院、北京语言学院分院、北京市外国语学校等合并，调刘寿彭主持其事，任领导小组组长，三校合并后更名为（新的）北京外国语学院分院。1981年任该院党委书记兼院长，至1984年9月离休。任职期间与党政一班人抓并校的思想工作，促进团结，组建专业和教学体制以及校内机构，同时进行基本建设。该院后更名为北京联合大学外国语师范学院，1993年又并入首都师范大学。

周起骥（1930～　）　男，70年代曾出任中国驻联合国教科文组织副代表5年。1981～1993年任中共北京外语分院、北京联合大学外语师院党委委员，1981～1984年任外语分院副院长、院长，1985～1993年任北京联合大学外语师范学院院长，被美国纽约州立大学布法罗分校授予名誉教授称号。

郭子玉（1929～　）　男，汉族，河北省徐水县人。1949年2月参加教育工作，任小学教师、中心区校长。1951年、1953年两次被评为徐水县模范教师。1953年选送到原河北北京师专学习。1955年评为北京市高校实习积极分子，同年5月加入中国共产党。毕业后分配到北京师范大学团委做专职政工干部，曾任团委宣传部副部长、军体部长、宣传部长、副书记。1959年评为北师大先进工作者。1961～1962年兼任中共党史教学工作。1965年调政治教育系任党总支副书记。1973～1976年任北师大联合国文件翻译组负责人。1977年调外语系党总支任副书记、书记。1984年获北师大党政干部一等奖。同年送北京市委党校学习半年。1987年由北京市委调到北京联合大学外语师院任党委书记，同年评为高教管理副研究员。1993年外语师院并入首都师范大学。1993～1996年由市委教育工委聘作联络员。1997～1998年由市委宣传部聘作电视阅评员。1994年退休。现任首都师范大学关心下一代工作委员会副主任。

第二章 学科专业人员简介

本章收入首都师范大学各类专业人员的简介。入选人员包括资深教职员工中业绩较突出、知名度较高者，获得三种综合性奖励（有突出贡献的专家、省级以上劳动模范、全国优秀教师）之一者，以及2003年年底以前获准上岗的博士生导师。入选人员按年龄顺序排列。

中文学科专业人员

向锦江（1915～ ） 男，蒙族，江苏镇江人。1935年任《江苏日报》副刊编辑。抗日战争期间及胜利后，历任四川、甘肃、陕西、安徽、江苏等地中学教员。1949～1953年任北京市第四中学教员。1954年调入北京师范学院，先后在中文系任讲师、副教授、教授，并任文艺理论教研室主任20余年。为中国作家协会会员。1960年当选为北京市先进工作者。1977～1985年连任第七届、第八届北京市人民代表大会代表，1978年当选第五届全国人民代表大会代表。

徐仲华（1919～ ） 男，汉族，北京人。1942年毕业于北京大学中文系，1946年毕业于燕京大学新闻系。1954年调至北京师范学院，历任中文系讲师，现代汉语教研室主任，后晋升为副教授、教授，曾任中国语言学会理事、北京市语言学会顾问、北京市中学语文教学研究会会长。主要研究领域是汉语语法学。1956年，参加了中国历史上第一部广泛应用于基础教育的“暂拟汉语教学语法系统”的制定和编写工作，负责其中“数词、量词、代词”和“句子的基本成分”两部分。1959年，在吕叔湘的倡导下，与汉语教研室其他教师合作，编撰了《五四以来汉语书面语的变迁和发展》，为近现代汉语发展史的研究填补了空白。1979年，发表《汉语书面语歧义现象举例》一文，对语法的歧义现象作了有益探索。1981年，曾参与制订我国最新的中学教学语法《中学教学语法系统提要（试用）》。

刘世儒（1922～1980） 男，汉族，河北沙河人。九三学社成员。青年时代曾多次辍学。1950年毕业于北京师范大学国文系，随后任教于北京男一中。从这时起，在语言学家黎锦熙的指导下钻研黎氏语法体系（该体系的理论基石之一是确认汉语语法的特点为“句本位”），自称为“句本位门徒”。用数年功夫，把整套中学语文课本和文学课本的课文逐字逐句地做过分析，并分类抄录成资料卡片，这一单调而费时的工作，为探讨汉语语法问题打下了坚实基础。1954年调到北京师院中文系，在此后10余年间，发表了20余篇有关语法方面的论文，并且出版了《汉语语法十八课》、《现代汉语语法讲义》、《魏晋南北朝量词的研究》、《汉语语法教材》、《现代汉语中的量词》等专著（均由商务印书馆出版，其中末两种与黎锦熙共同署名）。《汉语语法教材》共3编，为黎派语法体系的代表作之一。

"文革"当中，继续治学，于1979年首批破格晋升为教授。1980年病危时，向教研室汇报了近期工作：写了长篇论文《汉语句法新论》（后发表于《社会科学战线》1980年第三、四期），完成了专著《魏晋南北朝系动词研究》初稿，并为开设汉语语法史、语法理论等高年级课程搜集准备了大量资料。

王景山（1924～　）　男，汉族，山东济宁人。1943年入西南联大外文系，参加"一二·一"运动，1948年北京大学西语系毕业，为两校文艺社主要成员。解放前后曾任昆明昆华女职、南通通州师范教师。1951年进中央文学研究所，后为中国作家协会文学讲习所教员。1953年参加中国共产党。1956年调任作协创作委员会研究员。1957年调北京师范学院中文系任现代文学教员。1959年组建现代文学教研室，任主任多年。1983年任中文系主任一年，并为数届硕士生导师。1986年晋级教授。曾获北京市优秀党员、优秀教师称号和中国作家协会颁赠"抗战老作家"纪念奖牌。曾参加《鲁迅全集》注释和《中国新文艺大系·杂文卷》编辑工作。多次出席有关鲁迅、中国现代文学、世界华文文学国际学术的讨论会，并赴美、港、台访问交流。业余写作杂文、散文、评论，著有《鲁迅书信考释》、《鲁迅仍然活着》、《旅人随笔》、《鲁迅五书心读》等，主编《鲁迅名作鉴赏辞典》、《台港澳暨海外华文作家辞典》。现为中国作家协会会员、中国现代文学研究会和中国鲁迅研究会及世界华文文学家协会名誉理事、中华文学史料学学会和《鲁迅研究月刊》顾问、《炎黄春秋》杂志特邀编委。

张寿康（1925～1991）　号经畿，男，汉族，北京市人。1946年毕业于北京师大国文系。1954年调入北京师院任教。1955年当选为北京市第一届政协委员。1956年加入中国民主同盟。"文革"后，被选为北京市第五、六、七届政协委员，第五、六届北京市政协教育委员会副主任。历任北京师院语言文学研究所副所长、文章学研究室主任、学报（社科版）主编、《中学语文教学》名誉主编等职。还曾担任国家语委正词法委员会委员、北京市语言学会副会长兼秘书长、中国修辞学会会长、中国文章学研究会会长。1990年当选为北京市哲学社会科学联合会副主席。50年代首次提出"词素"的概念，认为词由词素构成，自此，国内开始使用词素这个概念。又相继首次提出"结构"是语言的建筑构件，可以在语言中成块儿地独立地自由运用，因此是造句的一种语言单位，以及"语言是一种结构系统"的新观点。进入80年代，开辟并潜心研究文章学，出版了《文章丛谈》论文集，随后《文章学概论》（主编）、《文章学导论》、《文章修饰论》先后问世。在语文教学方面，所著《语文和语文教学》汇集了精选出的30篇论文，涉及了语文教学的各个方面。所著《汉语学习论丛》获1987年北京市哲学社会科学和政策研究优秀成果二等奖。

廖仲安（1925～　）　男，汉族，四川西昌人。1944年入西南联大师范学院学习，1948年在北大中文系求学时秘密加入中国共产党。解放初期在北京市人民政府工作，1956年调入北京师院中文系古代文学教研室任教，随即任室主任，为该学科的带头人。长期坚持在本科教学第一线，1980年以后曾培养了3届硕士研究生，是中文系第一位研究生导师，所在学科于1982年获得硕士学位授予权。在科研方面：解放后不久，在《文艺报》上发表了《谈杜诗》，是新中国第一篇评介杜甫的文章。1961年参加了以游国恩为首的《中国文学史》教材的编写，该教材被全国大多数高校使用至今，并在港台地区出版。1963 年出版专著《陶渊明》，受到重视与好评，日本有两种译本。1986 年出版了集有 60 篇论文的《反刍集》，此后的论文收入《续集》，即将问世。90 年代接替已故的山东大学萧涤非主持的国务院古籍整理规划国家重点项目《杜甫全集校注》的工作，任第一副主编，工程已近尾声，可望于近期出版。1993 年获曾宪梓教育基金会高等师范院校教师二等奖，1993 年起享受国务院颁发的政府特殊津贴。

洪成玉（1928～ ） 男，汉族，浙江桐庐人。1961 年毕业于北京大学中文系语言专业。1962 年调入北京师院，后为中文系教授，硕士生导师，古汉语教研室主任，系职称评审委员和学术委员。兼北京市古汉语研究会会长。国家“八五”社科规划项目《古汉语同义词词典》负责人。出版专著《古代汉语教程》（主编并主要执笔）、《谦词敬词婉词词典》、《古今字》等共 8 部；发表论文《词的义层》、《释“闻”》等共 79 篇；二者合计约 300 万字。其中，《古代汉语教程》与王力主编的《古代汉语》并列，被《大学文科指导书目·中国语言文学》（北京大学出版社）列为必读书目；论文中有 4 篇刊载在《中国语文》，有 10 篇被中国人民大学《报刊复印资料》全文转载。1985 年招收硕士研究生冯蒸，因材施教，为其选择了古汉语前沿课题《〈说文〉同义词研究》作为学位论文，最后高质量完成，经严格评审，国家教委同意，由硕士论文直接申请博士学位，成为全国首例也是迄今为止唯一的由硕士论文获得博士学位的事例。

张炼强（1931～ ） 男，汉族，广东南海人。1955 年毕业于北京大学中文系，随即到北京师院任教，1986 年升任教授。曾任北京师院院务委员，中文系学术委员会副主任。现兼任北京语言学会学术委员，中国修辞学会理事，《语言》学术顾问。1978 年作为中文专家由教育部派到朝鲜平壤外文出版社任中文编辑，2001 年应邀赴台北参加（海峡两岸）中国修辞学学术研讨会。培养了 4 届修辞学硕士研究生。著作多次获奖：《修辞理据探索》获国家教委全国高等学校人文社会科学优秀成果二等奖、复旦大学陈望道修辞学奖三等奖、北京市优秀图书奖三等奖，《修辞艺术探新》获北京市哲学社会科学优秀成果二等奖。此外，出版的著作还有《修辞论稿》、《修辞》、《汉语修辞文化》、《鲁迅杂文妙词妙句》、《写作和语言表达》、《现代汉语语法常识》等。《修辞理据探索》被《中国修辞学通史》、《20 世纪的汉语修辞学》、《20 世纪的中国语言学》以大篇幅作评介。发表论文 100 篇左右，约 80 万字，其中有 10 篇被中国人民大学复印报刊资料《语言文字学》全文转载。教学科研事迹被《中国教育报》专文介绍。1993 年起享受国务院颁发的政府特殊津贴。

张建业（1937～ ） 男，汉族。1960 年毕业于北京师大中文系，1962 年北京师大中文系古典文学研究生毕业后，到北京师院任教。现为首都师范大学中文系教授。历任《首都师范大学学报》主编，中文系文艺理论教研室主任，李贽研究中心主任，是中国作家协会会员，中华诗词学会会员。兼任中国李贽研究学会（筹）会长，美国《现代周刊》特约评论员，中共北京市委研究室特约研究员。曾获北京市优秀教师称号，享受国务院颁发的政府特殊津贴。主要著作有《李贽评传》、《中国诗歌史》、《中国词曲史》等专著 10

部；主编有《文学原理》、《李贽文集》、《李贽学术国际研讨会论文集》等10部；在中外报刊发表论文100多篇，诗文400多篇。部分著作被以多种文字介绍到世界多国，并获北京哲学社会科学奖、台湾金像奖等奖励。现主持国家古籍整理重点项目《李贽全集》(1 200万字）的编写工作。

张燕瑾（1939～　）　男，汉族，河北辛集人。1964年南开大学中文系毕业，分配到高教部北京函授学院任教，1972年调入北京师院。现为中国古代文学教授、博士生导师，第九、十届全国政协委员，享受国务院颁发的政府特殊津贴。历任中文系主任、校务委员会委员、中国诗歌研究中心顾问兼学术委员会委员、北京市学位委员会学科评议组成员、北京市高校职称评委、市社科联委员、市哲学社会科学规划组成员及顾问组成员；学术兼职历任中国戏曲学会理事、中国散曲学会理事、中国《西厢记》研究会副会长、中国关汉卿研究会理事等；为中国作家协会会员、中国戏剧家协会会员。著有《中国戏剧史》、《中国戏曲史论集》、《中国俗文学史》、《西厢记浅说》、《西厢记校注》、《古本戏曲剧目提要》（副主编、1998年获北京市第五届社科优秀成果一等奖）、《20世纪中国文学研究》(10卷12册，600万字，主编，2002年获北京市第七届社科优秀成果一等奖），《中国古代小说专题》（主编、教育部教材）、《中国古代戏曲专题》（主编、教育部教材）等20余部。

段启明（1939～　）　男，汉族，祖籍辽宁铁岭。1964年毕业于北京师大中文系，1964年至1988年，任教于西南师大中文系，1987年由讲师破格晋升教授。1988年调入北京师院，1989～1992年任出版社社长、总编；现任文学院教授、博士生导师。长期从事中国古代文学教学与研究，1987年开始培养硕士生，1999年开始培养博士生。已出版的著作主要有《红楼梦艺术论》、《西厢论稿》、《中国古典小说新论集》（合著）、《罗贯中与三国演义》、《中国古代文学简史》（元明清部分）、《中国古代文学史》（第三、四册）、《中国古代文学史长编・元明清卷》、《插图本中国文学百题・西厢记》、《解读红楼梦》、《中国古代小说戏曲述评辑略》、《唐宋传奇评注》、《西厢记评注》；主编的工具书有《中国古代文化知识辞典》、《中国古典小说艺术鉴赏辞典》。在《文学遗产》、《红楼梦学刊》等发表论文40余篇。兼任中国《红楼梦》学会常务理事，《红楼梦学刊》编委，中国古代戏曲学会、《儒林外史》学会、李贽研究学会理事，洛阳师院兼职教授。

吴思敬（1942～　）　男，北京人，教授，博士生导师。1965年毕业于北京师范学院中文系。曾任首都师范大学文学院院长。现为《诗探索》主编，中国当代文学研究会副会长兼秘书长，北京作家协会理事，中国诗歌学会理事，系中国作家协会会员。2001年起享受国务院颁发的政府特殊津贴，同年获得“全国优秀教师”称号。研究方向为文艺学，侧重诗歌理论研究与中国当代诗歌批评。主讲课程：文学概论、诗歌原理、中国新诗理论史、文艺心理学。承担的主要科研项目有国家社科基金项目《中国新时期诗歌发展史略》，教育部文科基地项目《中国新诗理论史》。主要学术著作：《诗歌基本原理》，《诗歌鉴赏心理》，《写作心理能力的培养》（获北京市高校第二届哲学社科中青年优秀成果奖），《冲撞中的精灵》，《心理诗学》（获北京市第五届哲学社科优秀成果一等奖），《诗学沉思录》、《文学原理》（主编），《文学评论的写作》（合著），《文章学》（合著）等。

冉　红（1944～　）　女，汉族，重庆人。1994 年由新疆师大调至首都师大，现任文学院教授，影视文学系主任，少年儿童文学艺术研究发展中心主任。社会兼职为中国儿童文学研究会副会长，中国民主促进会中央委员，民进中央教育委员会副主任及北京市政协委员等。1986 年被国家人事部评为“国家级有突出贡献优秀中青年专家”。1992 年起享受国务院颁发的政府特殊津贴。1985 年和 1991 年两次被评为“全国各民主党派工商联为‘四化’服务先进个人”。1986 年加入中国作家协会。出版三千万字的作品。成人文学代表作有长篇小说《三毛最后的恋情》、《西部女盲流》、《鬼城传奇》等。儿童文学代表作有《错别字大王历险记》系列丛书、《小阿凡提》等。创作电影剧本 17 部及电视剧 70 多集，所作影视作品曾获中国电影华表奖、中国电影金鸡奖、中国电影童牛奖、中国电影骏马奖及中国电视飞天奖等。主编了“句典”系列辞书。出版了《实用电影编剧学》、《公共关系与处世艺术》等专著。

冯　蒸（1948～　）　男，北京人。“文革”中当工人 7 年。1988 年获北京师院硕士学位，1989 年获杭州大学博士学位。现为首都师大文学院教授，博士生导师，兼中国音韵学研究会理事。1964～1977 年先后私淑陆志韦和王静如。1978～1985 年在中国社会科学院语言研究所工作期间，又受到邵荣芬、王显的教导，逐渐形成了自己的研究风格。代表性论著有：《汉语音韵学论文集》（1997）、《〈尔雅音图〉音注所反映的五代宋初重纽韵演变》（1998）、《论汉语上古声母研究中的考古派与审音派》（1998）、《〈说文〉同义词研究》（1996）等。有关论著曾多次获奖。曾赴香港、台湾和日本访问、讲学。所著《汉语音韵学论文集》一书被邵荣芬评为是“他 20 多年研究音韵学所得成果的总展示”，这些论文“不但在提出创见而且在提供新资料方面都作出了新贡献”。（《中国语文》2000 年 1 期）

黄天树（1949～　）　男，汉族，福建莆田人。1982 年在陕西师大中文系获学士学位，1985 年获硕士学位。1988 年在北京大学中文系获博士学位。1988～1995 年任陕西师大中文系副教授、硕士生导师。1995 年调入首都师大。现任文学院副院长、教授、博士生导师。社会学术兼职有：国务院学位委员会“中文”学科评议组成员、中国殷商文化学会理事、北京外国语大学客座教授、黑龙江大学客座教授、天津师范大学兼职教授。主要从事古文字学和古代汉语等方面的教学和研究工作。发表关于甲骨文的论文 70 多篇，专著《殷墟王卜辞的分类与断代》获全国普通高校第二届人文社科研究成果（语言学）三等奖。先后主持、承担过 6 项国家级和省部级科研项目：《殷墟甲骨断代》为国家社科基金项目，《金文虚词研究》为国家教委“八五”人文、社科基金项目，所参与的《夏商周断代工程》为国家“九五”规划重大课题，《古文字虚词研究》为北京市跨世纪人才专项基金项目，《殷商甲骨文音系研究》为教育部人文社科“十五”项目，《中华文明探源工程预研究》为国家“十五”规划重大项目。

邓小军（1951～　）　男，汉族，四川成都人，文学博士。1997 年调入首都师大，现任文学院教授，博士生导师。2000 年获首都师大中文系最受学生欢迎的十佳教师荣誉证书，首都师大教书育人优秀教师荣誉证书。著有《唐代文学的文化精神》（台北文津出版社，1993)，《儒家思想与民主思想的逻辑结合》（四川人民出版社，1995)，《诗史释证》（中华书局，2004)。目前撰写《陈寅恪诗集笺证》、《柳如是别传发微》。在国内、港、台、新加坡发表论文40多篇。1996年获科学出版社《中国“八五”科学技术成果选》入选证书（《韩愈散文的艺术境界》)，1999年获陕西省教委人文社会科学一等奖证书(《万首唐人绝句校注集评》，集体合作)。当选为中国杜甫研究会常务理事，中国韩愈研究会理事，中国柳宗元研究会副会长。多次应邀出席台、港国际学术会议。是2003～2004年度香港浸会大学中文系访问学者。

鲁洪生（1951～　）　男，汉族，辽宁丹东人。1984年沈阳师大中文系研究生毕业，获文学硕士学位。1994年调首都师范大学中文系，现任教授、博士生导师，系中国《诗经》学会理事。主要从事中国古代文学和古代文学理论的教学与研究。合作承担教育部“高等师范教育面向21世纪课程体系改革”等项目。主撰或参撰、参译出版了《诗经学概论》、《诗经百科辞典》、《诗经析释》、《中国古代文学名篇导读》、《先秦大文学史》、《历代赋辞典》、《儒家教育九面观》、《20世纪大博览》、《诗经与楚辞》等著作20余种；主撰、主讲《中学语文新课讲析》、《中学语文名篇赏析》、《中学语文中国古代文学作品分类赏析》等音像教材3种；在《中国社会科学》、《文艺研究》等刊物上发表学术论文50篇左右。其中9篇被《人大报刊复印资料》、《新华文摘》转载。1988年获沈阳市高校青年教师优秀大奖赛优秀奖。1993年获辽宁省优秀教学成果二等奖（个人项目)。2001年获国家级优秀教学成果二等奖（合作)，北京市优秀教学成果一等奖（集体项目)。

赵敏俐（1954～　）　男，汉族，内蒙赤峰人。1978年3月考入沈阳师范学院中文系本科，1982年1月毕业，获文学学士学位；同时考取本校研究生，1984年毕业，获文学硕士学位；1987年东北师范大学博士研究生毕业，获文学博士学位。同年到青岛大学执教，先后任讲师、副教授，1994年晋升教授。1997年3月调入首都师范大学，任中文系教授，1999年被评为博士生导师，2001年任教育部省属高校人文社会科学重点研究基地——首都师范大学中国诗歌研究中心主任，2002年任北京市重点学科——中国古代文学学科带头人。1993年被评为全国优秀教师，2000年被聘为国家社会科学基金中国文学学科评审组专家，2001年起享受国务院颁发的政府特殊津贴。主要研究方向为先秦两汉文学与文化、中国古代诗歌。著有《两汉诗歌研究》、《汉代诗歌史论》、《文学传统与中国文化》、《20世纪中国古典文学研究史》、《先秦君子风范》、《周汉诗歌综论》等学术专著，与他人合著有《先秦大文学史》、《两汉大文学史》等。

王光明（1955～　）　男，福建武平人，1999年调入首都师大文学院，现为教授、博士生导师。兼中外文艺理论学会理事，中国当代文学研究会理事，中国作家协会会员。曾被授予“全国新长征突击手”(1985)、“福建省先进教育工作者”(1985)、“福建省有突出贡献专家”(1997）等称号；1993年起享受国务院颁发的政府特殊津贴，1997年入选福建省百名人才工程。已出版专著《散文诗的世界》、《怎样写新诗》、《艰难的指向》、《文学批评的两地视野》、《现代汉诗的百年演变》；论文集《灵魂的探险》、《面向新诗的问题》；编著《60年散文诗选》、《中外散文诗精品赏析》、《现代汉诗：反思与求索》、《2002～

2003中国诗歌年选》等。《散文诗的世界》、《灵魂的探险》、《艰难的指向》分别获福建省颁发的第一至第三届社会科学二、三等奖，另有成果获中国作协颁发的“庄重文文学奖”、中国广电部颁发的“中国广播文艺奖一等奖”等。主持过国家社科青年基金课题“中国当代诗歌的艺术问题”、国家社科“九五”规划重点课题“现代汉诗的百年演变：1898～1998”等。曾在《中国社会科学》、《文学评论》、《文艺研究》等刊物发表论文。

杨乃乔（1955～　）　男，北京人。1988年毕业于四川师范大学，获中国古典文学方向硕士学位；1995年毕业于北京师范大学，获文艺学方向博士学位；1997年获北京大学比较文学方向博士后资格证书。现任首都师大文学院教授，博士生导师，比较文学系主任，比较文学与比较文化研究所所长，兼中国比较文学学会理事。曾去香港、美国、日本与新西兰等高校讲学与访学。出版专著译著教材共5部，其中《悖立与整合：东方儒道诗学与西方诗学的本体论、语言论比较》（文化艺术出版社）获北京市2001年哲学社会科学一等奖，《比较文学概论》（北京大学出版社）被教育部选为全国高校研究生指定教材。多年来在《中国社会科学》、《文学评论》等刊物发表纯学理性研究文章72篇。现承担国家社科基金项目“经学与中国古代文学观念的发展”，北京市教委人文社科基金项目“东西方比较诗学的本体论研究”。在首都师范大学成立我国高等院校第一个比较文学系。

左东岭（1956～　）　男，河南许昌人。1995年在南开大学中文系获得文学博士学位，师从中国文学批评史专家罗宗强，研究方向为中国文学思想史。毕业后到首都师大中文系任教。现任文学院院长，教育部省属重点文科研究基地“首都师范大学中国诗歌研究中心”副主任，教授、博士生导师，校中青年学术带头人。主要研究方向为中国文学思想史，尤其是致力于中国古代哲学与文学思想关系的研究。研究特点以求真为目的，重材料，重实证，并进行多学科的交叉研究。主要论著有《李贽与晚明文学思想》、《王学与中晚明士人心态》等，并发表50余篇学术论文。其中《李贽与晚明文学思想》一书曾获1999年首届全国优秀博士学位论文奖，多家刊物曾予以评介。2001年获教育部优秀青年教师奖。先后承担《王学与中晚明士人心态》、《明代文学思想综合研究》、《元明之际的朝代更替与诗学思想的变迁》、《明代诗歌史》等多项省部级以上的课题。

周建设（1957～　）　男，湖南人。博士，教授，博士生和博士后导师。美国堪萨斯大学、得克萨斯大学高级访问学者。1997年调至首都师大，为首都师大语言研究中心主任，首都师大中青年学科带头人。曾任首都师大文学院分党委书记，现任首都师大良乡校区建设筹委会办公室主任。学术兼职：国际中国语言学会会员，北京市语言学会常务副会长，教育部语言学科评审专家，北京市高校职称评审委员会中文学科组副组长，北京师大、中山大学兼职教授，学术刊物《语言》主编。主要研究方向：语义学、语法学、语言哲学。出版个人专著5部，主编、参编著作及高校教材10余部。发表论文译文50余篇。其中《中国逻辑语义论》获北京市社科优秀成果二等奖，《教学语言艺术》获湖南省高校优秀教材三等奖，《实用论辩艺术》获湖南省社科优秀著作奖。主持国家社科规划课题1项、国家社科重点课题子课题1项、教育部重大课题子课题1项、省级课题5项。

陶东风（1959～ ） 男，浙江温岭人，1982年毕业于浙江师大中文系，获文学学士学位；1991年毕业于北京师大中文系，获文学博士学位。现为首都师大文学院教授、博士生导师，中国中外文艺理论学会常务理事、中国文艺理论学会理事，《文化研究》丛刊主编。主要从事文艺学与当代文化研究。其成果曾获得北京市哲学社会科学优秀成果奖、新时期20年文艺理论优秀成果奖等。主持过多项国家社会科学基金项目与教育部人文社会科学项目、北京市跨世纪“百人工程”项目。已出版的专著有：《中国古代心理美学六论》、《文学史哲学》、《文体演变及其文化意味》、《从超迈到随俗——庄子与中国美学》、《后殖民主义》、《阐释中国的焦虑——转型时代的文化解读》、《社会转型与当代知识分子》、《破镜与碎影》、《从美学到文化——陶东风学术自选集》、《社会转型期审美文化研究》、《文化研究：西方与中国》等。同时发表论文约100余篇。

吴相洲（1962～ ） 男，辽宁义县人，北京大学文学博士，曾师从文学史家陈贻焮和葛晓音。1995年来首都师大工作，现为文学院教授、博士生导师，诗歌中心专职研究员，校中青年学科带头人。历任中文系教学副主任，校统战部长，现任文学院分党委书记。主要研究魏晋南北朝隋唐五代文学、中国文化。著作有《中唐诗文新变》、《唐代歌诗与诗歌》、《传统的批判》、《唐诗十三论》等10余种，曾在《北京大学学报》、《文学评论》、《文学遗产》、《文史》等刊物上发表文章50余篇。其中，《传统的批判》获第八届精神文明建设“五个一工程”奖，《中唐诗文新变》获北京市第五届哲学社会科学二等奖。主持并完成国家社科基金项目1项、市教委科研项目1项。目前正在主持国家社科基金项目“永明体与音乐关系研究”、北京市重点项目“《乐府诗集》研究”的研究。曾开设过“唐代歌诗研究”、“文体传统与现代文明”等多门课程。

邱运华（1962～ ） 男，湖南祁阳人。中共党员。1999年毕业于北京师大文艺学专业，获博士学位。现为首都师大文学院教授、博士生导师，2001～2003年任文学院副院长兼中文系主任。主要研究中外文论、俄苏文论与文学、马克思主义文论，是1996～1997年度国家社会科学基金项目“普希金研究”课题组成员，项目成果《普希金的生活与创作》，为国内第一部研究普希金的专著，获得湖南省第五届社会科学优秀成果一等奖。现独立承担2000年度国家社会科学基金（青年项目）《19～20世纪之交俄苏马克思主义文学思想研究》课题的研究工作，同时是国家教育部重点资助研究项目“20世纪马克思主义文论史”课题组和国家社会科学基金项目“20世纪马克思主义文学理论专题研究”课题组成员。1986年以来发表论文60篇，出版学术专著3部，个人代表著作有《诗性启示：托尔斯泰小说诗学研究》、《蒲宁评传》，其他著作6部。

历史学科专业人员

田　农（1904～2002） 男，蒙古族，河北遵化人。中国民主同盟盟员。1928年毕业于燕京大学。新中国成立前，先后在北京、天津的中等学校和北京大学文学院、中国大学历史系、北京国立长白师范学院历史系等校任教。1930～1934年，曾在哈佛燕京研究所引得编纂处任编辑。新中国建立以后，先后在北京师大附中、河北师范学院历史系担任教员、教授。1955年调入北京师范学院历史系任副教授、教授，世界古代教研室主任等职。享受国务院颁发的政府特殊津贴。主要讲授世界古代史、世界中世纪史等，并为研究生讲授世界史外文工具书等课程。退休后，以八九十岁的高龄，仍为博士生讲授世界史外文工具书课程。1930年翻译出版了《日本之文明》，1933年编辑出版了《西洋史表解》，1934年参与编纂的《明代八十九种名人传记综合引得》（3册）出版。在我校工作期间，所编写的《世界古代史》讲义、《世界古代史参考资料》均在系内使用。曾在《历史教学》等刊物上发表一系列有关世界史教学的文章，如《古代赫梯人国家》、《三十年宗教战争》、《早期及古典时代的希腊文化》等。60年代曾参与西方史学名著《西方的没落》一书的翻译。

成庆华（1915～1993） 男，汉族，河北钜鹿人。30年代后期考入北京大学史学系，攻读世界史。日军侵占北平后，拒入日伪控制的学校，到北平图书馆自学，因受明末清初具有强烈民族意识的著作所感染，转而改攻中国史。1943年毕业于教会办的辅仁大学史学系。因其家庭掩护来北平开展地下工作的人员，故有机会了解并接受了党的纲领，从1942年起成为党的地下工作者，先后参与了对伪治安军高级将领和抗日胜利后国民党驻军将领的策反工作。1946年到北平朝阳学院任讲师，讲授中国通史，发表了《中国通史总论·中国历史传统略论》一文。这时根据地下党团结知识分子的指示，组织了“三立会学会”，参加者有张岱年、翁独健、任继愈等学者。北京解放前后，在辅仁中学任教，兼任北京市中等学校历史研究会总干事。1951年8月，任北京市教育局中学师资训练班历史科讲师。1954年调入北京师院历史系任讲师、副教授，“文革”后晋升教授。在师院近30年，全力投入历史系建设，为中国古代史课程建设和青年教师的培养尽心竭力。在教学中，为学生编写并印发了《中国古代史讲义》、《中国古代史史料选读》、《中国古代史论文选集》、《史学常识》等资料，注意培养学生的学习方法和优良学风。又积极收购文物，创建历史系文物室，配合中国古代史的教学（参见本《志》第六编第二章第三节首都师范大学历史博物馆）。1960年获得“北京市先进工作者”称号。

戚国淦（1918～ ） 男，汉族，贵州修文人，1946年燕京大学历史系毕业。曾任北京第三中学教员，北京市文教局研究室教学研究员，北京教师进修学院历史组组长。1954年北京师院初建，受命筹办历史科和建系工作，历任科主任、系副主任，讲师、副教授、教授。1960年被评为北京市先进工作者。1983年任世界中古史博士生导师。在此前后曾兼任中国社会科学院世界历史研究所研究员。1984～1999年任中国世界古代及中世纪史研究会理事长。毕生从事世界中世纪史教学和研究工作。1961年参编我国第一部多卷本《世界通史》，分担中古分卷序言和部分章节。曾任《中国大百科全书·外国历史分卷》欧洲史组副主编，《外国历史大事集》和《外国历史名人传》（中古部分）主编。承担国家“七五”项目《英国都铎王朝研究》，和门人的成果编入《撷英集》出版。积极倡导并率先从事外文基本史料和古典名著的翻译，译成《查理大帝传》和《法兰克人史》，被商务印书馆收入《汉译世界学术名著丛书》，其名被列入《中国翻译家辞典》。2003年被中国翻译家协会评为资深翻译家。

谢承仁（1924～ ） 男，汉族，湖北松滋人。1950年北京大学史学系毕业，分配至中央公安干部学校任“研究员”（教员）。1954 年调北京师院工作，曾任讲师、副教授、教授、研究生导师，教研室主任。1994 年退休。讲授课程有：中国古代史、近现代史、明清史、中国近代思想史。除授课外，写有历史普及读物、学术论文 30 余篇，成书有《1645 年江阴人民守城的故事》、《戚继光》、《李自成新传》、《庚辛奉天书简集》。主编《杨守敬集》共 13 册。协助吴晗主编《中国历史常识》古代部分。此外，曾参加中苏文化合作项目，编撰《中国历史大图谱》（因两国关系破裂，事未完成）。工作期间，多次获北京市教育局、北京团市委、北京市委一等奖、特等奖奖状及社会主义积极分子、优秀教师、模范教师、市先进工作者称号。1987 年《杨守敬集》第一册出版，后获北京市哲学社会科学一等奖。1992 年，享受国务院颁发的政府特殊津贴。1993 年获曾宪梓教育基金会高等师范院校教师二等奖。1956 年被选为北京市教育工会委员。

宁　可（1928～　）　男，汉族，湖南浏阳人。1946 年入北京大学先修班、史学系。1948 年 11 月到河北泊镇中共华北局城工部城市干部训练班学习。1949 年至 1952 年在北京东四区人民政府文教科任副科长、科长。1952 年 7 月调北京市教育局《教师月报》编辑部任中学组组长，1953 年加入中国共产党，同年调入北京市教师进修学院历史组任教学研究员，1954 年转北京师院任教，历任历史系讲师、副教授、教授，1983 年起任中国古代史博士生导师。曾任图书馆副主任、历史系总支第一副书记、代系主任、副主任、中国古代史教研室主任等职。又曾任国家“六五”、“七五”社科规划重点项目评审组成员、国家教委古籍整理委员会委员、中国史学会理事、中国敦煌吐鲁番学会副会长兼秘书长、北京史学会副会长等社会职务。1988 年，评为北京市有突出贡献的专家。1991 年起享受国务院颁发的政府特殊津贴。1956 年起，陆续在国内外发表论文 60 篇左右，60 余万字，出版有《宁可史学论集》；主编或参加主编《中国古代史》、《中华五千年纪事本末》、《中国经济发展史》、《隋唐五代经济史》、《敦煌学大辞典》、《中国大百科全书·秦汉史》、《敦煌社邑文书辑校》、《英藏敦煌文献汉文非佛经部分图集》等；与人合著的有《史学理论与方法》、《敦煌的历史与文化》等。

陈曦文（1934～　）　女，汉族，香港人。教授，博士生导师，中共党员。1957 年北京师范大学历史系毕业，1959～1961 年复旦大学研究生。1986～1987 年在美国杜克大学访问、进修。1997 年 1 月被聘为国家教委第一届高等学校历史学学科教学指导委员会委员。大学毕业后即到北京师院任教，长期为本科生、研究生讲授世界历史。1994～1996 年担任首都师大历史系主任、历史研究所所长。曾参加撰写和主编国家哲学社会科学“七五”重点研究项目成果《撷英集——英国都铎史研究》一书，并主编了另一部学术著作《英国社会转型时期经济发展研究（16 世纪至 18 世纪中叶）》，个人出版专著《英国 16 世纪经济变革与政策研究》、《基督教与中世纪西欧社会》，前者获北京市新闻出版局颁发的优秀图书二等奖。还发表了有关英国经济史和基督教史方面的系列论文。1984 年被授予“北京市教育系统先进工作者”称号。1991 年被评为“北京市优秀教师”和“全国优秀教师”。享受国务院颁发的政府特殊津贴。

杨生民（1936～　）　男，山西襄汾人，1959 年毕业于北京师院历史系，1962 年中山大学历史系研究生毕业。首都师大历史系教授，1996 年为博士生导师。曾任《首都师范大学学报》编委，人民出版社《中国全史》分卷主编等。1997 年起享受国务院颁发的政府特殊津贴。先后在《历史研究》、《中国史研究》等报刊发表论文 40 余篇，1979 年发表的《略谈历史发展的动力》一文，被列为历史发展动力问题讨论中四派之一的代表作。1989 年发表《论五种生产方式说》，被 1990 年《中国哲学年鉴》列为该问题讨论的首篇代表作并详加介绍。先后在人民出版社、首都师大出版社出版《汉代社会性质研究》、《汉武帝传》、《中国春秋战国经济史》、《世界古代中期经济史》、《杨生民经济史论集》5 部专著。曾为宁可主编的《中华五千年纪事本末》、《中国经济发展史》撰写部分条目与章节等。1993 年获北京市优秀教学成果二等奖（集体）。2001 年 8 月退休。

蒋福亚（1938～　）　男，汉族，江苏武进人。1959 年山东大学历史系毕业；1962 年山东大学历史系中国古代史专业研究生毕业。同年分配到北京师院历史系任教至今。历任教师、讲师、副教授、教授、博士生导师，2003 年 8 月退休。专长魏晋南北朝史。专著有《前秦史》；合作主编有《六朝经济史》、《中国古代史》、《中国历史辞典》；合作撰写有《帝国主义侵略西藏史》、《治乱警鉴》、《中国封建王朝兴亡史》、《中华五千年纪事本末》、《中国经济发展史》。先后发表学术论文 50 余篇，主要有《魏晋南北朝历史地位述论》、《十六国时期的民族斗争及其实质》、《论均田制实施期间丁男年限不断缩小的原因》、《魏晋南北朝的租佃关系》、《魏晋南北朝国有土地上的租佃关系》、《魏晋南北朝时期的商品经济和传统市场》等。1993 年获北京市普通高校优秀教学成果二等奖（集体），1997 年起享受国务院颁发的政府特殊津贴。

阎守诚（1942～　）　男，山西五台人。中共党员。1965 年毕业于山西大学历史系。曾任中学教师、中共山西省委政策研究室干部及山西省社会科学院副研究员。1991 年调入北京师院，1994 年任历史系教授，1997 年任博士生导师。现任历史系历史研究所所长，中国唐史学会理事。1997 年曾到香港中文大学历史系作学术访问，1999 年赴比利时新鲁汶大学任讲座教授。主要从事中国古代史、中国古代社会经济史和隋唐五代史研究。代表作有专著《唐玄宗》（合作）、《中国人口史》，论文《唐代官吏的俸料钱》、《重农抑商试析》、《论盛唐气象》等。参加撰写的专著有宁可主编的《中国经济发展史》和《中国经济通史·隋唐五代经济卷》。专著《中国人口史》曾获北京社科优秀成果二等奖，参撰的《中国经济发展史》曾获国家图书奖及北京社科优秀成果二等奖。曾承担并完成国家级和省部级科研项目多项。1999 年与中国科学院遥感所合作，承担国家科技攻关重点项目子课题《中国古代灾荒数据库的研制》。在研项目有《中国古代灾荒研究》。国家社科基金项目有《危机与应对：自然灾害与唐代社会》。

徐　蓝（1947～　）　女，首都师大历史学博士，历史系教授、博士生导师、国际关系研究室主任。兼任中国史学会理事，中国第二次世界大战史研究会副会长，北京市历史学会常务理事，中国社会科学院世界历史研究所学术委员，北京市社科联委员。长期从事世界近现代史、现代国际关系史、当代国际关系、20 世纪战争与和平问题的教学与研究工作，发表专著 3 部（合著 1 部），译著 3 部（合译），在国内外重要学术刊物上发表论文

60余篇。5次获得国家级和省部级奖励，其中专著《英国与中日战争1931～1941》获北京市哲学社会科学优秀成果一等奖、国家教委首届人文社会科学研究优秀成果二等奖。主持并参加国家社科“七五”、“八五”、“九五”、“十五”重大及重点课题研究。1992～1993年获美国·亚洲高等教育联合会董事会资助，赴美国做访问学者研究一年，并与香港中文大学建立学术合作与交流关系。1993年起享受国务院颁发的政府特殊津贴，1997年被国家教委和国家人事部评为全国优秀留学回国人员。现为首都师大中青年学科带头人和世界史学科负责人，入选北京市跨世纪优秀人才工程。

魏光奇（1950～　）　男，汉族，河北易县人。教授，博士生导师。1981年山西大学历史系中国近现代史专业研究生毕业，获硕士学位。1981～1995年，在河北大学历史系任教；1995年起在首都师大历史系任教，为本科生、研究生讲授史学理论、中西文化观念比较、中国近代史、中国近代政治制度史等课程；指导中国近现代史专业、史学理论和史学史专业硕士研究生和博士研究生。1980年以来，从事清代和中国近代社会政治制度史研究、文化比较研究，著有《天人之际：中西文化观念比较》、《官治与自治：20世纪上半期的中国县制》、《清代中央集权财政体制的瓦解》、《清代直隶的里社与乡地》、《清代州县财政探析》、《直隶地方自治中的县财政》、《地方自治与直隶“四局”》、《清末至北洋政府时期县乡行政制度考略》（第一作者）等论著；主持1999年国家社科基金项目《20世纪前期中国县乡行政制度研究》、2001年国家社科基金项目《清代州县乡里制度研究》。1988年获河北省社会科学研究优秀成果二等奖，1999年获曾宪梓教育基金会高等师范院校优秀教师三等奖。

宋　杰（1952～　）　男，北京市人。1982年1月毕业于北京师院历史系，留校任教。后师从宁可研习秦汉史及古代军事地理，获得博士学位。现任首都师大历史系主任、中国古代史教研室主讲教授、博士生导师。已发表个人学术著作3部，其中《〈九章算术〉与汉代社会经济》一书获北京市第四届哲学社会科学优秀成果二等奖，《先秦战略地理研究》获得北京市社会科学出版基金资助。发表学术论文数十篇，其中《〈九章算术〉在社会经济领域的价值》刊载于美国著名年鉴刊物《波士顿科学哲学研究》。另有协编的历史教材、工具书及学术专著多部。在校内先后开设《中国古代史》、《秦汉经济史》、《中国古代社会生活史》、《中国古代货币史》、《历史研究法》、《史学写作练习》、《古代社会发展史》等必修、选修课程。

刘新成（1952～　）　男，北京人。教授，博士生导师。1982年毕业于北京师院历史系，留校任教。1985年获历史学硕士学位，1991年获历史学博士学位。曾任首都师大历史系主任，1998年出任副校长。兼任国家社科规划办历史学科专家组成员、北京市社科联副主席、教育部历史学科教学指导委员会委员、中国英国史学会副会长、北京市历史学会副会长。2002年任第十届全国政协委员，北京市政协常委，民进北京市委副主任委员。学术上主要致力于英国都铎王朝议会史和西欧中世纪社会史的研究。个人专著《英国都铎王朝议会研究》系统地考察了都铎王朝议会的构成、权力、职能以及国王、上院和下院“三位一体”的关系，获首届国家社科基金项目三等奖。独立承担了国家“九五”重点科研项目“等级制度与生活方式”。其他著作有《英国议会政治史》、《古代民主与共和制度》。译著有：《西方的兴起》、《现代世界体系》。

郝春文（1955～　）　男，历史学博士，博士生导师。1979 年考入北京师院，1986 年研究生毕业后留校，1994 年被破格晋升为教授。2000 年起享受国务院颁发的政府特殊津贴。现为首都师大历史系教授，中国古代经济研究室主任，中国古代史重点学科负责人，兼任中国敦煌吐鲁番学会副会长、北京市高校教师高级专业技术职称评审委员会历史学科组副组长、兰州大学兼职教授、敦煌研究院兼职研究员等职。曾为本科生和研究生开设多门中国古代史课程。教学中注意培养、训练学生的基本能力。曾应邀到国内外多所大学和科研机构作学术演讲或参加大型国际学术会议。坚持教学与科研相结合，曾主持、承担、参与多项国家社科基金、教育部和北京市级科研项目，获得国家级和省部级奖励多项，出版《敦煌社邑文书辑校》（获北京市社科成果一等奖）、《唐后期五代宋初沙洲僧尼的特点》（获北京市社科中青年优秀成果奖）等著作多种，发表论文 70 多篇。

梁景和（1956～　）　男，祖籍山东蓬莱，出生吉林省梅河口市。曾为插队知青、民办教师、中学教师，现为首都师大历史系教授、博士生导师。在北京师范大学获历史学学士和硕士学位；在湖南师范大学获历史学博士学位；曾在中国社科院近代史所做博士后。主要从事中国近代社会文化史和思想史的教学与科研工作。为博士生、硕士生和本科生开设《中国近现代史研究范式专题》、《中国近现代社会文化史专题》、《女性文化》等课程。在《中国社会科学》、《新华文摘》、《近代史研究》、《光明日报》等报刊发表学术论文 80 余篇。主持过“国家社会科学基金”、“博士后科学基金”等多项研究课题。出版专著《近代中国陋俗文化嬗变研究》（获北京市第六届哲学社会科学优秀成果二等奖）和《清末国民意识与参政意识研究》等。2001 年被首都师大遴选为中青年学科带头人。现任中国社会史学会理事；首都师大学位评定委员会秘书长、研究生部主任。

迟云飞（1957～　）　男，黑龙江海伦人。1972 年中学毕业后，欲上大学而不能，当工人 6 年。1977 年考入哈尔滨师范大学历史系。1981 年底毕业，考入湖南师范大学，师从林增平、王永康，攻读硕士学位。1984 年毕业后留湖南师大任教。1996 年考入中国人民大学清史所攻读博士学位，导师为戴逸。1998 年晋升教授。1999 年到首都师大历史系工作。多年来，一直从事中国近代史的教学与研究，曾为研究生、本科生讲授过《中国近代史》、《中国近代人物研究》、《中国近代史专题研究》、《辛亥革命史》、《中国近代史料学》、《中国近代经济史》等课程。主要研究清末民初政治史，对革命家宋教仁及清末清政府研究用力较勤。出版著作《宋教仁与中国民主宪政》、《曾国藩大传》、《清通鉴》（光绪朝下、宣统朝）、《清史编年》（第十二卷），发表论文 80 余篇。

王永平（1966～　）　男，山西离石人，汉族，中共党员。首都师大历史系教授，博士生导师。1985 年获北京大学历史系学士学位；1988 年获山西大学历史系硕士学位；1988 年 9 月至 1992 年 8 月，在《山西大学学报》编辑部任编辑；1995 年 7 月，获首都师大历史系博士学位，留校任教。曾担任历史系中国古代史教研室主任，一直从事中国古代史和古代文化史的教学与科研工作。主要研究领域有中国古代史、古代文化史、宗教史、社会生活史等，研究方向偏重于隋唐五代史。主持和参与过国家“九五”规划重点项目、霍英东教育基金会项目、美国罗杰伟唐研究基金会项目、教育部重点教改项目、北京市优秀人才专项基金项目等各类项目10余项。出版专著7部，发表论文90余篇。受到各种奖励10余次，主要有：1998年获北京市高等院校教师教学技能大赛一等奖，2000年获霍英东教育基金会全国优秀教师三等奖，2001年入选北京市新世纪社科理论人才“百人工程”。

政法学科专业人员

苏国衡（1924～　）　男，回族，湖南衡阳人。1949年在华北大学二部和俄文大队学习，1952年毕业于中国人民大学政治经济学研究生班。1952～1960年任中国人民大学政治经济学教研室、经济系助教、讲师。1961年调北京师范学院政教系，先后任讲师、副教授、教授，兼任院学位评定委员会委员、《北京师院学报》编委、系学术委员会委员、系资料室主任。1984年加入中国共产党。1953年起，除在报刊发表论文外，出版有《增产节约与社会主义工业化》、《人民生活中的几个政治经济问题》、《国民经济有计划按比例发展》等书，并参与主编改革开放后全国第一部《政治经济学（社会主义）》教材，为全国20多所高等院校采用。又受国家教委委托主编了专为考核全国中学政治课教师的《政治经济学》教材。1986年4月应河南博爱县邀请，指导学生对山区、平原不同乡村进行了全面调查，写出了“坚持统分结合　促进农业发展”、“关于不同地区农民共同致富问题”、“博爱县产业结构的调查”等5个调查报告，获1986年“社会调查课的教学与实践”北京市高等学校教学成果一等奖。

王锐生（1928～　）　男，澳门人，祖籍广东台山。1952年中国人民大学对外贸易研究生毕业。1959年中国科学院哲学研究所副博士研究生毕业。1952～1956年先后在中国人民大学、北京对外贸易学院任教。1959～1988年在中国社会科学院工作，任研究员、研究室主任、博士生导师。1988～1998年任首都师大政教系教授、《首都师范大学学报》主编。兼职有中国历史唯物主义学会副会长（1985～1999）、顾问，北京市哲学社会科学“十五”规划顾问组成员。研究成果：《对“六五”时期建设和改革问题的回顾与思考》（合作，获孙冶方经济科学1986年度奖），《商品经济与精神文明》，《效率优先，兼顾公平》等专著和论文，分获北京市第二、三、四、五届哲学社会科学优秀成果二等奖。主持完成了《中国社会改革的哲学思考》等中国社会科学院重点项目、国家社科规划“六五”项目、国家教委“八五”人文社会科学规划项目、北京市哲学社会科学“九五”规划等一系列科研项目。主要著作有《马克思关于人的学说》、《商品经济与精神文明》、《社会哲学研究》、《邓小平哲学思想研究》等，发表学术论文近200篇，涉及马克思主义哲学基本理论、社会哲学、人学、经济伦理等领域。

苏崇德（1929～　）　男，四川人。曾就读北京大学和中央财经学院，1956年毕业于中国人民大学马克思列宁主义研究班，后留校从事教学工作。1973年来北京师院，先后在政教系、马列主义教研室及管理系工作。1979～1981年一度调至中国社会科学院经济研究所，参加经济调研活动，撰写一批内部研究报告及学术论文。在北京师院（首都师大）工作期间，先后任副教授、教授。1984 年，师院在全国首批参加创办思想政治教育专业，招收第二学士学位生，后陆续招收本科生及硕士学位研究生，并被列为北京市重点学科。苏崇德 1984～1992 年担任管理系副主任、第一副主任（主持全系工作），在创建该专业的过程中，承担了主要的工作。1995 年主编的《比较思想政治教育学》正式出版，填补了该学科建设的空白。1990 年被评为北京市优秀教师和全国优秀教师。

王瑞荪（1930～ ） 男，汉族，湖南湘乡人。1952 年湖南大学经济系毕业，1955 年中国人民大学政治经济学教研室研究生毕业，同年加入中国共产党。1955 年起任中国人民大学教师，1973 年调入北京师范学院。中国人民大学复校后调回人大，不久又调回师院。80 年代至 90 年代，先后任中共首都师大党委常委、工会教代会主席、管理系主任。1986 年晋升为教授。1992 年起享受国务院颁发的政府特殊津贴。专业特长为经济学和思想政治教育学。社会兼职有：80 年代曾任中国经济学团体联合会临时党组成员、经济学周报社副社长兼总编辑。90 年代曾任北京市经济学总会常务理事、副会长。发表的专著有《中国的经济体制改革》（合著）、《邓小平新时期思想政治教育理论研究》等；论文有《一个历史唯心论的黑标本》等。其中《社会主义经济利益与经济运行》（主编）获北京市第二届哲学社会科学优秀成果二等奖；《比较思想政治教育学》（主编）获北京市第七届哲学社会科学优秀成果一等奖。

王幼樵（1931～ ） 男，汉族，浙江衢州人。1944～1953 年就读于浙江衢州师范和华东革命军政大学。1949 年 5 月参加革命工作，1953 年加入中国共产党。1956 年入中国人民大学马列主义研究班中国革命史专业。后在人民大学党史系任助教、讲师、副教授，并在清华大学马列主义教研室任领导小组成员，同时在报纸杂志发表论文述著。60 年代至 70 年代曾借调至中共北京市委宣传部和国家教育部高教司任调研组长。1988 年 5 月调至北京师院任教，1990 年晋升为教授，担任北京高校中青年党员干部进修班主任及首都师大管理系副主任，主持日常工作。期间，先后主持编撰了《中共北京地下党斗争史》、《中国革命史新编》、《中国国民党史》等著作；主编出版了《当代中国史》以及《50 年辉煌，新世纪畅想》等专著，曾分别获得省、市优秀图书一、二、三等奖和优秀科研成果奖。自 70 年代以来，担任了中国统一战线理论研究会常务理事、中国妇女运动历史编纂委员会常务委员以及北京市思想政治工作高级专业职务评审委员会委员等社会职务。

邱远猷（1932～ ） 男，汉族，四川资中人。1953 年西南政法学院毕业。1956 年中国人民大学法律系研究生毕业，留任助教。1960～1972 年在中央财金学院任讲师。1972 年调入北京师院。1983 年任副教授。1984 年加入中国共产党。1986 年招收硕士生。1988 年任教授。1986～1990 年任校务委员会委员、校学位学术委员会委员。1986～1993 年任图书馆长、东方文化与古籍整理研究所副所长、校教代会副主席、北京地区高校图工委副主任、北京市图书资料系列高级职称评委会副主任、委员。兼任中国人民大学法律史博士生导师组成员、中国政法大学法律史研究所研究员、中国青年政治学院教授、中国法律史学会理事、太平天国历史研究会常务理事等。任中国近现代史教研室主任时该室评为北京市1985～1986年先进集体。独撰、合著、主编、参编著作有《中华民国开国法制史》、《太平天国法律制度研究》、《中国近代法律史论》等25部，在报刊发表文章140篇。事迹收入美国《世界名人录》、英国剑桥《国际人物传记辞典》、《当代中国法学名家》。

孙长江（1933～　）　男，汉族，福建厦门人。教授。1955年毕业于中国人民大学。毕业后先后在中国人民大学、中共中央党校、科技日报、首都师大从事教学和学术研究工作。是1978年发表的《实践是检验真理的唯一标准》一文的主要撰稿人之一。（《光明日报》总编杨西光主持整理出来的《关于〈实践是检验真理的唯一标准〉一文写作和发表的经过》中说："孙长江同志最后执笔完稿。"）长期从事中国文化的研究，主要代表作有《论康有为》、《论谭嗣同》、《论孔子》等论文。参与主编《神州文化集成》、《中国文化通志》等丛书的工作。曾参加国际学术研究会议，如1996年在新加坡召开的国际儒学讨论会上发表《孔子仁学分析》，1996年在哥伦比亚大学召开的中国农村研讨会上发表《中国农村文化变迁》等论文。社会兼职有：国际儒学联合会理事、中国文化书院常务副院长等。

冯卓然（1934～　）　男，汉族，重庆忠县人，教授。1959年毕业于北京政法学院（现中国政法大学）并留校任教。1961年初调北京师院，参与组建政教系，从事哲学、科学社会主义、政治学、马克思主义原著选读、中外人权理论等教学和研究工作。1983年任政教系副主任，次年转任主任直至1993年底。为北京市哲学社会科学"八五"规划政治学组成员，国家社会科学基金"八五"规划项目"人权研究"课题主持人，北京市哲学社会科学"八五"规划重点项目"邓小平人权思想研究"课题主持人。主编出版《人权论集》、《论马克思主义人权观》、《邓小平人权理论学习读本》、《唯物史观的新使命》、《哲学原理》、《哲学原理纵论》等著共24种；发表论文《谈谈矛盾问题的精髓》、《论人权及其历史命运》、《人权的普遍性和人权的特殊文化背景》、《坚持平等原则，发展人权事业》等70余篇。现为中国人权研究会常务理事、中国人权基金会常务理事兼学术委员和人权文库编委、中国历史唯物主义学会常务理事兼人权专业委员会主任。1998年和2002年两次参加国际人权研讨会并发表论文。1987年获北京市高校系统教学成果一等奖。

闻立树（1934～　）　男，汉族，湖北浠水人。首都师大政法学院教授，清华大学人文社会科学学院兼职博士生导师。1950年加入中国共产党。1951年参加工作，1952～1956年任北京市人民政府办公厅秘书。1960年毕业于中国人民大学中共党史系。1960年10月至2002年在首都师大（原北京师院）任助教、讲师、副教授、教授，曾任马列主义教研室及管理系副主任。现任校学术学位评定委员会委员，政法学院学术学位评定分委员会主任及北京市中共党史学会理事等学术职务。获曾宪梓教育基金会全国高等师范院校教师三等奖等奖项。主要研究成果有《中共党史讲义》（合著）、《中国革命史》（副主编）、《马克思主义思想政治教育著作选读·讲解·导读》（主编3种）、《人民世纪的丰碑》（主编）等10种，论文《旗帜问题与中国共产党的建设》、《立三路线述评》、《新民主主义革命理论的系统化》等多篇。

陈世英（1934～　）　女，福建省莆田市人，汉族，中共党员，教授、硕士生导师。1955年冬提前半年毕业于复旦大学历史系，1957年中国人民大学马列主义研究班党史专业研究生毕业。曾在北京大学历史系任教，1961年调首都师大政教系，曾任系副主任、政治教研室主任，校台湾问题研究室副主任，校教学指导委员会委员，校教学督导员。1980～1984年借调到中共中央党史研究室任研究编写人员。1994～2002年任全国台湾研究会理事会理事，90年代至今任北京市中共党史学会理事等社会职务。从1957年走上大学讲坛至1997年退休，先后开设中共党史、中国革命史、中国社会主义革命与建设史、共产国际与中国革命关系史、台港澳专题讲座等八九门课，培养硕士研究生。发表论文50余篇。主编和参编《中国革命史教程》等教材及《韩国》等论著。先后五六次获省市及以上级别科研论文奖，1987年获北京市高校教学成果一等奖，1997年获曾宪梓教育基金会高等师范院校优秀教师三等奖。

李松林（1953～　）　男，北京人。1976年毕业于北京师院政教系，1987年7月毕业于北京师范大学马列所，获法学硕士学位。1991年晋升为副教授，1992年被评为北京高校青年骨干教师，1994年被评为北京高校青年学科带头人，同年被评为硕士生导师，1995年被破格晋升为教授，同年入选北京市“百人工程”，1997年被评为北京“跨世纪人才”。2002年9月出任首都师大“两课”教研部主任，2003年被评为博士生导师。社会兼职有：国史学会全国高教专业研究会副理事长、北京高教学会中国革命史教学研究会副理事长兼秘书长、中共党史学会理事、北京“九五”“十五”社科规划评审组成员，北京大学兼职教授。主编两部教材，讲授5～6门本科、硕士课程，1996年北京市教委“两课”教学评奖中获二等奖。发表学术论文70余篇，出版专著7部，其中《蒋氏父子在台湾》获北京市第三届哲学社会科学成果二等奖，另有多项成果获奖。主持国家社科基金1项，北京市社科基金2项，市教委项目2项，全国高教学会项目1项。

邓球柏（1953～　）　男，1973年加入中国共产党。1973年就读于湖南一师数学专科班，1978年就读于湘潭大学哲学系，1983年进修于北京大学哲学系中国哲学史研究生班。1993年晋升教授。1990年、1991年先后被评为湘潭大学、湖南省教委优秀科技工作者。1993年起享受国务院颁发的政府特殊津贴。1994年后任湘潭大学学报执行总编辑，校学术委员会委员，湘潭市《周易》研究会会长，湖南省期刊工作年会常务理事，湖南省高校职称评审专家，中南六省区综合性大学学报主编联络组长，世界太极学会副理事长等职。1995年调入首都师大政法学院，先后任思想政治教育学硕士生导师、博士生导师，校科技处副处长，易学研究所所长，北京市邓小平理论和“三个代表”重要思想研究中心特约研究员。代表作《帛书周易校释》（1987年第一版、1995年第二版、2002年第三版），获湖南省首届社科优秀成果二等奖。

叶险明（1954～　）　男，教授，博士生导师。1996年调入首都师大，是北京市跨世纪优秀人才，首都师大第一批中青年学科带头人，北京市哲学会理事。截至2003年，出版学术专著9部（包括合作），在《中国社会科学》、《哲学研究》、《马克思主义研究》、《史学理论研究》等学术期刊发表论文80余篇，其中40余篇被《中国社会科学文摘》、

《新华文摘》、《哲学研究》、《人民日报》、《光明日报》、《高校文科学报文摘》、《人大报刊复印资料》等多种报刊评论、转载和转摘（据中国社会科学评价中心的统计，在 1998 年马克思主义研究类的论文的收录、转载和引证方面全国排名第四)。获北京市第五届、第七届哲学社会科学优秀成果二等奖各 1 项、北京市第二届、第六届哲学社会科学中青年优秀成果奖各 1 项，个人主持国家社科基金“十五”规划项目 1 项、北京市社科基金“九五”和“十五”规划项目各 1 项，共同主持教育部博士点社科基金 1 项，并作为主要核心成员参与国家社科基金“九五”和“十五”社科基金重大项目各 1 项。

陈新夏（1957～ ） 男，湖南桃源人。现为首都师大政法学院院长、教授、博士生导师。中国人民大学哲学系研究生毕业，长期从事哲学教学和研究工作。曾致力于“思维学”学科的创立工作，较早参与“管理哲学”的研究，提出并完成了“主体尺度”课题的研究。曾主持国家社科基金项目“主体尺度研究”、国家教委人文社科“九五”规划项目“社会现代化与人的发展”、北京市“百人工程”项目“科学精神与人文精神研究”；现主持北京市“十五”社科规划重点项目“可持续发展与人的发展”。独立完成或合著《管理哲学纲要》、《思维学引论》、《跃上新境界》、《人的尺度——主体尺度研究》、《论马克思主义人权观》等著作，发表学术论文 30 多篇，曾获北京市高校哲学社会科学中青年优秀成果奖、北京市哲学社会科学优秀成果二等奖。1991 年破格晋升副教授，1995 年破格晋升教授，1999 年起享受国务院颁发的政府特殊津贴。现兼任北京市哲学会副会长、北京市社会科学界联合会常委、中国人学会常务理事。

王树荫（1958～ ） 男，教授、博士生导师、首都师大政法学院副院长、思想政治教育系主任、校重点学科“马克思主义理论与思想政治教育”负责人。1984 年在南京师范大学获学士学位，1987 年在中国人民大学获硕士学位；是北京市高等学校（青年）学科带头人、首批入选北京市跨世纪理论人才“百人工程”。主持国家社科基金项目“中国共产党 80 年思想政治教育经验研究”。出版和主编专著《中国共产党思想政治教育史纲(1919～1949)》、《新编思想政治工作概论》、《中国共产党思想政治工作史论》、《中国新民主主义革命通史·全民抗战气壮山河》等 10 部，发表论文 30 多篇。2002 年获全国普通高等学校优秀教材二等奖。是全国高校思想政治教育学科专业委员会委员、《思想理论教育研究论丛》编委、中国青年研究会理事、中共北京党史学会常务理事、曾任全国硕士研究生入学考试政治课命题教师，主编北京市政工师考试用书和负责命题工作。

杨生平（1965～ ） 男，江苏盐城人。1983 年进入北京大学哲学系学习，先后获得学士、硕士和博士学位；现为首都师大政法学院教授，马克思主义哲学专业博士生导师，马克思主义理论与思想政治教育研究所副所长。1996 年被评为北京市高等学校优秀青年骨干教师，1997 年入选北京市跨世纪理论人才“百人工程”，同年获第六届霍英东教育基金青年教师奖三等奖，1998 年被评为北京市高等学校青年学科带头人。1997 年，作为主教练率领首都师大辩论队在新加坡举行的国际大专辩论会上夺得亚军。出版《论马克思主义意识形态理论的形成与发展》、《思想政治教育理论研究》等学术著作 8 部，在《哲学研究》、《马克思主义研究》等杂志上发表论文 50 余篇，承担或主持过“西方马克思主义研究”、“当前思想政治教育中存在的问题及对策研究”等国家级和北京市级项目4项。

教育学科专业人员

傅任敢（1905～1982）　原名傅举丰，男，汉族，湖南湘乡人。早年就读于长沙市明德中学、上海中国公学大学部，1929年毕业于清华大学教育心理系。嗣后，曾任长沙市明德中学教务主任、清华大学校长办公室秘书。1938年至解放前夕，先后兼任重庆、长沙两地的清华中学校长，一贯坚持正义斗争，积极支持抗日，抵制国民党反动派的威胁利诱和反动的教育措施。新中国成立后，任北京市第十一中学校长、北京市教育局视导员、北京市第四中学副校长。1954年调至北京师范学院，后任教育科学研究所教授、教育工会主席等职。平生致力于教育工作。在长期的教育实践活动中，重视教育理论和教育实践的研究：深入研究我国古代教育理论，积极翻译介绍多种西方教育名著；大力探索中等教育、高等教育和师范教育的教育教学规律；80年代初期提出要以马克思主义的教育理论为指导，系统地总结我国古代的教育教学方法，并开始着手实施。主要著述有：《贤伉俪》（译著）、《生活的科学》（译著）、《莉娜及其他》（译著）、《教育漫话》（译著）、《大教学论》（译著）、《〈学记〉译述》、《〈论语〉教育章句析解》、《孔子说的“有教无类”到底是什么意思》、《教育史小品》、《近代中国教育人物像传》（辑印）、《教学是最渊博最复杂的艺术》、《二二一制中学》、《师范教育私议》、《谈谈高师教育》、《关于办好高师院校的一些设想》等。结集出版有《傅任敢教育文选》、《傅任敢教育译著选集》等。

林传鼎（1913～1996）　男，汉族，福建福州人。中国民主同盟盟员、中共党员。1938年、1944年先后毕业于清华大学心理系和辅仁大学研究院。1938～1947年，在辅仁大学和北京大学任教。主持心理实验室工作，翻译出版了《新心理学》一书。1947年赴欧留学，后获比利时鲁文大学心理学专家文凭和心理学博士学位。1949年回国，定为三级教授，被聘为中国科学院心理研究所筹备委员。1952年起任北京师范大学教授、副教务长。1955年调任北京师范学院教授、教务长。1958～1978年，翻译了《精神现象的科学解释》、《情绪心理学》等论著，出版有《实验心理学》、《阿尔及利亚教育近况》，发表论文15篇，承担《大百科全书》教育卷和心理学卷分支条目的编写任务。1978年以后，先后担任北京师院教育科学研究所所长、名誉所长。1982年、1985年先后招收硕士生、博士生共20余名。开创了智力开发研究方向，开拓并发展了中国心理测量的研究和智力开发中的心理学问题。主持了《中小学生学习能力测验》和《韦克斯勒儿童智力量表》的修订工作，出版了《智力开发中的心理学问题》等4部专著，发表了《我国古代心理测验方法试探》等论文。曾任民盟北京市常委兼高校工委副主委、组织部长，民盟中央宣传委员；第六、七届全国政协委员；中国心理学会常务理事、中国教育学会常务理事、中国社会心理学会副理事长；《心理学报》、《外国教育》编委。

郝德元（1915～　）　男，北京人。毕业于北平辅仁大学教育学院教育系。曾任北京师院教育科学研究所教授，兼任全国高等教育自学考试指导委员会考试研究委员、北京人才评价与考试中心专家委员。从事高等师范教育50年。出版专著、教材、译著5部，主要有《教育与心理统计》，获北京市哲学社科和政策研究优秀成果二等奖。《教育科学研究法》、《心理研究实验设计统计原理》（主编），获北京市第二届哲学社科优秀成果二等奖。自1994年开始，被美国传记所研究评议委员会邀请为“终身评议和委员”；1996年获英国剑桥国际传记中心“杰出教育业绩奖”，载入第三卷《国际业绩领袖》。1994年美国传记研究所授予20世纪成就奖，事迹载入《500有影响的领导者》。1994年被美国传记研究所选为1994年杰出人物，并授予国际社会作出杰出贡献的成就金奖。1989年国家人事部授予早期归国有突出贡献专家称号。

周鸿志（1925～ ） 男，汉族，辽宁锦县人。1950年毕业于东北师范大学政教系，即任教育系助教。后调任中央教育行政学院讲师，中央教科所助理研究员、北京师院副教授、教授。1979年北京师院创办教科所，任副所长，为创办工作付出较大努力。1986年起招收比较教育硕士研究生，同年获得硕士授予权。独自开设比较教育学、日本的教育历史与现状、课程论等五门新课，教学效果良好。1993年获曾宪梓教育基金会高等师范院校教师三等奖。所撰《小原国芳评传》获首都师大第一届优秀科研成果荣誉奖。科研成果主要有：撰写国家项目《教育大辞典》第11卷中日本近现代教育词语100余条，《九国普及义务教育》中“日本普及义务教育”部分，《小原国芳评传》等。此外，在《教育研究》、《外国教育》、《北京师院学报》等刊物上发表30多篇论文，对当时我国的教育改革，起过一定的借鉴作用。社会兼职：曾任北京师范大学外国教育史研究室博士生导师组成人员，北京市高级职称评审会教育组评委，北京市哲学社会科学评审会教育组评委。

李友芝（1927～ ） 女，汉族。1949年上海震旦女子文理学院英文系肄业，其后参军，并在中国人民大学夜大学学习三年。1954年转业至北京师院，历任教务处科员、科长、副处长。曾参与起草和制订全院教学、科研、师资培养和院发展规划等文件。1982年任高教研究室主任、师院高教研究会常务副理事长、《高教研究》杂志主编，院学术委员会秘书长。1983年任教科所第一副所长，参加中国教育科学考察团赴美考察教育并出席全美教改峰会。长期从事师范教育、高等教育、未来教育的教学和研究。主持和参与国家级、省部级课题8项，合作指导过比较教育研究生。主编《中国近现代师范教育史资料》，《教育大辞典》（国家教育科研重点项目、任编委、获中国图书奖、全国教育科学优秀成果一等奖）中的《师范教育分册》，《中外师范教育辞典》，《师范教育学》（副主编），《梁启超教育思想研究》（副主编）等5部。在《光明日报》、《瞭望》等近20种报刊发表文章40余篇。在教育未来学学科建设方面作了一些开创性工作。90年代从事老龄问题研究和实践。现任北京健康增龄老年工程开发中心董事、北京康龄原科技有限公司副董事长、老年营养与食品专业委员会顾问。

周 谦（1928～ ） 女，山东人，中共党员。1952年毕业于天津河北师范学院，1955年从该校调北京师院。历任心理学研究室主任、教授、硕士生导师、博士生副导师。1996年退休。连任中国心理学会4届理事并曾任常务理事、科普工委会主任和两届心理测量专业委员会第一副主任；连任4届北京心理学会常务理事兼两届常务副理事长；任第28届国际心理学大会顾委会委员。连任北京高校教师高级职称评议组成员；市第四届妇联执委。发表心理测量与统计研究、心理测验理论与应用研究等论文40余篇。出版《心理实验设计统计原理》（副主编）、《学习心理学》、《心理科学方法学》、《儿童心理综合量表》、《教育评价与统计》（以上4种均为主编）等，前4部均获北京市哲学社会科学优秀成果二等奖，连同合著《教育科学研究方法》、《心理学实验指导》等学术著作共十几部。主持建设重点学科与实验室工作，为建立心理系奠定了基础。被评为北京市青少年教育先进工作者、市高教系统教书育人先进工作者；被全国妇联和国家教委授予全国园丁奖；在本校被评为教学先进工作者、先进教职工。1994年起享受国务院颁发的政府特殊津贴。业绩载入英国《剑桥世界名人录》。

张燕镜（1929～　）　男，天津人。1949年8月毕业于天津市立第一中学，1949～1953年在河北师范学院教育系学习，1953～1955年在北京师范大学教育研究班学习。研究班毕业后分配到中央教育行政学院工作，1962年10月转到中央教育科学研究所。“文革”期间，1969～1971年下放到教育部“五七”干校劳动。1972年2月，分配到宁夏回族自治区文教局，担任自治区招生办公室副主任。1978年调回北京，先在海淀“五七”大学任副校长、党委副书记。同年10月到北京师范学院教育系，后任系副主任，教授，带过两届硕士研究生。主编有《教育学》、《教育学新编》、《师范教育学》等著作。担任了《中国大百科全书》（教育卷）和《教育大辞典》（师范教育卷）的编写和副主编工作。在《教育研究》、《首都师大学报》、《华东师大学报》等刊物上发表教育论文20余篇，有的论文获得北京市的二等和三等奖。社会兼职：曾任全国教育学研究会理事，北京市教育学研究会副理事长，被聘为教育部专业技术职务评审委员会成员和北京市学科规划小组成员等。

李燕杰（1930～　）　男，汉族，北京人。1949年初参加革命，1953年加入中国共产党。1958年9月考入北京师院中文系，毕业后留校。1977年率先走向社会为青年演讲。1988年任教授。在高校首开“教育艺术”、“演讲美学”等新课，1986年创建青年教育艺术研究所。1982年开始，受有关部门指派，赴各国为我驻外使团及留学生演讲，并在国内各省市（包括港、澳）演讲。迄今已到过442个城市，演讲3000余场。三次获灵山杯一等奖。曾赴德、日作专题报告。编著（含合作）有《铸魂·艺术·魅力》、《塑造美的心灵》等46种。1977年创办我国第一所民办大学“北京自修大学”。曾4次担任国家教育部先进教师演讲团专家组成员。1989年创办《教育艺术》杂志。曾任第五届中共北京市委委员，第六、七届全国政协委员，第八、九届全国总工会执行委员。现任《中华人民共和国大典》学术委员会主委，《德育辞典》、《中国当代思想教育艺术精华丛书》主编，中华教育艺术研究会常务副理事长。社会职衔计682个。其姓名事迹被收入100多种中国及世界名人大词典。1981年出席全国劳动模范及精神文明建设先进工作者代表大会，1982年、1985年两次被评为北京市劳动模范。1988年被评为北京市有突出贡献专家，1988年被评为全国优秀青年思想教育工作者。1992年起享受国务院颁发的政府特殊津贴。曾被中央某领导同志誉为“教育艺术家”。所著的《塑造美的心灵》和主编的《自强者笔记》，1986年获“全国首届优秀青年读物”一等奖。

郭德俊（1939～　）　女，汉族，湖北安陆人。1962年毕业于北京师范大学心理学研究生班。1989～1990 年在美国俄亥俄大学心理系做访问学者。1980～1996 年，任北京师大心理系讲师、副教授、教授，1991～1995 年任心理系主任。1992～1995 年任北京市女教职工委员会副主任。1993 年起享受国务院颁发的政府特殊津贴。1996 年 7 月至今，任首都师大教科院心理系教授、博士生导师、北京市重点学科发展与教育心理学负责人、人脑开发与素质教育研究中心主任、2002 届校学术委员会副主任、北京市哲学社会科学“十五”规划教育学科组成员、中国心理学会理事、教育心理学专业委员会副主任。近年来，主要研究方向是动机与情绪。承担过全国教育科学规划“八五”、“九五”教委重点课题、国家自然科学基金、国家攀登计划、国家基础教育课程改革和国家人事部考试中心项目。1982 年起陆续在国内心理学期刊发表论文 90 余篇。主编《教育心理学概论》、《小学儿童教育心理学》。参编《普通心理学》、《心理学》、《人类情绪》等。曾获 3 项省部级科研成果一等奖、1 项部级教学成果二等奖。曾获得“宝钢教育奖优秀教师”称号、“全国先进女职工工作者”称号、“北京市优秀女职工工作者”称号等。

尚凤祥（1939～　）　男，汉族，北京人。1965 年毕业于北京师院政教系。1979 年加入中国共产党，曾获北京市“六五”科研成果三等奖和北京市“七五”科研成果三等奖，进入 80 年代经过三年的前期准备之后，开始了“现代教学价值体系”的研究与实践，1989 年 9 月《中国青年报》以《面对挑战》为题的长篇通讯，对其教学和科研成果作了专题报道。1992 年获得北京市委颁发的“关心青少年工作奖”，同年从中学调入首都师大政法系。1994 年转为副教授，并任硕士研究生导师，1996 年晋升为教授。先后在《光明日报》、《首都师范大学学报》等刊物上发表论文 30 余篇，代表作是教育科学出版社出版的《现代教学价值体系论》，1997 年获得国家教委颁发的“全国师范院校基础教育改革实验研究项目优秀成果二等奖”。该研究成果曾在中学的文理各科教学中进行广泛的实验，参与实验的教师所著的论文，分别在北京和全国评审中有 10 多人次获得一、二等奖。《现代教学价值体系论》的教学原理已写入北京高校教师培训教材，用于高校教师岗前培训。

王长纯（1942～　）　男，内蒙古通辽人。1965 年毕业于北京师院外语系俄语专业。毕业后任中学教师。1982 年在长春市教育科学研究所工作，任副所长、副研究员、《教育实践与研究》副主编。1991 年起在东北师范大学国际与比较教育研究所任研究室主任，教授（1992），《外国教育研究》副主编，东北师大教育科学学院副院长，国家基础教育实验中心国际部主任。曾被聘为英国学术期刊《国际游戏杂志》国际编委。1997 年到首都师大工作，1999 年 9 月至 2003 年 8 月主持教育科学学院工作，任常务副院长、院长。2003 年 9 月退休。1995 年提出把“和而不同”作为比较教育建设的方向，2000 年提出建设教育发展服务区和教师发展学校的思想，并主持了这一建设。现为全国教育科学规划比较教育学科评审组成员，北京师范大学国际与比较教育中心学术委员，中国人民大学书报中心顾问，东北师大兼职教授。2003 年被聘为世界比较教育学会专项委员会委员。同时，任中国教育学会理事，中国比较教育学会常务理事等职。现主持国家项目 1 项，北京市哲社课题 1 项。2000 年以来出版著作 4 部，教材 1 部，发表论文 18 篇。

郭春彦（1956～　）　男，汉族，吉林靖宇人。1982 年北京师院数学系毕业，获学士学位。后获硕士学位和北京大学心理系博士学位。现任首都师大教育科学学院心理系教授、博士生导师，学习与认知实验室（北京市重点）主任，首都师大心理科学研究所所长。1995年获“北京市高等学校优秀青年骨干教师”称号，1998年入选“北京市跨世纪优秀人才工程”，1999年入选“首都师大中青年学科带头人”。是中国科学院研究生院高级访问学者，美国 Northwestern University Cognitive Neuroscience Lab 高级访问学者，美国 University of Kentucky Aging Brain Cognition Lab 高级访问学者。近年来主持国家自然科学基金项目、国家“攀登计划”项目二级课题、国家科技部基础研究重大项目前期研究专项二级课题等项目。在 Phychophysiology、Neuroscience Letters、《心理学报》、《心理科学》等国内外学刊上发表论文30多篇，著作7部，近70万字。“差数显著性T检验与元分析的对比研究”、《心理科学方法学》等5项研究成果获北京市哲学社科优秀成果二等奖。主要研究领域和方向有：儿童学习、记忆过程的个体差异研究、记忆编码与提取神经过程的脑功能成像研究，心理统计学等。

孟繁华（1963～　）　男，汉族，山东禹城人。1990年北京师范大学教育系高等教育管理研究生毕业；1997～2000年在北京师大教育管理学院攻读教育经济与管理专业博士学位；1999年晋升为教授，2002年被北京师大聘为教育经济与管理专业博士生导师。现任首都师大教育科学学院院长。入选北京市社会科学“百人工程”；兼任教育部教师教育创新研究小组成员、全国中小学教师远程教育研究中心评估部主任、全国教育政策与法律研究会理事、《教育研究杂志》（台湾）副主编等社会职务。主持全国教育科学规划和省部级哲学社会科学重点项目6项；承担世界银行项目“中国西部基础教育社会发展评价”（任副组长）。出版了《教育管理决策新论——教育组织决策机制的系统分析》（获全国教育图书二等奖）、《国际教育新理念》、《中外基础教育改革与发展》等专著，在核心刊物上发表论文50余篇，其中两次获北京市哲学社会科学优秀成果二等奖。

外语学科专业人员

高乃贤（1911～1978）　男，汉族，辽宁沈阳人。30年代前期毕业于哈尔滨工业大学机械科。50年代以来主要从事俄语教学工作，曾任中苏友好协会北京业余俄文专科学校教员、北京师范大学俄语系兼职副教授等职，1960年调入北京师院外语系俄语专业，任讲师。致力于俄语语法方面的研究。编著有《俄语语法详解》（1952），《基本俄文句法讲座》（1954），《基本俄文文法读本》（1954），《联共（布）党史简明教程第九章至第十二章俄文文法分析》（1955），《俄罗斯人名及其派生的姓》（1956），《医学专业俄语读本》（1956），《（增编）俄语语法详解》（1～4册）（1956～1958），《俄语语法详解（第一卷、词法部分上册）》（1964）等，此外，有译作《凯洛夫：教育学》（合译），《加里宁：论社会主义文化问题》，以及合编的俄语教材、读本数种。生前主编的《俄语动词》于1984年出版。

刘光杰（1922～　）　男，出生于格鲁吉亚巴统米。1944年毕业于甘肃学院教育系。1950年从莫斯科回国后，在北京军委二部干校从事俄语教学工作。两年后调到北京市中苏友协做俄语教学部主任，兼北京广播电台俄语讲座主讲人，负责主讲并编写教材。教材多次出版，录音被山东、广东等多省采用。1960年中苏友协撤销后，调到北京师院外语系。在系里除为本科生授课外，并负责教师的辅导和进修工作，同时讲授研究生课程。1983年晋升教授，曾担任院学术委员会委员，1988年、1989年、1991年被聘为北京市翻译专业人员高级职务评审委员会委员。1993年起享受国务院颁发的政府特殊津贴。此外也做过翻译、编写与审校工作。出版著作约几百万字，代表性成果有：翻译小说《沼泽地上的人们》、《我们的切身事业》，诗歌《苏联诗选》、《普希金诗集》（部分）等，编写系列俄语广播教材、会话教材等，审校过《翻译理论与技巧》、《俄汉多功能字典》等。

孟庆夔（1937～　）　男，汉族，江苏武进人。1945～1951年在法国读书；1962年7月毕业于北京师院历史系；1962年9月～1963年10月在北京化工学院附中教历史；1963年10月调北京市外国语学校教法语。1986年4月任北京联合大学外语师范学院副院长；1991年晋升教授。1993年起任首都师大副校长兼外院院长。现任中国一欧盟协会理事。1994年以来担任列入"2001～2005年国家重点图书出版规划"的《法汉大辞典》主编。1979年获北京市中学模范教师称号；1984年获北京市教育系统先进工作者称号；1993年起享受国务院颁发的政府特殊津贴。从事法语教学以来，一直致力于外语教学体系的改革。1964年实践并推介听说领先法；1973年开始从事电化教学试验及实践，探讨声、形、文三结合的立体化教学体系；1974年参加高等学校电化教学研讨会；1978年建立简易语言实验室；1986年正式提出并论述立体化教学体系的构思。1994年开始利用多媒体教学手段。1996年11月应香港法语教师协会之邀为全港大学法语教师介绍国内高校法语教学现状及多媒体教学成果。

李孙华（1937～　）　男，汉族，浙江宁波人。1960年北京大学日语专业毕业。中共党员。先后在北京大学、新华社、国家教育部、首都师大工作。1981～1983年在日本筑波大学进修，1988～1989年在日本东京都立大学做访问学者。1992年评为教授。1963～1997年一直担任日语系（专业）主任，首先开设了首都师大日语硕士课程。从事日语教育40多年，具有教授博士生至小学生的经验，共培养了日语人才一两千人，其中不少学生担任了重点大学日语专业主任和国家日语高级翻译。70年代起积极从事科研工作，"文革"后期编写出版了《现代日语基础语法》和《详解日汉辞典》，以振兴我国日语教学。此外，为全国职称考试主编了《日语考试指南》和为CCTV主编了《常用日语电视讲座》教材，共出版著作30余种，发表论文20余篇，总计500余万字。曾任中国日语教学研究会理事、副秘书长，中国专业人员职称日语等考试负责人，北京市翻译职称评定小语种负责人，北京市文凭考试负责人等。

李玉民（1939～　）　男，黑龙江宾县人。1963年毕业于北京大学西方语言文学系，为新中国首批留法学生之一。从事外语教学20余年，多次到巴黎的大学讲学，到法国多个文学团体讲座，介绍中国文化，被法国友人誉为"中国文化民间大使"。1990年获法国诗社翻译奖，1992年获法国诗人协会友谊大奖。1994年晋升教授。教学和科研成果在校内和北京市曾多次获奖。翻译出版了法国文学名著约60余部，1 000多万字，不但翻译数量大，质量也得到业内人士的好评与读者的喜爱，被评为"属于傅雷那种风格"、"为数不多的文化型实力派翻译家”（柳鸣九语）。主要译作有：《雨果文集》中的《巴黎圣母院》、《悲惨世界》；《巴尔扎克全集》中的《幽谷百合》与戏剧；《莫泊桑全集》中的第四卷《羊脂球》、《一生》、《漂亮朋友》、《基度山伯爵》；主编《纪德文集》、《缪塞精选集》、《加缪全集》中的《戏剧卷》；发表论文 20 余篇。基于教学和翻译的大量实践，自成“以意为主”的翻译理论体系。

张永泰（1940～ ） 男，教授，1964 年毕业于北京外国语大学西班牙语系。40 年来，一直从事西班牙语教学及语言文学研究工作。历任北京外国语学院分院、北京联合大学外国语师范学院及首都师范大学西班牙语系主任。2000 年应吉林大学之聘为西班牙语系系主任，负责组建西班牙语系及学科建设。为中国西、葡、拉美文学研究会会员，中国高校西班牙语、葡萄牙语教学研究会理事。曾被聘任北京科干局高级职称评委。主要论文及译文有：《关于专业外语教学改革方向的思考》，《试论西班牙语在美洲的嬗变》，《汉语对西班牙语教学的负迁移及对策》；《污秽的夜鸟》，《加西亚·马尔克斯访谈录》，《博尔赫斯专辑》，《圣洁无辜的人们》等数十部（篇）。其中，《污秽的夜鸟》曾获全国文学翻译奖。此外，曾多次被评为各级优秀教师。所编教材《基础西班牙语》曾获校级优秀教材奖。由其培养的学生，多人为外交部高级官员及高级翻译；在其他单位工作的毕业生也受到西班牙语界的好评。

刘利民（1955～ ） 男，汉族。1983 年于北京师院俄语系获文学硕士学位；1985 年至 1987 年在苏联莫斯科国立普希金俄语学院攻读语言文学博士学位；1995 年晋升为教授，2001 年被聘为汉语言文字学专业方向博士生导师。现任首都师大副校长、党委常委，分管学校的外事、财务工作，兼任外国语学院院长和国际文化学院院长。主持国家社科基金子课题《俄语口语修辞学》和国家汉语水平考试委员会办公室以及北京市级的项目。编辑出版外文辞书、教材、专著及译著 10 余部，国内外发表学术论文 20 余篇。是北京市优秀青年骨干教师，北京市跨世纪优秀人才，“首都五一劳动奖章”获得者（1990 年）。学术兼职有：世界俄语学会秘书长，中国俄语教学研究会会长，国际信息化科学院院士（俄罗斯），教育部高等学校外语专业教学指导委员会委员，国家汉语水平考试委员会委员，北京市高校教师系列高级职务评审委员会副主任委员，国际俄语教师协会会刊《国外俄语》编委，《外语与外语教学》编委，《中国俄语》主编，日本广岛大学特别顾问等。

音乐学科专业人员

姚思源（1925～ ） 男，汉族，河北人。中共党员。1949 年毕业于北京师范大学音乐系。先任教于汇文中学，1954 年调北京师院任音乐科讲师，音乐科一度停办后，1956 年秋调北京教师进修学院，1974 年又调回北京师院，曾任系副主任。1988 年评为教授。主讲和声学和作曲等课程。1986 年任硕士生导师。写有教材《歌曲作法》、《和声学》、《复调》、《钢琴伴奏写法》等。曾任院学术学位委员会及院务委员会委员、《师院学报》编委等职。1991 年离休。音乐创作有艺术歌曲、合唱曲、钢琴曲等 200 余首（部）。1991 年 5 月在京举办个人作品音乐会，主要作品汇集出版为《姚思源音乐作品选集》。发表关于音乐教育、音乐美学、音乐评论等文章、论文计数十万字，出版专著有《论音乐教育》、《论音乐与音乐教育》，主编《中国当代学校音乐教育 1949～1995》、《北京地方志·音乐志》等。社会兼职有：中国音乐家协会理事、北京市音乐家协会副主席、北京市文联理事、北京市对外友好协会理事、教育部基教司中小学音乐教材审查委员等。同时担任北京师范大学音乐系的客座教授，80 年代至 90 年代曾赴美、芬、英、法和香港参加学术交流。

王金波（1935～ ） 男，汉族，北京人。笔名金波。首都师大音乐学院教授。1961 年北京师范学院毕业，先后在中文系、音乐系任教。1977 年加入中国共产党。1985 年被北京市委、市政府授予“北京市劳动模范”称号。1979 年加入中国作家协会。1982 年加入中国音乐家协会，1984 年曾举行“金波歌词作品音乐会”。在 50 年代末所创作的歌词如《勤俭是咱们的传家宝》等，已在全国传唱。此后陆续出版了诗集《在我和你之间》、《林中月夜》、《我们去看海》等（20 余部）；童话集《小树叶童话》、《金海螺小屋》、《影子人》、《眼睛树》；散文集《等你敲门》、《感谢往事》；歌词集《林中的鸟声》、《金波诗词歌曲集》；评论集《追踪小精灵》；选集《金波作品精选》、《金波儿童文学选》等，共 40 余部。作品获国家图书奖，中宣部“五个一工程”奖，3 次宋庆龄儿童文学奖，5 次中国作家协会全国优秀儿童文学奖，冰心图书奖等。1992 年国际安徒生奖提名奖和台湾杨唤儿童文学特殊贡献奖。现任中国音乐文学学会副主席、中国儿童学会副会长等。

曹 理（1936～ ） 女，汉族，天津武清人。1947 年国立北平艺专音乐系肄业（破格入学）。1955 年北京师范学校毕业。1956 年加入中国共产党。曾在北京西城宏庙小学、北京市教师进修学院任教师、教研员。1972 年起在北京师院音乐系（现首都师大音乐学院）任讲师、副教授、教授。1990 年中国音协音乐教育学会成立后任理事长，现为名誉理事长。多次参加国家及教育部教育科学科研课题，为专题负责人或主要成员。出版专著及主编《普通学校音乐教育学》（获 1995 年国家教委人文社会科学优秀成果二等奖）、《中学音乐教学论新编》（获 1998 年北京市哲学社会科学优秀成果二等奖）、《音乐学科教育学》（获 2002 年国家图书奖）、《外国学校音乐教育研究丛书》、《音乐学习与教学心理》、《音乐教学设计》等 25 部。从 1984 年起先后发表音乐学科教育方面论文 40 余篇。1960 年获北京市先进工作者称号、1993 年获全国教育系统劳动模范及人民教师称号、1997 年获曾宪梓教育基金会高等师范院校优秀教师奖二等奖。

王安国（1942～ ） 男，汉族，贵阳市人。教授，博士生导师。中共党员。现任职于首都师大音乐学院及湖南师范大学音乐学院。1964 年毕业于贵州大学艺术系，1981 年于武汉音乐学院获硕士学位。曾任湖南师大艺术系副主任、音乐系主任，中国艺术研究院音乐研究所特约研究员，1985 年评为教授，1993 年到首都师大音乐系任教，1994～1997 年担任音乐系主任。2001 年，兼任湖南师大音乐学院院长、特聘教授。致力于作曲技术理论、中国当代音乐、音乐教育学的教学与研究。在国内外发表论文与评论 100 多篇，计 200 余万字。代表性专著有《现代和声与中国作品研究》、《复调写作及复调音乐分析》等。主持修订全国中小学现行音乐教学大纲，主编九年制义务教育中小学及高中音乐教科书。主持国家人文社科研究基地重点项目《国民素质教育中的音乐审美》和国家基础教育课程改革项目《音乐课程国家标准》的研究工作。先后10次应邀赴英、法、韩、日和港台地区进行学术交流。兼任中国音协理事，北京市音协副主席，全国高师理论作曲学会会长等职，并受聘为中央音乐学院专职研究员，北京师范大学、厦门大学等多所大学的兼职或客座教授。1995年被评为全国优秀教师，1998年入选“北京市跨世纪优秀人才”。

杨　青（1953～　）　男，湖南醴陵人。1970年入湖南省衡阳市歌剧团任小提琴演奏员。1983年毕业于上海音乐学院，被分配至中国音乐学院作曲系任教。2002年5月调入首都师大。现为首都师大教授、博士生导师、音乐学院院长、校学术委员会委员。理论著作有：《作曲基础教程》及各种音乐评论、音乐随感近百万字。音乐作品有：《苍》（笛子与交响乐队）、《觅》（扬琴与打击乐）、《暗香》（民族室内乐）等数十部作品。影视音乐作品有：《大磨坊》、《国歌》、《雄魂》、《毛泽东和他的儿子》等20余部。其主要音乐作品在北京、上海、巴黎、东京、香港、新加坡、台北等地进行首演，获得广泛好评。曾获得中国第六届音乐作品评选奖、中国音乐家协会“共和国50年”优秀作品奖、台湾“2002世界华人民族音乐创作奖”等多种奖项。2000年12月被中国文联评选为“中青年德艺双馨”艺术家。社会兼职：北京音乐家协会副主席，中国民族管弦乐学会常务理事、创作委员会副主任，中国音乐家协会创作委员会委员，《音乐创作》编辑委员会委员等。

杜晓十（1953～　）　男，北京人。1990年在北京师范学院获文学硕士学位。曾在美国路德学院及加利福尼亚州立大学弗雷斯诺分校访学。现任首都师大音乐学院副院长、教授、博士生导师。兼职有：中国音乐家协会音乐教育委员会委员，北京音协理事，中国教育学会音乐教育专业委员会委员，中国教育学会音乐教育专业委员会常务理事及高师组负责人，全国高师理论作曲学会副会长。主要从事和声学、西方20世纪音乐、音乐教育及音乐科技领域的教学和研究工作。曾在国内核心刊物上发表论文、译文20余篇；出版辞典、教材和专著、译著多部；主持全国教科“九五”规划教育部重点课题和北京市教委教改课题各1项。现任全国教科“十五”规划重点课题《音乐教师培养国际比较研究》课题组长，教育部审定教材《九年义务教育音乐教材——广西版》主编。多次担任教育部组织的中小学教师教材、论文和技能比赛的评审专家和评委，全国优秀博士学位论文通讯评议专家等工作。1992年获首届北京市高校优秀青年骨干教师称号。

尹铁良（1956～　）　男，首都师大音乐学院教授，中国音乐家协会理事。1982年毕业于河北师范学院艺术系音乐专业，后曾在中国音乐学院作曲系进修，师从作曲家施万春、金湘。1991年1月获“全国80年代优秀大学毕业生”称号；1991年9月获“全国优秀教师”称号；1999年起享受国务院颁发的政府特殊津贴。2001年调入首都师大工作。创作、演出、播出音乐作品300余部。其中有大型民族舞剧《轩辕黄帝》；管弦乐《客家情》、《年轻人》、民族管弦乐《冀风》；钢琴独奏《谐谑曲》、《老山札记》；小提琴与乐队《乡思》；京胡与乐队《虞姬》等以及大量声乐作品。作品曾获国家级政府奖——文华奖；两次获“全国城市电视台音乐电视作品评选”金奖、音乐奖（第二、三届）；10余次获省级音乐大奖，并获其他各类奖项60余次。出版著作3部：《声乐作品分析与作曲技法研究》、《自然组合的小乐队配器指南》、《步入音乐殿堂的阶梯》；发表、出版论文及音乐作品专集（音像专辑）40余件。两次获得省级优秀教学成果奖。

美术学科专业人员

李瑞年（1910～1985）　男，汉族，天津人，1928年考入北平大学艺术学院预科，后进入本科西画系。1933年考入比利时皇家美术学院学习素描。1935年转到法国巴黎选修两年博物馆学，后又转入巴黎国立高等美术学校西画室学习油画，并利用假期游历意、德、英等国。1937年回国，先后在西南联合大学、国立北平艺术专科学校任事务员并教授素描。1940年赴重庆担任教育部美术教育委员会驻会委员。1942年经徐悲鸿推荐到中国美术学院任副研究员。1943年任中央大学艺术系教授。1944年其代表作《暴风雨》（原名《挣扎》）创作完成。1945年、1947年先后在重庆和北平举办个人画展，均由徐悲鸿作序，1947年任国立北平艺术专科学校（解放后改称中央美术学院）教授。1952年应卫天霖之聘任北京师范大学美术系教授。1956年在院系调整后任北京艺术学院美术系教授和系主任。同年加入中国民主同盟。1964年随学院改组，调入北京师范学院美术系任教授和系主任。1977年以后，先后担任北京市政协委员、市文联常务理事、全国美术教育研究会筹委会主任、市美协副主席。1981年和1982年相继被聘任为第一届国务院学位委员会文学学科评议组成员、北京市高等学校各学科教师职称评审组成员。1983年辞去系主任职务，专心致力于提高学生的艺术认识和艺术创造能力的综合教学工作。同时潜心创作，仅在1984年即达20余幅，1985年举办的《李瑞年近作及科研汇报展》，展出油画27幅。50年代即提出入党申请，病逝前两日，被北京师院党委批准为中共党员。

戴　林（1914～　）　男，汉族，河北深州人。1936年毕业于北平京华美术专科学校，1937年参加抗日战争，在晋察冀和冀中军区做宣教工作。新中国成立后任《工人日报》美术部部长。1958年以来先后在北京艺术师院、北京艺术学院工作；1964年到北京师院（现首都师大）担任教授、系副主任等职。擅写意花鸟画和书法篆刻。创作继承传统而有新意，重视“多师造化，中得心源”之理。所画花鸟虫鱼生动多姿，清新雅致，尤以牵牛花最富特色和创造性。1938年在北平，1983年、1994年在北京，先后3次举办个人画展，1983年在新加坡参加“中国六画家联展”，又曾在山西、山东、新疆举办个人画展。作品为人民大会堂、毛主席纪念堂、天安门陈列馆、中国美术馆、中国历史博物馆等处收藏，并多次被用于国家领导人贺卡。著有《中国篆刻艺术》一书，出版有《戴林花鸟画选》、《戴林画集》（两册）、《戴林艺术天地》、《戴林画小集》、《花鸟画技法》等大型画册，《戴林花鸟画教学》录像带和《戴林画牵牛花技法》VCD等。社会兼职有：中国美术家协会会员、北京花鸟画研究会顾问、河北保定画院名誉院长、九州书画社名誉顾问、齐白石艺术研究会顾问等。戴林及其作品入编国家大型历史文献——《中国美术全集》（1997.1），人民美术出版社《荣宝斋50周年画册》（1999）及新华出版社《画坛巨擘》等。

康　殷（1926～1999）　男，汉族，辽宁义县人。在书画、篆刻中多署名“大康”。幼承家学，曾入吉林师范大学攻西画。在古文字形研究方面成果最为公众瞩目，自谓解开古文字形之谜逾千。其次为书法、篆刻。10岁即喜爱古篆，15岁自学《段注说文解字》，并临习石鼓、商周金文，书法以篆为主，兼擅隶、楷，自成一家。篆刻幼而习之，生平刻印甚多。1958年起着手编辑《印典》，为古印的巨型工具书，历经29年辑成。1986年，选出已印手工钤拓成《大康印稿》。绘画方面，幼习油画，解放后多作通俗国画，取法六朝、唐宋。50年代曾任广州市文物管理委员会委员，做了几年战国、秦汉漆器临摹研究工作，1956年美协广州分会曾为其举办过漆器临摹专题展，与商承祚合编过《广州出土古漆器图考》。书法作品参加过1956年以来历届国内外展览，获得过英国剑桥名人中心20世纪名人成就银奖。主要著作约20种，其中《古文字形发微》获1991年北京新书成果特别奖，《印典》获第八届国家图书奖。1984年就职北京师范学院从事科研和教学工作，后被聘为美术系研究员。社会兼职主要有：中央文史馆馆员、中国书协顾问、北京印社社长、中国美协会员。

欧阳中石（1928～　）　男，汉族，山东泰安人。1954年毕业于北京大学哲学系。长期任教于中师、中学，曾主持编订一套中学语文教学改革教材，事迹入编《北京市语文教学50年》。1981年调入北京师院（现首都师大）。1985年创办书法专业。1993年国务院学位办批准在首都师大设立美术学（书法艺术教育）博士授权点，1998年国家人事部决定首都师大可以招收书法方向项目博士后研究人员，均担任导师，由此建成了我国高等院校中第一个从博士后、博士、硕士到本科、专科的完整的书法教育体系，并促进了书法学科的发展和完善。有著述40余种，涉及国学、逻辑、戏曲、诗词、音韵等，书法作品在国内外广为流传。为全国政协委员（八、九、十届），文化部艺术系列美术专业高级职称评委会委员，首都师大中国书法文化研究所名誉所长、教授、博士生及博士后导师，中央文史馆馆员，中国画研究院院务委员。曾任国务院学位委员会艺术学科评议组成员。

刘福芳（1930～　）　女，汉族，山东招远人。1954年毕业于中央美术学院绘画系。先后在黑龙江省文化局美术工作室、北京艺术师范学院美术系、首都师大美术系从事中国画教学与创作工作。曾任首都师大美术系教授、系副主任、校学术学位委员会委员、硕士生导师。兼职：北京市高等院校高级职称评委（1990～1999）、民盟中央妇委会委员、中国美术家协会会员、北京工笔重彩画学会副会长、国际美术家联合会名誉副主席。享受国务院颁发的政府特殊津贴。艺术成就收入中外各种名人录、年鉴、名人辞典。其工笔人物山水、意笔山水花鸟入展国内外重要展事，数百幅作品发表于各种报刊、画集。代表作有《幸福儿童》、《巾帼英雄洪宣娇》、《凉山之春》、《宝玉却尘缘》、《天女散花》等，多次获奖，1998年在中国美术馆举办刘福芳画展，出版了大型《刘福芳画集》。主要科研著作有《管窥写意与工笔》、《从东山魁夷谈中国画“写意”的含义》等。

黄今声（1935～　）　男，吉林珲春人。教授，油画家，中国美术家协会会员，中国油画学会会员。1949年毕业于冀察热辽联合大学鲁迅文艺学院美术系。1961年毕业于中央美术学院，后到北京艺术学院美术系任教师。1964年到北京师院美术系工作，曾任油画教研室主任，美术系工会主席。期间曾在1991～1993年应邀赴美国纽约市立大学做访问学者，在纽约等地多次举办个人画展。1964～1995年一直从事美术教学和美术创作，开设素描、油画、毕业创作、色彩学等课程。同时从事油画历史画、风俗画等创作，作品风格突出，技法娴熟，寓情于景，生活气息浓郁，个人特色鲜明。主要油画作品有“大军回来了”（为中国革命博物馆收藏），“山村秋事”（获奖，为北京美术家协会收藏）等，为国内外博物馆收藏和报纸杂志刊登。出版著作有：《色彩原理》、《色彩画》、《电脑绘画》等。译著有《油画大师的奥秘》、《印象派风景画技法》等。

戴克鉴（1935～ ） 笔名“代克”。男，汉族，浙江温州人。1956年毕业于北京师大美术系，师从卫天霖、吴冠中。擅长油画、装饰设计和摄影。毕业以来先后在北京艺术师范学院、北京艺术学院、首都师大美术系担任教学工作。曾任首都师大美术系油画教研室主任，教授、硕士研究生导师，校教学指导委员会委员。1985年加入中国共产党。1992～1993年间，一度赴法国巴黎国际艺术城吕霞光夫妇画室进修考察，并在巴黎国际艺术城举办个人油画展。同年赴西欧六国考察。1993年获曾宪梓教育基金会高等师范院校教师奖三等奖。1995年被评为“全国优秀教师”。1994年油画作品《寒窗》获“第二届全国教师优秀美术作品汇展”优秀奖。1999年出版个人画册《戴克鉴油画作品》。现为中国美术家协会会员、中国油画学会会员、北京市美术家协会会员、中国老教授协会会员。作品曾参加国内外各种画展，有的作品被国内外收藏家收藏。

董福章（1937～ ） 男。1960年毕业于中央美术学院油画系，为中国美术家协会会员，北京美术家协会会员，中国油画家学会会员和香港东方艺术基金会艺术顾问。1964年起任教于北京师院美术系至退休，为硕士生导师，教授。主要作品有：《情谊深》、《古典的风韵》、《拿葡萄的女人》、《百合花》、《白衣少女》、《艺术家》、《静静的池塘》。董福章认为，现实主义油画艺术特别是其教学体系是人类最优秀的文化遗产之一，为此专门赴欧洲研究和进修，为继承和发展这一伟大艺术进行了不懈努力。遗憾的是最终由于种种原因未能充分实现这一终生追求的夙愿。经常参加国内外美术展览会并专门在法国巴黎和台湾举行个人油画展览会。美术作品和文章常发表于国内外刊物，作品多为国内外人士和博物馆收藏。

王世征（1938～ ） 男，汉族，北京市人。1961年毕业于北京师院中文系。1961～1991年在本校中文系古代汉语教研室任教，曾任教研室主任。1991年本校成立书法艺术研究所，曾任副所长、教授、书法艺术教育方向硕士生导师，作为欧阳中石（所长）的主要助手，致力于创办我国第一个书法博士点。1999年退休。主要学术著作有《〈晏子春秋〉译注》、《古文字学指要》、《古代书论名篇译注》、《通礼修文，以书养德——大学生书法修养》（主编）、《中国书法理论史纲要》（主编）。书法作品曾入选《全国第五、六届书法展》。2000年被评为中国书法家协会德艺双馨会员。曾任北京市书法家协会理论部部长，现任中国书法家协会学术委员会委员，北京书法家协会艺术顾问。

常锐伦（1939～ ） 男，汉族，河北抚宁人。中共党员。1960年毕业于北京艺术学院美术系。初任小学、中学美术教师，现任首都师大美术学院教授、博士生导师。中国美术家协会会员。1961年始，于《人民日报》发表画作与文章。60年代至80年代，参加历届北京市美展并多次参加全国性大型美展。80年代始致力于美术教育理论研究。出版专著有：《绘画构图学》、《中学美术教学》、《小学美术教学论》、《美术教材教法》、《中学生美术学科能力目标与培养》、《美术欣赏基础》、《美术学科教育学》等。主编全国用教材有：《中学美术教师专业合格证书考核教材》、人教版《小学美术教科书》、人美版《中等师范学校美术教科书》、《高中美术欣赏教科书》、《义务教育美术课程标准实验教科书》、《高中美术课程标准实验教科书》及与各套教科书配套的教师教学用书。主编工具书有：《中国中学教学百科全书·美术分卷》、《中国小学教学百科全书·美术卷》、《中国少年儿童艺术百科全书·造型艺术卷》。主编论文集有：《谈艺论教》、《全国美术骨干教师教育论文集》。在核心期刊发文30余篇。

李福顺（1940～　）　男，汉族，北京房山人。1961年毕业于中央美术学院附中，1966年毕业于中央美术学院美术史系。1974年进入北京师院，现为首都师大美术学院教授、博士生导师、学术委员会委员，中国美术家协会会员，联合国教科文组织国际岩画委员会委员，教育部全国重点学科评审委员。已出版《苏轼论书画史料》、《中国元代艺术史》、《春秋战国艺术史》、《中国美术典故集粹》、《中国绘画史话》、《中国美术史》、《华夏五千年美术文化史》等专著，发表文章百余篇，在意、法、澳等国发表文章数篇。应邀担任《中国大百科全书美术卷·雕塑》编委、《中国美术分类全集·岩画全集》编委、《雕塑绘画鉴赏辞典》副主编、《中国艺术大师系列丛书》主编。为《中国大百科全书美术卷》、《中国美术全集》、《中国美术史》、《世界美术史》、《中国书画名家精品大典》等专著撰文。《中国美术史》（个人专著）被列为“十五”国家级规划教材暨教育部百门精品教材。1996年、1998年分别赴日本和比利时讲学暨考察。任宁夏艺术中心特聘教授、中国语言大学人文学院特聘教授、印度英·甘地国立艺术中心特聘专家。学术简历被录入《世界岩画专家名录》。2003年获“北京市教学名师”称号。

尚　扬（1942～　）　男，汉族，四川开县人。1965年毕业于湖北艺术学院，1981年以油画硕士毕业于该院。曾任湖北美术学院教授、硕士生导师、副院长。1985年当选为中国美术家协会理事。1993年至1997年任华南师范大学教授及学术委员会委员、美术研究所所长。1995年当选中国油画学会副主席。1997年起，任首都师大美术系教授、硕士生导师、现代美术研究所所长、校务委员会委员。受聘为中国美术家协会油画艺术委员会委员，担任国家“十五”重点出版物《20世纪中国油画》副主编及C卷主编，历届《中国油画展》、《中国油画年展》、《中国油画学会展》评审委员。三次访问德、意，作品多次参加全国展，并且在英、德、瑞士、日、韩、印度、美、意、澳、加等国家参展。国内展出中曾获金牌奖、铜牌奖、优秀作品奖、荣誉奖、学术奖及贡献奖。1982年起在全国性刊物及各类专集中发表论文及文章数十篇，作品国内外出版发表近500件次。出版有《尚扬画肖像》、《中国现代艺术品评丛书——尚扬》、《中国当代油画家选集——尚扬》、《中国当代油画名家——尚扬专辑》等。

刘守安（1949～　）　男，山东东明人。山东大学毕业后曾在曲阜师范大学任教。1985年调《齐鲁学刊》编辑部，先后任副主编、主编；1986年由助教破格晋升为副教授，1993年评为教授，并任文艺学硕士生导师。曾任山东美学学会副会长、山东书画协会副会长、山东高校学报研究会副会长、山东期刊会常务理事、全国高校学报研究会常务理事、省高校高级职称评委、省优秀社科成果评委等。曾被评为全国优秀学报编辑（获田家炳奖金）。1997年调入首都师大中国书法文化研究所工作，先后担任书法专业的教授、硕士生导师、博士生导师。现为中国书法协会会员，北京市社科规划办“文学·艺术学”专家评审组成员，国务院学位办艺术学科博士点通讯评委，教育部优秀青年社科基金项目通讯评委。撰著与主编的成果有：《文学概论》、《美学概论》、《齐文化研究论文选》、《清代文学家研究》、《学书津梁》、《全彩中国书法艺术史》、《书法艺术》等。在多种刊物上发表美学、文学、艺术、书法研究方向的论文50余篇，在10余种报纸杂志发表书法作品100余件，多件作品为国家和地方博物馆收藏。

体育学科专业人员

杨永灿（1910～1994） 男，汉族，江苏人。中国民主促进会成员。1935年毕业于南京国立中央大学体育系。解放前先后在上海大夏大学师范学院体育科、上海东亚体育专科、上海沪江大学、南京中央大学体育系任教。解放后，1949～1951年任南京华东军政大学体育教员，1951～1954年任南京工兵学校体育教员，1954～1955年任广州军事体育学校体育教员。1955年10月调入北京师范学院体育教研室，任副教授，1981年评为教授。于1958年成为我国首批田径国家级裁判员之一。曾多次担任高校、省市及全国分区运动比赛裁判长及副总裁判长，担任过数届全国运动会终点及掷部裁判长，多次参加国际田径对抗赛任掷部裁判长。1959年大部分时间借调到北京市体委，担任北京市参加全运会运动员的训练工作。50～60年代为国家培养了一批优秀运动员和教练员。改革开放后，以68岁高龄被任命为我校公共体育教研室主任，直至1984年，其间为体育课的恢复和改革，为教研室的建设，以及全校体育活动的开展付出了心血。

杨绍虞（1917～ ） 男，河北满城人，教授。自幼喜爱武术，高中阶段就读南京中央国术馆，专修武术和拳击。40年代于四川大学教育系毕业后，曾先后在四川、云南等地从事体育教学工作。解放后，加入中国人民解放军。先后在华东军区和解放军八一队负责体操教练工作，为部队培养了大批体育骨干，并为国家队输送了陈孝彰、温小铁、蓝亚兰等一批优秀运动员。1959年率八一男子体操队获得第一届全国运动会男子体操团体总分冠军。1960年调离八一队到北京师院任教，积极从事体操、武术的体育教学与科研，10年间先后参加全国各种武术论文和其他专题会议，遍访全国武林名人古刹，查阅地方县志和各种文献资料，编写了《中华武术史》、《十二生肖与武术运动》、《中华武术史话》等教材和著作，并撰写了几十篇文章，在全国体操界和武术界有一定的影响。

沈林南（1929～ ） 男，江苏宜兴人，中共党员，教授。少年时期喜好体育，1950年考入北京师范大学体育卫生系，1953年毕业，同年分配到北京26中学任体育教师。1954年调任北京师院体育专修班任教，参与我校建校初期的体育教学建设工作。精于体育教学，擅长体操，1958～1960年曾借调到北京体委担任体操教研组组长，并兼任女子体操队教练员，为北京市培养了一批优秀体操运动员。1979年起担任体育教研室副主任，1984年担任体育教研室主任，领导该室全体教职工积极恢复“文革”后的体育教学秩序，并按上级和学校的部署进行教学改革，创建了每周3小节的体育课制度，对当时学生体质的增强起到了促进作用。任职期间，我校曾获得北京市体育教学先进单位和全国大学生体质测试先进单位称号。沈林南积极参与社会体育工作，曾担任高教体育研究会理事、北京市高校职称评审委员会委员、北京市体操协会副主席、全国高师体育协会副理事长等职务。

孙剑辉（1954～　）　男，回族，北京人。中共党员，副教授。少年时即喜爱体育，曾在北京市先农坛体校参加过足球和乒乓球训练。1972年从黑龙江兵团选送到北京师院体育系学习，1975年毕业后留校担任体育教师。1979年由国家体委选派考取排球国际裁判，曾参加了1984年、1992年两届奥运会，并担任决赛主裁判，是世界知名排球裁判员，曾由国际排联派往40余个国家担任过裁判活动。1994年由我国排球协会推荐，任国际排联裁判委员会委员，曾任包括世界锦标赛在内的各种大赛裁判长并主持相关讲学活动，在国内外排球界有一定影响。1985年起任我校体研室副主任，1993～2003年任体研部主任。在任期间，经全校上下共同努力，体育教学环境发生了较大改观，学校曾获得全国和北京市体育先进单位称号，并成功举办世界大学生运动会足球比赛和全国高师运动会。现任国际排球联合会裁判委员会委员、北京市排协副主席、全国高师体育协会副秘书长等。

数学学科专业人员

孙梅生（曾用名孙鸿章、孙志哲）（1914～1968）　男，汉族，1937年毕业于河北省立冀县师范学校。1949年12月入党。先后在多所中小学任教。曾任北京大同中学校长。1954年调入北京师范学院，负责筹建数学系。历任数学科主任、数学系副主任、主任等职务。1955年起任副教授，担任过本科“高等代数”等课程的教学。在《数学通报》和《教师月报》上发表有关数学教学的文章十几篇。译有《葛斯郎微积分》、《斯盖二氏解析几何》、《温氏解析几何》、《范氏微积分》（未出版）。译著出版的有《龙氏解析几何》（合译）。于1950年加入中国数学会北京分会，担任过常务理事兼秘书，1951年担任《数学通报》编辑。1964年被选为北京市海淀区人大代表。“文革”开始后，于1968年9月被迫害致死。1978年9月，院党委为其彻底平反昭雪。

林有浩（1920～　）　男，汉族，福建福州人。中共党员。1948年清华大学数学系毕业，1950～1956年在福建师范学院数学系任讲师，1956年调入北京师院数学系，历任讲师、副教授、教授、教研室主任、院务委员。1979年任硕士生导师，80年代兼任福建师范大学数学系教授。1979～1990年为非线性泛函分析学科学术活动的负责人和高等师范院校泛函分析学科学术活动第一负责人，主持过多届全国非线性泛函分析学术会议和师范院校泛函分析学科研究生导师学术与经验交流会。1980年被聘为第一届北京高校确定和提升高级职称的数学评审组成员。曾任《数学实践与认识》和一些高校《学报》的编委。曾受委托评审多届国家自然科学基金和国家教委博士点基金项目的申请工作。在《数学学报》、《数学物理学报》、《生物数学学报》等刊物发表论文10余篇。前后在高校任教41年，讲授过20多门数学课程。

梅向明（1928～　）　男，汉族，湖北黄梅人。1952年参加中国民主促进会，同年加入中国共产党。1948年中山大学数学天文系毕业留校任助教，1949～1950年转澳门岭南大学附中任教，1950～1955年在北京女二中任教。1955年调任北京师院数学系，1957～1961年北京大学数学系研究生毕业，1961～1981年历任北京师院数学系讲师、副系主任、副教授、系主任，1981年起任教授、师院副院长，又先后任首都师大数学研究所所长和名誉所长、《学报》（自然科学版）主编、《中学生数学》杂志主编。1979～1989年连续担任三届中国数学学会理事兼普及委员会主任、北京数学会副理事长。主要研究领域是整体微分几何，两次赴美讲学，多次在国际微分几何学术会议上报告研究成果。在国内外主要数学杂志上发表10多篇学术论文。在研究微分流形上pontrjagin示性类与向量场奇点的关系方面的成果，所编写的教材《高等几何》、学术专著《微分流形和黎曼几何》等，分别获国家教委和北京市奖励。政务方面，历任第七届全国政协委员和第八、九届全国政协常务委员；第七届北京市人大教科文委员会副主任、第十和第十一届北京市人大代表，并被选为第十届北京人大常委会副主任；第九届北京市政协副主席。还担任民进北京市第九、十、十一届主任委员和第七、八、九届民进中央副主席。

杨守廉（1935～　）　男，汉族，上海人。1951年参加军事干校，转业后以同等学力考入北京师院数学系。1959年在学期间，发表《关于物资调运工作的表上作业法》一文（《数学通报》），对中科院当时发表的该项方法作出改进。1960年毕业留校，从事数学分析、实变函数等课程的教学工作。1979年开始带一般拓扑方向硕士研究生，已培养硕士生20名。1985～1986年在美国纽约州立大学布法罗分校做访问学者。1981年起先后在国内外重要刊物上发表论文10余篇。主要科研成果有《Rudin-Keisler序与可数紧空间之乘积》（获1986年北京市学术成果奖）等。论著有《独立于ZFC的数学问题》（合著，第二作者，获“全国教学图书优秀奖”）等。两次获国家自然科学基金资助。曾被列入国际数学家联合会（IMU）委托美国数学会编辑出版的《世界数学家名录》。1993年起享受国务院颁发的政府特殊津贴。1980年评为副教授，1986年任教授，1997年退休。曾任首都师大数学系副主任、数学研究所副所长，北京市高校教师职务考核评议组成员，成人高校教师高级职务评审委员会委员，北京市数学会常务理事、副理事长，北京市科协委员。

石生明（1936～　）　男，回族，江苏镇江人。1954年入北京大学数学力学系，1962年研究生毕业，留校任教，1987年调入北京科技大学数力系，曾任教授、系主任。1992年调入首都师大数学系，曾任系主任。现任教授、博士生导师。曾任中国数学会理事、国家教委数学与力学指导委员会专家成员（第一、二届），国家自然科学基金委员会学科评审组成员（第六、七届），《数学学报》、《Algebra collogium》、《数学进展》等学刊编委。“文革”前主要研究李代数的表示论及对物理的应用，1980年以后转向有限群及表示论，在G_2型有限群的秩3本原表示和p块的亏群等问题上作出过国际先进的成果。合作和独立指导博士生8名，硕士生10名，为我国有限群表示论的研究培养了骨干力量。曾获北京市科技进步二等奖（独自），并被授予北京市有突出贡献的专家、北京市优秀教师和全国模范教师称号。1996年成功地合作组织了“北京国际群论讨论会”，曾在美国耶鲁大学、丹麦奥胡斯大学等10余所大学访问和作学术报告。发表论文20余篇，并有教材出版：《高等代数》（合编），1987年获全国高校优秀教材奖（集体署名），2000年获北京市科技进步一等奖（著作类，排名第三）；《近世代数初步》（国家“十五”规划教材，独立）。代表文章有：The rank 3 permutation representations of finite groups of type G_2，J. Algebra，83（1983），No.1；On the number of p-blocks with a given defect group，Lecture Notes in Mathematics，1185（1986）。

殷慰萍（1937～ ） 男，江苏江阴人。1962年毕业于北京大学数学力学系，分配到中科院数学所工作，1973年6月调中国科技大学，1992年12月调首都师范大学。1987年获教授职称，1993年被国务院学位委员会批准为博士生导师，1994年任首都师大数学研究所所长。1985年起为美国《数学评论》评论员，1992年聘为国际理论物理中心的Associate Member，1990～2000年为国家教委第一、二届高等学校理科数学与力学教学指导委员会基础数学教学指导组成员。1994年起聘为北京大学兼职教授，是巴基斯坦Punjab数学会终身会员。1992年起享受国务院颁发的政府特殊津贴，1999年获北京市有突出贡献的专家称号。专业为基础数学，研究方向为多复变函数论，是我国多复变函数论研究领域的学术带头人，已发表学术论文120余篇，专著2部。先后赴美、法、意、德、韩、日、瑞典、印度、波兰等9国进行学术研究，作了30余次国际学术报告。研究成果《一类灵哈特（Reinhardt）域的研究》获1995年国家教委科技进步奖（甲类），《齐性Siegel域和蛋型拟凸域的研究》获2000年北京市科学技术进步奖二等奖。已完成国家和北京市自然科学基金、中科院基金和国家教委博士点基金等10个项目，在研高层次项目2个。已培养硕士8人，博士4人。

郑崇友（1938～ ） 男，汉族，福建福州人，1962年北京大学数学系毕业，现任首都师大数学所副所长、教授、博士生导师，中国系统工程学会理事，曾任中国民主同盟中央委员、国家督学等。长期从事数学的教学和研究工作，完成教育部、北京市教委多项教育教学改革项目；在格上拓扑与Fuzzy数学的研究领域，先后主持并完成国家自然科学基金项目4项、北京市教委科技发展项目1项，研究内容涉及L－拓扑空间、Locale理论和Domain理论等，在国内外学术刊物上发表论文60余篇，出版《Frame与连续格》（合编）等数部著作；近20年来已培养硕士、博士共20余名；多年来先后赴西班牙、泰国、捷克和日本等国家，以及香港、台湾等地区进行学术交流活动。目前主持国家自然科学基金项目1项、省部级教育教学改革项目等数项。与上述各类工作相关的研究成果获北京市学术奖（1985），北京市高校教学成果二等奖（1997）和一等奖（2001）各一次，主编的《几何学引论》获教育部优秀教材一等奖（2002）。1997年起享受国务院颁发的政府特殊津贴。多次入选《世界数学家名录》。

卢才辉（1939～ ） 男，汉族，原籍福建永定，印尼归侨。1965年毕业于北京大学数学力学系，1978年调入北京师范学院。1992～1996年担任数学系科研副主任，1996～2001年任系主任，期间曾任中国数学会第七届理事，北京市高校职称评审组成员，德国《数学文摘》特约评论员。现任数学系教授、博士生导师，已培养12名硕士、3名博士。担任系主任期间，团结全系教师积极推动数学系的教学、科研与师资队伍建设，数学系在全校综合考核中连续6年被评为优秀单位。学术研究方向是李代数和Kac-Moody代数，多次主持国家自然科学基金和北京市自然科学基金项目，在国内外著名学术刊物上发表论文近30篇，科研成果《Kac-Moody代数和可解李代数》获1995年北京市科技进步一等奖。负责组织的教学研究集体成果《高师数学专业面向21世纪教学内容与课程体系的改革》获2001年北京市高校优秀教学成果一等奖。1991年被评为“北京市优秀共产党员”，1995年获“北京市先进工作者”称号，1996年起享受国务院颁发的政府特殊津贴，1997年获“北京市有突出贡献的专家”称号，同年获曾宪梓教育基金会高等师范院校教师奖三等奖，1999年获“全国归侨、侨眷先进个人”称号。

贺龙光（1941～ ） 男，汉族。中共党员。1962年毕业于北京师院数学系，留系任教。历任数学系助教、讲师、副教授、教授。现为首都师大数学系教授、博士生导师。主要从事基础数学的学术研究与研究生的培养工作，曾讲授过解析几何、高等几何、微分几何、拓扑学、微分流形、黎曼几何、李群论、几何空间选论、辛几何与泊松几何等10余门课程，已培养10余名硕士与博士生。1985～1992年期间，曾兼任本校教学科研处副处长、计算中心主任、北京市教育软件研究开发中心主任等职。在此期间还在校内和社会上有多项兼职。主要的学术研究领域为基础数学中的整体微分几何方向。1990年以后，又侧重于其中一门新兴的分支——辛几何与泊松几何。出版的专著有《微分流形与黎曼几何》（合作）和《辛几何与泊松几何引论》，在国内外学术刊物上发表学术论文20余篇。曾承担国家自然科学基金项目与北京市科委重点工程。1993年获北京市科技进步三等奖。

吴 可（1946～ ） 男，1969年毕业于北京大学数学力学系，1978年考入中国科学院理论物理所攻读研究生，1984年获博士学位。1992年被聘为中国科学院理论物理所研究员，1993年为博士生导师，2001年被聘为首都师大（北京市教委）特聘教授，随即正式调入。从事数学物理、理论物理和应用数学等方面的学术研究工作，内容涉及非线性方程的延拓结构、非线性联络论、Kaluza-Klein理论、量子场论的大范围性质、共形场论、量子群、非交换几何在物理学中的应用、保结构算法、离散Hamilton系统和离散场论。共完成学术论文120余篇，已培养出博士生10余名。曾获得国家自然科学二等奖1次，国家教委科技进步一等奖1次，中国科学院自然科学一等奖1次，以及中国科学院自然科学二等奖3次。

王尚志（1946～ ） 男，汉族，天津人。首都师大教授、博士生导师、科技处长。1964年考入北京大学数学力学系，毕业后分配到陕西岐山县陕棉九厂做工人、技术员。1975～1977年从事计算机应用工作。1977年调入西北大学数学系，1989年调入首都师范大学数学系。多次出国访学，1984～1985年在法国里昂一大、1990～1992年在加拿大和美国几所大学进行了讲学和合作交流等。在大学任教后，开设过高等数学、数学分析、高等代数、实变函数、微分方程、图论、泛函分析、点集拓扑、代数拓扑等20多门数学课程。主要研究领域是点集拓扑学、集合论、无限组合论等，近些年在数学教育方面也做了一些工作，多次主持和参加国家和省市自然科学基金项目、国家教育改革项目。先后在国内外重要刊物上发表60多篇论文，并多次应邀在国际学术会议作报告，在中国拓扑学派界有一定影响。曾任《中学生》杂志社社长、主编等。现任教育部高校教学指导委员会数学分委员会委员、教育部中小学教材评审委员、高等师范科研管理研究会理事长、北京数学会副理事长、北京中学数学教学委员会副理事长等。

罗振东（1958～　）　男，汉族，广西桂平人。1982 年于广西大学数学系获学士学位，1989 年于四川大学获硕士学位，1997 年于中国科技大学师从石钟慈和刘儒勋，获理学博士学位，同年进入中国科学院计算数学与科学工程计算研究所博士后流动站从事博士后研究工作，1999 年 3 月到首都师大数学系工作，同年入选为北京市跨世纪优秀人才。2001 年被破格评为教授，2003 年 7 月评为博士生导师。从 1986 年起至今，一直从事偏微分方程的数值计算研究，在有限元方法和计算流体力学方面作了具有创新意义的工作，改进了国际上著名计算数学家 Raviart 等人的工作，相关成果已在 SIAMJ. Numer. Anlysis 和国内权威核心期刊上发表。数年间，共发表论文 70 余篇。专著《有限元混合法理论基础及其应用》得到了国内同行专家的认可，在计算数学界享有较大声誉。曾获得国家自然科学基金和北京市教委、北京市优秀人才专项基金等多项经费的资助。

费少明（1962～　）　男，浙江嵊州人。1982 年获浙江大学理学学士学位，1991 年获浙江大学及中国科学院理论物理研究所理学博士学位。历任杭州电子工业学院助教，北京博士后联谊会理事，中国科学院物理研究所副研究员，德国洪堡基金访问学者，德国波鸿大学数学研究所研究员，德国波恩大学应用数学研究所研究员，2001 年起任首都师大数学系教授，2002 年任博士生导师，兼德国波恩大学应用数学研究所及马克一普郎克数学科学研究所客座教授，美国数学会《数学评论》评论员，中德文化教育交流协会理事。2002 年被列入教育部“跨世纪人才培养计划”。主要从事量子群、可积极量子系统、随机过程、量子计算及量子信息等方面的研究，参与承担了国家重大攀登项目“机器证明及其应用”，德国洪堡基金项目，德国 DFG 特别项目 SFB—234、256、611，德国 DFG 研究项目“随机过程及其应用”，中一德科研合作项目“量子信息及有关数学问题”，教育部“跨世纪优秀人才培养基金”项目“量子纠缠态研究”等。

李中凯（1963～　）　男，辽宁人。数学系教授。1985 年毕业于山东大学数学系本科，1992 年在大连理工大学获博士学位，1992～1994 年在吉林大学数学系做博士后。1998～1999 年间赴美国访问，在纽约州立大学布法罗分校、奥兰根大学和威斯廉大学作合作研究。主要从事调和分析和逼近论的研究，在与特殊函数有关的函数论方面，特别在与雅克比级数和雅克比函数相关的领域中，作出了系统高质的研究成果，并与国外同行合作，涉入现代数学的前沿领域——与反射群有关的调和分析，取得了重要进展，代表性成果均发表在国际著名刊物上。近年来，在研项目有：国家自然科学基金项目两项，北京市自然科学基金项目两项以及人事部博士后基金项目等。1996 年被评为北京市青年学科带头人，获北京市跨世纪人才工程专项基金，2002 年获得“教育部优秀青年教师资助计划项目”。是教育部“高等师范院校面向 21 世纪教学内容与课程体系改革”项目数学评审组成员。先后赴德、日、美、匈、罗和香港等国家和地区进行学术交流或参加国际会议。

杜少飞（1964～　）　男，汉族，山西定襄人。现任首都师大数学系教授、博士生导师。1983年毕业于山西省忻州师专数学系。其后于1991年和1996年相继获得山西大学硕士和北京大学博士学位。1996年9月赴斯洛文尼亚作博士后研究。曾在山西大学数学系任讲师、副教授。1998年来首都师大数学系工作，1999年破格晋升教授，同年入选首都师大首批中青年学科带头人和北京市跨世纪人才工程。2000年7月至2001年7月受聘于韩国浦项科技大学。主要从事有限群论、代数组合论及拓扑图论等方面的研究。博士论文中关于半对称图的研究受到国内外同行的好评并获得北京大学优秀博士论文奖。曾赴斯洛文尼亚、意大利、奥地利、加拿大及韩国等国进行讲学和合作研究。曾主持完成国家基金项目1项和省部级基金项目3项，在SCI期刊上发表论文10余篇。

吴雅萍（1965～　）　女，1990年毕业于北京理工大学数学系，获理学博士学位。1990年起在北京应用物理与计算数学研究所工作，1994年及1996年曾到美国多所大学进行研究访问。1997年3月调入首都师大数学系，1998年任教授，2001年任博士生导师。2000年9月至2001年7月以高级访问学者在美国哈佛大学数学系进行研究访问。多年来从事非线性偏微分方程的理论研究工作，特别是对带交错扩散的反应扩散方程组、抛物双曲耦合方程（组）的行波解、平衡解的存在性、稳定性及哈密顿系统孤立波的稳定性的理论研究。1994年以来作为主持人先后承担了5项国家及省部级科研项目。在SCI杂志及国内外重要学术刊物上发表学术论文20余篇。代表性研究成果曾获1999年北京市科技进步二等奖（排名第一）、邓稼先青年科技奖等。为首都师大首批中青年学科带头人，北京市优秀青年学科带头人，2001年起享受国务院颁发的政府特殊津贴。

王志玺（1966～　）　男，河北张北人。教授，博士生导师。1992年在北京师范大学数学系获理学博士学位，1992～1994年在中国科技大学数学系做博士后。1994年6月到首都师大数学系任教。1999年8月至2000年5月在美国Whittier College，University of Washington等做访问学者和进行学术交流。自1995年以来，先后赴日本、韩国、美国参加学术会议。数年来一直在非交换环与Hopf代数方面从事研究工作。先后多次承担过国家自然科学基金及北京市自然科学基金等科研项目。1996年被评为北京市青年学科带头人，1998年入选北京市跨世纪人才工程，同年被评为北京市优秀青年知识分子。

物理学科专业人员

孙念台（1919～1996）　男，汉族，北京市人。1941年从燕京大学物理系毕业而留校读研究生，因日本侵入华北而辍学，1946年到北京大学物理系任助教，并继续攻读研究生。曾被邀请赴美国留学，因执著于“教育兴国”的理想而辞谢。1948年第二次回到贝满女中任教。1952年曾被评为北京市优秀教师，曾一度到中国科学院任科研秘书。1954年筹建北京师院时被调入，承担筹建物理系的任务，1954～1988年任物理系（科）主任、副教授、教授。1961年被选为北京市群英会代表，曾任北京市第一届至第五届人大代表、崇文区政协常委，《物理通报》编委等。作为物理系创建者，连续任职30余年，全面领导系的建设。主张教育应着眼提高人的基本素质，认为教学工作也是一种艺术活动，其物理教学被誉为“一绝”。早年进行过理论物理方面的研究工作。40年代所撰论文

《热电子发射的量子统计理论》发表于英国的科学杂志。50年代初曾应中国科学院“学术名词统一工作委员会”的聘请，与物理学家王淦昌等组成7人小组，进行物理学名词的审定工作。此期于《物理通报》等刊物上发表多篇物理教学研究论文。1988年出版了《近代物理学基础》。

佟盛勋（1921～　）　男，北京人，教授。1943年毕业于北京辅仁大学理科研究所物理部。曾任北京师院物理系教研室主任，兼任中国物理学会北京分会理事、《物理通报》编委、九三学社北京分社委员兼宣传部副部长等职。从事物理教学及研究工作45年，从事高等师范教育34年。担任理论力学、普通物理力学、连续介质力学等的教学工作多年。1980年起，任硕士生导师，并开设《力学教学专题研究》等课程，编写研究生教材《普通物理专题研究》（合编），后期研究中主要致力于物理教育评估及计算机辅助物理教学。1986年参加日本东京国际物理教育会议（ICPE），宣讲论文《普通物理与中学物理及理论物理的衔接与分工问题》。1989年应聘任河北师范学院物理系兼职教授，协助指导硕士研究生进行《视听媒体在辅助物理教学中的综合作用》研究。1992年在北京市第二次统战系统先进集体先进个人表彰大会上获先进个人奖。

李申生（1930～　）　男，汉族，上海人。1951年毕业于浙江大学，1954年由山东师范学院调至北京师院，曾任物理系主任、院务委员会和院学术委员会副主任、教授、热能工程专业硕士生导师。1984年赴美国纽约州立大学布法罗分校物理系访问讲学。1975年起兼职从事太阳能热利用方面的课题研究，相关成果曾获全国科学大会重大科技成果奖（1978年）等。1987年、1989年两次率中国代表团参加国际太阳能学会召开的世界大会。1989年起主持两项国家自然科学基金资助项目，1991年起主持国家科委“八五”科技攻关项目并获专利。发表学术论文70余篇，编著、译著《太阳能物理学》、《原子物理学》等10种，主编、参编有关物理学与太阳能热利用方面的基础教材和科普读物500万字以上。曾任中国科学技术协会全国委员会委员、中国太阳能学会副理事长兼秘书长，《太阳能学报》和《太阳能》杂志主编，北京市人民政府顾问团新能源顾问；国家教委理论物理教材建设组热力学与统计物理学组长，中小学教材审定委员会委员，中小学教师继续教育专家组成员；中国物理学会教学委员会委员，北京市物理学会副理事长，北京市教育学会物理教学研究会理事长；国家科技部科技经济专家委员会专家；民进中央教科医卫委员会委员；北京市新设《科学》课程教材主编。1992年起享受国务院颁发的政府特殊津贴。

顾之雨（1930～　）　男，汉族，北京市人。1951年清华大学物理系毕业。1956年加入中国共产党。1958～1969年任北京师范专科学校、北京电视大学物理系副主任，1978～1993年任北京师范学院分院、首都师范大学分部物理系主任。1989年晋升为教授。1987年以来至今坚持费曼路径积分、量子纠缠课题的科研工作，在此期间于国内外共发表论文57篇（其中本人为第一作者的有16篇）。1990～1998年主持及参加完成的国家及北京市自然科学基金项目各两项、中国科学院理论物理研究所客座课题90K210一项。1993年获曾宪梓教育基金会高等师范院校教师奖三等奖，1993年起享受国务院颁发的政府特殊津贴，1995年获北京市优秀教师奖。《量子力学基础与费曼路径积分》课题获国家教委1995年度科学技术进步二等奖（本人为第二作者）。1990～2004年连任中国高等科学技术中心（CCAST）协联成员。1990～2002年《用费曼路径积分处理AB散射问题》、《量子纠缠态的纽结图像》等10篇论文获CCAST奖励。

韩辉翼（1931～　）　男，首都师大物理系教授，曾任物理系理论物理教研室主任多年，直至退休。长期从事理论物理各门课程的教学和硕士研究生的培养，并负责领导理论物理的课程改革和建设工作。同时，为培养和提高青年教师的教学和科研能力，根据需要给青年教师开设并讲授必要的基础理论课程，而且通过各种方式，具体帮助和指导青年教师提高其自身的教学能力和课堂教学质量。在从事教学工作的同时，多年来在原子核物理、粒子物理等领域，开展了一些相关课题的研究工作。在国内外刊物上发表论文10余篇，参与编写《原子核理论讲义》、《近代物理基础》等著作，合译教材、专著《物理学》（上、中、下册）、《散射理论》等共5部，已先后正式出版。在职期间，曾相继担任过校学术委员会、学位委员会、职称评审委员会和教学指导委员会委员等职务。

栾德怀（1934～　）　男，首都师大物理系教授。1981年在新西兰坎特布雷大学物理系获物理学博士学位。科研方向是群表示论、现代微分几何和 C^* 一代数在理论物理上的应用。在对称群的自旋表示的研究方向取得一些成果：不需用特征标就解决了对称群自旋表示的张量积分介和分歧律，方法上运用了约化记号得到了与n无关的普适结果，然后应用修正法则得到与n有关的具体结果，从而解决了“对称群的自旋表示”。对于上述工作，加拿大一位学者把它总结并写成一部学术专著：《对称群的自旋表示》，于1994年出版。

陈金昌（1936～　）男，汉族，上海市人。1957年毕业于北京大学物理系。1957～1979年在中科院原子能研究所任助理研究员，1979～1985年在钢铁研究总院任高级工程师，1985年至今在首都师范大学物理系任教授。1988年加入中国共产党。1988年应日本学术振兴学会邀请，先后访问名古屋大学等8所大学，进行学术交流。1991～1992年，在美国纽约州立大学布法罗分校物理系进行合作研究。曾任中科院物理研究所客座研究员。1994年起享受国务院颁发的政府特殊津贴。主要研究方向为：（1）非晶态合金的结构、磁性、电性、结构弛豫及稳定性；（2）薄膜的结构、界面、磁性及电性。在国内外核心期刊发表论文70余篇。1987年“二元非晶态合金结构的计算机模拟”获北京市学术三等奖（负责人），1989年“非晶态合金的电性、磁性及稳定性”获北京市科技进步三等奖（负责人），1994年“非晶态合金铁磁性、亚铁磁性及能带结构的研究”获北京市科技进步二等奖（负责人），1994年“快淬金属一金属基合金的磁性和稳定性”获中科院自然科学二等奖（主要参加者）。主要著作包括：《非晶态物理》（合著），《非晶态合金》（合著）。

申先甲（1937～　）　男，汉族，河南镇平人。1961年毕业于北京师院物理系。1987年晋升教授，任硕士生导师。曾任首都师大自然科学史研究室主任、北京物理学会理事、《物理》杂志编委、中国管理科学研究院潜科学研究所所长、中国科学学学会理事、全国高等学校物理学史联络组组长、中国高等物理教育研究会理事、中国科学技术史学会常务理事兼物理学史专业委员会主任等。多年来致力于物理学史、自然科学史、科学哲学和潜科学的研究。1979 年参与创立了“潜科学”这一新兴学科，参与创立了《潜科学杂志》，主持组编了《潜科学丛书》和《科学思想丛书》。主要著作有：《基础物理学的辩证法》、《物理学史简编》、《物理学史教程》、《探索热的本质》、《物理学思想史》、《20 世纪物理学史》、《中国现代物理学史略》等；发表论文 70 余篇。曾获中国科协和新闻出版署科普著作三等奖、中国科技史学会科学史著作一等奖、北京市教学成果二等奖、曾宪梓教育基金会高等师范院校教师奖三等奖、第六届国家图书奖等。1994 年起享受国务院颁发的政府特殊津贴。

李福利（1939～ ） 男，汉族，河北清苑人。1958 年考入中国科技大学物理系，1963 年毕业留校。1989 年评为教授，1993 年评为博士生导师。1996 年调入首都师范大学，任物理系教授，及清华大学、中国科学院研究生院、中国科技大学兼职教授。1980～1982 年在英国帝国学院进修激光物理与量子光学。1984～1985 年在国际理论物理中心和罗马大学研究非线性科学。1995 年在英国利兹大学医学院研究神经元的混沌同步。在国际上率先提出混沌控制论、大脑压缩态、无耦合的神经元同步、经络自组织理论、统一医学、对称性与对称主义。1979 年预言了存在奇异星的可能性。曾任国家攀登计划“经络的研究”专家委员，国家科委基础研究司“光弧子通信整体设计”专家组成员，中国科技大学学术委员、《Chinese Physics Letters》编委，《中国激光》编委，《量子电子学报》副主编。发表论文 100 余篇。主要著作有《高等激光物理学》等。

乔际平（1939～ ） 男，1961 年毕业于北京师院物理系。现任首都师大物理系教授、硕士研究生导师，兼任首都师大基础教育研究所所长、国务院学位委员会全国教育硕士学位教学指导委员会委员、中国教育学会物理教学研究会副理事长、《中学物理教与学》杂志主编，北京市海淀区政府教育顾问。1989 年获全国优秀教育科研成果一等奖，1992 年起享受国务院颁发的政府特殊津贴，1993 年获全国高等学校国家优秀教学成果二等奖，1998 年获北京市哲学社会科学优秀成果一等奖。2001 年获北京市有突出贡献的专家称号。出版的专著和大学物理系本科及研究生教材有《物理学科教育学》、《物理创造思维能力的培养》、《物理学习心理学》、《物理学习法》、《重要物理概念与规律的形成与发展》、《物理课堂教学的设计与实践》等 24 部，发表物理教育研究论文 50 余篇，主持完成国家和北京市“八五”、“九五”重点教育科研项目 4 项，1993 年至今主编北京市使用的九年义务教育中学物理教材。

张光勇（1939～ ） 男，汉族，浙江嘉兴人。1963 年毕业于北京大学物理系，1973 年调入北京师院物理系，曾任室副主任、系光学所副所长，系教学指导委员会主任、校教学指导委员会委员。1993 年评为教授。1990～1991 年赴美国杜克大学访问。曾参加美国国际光学工程学会。现为中国光学学会全息与光信息处理专委会委员。一直从事本科生与研究生的教学工作，1993 年评为首都师大优秀教师。主要科研方向是全息理论与技术、光信息处理理论与技术、全息记录介质。主持和参加了国家自然科学基金、北京市自然科学基金等 10 余项课题研究。研制并生产出重铬酸盐明胶版、红敏光致聚合物版、银盐全息版。所摄全息艺术图曾参加1984年首届全国全息摄影展览、1989年首届北京国际博览会展览，并被美、德博物馆收藏。“厚膜重铬酸盐明胶版”1988年获北京市科技进步三等奖、北京国际博览会银奖。“大面积DCG版全息图”获1989年北京国际博览会银奖。曾参加三次国际学术会议。合著有《演示光学》，发表论文40余篇。

方　炎（1963～　）　男，山东人。1989年调至首都师大，现任物理系教授，主要从事激光光谱学和纳米材料光电子学研究。1994年入选首批北京市科技新星计划。主持建成北京市纳米光电子学重点实验室，任主任，2001年该室入选首批北京市重点实验室。先后承担国家及北京市等科研项目20多项。完成论文60余篇，多篇论文先后被全文或摘要翻译成英、日、俄文予以转载。目前已与包括美国、日本、韩国、新加坡、德国等国和中国香港的同类机构开展了国际合作研究工作。2000年，作为会议主席成功主办了“超薄膜及相关系统光学特性国际会议”。现兼任中国物理学会光散射专业委员会委员，第十七届国际激光拉曼光谱学会议学术委员，《光电子—激光》副主编，《光散射学报》副主编，《A. J. Spectroscopy》编委。被评为北京市青年学科带头人和首都师大青年学科带头人；获得北京市优秀青年知识分子、教育部青年骨干教师等荣誉称号，2000年被北京市政府表彰为先进工作者。

刘金刚（1963～　）　男，1983年辽宁师范学院毕业后从事教学工作。1989年考入北京理工大学，1992年获硕士学位后直接攻读博士研究生，于1995年获“物理电子学与光电子学”专业博士学位。1995年9月进中国科学院计算所做博士后，1997年出站到首都师大，主持建立了计算机联合实验室。1998年1月晋升为教授；1998年12月被选为海淀区人大代表；2000年7月评为博士生导师；2002年1月当选北京科协委员会委员；同时兼任北京市职称评审委员会委员。作为第一负责人先后承担了3项国家“863”高科技课题，曾获得徐特立奖学金、中国科学院院长创新基金、博士后基金等的支持。曾获得“发光等字板”、“点式坐标输入装置”等多项国家发明专利，并研制出“三维空间坐标输入装置”、“3D空间操作与控制系统”等。目前正在从事国家“863”信息技术领域“空间多点检测虚拟实时动态系统”的研究工作，并且培养4名博士研究生和多名硕士研究生。

化学学科专业人员

郭保章（1926～　）　男，汉族，安徽阜南人。1950年毕业于北京大学化学系。前半生从事中等教育工作，历任中学教员、教导主任和校长，被评为中学优秀教师，曾获北京市教育局一等奖金。1955～1960年任《化学通报》常务编委，主编中学化学教学栏，参编《中学化学教学参考书》（人民教育出版社，1958）。1973年，调入北京师院化学系，历任教员、副教授、教授，近现代化学史硕士研究生导师。与董德沛合编《化学史简明教程》（1985），著有《世界化学史》（1992），《中国化学教育史话》（1993，合著），《中国现代化学史略》（1995），《20世纪化学史》（1998）。参编《中国大百科全书》（化学卷），《科学家大辞典》（2000），校订《化学文献的使用》（1987）。曾任《化学教育》编委（1979～1990），主编化学史料栏，中国科学技术史学会化学史专业委员会委员（1978～1990）。1990年退休。其后参编《20世纪学术大典》（福建教育出版社），著有《中国化学史》(江西教育出版社，2004)。发表学术论文 20 余篇。

曹居东（1937～　）　男，汉族，山西人。教授，硕士生导师。1960 年毕业于北京师范大学化学系，随后在北京大学完成研究生学业。先后在北京师大化学系、北京师范专科学校、北京师范学院分院和首都师大化学系任教并从事科研。发表论文及专著 60 余篇(册)。1989 年在国内外首次合成了高效手性催化剂氮杂钛三环酮类化合物，公开发表后被 SCI 和 CA 收录。1990 年被授予北京市有突出贡献的科学技术管理专家及北京市优秀教师称号。被任命为教育部高校化学教学指导委员会有机及高分子专业指导组委员，连续当选为中国化学会 24 届、25 届理事会理事，并任中国化学会化学教育委员会副主任、有机专业委员会委员及《大学化学》杂志副主编。退休后应聘担任北京师范大学化学系兼职教授及研究生导师。

周天泽（1938～　）　男，汉族，湖南长沙人。1962 年毕业于北京大学化学系，后长期在中国科学院化学所、环化所工作。1986～1988 年在美国为博士后学者，回国后即调入北京师范学院。1991 年起为研究员，1996 年在日本作为资深学者讲学。现兼任《环境科学》、《化学教育》、《分析试验室》杂志编委。从事分析化学专业，主要研制有机试剂及色谱固定相。曾因离子色谱固定相制备、含铊废水治理等获中国科学院、核工业部等科研二、三等奖 5 项。在国内外期刊发表科研论文 130 多篇（其中 SCI 级 20 篇，CA 级 50 篇)，在科学出版社等出版著、译作 10 多部，代表作有《分析化学中的多元络合物》、《化学分析测试中的干扰消除》等。近 10 年来转入教育岗位，获“北京市优秀教师”称号(1993)，及“曾宪梓教育基金高等师范院校教师奖三等奖”(1997)。发表教育及科普论文 20 多篇，出版了《现代生活化学》、《重塑被弃的金字塔》等著作。

王学琳（1939～　）　男，汉族，辽宁东港人。教授，硕士研究生导师。1965 年毕业于北京大学化学系。曾任辽宁大学分析测试中心主任，辽宁省政协委员，辽宁省红外光谱学会理事长。1994 年调入首都师大分析测试中心任代主任及化学系副主任。系北京市人大代表，海淀区人大常委，北京市政府特约监察员，九三学社海淀区委主任。兼任北京化学会理事，北京分析仪器学会副理事长兼秘书长。主讲波谱分析、生命元素概论、分析化学前沿、速成日语教程（研究生第二外语）。主持北京市自然科学基金重点项目《北京市西南地区水中有毒有机污染物研究》，代表性著作有《波谱分析》和《现代仪器分析实验》，在国内外重要刊物和学术会议上发表论文 90 余篇，其中《ds 区元素 Cu、Zn 与心血管疾病关系研究》获 1991 年黑龙江光谱学会年会优秀论文一等奖，《关于自旋偶合与自旋分裂问题》获辽宁省自然科学优秀论文奖，《WS－B 型氧化淀粉强力胶粘剂》获 1993 年辽宁省科委辽科监字第二百四十三号科技成果鉴定证书。有 3 项技术已转让给工厂。

刘顺诚（1941～　）　男，1965 年毕业于北京师院化学系，美国纽约州立 Albany 大学 1989 年博士，麻省理工学院 1990 年博士后，研究员。首都师大分析测试中心主任(1992～1996)，物化研究室主任。北京市高校重点学科（物理化学）带头人。国家教委世界银行贷款项目专家。在结构化学和生物无机化学等方面成绩较突出，先后合成 30 多种新化合物。在化学模拟金属蛋白研究领域中有一定影响。80年代中期至90年代中期在国内外著名专业刊物上发表40多篇论文。1992年起享受国务院颁发的政府特殊津贴。

张卓勇（1956～ ）男，吉林人。现任首都师大化学系主任、教授及东北师大兼职教授、博士生导师。1982年毕业于吉林大学化学系，1985年和1988年在中国科学院长春应用化学研究所获理学硕士和博士学位，师从光谱学家黄本立。1992年赴加拿大滑铁卢大学作博士后研究。1995年回国调至东北师范大学任教，曾任化学学院副院长、分析测试中心主任、博士生导师等，2000年在美国俄亥俄大学访学3个月。2001年调到首都师大。长期从事光谱化学分析和化学计量学的基础与应用研究工作。近年来主持或参加了6项省部级和国家级科研项目，先后在国内外学术刊物上发表论文80余篇，其中在国际核心刊物上发表10余篇；获专利2项；1999年获吉林省科技进步四等奖。担任中国化学会计算机化学委员会委员、《光谱学与光谱分析》杂志编委、国家自然科学基金委同行评议专家等学术职务。为研究生、本科生讲授了光谱化学分析、化学计量学、化学信息学等课程。已培养硕士生11名，目前指导博士生2名，硕士研究生8名。

生物学科专业人员

张国柱（1924～ ）男，汉族，北京人。教授。1947年毕业于北京辅仁大学生物系，毕业后即在北京13中任教，1957年调北京教师进修学院生物教研室，从事教学与科研，1977年调入北京师范学院生物系任教。1984年教育部聘为高等学校理科生物学教材编审委员。历任中国生物教学研究会常务理事及北京市生物教学研究会理事长，《生物通报》常务编委、中国林学会科普委员会副主任、中国科协专家委员会成员。1984年招收硕士研究生，为全国第一位生物教学法硕士研究生导师。同年由高教社出版的《生物教学法》，由教育部推广在全国师范院校使用，该书被评为全国高校优秀教材二等奖。调至本校后，共编著出版有关生物教学法书籍10册及论文40余篇。多次任全国青少年科技论文评选委员会主任委员，1983年获北京市少年儿童先进工作者称号。

杨　悦（1930～ ）男，汉族，北京人。教授。1956年毕业于湖南大学生物系。1979～1994年，在首都师大生物系讲授本科生和硕士生的植物分类学、植物生态学等课程。1986年5月，获北京市五一劳动奖章，同年10月又被国家教委授予全国教育系统劳动模范称号，并获人民教师奖章。1986～1995年，受聘于中央广播电视大学，主讲植物学等课程，于1990年获国家教委首届全国优秀电教录像片一等奖。科研方面的主要成果有“沉水樟研究”、“樟树研究”、“北京樱桃沟自然保护工程研究”等，并于1987年和1994年，先后获江西省科技进步三等奖和北京市科技进步二等奖。1980～2000年，一直参加全国青少年科技活动的指导工作，并担任中国科协青少年科技活动专家委员会委员，先后出版青少年科技活动专著7部，共150万字。两次获全国青少年科技活动优秀辅导员称号（1983、1999），两次获全国青少年科技活动优秀组织者称号（1983、1999）。

陈阜东（1930～ ）男，回族。1955年毕业于北京师范大学生物系，1957年毕业于华东师范大学研究生班。后到北京师院生物系工作，曾任系副主任，分院生物系主任，教授、硕士生导师。1989 年获北京市优秀教师和全国优秀教师称号。又曾获北京优秀生物辅导员称号和曾宪梓教育基金会高等师范院校教师奖三等奖。科研上主攻孢子植物，曾主持南极苔藓植物、河北藓类志、北京养鱼水域中浮游藻类的类群与生态以及藓类组织培养等国家或省市级课题。其中“南极苔藓植物”，经国家南极学术委员会专家组鉴定为：国际范围内“采集、收藏和鉴定的标本最多，填补了南极菲尔多斯地区研究的空白”，并发表了专著《南极苔藓植物手册》。代表作在国外为 1990 年 12 月赴日本参加国际南极研究会发表的《南极乔治王岛菲尔德斯半岛苔藓植物的分类与分布》和该岛《植被类型的分类》及《苔藓植物吸水、储水的初步研究》等 3 篇论文，国内为《河北藓类植物志》专著和工具书《生物教师实验手册》等。曾任北京植物学会常务理事、北京生物爱好者协会副主席、《生物通报》常务编辑及科学出版社的《生物科学丛书》编委等职务。

赵微平（1931～　）　男，汉族，吉林公主岭人。首都师大生物系教授。1955 年毕业于华东师范大学植物研究生班。曾任北京师院生物系教研室主任、系主任，社会兼职有：中国植物生理学会理事和科普工作委员会副主任，中国植物学会生理专业委员会副主任；北京高教系统高级职称评审生物组组长；北京市政协六届、七届常委；北京植物生理学会副理事长；北京作物学会常务理事；北京市政府一届至七届小麦生产科学技术顾问；中国生命科学会理事；北京民办高校评估专家组成员。长期从事植物生理及分子生物学教研工作，培养研究生 20 余人，发表论文有：《在豌豆叶生长过程中核酸含量的变化》、《小麦高产栽培的营养诊断》、《植树造林和预防水患》、《西北地区生态建设的若干问题》等 50 余篇，出版译著 4 部，专著有：《土壤和作物体内养分的测定与施肥》、《作物生理》、《小麦生理学和分子生物学》、《植物基因组：构建、表达和调控》、《小麦高产栽培的理论和技术》等。1978 年获全国科学大会奖，1985 年获北京市统战系统为“四化”服务先进个人奖，1987 年获中国科学技术协会先进个人奖，1993 年获北京市人民政府高校系统教学优秀成果二等奖。

周孟津（1935～　）　男，汉族，河北正定人，中共党员，教授。曾任首都师大生物系微生物学教研室及生物能发酵研究室主任，北京市人民政府专家顾问团顾问。现任中国沼气学会副理事长及学术与咨询部主任，北京市新能源与可再生能源协会副理事长，《中国沼气》编委等职。1961 年毕业于北京师院生物系，留校从事微生物学、环境微生物学、厌氧消化微生物学、沼气发酵等教学与科研工作，主持建立了微生物学教研室及生物能发酵研究室。曾完成多项国家科技攻关课题，1980 年在我国首次分离培养出产甲烷菌，获农业部二等奖；主持制定的国家标准《农村家用沼气发酵工艺规程》获北京市科技进步三等奖；《高浓度有机废水厌氧处理技术研究》获国家教委科技进步一等奖和国家科技进步三等奖；《升流式固体反应器（USR）处理鸡粪废水的研究》被评为世界华人重大学术成果。主持设计了多座大中型沼气工程。多次出国参加有关国际会议、学习和考察。发表论文 70 余篇，专著有《沼气发酵》，合著有《沼气生产利用技术》及《沼气实用技术》等。1991 年被评为北京市有突出贡献的专家，1992 年起享受国务院颁发的政府特殊津贴。

高德伟（1936～　）　男，汉族，河北人，教授。1961 年毕业于北京师院生物系，留校任教，长期从事人体生理学和性健康教育学的教学与科研。2000年12月退休后，继续任北京性健康教育研究会会长等职。1987年赴美国洛杉矶UCLA Medical Center进修并获荣誉博士证书。归国后，继续从事教学和科研。先后发表了以“抑制素可以抑制人胎盘孕酮和HCG”为代表的生殖内分泌等论文60余篇；主编、参编和翻译生理与性健康教育等图书30余部。1996年在首都师大创建了我国教育史上第一个“性健康教育副修专业”，并组建了“首都师大性健康教育研究中心”和“北京性健康教育研究会”，开展了大量工作。所主持的性健康教育于1997年获“国家级教学成果一等奖”。该项成果为我国教育史上的突破。1998年起享受国务院颁发的政府特殊津贴，同年获五一首都劳动奖章，1999年获北京“人民教师”提名奖。

邱泽生（1936～　）　男，汉族，广东惠阳人，教授。1961年毕业于北京师院生物系。曾任首都师大生物系植物生理教研室主任、系副主任。兼任中国植物生理学学会理事、中国植物学学会植物生理学专业委员会委员、美国植物生物学家学会成员、首都师范大学侨联主席。1983～1984年访学美国麻省州立大学，1993年以高级访问学者留学瑞典隆德大学。科研方面从事植物生理学与植物分子生物学研究，在小麦花分化的基本规律、纯化植物质膜技术和质膜分子生物学领域有较多创新，在国内外专业杂志发表论文62篇，译著两本。专著有《植物生理学》、《基因工程》。主持国家自然科学基金2项：《植物质膜氧化还原组织的分离与鉴定》、《植物氮、铁转移蛋白的基因克隆与鉴定》，北京市自然科学基金一项：即《植物铁胁迫相关基因的克隆与表达》。还获得市科委、市教委基金3项。在教学领域，发表多篇涉及培养学生能力的论文，领先开设基因工程、细胞质膜结构与功能、现代生物学大实验等新学科。培养硕士生多名。1980年以来5次受奖，曾获北京市教育系统先进工作者奖、北京市高教教学成果二等奖等。

郭平仲（1938～　）　男，汉族，吉林人，中共党员。1961年和1964年先后毕业于北京农业大学本科和研究生。1975年调入北京师院，1983年晋升副教授，1986年晋升教授。1980～1982年和1990年两次赴美留学深造，主攻遗传学。1983～1996年历任首都师大生物系副主任、主任，为遗传学学科带头人。主持国家自然科学基金项目5项，主持、参加市级以上项目多项；培养硕士、博士研究生20余名；出版专著及教材10余部，在国内外发表研究论文40余篇，其中在《Science》1991（第二作者）及《Proc. Natl. Acad. Sci.》1991（第一作者）发表论文各1篇，确立了学科前沿水平。曾任北京农业大学、中国农业科学院研究生院等兼职教授，为多所院校授课、培养研究生。1990年获北京市优秀教学成果奖，1992年起享受国务院颁发的政府特殊津贴，1993年获北京市优秀教育工作者称号。曾任国家教委教学指导委员会成员，国家自然科学基金委学科评审组专家；中国遗传学会常务理事，植物遗传委员会主任；中国作物学会常务理事，《作物学报》副主编；国际生物科学联合会中国委员会委员；北京市高校教师职称评委会委员；北京市自然科学基金委学科评审组专家；北京作物学会副理事长，《首都师范大学学报》（理科版）副主编等职。

毛盛贤（1938～　）　男，汉族，湖南宜章人，教授。1962年毕业于北京师范大学生物系，留校任教，曾任系副主任。1993 年调入首都师大。是中国遗传学会教育委员会委员和北京遗传学会理事。在两校从事本科和研究生的遗传学教学和研究工作。1981～1983 年以高级访问学者身份赴英国伯明翰大学进修群体遗传学。曾主持两项国家自然科学基金课题，在核心刊物发表论文 30 余篇，代表性论文有《增广 NCⅡ设计的模型检验和参数估计》、《Gene Diversity, Gene Differentiation Coefficents of Parent Populations and Prediction of Their F_1 Heterosis》。主要著作有《作物数量遗传》、《遗传学原理和解题指导》、《群体遗传及其程序设计》、《同工酶遗传学引论》。1981 年获北京市科技进步二等奖，1991 年获北京师范大学遗传学教学优秀成果奖和先进教育工作者称号。由于在遗传分化系数与杂种优势之间建立的理论关系和相应实验研究的成果，1997 年被美国科学名人传记学会评为“世界科学名人”，1998 年被英国剑桥国际传记中心选为“世界科学名人”和“20 世纪杰出人才”。

宋 未（1943～ ） 女，江苏苏州人，中共党员。研究员。1965 年北京农业大学生物物理专业毕业，到中国农业科学院原子能所工作。2000 年调入首都师大生物系。70 年代后从事固氮生物学研究。1981～1984 年和 1992～1993 年两次赴美国南加州大学进修与合作研究。1990 年以来连续主持 7 项国家自然科学基金项目、北京市自然科学基金项目和农业部重点项目以及国际合作项目等，主要从事植物一微生物相互作用研究。系统深入地研究了与植物和谐联合的根际促生细菌和内生菌的种群多样性及其固氮、促生和防治病害等生物学作用及机理，获得了具有研究和应用价值的菌种资源。曾出访欧、亚、澳等地区多国进行学术交流。现为国际植物微生物相互作用分子学会（IS－MPMI）会员。1993 年被国务院学位委员会批准为博士生导师。已培养硕士 6 名、博士 7 名、博士后 1 名，现指导在读博士生 3 名。曾任国家自然科学基金委第六、七届学科评审组成员，农业部肥料登记评审委员会委员。曾获国家、省部级奖励 6 项，发表学术论文 60 余篇。

何奕昆（1956～ ） 男，汉族，四川都江堰人。1982 年 2 月南充师范学院（现西华师范大学）学士，1988 年、1992 年东北师范大学硕士、博士。1996～1998 年在中国科学院遗传研究所做博士后。1999 年、2002～2003 年分别在日本岩手生物技术研究中心、美国杜克大学做访问学者。1998 年调入首都师大，1999 年担任生物系主任至今。1992～1996 年担任中国植物生理学会青年工作委员会委员，四川植物学会理事。近期起任中国植物学会常务理事，科普教育专业委员会副主任。主持国家自然科学基金、国家杰出青年科学基金（B 类、国内合作者）、北京市自然科学基金、教育部骨干教师基金、863 项目子课题等 10 余项科研项目。主要从事叶绿体分裂的分子调控机制、植物抗逆相关基因分离和应用等领域的研究工作。在 Science、Plant Cell（在该刊发文为第二作者）、Planta、JEB 等学术刊物上发表学术论文 20 余篇。

晏月明（1960～ ） 男，汉族，重庆长寿人。1998 年调入首都师大，现任生物系教授，博士生导师，北京遗传学会和北京作物学会理事。1982 年和 1988 年分别获得西南农业大学农学学士学位和植物遗传育种硕士学位；1996 年获南斯拉夫贝尔格莱德大学理学博士学位。1996～1998 年、2000～2002 年分别在中国农业大学植物科技学院和德国慕尼黑工业大学 Weihenstephan 生命科学中心植物分子遗传研究室作博士后研究。主要从事植物分子遗传学、蛋白质组学与品质改良方面的科研与教学工作。近年来的研究重点是麦类作物贮藏蛋白质组学、候选优质基因的鉴定、分子标记、遗传模式、分子克隆及其功能研究。先后主持国家转基因植物研究与产业化开发专项、国家“九五”科技攻关、国家自然科学基金以及省市级科研项目 10 多项。在国内外刊物发表学术论文 60 多篇，其中 SCI 收录 12 篇，编著或参编教材 3 部，获省级以上鉴定成果 2 项，国际会议奖 1 项。1998 年入选北京市和首都师大跨世纪青年学科带头人培养计划，又入选教育部骨干教师资助计划（2000）和优秀青年教师资助计划（2001）。

任　东（1963～　）　男。1984 年毕业于中山大学地质系。2001 年调入首都师大，现任生物系教授、博士生导师，校进化生物学学科带头人，社会兼职有国际古昆虫学会理事、教育部生命科学二部委员。对我国北方中生代地层及其古昆虫化石进行了较为系统的研究，证实我国北方是昆虫一个重要起源和演化中心，首次利用喜花昆虫化石证实了被子植物在中国东北侏罗系已经存在。该成果于 1998 年发表在美国《Science》杂志上，同年美国《DISCOVERY》杂志将其列为重要科学突破之一，大不列颠 1999 年鉴将其列为 1998 年动物学研究重要成果之一，中国国家自然科学基金也将“早期植物起源与动植物协同演化——晚侏罗纪喜花昆虫作为被子植物起源的证据”作为基金会 15 周年标志性成果之一。曾以第一作者发表专著 1 部，论文 60 余篇。1998 年获昆虫分类学界最高奖“周尧昆虫分类学奖励基金”一等奖。获北京市科技进步二等奖、三等奖各 1 次（排名第一）。2000 年 11 月获国家自然科学基金“杰出青年基金”项目。2001 年起享受国务院颁发的政府特殊津贴，2003 年获“茅以升科学技术奖”。

地理学科专业人员

褚亚平（1923～　）　男，汉族，张家口人，中共党员。1948 年毕业于北平师范大学地理学系，1951 年任北京市文教局编审研究室研究员，1954 年调入北京师范学院，先后任专修班地理科主任，地理系首任主任，讲师、副教授、教授、硕士生导师等职，主要担任自然地理、地理教育学等课程。1990～1995 年担任国家教委首届高等学校理科教学指导委员会委员，现任教育部中小学教材审定委员会地理学科审查委员和召集人，星球地图出版社等单位顾问。并先后担任过中国地理学会常务理事、中国教育学会地理教学研究会副理事长兼秘书长、理事长。作为第一著者和主编出版的代表作有《地理学科教育学》、《中学地理教学法》、《80 年代地理教育硕文》、《地名学论稿》、《地名学基础教程》、《中华人民共和国地名词典（北京卷）》等。1990 年获国家教委“从事高校科技工作 40 年成绩显著”荣誉证书及石刻“老骥伏枥金马奖”，1992 年起享受国务院颁发的政府特殊津贴，1993 年获国家教委曾宪梓教育基金会高等师范院校教师奖三等奖。

霍亚贞（1924～　）　女，汉族，唐山人。1948 年津沽大学毕业。1953～1956 年在北京师范大学地理系进修。1952 年在天津师范学院地理专业任助教，同年加入中国民主同盟。1953～1956 年在河北师范学院任助教、讲师。1956～1991 年在北京师院地理系任讲师、副教授、教授。培养 4 届硕士生。讲授本科土壤地理学、北京土壤。科研涉及土壤学与土壤地理学、土地学、生态学及综合自然区划。在80年代～90年代，曾任北京市政府农业区划顾问；海淀区人民代表、法制监督员；民盟中央委员、妇委会委员；全国妇联执委；北京女教授联谊会常务理事；中国地理学会自然地理委员会理事；北京土壤学会理事。1979～1983年两次获"北京市三八红旗手"、三次获"全国三八红旗手"称号；1993年起享受国务院颁发的政府特殊津贴。1978～1992年主持或参加的国家重点科研协作项目有：栾城土壤；北京土壤；北京土地资源评价、潜力研究和利用；北京著名干鲜果品生态环境研究；北京农业综合自然区划等，其成果均获等级奖。主编或参加编写的教材与参考书有：《北京自然地理》、《土壤地理实验实习》、《北京国土资源》、《北京农业自然资源与区划》等。

况鸿璋（1925～　）　男，沈阳市人。曾任全国经济地理科学与教育研究会常务理事、副秘书长，中国电视师范学院教学顾问，北京市自然科学基金委员会评议专家。先后毕业于东北师范大学地理系（本科）和中国人民大学经济地理系（研究生），其后执教于河北师范大学，1974年调入北京师院。长期从事经济地理理论和区域经济地理教学与研究工作，1991年被评为院先进个人。主要著作有：《北京市经济地理》（副主编，新华出版社，1988，获北京市哲学社会科学二等奖），《经济地理学导论》（合作，商务印书馆，1987，获国家教委高校教材一等奖），《中国城市通览》（副主编，江苏科技出版社，1992，获中国地理学会人文地理一等奖），《京郊名特优》（主编，奥林匹克出版社，1990），《中国经济地理》（高等师范院校统编教材，合作，华东师大出版社，1983、1989、1993、1999）。负责主持研究课题有：《京郊名特优产品资源调查》（获北京市农业区划一等奖），《欧亚大陆桥（中国段）人口与经济发展研究》（"八五"国家遥感地质重点项目的子课题）。

马星垣（1933～　）　男，汉族，吉林市人，原籍河北献县。1957年毕业于南京大学天文系。毕业后在北京天文馆工作。曾任《天文爱好者》杂志编辑、天文教学和科研室主任、馆学术委员会副主任等职。主持该馆色球天文台建设、哈雷彗星观测研究等项课题，主编《天文普及年历》（1977～1985）。1985年调北京师范学院地理系（今资源环境与旅游学院）从事教学工作。曾任自然地理第一教研室副主任。同时担任过北京天文学会科普委员会主任、秘书长、副理事长（曾获学会突出贡献奖）及中国天文学会科普委员会委员等社会职务，为国际天文学联合会教育委员会永久会员。曾参与主编或编写《科学家大辞典》（天文学部分主编）、《中国百科大辞典》（编委）、《自然辩证法百科全书》（天文学部分编委）、《数学辞海》（天文学部分主编）、《中华当代文化名人大辞典》（第五主编）等辞书9种，合译《霸王龙和陨石坑》、《现代宇宙学的观念和理论》、《行星和卫星》（均为第一译者）等8种，编著及合著《美丽星空》、《星宫探秘》等11种。

许焕林（1936～1988）　男，汉族，河北省唐山人。1966年毕业于北京师院地理系本科，留校工作。1966年加入中国共产党。1986年晋升副教授，1985～1988年任地理系系主任。兼职有北京市政府专业顾问团顾问。在教学工作中，善于将大量科研成果充实到教材中去，讲课"结构完整、实践性强"。20世纪70年代以来，一直参加全国及北京市农业发展的基础科学研究工作。以主课题负责人或主要协作者的身份，在6年中完成了15项科研成果，大多获省市级或国家级奖项。如《河北栾城农业资源调查及农业区划》，获全国科技成果三等奖，受到业内好评；《北京市农业综合自然区划》获北京市科技进步一等奖。1985年许焕林以先进集体（北京师院地理系农业地理研究室）代表的身份出席了北京市劳动模范和模范先进集体大会。1988年，在地理系为其申报劳模奖励期间，因病猝然辞世。1989年经北京市人民政府批准，获得“北京市劳动模范”称号。

华 珞（1948～ ） 女，北京人。苏联生物学博士（1989，莫斯科季米里亚捷夫农学院土壤与植物营养系）；中国农业大学资源与环境学院博士后；英国爱丁堡大学农学院博士后与高级访问学者（欧共体居里夫人基金）；曾赴荷兰、德国、奥地利等国家进行科学访问。1993年起历任中国农业科学院原子能利用研究所研究员、博士生导师、生态环境研究室主任、副所长。享受国务院颁发的政府特殊津贴，被授予中国农业科学院“有突出贡献的中青年专家”称号。2000年10月到首都师范大学地理系，任教授、博士生导师，生态环境研究中心主任，主要从事土壤生态环境与调控机制研究。主持国家、省部级科研项目20余个。包括国家自然科学基金项目5项及FAO/IAEA、欧共体、独联体等国际合作项目。获省部级以上科研成果奖3项，均为主持人；主编专著3部；在国内外核心与权威核心刊物上发表论文110篇；1992年为全国科技论文发表量第三名。受FAO/IAEA与科技部委托，主持并组织共6届国际核农学培训班、1998亚太地区核农学立项会议、1999亚太地区核农学顾问组会议等国际会议。指导博士后、博士生、硕士生多名。

宫辉力（1956～ ） 男，1993年、1996年获长春地质学院和长春科技大学硕士、博士学位，研究方向为水资源水环境。1996～1998年，为北京大学遥感与地理信息系统研究所博士后，从事3S技术支持下的水资源水环境科学管理研究。1998年调入首都师大，现任教授，博士生导师，资源环境与旅游学院院长，资源环境与地理信息系统北京市重点实验室主任，空间信息技术联合实验室主任。又是中国科学院研究生院和中国科学院长春地理所兼职教授、环境遥感博士生导师、博士后合作导师。中国政府——东盟十国科技合作项目“空间信息技术领域——区域发展”中方首席科学家；国家科技部、国家遥感中心GIS软件评测专家组成员；中国建筑学会工程勘察学术委员会委员（《工程勘察》EI源期刊）；国际水资源协会“Journal Water Research”亚太区编委会专家；中国科学院《山地学报》等刊物编委；中国地理学会理事、北京地理学会副理事长；国际水资源协会、国际水质学会特邀会员。长期从事地理信息系统和遥感技术应用基础研究与教学工作。80年代以来，曾在10个省市主持或参加有关地理信息系统和遥感技术应用的国家攻关、国家自然科学基金、“九五”863子专题、973子专题和国际合作项目等共20余项。在国内外发表论著60余篇本（SCI 3篇，EI 5篇），获省部级科技进步三等奖两项。

附　　录

附录一

北京师范学院分院志

(1978～1992)

第一章 历史沿革

北京师范学院分院是在“文革”结束不久、北京各中学亟须充实并提高教师队伍的历史条件下应运而生的，经过14年的办学，学校为北京市基础教育培养培训了一批又一批合格师资，自身也成长为首都高等师范教育的一支重要力量。北京师院分院从1978年创建到1992年与北京师范学院并校，成立首都师范大学，这期间，就其招生对象和办学任务而言可划分为三个阶段。

第一节 创建阶段

(1978.2～1979.7)

1977年冬，我国恢复了高校统一招生考试。北京地区的考生中，有一批1966年、1967年的高中毕业生，考试成绩较好，但因年龄偏大，未被录取。与此同时，由于“文革”期间教师培养培训工作遭到严重破坏，北京市各中学普遍存在教师数量不足、文化程度明显偏低的问题。鉴于上述两种情况，北京市革命委员会以“京革发（78）29号”文，向国家计划委员会、教育部请示，拟从1966年、1967年高中毕业参加此次高考成绩较好而未被录取的考生中，根据自愿原则，选拔数百人，举办中学师资班；招生名额列入北京师范学院1978年招生计划；录取后，按照高等师范院校的水平和规格进行培养；毕业后分配到中学任教。国家计划委员会、教育部对“京革发（78）29号”请示迅速批复“同意”。

1978年2月底，根据北京市革命委员会的决定，北京市教育局建立北京师范学院分院（以下或简称“分院”），承担上述中学师资培训任务，使用位于宣武区白广路18号原北京第二师范学校的校舍及其设施。指派张印斗、孙德全、于泽禾、赵名榛等人负责筹建工作。先期到任的于泽禾承担了选调教师等主要的筹备事宜。

4月，中共北京市教育局委员会以“市教（1978）035号”文，任命张印斗为北京师范学院分院党委书记兼院长，孙德全为党委副书记，于泽禾、赵名臻为副院长。分院下设中文、数学、物理、化学、英语5个系（英语系党政工作由北京外国语学校代管，第一期学生毕业后撤销）。

分院的创建工作面临人员少、任务重、时间紧诸多困难。但全体筹建人员统一思想，连续作战，在两个月的时间里，完成了制订各系教学计划、选购各科教材、增置急需设备、选调专职教师和聘请兼职教师、择优录取新生等一系列繁重的工作。4月底，第一期新生577人全部报到入学。5月3日，各系正式开学上课。《北京日报》在1978年12月9日题为《为了多出人才，快出人才》的长篇报道中写道：“这样的办学速度，在我国教育史上是少见的。”

分院的快速创建，适应了当时教育工作形势发展的需要，但也给自身工作运转与发展带来了许多问题。

首先是缺乏数量足够、质量合格、能够长期稳定地从事教学工作的教师。1978 年 5 月开学上课时，仅有专职教师 48 人，其中能够立即独立讲授一门课程的主讲教师只有 20 人。这些教师中，有原第二师范学校留任的，有从普通中学和其他单位选调的（其中有一部分人曾在高校任教）。此外，还须从北京高等院校聘请教授、讲师十余人兼课，主讲各系专业基础课和公共外语课，因为专职教师队伍很难担负起全面完成教学计划的任务。

其次，校舍及其他教学设备数量少、质量差，很难满足教学基本需要。白广路校舍总建筑面积只有8 800平方米，第一期学生入学后即已全部占用，不具备连续招生、发展扩充的条件。物理系、化学系仅各有一个实验室，仪器设备共 161 件，总价值人民币6 440元，连条件较好的中学都比不上。

再次，经费短绌，无力改善办学条件。1978 年财政年度，上级拨款总额只有401 000元。按当时教职工约 80 人、学生共 577 人计，人均每月不足 76 元。学校只能勉强维持低水平运转，无力谋求改善与发展。

此外，行政机构不健全，人员配备不齐，“文革”以后各项管理制度无章可循，这些因素也都制约着分院各方面的工作。

但是，尽管办学艰难，在上级领导机关的关心支持和师生员工的共同努力下，1977 级学生除 17 人中途退学外，其余 560 人循序渐进地完成了全部教学计划，达到本科毕业程度。这 560 名首届毕业生中，有 3 人考取硕士研究生，61 人留校任教或从事管理工作，111 人分配至各级党政机关或科研单位，385 人分配至中学任教。

第二节　培训在职教师阶段

(1979.7～1985.7)

1979 年 7 月 3 日，中共北京市委以“京发（1979）269 号”文规定：北京师范学院分院党委，由原隶属于中共北京市教育局委员会，改变为直属市委领导，党的日常工作由市委教育工作部管理；行政工作由原属北京市教育局管理，改变为属北京市高教局管理；教学工作由北京师范学院负责。1977 级学生由原定的三年制、本科待遇，改变为四年制，毕业时发北京师范学院毕业证书。

前此，国家决定，各级各类学校一律由“文革”期间实行的春季始业恢复为秋季始业。高等学校的招生考试工作，也相应地改变为暑期进行。分院由于 1977 级学生已占用了全部校舍，按照上级指示，没有从 1978 年、1979 年暑期高校统一招生考试中录取新生。

但是，北京市教育局鉴于当时中学教师中未受高等教育者人数众多，“中学生教中学”的现象大量存在，希望分院能够承担一部分在职中学教师补偿学历教育的任务。分院经市委教育工作部和市高教局同意，接受了这一任务。自 1979 年起，开始从在职的中学教师中招收新生，学生带薪脱产接受正规的高等师范教育。

1979 年 10 月，分院按照北京市教育局的要求，根据“推荐与考试相结合”的原则，招收城近郊区 365 名中学教师入学，分别进入中文、数学、物理、化学 4 个系全日制本科学习。

为了解决 1979 级新生入学上课问题，分院向东城区第一九〇中学、北京教育学院西城分院、北京教育学院宣武分院各借用了一部分教室，分别设立了三个办学点，采取“学生一律走读，教师分散到各处上课”的特殊办学方式艰难办学。

由于缺少校舍，1980 年、1981 年分院没有招收新生。

1980 年 12 月，根据分院党组织的情况，中共北京市委组织部批准北京师范学院分院设立临时党委，并任命张印斗为临时党委书记兼院长，于泽禾、高崈为副院长。

1982 年 2 月，1977 级学生毕业离校，白广路校舍腾空。分院原设在东城、西城、宣武三个区的办学点撤销，1979 级学生全部迁入白广路校舍后，仍有一部分空余教室，具备了招收新生的条件。市委教育工作部要求分院除继续培训城区和近郊区中学在职教师外，再增招一部分远郊县中学在职教师。根据这一要求，分院于当年 2 月招收 1982 级本科新生 335 人入学。其中，来自城区和近郊区的学生，仍采取走读方式，在白广路校舍上课；来自远郊县的学生，借用丰台师范学校校舍，设立一处办学点，集中住宿上课。

1983 年 6 月，市委教育工作部要求分院扩大招生名额，增设以远郊县在职初中教师为主要对象的二年制专科班。根据这一要求，分院除原有的中文、数学、物理、化学 4 个系开始招收专科生外，又组建了英语专修科。本年度暑期共招收新生 421 人，其中包括专科生 264 人。为解决远郊县专科生住宿上课问题，并便于统一管理，分院向丰台区教育局借用位于东铁匠营的新建中学校舍一座，设立分院丰台二部，将原设在丰台师范学校内的办学点撤销，来自远郊县的 1982 级本科生和 1983 级专科生，均集中于丰台二部。

1984 年 6 月，分院组建生物专修科。本年度继续从中学在职教师中招收本科生 146 人，专科生 45 人。

1985 年，北京市中学在职教师学历教育任务接近完成。本年度，分院除仍招收部分中学在职教师入学培训外，因各系科均未完成原订招生计划，又恢复参加北京地区普通高等学校统一招生，录取了一部分应届考生入学，与中学在职教师混合编班上课。

在这一阶段，分院共招收中学在职教师 1 287 人，其中本科生 988 人，专科生 299 人(均不作为成人高教生，而接受普通高等教育)。他们毕业后多数成为教育教学骨干，缓解了北京市中学在职教师文化程度偏低的状况。

前一阶段因快速创建而带来的各种困难，在市委教育工作部和市高教局的领导与支持下，得到了一定程度的缓解，办学条件有所改善。

首先，教师队伍逐渐发展壮大。专职教师由 1978 年创建时的 48 人，增加为 1985 年 7 月的 221 人，其中，副教授 14 人，讲师 98 人，助教 104 人，教员 5 人。各系科依靠自身力量，已能按教学计划开出绝大部分课程。

其次，上级拨款总额陆续有所增加，从 1979 年每名学生年均拨款 534 元，增加到 1985 年每名学生年均拨款 706 元。同时，由于这一阶段入学新生均为在职教师，学校不必承担“助学金”开支，所增经费绝大部分可用于改善办学条件。1979 年建立了电化教育系统，1981 年建立了计算机室，1983 年建立了生物实验室，1984 年建立了语言实验室，物理、化学两个系的实验室也得到了扩充。截至 1985 年 7 月，分院拥有各种教学仪器设备1 611件，比 1978 年建校时增长近 10 倍；总价值1 110 092元，比 1978 年增长近 34 倍。

再次，由于原有校舍无法扩建，采用“走出去”的办学方法，先后借用 4 所学校部分教室，特别是借到丰台区一所新建校全部房舍，大大缓解了矛盾。

经过这一阶段的发展，分院为下一步承担招收应届高中毕业生接受高等师范教育的任务奠定了基础。

第三节　恢复参加统一招生，培养教师阶段

(1985.7～1992.6)

1985年，《中共中央关于教育体制改革的决定》、《中华人民共和国义务教育法》颁布。中共北京市委和北京市政府在贯彻和执行《义务教育法》的规划措施中，将加强分院建设作为工作重点之一，明确规定，“七五”期间分院的任务是：在继续办好四年制本科的同时，要以主要力量开办两年制专科班，定向招生，为远郊地区培养合格的初中教师。并决定由市委常委、市委教育工作部部长汪家镠分工联系分院。市委有关部门指示：1985年，分院从普通高等学校统一招生中招收本科走读生100名，专科住宿生180名。

根据上述要求，加上继续完成在职教师学历教育扫尾任务，分院1985年暑期实际招收本科生155人，专科生199人。自此，分院开始逐年连续通过全国普通高等学校统一招生招收新生。

1986年2月，北京市人民政府任命李世新为北京师范学院分院院长，温绍堃、郭双库为副院长。

1986年3月，中共北京市委和北京市政府决定，以扩建分院校舍，增加招生名额，作为市府当年为教育事业所办10件实事之一。据此，分院在朝阳区小营征地97亩，拟建设一座包括教学区、管理区、生活区在内，总建筑面积为57 000平方米的新校舍。为了适应增加招生名额的急需，市政府决定，在新校舍落成之前，将坐落在朝阳区来广营乡的一座占地35 900平方米、建筑面积5 000平方米的楼房拨给分院使用。分院随即设立来广营分部，以接纳远郊县学生。同月，市政府批准，将原隶属于宣武区教育局的北京第六十三中学改为分院附属中学。

1986年6月，分院增设政教专修科，于本年度暑期开始招生。

1986年7月12日。北京师范学院分院举行第一次党员大会，选举党委委员和党的纪律检查委员会委员。7月29日，经中共北京市委教育工作部以“(86)京教组字25号”文批复，同意党员大会选举结果，张印斗任党委书记，陈非任党委副书记。

1987年9月，分院决定撤销原设在丰台区东铁匠营的二部，将原二部学生迁入朝阳区来广营分部。

1988年1月，中共北京市委教育工作部以“(88)京教干壹字03号”文，任命赖登铎为分院党委副书记，免去张印斗党委书记职务（实际到职、离职在1988年10月)。

1988年4月，分院举行隆重的建校10周年庆祝活动。全国人大常委会副委员长周谷城、市委书记李锡铭、国家教委副主任张文松、诗人臧克家、市政协主席白介夫、北京市委原科教部部长刘祖春、北京市教育局原局长韩作黎等领导干部与知名人士为建校10周年纪念专刊题词，市委常委汪家镠、副市长陆宇澄等市、局领导出席了庆祝大会。历届毕业生纷纷返校表示祝贺。

1989年4月，北京市发生政治风波。当时，分院各系科应届毕业生正在中学实习。他

们绝大部分人坚守岗位，受到中学领导干部和师生的好评。在校生陆续有人卷入，5 月 17 日全部停课。经劝说后，部分学生陆续复课。6 月 4 日因交通阻塞，再次停课。6 月 12 日和 6 月 15 日，白广路走读生与来广营住宿生分别复课，全面恢复正常教学秩序。

1990 年 12 月，经上级主管部门批准，《北京师范学院分院学报》分为自然科学、哲学与社会科学两个版面，作为内部刊物出版发行。

1991 年 11 月至次年 1 月，学校根据上级统一部署，集中一段时间和精力，进行了以改革人事、劳动、分配制度为突破口的学校内部管理体制改革，开始实行岗位责任制和聘任制、结构工资制。

1992 年 2 月，中共北京市委教育工委以“（92）京教工干字 9 号”文，任命北京师院干部李文松为北京师院分院党委副书记兼纪委书记。1992 年 6 月，北京师范学院与分院并校。至此，北京师范学院分院结束了作为一所独立的普通高等院校的历史。

在 1985 年 7 月到 1992 年 6 月的 7 年间，分院的办学条件继续有所改善。首先是教师队伍的状况有了比较明显的改善。截至 1992 年 7 月，全校共有专职教师 252 人，比 1985 年 7 月增加 31 人；其中，教授由无增为 9 人，副教授由 14 人增为 42 人，讲师由 98 人增为 111 人。其次，来广营分部先后自建校舍7 000平方米，白广路自建校舍1 974平方米，基本上满足了教学和生活需要。教学仪器设备的拥有量，由1 611件增为3 217件，总价值由1 110 092元增为2 607 579元。最后，上级拨款额由 1985 年学生人均 706 元增为 1992 年人均1 971元。

本阶段内，北京师范学院分院从历年应届高考考生中，累计招收本科生1 599人，专科生2 415人，合计4 014人，为北京市普及中等教育作出了一定的贡献。

第四节　与北京师范学院并校阶段

（1992.6～1992.9）

1992 年 6 月，国家教委以“教计［1992］118 号”文，发出《国家教委关于北京市市属高等学校布局调整的通知》：“北京市人民政府：你市《关于北京市市属高校布局调整的函》（京政函［1992］19 号）收悉。为适应首都经济、社会发展的需要，进一步优化高等教育的布局结构，提高办学效益和教育质量，经研究，同意你市对所属高校作如下调整：1. 将北京师范学院、北京师范学院分院、北京联合大学下设的外语师范学院和职业技术师范学院等 4 所院校合并为一所学校，校名定为：‘首都师范大学’……”

1992 年 8 月，以北京市人民政府办公厅文件（京政办发［1992］55 号）发出《北京市人民政府办公厅关于将北京师范学院更名为首都师范大学的通知》：“为不断深化我市高等教育改革，进一步优化教育结构，经国家教委同意，市政府决定，从 1992 年 6 月 1 日起，将北京师范学院分院整建制划入北京师范学院，并将北京师范学院更名为首都师范大学。”

1992 年 8～9 月，中共北京市委组织部、市委教育工委、北京市政府分别发文，决定原北京师范学院分院党政领导职务自然免职。

1992 年 9 月 10 日，首都师范大学成立庆典举行。

根据中共北京市委和北京市人民政府上述各项决定，原分院自 1992 年 9 月 10 日起停止使用原印章和校牌、校徽。同时启用首都师范大学的印章和校牌、校徽。1992届本专科毕业生，颁发首都师范大学毕业证书。

截至1993年7月，原北京师范学院分院党政部、处级机构和各系、科，已陆续分批纳入首都师范大学相应机构。

首都师范大学成立之后，将原北京师范学院分院所在校区设为首都师范大学分部。1992年9月～1993年7月间，首都师范大学分部利用原分院的教育资源，保持其党政部处机构设置等管理体系和各系科教育教学系统不变（但单位名称改为“首都师范大学分部”某系、某处等），并且保持各级干部的职务职级及待遇不变，继续承担原分院未竟的教育教学任务。财务方面，由高教局单作预算，经首都师范大学财务处转拨。首都师范大学分部工作由李文松（首都师大党委副书记）、李世新（首都师大副校长）主持，其他负责人主要有李因、郭双库、温绍堃等。

1993年首都师范大学党委和校行政鉴于分部各系、各部处与本部、外院对口单位的合并工作业已结束，决定撤销首都师大分部行政和分党委的建制及其下属机构名称。在分部原址设首都师大白广路培训部。

第二章　管理体制

第一节　党政组织机构综述

分院建立以后，一直实行党委领导下的院长负责制，并根据这一基本原则和各个阶段开展工作的实际需要与可能，设立相应的组织机构。

中共北京师院分院委员会，14年共换三届；党委下属办事机构，逐步扩充。

第一届党委由中共北京市教育局党委任命，经市委同意，由5人组成，张印斗、孙德全、于泽禾、赵名榛、王荫庭任委员。任期自1978年4月至1980年12月。下属办事机构仅设党委办公室，孙德全兼任主任，专职党务工作干部3人。

第二届党委是在分院党委隶属关系改为直属市委领导后，经市委批准设立临时党委的，由7人组成：张印斗、于泽禾、高崇、高和玉、陈非、贾希贤、郭双库任委员。任期自1980年12月至1986年7月。下属办事机构除原有的党委办公室外，于1985年9月增设组织部。专职党务工作干部增至5～7人。

第三届党委经第一次党代会选举产生，市委批准，由9人组成：张印斗、陈非、李世新、温绍堃、郭双库、于德泉、高云华、李因、赵连元任委员。任期自1986年7月至1992年6月。期间张印斗、陈非离休，先后增补赖登铎（后调离）、李文松。下属办事机构，除原有党委办公室、组织部外，增设宣传部、学生部、团委、工会。专职党务工作干部增至15人。

分院院长，14年内，共历二人。副院长协助院长工作。行政机构隶属于院长，并由各副院长按业务分工归口管理。

建院初期，行政机构设有三处一科一室，即：教务处、总务处、人事处、财务科和院长办公室。1986年以后，财务科升格为财务处，新增学生处（与党委学生部为一套机构两块牌子)、保卫科、基建办公室和校办产业办公室，并将图书馆由隶属于教务处改变为隶属于院长。这种五处三室一馆一科的格局，一直保持到 1992 年 6 月并校为止。此外，自 1986 年增设来广营分部时起，为适应“一所学校、两处办学”的形势，由一名副院长主持来广营全面工作。同时，教务处、总务处、财务处、学生处、图书馆、保卫科、院长办公室等行政机构，均派出一名副职领导干部带领若干人员负责来广营分部的相应工作。来广营分部另设宿舍管理科。

据统计，1978 年 4 月分院建立初期，全院共有教职工 77 人。其中，党政管理系统职工 29 人，教师和教学辅助人员 48 人。管理人员占教职工总数的 37%；管理人员与教学人员的比例约为 1∶1.65。到 1992 年并校时，党政管理系统职工 261 人，教师和教学辅助人员 252 人。管理人员占教职工总数的 51%；管理人员与教学人员的比例约为 1.03：1。

分院的党政组织机构，在 1986 年以前，设置不健全，人员也较少，因此经常采用归口管理、合署办公的运作方式。1986 年以后，机构和人员均有增加，但在某种程度上仍然沿袭了归口管理、合署办公的习惯。遇有中心工作或突击任务时，往往由一个职能部门牵头，其他部门指派人员配合，共同完成任务。

分院历任院级党政负责人和部处负责人任职情况见下表。

表附 1.2.1.1　　北京师范学院分院党政负责人任职一览表

姓　名	所任职务	任职时间	备　注
张印斗	党委书记兼院长	1978.4～1988.10	1986.2 后专任书记
孙德全	副书记	1978.4～1986.11	1981.2 改任顾问
于泽禾	副院长	1978.4～1986.2	
赵名榛	副院长	1978.4～1979	
高　崧	副院长	1980.12～1986.2	
吴纯性	副院长	1981.12～1982	未到职、次年病逝
陈　非	副书记	1986.1～1990.2	1988.10 后主持工作
李世新	院　长	1986.2～1992.6	
温绍堃	副院长	1986.2～1992.6	
郭双库	副院长	1986.2～1992.6	
赖登铎	副书记	1988.10～1992.2	1990.2 后主持工作
李　因	副书记	1991.7～1992.6	
李文松	副书记	1992.2～1992.6	主持工作

表附 1.2.1.2　北京师范学院分院各部处历任负责人一览表

单位	姓名	所任职务	任职时间	备注
党委办公室	贾希贤	副主任（主持工作）	1978.4～1986.9	
	唐其钰	副主任（主持工作）	1987.6～1989.5	
		主　任	1989.5～1993.7	
组织部	高云华	副部长（主持工作）	1987.1～1989.5	
	唐其钰	部长（党办主任兼）	1989.5～1993.7	
院长办公室	王荫庭	主　任	1978.6～1985.9	
	李荣增	主　任	1985.9～1993.7	
宣传部	李　因	副部长（主持工作）	1986.11～1988.9	
	李　因	部长（兼学生工作委员会副主任）	1988.9～1992.7	
院工会	安惠康	主席（正处）	1986.1～1993.7	
院团委	赵凤琴	书记（副处主持工作）	1986.1～1991.5	
	郑晓华	书记（副处主持工作）	1991.5～1993.7	
学生部	蔺桂瑞	副部长（主持工作）	1987.3～1992.6	
	蔺桂瑞	副部长（主持工作，正处待遇）	1992.6～1993.7	
人事处	舒冠文	副处长（主持工作）	1978.4～1986.9	
	陈　锐	副处长（主持工作）	1986.1～1992.3	
	陈　锐	处　长	1992.3～1993.7	
教务处	陈　非	副处长（主持工作）	1978.4～1985.9	
	陈　非	处　长	1985.9～1986.1	
	陈大深	副处长（主持工作）	1986.1～1990.9	
	陈大深	处　长	1990.9～1991.12	
	谢　元	处　长	1992.3～1993.7	
图书馆	王　军	副馆长（主持工作）	1986.10～1990.9	
	陈大深	馆长（教务处长兼）	1990.9～1991.12	
	汤月芳	副馆长（主持工作）	1991.12～1993.7	
总务处	刁会友	副处长（主持工作）	1980.6～1987.2	
	杨书和	第一副处长（主持工作）	1987.3～1992.6	
	杨书和	副处长（主持工作、正处待遇）	1992.6～1993.7	
财务科（处）	黄家雄	科　长	1985.4～1987.12	
	黄家雄	基建办副主任兼科长（副处）	1986.10～1987.12	1987.6 由科改为处
	李荣增	处长（院办主任兼）	1987.12～1993.7	

续表

单位	姓名	所任职务	任职时间	备注
基建处	李文明	副主任（主持工作）	1986.12～1990.7	
	李文明	主　任	1990.7～1993.7	
来广营分部	赵丕杰	总支书记	1986.11～1987.6	
	海治川	总支书记	1987.6～1988.11	
	王明宏	总支书记	1988.11～1992.11	
	崔锡臣	总支书记	1992.11～1993.7	
	刘建昌	行政办公室主任（正处待遇）	1992.4～1993.7	

注：1992.9～1993.7 期间为首都师范大学分部

第二节　党委、群众团体、民主党派工作概况

一、党委的工作和自身建设

首先，分院历届党委都把贯彻落实党的方针政策，作为发挥党的领导核心作用的关键环节。其一是：党委根据分院三个阶段工作重心的转移，及时传达贯彻市委、市政府有关决定，并以此统一干部和全体教职工的思想。要求做到不论具体工作任务如何改变，为贯彻党的教育方针而努力奋斗的信心与决心不能改变。其二是：在 1986 年以前，为消除“文革”期间的消极影响，努力纠正对知识分子的各种错误处理，先后纠正了两名知识分子被错误查抄的案件，解决了 5 名知识分子因“反右”和“文革”中的错误处理导致工资偏低的问题，还解决了 3 名知识分子其他方面的历史遗留问题，调动了知识分子的积极性。其三是：党委注意引导教职工参与讨论各项改革措施，注意倾听各种意见，保证了学校内部各项改革试点工作的顺利进行。

其次，分院党委很重视思想建设和组织建设工作。围绕思想建设和组织建设，着重进行了以下五项工作：

第一，抓紧干部队伍的马列主义理论教育。党委指定一名委员主管干部理论教育工作，坚持中层以上干部每月一次理论学习的制度，举办了 3 期党员中层干部理论研讨班。研讨班学员一面重点学习马列主义、毛泽东思想和邓小平的论著，一面到改革开放卓有成效的地区或单位参观考察，以利于理论与实践相结合，增强建设有中国特色社会主义的自觉性。1991 年 10 月，党委拟定了《关于加强马克思主义理论教育的 10 点意见》，初步形成了“理论课堂——社会实践——课余生活”三位一体的综合性理论教育体系。

第二，抓紧教师队伍的教书育人思想教育。多年来，院党委组织教师学习邓小平关于建设中国特色社会主义的理论，坚持开展一年一度的评选教书育人先进工作者的活动。1989 年 3 月，在分院首届教代会上通过了《北京师范学院分院教书育人、服务育人、管理育人守则》。要求教师不仅要传授科学文化知识，还要对学生进行思想教育；要求教师要有良好的师德，为人师表；要求教学的各个环节中都要渗透思想教育，使思想教育工作做到“有意、有机、有序、有效”。

第三，抓紧党员和积极分子的理想、信念教育。建院之初，在党员和积极分子中着重

组织学习中共十一届三中全会以来的党的文献，进行以肃清“文革”中“左”的遗毒、拨乱反正为中心的思想教育。1984年至1986年，根据党中央决定和市委的统一部署，进行以学习整党文件、清查“三种人”和反对精神污染的教育。分院187名正式党员，全部进行了登记。1990年5月至1991年1月，进行了反对资产阶级自由化的教育，严格考察了每个党员在1989年政治风波中的政治态度和实际表现，分院正式党员250名，除1名重病号和7名出国未归者外，其余242名全部准予登记，内有1名因在政治风波中违反党纪受到警告处分。此外，在平时，党委要求各基层支部坚持每两周一次的组织生活，不断对党员进行理想、信念、宗旨和党纪教育，要求党员在改革开放的新形势下，发挥先锋模范作用。自1990年起，党委决定举办业余党校，以加强对积极分子的培养教育；截至1992年6月，共举办5期，有247名学员结业，其中有71人加入了党组织，占结业学员的30%。

第四，抓紧党支部和政工队伍的建设。1989年2月，分院党委制订了《分院党总支及直属支部工作条例》和《党支部工作条例》。1989年11月，分院党委纪律检查委员会制订了《关于加强党内纪律监督的若干规定》。这3个文件对于进一步发挥支部的战斗堡垒作用有所促进。此外，党委还要求各总支、支部经常抓好党员干部队伍、理论教师队伍、专职政工队伍、班主任（即政治辅导员，由教师兼任）队伍和学生骨干队伍等5支政工队伍的组织及思想建设。

第五，分院历届党委都把发展党员，尤其是在学生中培养发展党员，列为各级党组织经常性的重要工作。14年中，累计发展党员450人，其中学生党员396人。发展学生党员人数占发展党员总数的88%，学生党员人数在毕业生总数中占到11.4%。这些学生党员中的大多数人，已经成为北京市中学的教学骨干，一部分人担任了学校党政领导职务，还有的成为区（县）级或市级优秀教师、人大代表。

通过以上5项工作，党的组织建设和思想建设工作得到了加强。

二、分院党委一贯重视发挥共青团、工会、民主党派各自的作用

在院党委的领导下，团组织分别于1986年4月、1988年11月和1991年5月，召开了分院共青团第一、二、三届代表大会，对于增强共青团员的向心力和凝聚力，积极引导团员和青年坚持走社会主义道路、走与工农群众相结合的道路，产生了良好影响。团委自1987年以来，连续开展了“达标创优”活动，并推荐173名优秀团员作为党组织的发展对象。分院工会于1989年3月和1991年1月，召开了第一届和第二届职工代表大会，分别通过了《教职工教书育人、服务育人、管理育人守则》和《内部管理体制改革试行方案》。在平时，工会积极组织文化体育活动，参与住房分配等重要工作，发挥桥梁纽带作用。分院党委与民进、民盟、九三学社组织也保持着良好的合作共事关系，注意发挥他们的参政议政作用，各民主党派的活动比较活跃。

第三节　行政工作概况

分院的行政工作，基本上划分为教职工队伍管理、学生队伍管理和经费物资设备管理、教学科研工作、图书馆工作等5个方面。

一、教职工队伍管理工作，由人事处负责

建校第一阶段，任课教师奇缺。当时采取了借用与引进并重的方针，既从各高等院校聘请兼职教师，又从各方面调入专职教师，对于解救燃眉之急起到了决定性的作用。

第二阶段采取了内部培养与外部引进相结合，逐步建立一支稳定的专职教师队伍的方针。1982 年，从分院首届毕业生中选择 61 名留校，大部分人从事教学工作，少部分从事管理工作。1983 年，从北京大学、南开大学、中山大学、兰州大学、浙江大学调入十几名本科毕业生，充实教学第一线。这两部分人，经过 10 年的培养锻炼后，已经成为分院教师队伍的中坚力量，有一部分人已担任中层乃至院级领导职务。

第三阶段采取了稳定骨干、继续引进、优化结构、提高素质的方针。引进青年教师的标准，除优秀的大学本科毕业生外，逐步向硕士生、博士生倾斜。同时引进少量高水平的中老年教师。截至 1992 年 6 月，分院共有专职教师 252 人，其中教授 9 人，副教授 42 人，讲师 111 人，助教 76 人，教员 19 人；干部职工共有 261 人，其中正副局级 5 人，正副处级 23 人。

教职工队伍管理方面的改革，最重要的是 1986 年实行的专业技术职务聘任制和 1991 年实行的以改革人事、劳动、分配制度为突破口的内部管理体制改革。这两项改革对于纠正过去长期存在的平均主义问题，产生了相当大的作用。据 1992 年初统计，由于实行了这两项改革，教职工中，特别是教师中，劳动报酬比较明显地拉开了距离：教授月平均收入比副教授多 24 元，副教授月平均收入比讲师多 51 元，讲师月平均收入比助教多 83 元。在职称相同的教师中，收入差距更为明显：教授最高收入为 458 元，比最低收入 345 元多 113 元；副教授最高收入为 459 元，比最低收入 283 元多 176 元；讲师最高收入为 396 元，比最低收入 220 元多 176 元；助教最高收入为 323 元，比最低收入 160 元多 163 元。实行两项改革措施后，多干工作、干好工作开始形成风气。

二、学生的管理工作，由教务处和学生处分别负责

教务处负责招收新生、教学行政和学籍管理工作。建校后的第一阶段和第三阶段，新生是按照北京地区高校招生考试统一规定的录取分数线录取的。自 1985 年至 1991 年，各系科录取新生的分数如下表：

表附 1.2.3.1

年级	类别 \ 分数 \ 专业	中文	数学	物理	化学	英语	生物	政教
八五	本科	346～384	337～445	372～420	315～422	/	/	/
	专科	302～369	378～386	329～369	320～383	/	/	/
八六	本科	415～452	479～510	480～516	477～518	408～460	/	/
	专科	366～451	440～476	441～478	438～477	351～416	440～489	353～420
八七	本科	425～476	460～496	460～546	460～509	448～495	/	/
	专科	395～461	426～486	424～480	424～475	397～457	412～488	413～451

续表

年级	分类数别	中文	数学	物理	化学	英语	生物	政教
八八	本科	403～477	429～478	448～480	452～513	447～519	/	/
	专科	412～433	446～490	454～484	446～485	401～485	439～492	416～449
八九	本科	443～489	400～439	411～425	410～444	450～467	/	/
	专科	417～447	383～418	372～429	375～405	413～442	375～422	379～449
九〇	本科	417～448	451～475	454～508	458～522	432～448	/	/
	专科	371～435	/	413～434	429～477	403～414	432～458	379～437
九一	本科	405～436	445～484	434～482	432～479	416～454	/	/
	专科	391～432	411～442	351～456	/	408～421	/	382～432

第二阶段招收的新生，均为北京市中学在职教师，是按照北京市教育局规定的“推荐与考试相结合，以推荐为主”的原则录取的。在学籍管理方面，建校之初，“文革”刚刚结束。各项规章制度尚不健全，高校学籍管理也无明文规定。1983 年 2 月，教育部颁发《全日制普通高等学校学生学籍管理办法》后，一直执行该文件的各项规定。

学生处负责学生的思想教育、常规管理和毕业分配等项工作。在思想教育方面，始终以坚定正确的政治方向和牢固稳定的专业思想为教育的中心内容，保证每周有半天的思想教育时间，采取了听报告、座谈、参观、播放录音录像、组织社会实践活动等多种形式。在常规管理方面，坚持“严、细、深”的原则，即：贯彻规章制度和检查执行情况严格，具体要求和管理措施细致，工作作风和工作方法深入。在毕业分配方面，既注意与教育行政机关配合，贯彻执行国家有关政策，又注意协调用人单位要求与毕业生愿望，力争做到使双方都比较满意。学生处还注意开展管理科学的研究，有的干部发表了《大学生思想困惑的认识论分析》等论文。

在学生管理方面，先后进行了三项改革实验：（1）自 1987 年暑期开始，试行优秀专科生免试转入本科学习的制度。截至 1992 年 6 月，中文、数学、物理、化学 4 个系。累计有 69 名优秀专科生转入本科三年级继续学习。师生对这项改革措施普遍认可，认为对于调动专科生学习积极性有较好的作用。（2）自 1988 年起，试行常规目标管理制度。即将常规管理目标分解为若干项，定期分别进行班级测评和学生个人测评，以调动学生进行自我管理的积极性。（3）自 1989 年起，在来广营分部远郊县住宿生中，试行音乐、美术兼任教师资格证书制度。各系科学生，选修音乐、美术课程，成绩合格者，发给“资格证书”，证明具有充当音乐、美术兼任教师的资格。

三、经费、物资、设备的管理工作，分别由财务处、总务处和教务处负责。

财务处负责经费收支，按预算内、预算外两大类分别管理。建校 14 年来，国家拨付的经费有较大幅度的增长，按每名学生每年投入经费金额计算，1979 年为 534 元，1985 年为 705 元，1992 年为 1 970 元。同时，学校来自招收计划外委培代培生，科研成果和科技服务，校办企业利润等方面的预算外收入也不断增加。1984 年年收入 23 万元，1989 年至 1992 年期间的年收入为 75 万元～82 万元。这对于学校的发展有着重要的意义。

教务处负责教学仪器设备管理。随着经费的增长和招生规模的扩大，学校从 1979 年仅有两个实验室、仪器设备 161 件、总价值 3.3 万元，发展到 1992 年拥有 22 个实验室、仪器设备 3 351 件、总价值 327.6 万元。

总务处负责校舍、一般设施和其他固定资产管理。建校以来。为适应学校发展需要，白广路校舍新增建筑面积 1 974 平方米，来广营校舍新增建筑面积 7000 平方米。截至 1992 年，拥有机动车 10 辆（小卧车 2 辆，吉普车 2 辆，小客车 3 辆，大客车 1 辆，大货车 2 辆，小货车 1 辆），基本上保证了教职工上下班和货运需要。此外，1983 年以来，高教局三次分配住房 80 套 157 间，加上腾退旧有住房，使 150 余户教职工增加了住房面积，约有三分之一的教职工在这 10 年间改善了居住条件。

在经费、物资、设备管理方面，80 年代末至 90 年代初主要进行了三项改革：(1) 在预算外校基金的收支方面，采取了比例分成的办法。各创收单位按比例将一部分收入上缴学校，另一部分留作本单位基金，享有一定的开支自主权。这对于调动各单位创收积极性有一定的作用。(2) 实行有偿服务。主要是在计划外招收委培生、实验仪器设备对外服务、科技成果转让和科技服务方面，收取一定的费用。截至 1992 年底，这几方面的有偿服务收入，总计达 179.2 万元，约占学校预算外总收入的 42%。(3) 在食堂、车队先后推行了经营承包责任制，以控制经费开支、提高服务质量和改变平均主义的分配制度。

四、教学、科研工作，由教务处和各系协同管理，主要由各系科负责。曾先后 3 次修订教学计划，完善相关的规章制度。

五、图书资料管理，分院图书馆和系资料室两级。由学院年度预算核发图书资料费。因经费较有保障，馆藏逐年增加，至 1992 年藏书达 20 余万册（包括《四库全书》之类的大型书籍）。院图书馆在 1986 年以前隶属教务处，其后直属院长。

第三章　系科设置及教学科研工作

北京师范学院分院设有 5 个本科，2 个专修科，并设有 4 个直属教研室（各系、科、室负责人任职一览表见第八节末）。

第一节　中文系

中文系组建于 1978 年 4 月。初建时仅有专职教师 12 人。为适应教学急需，曾聘请陆宗达、周有光、张志公、叶苍岑、廖仲安、张寿康、李燕杰等专家学者任课或主持讲座。到 1992 年 6 月，中文系共有中国古代文学、中国现当代文学、外国文学、文艺理论、写作、古代汉语、现代汉语、教材教法 8 个教研室，专职教师 43 人，其中教授 4 人，副教授 11 人，讲师 26 人，助教 2 人。

第一阶段招收 1977 级本科生 99 人，分编为 3 个班。专业课程有：现代汉语、古汉语、修辞学、逻辑学、写作、文学概论、中国古代文学、中国现代文学、中国当代文学、外国文学、中学语文教材教法；并设有公共课 9 门，即：教育学、心理学、哲学、政治经济学、中共党史、国际共运史、外语、体育和理科简介。

第二阶段招收1979级至1985级本科生367人，专科生137人。第三阶段招收1986级至1992级本科生411人，专科生367人。在这两个阶段中，根据提高学生基础理论知识和教学基本技能的需要，不断修改教学计划，调整课程设置，先后增设了下列必修课：语言学概论、美学、书法、口才训练、马列文论。并自1985年起，开始为本科三、四年级学生增设选修课，先后开出50余种，经筛选，保留了下列选修课：社会语言学、文字学、金文研究、现代汉语研究、文言难句研究、修辞方法辨析、文章学、专业文书写作、小说写作、古代小说史、晚唐五代词研究、苏轼研究、李煜李清照研究、当代争鸣作品研究、台港小说研究、中国现代散文研究、20世纪西方文学、美国现当代文学研究、俄国小说史、莎士比亚研究、诗歌原理、心理诗学、比较文学、影视文学概论、文艺心理学、变态心理学、中国写作美学等。

中文系教师致力提高教学质量，如，赵丕杰《文言难句研究》课获1992年北京市高等师范院校优秀教学成果二等奖。同时广泛开展科研活动，全系教师累计发表论文400余篇，出版著作200余种，共约2 500余万字，其中，高原《关于作文教学的探讨》一文，获中国教育学会1985年优秀论文奖，吴思敬《写作心理能力培养》一文，获北京市高校哲学社会科学中青年教师科研成果奖。

中文系还十分重视学生的思想教育和科学管理。截止1992年7月，共有6名学生获北京市高校三好学生称号，1989级2班获1991年北京市高校“优良学风班”称号。此外，还有姜萍、臧博平、方位津3名教师分别获得北京市高校优秀辅导员、教书育人先进工作者称号。

第二节　数学系

数学系组建于1978年4月。初建时仅有专职教师10人。为适应教学需要，曾聘请韩春霖、韩焕堂、吴俊传3名教授为兼职教师。其后，教师队伍逐渐壮大。到1992年6月，共有专职教师40名，其中副教授15名，讲师19名，助教和助工6名。

第一阶段招收1977级本科生196人，分编4个班，专业课程设置包括：中学数学研究及教材教法、解析几何、数学分析、高等代数、高等几何、普通物理、复变函数、常微分方程、微分几何、算法语言、计算方法、实变函数、概率论与数理统计、近世代数、初等数论、理论力学；另设公共课7门，即：中共党史、哲学、政治经济学、外语、体育、教育学、心理学；设选修课6门，即：拓扑学、偏微分方程、泛函分析、近世代数应用、多重线性代数和文章选读。

第二阶段共招收1979级至1985级本科生331人，专科生134人。第三阶段共招收1986级至1992级本科生330人，专科生894人。在这两个阶段中，曾两次修订教学计划，主要是增加了选修课门类。先后共开设20门。即：模糊数学、伽罗毕理论、数学分析解题研究、拓扑学、数理方程、高等数学解题研究、数学奥林匹克、数学方法论、多元统计分析、数系、近世代数应用、数学史、数学科普学、组合数学、图论、数据库、PASCAL语言、FORTRAN语言、泛函分析、复变选讲。

数学系教师以主要精力提高教学质量。李毓佩开设的“数学科普学”是国家教委“八五”规划中“中小学课外科技活动”课题的相关项目，获 1992 年北京市高等师范院校优秀教学成果一等奖。许多教师致力于科研工作，累计发表论文 78 篇、出版著作 60 余种，共约 600 万字。李毓佩以多种科普著作，先后获全国第二届优秀科普作品一等奖和 1982～1988 年全国优秀少年儿童读物奖等多种奖励。

学生思想品德教育工作，也取得了明显成绩。先后有 1 名学生被评为北京市高等学校三好学生，5 名学生被评为北京市高等学校优秀毕业生，23 名学生被评为北京市优秀师范生。

第三节　物理系

物理系组建于 1978 年 4 月。组建时有专职教师 16 人，其中主讲教师 8 人，辅导教师 5 人，实验员 3 人。曾聘请吴俊传等多人为兼职教师。后经历年充实，到 1992 年 6 月，有专职教师 45 人。其中教授 1 人，副教授 5 人，高级实验师 1 人，讲师 22 人，工程师 2 人，实验师 4 人，助理研究员 1 人，助教 5 人，助理实验师 4 人。

第一阶段招收 1977 级本科生 141 人。分编 4 个班，专业课程设置包括：高等数学、数学物理方法、力学、热学、分子物理学、电磁学、光学、原子物理学、电工原理、无线电与电视基础、理论力学、电动力学、热力学与统计物理、量子力学、物理实验、中学物理教学研究；并开设公共课 7 门，即：中共党史、哲学、政治经济学、外语、体育、教育学、心理学。

第二阶段招收 1979 级至 1985 级本科生 237 人，专科生 134 人。第三阶段招收 1986 级至 1992 级本科生 267 人，专科生 310 人。这两个阶段中，曾多次修订教学计划。增设和调整的必修课有：电子线路（原无线电电视）、Basic 语言及 Apple 微机应用、物理教法实验、物理学基本概念、图表物理（专科生）。自 1981 年起，陆续开设的选修课有 12 门，即：数字电路、近代力学数学方法、相对论、物理学方法论、物理学史、群表物理、电化教学基础、微机原理、教法习作、无线电技术应用、固体物理、变分原理。

此外，物理系还邀请北京大学教授钱尚武、美国得克萨斯州立大学教授 Kobe 等国内外专家学者主持专题讲座。

物理系教师积极从事科研工作。累计发表论文 54 篇，出版著作 9 册。顾之雨领导的量子力学研究小组的“用 Feynman 路径积分法研究非线性谐振子和 A-harnonv-Bohm 散射”课题，获北京市自然科学基金资助；程云长在北京市迎接新中国建立 40 周年百项科技贡献活动中获优秀贡献奖，他的“多功能电脑校音”获国家专利。

第四节　化学系

化学系组建于 1978 年 4 月。组建时有专职教师 21 人，其中有副教授 1 人。为适应教学需要，曾聘请兄弟院校的魏娱之等人为兼职教师。到 1992 年 6 月，共有专职教师 32 人。其中教授 1 人，副教授 7 人，高级实验师 1 人，讲师 14 人，助理研究员 1 人，实验师 7 人，助教 1 人。

第一阶段招收 1977 级本科生 67 人，分编两个班，专业课程设置包括：高等数学、普通物理、无机化学、分析化学、有机化学、物理化学、结构化学、工业化学、电化学分析、化学教学法；并开设公共课7门，即：中共党史、哲学、政治经济学、外语、体育、教育学、心理学；开设选修课5门，即：无机选论、化学史通论、高等有机化学、有机化学分析、高分子化学。

第二阶段招收1979～1985级本科生198人，专科生66人。第三阶段招收1986～1992级本科生320人，专科生181人。1985年曾全面修订教学计划，增设专业课包括：电分析化学实验、有机合成设计、高分子化学实验、统计热力学、环境化学、算法语言、表面胶体化学、电子轨道化学反应。

化学系教师在教学研究中取得了一些成果。曹居东的《有机化学基础课的理论与实践》，获1989年北京市普通高校教学成果一等奖。汪毓海、陈康叔、杨宇红《微型教学实验研究》，获1992年北京市普通高校教学成果二等奖。

第五节 外语系

1978年4月分院成立时，只设外语教研室（含英语、俄语、日语），承担各系公共外语课教学任务。1977级英语系学生70名，由北京外国语学校代管。1983年6月，在外语教研室的基础上，组建英语专修科。

英语专修科共招收1983级、1984级和1985级三期专科生59人。第一期专科班专业课程设置包括：中文、教法、精读、口语、泛读、英美文学选读、听力、语法、英美概况、写作翻译、听说；并设公共课6门，即：中共党史、哲学、体育、心理学、教育学、德育。其后，对教学计划进行了调整修订，增设了下列专业课：英文书法、教学法、英语听力（托福）。

1986年6月，英语专修科改建为外语系，开始招收本科生。共招收1986～1992级7期本科生138人，专科生155人。第一期本科生专业课程设置包括：精读、听说、语法、听力、泛读、英美概况、报刊选读、翻译、写作、第二外语、英美文学选读、英美文学史、语言学、教材教法；另设公共课和相关基础课5门，即：现代汉语、体育、心理学、教育学、中文书法。以后，历年增设专业课有：英文书法、英汉唐诗选讲（中文）、英汉唐诗选讲（英文）、教学法、英文测试、英语听力（2）（托福）。

截至1992年6月，英语系共设英语专业教研室和公共外语教研室各1个，共有教师31人（其中3人在国外学习），内有教授1人，副教授4人，讲师11人（含在国外学习3人），助教6人。

第六节 生物专修科

生物专修科组建于1983年，当时仅有专职教师4人，1984年第一期学生入学后，曾聘请兼职教师8人，经过历年充实，到1992年6月，共有专职教师13人，其中教授1人，副教授1人，讲师5人，实验师2人，助教3人，助理实验师1人。

1984年暑期生物专修科招收第一期学生25人，均系本市中学在职生物教师。当时，专业课程设置包括：植物形态学、植物系统学、植物分类学、无脊椎动物学、脊椎动物学、有机化学、无机及分析化学、微生物学、人体组织解剖学、动物生理、中学生物教材教法、生物化学、植物生理学、遗传与进化；并设公共课 4 门，即：哲学、教育学、心理学和体育。

自 1985 年暑期起，生物专修科开始从应届高考考生中录取新生，截至 1992 年暑期，共招收 8 期新生 334 人。1987 年以后，陆续修订教学计划，先后增设书法、德育、中国革命史、法律基础等 4 门公共课，并将专业课程设置调整如下：植物学、动物学、无机及分析化学、有机化学、微生物学、人体组织解剖学（1989 年后并入动物生理学）、动物生理学、教学法、生物技术、生物化学、植物生理学、遗传与进化。

生物专修科组建以后，不断进行实验室建设。截至 1992 年 6 月，已建成植物、动物、人体解剖生理、化学与植物生理、遗传与微生物等 5 个实验室，增添了显微摄影、色谱分析、光谱分析及电生理仪器等比较现代化的设备。

生物专修科两名教师被评为全国或市级优秀教师（见《首都师范大学志·第四编》）。累计发表论文 37 篇，出版著作 8 册。其中，宣清汉的《师范院校生物系生物教学法课程改革的体会和效果》获 1987 年北京市教学成果奖；陈阜东主持的南极苔藓植物课题组共收集南极苔藓标本 500 号，群落标本 100 号，地衣标本 200 号，种子植物 10 号，气生及附生藻类 50 号，完成有关文献资料近百篇，在通过专家鉴定时被认为是“目前国内南极植被研究方面最全面的资料”。

第七节　政教专修科

政教专修科设立于 1986 年 6 月，由马列主义教研室采取“一个机构，两块牌子”的方式组成。

截至 1992 年 6 月，政教专修科（马列主义教研室）共有专职教师 23 人，其中教授 1 人，副教授 6 人，讲师 8 人，教员 1 人，助教 7 人。

1986 年暑期，政教专修科从应届高考考生中录取新生 47 人入学。当时专业课程设置包括：中共党史、哲学、政治经济学、伦理学、法学概论、科学社会主义、国际共运史、世界近代史、中学政治教材教法、马列原著选读、现代科技革命、中国古代史；并开设公共必修课 7 门，即：教育学、心理学、形式逻辑、写作、书法、体育、德育；开设选修课 2 门，即：英语、计算机。

1987 年以后，招收 6 期新生 259 人，并对课程设置陆续作了少许调整。如，原“中共党史”改为“中国革命史”，“世界近代史”改为“世界通史”，“中学政治教材教法”由 112 课时增为 182 课时，取消选修课“计算机”等。

政教专修科教师中，有 15 人发表论文 41 篇，出版著作 26 册。

第八节　直属教研室

截至 1992 年 6 月，分院共设有马列主义、教育、体育、艺术等 4 个直属教研室。各直属教研室简况如下：

马列主义教研室在 1978 年 4 月建院时为公共课教研室中的政治教研组，只有专职教师5人。1979年3月，公共课教研室撤销，政治教研组改建为政治教研室。后改称为马列主义教研室。经历年充实，到1992年6月，已有专职教师23人。该教研室承担全院各系科马列主义公共课。1986年暑期建立政教专修科后，承担政教专修科全部专业课教学任务（详见前节）。

教育理论教研室于建院时为公共课教研室中的一个教研组，仅有专职教师3人。1979年3月，改建为教育理论教研室，仅开设公共课心理学一门课程。1980年，开设公共课教育学。

体育教研室于建院时为公共课教研室中的一个教研组。1979年3月，改建为体育教研室，仅有3名专职教师。经过历年充实，截至1992年6月。共有专职教师10人，另有器材管理员2人。

艺术教研室组建于1988年9月，有美术教师2人，音乐教师2人。该教研室为来广营分部住宿生开设公共课音乐和选修课美术。参加音乐、美术课程学习的学生，经考查合格，发给“资格证明”，证明该生在校期间曾学习过音乐（或美术）课程，必要时，可兼任中学音乐、美术教学工作。

表附 1.3.8.1　　北京师范学院分院各系、科历任负责人任职一览表

单位	系主任	任职时间	总支书记	任职时间
中文系	高　崊	1978.6～1986.5	崔锡臣	1978.6～1984.2
	陈　彤	1986.5～1988.6	温绍堃	1984.2～1986.2
	赵丕杰	1988.6～1993.7	赵连元（副书记主持工作）	1986.2～1988.10
			赵连元	1988.10～1993.7
数学系	高和玉	1978.5～1986.4	高和玉	1978.5～1984.9
			李世新	1984.9～1985.12
	李希宽	1986.4～1993.7	唐其钰（副书记主持工作）	1985.12～1987.6
			李洪琪（副书记主持工作）	1987.6～1988.10
			李洪琪	1988.10～1993.7
物理系	顾之雨	1978.6～1993.7	刘家俊	1980.6～1989.9
			顾之雨	1989.9～1991.7
			浦万成（副书记主持工作）	1991.7～1992.11
化学系	刘含莉	1978.4～1980.5	刘含莉	1978.4～1980.5
	于德泉	1980.6～1988.6	于德泉	1980.6～1988.6
	曹居东	1988.6～1993.7	文凤栖（副书记主持工作）	1988.6～1991.7
			汪　媛（副书记主持工作）	1991.7～1993.7
公共课联合总支			郭双库	1980.6～1986.2
			海治川	1986.4～1993.7
政教专修科	朱　桦（科主任）	1986.4～1992.7	朱　桦（党支部书记）	1986.4～1992.7

续表

单位	系主任	任职时间	总支书记	任职时间
外语系	李西静（科主任）	1983.6～1984.9	李西静（党支部书记）	1983.6～1985.12
	李　滋	1984.9～1992.10	林同驹（党支部书记）	1984.9～1985
	李庆林	1992.10～1993.7	李　新（党支部书记）	1985～1993.7
生物专科	宣清汉（科主任）	1983.9～1986.6		
	陈阜东（科主任）	1986.9～1993.7	乔新芝（党支部书记）	1987～1993.7

第四章　附属机构

第一节　《说写月刊》杂志社

《说写月刊》杂志社的前身为《学作文报》社。

《学作文报》创刊于1979年10月，分设中学版和小学版，以中小学生和语文教师为读者对象，面向全国发行。试刊半年后，经文化部出版局批准正式刊行，发行量为20万份，最高时达100万份。学作文报社随《学作文报》创刊而成立。由当时的中文系主任高崧兼任报社社长，副主任高原兼总编辑。

1987年1月，《学作文报》更名为《说写月刊》，原《学作文报》社更名为《说写月刊》杂志社，由分院副院长温绍堃兼任社长和主编。1990年7月，孙秉伟任常务副社长。说写月刊社截至1992年6月，共编辑出版1种月刊和4种报纸，即：《说写月刊》和《作文导报（高年级版）》、《作文导报（中年级版）》、《作文导报（低年级版）》、《少年智力开发报（数学版）》。1984年起学作文报社经国家教委批准，与若干单位联合举办每年一届的全国中小学生学作文竞赛。更名说写月刊社后，继续承办。截至1992年6月，共举办8届，参赛单位遍及全国29个省、市、自治区，每届参赛人数达300万人，最高时达340万人。自1984～1992年，两社累计向分院上缴利润200万元，其中1992年一年上缴利润100万元。

第二节　奇想科技开发公司

奇想科技开发公司于1992年5月筹建，同年10月正式成立。公司注册资金50万元。总经理李洪琪，经营方式为开发、服务、销售，经营范围包括主营防水材料、电子技术开发、技术服务，兼营销售本公司开发的产品。公司下设实验室、拒水粉助剂厂、拒水粉示范厂和拒水粉应用开发公司各一个。公司成立后，主要从事FGH～9001高功能拒水粉的开发、生产和技术服务工作，该产品发明人为分院化学系教师刘瑜，已获国家专利。为了进一步加强该产品的应用开发工作，公司组织了若干课题研究组，从事拒水粉应用于沙漠治理、盐碱地治理、建筑物防水、水利工程防渗漏等方面的研究。公司在北京、河北、内蒙、湖北、山西、海南等省市建立了若干联营厂，各厂一般具有日产5～10吨拒水粉的生产能力，并均已开始销售产品。客户施工中应用拒水粉的建筑面积达 10 000 平方米。公司共向学校上缴利润 100 余万元。

第三节　其他企业

一、北京师范学院分院印刷厂

分院印刷厂组建于 1987 年底。建厂初期，学校投入固定资产和流动资金 27 万元，职工仅 6 人，王彬任厂长。组建印刷厂可承担校内讲义、试卷的印制任务，同时解决部分职工的安置问题。印刷厂建立后，陆续增置了价值 5 万元的设备，并引进有经验的技术工人，开始对外营业，1990 年，又增置激光照排设备，效益逐步提高。截至 1992 年 6 月，共有固定资产 40 万元，职工 19 人。1988～1992 年 5 年间，共向学校上缴利润 80 万元。

二、双新电子设备厂

双新电子设备厂组建于 1988 年，目的是安置部分农转工人员，并为学校增加收益。当时投入资金总额为 29 万元，工人有 24 人（均为农转工人员），自物理系、数学系选聘兼职技术人员 4 人。历任厂长为刘纪纲、赵晓文、马昆宝、高卫国。建厂初期以电子整流器为主要产品，因资不抵债，1989 年改为以生产单片机学习机和高炮打靶模拟器为主。1990 年又开发了“单片机开发卡”项目，承接了塑料相册芯加工业务。1992 年对电子整流器进行改造，将双管改为单管，提高了产品质量。截至 1993 年 5 月，账面赤字 10 万元，双新厂比最初投资实际亏损 20 万元。

三、四环汽车维修站

四环汽车维修站组建于 1988 年 12 月。先后指派黄桐林、何军为站长。起初与另两单位联营，1990 年因效益不佳，协议中止。1990 年底，维修站迁移至朝阳区小营。以后靠出租厂房和设备，共获租金 15 万元。

第四节　附属中学

北京师范学院分院附属中学，原为北京市第六十三中学，位于宣武区白广路。1988 年初，获准更名为北京师范学院分院附属中学。当时校长为冯士腾。1990 年 5 月以后，由副校长童星主持工作。

附属中学校舍占地 9 000 平方米。建筑面积 4 000 平方米，有初、高中 20 个班。学生 900 余人。教职工 130 人。教师中，有高级教师 27 人，一级教师 42 人。附属中学重视全面贯彻教育方针，培养学生德智体全面发展。分院与北京师院并校后，附中重新归属宣武区。

第五章　主要办学成果

北京师范学院分院建立 14 年来，在邓小平理论指导下，全体教职员工同心协力，艰苦奋斗，为北京市的中等教育事业作出了自己的贡献。主要表现在三个方面。

第一节 培养合格毕业生

分院累计招生 5 878 名，包括“老三届”大龄青年 577 名，实现了他们的大学梦，培养出一批承上启下的人才；在职中学教师 1 287 名，填补了北京市骨干教师“断档”的空缺；应届高中毕业生 4 014 名，为北京市普及义务教育的实施应了急。各类学生均接受了正规的高等师范教育，成为合格的毕业生，走上了北京市各区县中等学校教书育人的岗位，在教师明显短缺的年代里，在北京的普教事业中发挥了应有作用。

截至 1992 年 7 月，分院毕业生累计达 4 350 人（另有 1 500 余名学生完成学业后纳入首都师大毕业生统计数字）。

表附 1.5.1.1 北京师范分院历届毕业生数量统计

专业分区 \ 毕业生人数 \ 类别	本科	专科	合计
中文	639	392	1 031
数学	679	483	1 162
物理	489	288	777
化学	378	240	618
生物	/	242	242
英语	134	162	296
政治	/	224	224
总计	2 319	2 031	4 350

据追踪调查（1993 年以前），毕业生绝大多数安心中学教师工作，表现踏实、认真，基本上胜任教育教学工作。东城区教育局反映，分配至该区任教的 1977 级至 1985 级毕业生共 188 人，担任中学校长、教导主任的共 3 人，被评为高级教师的 4 人，被评为一级教师的 63 人。怀柔县教育局反映，分配至该县的毕业生共 133 人，有 107 人一直在中学工作。其中，1 人被评为全国优秀教师，8 人被评为市级优秀教师；6 人担任校级领导职务；15 人被评为高级教师或一级教师。

第二节 形成能满足教学需要的教师队伍

分院自建院以来，力求把建立一支政治业务素质较好，既能适应教学需要、善于教书育人，又具有一定科研能力并能产出成果的教师队伍，以此作为学校建设的中心环节。经过 14 年的实践，通过外部引进与内部培养，已基本实现这一目标。

截至 1992 年 6 月，共有专职教师 252 人，职称结构和年龄结构基本合理，具体情况如下表：

表附 1.5.2.1　　　　　　北京师院分院教师状况一览表

职称＼年龄	30 以下	31～35	36～40	41～45	46～50	51～55	56～60	60 以下	合计
教　授							2	2	4
副教授					8	19	15		42
讲　师	4	4	8	52	12	24	7		111
助　教	55	12	8		1				76
教　员	15	1	1	1		1			19
合　计	74	17	17	53	21	44	24	2	252

从教学效果上看，据 1990～1991 年调查，绝大多数教师所授课程被评定为一、二类课，三类课为数极少。从科研能力上看，半数以上教师有数量不等、性质不同的科研成果。有少数科研成果在本专业领域中有较大影响。从工作态度上看，绝大多数教师勤奋努力、吃苦耐劳，在客观条件较差的情况下，完成了历年的教育教学任务。建设这样一支教师队伍，既是分院的一项主要成果，也是分院赖以生存和发展的一个主要条件。

第三节　建立初具规模的物质保障体系

分院初建时物质保障条件极差。经过 14 年努力，逐渐形成了一套初具规模的物质保障体系，这既是国家重视高等教育、重视人才培养的具体体现，也是分院努力工作所取得的一项成绩。

据 1992 年 6 月统计，全院共有各专业教学仪器设备 3 351 件，分属 22 个实验室；各类图书 20 余万册；两处校舍建筑共约 22 770 平方米；各类机动车 15 辆以及各种必要的办公和生活设施，固定资产总额共 700 万元。比建校之初的固定资产总额 48 万元增加了约 13 倍。这一物质保障体系，对于稳定教职工队伍、不断提高教学和各项工作的质量，起到了重要作用。

附录二

北京联合大学外国语师范学院志

(1960～1993)

第一章 概 述

1993年4月，北京联合大学外国语师范学院并入首都师范大学。

北京联合大学下设的外语师范学院，是一所四年制外语高等学校，其历史可追溯到1960年。

1960年，北京市外国语学校成立。1978年12月，北京外国语学院分院和北京语言学院分院（两块牌子一个实体）成立。1980年上述三校合并，成立新的独立的北京外国语学院分院。1985年，北京外国语学院分院划归北京联合大学，更名为北京联合大学外国语师范学院。

北京联合大学外国语师范学院设有英语、日语、法语、德语、西班牙语、俄语6个专业。从1980年计，至1992年，为国家培养和输送了本科和专科学生1 913人。此外，学院还为外国学生开办了短期汉语及中国文化学习班，先后共招收外国留学生2 517名。

学院位于北京市海淀区阜成路白堆子，占地面积101亩，建筑面积31 000平方米。

（说明：以下为叙述方便，北京市外国语学校简称“外语学校”，北京外语学院分院简称“外语分院”或“分院”，北京联合大学外国语师范学院简称“联大外师”或“外师”。由于从北京市外国语学校到北京联合大学外国语师范学院，几经更名，而办学地点长期设在白堆子，故下文中有时以“白堆子”统称之。）

第二章 北京市外国语学校

第一节 学校的建立和特色的形成

(1960.9～1966.6)

一、学校的建立和机构的完善

（一）建校：北京市外国语学校建于1960年。当时，国内国际形势的发展需要大量高级和中级外语人才，拟从青少年培养起，经过小学和中学的培养，选拔一批外语基础好的学生输送到大学继续深造。为此，国务院决定，并经周恩来批示，在北京、天津、上海、南京、杭州、武汉、广州、大连、长春等城市开办了外国语学校。北京市有两所，即北京市外国语学校和北京外国语学院附属外国语学校。

（二）校址：1960年建校时，借用北京师范学院预科的部分办公室和教室。1961年8月移到阜成路白堆子地段北京市工农干部文化补习学校校址。1962年工农干校撤销，工农干校部分干部和教职工转为外语学校编制。

（三）领导关系：外语学校建立时行政关系归市教育局，1966 年 1 月关系转到市高教局。外语教学接受高教部普教司的指导。1964 年 3 月开始陆续聘请外国文教专家，外语学校的外事工作受北京市外事办公室的领导，外国专家由国家外国专家局推荐和管理。

（四）机构和领导班子：1960 年，在北京市教育局副局长谭元堃的主持下筹备并建立了北京市外国语学校。雷力任党支部书记兼副校长。1963 年莫平调入任校长。1964 年底，程璧调入任党支部书记。1965 年春成立党总支，程璧任总支书记。几年间，健全了领导班子，加强了党的建设、教师队伍的建设和政治思想工作，调整了机构，理顺了各方面的关系，加强了民主集中制，活跃了民主生活，增强了团结。外语学校设有校长办公室（兼管外事）、教导处、总务处、小学部、团委、少先队等机构。

表附 2.2.1.1　北京市外语学校党政主要负责人任职表（截至 1966 年 6 月）

姓名	职务	姓名	职务
程　璧 张庆珍 柴　峰	党总支书记 党总支副书记 党总支委员	姚淑禧 张成九、车成烈、王　涛	辅导主任 副教导主任
莫　平 张树勋 雷　力	校长 副校长	曾莲珠 李　勤 田秀兰、高　杰 朱秀芳	办公室主任（兼管外事） 总务主任 小学部副主任

二、学制和招生

（一）学制：1960～1962 年连续三届招收初中毕业生，办高中，开设的外语有英语、法语、德语、日语、西班牙语、俄语、阿拉伯语、印尼语。1963 年和 1965 年先后取消俄语和印尼语。1963 年增办初中班，并从北京市小学二年级学生中招收从三年级起始的四年制小学班。初中和小学开设英、法、德、日、西班牙、阿拉伯 6 个语种。

（二）生源和课程设置：1960～1965 年，从全市高中统一招生中经口试择优录取高中部新生。1963～1965 年，从北京市各中小学推荐的优秀生中，提前招生（单独笔试和口试、政审），择优录取，优中选优，编入初中班或小学三年级班。1965 年 6 月，有5 000多名学生报考小三和初一，一共录取 440 名新生。学校实行寄宿制。高中部、初中部、小学部的课程设置，除外语分别设每周 12、8、6 课时以外，其他课程与普通中小学相同。1966 年 6 月全校有高中一、二、三年级，初中一、二、三年级，小学三、四、五年级共 9 个年级、30 个教学班、78 个外语小班，学生总计 1 300 多人。教职工 200 多人。

三、聘请外国文教专家

1963 年经国务院批准，自 1964 年 3 月开始聘请英、法、日、德、西班牙、阿拉伯 6 个语种的外国文教专家。到 1965 年已有来自英国、法国、瑞士、东德、荷兰、日本、加拿大、古巴、智利、海地、伊拉克、索马里、约旦（巴勒斯坦籍）等 13 个国家总计 23 名外国专家先后在校任教，担任教学工作。学校建立了专家联系人制度，选派教师担任联系人，与外国专家交朋友，并记工作日记。通过对外国专家的各项工作以及组织的各项活动，学校建立并发展了与各国人民的友好关系。

四、白堆子特色的初步形成

1963年、1964年、1965年三届高中毕业生中，有一批考入了北京外国语学院或上海外国语学院，他们很快成了这两所学院同期生源中有特色的学生。1964～1966年，北京市外国语学校在外语教学方法领域中作出的成绩引起了北京市、国内兄弟外语学校乃至几所高等外语院校的重视。以上两个因素使北京市外国语学校的名声在1965年开始传开，因校址地处白堆子地段，故其特有的办学路子被称作“白堆子特色”。

归纳起来，“白堆子特色”含以下几方面。

（一）教师队伍：1960～1965年，教师队伍主要来自高等学校当年毕业生。外语教师主要来自北京外国语学院、上海外国语学院、北京大学、外交学院的毕业生，也有的来自外交部，有的曾在国外生活和学习过，这样一支外语教师队伍融合了不同的教学传统和教学方法，避免了外语教学中“近亲繁殖”的弊病。普通课程教师毕业于北京师范学院等大专院校。这支队伍还年轻，到十年动乱爆发时平均年龄28岁。其中不少人原本有资格留原校任教或在国家机关里从事重要工作，由于家庭出身、社会关系或受政治运动之牵连，被分配到“白堆子”。他们有些自卑感。党组织鼓励他们放下包袱，忠诚教育事业，发现他们中间的积极因素，培育和推广教学改革的新苗头，逐渐形成了教书育人良好风气。教师刻苦钻研，勤奋教学，与学生朝夕相处，耐心辅导，用自己的心血哺育着学生健康成长。

（二）领导班子：党总支书记、校长、一名副校长、教导主任、主管教学的两名副主任都是懂外语的干部，他们分别参加各外语教研组活动，深入教学第一线听课，努力提高自己的外语水平，虚心向骨干教师和外国专家请教；同时，随时注意发现并培养先进苗子，指导骨干教师和外国专家总结经验和交流新鲜的教学方法，组织观摩课推广新的教学法等。他们身先士卒，爱岗敬业，在师生员工中起到表率作用。

（三）干部职工队伍：政工干部、后勤人员、团队干部、班主任、政治课教师，来自“五湖四海”。他们各司其职，对学生进行理想教育、革命传统教育、劳动教育、学习目的教育，引导学生健康成长。行政管理和后勤保障围绕着为教学第一线服务，并对从小三到高三年龄不等的全体学生全面负责。

（四）教学改革：“白堆子”力争走在外语教学改革的前列。1964年初，一批青年教师开始改革旧的教学法体系。他们关注外国专家带来的新的教学思想和先进的教学方法、先进的教材和教具，并和外国专家共同实践一种全新的教学体系。不到一年，成果初现。1965年学校组织几次观摩课，先后总结推广了青年骨干教师的视听说教学法、英国专家斯宾克的情景教学法、西班牙语专家古巴人米盖尔的滚雪球教学法。这些经验的传播带动了各教研组内部、教研组之间相互听课、相互观摩、研究探讨、总结交流。1966年上半年，更多的青年骨干教师走上了介绍经验的讲坛。

当时，外语教学出现了一些新气象。如：书本、图画、实物、录音相结合而构成的雏形立体化教材开始取代传统的课本。有些教室里，课桌椅排成椭圆形，教师坐在一端，便于师生之间、学生之间面对面的语言交流，也便于学生在椭圆中央空地表演所学的内容。

有的外语课在室外进行，把学到的知识与实践相结合。学生定期出外语板报或壁报。每周有一个下午由中国教师或外国专家指导学生进行外语课外活动。每年全校举行新年外语文艺会演。上述变化突破了以课堂为中心、以教师为中心、以书本为中心的“三中心”体系，一种全新的、教与学互动的生动活泼的局面开始形成。1966 年，外语学校规划从当年秋天开始，从小三到高三形成十年一贯制的一条龙教学体系。1964～1966 年两年间，新的教学法及其带来的种种变化，奠定了“白堆子”教学特色的基础。

第二节　曲折的进程

(1966.10～1980.3)

一、“文革”灾难对外语学校的破坏

（一）1966 年 6 月初“文革”爆发，彻底摧折了“一条龙教学体系”这个规划。校牌一度被红卫兵改为“国际共产主义战校”，教学活动全部停止，党政机关瘫痪，绝大多数教师“靠边站”，外国专家纷纷提前回国，领导干部和部分教职工被打入“劳改队”，遭到残酷斗争、无情打击，有的迫害致死，团中央书记处书记胡耀邦、胡启立、胡克实也被揪到外语学校批斗。红卫兵两派斗争激烈，出现众多群众组织，内战不止。

（二）1967 年，军宣队、工宣队先后入驻，学校“复课闹革命”，成立革委会。1966～1970 年没有招收外语专业新生，只招了一届普通初中班。教职员分别担任以下各项任务：参加高、初中毕业生分配（大多数毕业生赴“三北”地区接受再教育，少部分下厂或参军）；给原小学部及普通初中班学生上课；参加劳动改造思想；参加专案组工作；参加学习班。全体教职工投入各次运动：清理阶级队伍、开门整党、解放干部、清查“五一六”分子等。

（三）1973 年起，“文革”掀起新一轮高潮。随着“批林批孔”、“评法批儒”、“反击右倾回潮”运动的推进，1974 年 4 月市教育局派工作组进驻外语学校开展“反右倾、反回潮、反复辟”运动，指斥外语学校是个“旧、洋、杂”的“独立王国”，有一个“裴多菲俱乐部”，存在着“改造与反改造、占领与反占领、复辟与反复辟”的斗争；于是大搞揭批“从上到下的一股复辟势力”，点名批判了许多人并撤换了一些领导干部。长达 5 个月的运动，再加上批判“智育第一”、“师道尊严”，又一次搞乱了外语学校。

二、外语学校的变迁

（一）校名、学制、招生：1971～1980 年，学校校名、学制、培养目标三度变更。

1971 年，外语学校划归北京师范学院，更名为北京师范学院附属外国语学校，恢复招收外语专业学生。普通初中班全体学生随一批教职工转入附近的立新学校。1973 年师院附属外校调出师院，恢复原校名。1980 年外语学校与北京外语学院分院和北京语言学院分院合并成立独立的北京外语学院分院。

1971～1975 年，连续 5 届从北京市各区县初中毕业生中招生，培养中小学外语师资，春季入学，学制两年，开设英、法、德、日、西班牙 5 个语种。1972 年恢复俄语专业。原小学部五、四、三年级学生逐年达到初中毕业年限，大部分逐年进入师范培训行列，1972

年取消阿拉伯语，学生转入其他语种专业，3 年毕业。这 5 届毕业生绝大多数回原区县任外语教师，少数人留校工作或分配到北京市用人单位。

1977 年 1 月学制改为 3 年，生源和培养目标未变。因北京市普教系统开设外语的调整，这届学生 1980 年毕业时，英语专业的绝大多数毕业生分配到中小学，其他毕业生分配到中央机关或北京市需要外语人员的单位。

1978 年，北京市为适应培训中学英语师资的需要，以北京师范学院英语专业的名义，在外语学校开办了两个大学英语师资班，学制两年，外语学校指派 4 名高水平英语教师任教。

1978 年秋，从全市小学毕业生中招收学制为初、高中（3＋2）五年一贯制的普通中等外语专业学生。按计划，这批学生 1981 年完成初中三年学业时，经本校考试，合格者将直升高中。1979 年、1980 年连续两年从全市初中毕业生中招收高中生。

（二）教师队伍：在“文革”初期一大批教师曾陷入迷茫。然而，只要政治气候稍有宽松他们就和后来的更年轻的同事们一起，继续发扬“白堆子”特色，投入教学改革的实践，包括在电化教学方面取得了成绩，1974 年被邀参加国务院科教文卫领导小组召集的在京部分高校的电化教学研讨会。动乱结束，拨乱反正，这些经过磨练的教师政治上更加成熟，不少人先后加入了中国共产党，有的走上了院、系、教研室的领导岗位，他们业务上不断探讨和创新，先后出国进修、工作、讲学。

（三）1973 年恢复聘用外国专家，他们带来了当时先进的教学思想、先进的教学方法、随身带来先进的教材、幻灯片、教学器材。经他们的介绍，学校引进了一批国外最新的教科书。

（四）领导班子的变化：1971 年，市文教组任命军代表宗兆银为党总支书记，张庆珍（兼革委会主任）、彭敬儒为党总支副书记。1972 年北京师院任命刘国勋为党总支副书记、革委会副主任。1973 年，教育局任命解才民为党总支书记、校长。1975 年李一农任党总支书记、校长。1977 年李志平任校长。程璧经过“文革”期间的两出两进，1978 年调回外语学校，任党总支书记，负责党政全面工作。

三、拨乱反正，继续前进

（一）平反冤案、落实政策：1978 年市教育局党委发文为 1974 年“反回潮”运动中遭受批判的人员平反、落实政策。1979 年平反“文革”中的冤假错案，并为 1957 年错划为“右派”及其他一些人的历史遗留问题落实政策，召开全校大会为原校长莫平、原教导主任姚淑禧平反昭雪。

（二）调资升级、改善待遇：1979 年根据中央精神，按照市教育局的部署，学校建立了考评升级委员会，经过几上几下讨论研究，占学校 48％的人得到晋级。

（三）抓住机遇、适时升格：拨乱反正的年代外语学校教改形势十分活跃。1973～1977 年的 5 届中师毕业生工作后的良好表现，以及他们中的大多数在恢复高考进入大学后的表现，使校领导和教师们受到鼓舞，决心谋求突破性的发展。1979 年底全国高校统考中已达到录取分数线，但年龄超过 23 岁的一批考生未能被各外语院校录取。根据调查研究、经过论证，外校适时抓住机遇，申请举办高等学校，得到了国家教育部的认可。北京市决定外语学校与 1978 年底成立的两所外语类分校合并，成立新的北京外国语学院分院，具有招收普通全日制四年制本科生的办学资格，从而接受了上述考生，培养成外语师资。

北京市外国语学校办学的20年间为国家培养了大批合格毕业生。他们经过继续学习，工作在各条战线，包括外事、文教、企业等部门，较知名的有张国庆、蒲通、郑钢、徐丹、孙建民、张威、陈靖国、刘子敬、徐一平、于贞生、张润北、赵春贵、李金章、汪晓源、王立生、李靖生等。

第三章　从北京外国语学院分院到北京联合大学外国语师范学院

第一节　历史沿革

一、北京外国语学院分院和北京语言学院分院（1978.12～1980.3）

1978年12月，北京市兴建一批大学分校，其中有北京外国语学院分院和北京语言学院分院（两块牌子一个实体），校址在北京市西城区阜成门外西口（原北京市华侨补习学校校舍）。筹备小组由王常文（原北京自动化公司副经理）负责，边筹建边招生，于1979年2月9日正式开学。分院设有英语、日语、法语3个专业，学制为四年本科，学生实行走读制。1978年首届招生400人。分院为北京市培养翻译和教师。党的工作、行政工作、学生工作由筹备小组负责，教师的选派、教学的组织和管理由北京外国语学院和北京语言学院承担。

二、三校合并成立北京外国语学院分院（1980.3～1985.3）

（一）三校合并：1980年3月北京市人民政府征得国家教育部同意，正式颁发了京政发（1980）20号通知，决定将北京外国语学院分院和北京语言学院分院与北京市外国语学校合并，成立新的北京外国语学院分院，并确定成立以刘寿彭（原北京师范学院党委副书记）为组长的领导小组。1981年6月16日，北京市委组织部批准北京外国语学院分院建立临时党委，由刘寿彭任党委书记兼院长。1981年8月底原两个分院全部迁至原外国语学校校址。1981年8月31日举行合并后的外国语学院分院开学典礼，副市长白介夫到会并讲话，要求全院师生员工齐心协力为办出一所高质量高水平的外语学院而奋斗。

（二）学制的演变：北京外国语学院分院的任务是培养北京市急需的中学外语师资和市属单位的翻译人员，此外还承担部分在职中学外语师资的培训工作。学院设英语、法语、日语、德语、西班牙语、俄语6个专业。3校合并时学制多样。经研究，决定将1979年、1980年、1981年3届高中班转为大学预科班，而外语分院实行预科两年本科四年的六年一贯制的教学体制。1983年，预科停办，分院学制统一为本科四年。从1983年9月起，根据市领导部门指示，为解决北京市远郊区县中学外语师资之急需，增设了英语专科，学制为两年，招生和分配采取“区县来、区县去”的办法。另外，为解决北京市远郊区县农村中学外语师资短缺问题，从1989年起从远郊农村和山区高考落榜的高中毕业生中招收预科生，次年经考核合格直升英语专科。

三、北京联合大学外国语师范学院（1985.3～1993.3）

1985年，北京市人民政府将市属大学分校调整为12所。3月6日，下发京政发（1985）38号通知，决定建立北京联合大学。北京外国语学院分院归属北京联合大学，更名为北京联合大学外国语师范学院，任务仍是为北京市培养中学外语师资及其他外语人员。

第二节　领导体制和组织机构

一、综述

外国语学院分院和北京联合大学外国语师范学院实行党委领导下的院长负责制。

（一）院级领导

北京外国语学院分院和北京语言学院分院（两块牌子一个实体）创办初期，建立了党政合一的五人领导小组，由王常文任组长。下设办公室、政治处和后勤处，同时建立机关党支部。

北京外国语学院、北京语言学院、北京市外国语学校合并筹建新的北京外国语学院分院期间，建立由刘寿彭、程璧、王常文三人组成的领导小组。1981年6月成立首届临时党委。刘寿彭任党委书记兼院长，程璧任党委副书记兼副院长。1982年9月，文棋调入任党委副书记。

1984年7月市委调杜仲声任外语分院党委副书记，主持党委全面工作，并组成第二届党委，杜仲声兼纪委书记，周起骧任院长，程璧任顾问。1984年8月，叶英调到外语分院任副院长。1986年3月孟庆夔升任联大外师副院长，增补为党委委员。

1987年8月，市委派郭子玉任院党委书记，组成第三届党委，杜仲声仍兼任纪委书记。1992年2月詹新泽升任院党委副书记。

（二）党政机关

1981年党委下设党委办公室、组织部、宣传部、青年部、纪检小组、工会（监管家属委员会）、团委、学生会等单位，以及机关、后勤、教师、学生4个党总支，下设11个党支部。1984年建立纪律检查委员会。1985年党组织调整为1个党总支（机关党总支）和11个直属党支部。1986年再次进行了调整，全院设17个党支部。

行政机关设院长办公室、人事处、教务处（下设师资科、电教室、教材科）、学生处（下设学生宿舍管委会）、外事办公室、图书馆、总务处（下设行政科、膳食科、医务室、幼儿园、车队）等单位，1985年建立院直属的保卫科和财务科。1987年增设成人教育办公室。1990年成教办与教务处联合办公。

（三）教学单位

1980年设英语、日语、法语、德语、西班牙语、俄语、马列主义、汉语、体育、数理化、音美、史地等教研室，1982年增设中文培训中心。1983年9月，英语、日语、法语、德语、西班牙语5个教研室改建为5个系，保留俄语教研室，撤销数理化教研室。1985年5月，俄语教研室改建为俄语系。1987年开办夜大学，学制为大学专科三年。

1988 年增设思想教育教研室。1991 年史地教研室并入马列教研室。

二、院党政负责人名录

表附 2.3.2.1　北京外国语学院分院和北京语言学院分院党政负责人名录（1978.12～1980.3）

姓　名	职　务	备　注
王常文	领导小组组长	
邓福卿	领导小组副组长	兼机关党支部书记
彭厚枫	领导小组成员	
孟　岩	领导小组成员	北京外国语学院委派
李爽秋	领导小组成员	北京语言学院委派

表附 2.3.2.2　外语分院第一届临时党委成员（或兼行政负责人）名录（1981.6～1984.7）

姓　名	职　务	备　注
刘寿彭	党委书记兼院长	1984.8 离休
程　璧	党委副书记兼副院长	
周起骧	副院长、党委委员	
邓福卿	党委副书记	1983.6 离休
张树勋	副院长、党委委员	
彭厚枫	党委委员、顾问	1983.6 离休
孟　岩	党委委员	未到职
李爽秋	党委委员	未到职
吴　珊	党委委员	
文　棋	党委副书记	1982.9 调入

表附 2.3.2.3　分院外师第二届党委成员（或兼行政负责人）名录（1984.7～1987.8）

姓　名	职　务	备　注
杜仲声	党委副书记兼纪委书记	主持党委工作
周起骧	院长、党委委员	
文　棋	党委副书记	1985.12 离休
张树勋	副院长、党委委员	
吴　珊	党委委员	1985.5 离休
叶　英	副院长、党委委员	
孟庆夔	副院长、党委委员	1986.3 任职
程　璧	顾　问	

表附 2.3.2.4　外师第三届党委成员（或兼行政负责人）名录（1987.8～1993.3）

姓　名	职　务	备　注
郭子玉	党委书记	
周起骥	院长、党委委员	
杜仲声	党委副书记兼纪委书记	1992.3 离休
叶　英	副院长、党委委员	1988.4 离休
张树勋	副院长、党委委员	1988.9 离休
孟庆夔	副院长、党委委员	
詹新泽	党委副书记	1992.2 上任
程　璧	顾　问	1987.11 离休

表附 2.3.2.5　外语教学单位（系）主要负责人任职表

单　位	姓　名	系主任任职时间
英语系	邓林瑜 叶明儿 刘曼兰	1985.05～1987.07 1987.07～1992.07 1992.07～1993.03
日语系	李孙华	1985.05～1993.03
法语系	孟庆夔 杨松荫	1984.09～1986.03 1986.03～1993.03
德语系	郑惠卿	1985.05～1993.03
西班牙语系	张永泰	1985.05～1993.03
俄语系	黄苏华 李汝海	1985.05～1987.08 1989.09～1993.03 1987.09～1989.07

表附 2.3.2.6　党政职能部门主持工作的负责人任职表

党委部门（附团委、工会）				
党委部门	单　位	姓　名	任职时间	曾任职务
党委办公室		陆秀琪 贾竟远 夏震华	1981～1985 1985～1991 1991～1993	副主任、主任 副主任、主任 副主任
组织部		陆秀琪 成宝田	1981～1984 1984～1993	副部长、部长（兼） 副部长、部长

续表

党委部门（附团委、工会）				
党委部门	单位	姓名	任职时间	曾任职务
宣传部		李晓林 段绍福	1981～1991 1991～1993	副部长、部长 副部长、部长
纪检组 纪委		邓福卿 杜仲声	1981～1983 1984～1992	组长（兼） 书记（兼）
青年部		吴树茂	1988～1993	部长（兼）
团委		董少英 吴颖利 梁音 龚淑英	1981～1985 1985～1987 1987～1989 1989～1993	副书记、书记 副书记 书记 书记
工会		彭厚枫 张树勋 边志玉	1979～1983 1983～1988 1988～1993	主席（兼） 主席（兼） 副主席

行政部门			
单位	姓名	主持工作时间	职务
院长办公室	张玉琴 朱进军	1980～1985 1985～1993	副主任 副主任、主任
人事处	陈福新 张国英	1980～1989 1989～1993	副处长、处长 副处长、处长
教务处	朱秀芳 詹新泽	1980～1984 1984～1992	副处长 处长
成人教育办公室	朱秀芳 孙福生	1987～1990 1990～1993	主任 副主任
外事办公室	程玉辉	1980～1993	副主任、主任
学生处	魏静娴 吴树茂	1981～1988 1988～1993	副处长、处长 处长
图书馆	程介生	1984～1993	副馆长、馆长
总务处	王善如 李光庚 牛宝森	1980～1985 1985～1990 1990～1993	处长 副处长 处长

第三节 师资队伍

一、教师队伍概况

截至1993年3月，联大外师有教师145名，其中教授2名、名誉教授（美国纽约州立大学布法罗分校授予）1名、副教授29名、讲师80名、助教29名。具有高级职称的教师占教师总数的22%，35岁以下的青年教师62名，占教师总数的43%。

1978年12月两分院建立初期没有自己的专职外语教师队伍，任课教师由北京外国语学院和北京语言学院派遣。1980年3月3校合并后，只有一名外语教师转到外语分院。新建立的外语分院在原外语学校教师队伍的基础上陆续调进了一批外语教师和公共课教师，逐步建立起一支自己的教师队伍。到1981年8月，全院共有教师144名，其中讲师6名、助教1名、教员137名。这支队伍没有高级职称的教师，职称结构不合理，数量、知识结构和教学经验都不能适应大学本科教学，尤其是难以胜任高年级外语专业课。为此，党委提出加强教师队伍建设的规划，用3～4年时间使教师队伍的业务水平上到一个新台阶。党委指派副院长周起骥负责这项工作，经过3年多的努力，教师业务水平有了明显的提高，逐步建成了一支适应本院教学路子的教师队伍。自1983年，各系每年选拔一些优秀外语毕业生留校边任教边进修，同时有计划地吸纳重点大学人员补充部分公共课教师。这支队伍在办学的过程中逐步成长，到90年代初，教师结构、职称结构逐步趋向合理，教师队伍整体素质得到提高。

二、教师队伍建设

（一）针对外语教师队伍的状况，学院和各系采取了一系列措施提高教师的水平。这些措施包括：在外国专家指导下定向进修和进行口语实践；在外国专家的指导下备课、独立上讲台；中外教师合编教材；开展中外教师教学研讨活动；到国内重点大学进修；参加外国著名专家的讲习班；出国进修。教师们称这一艰苦奋斗的历程为“爬坡”。

（二）学院着力抓青年教师队伍的建设，引导他们向德才兼备的方向发展，有计划、有重点地吸收条件成熟的青年教师入党。在业务上精心培养，对青年教师逐个制订了5年培养计划，坚持院领导、系主任听课和检查教学工作的制度。在工作上放手使用。在制度上严格要求。严格实行聘任制。在生活上关心照顾，力争逐步缓解部分青年教师的住房困难。有计划地选派部分青年教师出国进修。

（三）发挥老教师的骨干作用。有一批教师是60年代初毕业的大学生，党委认真落实党的知识分子政策，在政治上关心爱护，积极培养，逐步把他们中间的一部分提拔到各级领导岗位上。在业务上鼓励他们再学习，分期分批送他们出国进修。支持他们自编适合本院教学特色的教材，继续进行教学改革，鼓励他们在青年教师的培养工作中发挥重要作用。

（四）紧紧围绕教学开展科研和学术交流活动。学院鼓励教师积极改进教学法。院、系、教研室定期召开研讨会，总结和交流语音教学、基础课教学、高年级外语专题讨论课、公共课配合外语教学等方面的教学经验。在课堂教学方面，坚持教研组集体备课、集体研究教案的做法，推动课堂教学质量逐年提高。学院鼓励教师编写新教材。为了推动教学科研活动，学院设“教学成果奖”和“教材成果奖”。学院与国内外院校建立校际联系，每年参加全国17所外语院校协作年会。学院支持各系、教研室与有关的全国外语教学研究会和研究社团广泛建立联系，进行学术交流，开阔教师的视野。

（五）建立和完善教师的考评制度。建立技术职务考评制度；建立见习教师见习期坐班制度和见习期考核制度；严格实行教师的聘任制；系、教研室主任依据教师情况可高职低聘、也可低职高聘，学院综合对教师的考核情况建立教师档案。

三、教师职务评聘及奖惩

学院首次职称评定工作自1982年5月开始。1983年3月和5月外语分院先后有了自己的一批经北京市教师职称评委会通过的讲师和副教授。自1987年，专业技术职务评聘工作走上正轨，建立了学院职称改革领导小组和学院专业技术职务评审委员会，下设各系、各部门的专业职称评审组。学院只有初级职称的评审权，中、高级职称需报联合大学或上级有关部门审定。

学院获得高级专业技术职称人员名录，见本《志》第四编第二章。

教职工受到表彰的奖励人员名录，见本《志》第四编第三章。

第四节　学生工作

一、工作体制与队伍建设

（一）学生工作体制

1980年3校合并初期，一所学校两处办学，原两分院继续实行由政治部兼管学生工作，原外语学校实行原有的学生工作体制。1981年集中到白堆子办学，建立了院学生处，配备了专职学生工作干部，在各外语教研室设专职政治辅导员，同时聘任部分任课教师兼任班主任。1985年为了便于系行政领导集中精力抓好教学工作，同时避免学生的管理工作与思想教育工作脱节，学院将学生的思想政治教育和日常管理工作统归学生处（青年部）主管，分散在各系的政治辅导员编制划归学生处（青年部）。1988年建立思想教育教研室。1991年，学生处（青年部）和团委联合办公，形成三块牌子一套工作班子的学生工作体制。

（二）学生工作队伍建设

1988年前，学生处（青年部）的干部及辅导员的政治素质较好，但年龄偏大，学生工作缺乏活力。1988年学院调整了处领导班子，理顺了管理体制，连续3年从其他高校接受较优秀的毕业生充实学生工作队伍，逐步改变学生工作队伍年龄结构和知识层次不合理的状况。学院放手让这支队伍在实践中锻炼和提高，弥补实际工作经验的不足。1990年联大外师学生处（青年部）的党支部被评为北京市高校学生工作先进集体。

二、思想政治教育

为了加强对学生的思想政治教育，学院任命党委组织部部长兼任马列教研室主任，学生处处长改任思想教育教研室主任。

（一）马克思主义理论教育。马克思主义理论课由马列教研室承担，本科逐年开设《中国革命史》、《马克思主义原理》、《社会主义建设》、《国际关系与世界政治经济》等课程。

（二）思想品德教育和形势政策教育。这两门课的教学由思想教育教研室组织，由马克思主义理论课教师和政治辅导员任教。思想品德课开设了《法律基础》、《大学生思想修养》、《人生哲理》、《职业道德》等课程。形势政策课主要学习中共十一届三中全会以来的方针、政策等。

（三）社会实践。学院把学生参加社会实践定为一门必修课，列入教学计划，有组织、分层次、有重点地组织学生参加社会实践，使社会实践经常化、规范化：一年级军训、二年级农村考察、三年级外事服务、四年级毕业实习。每年寒、暑假组织部分学生去革命根据地、贫困地区、富裕地区、经济开发区进行社会考察。从1984年至1992年共有2 500人次参加假期的社会实践活动。1990年参加第十一届亚运会的服务工作，参加人数760人，前后历时80天，圆满地完成了任务，受到亚运会组委会的表扬和奖励。

（四）教书育人。学院把教书育人工作列为专业教师工作职责之一。系和教研室把教书育人工作列为考核教师的重要内容。

（五）科学管理。学院制订了《北京联合大学外国语师范学院学生学籍管理办法》、《北京联合大学外国语师范学院教务管理办法》、《文明校园评比标准》、《关于加强学校校风校纪管理的若干规定》、《关于在校内有关场所举办群众性文体活动的治安管理规定》等项制度。要求干部、教师和辅导员注意对学生的管理，学生会、团委发挥监督作用，启发引导学生参与管理，增强自我管理能力。认真实行奖惩，每年表彰和奖励评选出的年度三好学生、优秀干部、优秀学生、先进班集体，文明宿舍，对少数违纪、违章的学生给予批评和纪律处分。自1988年起实行奖学金制度。

三、招生工作

外语分院和联大外师在北京地区招生。自1978年开始招收本科生。1983年开始招收专科生。1978～1992年共招收本科生2 209名、专科生417名。

表附2.3.4.1　　　　历年招生录取情况统计表

年度＼项目	合计	本科						专科	
		合计	国家任务	自费生				合计	国家任务
				小计	德	法	西		
1978	400	400	400						
1979	120	120	120						
1980	0	0	0						
1981	126	126	126						
1982	124	124	124						
1983	199	154	154					45	45
1984	163	103	103					60	60

续表

年度＼项目	合计	本科						专科	
		合计	国家任务	自费生				合计	国家任务
				小计	德	法	西		
1985	240	205	205					35	35
1986	189	141	141					48	48
1987	193	156	156					37	37
1988	191	154	137	17		5	12	37	37
1989	167	129	105	24		13	11	38	38
1990	168	130	94	36	12	12	12	38	38
1991	169	129	109	20	10	10		40	40
1992	177	138	108	30	16	14		39	39
总计	2 626	2 209	2 082	127	38	54	35	417	417

四、毕业分配

1983年学院第一届毕业生分配工作由学生处负责，按国家指令性计划统一分配。1984～1988年5届毕业生分配由人事处负责。成立了由人事处牵头、各系负责人参加的分配办公室，各系成立分配小组。1984年、1985年毕业生仍是按照国家指令性计划进行分配。1986年起，实行两种分配办法：作为师范生的英语专业毕业生仍实行国家指令性计划统一分配，全部当教师，本科生中30％到大中专院校任教，70％到中学任教；其他5个专业变国家指令性计划为国家指导性计划，实行学校与用人单位供需见面，毕业生与用人单位双向选择，用人单位对毕业生择优录用。1989～1992年4届毕业生的分配工作由学生处负责。学生处下设分配工作办公室，各系成立分配小组。从1989年开始，所有语种专业的毕业生分配工作均纳入改革范围，北京市人事局、高教局、教育局组织用人单位与学校、毕业生供需见面，实行一定范围内的双向选择。学生在校期间的德、智、体综合评估成绩与毕业分配挂钩。英语专业毕业生的师范生身份不变，分配方向全部是教育口。1989～1992年4届英语本科毕业生分配到大专院校和分配到中学的比例分别是3∶7、2∶8、1∶9、1∶9。其他专业的毕业生由学校或本人与用人单位联系，学校负责推荐，用人单位择优录用。英语专科毕业生采取“区来区去、县来县去”的原则，全部去中学工作。

表附2.3.4.2　　历届本科毕业生授予学士学位情况统计表

授予时间	毕业人数	授予学位人数	百分比％
1983.1	383	379	97
1984.5	117	117	100
1985.7	122	122	100
1986.7	124	124	100

续表

授予时间	毕业人数	授予学位人数	百分比%
1987.7	141	139	98
1988.7	95	89	93
1989.7	188	186	98
1990.7	126	124	98
1991.7	140	140	100
1992.7	185	183	99
总计	1621	1603	99

表附 2.3.4.3　　　　历届毕业生人数统计表

专业 / 年份	英语（本科）	英语（专科）	日语	德语	法语	俄语	西班牙语	合计
1983 年	237		51		96			384
1984 年	68		17	16	16			117
1985 年	50	44	29	12	12	12	9	168
1986 年	72	60	10	17	16		10	185
1987 年	76	34	25	10	14	6	11	176
1988 年	49	48	34	13				144
1989 年	115	34	25	14	12	14	10	224
1990 年	74	34	17	13	14		9	161
1991 年	69	33	18	14	10	12	14	170
1992 年	70	37	19	15	15	16	12	184
总计	880	324	245	124	205	60	75	1913

注：1978～1980 年招生只有英、日、法 3 个语种有本科生。1981 年起所有 6 个专业都招收本科生。1985 年，德、西、俄 3 个专业开始有本科毕业生。

第五节　教　　学

一、教学组织与教学管理

1978～1980 年，原两个分院教学工作的组织与管理，由教务处在北京外国语学院和北京语言学院的指导下具体组织实施。3 校合并后，由主管教学的副院长联系各教研室。1983 年建系后，外语教学体制改为院长领导下的系主任负责制，一名副院长协助院长分管教学和教务工作。教务处和成人教育办公室在院长领导下管理全院教学、教务工作。系是按专业设置的基层教学行政组织。

学院依据下列文件组织教学和管理工作：《北京联合大学外国语师范学院学生学籍管

理办法》、《北京联合大学外国语师范学院教务管理办法》、《北京联合大学外国语师范学院优秀学生奖学金实施细则》、《关于我院在校生办理退学手续的补充规定》、《北京联合大学外国语师范学院课程设置总表》、《北京联合大学外国语师范学院夜大学管理条例》等。

二、教学计划和课程设置

学院根据培养目标、生源的文化结构、学制等因素，四度调整教学计划和课程设置。

（一）原两个分院教学计划和课程设置参照《北京外国语学院教学方案（试行）》和《北京语言学院外语系四年制本科生教学计划》。

（二）1980 年 9 月至 1983 年 8 月，针对当时生源中并存的三种文化层次，实行不同的教学组织：1. 对 78 级和 79 级学生（高考统招生）依据 1980 年 4 月制订的《北京外国语学院分院师资班四年制课程设置及教学时间安排草案（试行）》组织教学。2. 对 1979 级、1980 级、1981 级两年制预科生除外语课程以外，基本上按照普通高中的课程设置。要求学生不仅外语在语音语调、听、说、读、写几方面都能打下初步基础，而且其他文化知识也能达到高中毕业生的水平。3. 对 1981 级、1982 级和 1983 级的学生（由预科升入本科）依据 1980 年 6 月制订的《北京外国语学院分院六年一贯制课程设置及教学时间安排草案（试行）》组织教学。

（三）1983 年停办预科班且增设了英语专科。各系及公共教研室对教学计划和课程设置进行了调整。如英语 1983 级有三套大纲、三种不同课程设置、三种不同的教法和进度。

（四）1985 年联大外师明确了学院的师范性质，英语专业的培养目标由普通型外语人才变为主要是中学英语师资。围绕培养目标，英语专业还开设了教育学、心理学、教学法、教育实习等课程。其他各系大力加强外语基本功和其他文化基础，使学生经过 4 年的刻苦学习，成为用人单位欢迎的毕业生。

1987 年 9 月，在较系统地总结过去几年办学的实践后，制订了《北京联合大学外国语师范学院课程设置总表》，明确了教学指导思想，制定了课程设置的范围和要求：必修课要精，选修课须广。

公共课的设置体现外语院校的特性，具有双重任务。其一，在思想理论、道德品质、文化修养、身体素质诸方面培养德才兼备的高等人才。其二，为丰富学生的国际政治和国际文化方面的知识，配合培养合格的外语人才的需要，在全校范围开设各外语专业共性的选修课或讲座课，在各系开设本语种国家的政治、经济、地理、文化等概况课程。

本科一、二年级，外语课全部设为必修课，每周 14～18 学时。三、四年级，各外语专业精设必修课，广设选修课和讲座课。第二门外语是必修课，在三年级每周开 4 课时，四年级调整为每周 6 课时，总学时为 2 200～2 600 学时。第二外语的地位与第一外语的基础课相同。

三、教学改革和教学研究

学院围绕培养合格的外语人才，在继承原外国语学校实践经验的基础上，进行适合高等外语教育的研究和探索，注重提高教师的业务专长，发挥教师队伍的群体作用，旨在形成有自己特色的高等外语教学路子。

（一）狠抓基础教学，打好扎实的外语基本功

学院安排有较丰富教学经验的教师和语音语调好的教师担任基础课教学，并坚持让外国专家担任基础阶段口语课，为语音阶段教学把关。

一年级教学受到格外的重视。日语、法语、德语、西班牙语、俄语专业学生属于初学者，语音阶段的教学是打基础的基础，对学生此后具备扎实的语言基本功以及养成良好的学习风气、学习方法、治学态度是至关重要的。英语专业一年级学生属于非初学者，给他们开设语音课目的是纠正学生们从中学阶段带来的不良语言习惯，因而英语系教师在语音阶段的任务比其他语言专业教师的任务更重、更艰巨。教师们给学生建立语音学习档案，根据学生语音档案资料，逐个记下每个学生的发音、语调、语流、语速、语气和理解方面的缺陷，课上课下反复纠正学生的发音和复述缺陷，提高学生辨音、辨义能力。学生经过语音教学阶段的严格训练，初具良好的语感、语音、语调，对以后记忆单词、短句、句型、学习语法、提高听说能力有很大的帮助。教师在“严格”和“熟练”上下功夫，及时纠正学生错误的发音，培养学生良好的语言习惯，让学生课上课下反复操练。在初学阶段，把听力训练教材作为基础，逐步转化成说、读、写的材料，经过反复的训练，使学生掌握听、说、读、写 4 项技能。学院期中期末组织考核，由院、系领导以及外国专家和任课教师组成考评组，对学生的听说能力逐个进行考核，在全面考核的基础上，召开基础课教学研讨会，进一步推进基础阶段教学。

（二）积极开辟第二课堂教学，创造良好的语言学习环境

学院在重视课堂教学的同时，大力开展多种形式的第二课堂教学。除为学生建立有声阅览室外，组织外语活动日、戏剧表演、朗读比赛、演讲比赛、外语知识竞赛、新年院级外语戏剧节、对外校际联系、书法比赛、作文比赛等活动。学院挑选一批品学兼优的学生与外国留学生同室居住，并鼓励中国学生与外国留学生在课余时间开展互教互学活动和外语联欢活动。校园的第二课堂教学在教师和外国专家的指导下有组织地进行，受到师生的欢迎。

（三）引导学生进入社会实践的大课堂

如组织英语专业学生参加中学外语教学实习、担任家庭教师，组织各专业学生参加外事活动和国际展览会的口译工作，参加亚运会的服务工作，接待外国青年友好代表团，实习旅游团陪同翻译，实习出版单位的外文编辑工作等活动。第一课堂和第二课堂的教学为学生进入社会课堂、培养实践能力准备了知识条件和技能条件。在社会大课堂里，学生实践而后知不足，反过来又促进第一课堂和第二课堂的教学活动。通过开展多种形式的语言实践活动，为学生建立了一个良好的语言学习环境，使学生的外语基本功得到强化。

（四）拓宽文化知识面，提高学生应用外语的交际能力

高年级教学在开拓学生的外语文化知识面的过程中，扩大学生的语言表达范围、提高语言表达能力，进行第二轮的听、说、读、写“四会”能力的训练。为此广开知识课、选修课和知识讲座，共开设报刊阅读、报刊分析、文学选读、阅读指导、文学欣赏、诗词韵律、各国概况、外国地理、外国历史、科技外语、旅游外语、世界文明史、应用文阅读和写作、外文写作等近 20 门必修课和选修课。各系还组织各种专题系列讲座。在高年级开设口译课、笔译课，有条件的系开设同声传译课，训练学生的翻译能力。翻译课（包括口译和笔译）是在母语和外语的互动过程中进行第三轮的听、说、读、写“四会”能力的训

练，是进一步培养学生外语交际能力的过程。在高年级开设语言学理论课，把学生感性的语言知识提高到理性认识。各系根据各自的条件开设词汇学、词源学、文体学、修辞学、翻译学等语言学理论基础。

公共课的教学也结合培养合格外语人才的目标开设多种选修课：如中国现代文学、中国古代文学、中国现代史、中国古代史、中国近代史、世界地理、世界历史、欧洲文学、苏俄文学、东方文学、拉美文学、国际关系、当代国际政治、中美关系、美学、现代西方哲学评价、计算机基础知识、西方古典音乐欣赏、西方美术名著欣赏等 20 多门课程。

四、体育教学和体育活动

学院重视体育教学和全院师生的群众性体育活动，由一名副院长主管体育工作。体育教研室按照教学大纲制定教学计划，本科体育教学周 2 课时，4 年总学时为 270～300 课时。体育课的达标率由 1985 年的 81%升到 1992 年的 98.4%。

学院每年春天举办师生田径运动会，每年 12 月举办全院师生冬季越野赛。1990 年举办迎亚运体育运动节，1991 年 11 月 15 日至 1992 年 3 月 15 日举办了全院师生参加的迎全运、争奥运的群体活动和体育运动节。

学院建立了田径运动队和女子体操队。女子体操队参加北京市高校艺术体操比赛，1983 年获团体总分第四，1984 年获团体总分第二、个人全能第一、单项两个第一和一个第二。1986 年至 1992 年 7 次参加高校竞技体操比赛，1986 年获个人两个第二、两个第三；1987 年获团体总分第二、个人全能第一和第二；1988 年获团体总分第一、个人全能第一、四个单项第一；1989 年获团体总分第二；1990 年获团体总分第三；1991 年获团体总分第二、两个单项第一。1992 年获团体总分第四、个人总分第一、四个单项第一。

学院参加北京联合大学举办的 4 届运动会。第一届（1985 年）获团体总分第五；第二届（1987 年）获团体总分第一；第三届（1989 年）获团体、男子、女子 3 个总分第一；第四届（1991 年）获得团体、男子、女子 3 个总分第一，以及观众精神文明一等奖。1990 年参加北京市高校田径运动会，获得团体总分甲组第五名。

工会负责组织教职工的体育活动：有围棋、乒乓球、羽毛球、跳绳、定点投篮、拔河等比赛活动。

五、成人教育

成人教育办公室负责夜大学的招生、毕业、教学组织与管理等项工作，还承担初、中、高级外语人员继续教育的任务。夜大学开设英语、日语、德语、法语 4 个专业，培养外语基础扎实、能从事一般口、笔译的初级外语人才。1987～1992 年共招收夜大学员 793 名，1992 年底在校夜大学员 325 名。截至 1992 年已有 3 届 303 名夜大毕业生。

学院为北京、河北、江苏、浙江、福建、黑龙江等省市及空军、海军、航天部、核工业部等单位举办了翻译班、外语强化班、科技班、初级班、中级班、口语班、成人高考辅导班、师资培训班等。学院还是北京市职工中级外语考试组织单位之一。

第六节 科学研究

一、科研工作

科研工作以教学研究为中心，科研结合教学，教学带动科研。

继承和发扬“白堆子”的外语教学特色以适应大学教学需要，是教学研究的重要课题之一。学院组织了各种专题研讨，逐步总结教学路子，以求在狠抓学生的语言基本功、拓宽学生的中外文化知识面、培养学生的语言交际能力诸方面形成自己的特色。学院把教材建设列为科研工作的重要内容。国内各类教材很多，却少有能够适应学院教学路子的教材。1982 年，学院以典型开路，提倡并积极组织各系外语教师有计划地编写教材，同时鼓励外国专家独立地或与中国教师合作编写教材。

学院于 1986 年设立了“教学成果奖”，制订了《教学成果奖励办法》，1987 年设立了“教材成果奖”，制订了《教材成果奖励办法》。两个奖项由院学术委员会分别隔年评选一次。1988 年、1990 年、1992 年 3 次共有 45 名教师获得院教学成果奖。1988 年，英语专科教研室、日语教师张林两项教学成果经北京联合大学推荐，获北京市教学成果一等奖，1992 年英语系教师崔素芳的教学成果获北京联合大学一等奖，经推荐报北京市，获市二等奖。1987 年、1989 年、1991 年 3 次共有 42 部教材获得院教材成果奖。经过十几年的不懈努力，逐步形成了一整套适应学院教学的教材体系。

1984 年学院创办了自己的学报（见本《志》第六编第四章）。

二、辅助机构

（一）图书馆

学院承接了外语学校的图书馆。1980 年购进从当年在京举办的法国图书展览闭幕后下架的法文各类图书千余册。1983 年 8 月开设了“联合国教科文组织图书馆”，获赠各类书刊三万余册，该组织和所属东京文化中心还定期赠送出版物。同年创办了《新书月报》期刊和“读者之友”板报，1984 年起每年举办新生利用图书资料的知识讲座。1987 年起，先后开辟中、外文开架书库，年图书外借量近 2.5 万册次。到 1992 年，学院有藏书 17 余万册，中文外文书刊 540 多种，馆面积 800 余平方米，设有中文、外文、合订期刊、报刊和视听 5 个阅览室，近 200 个阅览座位。

（二）电化教学设备

1973 年外语教师开始在教室里装备简易的电化教学设备，开始试验和实践电化教学，教学效果相当明显，为以后运用先进手段开展电化教学积累了经验。1978 年建立了简易语言实验室。1980 年，进口的先进语言实验室设备进入校园。1982 年以后，简易语言实验室改为学生自学的听力室。到 1992 年，学院有语言实验室 7 座，其中 4 座配有录像机和电视投影仪，是具备视、听、说功能较齐全的综合教室。7 个语言实验室的教学年使用率在 4 000 学时左右。还配有卫星接收、录音、录像、制作、剪辑、演播、电影放映、照相、幻灯等多种电化教学设备，基本上满足了口语、听力、口译、视听说、同声传译等教学活动的需要。

第七节 外 事

“白堆子”自1964年3月接收第一名外籍教师，就开始设有负责外事工作的干部。1980年5月外语分院建立了外事办公室（处级）。1982年6月，为了做好留学生工作，建立了中文培训中心，负责留学生的教学和管理。外事办公室主任兼任中文培训中心主任。

一、外国专家、教师的聘用和管理

“白堆子”自1964年至1992年，除了动乱中的7年，聘请的英语、日语、法语、德语、西班牙语、俄语6个语种，以及1972年取消的阿拉伯语，共7个语种的外国专家和教师281名，其中专家205名、教师76名。他们来自英国、美国、法国、德国（含东德、西德）、比利时、西班牙、荷兰、瑞士、俄罗斯、日本、加拿大、古巴、波多黎各、秘鲁、智利、海地、伊拉克、约旦（巴勒斯坦籍）、索马里、澳大利亚、新西兰等国。他们带来了先进的教学思想、教学方法和先进的教材。60～70年代他们的主要任务是向学生传授知识和指导学生的课外活动，80年代承担课堂教学、指导教师进修、编写教材、辅导学生开展多种形式的第二课堂活动4项任务。

(一) 对外国专家、教师的使用和安排

外国专家、教师是学校教师队伍组成中不可缺少的一部分。学院对外国专家坚持“充分信任、以诚相待，知人善任、扬长避短，关怀体贴、善解人意”的指导思想。外国专家、教师的使用主要在以下4个方面：

1. 教学第一线授课。安排外国专家、教师以其70％的工作量投入教学第一线，担任基础阶段的听力课和口语课的把关，训练和检验学生良好的语音语调和较强的外语语感；担任外文写作课、高年级的阅读课、高年级的文化知识课。

2. 培训教师。外国专家每周授课总学时的30％左右用于为中国教师开设进修课。1980～1984年，重点放在口语实践和基本功的操练。自1984年逐步过渡到专业知识课。开设的进修课总计达20多门。为了切实把部分优秀青年教师的外语教学水平提上去，采取了定课程、定教师、定专家的定向进修，并安排一部分青年教师担任外国专家的联系人。

3. 编写教材。请外国专家根据课程设置的需要，选定与自己专长相符的课程，独立编写具有自己特色的不同于国外出版的各类教材。积极组织外国专家与中国教师合编教材。

4. 辅导学生开展多种形式的第二课堂，培植教学需要的外语环境。外国专家、教师对开展学生外语课外活动有浓厚的兴趣，往往能收到中国教师难以起到的特殊效果。

(二) 对外国专家的管理

院领导在每学期第一周与外国专家、教师座谈，布置一学期的工作计划，明确提出教学纪律和教学秩序方面的要求。院、系、教务处有关负责人有计划地听课、召开学生座谈会或个别交谈交换意见。教务处负责充实外国专家、教师个人教学档案。坚持专家联系人制度。与外国专家、教师交朋友，使外国专家、教师有宾至如归的感受。

表附 2.3.7.1　　1980～1992 年聘用外国专家和教师情况统计表

年度	合计（人）	专业语系（人）						聘期（人）		职别（人）	
		英	日	法	德	西	俄	长期	短期	专家	教师
1980	12	3	2	4	2	1		12		7	5
1981	26	11	6	4	3	2		15	11	13	13
1982	19	9	4	2	2	2		18	1	14	5
1983	20	8	5	3	2	2		16	4	15	5
1984	18	9	3	2	2	2		17	1	13	5
1985	21	11	3	3	2	2		21		14	7
1986	22	12	4	2	2	2		21	1	14	8
1987	19	10	2	2	3	2		16	3	14	5
1988	17	9	2	2	2	2		15	2	14	3
1989	12	3	3	2	2	2		12		11	1
1990	12	5	3	1	1	2		10	2	9	3
1991	15	7	2	2	1	2	1	15		12	3
1992	13	6	2	1	1	1	2	12	1	10	3
总计	226	103	41	30	25	24	3	200	26	160	66

二、留学生的教学与管理

1982 年开始接收外国留学生来华学习汉语。

（一）教学组织：中文培训中心主管教学工作，管理外国学生的学籍、考勤、考试、成绩，组织参观游览。

（二）教师选配：有一支专职对外汉语教师队伍，并聘用一部分外语教师兼任汉语课。对所有的任课教师均签有职责分明的聘用合同，保证教学质量不断提高；每年选派一些有培养前途的教师到国外教汉语，以此培养自己的对外汉语教学骨干；吸收一批有在国外教授汉语经历的外语教师。

（三）教学研究：先后同国内外的同行以及来访的国外学者一起就“如何教美国人学汉语”、“如何利用北京的语言环境”、“课程设置”、“教学大纲”、“口语教学”、“教材的选择与使用”、“不同国家学生的文化背景与学汉语中出现的难点的关系”等问题进行研讨。

（四）生活管理：建立了能适应对外国留学生管理需要的规章制度。生活接待方面基本满足了外国留学生的生活需要。

三、对外交流与合作

学院每年从美、英、日、法、德、俄、拉丁美洲国家等地聘请十余名教授、学者来院讲学。特邀联合国有关官员作专题讲演。积极开展双边和多边的学术交流活动。同美国的纽约州立布法罗大学、麻州州立大学、威斯理学院、昆士学院、多米尼肯学院、鲍德温学院、西加州大学，德国的不莱梅科技大学和德国文化交流中心，日本的东京都立大学、日本长崎县和三重县教育委员会等十几所外国高等院校和教育机构建立了定期的交流关系。

1981年3月受北京市高校对外交流委员会的委托，外语分院与美国纽约州立布法罗大学合作建立“北京市高校英语培训中心”，为市属高校准备出国进修的教师进行短期英语培训。10年里，有来自北京市属20余所大学的600多名教师参加了培训。1982年，“中文培训中心”开始招收外国留学生前来参加为期一年、一学期或数周的中文短期学习班和中国文化班。到1992年，已有来自美国的近20所大学2011名学生和来自日本、法国、德国等国的506名学生获得这个中心的结业证书。此外，学院同联合国教科文组织也保持着密切的联系。学院为培养北京市农村中学英语教师而开办的两年制专科于1987年获得了联合国教科文组织的特别资助。

院长周起骥于1981～1992年应邀先后7次赴美、德、法等国访问、考察、讲学，1983年被美国纽约州立布法罗大学特聘为英语学院名誉教授。学院接待过联合国教科文组织总干事姆博及其率领的该组织的高级官员、法国议会海外教育委员会主席、法国驻华大使、德国驻华大使、法国驻联合国教科文组织大使、巴基斯坦驻联合国教科文组织大使、日本长崎县教育委员会委员长及其官员、日本长野县教育委员会委员长及其官员、日本三重县教育委员会委员长及其他官员、美国纽约州立布法罗大学校长、德国不莱梅科技大学校长、荷兰电影导演伊文斯等。从1980年至1992年，约接待来访115次550多人。

1980年学院特聘美国籍副教授苏锦为外语教学顾问；1986年及1989年先后聘请美国威斯理大学中文系主任戴祝念教授、美国纽约州立大学端耐特教授为名誉教授。

第八节　学校的中共组织与群众组织

一、中国共产党组织

（一）学校中中共组织的地位和作用

学院实行党委领导下的院长负责制。党委充分发挥政治核心领导作用，认真贯彻执行党的路线、方针、政策，坚持社会主义办学方向，依靠全体教职工，推进学校的发展和改革，以求为北京市培养适应现代化建设需要的合格外语人才。党委重视干部队伍的建设，坚持用马克思主义理论和党的方针政策武装干部，努力提高他们的理论水平和管理能力；重视思想政治工作，认真落实党的知识分子政策，注意师资队伍的培养和建设；重视教学工作和学生工作，致力于培养政治思想水平和业务水平双高的人才；重视班子的自身建设，提高党委班子的决策能力和水平。

（二）组织建设

加强领导班子建设。党委在全面考查干部的基础上，按照干部队伍的革命化、年轻化、知识化、专业化的方针，把一批政治素质好、忠诚于社会主义教育事业的德才兼备的优秀知识分子，逐步安排和选拔到领导岗位上。有两名教师先后进了院级领导班子。

做好发展党员工作。按照党章规定的党员标准，把一批一贯表现好的优秀教职工、学生吸收入党。1982年后，重点发展一批1966年前大学毕业的教师入党。1989年后，注意在青年教师和学生中发展党员。举办了业余党校和短期培训班。

搞好党支部建设。建立和完善了党委委员联系基层干部、参加基层支部生活的制度，注意党支部书记的培养和选拔，加强对党支部书记的培训，建立党支部书记检查考核制度，定期召开党支部书记经验交流会，严格支委会生活制度，增强党支部的战斗堡垒作用。

整党和党员登记。1985 年，按照党中央和北京市委的要求，进行整党工作。全院共有 169 名党员参加整党，除去预备党员和出国学习的党员 24 人外，145 名正式党员全部进行了登记。1990 年 7 月至 12 月，根据北京市委的部署，进行党员重新登记工作，全院 181 名党员，其中正式党员 178 人，除在国外学习、重病住院 17 名党员未履行登记手续外，其他 161 名正式党员都履行了党员重新登记手续。

（三）思想建设

党委加强马克思主义理论教育。思想政治教育分别由党委宣传部、马列教研室、思想教育教研室负责。每学期研究一次马克思主义理论教育。建立了理论学习中心组。组织教职工和学生学习中共基本路线、中共十一届三中全会以来的路线方针政策、中共十三大和十四大政治报告、邓小平关于建设有中国特色社会主义的理论等。采取多种形式，重点抓好院领导干部和中层干部的学习。

（四）纪律检查

1981 年 9 月外语分院建立了纪检组，由党委一名副书记兼任组长。1983 年 9 月起，配备一名专职纪检干部负责纪律检查工作。1984 年 7 月由主持工作的党委副书记兼任纪委书记。1991 年 7 月配了一名专职纪委副书记。纪委在院党委和上级纪律检查委员会的领导下，认真抓党风、党纪的教育和廉政建设，制订了加强党风党纪建设和廉政建设的有关规章制度。

二、工会

1979 年建立工会临时组织，1985 年召开了第一届工会会员代表大会。党委重视发挥工会的民主监督作用。工会积极组织教职工开展文体活动和业余文化教育，并组织教职工和学生进行了 3 届海淀区人民代表大会代表的选举工作。

三、共青团和学生会

1979 年和 1981 年先后建立了第一届和第二届临时团委。1982 年、1987 年、1991 年先后召开了第一届、第二届、第三届共青团代表大会。历届学代会在团代会结束后召开，选出新一届学生会。学生会的主要工作与团委协同进行。

共青团、学生会在党委的统一领导下，围绕党委在每个时期的中心任务积极开展工作，采取多种形式和途径做好学生思想政治工作。每年都利用假期举办团委、学生会 3 级干部培训班。积极配合学生处（青年部）组织学生参加社会实践活动，开展有益的文娱体育活动。每年五四青年节和“一二·九”运动纪念日，团委、学生会在学生处（青年部）的支持下组织各种形式的纪念活动，如文化艺术节、演讲比赛、歌咏比赛、各种体育项目比赛等。1988 年、1990 年院学生合唱团两次参加首都大学生“理想之歌”比赛，分别获二等奖和一等奖。利用广播、宣传板、板报，积极开展宣传报道活动。

1990 年，按照团市委的要求进行团员的教育评议工作，全院有 553 名团员参加教育评议，全部给予注册。

第九节　行政管理

一、后勤工作

（一）机构

总务处负责学院的基本建设、房屋修缮、物资管理、生活保障、医疗保健、机动车辆管理等项工作。后勤工作由一名副院长协助院长主管。自1983年9月始财务和保卫工作直属院长领导。

（二）基本建设

1993年联大外师并入首都师大时，图书馆、电教室、办公楼、学生宿舍楼、礼堂、阶梯教室、平房教室、平房办公室、食堂及西平房四合院等建筑，共约2万平方米，以及一个200米跑道的操场，都是原北京市工农干校50年代初所建。1980年3校合并后，建了4栋教工宿舍楼近1万平方米，其中3号宿舍楼改为外国留学生宿舍。1986年学院自筹资金修建西小院轻体结构房和电话总机房。学院建筑总面积31 045平方米。大部分校舍年久失修。

（三）保障工作

财务管理。学院的贵重设备主要采取院系两级管理的办法。1984年和1992年两次对财务进行全面清查核实工作，建立了多项制度。学院的经费来源主要依靠上级拨款，同时积极开展创收，其创收主要渠道是招收外国留学生和发展成人教育。1986年起配了专兼职审计干部。

生活保障。两分院创建初，后勤处设有食堂办公室。1983年9月建立了总务处膳食科。此后，学校在伙食方面作了较大投入。医疗保健工作的重点是提高服务质量。为加强公费医疗的管理，从1992年3月1日起实行医疗收费的改革。

（四）治安保卫

由保卫科负责。学院成立由主管院领导参加的“社会治安综合治理领导小组”、“治保委员会”、“消防委员会”、“交通安全委员会”等治安组织。先后制订了多项规章制度。学院没有发生过较大的治安保卫责任事故。

二、内部管理体制改革

1991年5月起，按照北京市政府的要求，学校进行校内管理体制改革，主要内容是：健全、完善校内的领导体制，实行教育目标责任制、聘任制及校内结构工资制。

1991年9月日语系试点后首先进入改革轨道。院改革领导小组逐个审批各单位的改革方案。1991年11月，学院全部实行了内部管理改革的新机制。

三、文明校园建设

1991年初，建立了院文明校园建设领导小组，重点抓校园环境美化和教学、办公秩序的整顿，校园面貌有了新的起色，校风、学风得到改进，优化了育人环境。

第四章　大事记

1960年9月，北京市外国语学校开办三年制高中，办学地点暂借北京师范学院预科的部分教室。

1961年8月，学校搬迁到白堆子原北京市工农干部补习学校校址。

1963年9月，学校新增初中部和小学部（三年级起始，学制四年）。

1964年初，一批青年教师在副校长领导下开始进行外语教学法的改革。

1964年4月开始，学校陆续接收由北京市教育局选聘的外国文教专家。

1965年春，学校成立中共党总支。

1965年暑假，学校组织外国专家分东南、西北两路到外地参观访问。

1966年1月，学校行政领导关系划归北京市高教局。

1966年6～8月，“文革”爆发，红卫兵运动兴起，一批干部、教师受到冲击。9月开始全国大串联。

1967年，“复课闹革命”。9月军宣队、工宣队进校。12月建立“革委会”。

1971年初，外语学校划归北京师范学院，更名为北京师范学院附属外国语学校，办二年制中等师范，招收外语专业学生。

1973年，北京师范学院附属外国语学校从北京师范学院划出，恢复北京市外国语学校校名。

1971～1974年，电化教学开始进课堂。

1974年春，外语学校应邀参加国务院科教文卫领导小组召集的在京部分高校电化教学研讨会。

1974年秋，“反右倾回潮”运动开始，外语学校一批教师再次受冲击。

1975年4月，11名干部、教师赴平谷县下放劳动（1976年10月全部回校）。

1977年3月，三年制中师班开学。

1978年9月，五年制中学班开学（1981年转为第三届大学预科班）。

1978年9月，开办两个大学英语师资班，学制两年。

1978年12月，筹建北京外国语学院分院和北京语言学院分院（两块牌子一个实体）。

1979年2月9日，北京外国语学院分院、北京语言学院分院招收的第一届新生正式开学。

1979年9月，外语学校两年制高中班开学，3校合并后改为外语分院第一届预科班。

1979年12月，国际著名电影导演伊文斯访问外语学校。

1980年3月30日，市政府颁发京政发（1980）20号通知，决定北京外国语学院分院、北京语言学院分院和北京市外国语学校3校合并成立独立办学的北京外国语学院分院。

1980年7月2日，外语分院为美籍教师苏锦颁发“外语教学顾问”聘书。

1980年9月，外语分院第二届预科班开学。

1981年3月3日，法国国民议会秘书长、外交委员会主席、法国维护法语协会主席德尼奥先生访问外语分院。

1981年3月25日，外语分院与美国布法罗大学合作建立的“北京市高校英语培训中心”成立，4月8日举行开学典礼。

1981年4月，法国驻华大使馆全体官员和家属在大使柯罗德·沙耶率领下参加外语分院的法语日活动。

1981年6月16日，市委组织部下发京组通字（1981）53号通知，决定外语分院成立临时党委，刘寿彭任党委书记。

1981年8月，原北京外国语学院分院和北京语言学院分院全部迁入白堆子校址，和北京市外国语学校实现全面合并，完成新的外语分院的实体合成。8月31日举行3校合并后的第一次开学典礼。北京市副市长白介夫参加了开学典礼。

1982年6月28日，院“中文培训中心”（接受留学生学习汉语）举行开学典礼。

1982年9月26日、27日，外语分院同美国纽约州立布法罗大学联合举办“英语教学圆桌会议”。

1982年9月，新建的1、2、3号教职工宿舍楼竣工入住（3号楼用作外国留学生宿舍）。

1983年4月，教职工宿舍4号楼竣工。

1983年7月21日，美国教育部组织的美国汉学家教育代表团到“中文培训中心”进行考察。

1983年8月，英语系增设专科。

1983年8月30日，联合国教科文组织总干事姆博先生及夫人，率团出席外语分院“联合国教科文组织图书馆”开馆揭幕式。

1984年5月5日，外语分院与美国纽约州立布法罗大学联合举办“英语教学理论与方法”学术研讨会。

1984年6月8日，“英语培训中心”举行成立3周年庆祝活动。

1984年8月1日，“中文培训中心”举行成立两周年纪念活动。

1984年10月1日，分院300名学生参加国庆35周年天安门游行活动。

1984年11月，分院法语系二年级学生郭敬红在北京地区高校法语演讲比赛中获得一等奖。

1985年1月12日，分院召开首届工会会员代表大会。

1985年3月，北京市组建北京联合大学，北京外国语学院分院更名为北京联合大学外国语师范学院。

1985年4月至12月，中共党员参加整党学习和党员登记工作。

1985年7月12日，团中央组织200余名法国青年来联大外师举行中外青年联欢晚会。

1985年8月15日，联大外师同美国教育访华协会、美国威斯里学院联合举办“如何教美国人学汉语讨论会”。

1985年11月5日至8日，承办京津沪3所外语学院（上海大学外语学院、天津外语学院、北京联大外国语师范学院）第二次协作年会，研讨英语基础课教学和教学法经验。

1986年1月6日，联大外师授予美国威斯里学院中文系主任戴祝悆教授荣誉教授称号。

1986年3月22日，日语系三年级学生郑萍在北京地区9所院校参加的首届高校日语演讲比赛中夺魁。

1986年11月12日，北京市政协高等教育组10名政协委员来学院视察师范教育。

1987年3月12日，对外友协安排美国亚利桑那吐克松少年男声合唱团来院演出。

1987年5月9日、10日两天，联大外师夜大学举行首届入学考试。

1987年7月15日，联大外师首次承办北京市部分高考生的外语口试工作。

1987年8月14日，举行“中文培训中心”成立5周年庆祝活动。

1988年2月2日，北京市副市长张百发来学院视察，听取了外师办学情况，对学校的建设规划提出了意见和建议。

1988年5月底，联大外师师生两个合唱队分别参加海淀区和北京市大学歌咏比赛，均获得二等奖。

1988年，日语系学生叶彬获中国社科院组织的全国日语演讲比赛第一名。

1989年3月15日，北京市教育局局长陶西平来院作毕业生就业指导报告。

1989年6月19日，联大外师授予美国纽约州立布法罗大学端耐特博士名誉教授称号。

1989年6月底，国家教委副主任朱开轩在市高教局局长陈忠陪同下来院视察工作，听取了学校情况的汇报。

1989年10月1日，60名学生参加庆祝国庆40周年天安门广场联欢晚会。

1990年1月5日，联大外师同美国纽约州立布法罗大学共同举办“国际英语教学讨论会”。

1990年4月28日，北京市副市长陆宇澄一行来联大外师视察，听取了有关办学情况的汇报，对学校工作作了重要指示并同意给学校解决部分办学经费。

1990年5月8日至11日，承办京津沪3所外语学院第五次协作会议，研究迎接全国英语基础教学水平测试问题。

1990年7月20日至10月1日，联大外师760多名师生参加了亚运会的服务工作，受到亚运会组委会、市委领导和中外人士的好评。

1991年5月，法语系三年级学生排演的莫里哀喜剧《屈打成医》获得北京地区高校法语戏剧比赛的表演和男、女主角3个一等奖。

1991年5月起，学院实行内部管理体制改革。

1991年10月16日，召开纪念大会庆祝学院与美国纽约州立布法罗大学学术交流10周年。

1992年3月26日，召开“外语教学研讨会”。

1992年3月30日，日本一所著名的商业高中吉他俱乐部来院举行吉他演奏会。

1992年9月27日，在北京市申办2000年奥运会外语（法语）演讲比赛决赛中，1988级男生郝忠伟获得总分第一名、演讲内容第一名。1989级学生赵明、1990级学生杨杨分别获得优胜奖。

1992年12月18日，在北京市申办2000年奥运会外语（俄语）演讲比赛决赛中，1989级学生季彤获得最佳内容奖，1989级施卉获得优胜奖。

1993年上半年，在北京市申办2000年奥运会外语演讲比赛其他几场决赛中，钟晨在日语演讲比赛决赛中获奖。1988级女生吉小枫获得西班牙语演讲比赛第一名，由国际奥委会主席萨马兰奇为她颁奖。1988级女生刘元元在德语演讲比赛决赛中夺冠。

附录三

北京通州师范学校志

（1905～1999）

一、历史沿革

北京通州师范学校是北京市历史最悠久的中等师范学校，位于通州卫星城中山街。前身是河北省立通州师范学校（“男师”）和河北省立通州女子师范学校（“女师”）。两校兴办于清末民初，从1916年至1998年，通师共毕业学生约17 000人，主要分布于北京、天津、河北、内蒙等地。

“男师”的前身创建于光绪三十一年（1905年），当时顺天府在通州新城西门里敦厚堂和法华庵两座毗邻的庙址创办顺天东路厅中学堂。为了培养新学师资，宣统元年（1909），招收简易和完全师范班学生，校名改为东路厅师范学堂。1914年又改名为顺天第三中学，后又改名为京兆第三中学，1919年因学潮等原因停办。1920年京兆师范学校（前身为西路厅师范学堂）由卢沟桥迁往通州原京兆三中校址，与该校的一个简易师范班合并，校名仍为京兆师范学校。1928年撤销京兆区，改直隶为河北省，京兆师范改名为河北省立第十师范学校。1933年改名为河北省立通县师范学校。1935年殷汝耕的伪冀东自治政府强行接管学校，曾把校名改为冀东通县师范学校，遭到爱国师生坚决抵制，大部分师生迁到北平西单皮库胡同借读，1938年春恢复了原校名。1948年底，通县解放，“男师”校名仍为河北省立通县师范学校。1958年“男师”升格为河北通州师范专科学校，1959年迁往承德，原址留下4个普师班，由通州“女师”改名后的河北通州师范学校接收。

“女师”筹建于1915年，1916年京兆公署在通州城内原永通道旧署址开办京兆女子师范讲习所，招女子师范讲习班、职业班各一个，学制一年。1918年添招完全师范班，校名改为京兆女子师范学校。1922年建立附属小学，1924年增设幼稚园。1928年校名改为河北省立第六女子师范学校。1933年改名为河北省立通县女子师范学校，增设初中班，并在西仓建立分校。1935年，同“男师”一样“女师”被迫迁往北平乾面胡同借读，1937年返回通县原址。1958年“女师”改名为河北通州师范学校，兼收男女生。1959年，接收河北通州师专4个普师班师生及原校舍，分东西两校办学。原“女师”校址称为通师东校，“男师”校址称为通师西校。

1960年，河北通州师范学校一度升格为师专，学制4年，前两年修中师课程，后两年修大专课程。设中文、数学、物理、化学4个专业班，培养目标是初中教师。一年后因国家经济困难，师专下马，恢复办中师。1961年11月11日河北省将通师移交给北京市，成为市教育局直属中等师范学校，校名北京通县师范学校。1963年通师东校划归通县，改办通县三中。通师则集中于原“男师”校址办学。1997年更名北京通州师范学校。1999年9月根据北京市教委京教计（2000）001号文件精神，北京通州师范学校和北京第三师范学校并入首都师范大学成立初等教育学院（文件在并入之后下发）。

解放前（1905～1948年）“男师”学监或校长为：王维翰、王翊尧、赵书云、尚廷

少奇、许庆艾、乌兰、孙敬修、孙文淑、路岩、张中行、范畴、张涌、张万祥、李贺年、郭福昌、从维熙、翁博学、任国华、金熙寅等。

三、教学工作

教育教学方面，通师经历了一个不断探索的阶段。1961 年，河北省将通师移交北京市。1962 年 9 月开始面向全市招生。贯彻“调整、巩固、充实、提高”的方针，学校开展“联系实际、面向小学、大练基本功”活动：如，（语文教师欧阳中石）开设书法小组；举办教师自制教具展；组织教材、教法研究组深入附小任教，根据小学实际改编教材改进教学等。1965 年，北京市贯彻“两种劳动制度、两种教育制度”的改革，确定通师为半农半读试点校，投资 10 万元在双桥农场建立教育基地，实行四年制的“一、四、七”教学计划，即全年 1 个月休假、4 个月劳动、7 个月学习。1966 年“文革”开始，实验夭折。“文化大革命”期间，通师校舍一度被占用，干部被关押、批斗，教师被分散各校，图书、仪器、档案损失殆尽，学校停止招生。1970 年 1 月，通师由市属改为县属，7 月恢复招生。1971 年奉命迁往永乐店中学借地办学，1972 年迁回原址。从 1970 年到 1976 年，通师先后开办短训班、简师班、专业班，共培养中小学师资 816 人，解决了通县对教师及教辅人员的急需。

中共十一届三中全会以后，通师广大师生重建校园，认真贯彻党和国家的教育方针，改善办学条件，充实教师队伍，以“忠诚于党的教育事业”为校训，严谨、勤奋、团结、乐教，教育教学走入正轨。1978 年通师恢复为市教育局直属中等师范，并确定“面向小学，面向农村”的办学方向。1986～1993 年，在贯彻全国“师范学校管理规范化、办学条件标准化”中先后有 7 名教师参与了语文、自然、心理学等市用小学教师专业学习教材的编著；北京市及华北五省市在通师举办了 6 个学科、15 名教师的公开课。1993 年以来，贯彻国家教委师范教育现代化的要求，为培养大专层次的小学教师创造条件，组织教师参加硕士研究生主要课程班的学习，统计到 1998 年已有 30 人毕业。在通师与北京教育学院、北京联合大学文理学院合办的成人高校中安排通师教师任课，到 1997 年已有 20 人能胜任大专课程教学任务。1994 年起，数、理、化、生、地等学科开展计算机辅助教学，自制软件《力的合成》等在全国中师和市教研评比中获一等奖。1976～1998 年期间有 35 人获市级以上先进称号，1994 年国家教委、国家体委、劳动部联合授予通师“全国职业技术教育系统体育先进学校”称号。1997 年被评为首届全国规范汉字书写大赛先进集体。

四、办学条件

校园总面积 65 000 平方米，建筑面积 29 000 平方米。80 年代以来，市政府先后投资 2,000 万元，新建了教学、实验、音乐等楼房 7 幢和风雨操场；装备了电化、语音、微格等教室；还有多媒体视听室、生物标本室、心理实验室，配备有大屏幕背投的阶梯教室和计算机房；图书馆藏书 8 万册。学校建立了学生成绩、人事、工资、设备、图书编目流通等管理的办公自动化系统。到 1997 年，固定资产总价值 2 600 万元。1997 年被评为首都绿化花园式单位。

附录四

北京第三师范学校志

(1958～1999)

1958年，海淀师范学校成立，校址定在通慧寺。1959年春，破土动工施建校舍。1960年9月，教学楼、宿舍楼初步竣工，两个年级6个班的师范生全部从借住的中国人民大学附属中学搬到新校舍。当时正值三年困难时期，400名学生和教职工一起参加劳动，节衣缩食，共度灾年。

建校初期，教师一部分从人大附中调来，一部分是从北京师范大学、北京师院和北京师范专科学校分配来的毕业生，还有一些中等师范学校的毕业生。这支队伍充满朝气，自觉克服困难，发奋创业。

1961年，根据党中央“调整、巩固、充实、提高”的方针，师范学校进行大调整、大合并，同时强调注意提高教育质量。1962年9月，房山、大兴、门头沟、延庆等远郊区县的师范学校合并到昌平师范学校。1963年7月6日，昌平师范学校、海淀师范学校合并，在原海淀师范学校校址建校，更名为北京第三师范学校，简称“三师”，直属市教育局。1964年9月，朝阳、丰台、西城、东城师范部分师生又并入第三师范学校，并校工作始告完成。郭沫若为三师题写校名。学制改为4年。当时在校生共24个班，近1 000人。以年轻教师为主的教师队伍也得到了壮大。

1966年5月，“文革”开始，三师也卷入了这场史无前例的动乱之中。

1969年1月，三师划归海淀区教育局领属。1970年春，三师教育教学工作在停顿了4年以后，开始恢复。学校开办了短训班，共培训了300名学生，同时招收了“文革”以来的第一届普师班学生，学制一年半。1971年2月，海淀区教育局针对该区各类学校师资严重短缺的情况，决定由三师办各种专业班。从1971年到1978年，三师先后办了语文、数学、历史、地理、物理、化学、财会、体育、音乐、美术、幼教、医士等专业班。共招收学生1 334名，学制两年，毕业后除幼教班学生分配到海淀区各幼儿园外，其他各班学生均分配到海淀区各中学工作。1970年3月，三师成立了进修组，承担起全区教师进修和教研的任务。1973年底，进修组从三师分出，成立了海淀区教师进修学校。三师的许多教师都先后在进修学校兼课，帮助海淀进修学校开展教师进修活动。

1978年，恢复招收初中毕业生，学制3年。1979年，又招收了168名高中毕业生，学制为两年。1980年以后，恢复了4年制普师，招收初中毕业生。1982年春，作为北京市中等师范学校教师职称评定试点单位，进行了职称评定。

为提高教育教学质量，并有针对性地进行改革，学校于1982年底组成调查小组，调查毕业生情况。调查结果表明，毕业生表现良好。调查报告上报后，教育部长何东昌为此向学校赠送纪念钟；《人民日报》也于1985年发表了《小学教师后继有人》的报道和编后评论。1983年，学校对北京市城近郊区重点小学的教师知识结构进行调查，并在此基础上拟定出“试办五年制大专班，培养重点小学师资”的报告。经主管部门批准，1985～1988年，学校陆续开办了理科、文科、音乐、英语大专班。这种新学制，标志着我国培养小学师资的工作开始向高层次发展。1985年底，学校接受了国家教委的委托，组成科研小组，着手研究新时期小学教师的规格问题，撰写《新时期小学教师的规格》一文，为检查测定小学教师的质量提供了标准。1986年，学校又对1984年、1985年两届毕业生进行了跟踪调查，重点调查了毕业生的质量情况。1987年，学校成立教育科学研究室，先后完成了《中师各科教学目标及其实施细则》、《中师教育课程改革方案》等科研专题。上述成果，为三师办学提供了科学依据。

学校采取了一系列措施，促使管理工作科学化、系列化、严格化。1985年，发动各部门制定了岗位责任制度。1985年9月至1986年2月，试行了教职工考核办法。学校还向全校师生提出了“团结、进取、敬业、求实”的校风目标。1987年，民主促进会三师支部建立，还有一些中年教师加入了民盟等民主党派。1987年初，三师作为北京市中等专业学校职称改革试点单位，评出了13名高级讲师，1988年评出19名，至此，学校教职员工中已有32人具有高级职称，26人具有中级职称。获得高、中级职称者占教职工总数的52%。1985年至1988年，学校先后与数个省市和系统建立了广泛联系，开办短期培训班，培训了小学领导干部、教师500余人。

1988年9月，1985级4班（数学大专班）升入大专阶段，它是三师办学史上的第一个大专班，标志着三师为培养大专学历的小学师资迈出了新的一步。1990年，北京市小学师资培训中心在三师成立，作为中国与联合国儿童基金会合作加强师资培训项目单位，在市教育局统一领导下，负责指导全市小学教师继续教育工作，根据规划承担小学各职务层次教师培训及高层次学历培训的任务。至此，三师已经由原来的单纯培养中师生发展到兼培养大专学历的师范生；由原来的只承担职前培养任务，发展到兼承担职后培训任务；由原来只有统招生，发展到兼招委培生。办学任务的重大变化，使三师面临新的挑战。三师曾完成中等师范教育任务，今后能不能完成试办大专的任务、能不能建设好北京市小学师资培训中心，做好在职小学教师继续教育工作，需要在实践中经受检验！三师的干部需要再学习、再提高。这一切，都需要时间和努力。

从1988年到1991年，三师开始了新的艰苦创业历程。原有的内部管理体制已经不能适应新的多学制办学任务，学校决定着手进行调整。1989年，学校根据中央和北京市关于教育体制改革的文件精神，制订了《北京第三师范学校内部管理体制改革方案》，主要内容是：实行校长负责制，岗位人员聘任制，校内结构工资制。1990年，华北5省市教委对所辖师范学校进行“办学条件标准化”的联合检查，国家教委师范司肯定了三师的办学经验。1991年由于几年来党员队伍的不断壮大，三师党支部扩建为党总支。1992年国家教委师范教育司决定成立“中国—联合国儿童基金会合作加强师资培训项目协调指导中心”（该中心依托在北京市小学师资培训中心［北京第三师范学校］）。市编委会批准在三师设立该中心，此后该“中心”正式启动，开始工作。1991年3月，国家教委师范司在北京召开全国小教大专研讨会，期间在三师召开了现场会，考察三师试办大专的情况，旁听了语文大专班所进行的专题讨论会。对三师大专生给予了高度评价。这次研讨会和现场会的召开，促进了全国试办大专工作的展开。此后，三师为加强大专教育教学管理，正式成立了大专部。

学校为进一步提高办学质量，在加强师资队伍建设的同时，努力投资改善办学条件。到1993年，学校基础设施建设已形成较大规模，且配套比较齐全。建筑面积（含附属面积）达22 000平方米。占地51亩的校园，规划整齐，布局合理，环境整洁幽雅，有教学楼、综合办公楼、风雨操场、科技楼、音乐楼及学生宿舍楼等组成的建筑群落。“安静、整洁、文明、有序”的校园环境基本建成。学校努力改善教育教学设备，建成了符合规格的心理观察室、科普园地、多功能厅，装配了计算机房、音像设备等。各种教学设备已基本配套，教学演示、学生实验都能按教学大纲进行，个别学科可以做到单人操作。1993年，学校推出了《德育整体改革的方案》，方案强调各年级要实现不同发展阶段的德育基本目标；在坚持思想政治课是德育主阵地的同时，其他学科都要有目的、有意识地渗透德育内容；明确了德育工作中的组织管理与协作关系。1993年底，国家教委师范司在北京召开“全国师范教育深化改革提高质量”座谈会，会上国家教委领导发出逐步实现师范教育现代化的号召，并在三师召开现场会，将三师“了解小学、研究小学、服务小学”的办学经验推向全国。

1994年2月，针对大专班日渐增多、中师班基本停招、定向委培班多种模式、小学师资培训工作全面展开、项目协调工作辐射全国等实际情况，为了突出各项工作特别是教育、教学、管理的针对性，进一步调动教职工“三育人”的积极性，适应学校向大专的重点转移，学校决定对内部管理体制进行新一轮改革，重心是行政管理体制的改变。

1995年起，为适应师范教育发展改革的需要，为了贯彻、落实《大学专科程度小学教师培养课程方案》（试行）的要求，在国家教委师范司及各省、市教委师范处的支持下，由北京三师牵头，联合了全国38所师范学校或师范专科学校编写出版了首批《大学专科小学教育专业教材》。它是新中国成立以来第一套培养大学专科程度小学教师的教材，也是一套自成体系的系列化教材。它的问世结束了10年试验中没有适用的教材、特别是没有系列教材的历史，使试验朝着规范化的方向迈出了可喜的一步。1995年12月，学校邀请了全国30余所师范学校的领导来京参加“小教大专办学研讨会”，并观摩了三师试办大专10年庆典活动。代表们充分肯定了三师大专办学10年的成果，包括在培养小教大专生的能力方面所作的有益探索。

大专班的教育教学工作，经过了一段时间的摸索，开始成熟。一批研究生投入到大专教育教学工作中来，形成了老中青结合的教师队伍。他们经过几年的刻苦锻炼，较为出色地完成教育教学任务。如主持大专教材的编写；在加大必修课的教学密度、难度的同时，开设了20多门选修课；带领学生积极参加社会活动，大胆实践，锻炼自己。对大专生实行开放式管理，让学生在课余时间自我安排，充分调动了其积极性、主动性，自我发展意识初步形成。

小学师资培训中心在“八五”期间完成了对远郊区县37 455名小学教师的培训，初步形成了一支“继续教育”师资队伍；“继续教育”培训网络基本形成。1995年开始，又对远郊10个区县的小学教师进行了小学教师基本功的培训；同时还承担了海淀区小学教师自考大专班的自学辅导，历时3年完成；培训中心并多次组织远郊区县主管继续教育的校长，研讨“九五”继续教育的规划，为市教委提供了“九五”规划材料。

项目协调中心在国家教委师范司的直接领导下，对全国30个省（区）直辖市的200多个师资培训项目单位进行宏观管理、指导和评估，组织项目单位开展联网活动，进行信息交流；对项目单位的管理、教学和技术人员进行培训，充分发挥项目效益。先后完成了1990～1995年联合国儿童基金会无偿援助约550万美元进口设备的调配工作；完善了软件项目活动档案建设工作；逐一落实了1996～2000年周期促进贫困地区初等教育项目（该项目覆盖全国12个省市，102个国家级贫困县）。协调中心的成立和工作的开展，为我校在全国赢得了声誉。

1999年9月，根据教育部有关精神和北京市政府决定，北京第三师范学校并入首都师范大学，组建首都师大初等教育学院（海淀部）。

北京第三师范学校教师取得中专高级讲师资格者（含1987～1999年评定，以及由外单位调入者）共计80人（名单见本《志》第四编教职工）。

北京第三师范学校有一批教职员工获得过各种奖励。获得省市级及以上综合性奖励者的名单见本《志》第四编教职工，获得中师、普教系统奖励者的名单（部分）如下：北京市普教系统先进工作者——胡春生（1987）、白柴生（1987）、刘树信（1990）；曾宪梓教育基金会中等师范学校及教师进修学校优秀教师——潘帮桢（三等奖、1995）、王进明（二等奖、1998）；北京市紫禁杯优秀班主任——李培华（1989）、吕丹妮（1990）、姬树立（1991）；北京市中等师范优秀班主任——张德训（1991）、罗秀兰（1991）、徐春华（1991）；北京市继续教育先进工作者——程铁山（1992）、梁纪云（1992）、汪又红（1992）。

北京第三师范学校主要负责人见下表。

表附4.0.0.1　　北京第三师范学校主要负责人任职更迭表

姓　名	职　务	任职时间	备　注
唐远允	党政负责人	1958.8～1960.8	
唐远允	党支部书记兼副校长	1960.8～1964.9	李书龄为名誉校长
李一农	校长	1963.7～1965.8	
齐永康	校长	1965.9～1988.9	
党进才	革委会主任	1969.1～1971.1	
王胜川	革委会主任	1971.1～1978.10	
郭德奎	书记	1971.1～1973.12	
姬锡瑞	校长	1980.9～1983.10	
石维新	书记	1978.10～1986.10	
杨洪锐	校长	1983.10～1988.11	
陆耀珍	书记	1986.10～1990.6	
严自修	书记	1990.6～1994.9	
刘树信	校长	1988.11～1999.9	
李兴汉	书记	1994.9～1999.9	

编后记

1988年，中共北京市委和北京市政府作出了各行各业编修地方志的部署。1990年北京市高教局着手组建了北京高等教育志编纂委员会及下设的办公室。此后编委会接连发出通知，要求各高校为《北京高等教育志（1898～1992）》提供资料，同时开始编写各自的校志，争取于1993年6月有一批完稿。

1992年1月，北京师范学院（首都师范大学前身）党委决定，建立由党政领导成员和部处负责人组成的“北京师范学院校志校史校党史编写领导小组”和“北京师范学院校志校史校党史研究室”，正式启动了校志编写工作，提出要“全院动员、众手成志”，并限期完成。

校志编修上马后，实际进程远比预想的要复杂而曲折。编写组受命以来，史振东、周发增、马啸风相继出任执行主编，潘亮一度参与其事。在不同时段分别聘有几位助编人员：李一娟、吴翔煌系专职，为期二年至四年，曹薇、殷琳茹系兼职，为期一年有余。另外，赵毓棠、傅小梅、阎殿和、郝和平、毕淑清也曾做过一些相关工作。编修期间，曾三度拟订或更新修志方案及全志纲目，记事下限从1991年延至2003年，又多次广泛征求意见，先后数易其稿，直到2005年秋天才终于完工，总计历时14个春秋。今天，校志即将交付出版了，它为首都师大人保存了对自己学校历史的记忆，为此，我们心头不禁浮上几许欣慰之情。但同时又清醒地意识到，修志工作也留下了若干缺憾，最主要的是，在贯彻和落实求真存实的宗旨和原则方面，尚有一定差距。我们期盼读者严格地予以批评指正。

《首都师范大学志》是群体制作的结晶，凝聚了几代首都师大人的智慧和心血。《志》稿的编修得到校党委、校行政的高度重视和大力支持，自始至终在编写领导小组正、副组长齐世荣、杨学礼的指导下进行（朱全俊也是副组长，1993年调离；此后张雪和高文生先后代表现职校领导与编写组就日常工作进行联系）。整合为首都师大的原各院校的元老、资深的教职工，为《校志》提供了宝贵的专题材料，并审改《志》稿；数以百计的执笔者和审核者付出了辛勤的汗水（恕未一一列名）。编写组谨向他们致以由衷的谢忱，并且感谢首都师范大学出版社为出版《校志》所作的贡献。

首都师范大学——我们的母校！祝愿你在21世纪中国的大学之林中，放射出璀璨耀眼的光芒。

校志编写组

2005年10月